日本の司法
——現在と未来

江藤价泰先生追悼論集

Yoshihiro Eto

齊藤　誠
大出良知
菱田徳太郎
今村与一
編

日本評論社

それは、当時の習わしもあり、その直前にお生まれになったのを翌年元日として届けられたのだと伺った者も多かったかもしれません。一九二七年一二月一四日、赤穂浪士討ち入りの日というのが正確ということのようです。

その後、陸軍士官学校へと進まれることになり、在校中に敗戦を迎えられました。先生の交友関係に関わってしばしば伺うことがあった陸軍士官学校への思いは、「敗戦」という表現にこだわられたことや、『勝海舟全集』への「海軍歴史・解説」「陸軍歴史・解説」のご執筆にもに通底するところがあったのではないかと推察されますが、先生のお人柄の表れた軍歌放吟と「敵戦車の潰し方」といった面白話に集約されてしまっていたかもしれません。

その後、旧制東京高等学校を経て、一九四九年四月に、東京大学法学部に進学されました。一九五一年九月には、フランス民事訴訟法の研究を目指され、「フランス民事訴訟法における第三者故障の申立」執筆を契機に、故兼子一先生のご指導を仰ぐことになり、翌年三月のご卒業と同時に、東京都立大学助手補に就任されました。その後、一九八九年三月末に退職されるまで三七年の長きにわたり、助手、助教授、教授の職にあり、多くの学生・院生を指導されただけでなく、学生部長、評議員として、大学運営にも大きな貢献をされました。

また、東京都立大学退職後は、大東文化大学法学部教授に就任され、二〇〇二年に退職されるまでに、大学院研究科長、法学部長、図書館長などを歴任されました。

その間、フランス民事訴訟制度の研究からスタートされた先生の研究者としての問題関心は、日本の民事訴訟制度との異質性についての認識から、訴訟法のあり方への反省へと展開されることになりました。合目的性を優先した技術的規定の総体としてではなく、市民・当事者の国家・裁判所に対する優位という思想的基盤の上に、裁判を基本的人権を擁護し、社会正義を実現するための場として位置づけることを目指してこられました。

それは、裁判の場面における国民主権の確立であり、当事者主義的民事訴訟の実現でもあったでしょう。そのような視点から、制度のあり方についてはもちろん、その実現への一翼を担う法律家制度の生成の異質性にも眼を向け、そのあり方にも視野を広げてこられました。上から権力主義的に形成された法律家間の階層秩序に代え、市民のために、基本的人権を護り、社会正義を実現することを使命と自覚する各種法律家間の対等な分業関係の確立を指向されてこられました。

そのような視点からの理論的・実践的基点の一つが、司法書士制度等に焦点を合わせられた、岩波講座『現代法』に執筆された「準法律家」でした。この論文を契機に、その後の司法書士制度の発展を様々な形で支えられる理論的営為はもちろん、まさに担い手集団との幅広い人的交流を通しての多くの理論的・実践的成果をも蓄積され、日本司法書士会連合会編『日本司法書士史』の「明治・大正・昭和戦前編」と「昭和戦後編」二巻の完成に大きな役割を果たされ、亡くなられるまで日本司法書士会連合会の顧問をお務めになられました。

また、東京都立大学助手就任とともに、私法学会、法社会学会、民事訴訟学会など多くの学会活動にも加わられることになりましたが、中でも民主主義科学者協会法律部会の活動には、理事、事務局長をお務めになるなど民主主義法学の発展を理論的・実践的に支えられる多大な貢献をされてこられました。

さらに学会活動とともに、司法書士界や弁護士界のみならず、多くの法律家団体にも関わられ、重要な役割を果たしてこられました。特に、日本国際法律家協会や日本民主法律家協会への貢献は、特筆すべきであろうと思われます。

以上、あらためて江藤先生の長年にわたるご活動の一端をごく簡略に振り返らせていただきました。もちろん、先生が研究者・法律家とつづけてこられた研究会などのご活躍の場はさらに広く、すべてをご紹介することは叶いませんでした。幸いなことに、本書には、その先生の幅広いご活躍の多くの場面でお付き合いいただき、あるいはご指導いただいた四六名に及ぶ皆様からご寄稿いただくことができ、様々な視覚から先生の多年にわたるご功績とお人柄を偲ばせていただくに相応しい論集にすることができたと考えております。

と同時に、多岐にわたってお示しいただいたテーマは、いずれも、先生が課題とされてきた人間の尊厳を基本とする民主主義の構築に資する法理論の構成、裁判の場面における国民主権の確立に共感、通底し、なお、先生と共に、その実現のために現在と未来を見据えていく決意をお示しいただいたものと理解させていただきました。

そのような意味も込めて、本書のメインタイトルを『日本の司法——現在と未来』とさせていただきました。

最後になりましたが、本書の刊行は、日本評論社の絶大なるご支援の下に可能になりました。特に、串崎浩氏（代表取締役社長）、武田彩氏（電子情報編集室）のお二人には、企画の初めから原稿集約に至るまで、大変お世話になりました。心よりお礼申し上げます。

二〇一八年六月

編者　齊藤　誠
大出　良知
菱田徳太郎
今村　与一

江藤价泰先生追悼論集　目次

第二部　江藤先生と法律家運動

第三部　江藤先生と司法書士会

第四部　学恩に受けて

第一部

志をともに

ヴェネディクトフ教授の所有論について

東京大学名誉教授
藤田　勇

以下に紹介するのは、ソ連科学アカデミー会員・ア・ヴェ・ヴェネディクトフ（А. В. Венедиктов）教授が大著『国家的社会主義的所有（Государственная социалистическая собственность, Л., 1948.――スターリン賞受賞）』において、主たるテーマである「国家的社会主義的所有権」の分析に先だって行っている「所有権の一般的概念」に関する考察である。

著者アンドレ・ワシーリエヴィチ・ヴェネディクトフ（一八八七―一九五九）については、筆者は「ヴェネディクトフ教授のこと――革命と知識人世代」と題する一文（みすず六六号（一九六五年））で書いたことがあり、本書については『世界の名著大事典』（平凡社、一九五九年）に短い紹介文を寄せたことがある。

ヴェネディクトフ教授のサイン入りの本書が筆者に送られてきたのは、イリーナ・ヴォズネセンスカヤ教授（仏文学者、著名な経済学者でヴェネディクトフ教授の同郷の友、Н・А・ヴォズネセンスキー教授の息女）からであった。書レニングラードのセラフィーモフ墓地にあるヴェネディクトフ教授とヴォズネセンスキー教授の共同の墓碑――書物の左右の頁に両教授の墓碑銘を記したユニークな形姿の墓碑――は、ヴォズネセンスキー教授の妻女マリーア・

ヴォズネセンスカヤ（英文学者）の構想によるものである。ヴェネディクトフ教授は一九三〇年代後半のあの暗い時期を含め、長期に亘って同郷の友ヴォズネセンスキー家に居室・研究室をもっていた。これらのことにかかわる「物語」には別文を要するが、江藤君の追悼論集ということで一筆記す次第である。

本書は八三九頁に及ぶ大著であるが、「序説」＝第一章「所有権の一般的概念」に四三頁を割き、第一部「搾取者社会における所有権」で「奴隷制社会における所有権」（第二章）、「封建制社会における所有権」（第三章）、「ブルジョア社会における所有権」（第四章）に約二九〇頁を割いている。筆者は若い時期に、筆者の専門分野にかかわる第二部「国家的社会主義的所有権」、第三部「国家的社会主義的所有の管理機関」に親しんだが（藤田『社会主義的所有と契約』（東京大学出版会、一九五七年）など）、第一部についてはノートを取るにとどまっていた。この小文を機に立ち入って検討したいが、さしあたり、「序説」に言及しうるに留まる。

* * *

さて、序説＝第一章「所有権の一般的概念（общее понятие）」は、1.「所有権の法律上の（легальные）諸規定」、2.「マルクスの所有概念」、3.「所有権の定義（определение）」、4.「所有権の歴史的研究の課題」という四節から成る。

1.「所有権の法律上の諸規定」では、「われわれの最初の課題――所有権の一般的概念の構築――」にとりかかるに当たり、まず第一に、自ずから生じる次の問題に当面する。すなわち、われわれはこの目的のために、所有者の、物の占有・使用・処分の権利（jus utendi et abutendi, jus utendi fruendi, jus possidendi, jus disponedi）に関する命題をもつローマ法も、ナポレオン法典に始まり、ときを追って中国、イタリアの法典（уложение）にいたるブルジョア諸法典も、またソビエト民法典も、多かれ少なかれ明白かつ十全に所有者に財産の占有・使用・処分の権利を認めている。この法律上の定式の類似性に依拠して、「所有権を物の占有・使用・処分の権利と規定してはならないか?」と設問しながら、著者はそれに答える前に、上記の諸権限、特に「占有」概念には、経済学・歴史学・法律学において、また立法と実務において、極めて多様な内容が盛り込まれていることを正確に抑える必要があるとして、この問題の考察から論を始める。

占有を所有者の権限の一つとして語る場合（ロシア共和国民法典五八条）、そこで理解されている所有権は、物に対する所有者の事実上の支配（物理的または経済的支配）と解される。しかし占有は、別の法的タイトルにも依拠しうる。抵当権、借地権、使用貸借、賃貸借、請負契約、委任、委託、運送契約等。ローマ法、封建法、ブルジョア法は、特定の法タイトルに依拠しない（それにもかかわらず一定の条件の下で法的に保護される）いわゆる事実上の財産占有にも一定の法的保護を与えている。占有という用語には、十分に規定された所有権概念がいまだ形成されていない間、物に対する最も完全な支配として法秩序により認められ、保護された。本書が占有として解するのは、所有者の権限の一つとしての占有であって、使用権、処分権と区別されるそれである。

この前提で先に記した設問、所有権を物の占有・使用・処分という三つの機能の「総体」と規定してよいか、と再び設問しながら、著者は、そうした「形式的基準」によらず、抽象的ではあるが、それにも拘わらずそれぞれの「社会＝経済構成体」における所有諸形態の特殊な階級的性格を説明しうるような出発的・基礎を求めるという設問に切り替え、それの解明の基礎となる概念をマルクス的「取得（присвоение — Uneignung）」概念に求める、という起点を提起する。「一定の社会形態の内部で、一定の社会形態を媒介として行われる自然の取得」の権利に出発点を求めながら、すべての社会構成体に妥当するような抽象的所有権概念と同時に、あれこれの形態・範囲で価値法則が作用する各社会構成体における個々の所有形態の階級的特殊性の解明が必要となる。

単純商品生産における取得法則の資本主義的生産法則への転化の出発点・基礎となったのは等価物の交換であっ

た。別言すれば、他人の不払い労働の取得としての資本家による不払い労働の取得の基礎は、単純商品生産の取得法則の基礎となった等価物の交換法則であった。ソ連においても、所有権は、一連の関係で、同じく商品・貨幣形態を媒介として実現され、使用価値と価値の物的担い手としての商品の二重的性格は、ソ連における一連の社会=生産関係の構築にも現れる。このことは、ロシア共和国民法典五八条における所有者の権限の定式化にも現れ、そこにおける所有権の定式の「若干の抽象性」もこれによって条件づけられている（ローマ法やブルジョア諸法典の規定との「外的類似性」）。だがそれにもかかわらず、またそれゆえにこそ、各社会構成体における所有形態の「特殊階級的性格」の解明が必要・不可欠となるのである。そのためには、あれこれの所有形態に内在する「取得」の性格、とりわけ奴隷社会における奴隷所有者の、封建制社会における領主の、資本主義社会における資本家の所有権に共通する他人の不払い労働の、または他人の労働生産物の取得のためにその者に属する生産手段を用いること、の解明が必要となるのである。

上記の前提で、著者は、本書の第一部～第二章―第四章で、奴隷制社会、封建制社会、ブルジョア社会における所有権（特に産業資本主義の諸法典における所有権、帝国主義の諸法典における所有権、ブルジョア社会における所有権論、国家独占資本主義のもとでの私的所有の形式的「制限」、ブルジョア的所有の「排他性」、「永久性」、「物的権限」）について述べたあとで、以下の章で「国家的社会主義的所有権」の解明を試みる。本書第二部（第五章「社会主義的国家所有権の一般的分析」、第六章「国家的社会主義的所有権の客体」、第七章「固定資産の法的レジーム」、第八章「流動資産の法的レジーム」、第九章「国家的社会主義的所有権の保護」を含む）。その上で第三部「国家的社会主義的所有の管理諸機関」（第一〇章「業務的管理機関」、第一一章「国家機関の行政的権利能力と民事的権利能力の区別」、第一二章「社会主義的国家諸機関の民事上の権利能力、第一三章「国営企業」、第一四章「予算制施設」）。

＊　＊　＊

さて、産業資本主義の諸法典における所有権については、所有者の個別的権利を詳細に列挙した一七九四年のプロイセン一般ラント法、一八一一年オーストリア民法典に比して、「ブルジョアジーの古典的法典」としての一八〇四年のフランス民法典がそうした個別的権利の列挙に代えて単純な所有権規定（物の占有・使用・処分権）を示したことを、所有の封建的制約が完全に一掃されていたことの表現としてみる（一八六四年のザクセン民法典は所有の抽象的・一般的規定に続いて所有者の個別的権限を詳細に列挙）。「帝国主義の法典」（一八九六年ドイツ民法典）では、第一草案、第二草案における詳細な所有者権限列挙案が否定されて単純な所有権規定、あるいは包括的所有権規定となる。著者はこの間の学説上の変遷も詳細にフォローしている。

こうした内容をもつ本書について、筆者は専門とする第三部以外には独自のコメントを加える用意がないが、専門のソ連邦のほかに「法の一般理論」の研究には多少とも従事してきた者として、あらためて若き日に接していた本書を繙く必要を感ずる。以下に紹介するのは、第一章　所有権の一般的概念の部分である。

「所有権の一般的概念」に関しては、その構成にとりかかる前に、ローマ法も、ナポレオン法典に始まる「ブルジョア諸法典」も、ソビエト民法典も、所有者に「物の占有・使用・処分の権利」を認めているが、これらの法律的定式の類似性に依拠して、所有権を物の占有・使用・処分の権利と規定してはならないか、と設問し、この問いに答える前に上記諸権限、とりわけ占有概念を正確に押さえる必要がある、としてそれに立ち入る。占有には、経済学、歴史学、法律学において、また立法と実務において多様な内容が盛り込まれているので、占有概念を正確に押さえる必要がある、からである。占有を所有者の権限の一つとして語る場合、そこで理解されている所有権は、物に対する所有者の事実上の（物理的あるいは経済的）支配と解されるが、占有は別の法的タイトルにも依拠しうる（質権、住宅建設権、使用貸借、賃貸借、請負契約、委任）。ローマ法、封建法、ブルジョア法は何らの法的タイトルにも依拠しない事実上の占有にも一定の保護手段を与えている。最後に、占有は十分に規定された所有権概念が形成されていない間、物に対する最も完全な支配として法秩序により認められていた。本書において占有として解されるのは所有者の権限の一つとしての占有である（使用、処分と区別）。そうした理解を前提として、所有権を所有者の三つの機能、占有・使用・処分権の総体と規定してよいか。著者はこれに否定的に答えながらも、所有権行使の問題における三機能の過小評価を戒める。

ところで、商品所有者の所有権と交換行為の抽象的形態は、資本家的所有者にそれまでの所有権形態と売買行為との背後に新しい取得方法、他人の不払い労働の取得の新しい可能性を与えた。資本家的生産様式における、労働者の労働によって創出される剰余価値の資本家による領有（присвоение-Uneignung）、がそれである。「一定の社会形態の内部で、一定の社会形態を媒介として行われる自然の取得」の権利に出発点を求めながら、すべての社会構成体に妥当するような抽象的所有概念とともに、あれこれの形態・範囲で価値法則が作用する各社会構成体における個々の所有形態の特殊階級的特性の解明が必要となる。

単純商品生産における取得法則の資本主義的生産法則への転化の出発点・基礎となったのは等価物の交換であった。別言すれば、資本家による他人の不払い労働の取得は、単純商品生産の取得法則の基礎と同じく等価物の交換法則であった。ソ連において、所有権は、一連の関係で、同じく商品＝貨幣形態を媒介として実現され、使用価値と価値の担い手としての商品の二重的性格は、ソ連における一連の社会＝生産関係の構築にも現れる。このことは、ロシア共和国民法典五八条における所有者の権利の定式化にも現れ、そこにおける所有権の定式の「若干の」抽象性もこれに条件づけられている（ローマ法やブルジョア諸法典の規定との「外的類似性」）。だがそれにもかかわらず、またそれゆえにこそ、各社会構成体における所有形態の「特殊階級的性格」の解明が必要となるのである。そのためには、あれこれの所有形態に内在する「取得」の性格の解明が必要となるのである。

上記の前提で、著者は、奴隷制社会、封建制社会、ブルジョア社会における所有権（特に産業資本主義期の諸法典〔プロイセン一般ラント法、フランス民法典、オーストリア民法典、ロシア民法典、サクソニア民法典等〕）、帝国主義期の諸法典（BGB等）における所有、ブルジョア社会における所有権論、国家独占資本主義期における私的所有の形式的「制限」、ブルジョア的所有の「排他性」、「永久性」、「物的権限」等について述べたあとで、社会主義的国家的所有の一般的分析に移るのである。

本書の上記構成部分については筆者には特にコメントを加える用意はない。注目したいのは、著者が本書の序文において、こうした著作を必要と考えたことについて、一九三八年のヴィシンスキー・テーゼ（「ソビエト社会主義法学の基本的課題」〔一九三八年〕）が国家・法理論の構築の新しい出発点となったということを強調している点である（本書序文四頁）。われわれはこのヴィシンスキー報告がその後二〇年近くソ連における法学の教条化、その学問的水準の低下の起点ともなったと考えるのであるが、本書はこの低下傾向を代表しているものではない。ソ連の法学史の屈折をみる上で興味深い点である。

司法制度改革の成果と課題

弁護士　宮本康昭

一　はじめに

二〇〇二年から立法化がはじまり二〇〇四年にピークを迎えた一連の司法制度の改革は、一九九九年の内閣による司法制度改革審議会設置にはじまり二〇〇一年六月一二日の審議会意見書によってその方向が示された。そしてその立法作業のために司法制度改革推進本部と個別、具体的な制度立案のための一〇（のち一一）の検討会での検討の結果が逐次成文化されていった。

法科大学院、司法支援センター（法テラス）、裁判員裁判、被疑者国選弁護（国選付添）、労働審判、裁判官指名諮問、裁判官人事評価など、今日となってはわが国の司法制度の一部として違和感なく、社会に固定しているかに見える諸制度は、この時に形づくられたものである。

私はこの司法制度改革の発端から審議会意見書作成までの過程を「司法制度改革の史的検討序説[1]」として、司法制度改革推進本部の設置から各検討会の制度立案作業の全過程を「司法制度改革立法過程」[2]として素描した。

また各制度の各論的な立法過程については、裁判官制度について「裁判官制度改革過程の検証」[3]、法テラス制度について「司法支援センター制度の立法過程」[4]、裁判員制度について「裁判員制度立法過程の検討序説」[5]と「裁判員裁判制度の立法過程」[6]で検討を加えた。

以上はいずれも私が日本弁護士連合会司法改革実現本部事務局長として、あるいは同本部本部長代行として、主として日弁連の側から制度改革に関与し、あるいは最高裁の一般規則制定諮問委員会委員として関与したところに基づくものであるが、それから一〇年を経過した現在、それらの役割からある程度離れた立場から今次司法制度改革による制度化のそれぞれについてその評価を試み、その成果と課題を明らかにしようとするのが本稿の目的である。

二　司法改革のダイナミックス

1　第二次大戦後、司法改革の契機は三回あった。

一回目は敗戦後の、旧体制から民主的司法への転換で「戦後司法改革」と呼ばれるもの、二回目は臨時司法制度調査会を舞台に戦前への回帰をめざすもので「臨司」あるいは「臨司路線」といわれているものであり、戦後三回目の改革が今次の司法改革である。

2　いまこの時期に司法制度改革の動きが浮上したのはなぜなのであろうか。

司法改革はつぎの四つの力が働き合って現実のものになったと考えられる。

①「市民の司法」と「市民による司法」の要求

たとえば一九七〇年から八〇年代へと、刑事司法では有罪率九九・八％という状況の中で冤罪の叫びが放置され、その現実が四つの死刑確定判決の再審無罪で確認されるということがあり、民事司法では市民の真摯な訴えが無視され証人尋問も鑑定も検証も、その件数が年々下がっていくという手抜き審理の一方で、国や行政や大企業の言い分だけが取り上げられていくことへの訴訟当事者の不満があり、国民の人権擁護と権利保障からほど遠い司法への不信が重く堆積していた。

「市民のための司法」と「市民による司法」への要求は放置できない重さと広がりになっていた。

これを弁護士と弁護士会が受け止めて運動化したのが一九九〇年五月の日弁連「司法改革宣言」であり、一九九八年一一月の日弁連「司法改革ビジョン—市民に身近で信頼される司法をめざして」である。

②財界からの改革要求

企業もまた使い勝手の悪い司法への不満と不信を持ち、早くて手軽な権利確定と実現を要求してこれを、つとに手形訴訟、民事保全法、民事執行法などの形で実現してきたが、司法制度の問題としてはじめて提示したのが一九九四年六月経済同友会の「現代日本の病理と処方」である。これは明らかに弁護士会の動きに触発されたと見られ、裁判官不足や、裁判が国民の切実な期待とほど遠いことを指摘してその改善を求め、その後、経団連などもこれに追随した。

③アメリカの圧力

わが国の司法制度へのアメリカの要求は以前からあり、一九八〇年代からの市場開放（非関税障壁除去）の要求は弁護士の資格制限撤廃（訴訟への参入自由化）や訴訟印紙廃止の要求をふくみ、一九九〇年後半からは毎年日本政府に対して「年次改革要求書」によって圧力をかけつづけていた。

④政府・自民党の規制緩和─新自由主義路線追求

政府・自民党は経済改革、行政改革（行革審）につづくものとして司法改革を位置づけ、それらに一貫するのは規制緩和社会の実現であり、アメリカに追随した新自由主義路線の追及であった。司法においては当然規制緩和社会に対応する司法であり、自己責任原則（強者による支配の自由）のもとでの弱者への事後救済（事後処理）のための司法を充実させることを目指した。

自民党はそのため一九九七年六月司法制度特別調査会を設置し、一九九八年六月その報告書「二一世紀司法の確かな指針」を発表した。そこには規制緩和型司法の観点から法律扶助の充実や被疑者国選弁護、裁判官増員、司法予算増額などを掲げるとともに、日弁連からの働きかけにより、陪審・参審の論議、法曹一元の検討やロースクールの導入も入っていた。

3　これらはさまざまに影響し合い、関連し合って二〇〇〇年台初頭の司法制度改革に集約されていくが、特に前記②の財界と③のアメリカの動きは終始④の政府、自民党の規制緩和型司法改革にプレッシャーを与え、②経済同友会の発言は明らかに①の弁護士会の動きに触発されている。そして④の自民党の改革指針の内容には①日弁連の積極的な働きかけの結果が反映している。

前記①の市民の司法実現を目指す活動を「市民の司法型司法改革」と呼ぶとすれば②、③、④が共通して目指す「規制緩和型司法改革」が「市民の司法型司法改革」と対峙していたと見ることができる。

したがって同じく「司法改革」といい、時に具体的に掲げる個別の項目まで一致することもありながら「市民の司法型司法改革」と「規制緩和型司法改革」はその理念において大きな隔たりがあり、それが改革の方向性の議論でも個々の制度設計の場面でも、つねに表面化し、つねに激しい争いとなって顕現するのである。その意味で同じく「司法改革」と言いながら両者は同床異夢のもので、本来は相容れないはずのものであった。

しかし、市民の司法型司法改革」の要求は「規制緩和型司法改革」の動きの中にある力関係の矛盾と変化を運用しつつ、個々の誤りや不十分さは包含しながら、基本的に正しく真の司法制度改革の手がかりをつかんだ、ということができると考える。

三　作られた制度とその運用

1　法テラス

(1)　市民に対する総合的な法律支援の組織として日本司法支援センター（法テラス）が二〇〇六年四月一〇日に設立され、同年一〇月二日から動き出した。その事業はつぎのとおり広汎にわたる。

①法律扶助協会から引き継ぎ拡大した民事法律扶助業務（総合法律支援法三〇条Ⅰ・2）

②裁判所から引き継いだ被告人国選弁護人選任業務に加え、新たに制度化された被疑者国選弁護人、国選付添人、国選被害者参加弁護士の選任選定業務（同条Ⅰ・3）

③新たに設けられた司法過疎対策業務（同条Ⅰ・7）

④犯罪被害者等基本法による犯罪被害者支援業務（同条Ⅰ・5）

⑤日弁連等の委託にもとづく難民救済、人権救済等の業務（同条Ⅱ）

⑥新たに設けられた法的な情報提供業務（同条Ⅰ・1）

(2)　法テラスの事実上の前身である法律扶助協会に対する国費の支出は長い期間にわたって年間一億円を出ず、

司法制度改革審議会の発足後になってさまざまな方面からの要求により、法テラスに切り替わる直前の二〇〇六年ごろ三億五一〇〇万円であったが、制度施行一〇年経て二〇一六年には運営費交付金と国選弁護業務委託費をあわせて三一一億八四〇〇万円と一〇〇倍に達し(7)、従来司法アクセスに恵まれなかった階層への援助は飛躍的に増大した。

(3) 法律扶助の相談件数は二〇〇六年の六万四八三七件が二〇一五年で二八万六六〇二件、援助件数が二〇〇六年の三万四七九二件が二〇一五年に一一万一三五一件と四倍になっている(8)。

(4) 市民への情報提供は全国を一元的に扱うサポートダイヤル（コールセンター）で二〇〇六年一二万八七四一件からはじまり、二〇〇九年に四〇万一八四一件、二〇一五年に三一万八五二〇件であり、地方事務所への問いあわせが統計のある二〇〇八年に一八万八六六一件が二〇一五年二〇万二九八七件で利用件数が一日平均一〇〇〇件超、二〇一六年二月までの累計利用件数が三〇〇万件に達した(9)。

(5) ソーシャルワークと過疎地支援にあたる法テラススタッフ弁護士は二〇〇六年の二四人にはじまり、二〇一五年には二五〇人、配置先は八七事務所、うち司法過疎地域事務所（七号事務所）は三五ヵ所(10)である。

2 国選弁護制度

(1) 刑事国選弁護の枠組みと範囲が大幅に変わった。

国選弁護は新しい制度ができたといっていいほどの全面的な改革である。

これまで国選弁護は憲法上の権利（憲法三七条Ⅲ）とされていながらその運用は裁判所の広範な裁量（弁護人の選任や報酬の額をふくめて）に委ねられ、長期三年を越える刑にあたる被告人には弁護人がなければ公判が開けないという制約があるのみであった。

(2)　国選弁護の運用主体は裁判所から法テラスに劇的かつ全面的に変わった。

裁判所は法の規定にもとづいて弁護人の選任、解任の決定はするが、選任はすべて法テラスの指名にもとづいて法テラスが指名した弁護士について行い、現在まで法テラスの指名にもとづかないで選任し、あるいは法テラスの指名にもかかわらず選任しなかった例はひとつもない。そして法テラスの指名は予め作成された弁護士名簿にもとづき予め定められた順序によって行われる。

裁判所の意見にもとづく弁護人の選任、いわゆる一本釣りはできなくなったのである。

(3)　国選弁護報酬および費用の支給決定と現実の支給事務も裁判所から法テラスにかわった。その支給額は予め定められた国選弁護人契約約款による。

裁判所が具体的な事件の難易度を勘案して報酬額を増減する、いわゆるサジ加減はなくなった。その反面で法テラスが定めた基準が具体的な案件への当てはめの際に妥当性を欠くことがしばしば指摘されることにもなっている。

(4)　国選弁護人はこれまで被告人国選弁護人に限られていたが、これを被疑者に拡げた。また国選付添人（少年事件や医療観察処遇事件につき）の制度を新しく作った。

被疑者国選弁護についてはその対象を三回にわたって順次拡げ二〇一八年六月から全拘束被疑者に国選弁護人が

選任され得るものとなる。

(5) 新しい国選弁護制度の発足以後、その取り組みは年々拡充している。

①国選弁護に要する費用は全額国庫から業務委託費として交付されているが、発足当初の二〇〇七年一〇〇億九三〇〇万円であったのが、順次増額し、二〇一六年は一六〇億六七〇〇円で五〇%の伸びである。[11]

②被疑者国選弁護人は二〇〇六年一〇月一日法定合議事件（短期一年以上の刑にあたる事件）について開始されて、同年度は三四三六件、制度が定着した二〇〇八年度七四一五件で全勾留事件の一七・四%であった。二〇〇九年五月二一日から必要的弁護事件（長期三年を越える事件）に拡張され、同年度は六万一八五七件、二〇一五年に七万〇三九三件で全勾留事件の六二・八%、件数にして二〇〇八年の一〇倍に達した。[12]

③国選付添人は少年事件について二〇〇七年二一〇件であったものが、二〇一五年三六九八件である。[13]

医療観察処置事件は二〇〇五年二〇一四件であったが、国選付添人が選任された件数は不明である。[14]

3　裁判員制度

(1) 裁判への国民参加をめぐっては司法制度改革審議会の当初から激しい意見の対立があった。[15]最大限でも「評決権なき参審制」を唱え、それ以上は憲法違反だと主張してやまない最高裁と「陪審制の復活」を念願する日弁連[16]との対決にそれは典型的に示されていた。

前者は裁判は職業裁判官が決定するものであり、参加する国民は意見を述べるだけだとするものであり、後者は事実認定は国民の専権とし、職業裁判官の参加を排除しようとするものである。

これに対して審議会意見書は日本型の国民参加の方法を提案し、「広く一般の国民が裁判官とともに責任を負担しつつ協働し、裁判内容の決定に主体的実質的に関与することができる新しい制度を導入すべきである。」としていた[17]。

したがって、裁判員制度に関する制度設計の論議は裁判官と国民の「協働」を所与の前提としつつ司法への国民参加の色彩を強めるか弱めるかに収斂していくものであり、制度化の段階でこれをめぐってのせめぎ合いが繰り返された。

⑵　裁判員裁判制度は二〇〇四年五月制定の裁判員の参加する刑事裁判に関する法律（裁判員裁判法）が二〇〇七年五月に施行されることによりつぎの内容で開始された。

①裁判員裁判法一条は、裁判員裁判の趣旨を司法に対する「国民の理解の増進」と「信頼の向上」と規定した。制度趣旨を「市民による司法」あるいは「国民の司法参加」と掲げなかったのは上記のせめぎ合いの中で、司法参加の色彩を薄めようとする力に圧倒されたもので、施行当初の間、なんのための裁判員制度かわからないという批判、疑問が数多く出された原因ともなった[18]。

②裁判員は公職選挙人名簿から無作為に抽出されることとなった。

③裁判員裁判の対象事件は刑事事件で重罪事件（死刑、無期にあたる罪と法定合議事件で故意に人を死亡させた罪）に限るものとされた。

④裁判官と裁判員は事実の認定と刑の量定について、平等の権利を持つものとされた。陪審制でもなく、典型的な参審でもなく、日本型の司法への国民参加制度となったわけである。

⑤被告人は裁判員裁判か従来の裁判官裁判かの選択をすることができず、裁判員裁判を辞退することもできないものとされた。

⑥裁判員裁判の判決については被告人、検察官のいずれも上訴することができ、上訴裁判所では裁判員裁判を行わないこととなった。

(3) 施行後一〇年が経っても裁判員制度に批判的なあるいは冷淡な批評は学者・研究者の中からもメディアの中からもなくならない。

しかし、裁判員裁判の、その実相はどのようなものであろうか。

①裁判員裁判で審理された事件数は、二〇〇九年は中途からなので除き、二〇一〇年が一五〇六件（判決人員九七〇人）から漸減して二〇一五年一一八二件（六二三人）である。漸減は犯罪件数の減少によるものである。[19]

②国選弁護人に選任された弁護士数は二〇一〇年に一二五八人、以後、漸減して二〇一五年に一〇二二人、国選弁護人選任割合は二〇一〇年八三・五％から増加して例年八六―八七％、二〇一五年は八六・五％である。国選弁護人の複数選任は二〇一〇年の七三・九％から年々増加し、二〇一五年は八一・九％で大部分の事件に二人以上の国選弁護人が付いている。[20]

因みに裁判官裁判の時代に同じ対象罪名で国選弁護人は二〇〇六年が一八三八人、二〇〇八年一六四一人と遙かに多かったが国選弁護人の選任割合は二〇〇六年六六・九％、二〇〇八年で七五・九％に推移し、複数選任比率は二〇〇六年二・五％、二〇〇八年で六・六％で比較にならない。[21]

裁判員裁判における国選弁護の充実と被告人の権利擁護の進展を反映しているといえる。

③制度発足後、二〇一七年五月末までに裁判員選任手続きのために出席を求められた裁判員候補者は累計三八万七六二一人、そのうち出席したのが二八万四二八四人で出席率七三・三％であるが、発足当初の二〇〇九年に八三・九％であったのが、近年たとえば二〇一五年は六七・五％、二〇一六年は六四・八％と毎年低下して来ている。[22]

これをもって国民の裁判員裁判への関心の低下を示すものとする論調もある。

しかし裁判員経験者へのアンケートでは、選任前にやりたくなかった五二・五％（やりたくなかった一九・二％、余りやりたくなかった三三・三％）が、裁判のあと、良い経験と感じた九五・四％（非常に良い経験五五・四％、良い経験四〇・〇％）となっているのであって、メディアなどによって与えられた先入観がいかに大きかったか、それが実際に経験することによっていかに劇的に変わるかを示している。[23]

④裁判員裁判の審理は書証中心から人証中心へ、つまり直接主義・口頭主義（公判中心主義）への転換を一つの眼目としていた。

たしかに裁判員裁判の審理はおおむねその場にいてわかるヴィヴィットなものに変わって来ている。いわゆる同意書面の提出が少なくなって証人が多用されたり、被告人質問を先行させてその結果によっては被告人調書そのものを採用しないなどのことが珍しいことではなくなったし、冒頭陳述や論告・弁論も書面中心から映像を多用した目で見てわかるものにスタンスを変えて来ている。

しかし、自白事件では二〇一二年以降、証人尋問時間が三一分〜四九分に対して書証朗読が依然として一時間以上であるほど、従来のやり方が改まらないままというところも残されている。[24]

4　裁判官制度

(1)　審議会意見書は現行の裁判官制度について次のような改革を求めていた。[25]

［1］　給源の多様化・多元化

①すべての判事補に弁護士等の法律専門家としての経験を積ませる。

②特例判事補制度を計画的、段階的に解消する。

③最高裁と日弁連は一致協力して弁護士任官等の推進のために継続して実効ある措置を講ずる。

[2] 裁判官を任命する過程に国民の意思を反映させるために、適任者を選考しその結果を意見として述べる機関を設置する。

[3] 裁判官の人事制度の見直し

①裁判官の人事評価について可能な限り透明性、客観性を確保するための仕組みを整備する。

②裁判官報酬の段階の簡素化等そのあり方を検討する。

[4] 裁判所の運営への国民参加

裁判所の運営について広く国民の意見を反映する仕組みを導入する。

[5] 裁判官の大幅増員

(2) 二〇〇二年四月に司法制度改革推進計画が閣議決定されたが、計画によると裁判官制度改革の多くの項目について「最高裁における検討状況を踏まえた上で」検討し、なお必要な場合は所用の措置を講ずべきこととなっていた。

そこで、最高裁判所は改革項目の具体化のために、①最高裁内での検討のために一般規則制定諮問委員会に付議し、あるいは②日弁連と最高裁との合意形成のために二者間の協議に付しあるいは③最高裁だけで処理し得るものについては順次実施していくなど、それぞれの措置をとった。

上記改革項目の[2]、[3]の①及び[4]はともに右の①の方法により、[1]の①及び③は日弁連との協議による合意にもとづいて進める方法がとられた。

[1]の②特例判事補制度の解消や[5]裁判官の増員などは右の③の部類にはいるであろう。

(3)　一般規則制定諮問委員会での裁判制度設計

最高裁に委ねられた裁判官制度改革の制度設計のために、最高裁は二〇〇二年七月、一般規則制定諮問委員会を設置し[26]、二〇〇三年一二月までの間に裁判官任用制度（前記改革項目の[2]に該当）、裁判所運営への国民参加制度（同[4]に該当）、裁判官の人事評価制度（同[3]の①に該当）を順次審議決定した（他に司法修習委員会制度の設計も行っている）。

①裁判官任用制度については下級裁判所裁判官指名諮問委員会（中央に一、各高裁所在地ごとに地域委員会、八）が設けられ、二〇〇三年五月一日からすべての判事、判事補の新任、再任について指名の適否の審査をすることになった。

これによって、これまで最高裁、殊に最高裁事務総局に一手に掌握されていた裁判官の任用を、国民の目線を入れた審査の仕組みに変える手がかりを得た（中央の委員会は法曹委員五人と非法曹委員六人、地域委員会は法曹委員三人と非法曹委員二人で構成）。

制度発足以後、委員会が裁判官任用を適とした者で最高裁が指名しなかった者も、また委員会が任用を不適としたのに最高裁が指名した者も、一人もいない。すべて委員会の答申に沿った指名が行われている。

制度発足後の再任数は例年一九〇人前後、不適とされた数は例年四人前後、二〇〇四年から二〇一三年の一〇年間の累計は再任が一八七六人、不再任が四一人である[27]。

因みに弁護士任官を適とされた者が同じ一〇年間に四五人、不適とされたのが二九人である[28]。

従来危惧されていた思想信条を理由とする指名拒否は制度上行うことができなくなった一方、国民の側からみた裁判官としての不適任者排除のシステムが動きはじめた。ただ、弁護士からの裁判官任用についてはその判断の基準がキャリア裁判官の場合と比べて高すぎる。

②裁判所運営への国民参加制度については、全国各五〇ヵ所の地方裁判所と家庭裁判所に、その大多数がその地域に在住または在勤する市民である委員によって構成される委員会を設置し、裁判所の諮問に応じて、また諮問を受けなくても当該の裁判所の運営について意見を述べることができるものとした。各裁判所委員会とも年に複数回開催され、かつその議事録を公開するなどの透明な運営を図り、裁判所は委員会の意見に対する検討の結果を裁判所委員会に報告すべきものとして、現に全国一〇〇の市民参加の裁判所委員会が活動している。

③裁判官の人事評価については、二〇〇三年一二月までに人事評価制度の要綱案がまとめられ、これが二〇〇四年一月最高裁規則として制度化され、二〇〇四年四月から新しい裁判官人事評価制度として運用を開始している。

これまでの裁判官の人事評価（裁判官考課）は、それが行われていること自体公けにされておらず、その運用の実情はまったく秘匿されていて、審議会に対してすらその存在と内容を明らかにしようとしてなかったものであった[29]が、はじめて公式に制度化され、その内容も比較的透明性を備えたものとなった。

（i）高裁長官を除くすべての下級裁判所裁判官（判事、判事補、簡裁判事）を対象として長官・所長が行うものとした。

（ii）評価制度の対象となる裁判官も自己評価書を提出すべきものとし、評価にあたっては対象者の面接を必須とした。

（iii）対象者に人事評価を開示し、かつ不服申立権を付与するものとした。

（iv）評価情報は裁判所外からのものも含むものとし、その受け入れ経路を公設するものとした。

対象者による不服や外部情報の提供は現実に行われているが、その数は明らかにされていない。

(4)　最高裁が日弁連との協議のうえで制度化したのは裁判官の他職経験（前記改革項目の[1]の①）、弁護士任官と非常勤裁判官（同[1]の③）である。

①他職経験

判事補の経験の多様化のため、裁判官の身分を離れ弁護士等の他の法律専門職の経験を積む制度については二〇〇四年六月日弁連と最高裁との協議成立を経て実施に移された。

判事補の職を離れ（裁判官は退官）つつ、公務員の身分を残す（裁判所事務官）ことによって将来の退職金や年金の不利益を回避することとなり、裁判官の身分保障のみならず「官」としての保護からも離れて一民間人としての厳しい経験を得させるという当初目的が徹底しなかったが、原則二年間の弁護士業務を経験している判事補は毎年一〇人前後、二〇〇五年の発足から二〇一六年までの累計で一一八人になっている。(30)

②弁護士任官

弁護士任官自体はすでに一九九一年、日弁連と最高裁および日弁連と法務省の間の合意に基づき制度化され、二〇〇一年までの一〇年間に五七人の裁判官および検事任官者を出していた。

弁護士任官者の更なる増加を推進する審議会意見を承けて二〇〇一年一二月日弁連と最高裁との間に新しい取り決めがなされ、(31)それぞれ弁護士官に積極的に取り組むことを確認した。

同年から二〇一六年までの新たな任官者の累計は七二人である。(32)

③非常勤裁判官

日弁連には早くから、弁護士の職務を行いつつ一定期間あるいは周期的に裁判官として勤務するパートタイムジャッジを構想する動きがあったが、最高裁を中心として憲法に定める裁判官とは一身をもって裁判のことにあたる者、すなわち常勤の裁判官しかあり得ないという意見が強かった。

最高裁と日弁連の間で憲法上、実務上の難点を回避しつつ非常勤裁判官制度を実現するための協議が重ねられ、これが二〇〇二年八月に合意に達した[33]。

五年以上の経験を有する弁護士が調停官の呼称で、弁護士の地位を有したまま、週に一日以上の全日、民事および家事の調停と審判に携わる。非常勤裁判官は弁護士会の監督を受けるとともに、裁判官としての身分上の拘束を受ける。

この制度は二〇〇四年一月から実施され、同年から二〇一二年までの間、累計三五二人が任官しており[34]、裁判官給源としてかなり大きな比重を占め、その中から常勤の裁判官に任官する者も出てきている。

(5) 最高裁によって改革の具体化に取り組まれるべき項目は特例判事制度の段階的解消（前記改革項目の[1]の②）、裁判官報酬の段階の見直し（同[3]の②）、裁判官の大幅増員（同[5]）である。

特例判事補の権限付与は現在七年ないし八年目からに後ろ倒しされているといわれているが、地域の実情によって一率にはいかないという弁明もなされていて、現状は不明というほかない。裁判官の報酬体系の見直しはまったく進んでおらず、日弁連がこれについての提案を取りまとめようとしていたことがあるが、これも進んでいない。

裁判官の増員は国家公務員の総量規制のなかにもかかわらず一定の前進をしており、二〇〇一年から二〇一六年の間に五一二人増えている。

5 法曹養成制度改革

(1) 審議会意見書が求める法曹養成は「点」による選抜（司法試験）から「プロセス」としての法曹養成制度（法学教育、司法試験、司法修習の有機的連関）への転換である。

そして法学教育については法科大学院制度が核心となり、司法試験は新司法試験への移行、司法修習については新司法修習への移行が行われた。

①法科大学院は二〇〇四年にはじまり、学校教育法上の大学院とされ、年限三年（短縮型として二年）、法理論教育とともに実務教育の導入もあわせ行う実務との架橋を意識していた。

②新司法試験は二〇〇六年から試験科目も設問形式も改め、口述試験を廃止し、受験回数を法科大学院修了後五年以内三回と制限した（その後、五年以内五回に変更）。

③司法修習は期間を一年六月から一年に短縮し、前期修習を廃止し、分野別の実務修習と集合修習を行うものとした。

修習中の経済的支援は給費制から貸与制に変わった（二〇一七年第七一期修習から給費制復活）。

(2)　現状

①法科大学院は二〇〇四年度六八校、二〇〇五年六校、計七四校が開校し、二〇〇四年の志望者七万三〇〇〇人、入学者五七六七人であったが、これまでに一五校が廃止、二〇校が募集を停止し、二〇一八年の募集をするのは三九校、志望者は発足当初の一割に止まると見られる。[35]

廃止、募集停止には旧国立大学八校がふくまれるほか、青山学院大学、立教大学などの私立名門大学も含まれている。

②新司法試験については二〇〇二年三月一九日の閣議決定で年間合格者を二〇一〇年ころに三〇〇〇人を目指すものとされたが、現実には二〇一〇年の合格者が二〇七四人（旧試験合格者をふくめて二一三三人）という水準であり、その後合格者を一五〇〇人に抑えることとされている。[36]

法科大学院修了者の合格率を七～八割と見込んでいたのが、二割台に止まっている。他方二〇一一年から法科大学院修了を受験資格としない予備試験が始まったため合格者の一五％は予備試験組が占めている。(37)

③司法修習については期間一年では実務法曹としての実力を養成するには危ういことや実務修習の時間不足が相当強く指摘され、期間延長（一年六月に戻す）の意見が強い。法科大学院の教育が「実務への架橋」として不十分であることも指摘され、そのためいきなり分野別実務修習でなく、集合修習を前置することも検討されている。

④前述のような、二〇一〇年ころに司法試験合格者数を三〇〇〇人とすることにし、これを法科大学院修了者の七～八割でカバーするという当初の想定から見ても、五七〇〇人の入学者数では計算が合わないのであって、発足時に開校を希望した法科大学院をすべて認可したことに混乱の源があった。

まして現実の合格者が二〇〇〇人のレベルに止まり、これをさらに減らすという方向であれば矛盾は更に激しくなる道理である。

現実の合格率の低さや弁護士未登録者が年間五〇〇人にも達するという現状を見て、入学希望者やその中での社会人割合が大幅に減少していくのは自然な流れであり、法科大学院の大幅な廃止、募集停止も止むを得ぬところである。

6　その他の制度改革

審議会意見書の提案を具体化する制度作りは広汎にわたり、数え上げれば相当なものになるが、それらのうちのいくつかについて順不同に言及するに止める。

(1)　労働審判制度

解雇や賃金未払などの個別労働事件について職業裁判官のほか労使双方の労働審判員が関与して審判を行う、国民参加の一方法としての「労働審判」制度が成立した。

これまで労働紛争は地方、中央の労働委員会と裁判所の二層構造で取り扱われ、ともすると大がかりなものとなり長期間を要し、とくに労働者の側には気の重い手続であったが、労働審判の導入によって事案の解決にとって飛躍的に簡便なものとなった。そのため取扱件数は予想を上回って伸びている。二〇〇六年の制度発足当初、地方裁判所全体の労働関係訴訟件数二〇三五件に対して、労働審判件数が八七七件（八ヵ月分）であったものが、二〇〇九年に訴訟三二一八件、労働審判三四六八件と逆転して、二〇一五年には訴訟三三八九件に対して、労働審判件数は三六七九件であり、件数でも比率でも発足当初から大きく伸びている。労働審判の伸びも目覚ましいけれども、訴訟件数も増えているのは、労働審判の増加による掘り起こし効果と労働者の権利意識の向上がもたらしたものである。取扱い裁判所も当初地方本庁のほか支部では立川、小倉であったが、浜松、松本、福山が加わった。

(2)　行政訴訟

行政訴訟の改革は①救済範囲の拡大②審理の充実③利用しやすくする仕組み④仮の救済制度、の四つの柱からなる。[38] ①は原告適格の拡大、義務づけの訴訟・差止め訴訟、当事者訴訟としての確認訴訟、②は釈明処分、③は出訴期間延長、被告適格の明確化、管轄拡大、教示制度、④は執行停止の要件緩和、仮の義務付け仮の差し止め、である。

行政訴訟制度がこれまで国民の権利救済に役に立たず、勝訴等は一部勝訴をいれても一〇～一五％、訴の却下率二〇％という極端なもので、したがって国民からそっぽを向かれ、人口当りの件数が韓国の二八分の一、台湾の八五分の一、ドイツの実に五〇〇分の一、という状況であったものを改めようとするものであった[39]。

この改正が国民に受け入れられるものであったことは、新受件数が二〇〇〇年に一四八三件であったものが、二〇一一年に二二五八件と一・五三倍になっているのにもあらわれている[40]。

(3)　弁護士制度

弁護士制度に関わる制度改革には、以下に掲げるもののほか、必ずしも立法措置を伴わない弁護士会の自己改革として、報酬規定の廃止、弁護士会運営に関する市民参加機関（市民会議）、広告規制撤廃などがある。

①弁護士資格

司法修習生となる資格（司法試験合格）を有しないものに弁護士資格を付与する、大学院教員経験者、法律職公務員経験者などへの特例規定をすべて撤廃し、これに代わって、司法修習生となる資格を得て司法修習を経ていない一定の者に研修終了を条件に弁護士資格を付与することとした。そしてその範囲を国会議員や企業の法務担当者まで広げた。

②弁護士法七二条問題

司法書士、税理士、社会保険労務士に対して、弁護士法七二条の規制を緩和し、一定の法律実務について弁護士との競業を実現した。市民に身近な司法実現の観点から、市民の選択肢を広げるものといえる。たとえば司法書士については訴額一四〇万円を超えない民事紛争の処理を訴訟提起と進行を含めて弁護士と競合して遂行できることとなった。

③綱記審査会

弁護士懲戒請求者は、日弁連の異議を斥ける決定に対して、さらに綱紀審査会の審査を求めることができるものとした。

綱紀審査会は委員一一人全員が市民（非法曹かつ、非法曹経験者）によって構成され、その市民の意思をもって弁護士懲戒についての最終結論とするものとしたのである。日弁連は弁護士会の結論を市民が覆すことができるのは弁護士自治を害するなどとして抵抗したが、そのようなことがあり得ることが市民のための司法、市民による司法の具体化というべきものなのである。

(4)　検察審査会の起訴議決

公訴権行使に対する市民的監視の制度である検察審査会の機能をさらに強化するために、いわゆる起訴強制制度が導入された。

検察審査会が検察官の不起訴処分について起訴相当の議決をしたのに検察官がふたたび起訴しない処分をした場合には、検察審査会は「起訴議決」することができるものとした。

起訴議決があった案件については裁判所が公訴の提起と維持に当たる弁護士を指定し、指定弁護士は公訴を提起し、検察官の職務を行うこととなる。

この制度によって強制起訴されたのは現在まで明石歩道橋事件、尼ヶ崎列車転覆事故など四件で、いずれも無罪となっている。大きい事件としては東電福島第一原発事故の責任追及事件が現在審理中である。起訴事実が有罪となる劇的効果はなかなか挙げ得ないとしても、検察官の不起訴処分が市民の眼で見直される可能性がでてきたという点が重要である。

四　今次司法制度改革の評価

1　全般的評価

一九九九年の司法制度改革審議会発足によって現実のものとなった今次司法制度改革は、これをごく大づかみにいうと、次のとおり、司法制度をめぐって存在している、政治権力とわが国の支配的階層の願望とそこから生まれる矛盾を利用して、司法に対する国民の要求を一定程度実現し、司法を国民の側に一歩近づけたものであったと考える。

①司法の透明度が当初の予想を越えて増した。司法制度の運営のうえでも（たとえば裁判官の選任過程のように）、司法の機能の発現の場面でも（たとえば刑事公判での捜査資料の開示のように）これまで国民の目から隠されたものが明らかにされやすくなった。

②国民の側からのチェックと参加、発言の手がかりが多くなった。さまざまの分野で国民の目にさらし、国民の意思を反映し、あるいはその機会を保障するしくみが作られた。

③国民の権利と利益を守るいくつかのしくみが作られた。そのことによって「市民のための司法」への国民の期待の現実化の途を拓くいくつかの道筋が見えて来た。

2　いくつかの個別評価

それらの事実を示すいくつかの例を挙げるがもちろんこれは今次司法制度改革の成果の全部ではない。また、これまで新しい制度の現状を示したときに個々に指摘したところもある。

(1)　裁判員制度はさまざまな問題点は持っていながら、市民が司法を担うという「市民による司法」の原点をつかむ手がかりを作り出した。

刑事司法への初めての国民参加（旧刑訴下の陪審を除いて）が実現し、裁判の内容について市民が発言し、判決過程に関与することとなったのである。

一般市民には荷が重いとか、精神的負担の大きいことはさせるべきではないとかいう種類の、市民に同情するように見えて実は国民を小バカにした批判は、実は裁判員制度の中核的部分である、市民が司法を担うことの意義から目をそらそうとするものである。

(2)　法テラスの制度は市民の司法へのアクセスを相当程度に容易なものにした。

法律相談が法テラス発足前の二倍、扶助件数が一・五倍という数字だけでなく、過疎地（スタッフ弁護士）事務所の全国展開によって法的サービスが過疎地に及ぶようになり、経済的困難者に無償の援助が行われ（現在は法律相談のすべてと激甚災害被災者、生活保護世帯への扶助）、地域社会とのネットワーク構築が行われ、無償の法的情報提供が電話やメールを通じて行われるなどの細部にわたるアクセス手段の提供がその大半が国費によって行われることとなった。

(3)　刑事国選弁護（国選付添もふくむ）の対象が、公判段階（被告人国選）から捜査段階（被疑者国選）に広がり、殊に後者は法定合議事件から必要的弁護事件に広がり、そして二〇一八年六月には全拘束事件に適用されることになっている。

いま、すべての身柄拘束被疑者に広がろうとしている国選弁護人制度が司法制度改革の以前までは実にただの一件もなかったのだ、ということを考えると思い半ばにすぎるものがある、それまでは被疑者の人権擁護は全国の各弁護士会が運営する当番弁護士制度だけに頼り、もちろんこれには一円の国庫支出もなかったのである。

(4) 裁判官の任用については裁判官指名諮問制度とその際の外部評価の導入により、裁判官の人事評価については外部評価と不服手続制度の導入により、比較的透明性が増した。いずれもこれまで最高裁、殊にその事務総局に一手に握られ事務総局の密室で処理されて、国民はおろか当の裁判官にすら秘密のままで処理されていたところのものであった。

また、地方裁判所と家庭裁判所の運営について、検察庁や弁護士会の場合と並んで、市民が意見を述べる機関（地裁委員会、家裁委員会）が創設され組織運営の透明性を図る手がかりが得られた。

(5) 法曹人口はいずれの分野でも増えた。

裁判官不足は長期間にわたり各方面から指摘されていたが、二〇〇一年の二二四三人から二〇一六年に二七五五人と五一二人増えた。

検察官も同じく一四四三人から一九三〇人と四八七人の増加となった。

これらに対比すると弁護士は同時期に一八二四三人から三七六八〇人と、一九四三七人の増加で二倍増であり、増え方が著しい[41]。

この弁護士人口の急増をもって近時の弁護士地位の低下や弁護士の不祥事の原因だとし、さらにはこれを理由に司法改革そのものが失敗であったと結論づける向きがあるが、それらは多く弁護士の職域の利益の立場から唱えられるものであって正しいとは思われない。

弁護士人口の急増によるひずみが生じていることは事実であり、急増の傾向に対する是正措置も必要であるが、弁護士人口が従来のままに推移し、世界の先進国中、最低の水準であっていいわけはない。

現に数多くの国民が法的な援助を求めながら弁護士の不在によって、これが満たされない現実があるのだから、これに応える態勢を取っていくことは必要である。

たとえばすべての被疑者に国選弁護を、というのは日弁連の悲願であったが、「ほんとにそれが実現したらそんな多くの件数に弁護士は対応できるのか」と半ば揶揄の声で迎えられつつ、法定合議事件の被疑者国選をクリアし、必要的弁護事件の被疑者国選もクリアし、いま全拘束被疑者の国選弁護を実現しようとしている。これが可能となるのは今次改革によって被疑者弁護の適格を有する層の厚い弁護士を確保できているからである。

また全国いつでもどこでも法テラスが展開する法律相談、法律援助に対応できるのはそれだけの数の弁護士が法テラスを支えているからである。(42)

弁護士の一人当たりの仕事が減るとか収入が減るというような弁護士の私的利益の観点だけから司法改革を評価することは許されない。

3　成果をもたらした要因

(1)　何よりも、いまの司法と裁判官が国民の方を向いておらず、国民の役に立っていないという不満があり、人権と正義の擁護者たり得ていないという怒りがある。それを敏感に感じ取って運動化し、政治課題化することができた。

(2) また上のような「市民の司法」を目指す力と、それとは本来別の動きであった規制緩和型の司法を目論む動きとのそれぞれの思惑の間に微妙な接点があった。

「市民の司法」を求める動きは率直に言えば、自らの要求を改革実現に結びつけるだけの力をその時期に独自には持ち得ていなかったが、規制緩和型司法を目指す勢力が作り出す動きを「市民の司法」と制度づくりに利用し、誘導することができた。

(3) 司法制度改革の枠組み作りと制度作りを担う審議会と検討会が、いつもこの二つの力のせめぎ合いの場となりながらも、国民の意思と願いを一定の程度受け止めて動いた。

審議会や検討会の委員や事務局の構成や人選、討議の手順作りやその透明化に努力を傾けたことがそれをもたらしたのである。

(4) そして審議会や検討会にそのような態度を取らせたのには国民世論の力と国民の注目があった。改革を求める二七六万の署名が審議会場のモニター室の壁全体を占めて審議を見守っていたのは、その象徴のようであった。

4　残された課題

最後に、今次司法制度改革において残された課題についてごく簡単な素描をしておく。

(1) 当面の課題

審議会意見書で取り上げられ、あるいは検討会で論議されながら制度改革の成案に至らなかったものがある。

政治状況の中で改革対象として取り上げられなかったものもあり、論議が未成熟であったり、改革の優先度から見送られたものもあるが、それらのいずれにしても、取り組みの端緒をつかもうとしていたものもあり、そのいくつかについては実現への距離もかなり近い。

①刑事手続

捜査手続の透明化についての論議が取り交わされたが、そのうち、取り調べの録画・録音（可視化）については法制審議会の審議を経て、一部実現した（但し、司法取引等、却って捜査に便宜を与える制度導入と抱き合わせになっている）。取り調べ全部についての可視化が課題である。被疑者、被告人の身柄拘束判断を厳格化することについての論議が行われていたが、勾留と保釈については裁判所の運用上、勾留請求却下率の上昇、準抗告認容率の上昇、保釈率の上昇にその影響があらわれている。さらに制度上の改善が求められるし、被疑者についての起訴前保釈の制度化も必要である。

②行政訴訟手続

行政事件訴訟法改正に盛り込まれた事項のほか、行政立法に対する争訟、行政計画に対する争訟、裁量審査の改善、団体訴訟導入、訴訟手数料の合理化などの制度化が見送られた。（団体訴訟についてはその後その一部が単独立法によって制度化された）

これらについては日弁連の他自民党や公明党でも立法に向けての検討と検討のための組織の提案がすでになされている。(43)

③裁判官制度

裁判官の報酬号俸の段階の見直しは審議会意見書でも最高裁が自主的に行うべきものとして提言されているが、最高裁がその検討に着手していることは少なくとも一般の目には明らかでない。特例判事補制度の順次廃止についても提案されているところ、これについては一部実施に移しているというが、その進行は止まっていると見られる。

いずれも国民の眼が行き届かなくなると、途端に取組みがなおざりにされるものの典型である。日弁連が声を挙げなければならない。

④最高裁裁判官任命諮問委員会

その制度化について検討会でも課題に取り上げられたが、最高裁裁判官の適格審査について司法制度改革の中で取り上げるのは権限外であるかのような合理性を欠く議論で棚上げにされた。(44)

下級裁判所の全裁判官について指名諮問制度が成立して動きはじめている今、最高裁裁判官だけにその制度がない、ということの方が不自然であるし、最高裁の発足当初の裁判官任用にあたって任命諮問委員会が作られたという実績もある。

早急に検討を始めるべきである。

(2) 基本的課題

今後にわたって展開されるべき司法制度改革の大きな方向は司法官僚制の打破である。これが司法改革の現時点での最終目標である。

それは官僚裁判官制度（キャリアシステム―子飼い裁判官制度）を中軸とする裁判官の階層秩序（ヒエラルキー）と中央集権的な統制の仕組みをなくすことである。

「市民の司法」の司法改革が「市民による司法」を掲げたのにはこの問題に切り込むことを目指したところが大きかったが、司法官僚制の中核的部分は揺るがなかった。

この課題に当たるにはこれから先、理論的な再構築も要するし、国民世論の喚起にも大きなエネルギーを要することを覚悟しなければならない。

①法曹一元

今次司法制度改革で掲げられていた法曹一元の要求は、弁護士任官、非常勤裁判官、裁判官の弁護士等他職経験、特例判事補の段階的廃止といった微温的な改良策でごまかされてしまい、実現するに至らなかった。

判事補制度を廃止し、すべての裁判官を任野法曹経験者から採用する方法に改めるべきである。このことによって、司法研修所の門を出た翌日には裁判所の門をくぐる裁判所子飼いで社会経験のまったくない、それゆえに国民が社会に生きていく中で直面する悩みや苦難を知らず、共感することもない裁判官による裁判をなくし、官僚裁判官制度成立の基盤をなくしていくのである。

スウェーデンでは半数を弁護士経験者、半数をキャリア裁判官という中間的制度からはじめているというし、韓国ではじまった法曹一元は当面弁護士三年の経験（日弁連は一〇年を要求）を要件としていると言われる。具体的な設計についてはいろいろなアイディアと道筋が論議されていいであろう。

②陪審制

裁判員制度はそれ自体にも大きな意義はあるが、裁判官との「共働」という名のもとに裁判に参加させて貰っているという客体意識がなかなか消えないのが問題である。

「市民による司法」の貫徹のために裁判員制度を改革、発展させて裁判官と裁判員による構成から裁判員（市民）のみの合議制として市民を事実審理の主体と位置づける。陪審の対象事件を軽罪事件へ、民事事件へと逐次拡大して訴訟事件の大半について裁判官は訴訟指揮に専念するしくみとする。

③司法の地方分権化と事務総局の改革

この問題は法曹一元や陪審制と異なり、日弁連が問題を提起した以外は検討会ではおろか、審議会でもまったく触れられることがなかった。司法官僚制はこの面では今次司法改革においてまったく手つかずに終わっているのである。

全国の裁判所と裁判官を最高裁判所のもとで中央集権的に支配統制することが司法官僚制の基盤をなしている。これを改めて、司法の、国家の機関としての統一性は維持しながら司法の機能を地域ごとに完結的なものとすることを目指し、最高裁判所が全権を掌握して司法の中枢に立つ仕組みを廃する。

戦前の司法においてさえ、東北ブロックとか九州モンローと言われながら各控訴院ごとの相対的な独自性は強かった。各級および各地の裁判官会議が司法行政の主体となることが制度化されている現在では、なおのこと司法の地方分権は可能なのであって、地域ごとの裁判官や職員の採用、配置、予算の編成、実行、地域独自の現則の制度などは地域ごとの高裁裁判官会議に委ね、最高裁は全国規模の、あるいは各地域にまたがる問題の処理にあたることに特化すべきである。

最高裁判所の中央集権的支配は、実はその裁判官会議によってなされているのではなくて最高裁事務総局によってなされていることは誰もが知っている。事務総局が事実上司法の中枢を掌握する運用を廃し、最高裁発足当時のように事務総局本来のサービスと補助の仕事に戻し、裁判所法（一三条）に規定する「庶務」を扱う部局に再編することが必要である。

五　むすびに代えて

江藤价泰先生は司法制度改革のはじまりやその過程について相当に批判を持っておられた。作られた制度やその運用についてもかなり危惧を感じておられたと思う。

しかし先生は私がその一方の衡に当たっているのを知っておられて私が司法改革について語るのには厳しい批判

は向けられず、毎年の年賀状に「司法制度改革の行方を案じています」という趣旨の言葉をきまって書き添えて下さっていた。

　この小論は司法改革についての私の先生への最後の報告である。先生はこれを読まれて「何だ君は。随分甘いな」と言われるのではないかという気がする。

（残された課題の実現の道筋や実現に向けた運動や行動については敢えて触れなかった。この小論のテーマから若干外れるし、また紙面を多く費すことになるからである。これらについてはまた他日を期したい。）


（二〇一七年八月三一日）

（1）　東京経済大学紀要・現代法学一〇号（二〇〇五年一一月）。
（2）　同現代法学一二号（二〇〇七年一月）。
（3）　同現代法学九号（二〇〇五年三月）。
（4）　同現代法学一四号（二〇〇七年一二月）。
（5）　渡辺洋三先生追悼論集『日本社会と法律学』（日本評論社、二〇〇九年）五九一頁。
（6）　前掲注（1）紀要・現代法学三〇号（二〇一六年二月）。
（7）　日本司法支援センター編著『法テラス白書　平成二七年度版』一四頁。
（8）　同白書四五頁。
（9）　同白書二八―三〇頁。
（10）　同白書一〇三、一〇四頁。
（11）　同白書一五頁。
（12）　同白書一六頁。
（13）　同白書九一頁。

(14) 日本弁護士連合会編著『弁護士白書　二〇一六年度版』八八頁。
(15) たとえば、第三〇回司法制度改革審議会議事録一六頁、中山隆夫最高裁総務局長の発言。
(16) たとえば、同第三〇回司法制度改革審議会議事録六頁、山田幸夫日弁連副会長の発言。
(17) 司法制度改革審議会意見書一〇二頁。
(18) 法制度当時の制度目的に関する論議について、拙稿「裁判員制度立法過程の検討序説」(前掲注(5)書所収)六一四頁以下。
(19) 前掲注(14)弁護士白書九四頁。
(20) 同弁護士白書九五頁。
(21) 同弁護士白書九五頁。
(22) 最高裁判所「裁判員裁判の実施状況について」平成二九年五月末速報五頁。
(23) 最高裁判所事務総局「裁判員裁判実施状況の検証報告書」一二〇頁。
(24) 同検証報告書一八頁。
(25) 前掲注(17)意見書九二頁以下。
(26) 弁護士の委員二人(堀野紀と宮本康昭)、他に幹事として二人(一木剛太郎と丸島俊介)が選任された。
(27) 日弁連司法制度改革検討ワーキンググループ「司法制度改革の検証について(答申)」(二〇一三年六月二四日)五六頁。
(28) 同答申五七頁。
(29) 第17回司法制度改革審議会議事録(頁なし)髙木委員の発言。
(30) 前掲注(14)弁護士白書一四三頁。
(31) 最高裁判所・日本弁護士連合会「弁護士任官等に関する協議の取りまとめ」二〇〇一年一二月七日。
(32) 前掲注(14)弁護士白書一四二頁。
(33) 最高裁判所・日本弁護士連合会「いわゆる非常勤裁判官制度の創設について」二〇〇二年八月二三日。
(34) 前掲注(27)答申五五頁。

(35) 二〇一七年七月三一日朝日新聞。
(36) 前掲注(27)答申三五頁。
(37) 前掲注(35)朝日新聞。
(38) 藤川忠宏「行政訴訟改革」司法改革研究会『司法改革の軌跡と展望』(商事法務、二〇一三年)三三六頁。
(39) 同「行政訴訟改革」三二九頁。
(40) 同「行政訴訟改革」三三六頁。
(41) 前掲注(14)弁護士白書四八頁。
(42) 二〇一五年の民事扶助の契約弁護士数は二万一〇三三人、国選弁護人の契約弁護士数は二万六三七〇人である(前掲「法テラス白書」四六頁、八四頁)。
(43) 日本弁護士連合会「恒常的改革機関設置に関する提案」二〇〇四年九月一六日。公明党「行政法改革提言」二〇〇四年一一月八日。自民党行政改革推進本部幹事会「行政法制度改革における課題と検討組織について」二〇〇五年一月二八日。
(44) 第一三回法曹制度検討会議事録(頁なし)。

「法科大学院問題」の顚末

――司法と法学の危機は克服できるか――

早稲田大学名誉教授　戒能通厚

一　はじめに

二〇一七年の司法試験は、昨年より四〇人少ない一五四三人が合格した。受験者数は九三二人減の五九六七人、合格率は、二・九一ポイント増の二五・八六パーセント、他方、予備試験通過の合格者は五五人増の二九〇人で合格率は七二・五パーセントで合格者全体の一八パーセントを占めた。新司法試験が開始される直前の旧司法試験でも、すでに増員の方向にあったが、二〇〇四年が一四八三人、二〇〇五年が一四六四人で、単純比較で言えば、法科大学院時代の司法試験も合格者数でいえば、旧司法試験時代に戻っている。しかし、司法試験合格者数が五〇〇人程度であった時代でも、五万人を超える出願者があったのに対し、法科大学院時代の志願者は激減し、二〇一七年度の志願者は八一五九人、入学者は一七〇四人でそれぞれ、五分の一、三分の一に落ち込み、法曹離れが進んでいる。

二〇一七年の司法試験の結果は、法科大学院に対する直截な介入によるものであったが、文科省はこれを「理想型」に近づいたとしているようである。二〇一五年、内閣に設置されていた法曹養成制度改革推進会議は、二〇一五年六月三〇日、司法試験合格者数を一五〇〇以上とすると決議した。そして、二〇一五年度から二〇一八年度までを法科大学院集中改革期間とし、成績の悪い法科大学に対する公的支援や、裁判官・検察官の教員派遣について見直しを強化し、各法科大学院において司法試験累積合格率が七割以上を達成できるようにするため認証評価の厳格化や補助金の操作等により、「改革」努力を求めることにしていた。二〇一八年度はその一応の「完成期」ということなのだろう。

このような介入によって、二〇〇四年に法科大学院がスタートした時点で七四校あったものが、二〇一一年からの七年間で三五校が撤退に追い込まれた。二〇一七年の法科大学院志願者数は全体で八一五九人、入学者は一七〇四人、法科大学院が本格的にスタートした二〇〇五年の法科大学院志願者は約四万一七五六人、入学者は五五四四人であった（最多の二〇〇四年度の志願者は延べ七万二八〇〇人）から、一〇年で法曹を目指す優秀な学生を含めて約三万三〇〇〇人もの法曹志願者を失ってしまったことになる。法科大学院修了者の意見を聞いても、教育内容に肯定的な学生でも、法科大学院の授業料等の負担、競争関係にある仲間と打ち解け難いこと、政治的な問題について意見を交わすことは少なく、常に心理的圧迫を感じていたとする体験を語る者が少なくない。

文科省は七四校もの法科大学院を乱立させるという新自由主義的な政策の失策について、その反省・検証もないまま、二〇一七年七月二〇日の中央教育審議会法科大学院等特別委員会（第八一回）において、「法科大学院等の教育改善について（論点と改善の方向性）」（初出は、五月一七日の同第八〇回）という政策の転換をはかる文書を公表した。

その内容は、①「独立大学院」という制度をあらため、法学部と法科大学院の連携を強化し、自校の法学部から自校の法科大学院への進学を容易にする（推薦入学制度等も考える）。②法学未修者を原則とする政策をあらため、既修を原則とする制度に転換する。具体的には、純粋未修者には法学部への編入学を推奨し、学部の法曹コースで未修者教育を行う。法科大学院における未修者教育は、教育実績のある拠点校に集中化する方向を考える。③「優れた資質の学生」のため「法曹コース」を設け、学部二年からこのコースに入り、早期卒業・飛級入学を活用して三年で学部を卒業し、法科大学院の既修者コースに入学することにより、学部入学から五年間で法曹養成コースを修了するというモデルを中核に据える。それまでこの部会で審議があったようであるが、ほとんど知られていなかった唐突な提案に思える。その後、一〇月二日の同特別委員会で、この案は年内にも中教審の中間報告にまとめられ、二〇一九年度の入学者から「法曹五年コース」の対象とされる予定（そのための法的整備を行う）になったようである（日本経済新聞一〇月三日朝刊[1]）。

大内兵衛と我妻栄の共著である『日本の裁判制度』（岩波新書、一九六五年）は、一九六二年に設置された「臨時司法制度調査会」の会長である我妻が、同調査会の意見書を出す前に「畏友」の大内と行った対談の記録である。同調査会の最大のテーマは、「法曹一元」であったが、それが実現しなかったことを含めて同調査会に批判があるところである。しかし、我妻のこの対談での姿勢は――先輩の大内が相手だからかもしれないが――謙虚であり、満々たる自信にあふれた「司法制度改革審議会」（以下「司法審」と言う。）の自己陶酔的筆致の意見書とは様子が違う。

この対談には司法試験改革についても言及があるが、我妻は、「大正一二年に国家試験制度が変わり、司法官についても行政官と統一した高等文官試験となり、司法科試験はその一部門とされ、帝国大学法学部卒業生の特権――無試験で弁護士だけでなく判・検事にもなれる――もなくなった。この大変革の結果、判事・検事・弁護士の三者は同じ試験で資格を与えられることになり、従来の法曹一元論の主張を大部分達成したものであるとする。それに加え、判事・検事になるには司法官試補としての修習を経なければならなかったが、弁護士はそうした見習い期間が必要とされていなかった。しかし、昭和一一年に弁護士試補の制度が設けられ修習が必要とされ、これで在朝と在野法曹は資格と能力において全く等しいということになった（同書二七頁）。そして、戦後、一九四七年五月から最高裁に置かれた司法研修所において、裁判官・検事と弁護士になる者とを一緒に試験して、二年間国家から給与を与えられながら一緒に修習させるという制度になるわけであるが、これは、「弁護士の質を向上させるためというよりも、判事・検事・弁護士という法曹三者の質を均一のものにし、お互いに理解し合うという一体感を作るために大きな役割を果たした」、と述べている。そして、「法曹三者の素質の均質化と一体感こそ我が国の司法の向上のための不可欠の要件だ」と言っている（八六頁）。

森山文昭の最近作である前掲注（1）引用の著書では、「司法審」がアメリカを模倣したロースクールを採用したのには、一九九八年の「大学審議会」の答申という「前史」があるが、決定的に重要だったのは、一九九一年六月に発足した「改革協（法曹養成制度改革協議会）」であった。これは、しかし、一九九〇年四月に日弁連の会長に選出された中坊公平によって、会の意思決定過程を含めて変貌しつつあった、日弁連によって推進されたものであった。その特徴は、当時、検察官希望者不足に危機感を抱いていた法務省が主導して一九七八年に設置された「法曹懇（法曹基本問題懇談会）」で「パンドラの箱」から飛び出した「法曹人口」論から「司法のありかた」を問うという「手法」の継承とその拡大にあった。検察官の高齢化に備えるために司法試験受験の回数制限をして司法試験合格者の若返りを図るといういささか姑息な改革の理由説明への批判をかわすため、法務省は「法曹のありかた」という大上段の問題を審議するのだと主張した。ここから、「法曹のあり方」「弁護士利用のしにくさ、その要因としての法曹人口の少なさ」、したがって「法曹人口急増論」へと、経済界主導で議論が進んでいった。そして、中坊＝日弁連が主導した「改革協」においては、経済界出身委員から出された司法試験合格者を三〇〇〇人とするなどの法曹人口増論が勢いづいていった。そのような大増員は、現行の司法研修所では収容困難であるという最高裁・法務省からの反論に対し、経済界委員からは「それなら司法研修所を廃止して、アメリカのようなロースクールにすればよい」という意見が出された。しかし、この段階では、先の我妻と同様、司法研修所の存在意義を認める議論が多数を占めたが、増員自体は実現され、司法研修期間を短縮するとされた。こうした状況のなかで、中坊会長率いる日弁連が、「自ら血を流し汗を出す改革」に踏み切り、マスコミに大々的に弁護士会の変貌ぶりを喧伝したから、「司法試験改革」問題はいつの間にか法曹人口論へと移行してしまった。「司法審」が「法曹人口急増」、しかも、三〇〇〇人増員論を最初から前提にしていた理由は、この森山の分析でわかりやすく理解できる。

森山は、「法科大学院を中核とする法曹養成」という「司法審」の最も核心的提案が、「法曹人口論アプローチ」すなわち、司法試験合格者を三〇〇〇人とする急増論から出てきたこと、これでは司法研修所の収容能力を超えるという反論に対し、研修所の廃止またはその役割の法科大学院による代替論が生み出されていったこと、大学教育が司法試験に関しては予備校という司法試験という「点」のための存在で法曹養成に関しては機能していないことに対し、「点ではなくプロセス教育」というコンセプトで一挙に大学がその中核に躍り出たこと、そしてそれに対し、試行期間もおかず直ちに「法科大学院」修了者に、司法試験受験資格を付与するとされて、大学が予備校を圧倒したこと、司法研修所のキャパ不足に対しては、「法科大学院」がその一部を代替するという見解が出されていたが、「法科大学院」の発足時にその点が詰められない状態で、司法研修所の「前期修習」が廃止されてしまった。これによって、「法科大学院」と司法研修所の教育の連続性が絶たれてしまった（二〇一四年から「導入教育」が全修習生に対し一ヵ月間行われることになったのは、この弊害が深刻であったからである）。そうした研修所における教育と、法科大学院での教育が切断された状態で、「司法審」は、「法科大学院」では、理論教育を中心としつつ、実務教育の導入部分をも併せて実施すべきものとした。これが「法科大学院」で前期修習に代わる教育を行うと解された面がある。しかし、「法科大学院」は、研修所ではなく、「前期修習」を代替することはできない。こうして、「前期修習」すなわち、訴状、準備書面、起訴状、弁論要旨等の実務文書の起案等という実務の基本的部分・概要を教えるという「前期修習」が担った「プロセス教育」の初発の部分の担当が不明確のまま、「理論と実務の架橋」というコンセプトがドグマ化し、「理論教育」との関係が不分明のまま、実務教育や研修所においてなされてきた「実務の技法」に至る部分を司法試験合格前の法科大学院生に教育することになっていった。しかし、森山が言うように、法科大学院は理論教育を行うことを基本目的にすべきである。「理論と実務の架橋」とは、実務教育を重視するというドグマでなく、理論を実際の紛争解決に応用可能にするために実務を重視するという意味であろう。

以上の「大学教育アプローチ」「司法研修所アプローチ」は、法科大学院中核主義に回収され「法科大学院」は過剰な教育負担を負うことになった。反面では、司法研修所は過剰の定員を抱え、ことに弁護士修習は対応できる弁護士事務所が限界を超えた。「大学教育アプローチ」からは、法学部が存在しないアメリカをモデルにしたため、「法科大学院教育」は、法学未修者を中心とすることが原則とされた。かくて、法学部での法学教育と「法科大学院」は切断され、自校の法学部から自校の「法科大学院」の連続的進学は好ましくないとされた。かくて「法科大学院」は、「独立大学院」方式で設置され、教員組織も教授会も、法学部と原則切断された。法学研究科における研究者養成についても、実定法関係については前期課程を廃止して、「法科大学院」によるべきとされ、「法科大学院」修了と司法試験合格後に後期課程に再入学して研究者を目指すというモデルが多く採用され、これで研究者養成も一気に衰退していった。「仕上げ」は、認証評価機関と文科省による、「法科大学院」教育の細部にわたる監督である。これには、実績が上がらない法科大学院の統廃校措置も含まれた。つまり、「専門職大学院」という「法科大学院」のために新設された独立大学院制度である専門即大学院制度で、法科大学院における教育はすべて、文科省の監督下に置かれることになった。

「司法研修所教育」は最高裁による監督で自由がないが、「法科大学院」は大学の組織であるので「大学の自治」があると喧伝されたが、これは真実ではない。自治がないどころか、「法科大学院」には予備校と異なり「プロセス教育」の中核機関であるから司法試験という「点」のための受験指導はしてはならない、「起案」と答案練習という指導は受験指導に当たる…とされ、認証評価で禁じられるというドグマが生まれることになった。認証評価によって、このドグマが絶対的に固守され、教育方法について硬直的な規制が支配する息苦しい環境になってしまった。アメリカのロースクールの印象がよほど強烈だったのか、「双方向授業」が推奨され、一年で法学部卒と同等の学力をつけなければならないのに、法学未修者教育でも「双方向授業」が求められ、認証評価の対象にされた…等々の「法科大学院」が生み出した「革命的」な「教育改革」と、それを強制するドクマが、大学の法学教育と研究の場に深刻な亀裂と矛盾をもたらした(2)。

したがって、以上の状況からみれば、前述の「法曹養成五年コース」設置を中心とした政策転換にはそれなりに評価されるべき点がある。というよりも、私はこれは、私が言う「法科大学院」制度の「構造的差止」がなされた状態と解されるべきであると思っている。後述したい。

二 「法曹養成五年コース」

この文科省の「政策転換」は、法曹養成に実績がある七大学でつくられた「先導的法科大学院懇談会」(エルエルセヴン＝ＬＬ７：http://ll7.sakura.ne.jp/)という生き残った有力法科大学院のコンソシアムによってささえられるということのようである。

これは、文科省が歓迎している方向であろう。ＬＬ７には、二〇一六年度の司法試験で上位七校に入った、東大、京大、一橋大、神戸大、慶應義塾、早稲田大、中央大の七大学が含まれているが、見られるように、首都圏が圧倒的であり、関西圏でさえわずかであり、地方大学はほとんど外されてしまっている。しかし、未修者教育で成果を上げている愛知大学は七校に入っていず、補助金配分率で上位にある法科大学院もセブンに入っていない。七校は、いずれも大きな法学部のある有名校であり、「法曹コース」がおける余裕のある大学である。未修者教育をあれだけ喧伝していたのにかかわらず、法学部に未修者教育の機能が移る。セブン＋αは、黙っていても優位にたつことができる。ここにも「撤退」の仕掛けが用意されているということなのであろうか。文科省は認証評価の厳格化や司法試験合格率といった形式的であるが明認しやすい基準で、生き残った法科大学院も含め、今後も法科大学院の「淘汰」をしていくであろうから、経済的負担の大きさから敬遠されてきた「法科大学院問題」が、大都市部の法科大学院に入学するほか法曹になる道はないという、最悪の方向で「決着」されることになりそうである。

文科省の政策転換は、何度も指摘されてきた、法学未修者教育――それも一年で――の無理を法科大学院の設計ミスによるものとせず、事実上これから法科大学院を撤退させるものである。したがって、「司法審」の提言を頑なに維持してきたことによる、法科大学院の教育現場に与えてきた教員たちの苦悩、何よりも法科大学院生への「プロセス教育」の強要によって生じた矛盾がすべてなかったかのように、法科大学院の設計変更をしのびこませるものである。こうして、「少数精鋭化」された法科大学院とその設置大学における法学部とで、法科大学院を事実上、「エスカレータ」方式での司法試験受験資格付与機関とし、これを核にした法曹養成制度に換骨奪胎しようとするものである。ここに至るまで、文科省の「加算方式」なる補助金運用で誘導がなされてきた。先の特別委員会でも「法科大学院の現状」にしたがっているのだという発言が見られるが、文科省と有力法科大学院の「共同事業」による意図的結果であり、撤退させられていった法科大学院には司法試験合格者数競争での敗北というの「自己責任」の結果しか残されない。「プロセス教育」と言いながら、司法試験の累積合格率(3)という「点」による結果による「加算方式」は、「プロセス教育」という建前に反するのではないかという批判にも応えていない。これらも、法科大学院制度の破綻を露呈したことがらではないであろうか。

東京大学法学部では、一九六四―一九六七年の頃、法学部五年制案を検討したことがあった。しかしこれは、法曹を目指す学生のための教育だけを考えたものでなく、「法曹にならない人々に対する教育」についても検討しているものであって、「司法審」の「法科大学院修了生の七割から八割が司法試験に合格する」というイリュージョンを与えた言説への数あわせをする「法曹養成五年コース」とは全く異なるものであった。なぜこの構想が頓挫したかについては、リーク報道や、学園紛争の影響、法学部のみが突出することに全学の合意が得られなかったこと、親の負担と、国の予算措置の問題など種々あるが、「リーガルマインド」への検討や、隣接諸科学やことに比較法や基礎法的素養の重要性など、今日にも通用すると思われる法学部「再建」の知見など、検討されるべきであろう。(4)

行政の責任を問われることなく、何よりも「司法制度改革審議会」(以下、「司法審」と言う。)のミス設計の要因を解明することなくなされるこうした「政策転換」は、法学部のなかに法曹コースという法科大学院の分身を設け、これによって法科大学院が抱えてきた問題を、法学部に拡散するという法科大学院問題の「波及＝拡大」をもたらさないか、危惧される。

いずれにしても法曹養成に関する「司法審」提言は、事実上その骨格部分においてなし崩し的に変質した。崩壊した、というべきかもしれない。もっとも、法科大学院修了が司法試験の受験要件とすることは残されている。「予備試験」が廃止される可能性もある。もっとも、法科大学院入学者が減少し、司法試験受験に失敗した「滞留組」が減少していけば、司法審がのべた「法科大学院修了者の七割から八割合格」という数字も「夢」ではなくなるかもしれず(5)、上記の「エスカレータ」方式が、「定着」する可能性があろう。「予備試験」は廃止できなくても、トップ部分の法科大学院のみが残ることになれば、「予備試験」への集中も目立たないものとなろう。しかし、多様なバックグラウンドを売りにした法科大学院は「消滅」し、一部の特権階層で一流法学部卒といういちじるしく閉鎖的な出自の法曹が生まれていくことになる。「落ち着くところに落ち着いた」という言説を聞いたことがある。つまり司法試験合格者を輩出する実績がない大学が参入して法科大学院の評判が落とされたが、それらの大学が撤退することでようやく悪評が解消される…。これはエルエルセヴンの本音であり、折角の努力がこの劣後する部分によって足をひっぱられて法科大学院自体の危機に及んでいるという認識だろう。しかし、その結果は、何より法曹希望者の減少とその世界の狭隘化だろう。

しかもこの間、決定的なできごとがある。すなわち、弁護士人口は、二〇一六年には三七六五一人で、弁護士一人あたりの国民数は三三五二人であったが、二〇一二年に設置された「法曹養成制度検討会議」委員であった和田吉弘によれば、かりに旧司法試験時代の二〇〇三年の一〇〇〇人程度に合格者数を絞っても、弁護士人口は。二〇三八年には五万人に達すると推計されていた。(6)

司法改革は、体制改革でもあった。そしてその「改革」において明瞭に現れた結果が、弁護士という職業の魅力の劣化であった。そして、大学における研究者養成機能の減退であった。

このような制度の基本的なレビューにおいて、その制度を続行させたままとするのは、効果的な方法ではない。そこで私は、現行の法曹養成制度の根幹、すなわち、法科大学院修了を司法試験の受験要件とする制度（司法試験法等の特定条項）の一時的差し止めをする必要があると述べたことがある。アメリカでは例えば公教育について、黒人差別を是正するために白人のみの学校について「構造的差止」structural injunction によって、行政的手法を加味させながら差別のない学校に作り替えるという手法があるが、これをモデルにしたいわゆる injunction 論である（この点は、法律時報二〇一二年八月号の「法律時評・法科大学院問題解決への展望」を参照されたい）。

前述のＬＬ７（エルエルセヴン）を核にした「政策転換」は、それまで文科省が主導して強制してきた「司法審」の法科大学院の大転換と考えれば、そのような転換の理由について、知る権利があるだろう。したがって従順にこれに従う必要はなく、大学側が総体として法科大学院に代わる「理想型」を求めてあるべき法曹養成、研究者養成、法学部を中心とした法学教育のありかたを自治的に論議するチャンスが到来したとみて、それを論議するフォーラムを立ち上げるべきだろう。

そこで核心的な問題は、法学部の再定位である。「法曹コース」は、法科大学院としてではなく、法学部のコースでいいのではないか。法科大学院の存続理由となっている、修了を司法試験受験要件とする必要はない。森山は、法科大学院の入学定員を司法試験合格者から逆算して制限し、法科大学院を修了すれば司法試験にほぼ合格するような優れた教育を行うべきだとし、そのような法科大学院についての入試を「全国統一の法律科目試験」を行うという案を提示している。いずれにせよ、このように自由な論議が必要である。その場合、法科大学院のみに特化した検討でなく、法学部、大学院、研修所と総体としての検討が必要と考える。「法曹有資格者」という概念で、法科大学院修了者の行き先を考え、弁護士の職域拡大を考える「法科大学院中心主義」は破綻した。法学部を「再生」させて、法学部卒の意味を再定位するべきである。このようにいわば〈構造的差止〉がなされたようにリセットされた状態で、法学部を核とした構造的再編を考えるのである。希望が生まれよう。その際、「法科大学院」の蓄積から学ぶべき点も多々あるだろう。

このような自治的フォーラムによる検討も行わず、「大山鳴動」して何も残らなかったというのに近い「法科大学院騒動の顚末」のまま、法学者たちの「沈黙」が続くのであれば、希望はない。自らの選択で始めた制度である……批判をすれば法科大学院の認証評価や「差別化」のための「加算制度」のために身を粉にしている同僚への配慮など、さまざまな事情によるのかもしれない。

しかし、決して誰も動かなかったわけではない。

二〇一三年一〇月一九日、愛知大学車道校舎で、「法科大学院を出発点から再考し、希望の持てる法曹養成と法学教育・研究システムを創る会」(略称、「再考・創る会」)が設立され、これまで四号に及ぶ Newsletter を刊行してきた。(7) その設立の趣旨は次のようである。

三　私たちは声をあげてきた――「再考・創る会」の設立宣言(二〇一三年一〇月一九日)

司法審の設計ミスを検討することなく、司法試験合格者数競争のみの問題に矮小化した、法科大学院の堅持策によっては、「法科大学院問題」は絶対に解決できないどころか、日本の法律学は、崩壊の道を辿るだけである。このような問題状況を踏まえて、この NEWSLETTER を通じてさらに、より広範な方たちの参加によって、この内容の精緻化をはかろうという趣旨のものである。(8)

1　設立趣旨

(1)　今日、大学は、国立大学法人に典型的に現れているように、国の全体的な介入と財源削減によって、自律性を失っている。のみならず、「ミッション」という名目で、一定の国策に奉仕すべき機関に変えられようとしている。そこでは、学問の根幹的な原理ですら、放棄を迫られていると言っても過言ではない。私たちは、このような問題状況に対し、もっぱら法科大学院のみに特化したその「延命策」に拘泥したというほかない、先の「法曹養成制度検討会議」(以下、「検討会議」と言う。)の結論、およびこれを基本的に支持していると思われる法科大学院協会はじめ、多くの法科大学院当局の皆様に、現在の大学が置かれた状況に、深い洞察を加えられるよう求めたい。

それとともに、法科大学院への干渉を通じ、法曹の養成への国家的管理が進行すること、およびそのことが、司法におよぼす深刻な影響を、真摯に検討されるように、心から呼びかけたい。

(2) 法科大学院は、法学部教育との関係を切断した高度専門職養成機関として、研究者養成大学院とは異なる専門職大学院として設置された。一九九九年に発足した専門大学院制度は、高度専門職養成に純化しておらず、研究者養成機能を残しているということから、法科大学院の設立のために、わざわざ創設されたのが、専門職大学院制度であった。この結果、法学という同一の専門分野の中に、高度専門職養成と研究者養成という、相互の関連づけが十分検討されないままの二つの大学院が併置され、いわば見切り発車したのが法科大学院という制度である。周知のように、法科大学院は、いわゆる旧帝大系などにおいては、多く、それぞれの大学院法学研究科の一専攻として設置されており、教員組織は、大学院法学研究科教授会しかないが、私立大学の法科大学院や他の国立大学の法科大学院は、既存の大学院と組織的に分離された独立大学院＝「分離型」で設置された。このような文科省の行政指導による区別に、合理的理由はない。総じて、前者のタイプは、法科大学院の問題を、法学教育・研究の全体のシステムの中で検討することができる余地が大きいが、現実には、司法試験合格者数競争のみの問題に矮小化し、課題は先送りされるだけで、一元化のメリットは生きておらず、今日、後継者養成問題の深刻な状況への緊急対応に苦闘している点では、後者のタイプと異なるところはない。

(3) このような状況をどのように打開するのか、きわめて困難な課題である。そもそも、法科大学院を設置するとしたら、それは、法学教育・研究の全体的なシステムのなかでどのような位置づけになるかの検討が、最低限必要とされたはずのものであった。しかし、法科大学院および「プロセス教育」堅持という道は、法科大学院維持のみを考えるものにすぎず、司法試験合格者数競争という矮小化の方向を加速化するものである。しかしながら、「プロセス教育」論者たちの、法学自体が危機に陥っていることへの危機感の欠如は、驚くべきものがある。しかも、「分離型」の場合はとりわけ、かつて法学部として一体感があった教員組織は一体性を喪失し、「法学研究者コミュニティ」は崩壊しているといっても過言ではない。法科大学院から撤退する道を選択しても、元の法学部の姿を取り戻すこともできないであろう。

(4) 法科大学院は、法曹という専門職を養成する機関であることから、強い公的規制＝クオリティ管理が行われつつ、一方で「プロセス教育」という建前から、司法試験合格のために入学してきた学生に対し、司法試験の受験指導をしてはならないという規制を受けるのである。法科大学院の教員は、教育内容から授業の方法に至るまで規制される自由なき存在である。制度設計者がアメリカのロースクールを無批判的に模倣した結果、法律学を初めて学ぶ法学未修者にも「双方向授業」を行うように求めるなど細かく規制され、それが、法科大学院の認証評価によって強要されるため、担当教員に多くの困難をもたらしていることなどは、早急に廃絶されるべきである。

(5) 何故にこのような拙速な改革がなされたかは、「司法審」の提言にさかのぼって検討されなければ、解明できないはずである。しかしながら、そうした「出発点」からの再検討は、「司法審」の理念を集約するものとされる「プロセス教育」の堅持という、あたかも呪文のような文言で、一切拒絶され、法科大学院の使命は、司法試験合格者を生み出すことにあるかのような言説が、法科大学院に与えられる「補助金」と相関するかたちで、先の「法曹養成制度検討会議」の結論、関係閣僚会議による法科大学院改革のための提言の基調とされ、法科大学院とは、補助金を付与される司法試験受験予備校に成り下がってしまっていると、批判されざるを得ない状況にある。

(6) 「司法審」の提言それ自体も、法曹人口の急増という当時の政策目標に迎合し、「新自由主義的諸改革」の一環とされたため、法科大学院は意図的に乱立され、周知の通り、法科大学院の「プロセス教育」の修了者の七割から八割が司法試験に合格するとした「提言」とのミスマッチが最初から鮮明となり、法科大学院を中核とした法曹養成制度は、発足後たちまちにして、深刻な破綻状況に陥った。法科大学院の拙速な設置に歯止めをかけなかった大学教員・研究者側の非も責められなければならないが、創設期、七四大学にもおよぶ法科大学院設置校の乱立は、大学側が望んだものでなく、したがって現在の結果は、予想されていたと思われるだけに、「検討会議」以降進行している「統廃合」は、司法試験合格者数における「上位校」の教員等から「歓迎」されているようにさえみえる。しかし、その結果、生き残った法科大学院は、新自由主義的な改革の「勝者」ではあっても、先の、法学教育・研究の全体的なシステムにおいて、法科大学院はどのような位置づけになるかの検討がなされないままの、それにすぎない。しかも、いわゆる「有力校」間でも、競争は熾烈となるため、各大学の法律系の人的・物的リソースは、法科大学院に傾斜して投入され、法学部や研究大学院はますます細っていく傾向が加速されていくことになろう。例えば、研究者養成大学院の事実上の「吸収」や、その院生への「プロセス教育」の強制、学部段階からの成績優秀者の自校法科大学院への取り込み、法科大学院に併設する事実上の補習校への自校出身の弁護士の採用等など、司法試験合格者数によるランキング争いへの対応策が、各法科大学院においてすでに動き出していることは、周知の通りである。

(7) 一定の連鎖構造にある、法学教育・研究の全体構造に、この法科大学院の設計の誤り、少なくともそれが他と未調整であった結果が、このように波及し顕在化しつつあるとき、法科大学院に傾斜した対策は、このジレンマを打破できないのみでなく、矛盾を深刻化するであろう。したがって、「司法審」の出発点に遡った再検討が、今ほど必要とされているときはなく、今をのがしては、わが国の法学自体も壊滅的な状況に陥るであろう。

このような共通の認識のもとに、私たちは、「プロセス教育」堅持の名の下に、一切の再検討を拒む法科大学院の設計ミスを解明するとともに、法学教育・研究の全体的なシステムを再構築する提言を行うための会を、全くの任意的な組織として設立することにした。「司法審」の提言を金科玉条のように維持している限りでは、希望が持て、持続可能性がある法曹養成と、法学教育・研究システムを創造することはできないと信じるからである。

2　具体的提言（部分）

したがって、私たちは、法科大学院の制度の基本からの再検討を行うため、法科大学院の修了を司法試験の受験要件とする司法試験法の条項を、期間を限って施行停止し、その間に法科大学院を中核とする法曹養成制度の抜本的見直しとともに、法学部、研究者養成大学院および司法修習制度の再生のための検討を早急に開始するように要請したい。

「司法審」当時からすでに法律業務へのニーズが激減していることが多くの研究で明らかにされ（Richard Susskind, The End of the Professions ? 1997; Tomorrow's Lawyers, 2013）、模倣したアメリカのロースクールが、現に危機的状況にあることなど、全く参考にしようとしない。この比較法的見地の欠如は、法科大学院推進者のみならず「検討会議」や政府の施策にも顕著である。Failing Law Schools を書いたアメリカの著名な法哲学・法社会学者のブライアン・タマナハは、アメリカ弁護士協会（ＡＢＡ）の認証評価による一元的なロースクールシステムは「持続可能性」を失っているとして、多元的な「分化したシステム」を提案したが、ＡＢＡはこれを一部受容した改革を検討しているようである（日本経済新聞二〇一三年九月二六日朝刊）。法科大学院の「予備校化」と言われる現象の原因は、法科大学院修了を司法試験の受験要件にしていることにある。この再検討のための施行停止期間中、法曹養成制度を多元化してみてはどうか。この間、法科大学院を廃止するわけではない。修了生は法科大学院ですぐれた教育を受けた者として司法試験を受験すればいい。

社会人や非法学部卒の学生が法曹の道を目指すために、例えば二年ないし三年のコースを法科大学院の再構成などの方法で、夜間でも学べる法学院（仮称）として設置し、法学部を出ていない人たちの進路転換や、法曹の再教育、高度の法曹養成コースが置かれ、学者と実務家の協働による研究と教育がなされるような制度が、検討されていい（イングランドウェールズのCommon Professional Examinationとそのための学校、University of Lawが参考になる）。

3　内容

ニューズレターには、研究者会員による批判的な見解だけでなく、司法試験の改革史を踏まえて肯定的に評価する投稿も含まれている。修習との関係で実務家が感じている問題など、弁護士の投稿も多い。借金が膨らみ生活に困窮する状態、学力の低下等々、また大学の現状や、沖縄などの「地方」における法曹養成にふれた投稿もある。「撤退した」大学の現況にふれる投稿もある。司法試験との関係では「存在しない分野」具体的は国際法の研究者養成の危機や、それとの関係で法学部生の現況を分析する投稿がある。ことに一大学の研究者養成機能の低下をデータ的に分析したものなどがある。研究者養成の危機については、日本学術会議と民科法律部会のアンケート調査の結果を分析したものがある。司法審の「法化社会の到来」と、市場型、事後規制型という規制についての前提認識は誤っており、企業法務のニーズは高くない。企業法務についてはグローバルなレベルでの規制原理の模索が重要であるが、「法科大学院」は、従前の法体系を前提にしているため、ミスマッチが生まれる。したがって大幅増員の破綻は最初から見えていたとする専門的分析もある。教育への公的支出がＯＥＣＤで比較可能な三〇ヵ国中最下位にあること、「社会・文化国家」という憲法理念を強調して「法科大学院」のために法学部・法学研究科の予算を削減することに抵抗すべきではないのか、という大きな視点からの批判的提言もある。大学を超えたこのようなフォーラムは、貴重な交流の場となった。この成果を広く公開すべきであるが、力不足で出版できていない。しかしながら、先の通り、「法科大学院」の当初理念の転換がなされるのであれば、このようなフォーラムの必要性は高い。引き継がれることを期待したい。

四　法科大学院はなぜ失敗したか

法曹養成は、司法の基底的な部分を意味するものであるから、熟慮がなされて当然の問題であった。それがなされなかったのは、法曹人口と法科大学院という教育制度を結びつけた審議会の基本前提そのものに由来する。「熟慮」を審議会自体がおそれたと考えられる。当時、中坊日弁連会長が法曹人口増に財界代表委員も驚くほど積極的で、日弁連内部では対立が激化していた。これに対して、法科大学院構想が出現してからの大学側の従順というより、乗り遅れを恐れた「脅迫観念」にとらわれたような「全大学方式」は、「司法審」にとっては最大の追い風となっており、これも熟慮期間が入ったら何時壊れるかも分からないと恐れられたと思われる。大新聞の論調も拙速を問題にするよりも、人口増に反対する日弁連の一部勢力を既得権益に固執するものとして叩くという方向に流れを作っていった。しかし、上記の数字には、市場調査もなければ客観的分析などもちろん存在しない。ただ外国とのずさんきわまりない比較があったのみである。

江藤价泰先生は、「司法問題」に関する多くの著作があるが、なかでも、司法書士制度については情熱的に研究を続けて来られた。

司法書士と弁護氏人口の関係であるが、二〇一四年三月の弁護士数は三万五〇四五名、司法書士数二万一三六六名で、弁護士の方が一万三六七九名も多くなっている。しかし、一九六三年の弁護士数は六七三一名（弁護士白書二〇〇八年版）に対し、同じ年の司法書士数は一万一八二一名（司法書士白書二〇一二年版）で、司法書士の方が五〇八九名も多かった。一九九四年から二〇一四年の二〇年間で見ると、弁護士数は二万〇二三六名の増加で二・四倍、司法書士数は四六〇四名の増加で一・三倍となっている。見られるように、弁護士人口の急増は異常であり、隣接職種とのバランスを欠いている。「法曹」とは何か。法律家には司法書士は入らないのか。我が国では「法律家論」「法律家研究」が基本的に存在していない[10]。司法書士を一例とする隣接職種と弁護士との関係は法曹人口の論議では不可欠の問題であるが、二〇〇〇年二月八日と二月二二日との司法審審議での中坊委員の発言は、隣接職種と協働という視点はなく、むしろ「司法書士の簡裁での訴訟代理権のようなものは、司法書士が本人と一緒に出廷するという補佐人権限を認めればすむ程度のこと」といったものであった[11]。

司法書士法が、司法書士について、裁判事務と登記事務という二つの質的に異なる事務を合わせて処理する資格のある単一像として描いているのに対し、司法審と司法制度改革推進本部が進めたのは、ADRにおける当事者代理人として司法書士の活用をはかる司法書士の権限または職域拡大であり、江藤はこれを「プチ弁護士化の進行」と表現し、登記事務のオンライン化と登記事務自体の質的変化に対応するための司法書士の「プチ・ラテン系的公証人」化と対比して見せた。この卓抜な比喩をした上で、江藤は、「いずれにしても国民のための司法制度、法律家制度、またその一翼を担う司法書士制度が、いかにあるべきかは、司法書士のみならず、当然のことながら国民も、常に問い続けなければならないのである」と書いている[12]。

元最高裁裁判官の奥田昌道は、日本学術会議公開シンポの記念講演「法科大学院時代における法学研究者養成への道」（法律時報、八三巻一一号、五五頁以下）で、我が国の実定法が、明治期以来外国法に依拠しながら発達を遂げてきたこと、したがって法制度の根源に迫ろうとするときには、その基礎をなしてきた外国の法制度を歴史的・体系的に研究することが今後とも有益であること、加えて近時の欧米諸国の法制度の変容や、ＥＵ法の動向などを見れば、今後とも外国法の理解と、比較法研究の重要性を認めざるを得ないとする。そして、法科大学院における理論と実務の架橋教育の意義は認めつつ、法科大学院で研究大学院の修士課程に相当する部分を代替し、司法試験合格、修習終了、法曹資格を獲得後、博士課程後期に入学して研究者の道に入るという多くの大学が取った方向での研究者養成の可能性にかけるほかないことについて、苦渋に満ちた、しかし真摯な検討をしている。ちなみに、奥田は、法科大学院修了制の司法試験合格前後の長い期間の問題についても、心から心配しておられた。

早稲田大学において行われた研究大学院（法学研究科）の大改革と、これを支えたプロジェクトである。この特徴は、ＭＤ一貫システムの導入で、課程博士論文に至るまでの一貫した研究指導体制確立であった。ここでは、法科大学院経由の法学研究者養成は、不可能という前提がある。基礎法関係のみでなく、実定法関係の場合でも、課程博士論文は研究者の必須の要件とすべきであり、法科大学院ルートでは恐らく不可能であろうという認識がある。このプロジェクトは、文科の大学院教育推進基金で、教員が引率して、欧米の大学院と交流し、現地で英独仏語のいずれかで、各自の博論テーマをプレゼンテーションし、現地の教授たちの指導を受け、それを博論に反映させているとのことである。これは、授業出席義務があるなど、法科大学院在籍中では、無理である。

法科大学院の設立以来、この大学でも研究大学院志望者が激減している。その対策のため、法学部段階で法学研究者になるためには、研究大学院を目指すべきことをガイダンスしているとのことである。しかし、法科大学院でも、ドイツの法曹の理想形とされる学識法曹 Gelehrte Juristen を養成するという気構えで、高度な法理論教育を行っているが、受講者は少数でも極めて熱心であるとのことである。

先の「法曹養成五年コース」が導入されれば、法学部入学と同時にロー（法科大学院進学予定）組と「非ロー」

という学部生の分断と一体性の喪失は増幅されるだろう。そして研究者養成のための法学研究科を目指す学生はさらに激減するだろう。今回の司法改革は弁護士と法学研究者の「解体」にその意図があったのではと述べたが、これは悪意ある非難ではなく現実だと思う。「実務のメンテナンス」のための大学院というのは、内田貴の卓抜な批判であったが、まさに批判の学としての法学がこのまま死滅していいのかが問われているのである。

私は同じコモンロー圏でもイギリスのように、むしろ法学部卒の資格に多様な意味を与え、その上で、例えば、法学部の頃から法学研究者を目指すものを奨励し、研究大学院に誘い、法科大学院ルートに相当するものは、研究大学院のコースの一つとして、法学部から進学するようにすればいいと思っている。修了を司法試験の受験要件としなくても、そこでの「学識法曹」のための教育を経験した者は、司法試験にも合格するであろう。司法試験の内容次第であるが、学部からでも、このような研究大学院からでも、いつでも受験できるようにする。この大学院の充実と司法試験の改革のために、法科大学院のみに集中している予算や人的資源が活用されれば、はるかによい、研究者と法曹養成が可能になるのではあるまいか。

イングランドでは、法学部卒という学位には、「汎用性」がある。例えば、法学部のバチェラーという学士は、それだけでは、司法試験相当のバーエクザムを受けられるわけではない。バリスターになりたければ実務教育を受けなければならない。ソリシタも同様である。ただし例えばローマ法の所有とコモンローの所有について研究したいと思うようになった学生がいれば、大学院のＬＬ・ＭからドクターＬ論文を書いてＬＬ・Ｄになるということができる。要するに学位が金儲けの手段にならないようにして、学位それ自体を汎用性あるようにしているのである。アメリカと違って、学部を大事にしてそこでできるだけ法を中心とした専門的な職業に就く可能性を与えるようにしていると言っていい。私のイギリスの友人が、日本の法学部は、イギリスに似ていて、法学部卒業生にはいろいろ道があっていいねと言ってくれたことがあるが、今では「せっかくいい法学部だったのに、ＬＳに行かないと司法試験さえ受けられなくしちゃうなんて……何で」と「同情」された。

イギリスでは実務家になりたいと決心したら、法学部在学中に、徹底的にそういう道を選択する準備をすることになる。法学部卒業後のそのための実務教育は、今では大学とInns of Courts、Law Societyとで、それぞれ、協働でなされるが、大学のすべてがそうしているわけではない。例えばオックスブリッジは頼まれてもやらない。それは偉ぶっているからではなく、自分たちは向かないと思っているからである。

要するに、若い学生にできるだけ早く将来を選択させ、法曹についても、法曹を本格的に育てるのは、法曹になってからのオンザジョッブでという考え方である。それだけ、法曹の伝統的＝ギルド的性格が残っているということなのであろうが、法曹とは、元来そういうものなのではあるまいか。

（1）　立松彰「文科省の法科大学院政策の転換」青年法律家五五九号（二〇一七年）一六頁以下参照。森山文昭『変貌する法科大学院と弁護士過剰社会』（花伝社、二〇一七年）、特に、補論。同書については後に触れたい。

（2）　森山・前掲書。特に、第一部および補論参照。森山の分析は客観的な事実の提示に終始一貫しているので、これを踏まえて「法科大学院」の転換点の総括がなされていいであろう。

（3）　「合格率」とは単年度の司法試験合格者発表の時に新聞に報道されるその年度の司法試験受験者数に占める合格者の比率である。「司法審」が「修了者の七割から八割が司法試験に合格する」と言ったのはこの率であろうと思われた。しかし、文科省の言っているのは「累積合格率」である。これは、法科大学院設立以来実施されたすべての年の司法試験を総合して、総合格者数の総受験者数に占める割合」のことを言う。これはトリックのようでさえあるが、文科省は法科大学院の統廃合と定員削減を強行してきたので、合格者が三〇〇〇人でなく一五〇〇人程度であれば法科大学院の定員を二五〇〇人程度に削減すれば、それまでの定員が多かった時期の低い合格率による押し下げも早晩「解消」し、七割以上の合格というのも夢ではなくなる。森山・前掲注（1）二六一頁以下を参照。

（4）　田中英夫『英米の司法』（東京大学出版会、一九六七年）三七三頁以下参照。また関連文献について星野英一作成の『資料』がある。東京大学法学部大村敦志研究室作成。http://www5e.biglobe.ne.jp/~a_omura/hoshino/gonensei.pdf

（5）森山文昭「法曹養成制度改革の現状と問題点——弁護士激増の顚末と法科大学院の未来」法と民主主義二〇一五年一一月号一六頁参照。

（6）和田吉弘『法曹養成制度の問題点と解決策——私の意見』（花伝社、二〇一三年）二一頁参照。

（7）Eメールによるのみの通信であるが、私のメールアドレスは、kainoh@nifty.com である。

（8）「再考・創る会」は、個別の連絡による小さな会であるが、会員は上記の設立趣旨に同意いただいている。日本を代表する法学者と弁護士等で組織されている。上記の二〇一三年七月の会合で必要に応じて開くということで、組織として立ち上げないつもりでいたが、参加された方々の強い希望で組織として設立した。そして「根回し」も全くないまま、会長、戒能、副会長、杉浦一孝、事務局長、森山文昭、同次長、本秀紀の体制で活動してきている。そして、小田中聰樹、杉原泰雄、樋口陽一、大木雅夫、望月礼二郎の諸先生に顧問として加わっていただいている。杉原先生は、Newsletter に二回にわたって投稿下さった。樋口先生からは顧問受諾のお手紙に「闇夜に一灯を見る思い」とのメッセージをいただいた。会員は顧問も含めて七〇名である。

（9）タマナハ著／樋口和彦＝大河原眞美訳『アメリカ・ロースクールの凋落』（花伝社、二〇一三年）、これについての書評（戒能執筆）、法と民主主義二〇一三年七月号所収参照。

（10）岩波講座現代法第六巻『現代の法律家』がこのことを指摘したのは一九六六年のことであった。

（11）戒能「司法審の思想と法曹大増員の関係論」法と民主主義二〇一五年六月号所収参照。

（12）江藤价泰編『司法書士の新展開』（日本評論社、二〇〇五年）、特に「まえがき」参照。同様の立場から司法書士のあるべき立場とそれを重視するべきと論じたのが憲法学者で大著『評伝・布施辰治』（日本評論社、二〇一四年）の著者の森正である。

新たな治安立法の時代を迎えて

――共謀罪法の妥当性検証――

一橋大学名誉教授
村井敏邦

竹やり防衛論

たしか、日民協で開かれた有事法制研究会で、個別的自衛権否定の立場に立ったときに、他国からの攻撃があった時にどうすべきかということが話題になった。その時の江藤价泰先生の言葉を今でも覚えている。

「その時は、国民は竹やりで抵抗するんだよ。」

妙に納得させられた。そして、憲法九条は、そうした思想を示していることを研究会に出席していた者は、みな納得した。

いや、ある時までは、憲法学の通説的見解であったといえるのではないか。集団的自衛権のみならず個別的自衛権も放棄するというのが、戦争放棄の意味だというのが、憲法学の通説的理解であったはずである。

それを端的に表わしたのが、上記の江藤先生の言葉である。

憲法学説の変遷に、専門外ながら失望しつつ、しかし、それ以上に、刑事法学分野の議論状況には、失望を超えて危機感すら感じる今日この頃である。とくに、刑法学の議論状況については、「終焉に向かう」のではないかとさえ感じている。その兆候は、一九七〇年代後半から見られるが、二〇〇〇年代に入り、さらに、特定秘密保護法や共謀罪法と治安立法が提案され、強行採決によって成立するという事態の進展につれて、その傾向がとりわけ顕著になった。

機能的治安立法の時代から新たなむき出しの治安立法の時代へ

平野龍一は、一九六六年に「現代における刑法の機能」を発表して、その中で、「本来的な治安刑法によって処罰され、弾圧されるという事態は、さしあたりあまり生じないであろうと思われる。[1]」とした。たしかに、戦前の治安維持法時代から戦後の破防法制定の時代を経て、六〇年安保、警職法改悪の試みに至る時代をむき出しの治安立法の時代とすると、その後の一定時期までは、一般市民法の体裁をとった、平野の言う「中性化した治安刑法」による機能的治安立法の時代とも言うべき状況が出現した。

しかし、この時期こそ、新たなむき出しの治安立法時代に向けて着々と準備が進行した時代であった。理論的にも、この時期に展開された刑法理論が後の治安立法時代の基礎を作っていたことに注意しなければならない。

この論文では、まず、刑法解釈の方法論をめぐる議論を中心として、一九七〇年代半ばまでの理論状況を概観することによって、そのことを確認することから始める。

戦前から戦後六〇年代までの刑法学における価値基準

戦前の日本では、刑法の解釈は客観的な価値基準に基づいてなされるとの説が、むしろ有力であった。たとえば、「法律の解釈は無限である」として、刑法の領域においても自由法論を展開した牧野英一は、法律の解釈が「法律の内容を超越した論理的な或るもの」すなわち「国家の文化的使命」あるいは「文化国家の理念」に基づいてなされなければならないと主張した(2)。

「国家の文化的使命」あるいは「文化国家の理念」という価値基準は、個人と社会との調和にとどまらず、個人に対する社会の防衛を実現するための解釈の拠り所とされたのである。この「文化国家の理念」は、牧野英一にあっては、「客観的普遍的妥当性」を持つものと観念されていた(3)。しかし、その「客観的普遍的妥当性」については、何らの論証もなされていない。文化国家という理念は、実体としての国家の厳密に科学的な分析によって得られたものではない。せいぜい、「従来の法治主義は、中世の刑法に対比して、不当に寛大であり、不当に自由主義であった点に特色があるのである。その自由主義は社会を防衛するに不十分であった」という認識に支えられて、社会防衛を全うするためには、「法治国といふ観念は文化国家になるべきであるし、またそれが理想的なものだといふ程度の問題に止まる」のである(4)。しかし、右の認識自体、滝川幸辰によって次のような批判を受けた。

「著者は、罪刑法定主義のもとにおいて犯罪（殊に累犯）が増加したので、新しい刑法理論の基礎づけとしての社会防衛論が必要となったと主張する。恰かも罪刑法定主義が犯罪を増加せしめた責任者であるかの口吻である。これは論理の逆立である。罪刑法定主義は、犯罪を減少せしめもしないし、また増加せしめもしない。犯罪の増加は罪刑法定主義の産物ではなく、実は自由競争のもとにおいて発展を遂げた資本主義社会の矛盾から生れたのである。(5)」

「団体主義的世界観」も「文化国家の理念」と同様に、しばしば「客観的文化としての刑法の中から理解せられるところの」世界観であるとして客観的な(……)価値判断の基準とされた。(6)たとえば、木村亀二は、類推解釈を肯定するにあたり、次のように述べた。

「類推解釈を認めるか又はこれを肯定するかは、団体主義的世界観に立つか個人主義的世界観に立つかに拠って決定される。然し、今日では、個人主義はいかなる意味に於ても既に過去のものに属する。刑法に於ける類推解釈は団体主義的世界観の結論として是認せらるべきである。(7)」

これらは、いずれも、「客観的普遍的妥当性」とか「客観的な価値判断の基準」と称されながら、実は論証不能な超越的、絶対的な国家観を前提とし、それによって強度に国家主義的な実践目的の達成に奉仕するものであった。社会防衛論に反対し、牧野自由法論が西洋的であって日本的精神に合致しないと批判した小野清一郎の「日本的道義観念」あるいは「国家的道義」も同様に、非科学的な、超越論理的「観念」であった。小野の牧野と異なるところは、刑法解釈の価値基準となるとされる「国家的道義」が経験科学的な認識によって得られたものではなく、国家的実践の論理であることを、正直に認めるところである。しかし、このために、「批判可能性」という最低限度の客観性を担保する基盤さえ失われ、「日本的道義観念」は、反対論を問答無用とばかりになで切る「伝家の宝刀」と化したのである。

これらに対して、滝川幸辰の見解はいささか趣を異にする。滝川は、現実の社会が少数の支配者階級と多数の無産労働者階級との対立抗争の中にあるという認識に基づき、刑法を真に犯罪人のマグナ・カルタとするためには、刑法の解釈は「多数者の利益」を標準としてなされなければならないと主張した。いわく、「刑法を解釈するにあたり避けねばならないことがある。それは、刑法解釈を、社会の一階級の利益にのみ役立たせることである。法律の性質が社会における或る階級の利益を主として擁護するにあるとしても、解釈法律学は、多数者の利益擁護の方向へ法律を向けて行くことを使命とせねばならない。多数者の利益を無視する解釈法律学は、社会科学としての存在価値をもたない。」(8)この滝川の見解は、少数の支配者階級の利益と多数の被支配者階級の利益とは、牧野・木村説のごとくには調和しうるものではないということを前提としている。

右の滝川の見解を、「二つの利益対立は、それぞれの依拠している価値体系の相違から生じており、その場合に多数者の支持する価値体系に従った解釈をしなければならない」という意味でとることが正しいとすれば、それは、川島武宜が「或る価値判断が判断者個人を超えた多数に〝通用〟するという意味での〝客観性〟は、その価値判断の基準となっている価値体系を支持する人々の数に比例する」というところの「客観性」を追求しているものと解することができる。これを「社会科学としての存在価値」と呼んだとも考えられる。しかし、滝川の場合には、ただそれだけにとどまらないであろう。さらに、二つの価値体系の対立を社会の発展法則に照らしてどちらの価値体系がその発展方向に合致するかを吟味したうえで、多数の労働者階級の利益を擁護する法解釈こそ、「社会科学としての存在価値」を有するものとの結論に達したのであろう。

こうした滝川の見解の中に、はじめて、刑法解釈の客観性、科学性を追求しようとする真摯な態度を見ることができる。その問題提起が真剣に論議の対象とされていたならば、刑法解釈の領域においても方法論争は活発となっていたのではないか。しかし、そのための客観的条件が具備していなかった戦前はもとより、戦後においても、滝川の問題提起を受けて刑法解釈の方法論を検討しようとする動きは、刑法学という土壌のうえには育ってこなかった。(9)

刑法解釈を限界づけるミニマムの原則として、「罪刑法定主義」と「法的安定性の理念」があげられるが、実際の解釈上の争いは、当該法規の解釈がはたしてこれらの原則に抵触するか否かについて、あるいは、これらの原則の内部にある各種の解釈のうち、どれを正しい（あるいは妥当な）ものとして採用するかという点をめぐって起きるのが通常である。

こうした場合には、結局、裁判官の決断に委ねる以外にないとするのも、一つの考えである。価値判断はいずれにしても相対的なものであるから、法解釈実務に習熟した裁判官のプロ的判断を信頼する以外にないというのである。ドイツでは、ハイニッツやレンクナーがこの立場をとっている。日本では、平野龍一の見解がこれに含まれる。

平野は単純に裁判官の決断に盲従せよと言うわけではない。学者の法解釈は裁判官を説得するための活動であるとしたうえで、「存在する規範」が明らかな場合には、これに従って裁判するように説得することが可能であり、そうでなくても、「一つの価値観を強調することによって、そちらに判断させることも、少なくとも事実上は可能である」とする。しかし、その場合にも、「事実上説得が可能である」というだけであって、裁判官がその説得に従わなかったとしても、その判断が「誤った」ものになるということはないのである。この意味では、客観的な判断基準の存在は否定されている。罪刑法定主義の実質的な内容として、「法律主義」ということと、「国民の行動の自由と予測可能性を確保する」ことがあげられているが、それも、あくまでも裁判官の価値判断に一定の枠をはめるものに過ぎない。しかも、「処罰をさしひかえる方向」の解釈には、この枠も意味をなさない。そこでは、「サブスタンティブ・デュー・プロセス」が協調され、裁判官の広範な判断の自由が承認されている。[10]

さらに、平野は、「刑法の機能的考察方法」を提唱した。[11] 刑法は社会統制の手段として市民的安全の保護を役割とするものとして考察されるべきであるという。この「機能的考察方法」と法の解釈における裁判官の価値判断の自由との関係、さらには、「市民的安全の保護」と罪刑法定主義あるいはサブスタンティブ・デュー・プロセスとの関係はどうなっているのであろう。

平野の提唱する機能的考察方法は、同時期にドイツのノルが提唱した「機能的思考方法（die Methode des funkutionalen Rechtsdenkens）」とは少し違っている。[12] ノルの見解は、裸の利益衡量論に近いが、社会倫理的観点を排除し、個人主義的観点から刑法に個人間の利益調整機能を積極的な意味においても認める点は、平野の見解は無原則的な価値衡量説以上のものと評価してよいであろう。しかし、刑法解釈学を単なる技術論の立場に甘んじさせたうえで、刑法の利益調整機能に過大な期待を寄せることに対しては、「可能な限り立法によって解決してゆこうとする法的安定への努力とそれによる形式的保障の側面が実質的にほりくずされるおそれ」があると批判される。[13]

平野のいう「市民的安全の要求」は、刑法解釈の基準たり得るだろうか。平野の議論が、刑法の目的が国家的道義の維持や社会倫理秩序の維持にあるのではなく、個人の生命、身体、自由、財産の保護にあることを基礎付けた功績は大きい。しかし、「ここでは刑法は、弾圧の手段としてではなく、個人間の利益の調節の手段としての性格をもつ。したがって、治安刑法や倫理秩序維持の場合と異なり、刑法がいくらか積極的になってきてもよいのである」[14]とするが、この点は厳罰化立法に正当化根拠を与えたと評価されるところである。刑罰には、重要な人権剝奪的性格があり、その権能が国家に独占されているという本質があることを無視してはならない。この本質に眼をつぶって、徒に刑法の積極的役割を強調すると、戦前の文化国家論が犯したと同様の誤りを犯すことになる。

刑法を利益調節の手段と見ることの一般的問題に加えて、さらに、「市民的安全の保護の要求」を単純に刑法解釈の基準に用いると、被告人の人権擁護に反する結果さえもたらされる。すなわち、それは、処罰を拡大する方向では積極的要因となり、処罰を控える方向では消極的要因となると思われるからである。この結論が平野の本来の意図に反することは明らかであろう。この点において、平野の議論は現代の厳罰化論とは異なるが、他方、平野が現代厳罰化論の潮流の源泉の一つであることは否めない。

「市民的安全の保護」という名目での機能的治安立法

「市民的安全の保護」という名目での処罰の拡大は、国家の安全のための処罰拡大へと容易に転化する。「市民的安全」の享受者を中世ヨーロッパ的な「市民」としてとらえた場合、その範囲は、シティ・ウォール内の者に限定される。シティ・ウォール内の者の権利・自由はシティの法によって保護されるが、その外にいる者は保護の対象外であるばかりか、敵として殲滅の対象となる。これがヨーロッパの伝統的な市民法の論理である。

この伝統的な市民法の論理を現代的に示したのが、敵刑法論(15)である。市民としての規範の妥当性を承認する者だけが保護の対象となる。規範妥当性を承認しない者は、規範への敵対者として市民的自由を保障されない。これがテロ法の領域とされる。

規範の承認論は、七〇年代の刑法理論の中に登場し、正当防衛の倫理的制約の根拠として日本にも信奉者を増やした。そして、９・11後の世界では、それが「リスク管理」という現代化された用語とともに、一般化してテロ法の根拠とされていく。

このように、理論的にも七〇年代は現代治安法の基礎を形成したといえよう。

上記のような理論的基礎をもちながら、現象面としての一般法の治安立法化は進められていく。

有事立法問題が現実化し、憲法九条の空洞化が進むのが七〇年代である。一九六九年秋に日米防衛協力のための指針が決定され、それによって米軍と自衛隊との共同作戦計画が公然とされた。しかもその共同作戦計画は、日米安保条約の枠をはみ出して、危機の状況が出る「おそれ」がある場合にまで拡大された。この時点では、ロシアが仮想敵国として想定されていた。

こうした有事想定の日米共同行動、共同演習を日常化するために、国内法の整備が計画され、道路交通法の改正がもくろまれ、また、機密保護法制の整備の必要性に言及されたのも、この時期である。

この準備期間の上で、九〇年代以降のむき出しの治安立法時代が再来する。

ここで、「むき出しの治安立法時代の再来」と称する時代状況を概観しておく。

いわゆるオウム真理教事件は、治安回復名目での治安立法ラッシュに口実を与えた。まず、捜査手段としての盗聴法が制定されたことを皮切りに、二〇〇一年の９・11直後からテロ対策特措法、海賊対処法と続く一連の動きが憲法状況を一八〇度転回させた。

二〇一四年七月一日の集団的自衛権行使容認の閣議決定にはじまって、安保関連法、特定秘密保護法、盗聴の拡大を含む刑訴法改正、共謀罪法の強行採決まで、安倍第二次内閣は、最終的には憲法改悪のために、次々と治安立法を成立させた。

「新たな治安立法」を支える刑法理論

すでに概観したように、九〇年代以降の「新たな治安立法」＝「むき出しの治安立法」を支える刑法理論は、敵刑法論である。これが、処罰の早期化論として、共謀罪法の立法に際して、具体的に展開されてくる。

この理論によると、法に敵対的な態度を示す人物や組織は、敵とみなしてその人権を侵害しても闘うべき相手ということになる。現代は、危険な要素が充溢しているので、これに対処するためには、危険に対して早期の対応が必要である。刑法の領域でも予防が必要であり、危険が現実化する前に危険発生を防がなければならない。

衆議院法務委員会で共謀罪法案に賛成意見を述べた井田良・中央大学法務研究科教授は、次のように述べた。

「我々の社会は、国家的な監視の目を至るところで光らせるというのではなく、個人個人の自由を基本的には保障する社会でありますから、状況の変化を最大限に利用する組織犯罪集団からの攻撃に対し、極めて脆弱な面を持っています。社会現象と犯罪現象の変化に対応して、刑法という法律も変わらざるを得ません。

典型的なのは、全世界で共通に起こっている処罰の早期化、前倒しという現象であります。確かに、刑法は、伝統的には、行われたことに対する事後的な反動として刑罰を科す法律です。以前から、予備罪とか陰謀罪とかの処罰を前倒しした、そういう規定はありましたけれども、それは例外的な存在でした。しかし、組織犯罪との関係では、処罰の早期化の方に重点が移ることを避けられません。刑法は、何かが起こってからの処罰、応報的な処罰から、早期における介入による被害の未然防止、すなわち警察等による予防的介入のための根拠を与えるものとしての刑法へという機能転換を伴わざるを得ないのです[16]。」。

井田は、「行為主義」原則を否定する共謀罪法を処罰の早期化論を提示することによって根拠付けようとした。このような理論に妥当性があるか。前述のごとく、ヨーロッパには、中世的市民概念の下に、規範を承認する者とそれに敵対的な者とを区別し、前者のみが法の保護下にあるという伝統的な思想がある。それが市民法による自由の保障をテロ法においては、否定する根拠とされてきた。井田の言説もヨーロッパの伝統的な市民概念を前提とし、現代における敵刑法論、処罰の早期化論を展開したものである。

しかし、日本国憲法下では、このような言説は妥当しない。緊急時においては、憲法の一般的原則は適用されないという見解は、アメリカでは主張されるが、日本では、この見解を支持する憲法学者は少ない。日本国憲法は緊急事態において国民の基本的人権の制約を許す規定を設けていない。「緊急事態でも、自衛隊の戦車は道路交通法を守らなければならない。」これが、憲法の要請である。[17]

このような要請をはずすために憲法を改正して、緊急事態条項を設けようという企みが進められている。

近年の新しい治安立法——共謀罪法の立法妥当性の検証

筆者は、盗聴の法制化問題を題材にして、刑事立法の妥当性を議論したことがある。[18] そこでは、リチャード・クィニーが提示する法秩序を分析する四つの方法を示した。[19] すなわち、実証主義的方法、社会構造的方法、現象学的方法、そして、批判的方法である。最後の批判的方法は、現存秩序を批判するのみならず、新しい秩序の構築をも提唱する方法とされており、クィニーは、「現存する社会秩序に対する幻想を取り除く」ものとして最良の方法であるとしており、筆者もその方法にいささかマクロに過ぎるとしながらも、基本的には依拠していた。[20] ここでも、その基本的立場は同様である。

上記のどの立場に立とうとも、立法の妥当性判断のためには、第一に憲法適合性が問題になる。共謀罪立法に関しては、この憲法適合性が激しく議論された。憲法は、良心の自由を保障し、表現の自由を保障している。共謀罪は、「共謀」という行為以前の合意を基本的な処罰の対象としている。この点が、憲法一九条や二一条との抵触の問題を引き起こす。果たして、そのような抵触を起こさないような制度的保障があるのか、この点は、国連人権委員会の人権アドヴァイザーによって指摘されたところである。

共謀罪には、刑法理論的にも大きな問題がある。刑法の基本原則である行為主義に反するということである。政府関係者も当初は、共謀罪が日本の刑法には適合しないことを認めていたようである。

共謀罪が、このように日本の憲法や刑法に合致しないとすれば、それを立法化するということは到底認められることではない。それをあえて立法化するという政府の動きの背景に何があったのか。筆者が、参議院の参考人質疑の場に立った時にも、このような質問を受けた。これに答えるのは、政府関係者自身の責任であり、筆者の責任ではない。

この点に関する政府関係者の公式見解的なものは、法案提出の趣旨説明の中で示されている。

「三年後に東京オリンピック・パラリンピック競技大会の開催を控える中、世界各地で重大なテロ事犯が続発し、我が国もテロの標的として名指しされ、邦人にも多数の被害者を出すテロ事件が発生しております。

また、こうしたテロを敢行する犯罪組織は、テロを通じ、組織の威力を誇示して賛同者等を集めるとともに、薬物犯罪や人身に関する搾取犯罪を初めとするさまざまな組織犯罪によって資金を獲得し、組織の維持拡大を図っている状況にあります。

さらに、国内においても、暴力団等が関与する対立抗争事犯や市民を標的とする殺傷事犯、高齢者等に対する特殊詐欺事犯等の組織犯罪も後を絶たず、国民の平穏な生活を脅かす状況にあります。

こうした中、テロを含む組織犯罪を未然に防止し、これと闘うための国際協力を可能とする国際的な組織犯罪の防止に関する国際連合条約は、平成十五年五月に国会においてその締結につき承認され、既に百八十七の国・地域が締結済みでありますが、我が国はこの条約を締結するための国内法が未整備のため、いまだこれを締結はしておりません。

そこで、この法律案は、近年における犯罪の国際化及び組織化の状況に鑑み、並びにこの条約の締結に伴い、必要となる罰則の新設等所要の法整備を行おうとするものであります。

この法律案の要点を申し上げます。

第一は、死刑または無期もしくは長期四年以上の懲役もしくは禁錮の刑が定められている一定の罪に当たる行為で、テロリズム集団その他の組織的犯罪集団の団体の活動として、当該行為を実行するための組織により行われるもの、またはテロリズム集団その他の組織的犯罪集団の不正権益の獲得等の目的で行われるものの遂行を二人以上で計画する行為であって、その計画に基づき当該犯罪を実行するための準備行為が行われたものを処罰する規定を新設するものであります。

第二は、死刑または無期もしくは長期四年以上の懲役もしくは禁錮の刑が定められている罪等に係る刑事事件に関し、虚偽の証言、証拠の隠滅、偽変造等をすることの報酬として利益を供与する行為を処罰する規定を新設するものであります。

このほか、いわゆる前提犯罪の拡大など犯罪収益規制に関する規定、一定の犯罪に係る国外犯処罰規定等、所要の規定の整備を行うこととしております。

以上が、この法律案の趣旨であります。」(21)

この趣旨説明中に、共謀罪の法律化を支える、どのような立法事実が語られているのか。通常、立法事実として問題になるのは、①立法事実としての犯罪状況、②法の欠缺論、③国際的動向、④法観念の変化などである。東京オリンピックを前にして、テロ犯罪が起きる危険性があり、これを未然に防ぐため、ということが最初に述べられている。これは、第一の「立法事実としての犯罪状況」に当たるのか。しかし、現にテロ犯罪が頻発しているので、対処が必要だというのではない。あくまでも予防的措置が語られている。立法事実とはいえない。

立法事実的なものとして挙げられているのは、暴力団等による対立抗争による殺傷事件や組織的詐欺事犯の発生である。しかし、この法案によって対処しなければならないほどの緊急性をもって語られているわけではない。

「後を絶たない」という程度では、立法を必要とするほどの事実とは言いがたい。

第二の法の欠缺は、さすがにこの法案の立法事実としては主張されていない。

各国でテロ事件が発生していることやその対処のための国際条約があることは、第三の国際的動向に当たる。この条約の国内法整備のための法改正であるというのは、上記の趣旨説明の中で唯一立法事実の提示といえるところである。

しかし、ここに言及されている国連の条約は、テロ対策条約ではない。テロ対策条約はすでに締結されており、国内法の整備も終了している。共謀罪を含む国内法の整備を要求している国連条約は、あくまでも越境的な経済犯罪に対処するものとして、政府も説明してきたものである。

国連が決定し、各国に共謀罪か集合罪の国内法化を要請したのが、テロ犯罪に対してではなく、組織的経済犯罪に対処するものとしてであるとすれば、上記の趣旨説明は前提からして誤っていることになる。誤っているどころか、虚偽の事実をあたかも立法を要請する事実のように偽っていることになる。いかに政治的駆け引きの世界のことであるとしても、国民に提示する説明として偽りを用いることは許されない。

「こうしたテロを敢行する犯罪組織は、テロを通じ、組織の威力を誇示して賛同者等を集めるとともに、薬物犯罪や人身に関する搾取犯罪を初めとするさまざまな組織犯罪によって資金を獲得し、組織の維持拡大を図っている状況にあります。」という部分は、上記の国際条約が組織的経済犯罪に対処するものであってテロ犯罪に対処するためのものではないという指摘にあって、急遽付け加えられたものである。いかにも付け焼刃的である。

このように、唯一の立法事実ともいうべきものにも、その妥当性がない。法律を支えるべき立法事実がないということになれば、その立法の妥当性は否定されてしかるべきである。

ここで、共謀罪法の立法妥当性の検討を終了してもよいのだが、なお、検討を続けるとすれば、上述の刑法の機能論との関係で、刑法の予防法化とも称される刑法観念の変化をもって、共謀罪法の妥当性を肯定しようとする議論の妥当性吟味が残されている。

しかし、すでに述べたように、緊急事態を理由として基本的人権を侵害してもよいという思想は、現行憲法と相容れない思想である。人権を保障されるべき者と侵害されてもよい者を区別することを憲法上妥当であるということはできない。時代の変化をもって、憲法上の権利を停止することは、少なくとも、現在の憲法を前提とする限りは、妥当とはいいがたい。

共謀罪法後の社会を見据えて

共謀罪法は、法敵対的というレッテルを貼ることによって、敵対的行動が現実化する前に捕捉する手段としての役割をもって登場した。しかし、その根底にある思想を正当化するためには、現行憲法の思想を転換しなければならない。この憲法思想の転換を実現するための手段としても、共謀罪法は役割を期待されている。憲法を変えようという政府の行動に反対する者を捕捉し、その行動を抑圧するのが、当面の共謀罪法の役割と考えられる。

その後に来る社会はどんなものか。あるいは、近未来を描いたハリウッド映画「マイノリティー・レポート」[22]のような社会かもしれない。人々の行動は事前に予測され、社会に害をなすという人物を特定し、その行動を予防するという社会に。

刑法の基本的性格としての「謙抑性」「補充性」は忘れ去られ、予防刑法、処罰の早期化は、テロ対策という、その外延のあいまいな政策を追認し、一般化していき、権力に対して無抵抗、追随型刑法学へと転落していく。そのような未来がすぐ前にある。

（1）平野龍一『刑法の基礎』（東京大学出版会、一九六六年）九七頁。
（2）牧野英一『刑法研究』五巻三〇～三三頁。
（3）牧野・前掲書五九～六二頁。
（4）中村文夫「刑法の領域における法治国思想の検討（二）」法学論叢二五巻二号二六八頁。
（5）滝川幸辰「刑法における法治国思想の展開」（書評）法学論叢二六巻一号一三〇頁。
（6）木村亀二「刑法に於ける客観主義と主観主義――小野教授の批判と関連して」『刑法解釈の諸問題』（初版、有斐閣、一九三九年）九二頁。
（7）木村亀二「刑法に於ける類推解釈」『刑法解釈の諸問題』八九～九〇頁。
（8）滝川幸辰『刑法講義』（一九三〇年）四六頁。
（9）以上の議論は、村井敏邦「刑法各論の方法論――刑法における機能的考察方法に関して」一橋論叢七五巻四号八〇頁以下を基にしている。
（10）平野・前掲書二三二頁。
（11）平野・前掲書九三頁以下。
（12）Peter Noll, "Tatbestand und Rechtswidrigkeit: Die Wertabwaegung als Prinzip der Rechtfertigung," ZStW. 77, S. 2ff.
（13）中山研一「刑法における機能的考察方法とその問題点」『現代刑法学の課題』（日本評論社、一九七〇年）一二六頁。
（14）平野・前掲書一二一頁。
（15）敵刑法論は、積極的予防論をバックにして、ドイツのヤコブスによって提唱され、日本の刑法学にも影響を与えている。積極的予防論は、七〇年代後半から主張された法確認の理論と同様な側面を持ち、規範承認という概念を基礎にして展開されている。
（16）二〇一七年四月二五日衆議院法務委員会速記録三頁。
（17）村井敏邦「『テロ対策と厳罰化』試論」前野育三先生古稀祝賀論文集『刑事政策学の体系』（法律文化社、二〇〇八年）。
（18）村井敏邦「刑事立法の妥当性――盗聴の法制化問題を題材にして」西原春夫先生古稀祝賀論文集第四巻（成文堂、一九九八年）二五頁以下。

（19）Richard Quinney, Critique of Legal Order: Crime Control in Capitalist Society（1974, Boston）, pp. 2-15.

（20）村井・前掲論文「刑事立法の妥当性」四一頁。

（21）二〇一七年四月五日第一九三回国会衆議院本会議における金田勝年法務大臣の発言。

（22）二〇〇二年に公開されたアメリカの近未来ＳＦ映画（原作フィリップ・ディップ）。予知能力を持った人によって構成された殺人予知システムが開発され、それに基づいて、殺人予知局が設置され、予知された殺人が発生する前に、犯人を逮捕し、隔離するという話。

成年後見等の審判を簡易裁判所の管轄に

早稲田大学名誉教授
田山輝明

はじめに――成年後見等の管轄裁判所を身近な裁判所に

最近、家庭裁判所がパンク状態だというような話を聞く。テレビのニュース番組などでも見ることがある。どの程度深刻な状態であるのかは分からないが、離婚事件などの増加が原因だという見方もある。その種の事件を担当している弁護士が、最近、家裁では何しろ待たされるのでまいっている、という話をしていること等から判断すると、かなり深刻なのではないかと思われる。

日本では、成年後見等開始審判が、家庭裁判所の管轄になっているので、成年後見法の研究に関係している者としても、他人事ではない。全国の家庭裁判所で一律というわけではないが、専門部のような「センター」を設置して取り組んでいて、最高裁判所の統計等を見る限り、成年後見等の案件は順調に処理されているようにも見える。

しかし、審判手続きの「終結」までの期間が短くなっている点については、裁判所内の関係者の努力による面もあるとは思うが、たとえば、審判に必要な鑑定の実施が二〇〇〇年の改正法の施行の当初に比べて極端に減少しているることなども関係しているのではないだろうか。精神的能力に関する鑑定は成年被後見人等にとっては、行為能力を制限される前提なのであるから、「多分必要ないだろう」では済まされない事柄である。鑑定なしで早く手続きが終結すれば、統計上、後見事務の処理は速やかに行われているように見える。しかし、今や制度の実態にさらに踏み込んだ分析が必要なのではないだろうか。ますます高齢化が進む社会にあって、裁判所が構造的な問題を抱えてしまってからでは遅いので、後見等審判をめぐる諸問題が杞憂に終わってもらいたいと願いつつ、「後見事件の管轄裁判所の変更」の検討をお願いしたいと思っている。

このような問題の解決策のひとつとして、最も身近な裁判所である簡易裁判所が成年後見事件を管轄するようにしたらどうであろうか(1)。

日本においても、第二次世界大戦前においては、後述のように、禁治産(後見)事件は、区裁判所において管轄されていたのであるから、上記二つ裁判所の性質は異なるにしても、まったく経験のないことではない。その意味では制度上昔に戻るに過ぎないのである。

ちなみに、ドイツやオーストリアでは、簡易裁判所に相当する区裁判所や地区裁判所に世話裁判所(後見裁判所)が設置されている(家族裁判所も)。この裁判所は通常、各市に存在しており、市民にも最も身近な裁判所である。そこの世話部を世話裁判所(ドイツ)や監護裁判所(オーストリア)と呼んでいる(後述)。

一　日本における第二次大戦直後の裁判所改革

日本では、第二次大戦後の親族法と相続法の改正にも関連して、憲法二四条［家族生活における個人の尊厳と両性の平等」の趣旨をも汲んで、家事審判法が制定され、家事審判所が設置され、旧禁治産事件は、審判事項とされ、後に家庭裁判所の管轄となった。それ以来、広義の成年後見事件も家庭裁判所の管轄になっているので、もし簡易裁判所が管轄するということになれば、非公開とするなどの一定の配慮が必要となる。

前述の家事審判所は、家庭裁判所の部分的前身であり、一九四八（昭和二三）年に家事審判法に基づき、家庭に関する事件の審判・調停を目的に地方裁判所の支部として設立され、翌年、少年法の改正にともない、少年審判所と統合されて家庭裁判所となり、現在に至っている(2)。

家庭裁判所は、職責上は、夫婦間、親子間その他親族間の問題や争いおよび非行少年の保護等を扱う裁判所であり、日本国憲法の制定、それに基づく親族法、相続法の改正後間もない一九四九（昭和二四）年に創設された。家庭内の争いや問題は、民事訴訟を扱う地方裁判所とは別の裁判所で、訴訟とは異なる方式（調停、審判）によって扱われるのが適切であり、また少年非行は少年の家庭の問題と深く関係する場合が多いので、家庭内の争いと少年非行とは総合的・有機的に扱われる必要があるという考えから、家庭裁判所は通常裁判所から独立した裁判所となっている。

しかし、家庭裁判所の部分的前身である家事審判所は、第二次大戦後に突然に表れたわけではない。既に戦前において、臨時法制審議会が設置され（一九一九年）、これに「現行民法中我国古来ノ淳風美俗ニ副ハサルモノアリト認ム　其改正ノ要領如何」との諮問がなされた。委員の中の保守派は戸主権、親権の強化などを図ったが、審議会が最初に決定したのは家事審判所の設置であった（一九二二年）。その理由は家庭内に争いがおこった場合に、裁判所で権利の争いを解決するよりほかなく、これが家族制度を破壊している原因の一つであり、それゆえ裁判所とはちがう所で、社会的地位の高い人、名望家が話をきいて円満に調停しておさまりをつける道を開くことこそ淳風美俗を保つために必要であるということであった。同審議会は、数項目の要綱を作成するに当たって、このような制度の最も発達しているアメリカに調査員を派遣して、「ドメスティック・またはファミリー・コート」と呼ばれる制度を研究させたのであった[3]。時間的にはやや後になるが、一九三九（昭和一四）年の人事調停法による調停制度は、その成果ともいえよう。このような沿革は、その名称を含めて戦後の家事審判所と無関係ではないが、戦後の制度は、理念としては、新憲法に基づいたものであった。

二　日本の区裁判所

ここで日本の裁判所制度との関連で、成年後見を扱う裁判所の沿革を一瞥しておこう。戦前の区裁判所は、日本の内地において、軽微な民事・刑事事件の第一審を行った裁判所である。当初は一八八一（明治一四）年の太政官布告に基づいて設置され治安裁判所と称した。一八九〇（明治二三）年の裁判所構成法により区裁判所に改称された。沿革的にみると、当初はフランスのしくみを採り入れ、やがて明治憲法制定のころになるとドイツ法からも強い影響を受けた制度がつくられた。明治憲法下では、通常裁判所として大審院、控訴院、地方裁判所、区裁判所（後述）が置かれていたほか、各種の特別裁判所も置かれていた。以下に述べるように、日本の戦前の裁判所はドイツの制度を模範にして作られたのである。

1　裁判所構成法の前身

この法律が制定されるまでには、いくつかの重要な裁判所の構成に関する制度の変遷があった。明治維新後の一八七二（明治五）年、政府は、最初の裁判所構成の定めとして司法職務定制（司法省職制並事務章程）を制定し[4]、これに基づいて、具体的には、一八七二年に区裁判所が設置されたのである。これは「仮定ノ心得ヲ以テ施行可致事」としたものではあったが、全文二八章一〇八条よりなる精緻なものであった。

区裁判所は、その第一七章の冒頭において明らかにされているように、「各区裁判所ハ府県裁判所ニ属シ、地方ノ便宜ニ因テ之ヲ設ケ、其地名ヲ冒ラシメ、某裁判所トシ其区内ノ聴訟断獄ヲナス」ために設けられていたが、同章第六八条〜第七七条には、禁治産などに関する具体的規定はなかった。

2　裁判所構成法

一八九〇（明治二三）年の裁判所構成法（法律第六号）中においては、後述のように禁治産・後見に関する規定が置かれていた。同法は、大日本帝国憲法下の司法機関を定めた基本法であり、裁判所の組織や裁判官の身分に関する事柄を定めていた法律である。本法の制定により、日本の司法体制は、明確に一本化された。同法では、裁判所は、区、地方の各裁判所および控訴院、大審院の四種類、審級は三審制であることが明示されている。

この法律を起草した「御雇外国人」ルドルフ（Otto August Friedrich Rudorff）（一八四五年生まれ、一九二二年没）[5]は、裁判所構成法の起草を共同で行ったが、自ら中心になって草案をドイツ語で作成し、日本政府がそれを翻訳した。草案は、司法省の委員会、内閣、枢密院等の審議を経て、議会の審議では一部修正されたが、その際にもルドルフの鑑定意見が求められていた。この法律は、一九四七年の裁判所法の制定により廃止されるまで適用された。現在では、検察庁法が別に制定されて、検察組織がもはや裁判所法の規律対象にされていない点は、大きな相違点である。この点については、後述同法第一八条を参照。

旧裁判所構成法「第二章」は以下のとおりである。本稿にとって重要な意味を有するので、条文見出しを付して、同章の全条文を紹介しておきたい。本稿で「簡易裁判所」というのは、このような裁判所をイメージしているからである。

第二章　區裁判所

（裁判官）**第一一条**　區裁判所ノ裁判權ハ單獨判事之ヲ行フ
2　判事二人以上ヲ置キタル區裁判所ニ於テハ司法大臣ノ定メタル通則ニ從ヒ其ノ裁判事務ヲ各判事ニ分配ス
3　此ノ事務分配ハ毎年地方裁判所長前以テ之ヲ定ム
4　區裁判所判事ノ取扱ヒタル事ハ裁判事務分配上其ノ事他ノ判事ニ屬シタリトノ事實ノミニ因リ其ノ効力ヲ失フコトナシ
5　判事二人以上ヲ置キタル區裁判所ニ於テハ司法大臣ハ其ノ一人ヲ監督判事トシ之ニ其ノ行政事務ヲ委任ス
（事務分配）**第一二条**　事務分配一タヒ定マリタルトキハ司法年度中之ヲ變更セス但シ一人ノ判事ノ分擔多キニ過キ又ハ判事轉退シ又ハ疾病其ノ他ノ事故ニ因リ久ク闕勤スル者アル等引續キ差支ヲ生シタル場合ハ此ノ限ニ在ラス
（裁判官の代理）**第一三条**　區裁判所ノ判事差支アルトキハ毎年地方裁判所長ノ前以テ定メタル順序ニ從ヒ互ニ相代理ス但シ監督判事ノ職務ハ其ノ裁判所ノ判事官等ノ順序ニ從ヒ之ヲ代理ス
2　一ノ區裁判所ニ於テ法律上ノ理由若ハ特別ノ事情ニ因リ事務ヲ取扱フコトヲ得サルトキ之ニ代ルヘキ他ノ區裁判所ハ前項ニ同ク毎年前以テ之ヲ定ム
（民事訴訟）**第一四条**　區裁判所ハ民事訴訟ニ於テ左ノ事項ニ付裁判權ヲ有ス但シ反訴ニ關リテハ民事訴訟法ノ定ムル所ニ依ル
第一　百圓ヲ超過セサル金額又ハ價額百圓ヲ超過セサル物ニ關ル請求
第二　價額ニ拘ラス左ノ訴訟
（イ）　住家其ノ他ノ建物又ハ其ノ或ル部分ノ受取明渡使用占據若ハ修繕ニ關リ又ハ賃借人ノ家具若ハ所持品ヲ賃貸人ノ差押ヘタルコトニ關リ賃貸人ト賃借人トノ間ニ起リタル訴訟
（ロ）　不動産ノ經界ノミニ關ル訴訟
（ハ）　占有ノミニ關ル訴訟
（ニ）　雇主ト雇人トノ間ニ雇期限一年以下ノ契約ニ關リ起リタル訴訟

（ホ）左ニ掲ケタル事項ニ付旅人ト旅店若ハ飲食店ノ主人トノ間ニ又ハ旅人ト水陸運送人トノ間ニ起リタル訴訟
（一）賄料又ハ宿料又ハ旅人ノ運送料又ハ之ニ伴フ手荷物ノ運送料
（二）旅店若ハ飲食店ノ主人又ハ運送人ニ旅人ヨリ保護ノ為預ケタル手荷物金錢又ハ有價物
（非訟事件）**第一五条**　區裁判所ハ非訟事件ニ付法律ニ定メタル範圍及方法ニ從ヒ左ノ事務ヲ取扱フノ權ヲ有ス
第一　未成年者瘋癲者白癡者失踪者其ノ他法律若ハ判決ニ因リ治産ノ禁ヲ受ケタル者ノ後見人若ハ管財人ヲ監督スル事
第二　不動産及船舶ニ關ル權利関係ヲ登記スル事
第三　商業登記及特許局ニ登録シタル特許意匠及商標ノ登記ヲ爲ス事
（刑事事件）**第一六条**　區裁判所ハ刑事ニ於テ左ノ事項ニ付裁判權ヲ有ス
第一　違警罪
第二　本刑五十圓以下ノ罰金ヲ附加シ若ハ附加セサル二月以下ノ禁錮又ハ單ニ百圓以下ノ罰金ニ該ル輕罪
第三　刑法第二編第一章ヲ除キ其ノ他ノ輕罪ニシテ本刑二百圓以下ノ罰金ヲ附加シ若ハ附加セサル二年以下ノ禁錮又ハ單ニ三百圓以下ノ罰金ニ該リ其情第二ニ掲ケタル刑ヨリ更ニ重キ刑ニ處スルコトヲ要セスト認メ地方裁判所若ハ其ノ支部ノ檢事局ヨリ區裁判所ニ移付シタルモノ
前項ノ手續ニ因リ訴追ヲ爲シ犯罪ノ證明アリタル場合ニ於テ判決ヲ爲ス前何時ニテモ其ノ情第二ニ掲ケタル刑ニテハ相當ニ罰スルコトヲ得スト認ムルトキハ區裁判所ハ之ヲ裁判スル權限ヲ有セストノ言渡ヲ爲ス此場合ニ於テハ檢事ハ被告人ヲシテ相當ノ裁判所ニ於テ裁判ヲ受ケシムル爲適當ノ手續ヲ爲ス
（区裁判所のその他の権限）**第一七条**　前數条ニ掲ケタルモノヲ除ク外區裁判所ノ權限ハ此ノ章ニ掲ケタル事件ニ關リ訴訟法又ハ特別法ノ定ムル所ニ依ル
（検事）**第一八条**　各區裁判所ノ檢事局ニ檢事ヲ置ク
２　區裁判所檢事局ノ檢事ノ事務ハ其ノ地ノ警察官憲兵將校下士又ハ林務官之ヲ取扱フコトヲ得
３　司法大臣ハ適當ナル場合ニ於テハ區裁判所判事試補又ハ郡市町村ノ長ヲシテ檢事ヲ代理セシムルコトヲ得

以上。

3　裁判所構成法と非訟事件

裁判所構成法は、以上のような内容・構成であったが、「禁治産・後見」については第一五条のみであり、区裁判所のそれに関する権限については、後に制定される旧人事訴訟法によって、具体化されることになる。ルドルフは、「コンメンタール」(6)において、「この所謂区裁判所の非訟事件裁判権は、非訟事件手続法が制定されない間は全然空中楼閣に過ぎない。蓋し本条の法文によると如何なる限界内に於て、且如何なる方法で区裁判所が是等の事件に於ける裁判権を執行することになるのかは、非訟事件手続法の定める所に従って定まることであるからである。…中略…区裁判所には何よりも先ず後見事件に於ける監督が委任されるのであって…［しかし］…後見監督庁の処置がどう云ふ風に制限せられ、もしくは排斥されることがあるものであるかは、予知することが不可能である……後見制度は極く広範に亘って全然未解決の儘になっている。」と述べている。

ここでは、非訟事件手続法について言及されており、これは一八九八（明治三一）年（法律第一四号）に制定されているが、(7)禁治産等の関連規定は少なく、同年に人事訴訟手続法（法律第一三号）が制定され、(8)後述のように、禁治産事件については、管轄権等を含めて、その第三章に具体的規定が設けられた。

4　旧人事訴訟手続法（明治三一年）

同法の関連規定（第三章　禁治産及ヒ準禁治産ニ関スル手続は、四〇条から六九条にわたる詳細なもの）については、内容的にも興味ある規定が多いので、その内容を圧縮し、カタカナをひらがなにして、以下に同章全体を概観しておきたい。(9)

（イ）禁治産の申立は区裁判所の専属管轄であった（四〇条）。（ロ）妻が夫の禁治産の申立をするには夫の許可を要しない（四一条）。（ハ）申立にはその原因たる事実及び証拠方法を示す必要があるが、「書面又は口頭」でよいとされていた（四二条）。（ニ）裁判所は手続開始前に診断書の提出を命じることができた（四三条）。（ホ）禁治産の手続は「公行」（公開）しないとされた（四四条）。（ヘ）親族などが申立を行った場合にも、検事は手続を「追行」し、立合って意見を述べることができた（四五条）。（ト）「裁判所は申立に表示したる事実及び証拠方法を斟酌し職権をもって心神の状況に関する探知及び必要と認むる証拠調をなすべし」（四六条）とされていた。（チ）「裁判所は鑑定人の立会を以て禁治産の宣告を受くべき者を訊問すべし　但し共訊問を為し難きとき又は其者の健康に害あるときは此限りにあらず。」とされ、訊問は受託裁判官に任せることができた（四七条）。宣告は此の訊問の後でなければ行うことができなかった（四八条）。（リ）申立の費用は、原則として申立者の負担であったが（検事による場合は国庫）、宣告があった場合には、禁治産者の負担とされた（四九条）。（ヌ）裁判所は、宣告をなすまで、監護又はその財産の保存につき必要な処分を為すことができた。宣告後においても同様の処分が可能であった（五〇条）。（ル）決定は送達され（五一条）、決定の発効は決定送達の日とされ（五二条）、宣告は公告された（五三条）。（オ）申立て却下に対する即時抗告（五四条）、民法上の申立権者による一か月内における不服申立訴訟（五五条）、同訴訟の管轄（五六条）、当該訴えの相手方（五七条）、同反訴の不可能（五八条）、同準用規定（五九条）が定められ、当該訴えに理由があると認めるときは、裁判所は宣告を取り消すものとされ、確定に至るまで、禁治産者の監護又は其の財産の保存に必要な処分を為すことができるとされ（六〇条）、宣告取消（判決）前の後見人の行為の効力に変更は生じない（六一条）とされ、判決の当事者への送達と公告（六二条）について規定されていた。（ワ）禁治産の原因止みたることを理由とする取消は区裁判所の専属管轄とされ（六三条）、中立手続費用の負担者（六四条）、申立の却下決定の送達（六五条）、取消申立権者の申立却下に対する不服申立訴訟（六六条）について規定されていた。（カ）準禁治産者に関する準用規定（六七条）。民法旧一二条二項に基づく宣告の場合の準用規定（六八条）、公告の方法（六九条）に関しても規定されていた。

以上みたように、実際の運用がどうであったかは別として、一〇〇年以上前の法律とは思えないほど内容的には充実したものであった。

5 テッヒョウの民事訴訟法案とドイツ民事訴訟法との関係——人事訴訟手続法前史

一八八六（明治一九）年六月に「民事訴訟法案」がテッヒョウによって作成され、司法大臣に提出された。[10]「訴訟法案」の第一条は、「凡民事訴訟ノ裁判ハ以下数条ニ記載スル区別ニ従ヒ治安裁判所始審裁判所控訴院及ヒ大審院之ヲ為スモノトス」と定めているから、治安裁判所は区裁判所の前身を指すと思われるので（二1参照）、一八九〇（明治二三）年の裁判所構成法との整合性は図られている。禁治産に関する規定は、第五章「検察官の立会」の第四八条において一定の場合に、検察官の立会を可能にするために、通知義務を定め、その「三」に「人事訴訟ニ関スル訴訟」を、「四」に「未丁年者瘋癲白痴及ヒ治産ノ禁ヲ受ケタル者ニ関スル訴訟」が規定されているだけであった。[11]

その後、シュルチェンスタイン（Max Schultzenstein）「日本民事訴訟法草案　シュルツュンスタイン氏日本訴訟法草案意見書　哲憑氏訴訟規則按説明書」が出され、ドイツを訪問していた松岡康毅に依頼されてヴィルモウスキー Gustav Karl Adolf von Wilmowski も意見書を送ったとされている。[12]

なお、一八八七年一一月からの「法律取り調べ委員会」では、テッヒョウの草案には欠けていた「婚姻事件、禁治産事件、公示催告手続、仲裁手続」も審議の対象とされた。そこでは、当時のドイツ民事訴訟法が参照されたとされている。

一八七七年のドイツ民事訴訟法では、第六編が「婚姻事件と禁治産事件」（五六八条—六二七条）であり、第一〇編が「仲裁手続」（八五一条—八七二条）であった。日本では、前記の審議に基づいて、前者のみが、明治二三年に

「婚姻事件養子縁組事件及ビ禁治産事件ニ関スル訴訟規則」(法律第一〇四号)として制定され、同二六年に施行された。その内容は、当時のドイツ民事訴訟法の規定に酷似しており、これは、さらに明治三一年の人事訴訟手続法一章〜三章に酷似しているのである。

このような沿革的理由から考えると、禁治産・後見事件も基本的には、訴訟事件のカテゴリーに入れられていたと考えられるが、既に戦前から、その非訟事件的性格は指摘されていた(13)。この点は、家事審判法に至ってようやく本来の姿において現れたといえようか。

三　戦後の簡易裁判所と家庭裁判所

1　簡易裁判所

戦前の区裁判所は、当時の最下級の裁判所であり、その機能は形式的には今日の簡易裁判所に当たる(その前身とは言わないようである)が、区裁判所の多くの事件は、第二次大戦後に、今日の地方裁判所に移された。なお、旧非訟事件手続法については、家事審判法施行法二一条以下参照。

簡易裁判所の創設は、第二次大戦後、新しい憲法体制の下において制定された裁判所法による。それ以前の裁判所構成法による日本の裁判所体系では、最下位の裁判所は区裁判所であったが、簡易裁判所は必ずしもそれと連続するものとはいえない。刑事事件との関連では、新しい憲法の下で、犯罪の捜査に関し必ず裁判官の発する令状を要する、という原則が採用されたことから、各地に散在する警察署の司法警察職員の便宜を考え、一九四七年に簡易裁判所が創設されたという事情もある。

2　家庭裁判所

現行憲法の下で、最高裁判所がアメリカに範をとって設立されたほか、特別裁判所が廃止されるなどの改革がなされ、家庭裁判所も創設されたが、これは特別裁判所ではないと解されている。家事審判法第一条により、個人の尊厳と両性の本質的平等を基本として、家庭の平和と健全な親族共同生活の維持を図ることを目的とするため、他の裁判所が「正義と公平」を指導原理として厳正な法の威信を保持することを主眼とするのに対して、「愛と融和」を指導原理として、道義人情の効用を主眼として創設された。さらに、「どうすれば家庭の調整ができるかという具体的妥当性を見出すために「簡易迅速」と「秘密保持」を重んずる特色を持っている。」とされていた。(14)

禁治産後見（成年後見）の管轄をめぐるこのような大きな転換がなされたのにも関わらず、その管轄を区裁判所（簡易裁判所）から外すことについては、ほとんど議論がなされなかったのではないかと思われる。当時の関連の文献においても、家庭裁判所の将来に向かっての議論が中心であり、禁治産・後見事件の管轄についての記述は見られない。(15)

詳しい議論もないままに、後見事件の管轄は、昭和二二年の家事審判法施行法（第三章）により、人事訴訟手続法から削除され、家事審判法の規制対象になった。(16)

四　ドイツの区裁判所・世話裁判所

裁判所の在り方が異なるから、単純な比較は難しいが、判断能力が減退した市民が日常的な事務処理の支援者を獲得したいと考える場合に、どうあるべきか、という観点から比較をしてみたい。

1　区裁判所

区裁判所の構成は、ドイツでは各州に任されている（基本法〔憲法〕九二条以下）。各州は、区裁判所を州法によって設置し、裁判所の管轄区を配置し、その管轄区は行政区画に従っている。州別にみると、バーデン・ヴュルテンベルクは一〇八、バイェルンは七三、ベルリン（人口約三五二万人）は一一、ブランデンブルクは二四、自由ハンザ都市（州）ブレーメンは三、同ハンブルク（人口約一七五万人）は八、ヘッセンは四一、メックレンブルク・フォアポメルンは一〇、ニーダーザクセンは八〇、ノルトライン・ウェストファーレンは一二九、ラインラント・ファルツは四六、ザールラントは一〇、ザクセンは二五、ザクセン・アンハルトは二五、シュレスウィヒ・ホルシュタインは二二、チューリンゲンは二三であり、一六州の総計は六三八である。なお、ドイツの総人口は、約八、二四五万人である。

大きな都市は、複数の区裁判所を有している。例えば、前述のベルリン、ハンブルクのほか、エッセン及びドゥイスブルクは三、並びにメンヘングラドバッハ、カールスルーエ及びシュツットガルトは二、といった具合である。(17)

2　世話裁判所

ドイツでは、日本の成年後見制度に相当するのは、世話制度であり、これを管轄しているのは、世話裁判所（Betreuungsgericht）である。この裁判所は、非訟事件の枠内において、成年者の世話事件と措置入院事件を管轄している。従来は（二〇〇九年九月一日まで）、後見裁判所（Vormundschaftsgericht）として認識されていた。この二つの裁判所における相違は、後見裁判所は、未成年者の後見並びに監護及び養子縁組組手続きをも処理していた点にある。これらは、今日では、家族裁判所（Familiengericht）が管轄している。

世話裁判所は、通常は、区裁判所（Amtsgericht）に置かれている。その土地管轄は、区裁判所と同じである。

裁判は、世話ないし措置入院手続きにおいては、個々の裁判官もしくは司法補助官 Rechtspfleger によってなされる。

しかし、世話裁判所は必ず区裁判所（本部）にのみ設置されているわけではない。その例は、ミュンヒェンにおいて見ることができる。世話裁判所は、ミュンヒェン市街地にある区裁判所の本部棟にあるが、それを含めて周辺の市街地に一〇か所設置されている。区裁判所の支部として位置づけられているようである。

大雑把な感じとしては、日本の旧市町村に一か所は世話裁判所が存在することになる。区裁判所には、通常、不動産の登記所と家族裁判所が存在しているが、決して「敷居が高い」という感じはしない。

この裁判所の任務は、世話の設定、その範囲及びその廃止及び同意権留保の決定並びに世話人の選定及び任命である。世話の実施中に、世話人の一定の法律行為に許可を与えることも任務に属する。また、この裁判所は世話人の相談に乗り、監督を行う。ヴュユルテンベルクの一部地域においては、同裁判所の機能の一部が、州法によって、地域の公証人に委託されている。

なお、家族裁判所は、民法典一八三七条一項によれば、世話人に対する相談義務を負っている。世話の開始時点においては、裁判所の司法補助官と世話人との間の「導入のための意思疎通」義務が規定されている。この場合には、世話人は、その任務について情報提供がなされるべきものとされている（非訟事件手続法六九条b）。世話人は、原則として裁判所の法的助言を信頼してよい。裁判所が世話人の義務違反を認識した場合には、裁判所は命令を発し又はその禁止を命ずることができる。これは罰金をもって強制される（民法典一八三七条三項）(18)。

五　オーストリアの地区裁判所・監護裁判所

1　地区裁判所

オーストリアの裁判所構成は、大きく、通常裁判所と、公法裁判所に分かれており、地区裁判所（Bezirksgericht）は、通常裁判所のなかの最下級の裁判所である。地区裁判所においては、非訟事件、条件付き支払い命令の処理、差押え—支払不能手続きにおいては、常に、単独裁判官が裁判を行い、登記事項においては、司法補助官も行う。重要な組織上の指導は、地区裁判所の上司の任務とされている。

首都ウィーン（人口約一八六万七千人）においては、一二の通常の地区裁判所が設置されており、それは、一つ若しくは複数の市町村区を管轄している。さらに、商事を管轄する独自の地区裁判所を有している。

地区裁判所は、二〇一七年現在で、全オーストリア（人口約八六〇万人）に、一一四か所設置されている。その管轄は以下のとおりである。

（イ）一万五千ユーロを超えない訴訟額の民事訴訟を管轄する。ただし、一定の事項については、訴訟額に関係なく管轄する。例えば、結婚・家族事件、賃貸借事件、境界—地役権事件、占有侵害事件である。

（ロ）非訟事件手続きにおいて処理される多くの事件を管轄する。例えば、家事事件である。すなわち、子供の保護・監護、子供の扶養、訪問権の規制、養子、成年者保護人（旧代弁人——成年後見人に相当する）の任命である。そのほかにも、遺産の協議・審議、失踪宣告、紛失有価証券の無効宣告、不動産の共有者間の訴訟、住居所有権者—賃借人の一定の事項及び収用補償の手続がある。

（ハ）包括差押え（強制執行）並びに企業経営者でない者の支払い不能（私的破産、いわゆる債務整理手続き）

(ニ) 一定の軽い犯罪の刑事手続き
(ホ) 不動産登記の執行。

2 監護(後見)裁判所

オーストリアでは、監護裁判所(Pflegschaftsgericht)[19]が、成年者保護人(旧代弁人)の任命を行っているが、これは、オーストリアの現行裁判所制度によれば、地区裁判所の一部である。

3 成年者保護人(成年後見人)の選任手続

本人又は第三者の提議(職権主義が前提)により、管轄の監護裁判所が成年者保護人(旧代弁人)を任命する。この手続きの提議は、たいていの場合に、親族、官庁又は社会奉仕団によってなされる。担当者は、本人の居住地の当該地区裁判所の監護担当裁判官である。

最近の改正法によれば、手続きに入る前に、成年者保護協会に対して、いわゆる「クリアリング」手続きを委託し、同協会から、成年者保護人の任命が必要であるとの推薦を受けた後に、次の手続に入る[20]。

最初に、本人と裁判官との個人的な会話(面談)が行われ、次いで、「手続に立ち合う手続成年者保護人(旧代弁人)」による状況の正確な審査と医師の鑑定書の提出がなされ、口頭審理において実態が審査される。手続きの終わりに、裁判官は、決定をもって、成年者保護人(旧代弁人)が任命されるべきか、もしくはそれは誰か、いかなる範囲の任務が成年者保護人(旧代弁人)に与えられるべきか、を確定する。

六　後見裁判所の在り方

後見裁判所の在り方について、裁判所の構成が似ているからといって、ドイツ法やオーストリア法の真似をすればうまくいくわけではないことは当然である。おそらく日本の場合には、現在の家庭裁判所の所管事項のうち、家事事件の多くは現状のままの方がよいと思われる。本稿では、家庭裁判所の管轄事項のすべてについて論ずる気もないし、その能力もないから、以下では、成年後見事件の管轄について焦点を当てて考えてみたい。

1　敷居の高くない裁判所

一般市民の多くは、裁判所一般に対して「裁判所の厄介にはなりたくない」というような感情を持っているのではないか。しかし、居住している地域にある簡易裁判所であれば、多少はその敷居も低く感じるのではないかと思う。しかも、そこで年配の経験豊かな裁判官が、ゆっくりと対応してくれれば、特に高齢者にとっては望ましいであろう。筆者は、ドイツ等で、実際に区裁判所を訪問してみたが、まさに登記所にいるような感じであった。もし、地域の社会福祉団体の職員等が裁判所に同伴してくれるようであれば、ますます望ましいといえよう。

2　身近な裁判所

簡易裁判所は、必ずしも弁護士等に依頼しなくても裁判もできるところという認識はかなり一般的になっているのではないか。地域的に自宅の近くにあって、朝夕の散歩の際に前を通ったことがある建物の中にある裁判所であれば、相談に行ってみようかという気になるかもしれない。親族や地域の福祉団体の職員やケースワーカーも高齢者等に同伴しやすいであろう。ただし、そこでは、あまり待たされるようなことはないということが大切である。

3　地域の福祉団体や組織の支援が得られるような状況の確保

地域で社会福祉活動を行っている人であれば、簡易裁判所は人権擁護委員会がある役所（法務局）の近くにあり、または同じ建物内にある役所として認識しているかもしれない。しかも、成年後見の管轄が簡易裁判所であることが前提となれば、事前に、経験の交流などができるであろうと思われるので、ますます「疎遠」な場所ではないことになろう。このような「経験交流」こそ、関係機関の相互支援の基礎である。

4　ベテラン裁判官の確保

社会の高齢化の波は、裁判官にも及んでいる。まだまだ活動できるベテランの裁判官が年齢の故に定年退職されている。多少の配慮をしたうえで、簡易裁判所でさらに何年間かご活躍いただくのはどうであろうか。最近では、主要な法律の改正が頻繁であるから、あまり裁判実務は長く続けたくないと思っている方でも、一定の「非訟事件」であればやってみようかと考えてくれるのではないだろうか。

七　成年後見制度における構造的「無理」を解消するために

1　なぜ「狭義の後見」が圧倒的に多いのか

最高裁の統計によれば、三類型のうち、狭義の後見が八〇％を超えている。家庭裁判所の裁判官に職務上の時間的余裕があれば、その担当案件を減らそうとするような努力はしないであろう。つまり、実際には、「保佐」相当と思われる認知症高齢者本人についても、間もなく狭義の「後見」相当の症状になるであろうと思われるような場合には、関係者の希望があれば、後見開始の審判をするようなことがあるのかもしれない。親族などの関係者にとっても、間もなく同じような裁判所手続きを繰り返すことが予想される場合には、狭義の「後見」を希望してしまう原因になっているのかもしれない。このようなわけで、本来は、行為能力の制限（後見等開始審判）は、本人の人権にかかわることなので慎重になされるべきなのであるが、上記のような運用は、裁判所側の事情とも無関係ではなさそうである。このような事態が、障害者権利条約を批准した日本で生じてしまっているのである。

2　なぜ親族後見が激減したのか

最近、親族後見人による不祥事が多く露見し、これに適切に対処しなければならなかったことは確かである。この点についても、裁判所側の事情が無関係であるとは言えないだろう。一言でいえば、裁判所による後見人等に対する監督が十分にできていないのである。今の裁判所の人的・物的体制で十分に監督すべきだということはそもそも無理であろう。しかし、少なくとも法制度上は、後見人に対する裁判所の監督は前提とされているはずである（民法八四六条ほか）。裁判官を大幅に増員することができないとしても（前述六4も参照）、地域に根差した裁判所であれば、地域の関係組織との連携の下で、現在よりもきめの細かい親族後見人に対する支援・監督ができるのではないだろうか。

3　なぜ医療行為の代諾制度の改革が進まないのか

この点は、総合的な検討が必要であるから、裁判所の在り方という観点からだけでは論じられない。医療機関に対してどのような協力が求めうるか、という観点が重要である。例えば、本人の医療に関する「リヴィングウィル」を制度的に確立して、これを前提とした法律改正を行うことも一つの方法である。ドイツ法の場合には、本人、担当医及び世話人（成年後見人）の意見が一致すれば、裁判所の許可を得なくても、一定の医療行為ができるようになっている。

さらに、外国では、成年後見人が、裁判所の許可のもとで医療行為につき、代諾ができるという制度もある。日本でも、その際に、地域の認定医療機関の協力を前提として新しいシステムを創設するという方向もありうるだろう。

いずれにしても、裁判所が関与するとすれば、裁判所（裁判官）に今以上に職務上の余裕がなければならないであろう。

4 担当裁判官の負担が重すぎないか

筆者は、家庭裁判所の内部事情に明るいわけでは決してないが、裁判所に出入りする弁護士等の話を聞くと、前述のように相当に多忙のようである。これは、後見をめぐる問題に固有の事情ではないが、裁判所の在り方の問題ではある。つまり、成年後見の問題を司法機関である裁判所が包括的に抱え込むシステムが適切であるのか、という問題である。換言すれば、福祉行政の官庁がどのように、どの程度、この問題に関与すべきか、という問題である。比較法的にみると、「後見」官庁が相当な任務を負っている国も少なくない(21)。

これに関連して、地域に存在する社会福祉団体といかに協力すべきか、という問題もある。オーストリアにおける「クリアリング」（裁判所手続きに前置される「後見の要否に関する審査手続き」）は、民間の「成年者保護協会」が行っている（前述五3も参照）。同国では、ある種の法定親族後見が充実しており、それを前提として、伝統的な「成年後見」（法定代理権を伴う）の利用を削減しようとしている。これは、地区裁判所に要する予算の問題でもあるが、社会福祉行政との連携の問題でもある。

5　地域の社会福祉団体との連携が不十分なのではないか

日本には、全国社会福祉協議会の他に、都道府県、市町村に社会福祉協議会（以下、社協という）が設置されており、地域福祉の充実や成年後見制度の運用に大いに貢献している。少なくとも、成年後見事件が簡易裁判所に移管されれば、当該地域の簡易裁判所と社協との連携が、市町村レベルで可能となる。

地域社協では、日常生活自立支援事業（地域福祉権利擁護事業ともいう。厚労省所管）を実施している。これは、本人の最小限度の判断能力の存在を前提とするシステムであるが、高齢者や障害者の権利擁護のために役立っている。裁判所は関与していないので、「行為能力の制限」には全く関係がない。その意味では、判断能力の衰えた高齢者に対する、障害者権利条約のいう意味の「支援」なのである。その意味では、私は、制度の法的本質上の差異を超えて、この事業を「広義の成年後見の第四類型」と呼んでもよいのではないかとさえ思っている。

もちろん、自らは財産管理などが全くできないほどに判断能力が減退している方もいるので、裁判所の「狭義の後見等」の開始手続きが不要になるわけではないが、簡易裁判所と社協との協力・連携により、本人にとっても、裁判所にとっても、よりよい状況が生まれるのではないだろうか。

八　むすび——障害者権利条約が求めている社会

今なぜ、成年後見の管轄を簡易裁判所へ移管することを主張するのか。そうすることが、障害者権利条約の趣旨の実現のためにも必要だと考えるからである。それを明らかにするために、最初に障害者権利条約の「法と権利」

に関する重要条文をいかに掲げておく。

1 〈第一二条　法律の前にひとしく認められる権利〉

1　締約国は、障害者が全ての場所において法律の前に人として認められる権利を有することを再確認する。

2　締約国は、障害者が生活のあらゆる側面において他の者との平等を基礎として法的能力 legal capacity を享有することを認める。

3　締約国は、障害者がその法的能力の行使に当たって必要とする支援を利用する機会を提供するための適当な措置をとる。

4　締約国は、法的能力の行使に関連する全ての措置において、濫用を防止するための適当かつ効果的な保障を国際人権法に従って定めることを確保する。当該保障は、法的能力の行使に関連する措置が、障害者の権利、意思及び選好を尊重すること、利益相反を生じさせず、及び不当な影響を及ぼさないこと、障害者の状況に応じ、かつ、適合すること、可能な限り短い期間に適用されること並びに権限のある、独立の、かつ、公平な当局又は司法機関による定期的な審査の対象となることを確保するものとする。当該保障は、当該措置が障害者の権利及び利益に及ぼす影響の程度に応じたものとする。

5　締約国は、この条の規定に従うことを条件として、障害者が財産を所有し、又は相続し、自己の会計を管理し、及び銀行貸付け、抵当その他の形態の金融上の信用を利用する均等な機会を有することについての平等の権利を確保するための全ての適当かつ効果的な措置をとるものとし、障害者がその財産を恣意的に奪われないことを確保する。（外務省訳）

2　批准した条約との抵触をなくすべき

障害者権利条約は、このような内容を有するのであるが、第一二条の内容は、政府が裁判所を通じて実現すべきものであり、そのためには、何をなすべきかを考えなければならない。本稿で述べた簡易裁判所の活用は、国民一般の問題であるが、障害者にとっては、さらに重要な意味を有するのである。障害者の権利の実現のために、自身の移動の問題ばかりではなく、その周辺にあって彼らを支えている人々にとっても、地域の裁判所の方が便利であることは明らかであるからである。一二条第三項は、「障害者がその法的能力の行使に当たって必要とする支援を利用する機会を提供するための適当な措置をとる。」ことを定めている。裁判所を含めて、地域での支援を多面的に実現することは、まさに本条約の趣旨にかなっている。法的能力には行為能力が含まれるから、広義の「成年後見」的支援の充実を図らなければならないのである。

本稿の「むすび」において、権利条約を掲げたのは、本稿の主張が単なる戦前への「復古」ではなく、将来に向かっての高齢者を含む障害者の権利擁護の実現のためであることを述べるためである。

3　地域に密着した後見裁判所

東京のような大都市では、公共交通機関が発達しているので、その意味では、地域的な不便は感じないかもしれないが、地方の市町村では簡易裁判所の方が地域的にも身近な裁判所であろう。そこに地域と密着した後見部を設けて、通称、後見裁判所と称するとよいであろう。

全面的な管轄の変更は無理であれば、従来どおり、家庭裁判所が申請を受理し同裁判所が、諸般の事情を考慮して、その判断により、一部案件の審理を簡易裁判所に移送できるようにしてはどうであろうか。地域の福祉団体はもとより、専門職後見人の多くは弁護士や司法書士等であるから、簡易裁判所であれば違和感はないのではないだろうか。

4　今こそ改革が必要

裁判所が現状のままでは、権利条約が求めているような「市民や後見人による支援」の実現は、難しいであろう。認知症等の高齢者の問題を地域の問題として社会的に受け止めるためにも、管轄裁判所の改革を検討してもらいたい。

第二次大戦直後に、成年後見の管轄について十分に議論がされたうえで、家庭裁判所の管轄になったのであれば、その理由を考え直してみたいと思って、当時の関連の文献を渉猟したが、適当なものは発見できなかった。そうであれば、今こそ、その点を議論したうえで、成年後見の管轄を簡易裁判所に移すことは、無理な提案ではないと思うのである。

（1）　拙稿「成年後見事件の管轄について」成年後見法学会・じゃがれた─二二号（二〇一四年）一頁。

（2）　東京家庭裁判所編『東京家庭裁判所沿革史（創立五周年記念）』三頁以下。

（3）　我妻栄『改正民法余話──新しい家の倫理』「26・家庭裁判所」三〇九頁以下。なお、この審議会では、民法の親族編と相続編の改正が議論されたが、主査であった富井政章は、「家事審判所と云う問題が度々起こりまして、斯う云うことは何処で処理するのが宜しいかと云うやうなことで、どうしても普通の裁判所では具合が悪い、一つ家事審判所と云うものを設け、調停を主として処理すると云うことになったならば宜しかろうと云うので、……」（原文は漢字・カタカナ）と述べており、その際の「民法の改正」は、家事審判所の創設を前提としていた（臨時法制審議会総会議事速記録・諮問第一号（民法改正）一六頁、五七頁等参照）。

（4）　明治五年四月に、江藤新平が司法卿に就任すると、五月二二日には司法事務全五条を定め、司法行政作用と裁判作用が分離された。次いで、その五日後には中央の裁判機関として司法省裁判所が設置された。同年八月には、「司法省職制並ニ事務章程」（司法職務定制）が定められ、裁判所、検事局、明法寮によって省務を分掌させ、裁判所を司法省臨時裁判所、司法省裁判所、出張裁判所、府県裁判所、各区裁判所の五つに分け、これを九月から施行した。これは、お雇い外国人のジョルジュ・ブスケ（Georges Hilaire Bousquet、一八四六年生―一九三七年没、フランスの弁護士。明治期の四年間（一八七二―一八七六）滞日し、『日本見聞記』を執筆）に教示されたものであり、フランスの制度を斟酌して司法制度全般にわたる改革を意図して「司法省職制並ニ事務章程（司法職務定制）」が定められたとされている。

（5）出典：https://de.wikipedia.org/wiki/Otto_Rudorff　ルドルフは、ドイツの法律学者であり、裁判官であり、明治時代に日本の司法省の法律顧問であった。なお、本文二2も参照。

（6）ルドルフ「裁判所構成法注釈――並裁判所構成法議事速記録」司法資料二五九号七七頁、独文九〇頁。

（7）この法律については、牧野菊之助・谷井辰蔵・塩治高輝『非訟事件手続総覧』（良書普及会、一九二四年、第三刷）参照。

（8）この法律については、末弘厳太郎・田中耕太郎責任編輯『法律学辞典』第二巻（岩波書店、一九三七年、第三刷）の「人事訴訟手続法」に、詳しい記述（一四二二―一四三九）がある［松岡義正執筆］。内容的には、ドイツ法の影響が大きかったと思われるが、ドイツでは、関連規定は、民事訴訟法の第六編「婚姻事件及び禁治産事件」（五六八条―六二七条）に収められていた。なお、この法律の立法史に関する本格的な研究は、岡垣学『人事訴訟の研究』（第一法規、一九八〇年）を以て嚆矢とする。特に、三三七頁以下。なお、禁治産事件に関しては、佐上善和『成年後見事件の審理――ドイツの成年後見事件手続からの示唆』（信山社、二〇〇〇年）の第二章の研究も重要である。

（9）谷井辰蔵『人事訴訟手続要覧』（常盤書房、一九三一年）二三三頁以下。

（10）ヘルマン・テッヒョー（Eduard Hermann Robert Techow, 1838-1909）は、ドイツの法律実務家で、一八八四年に、伊藤博文から民事訴訟法案について意見を述べるように求められ、同八六年に「民事訴訟法案」を提出した。https://ja.wikipedia.org/wiki/『テッヒョウ訴訟法草案・完』（一八八六年）参照。なお、ドイツでは、当時、非訟事件手続法（Gesetz über die Angelegenheiten der freiwilligen Gerichtsbarkeiten vom 20.5.1898, RGBl. I S.771）は制定されていなかった。

（11）前記「テッヒョウ・訴訟法草案」の冒頭で、彼は、伊藤博文閣下への謝辞と共に「本草案ハ起草者ノ原案ト大ニ異ナル所アリ又往々反対スベキ所ナシトセス然レトモ予ハ修正説中ノ多数ニ同意シタリ」と述べている。

(12) 松岡康毅は、一八八六年（明治一九年）三月—裁判実務視察のためドイツとフランスへ出張し、一八八七（明治二〇）年一一月に欧州視察から帰国した。翌月には司法大臣・山田顕義のもとで法律取調委員会の委員を命じられ、民法や商法など各種法令の調査と審議に従事した。在独中に、ヴィルモウスキーに会って意見書を依頼したようであるが、後に、ヴィルモウスキー『獨乙訴訟法大意講義』（司法省、忠愛社、一八八八年）に「松岡康毅手記」を寄せている。そこでは、上記の「依頼」についての記述はないが、「夫レ訴訟一般ノ審理原則ハ双方ヲシテ十分ノ申立及ヒ立証ノ機会ヲ与ルコト是ナリ独リ公益ニ関スル事件ニ付テハ此ニ例外アリ即双方ノ申立ニ拘ハラス職権ヲ以テ其主張スル事実ニ立入リ探求シ明白ナラシムヘシ殊ニ婚姻。（ママ）後見ノ如キ是ナリ夫成立タル婚姻ヲ保完セシメ又ハ不正ノ婚姻ヲ破棄スル等ハ皆公益ニ関スレハナリ後見事件モ亦之ニ準ス」（四頁）と述べており、委員会でのテッヒョウ草案の修正との関連で、注目すべき記述である。

(13) 大森洪太『人事訴訟手続法』現代法学全集第二〇巻一〇四頁、現代法学全集第三三巻三八一頁以下等。

(14) 東京家庭裁判所編『東京家庭裁判所沿革史（創立五周年記念）』一七頁以下。

(15) 野田愛子・阿部嘉人監修『人事訴訟法概説』（日本加除出版、二〇〇四年）二頁には、「二　戦前の人事訴訟手続法改正論議」があり、岡垣学・前掲書（一頁以下）にも「人事訴訟事件の管轄権——家庭裁判所への移管をめぐって」があるが、後見制度に関する具体的記述はない。

(16) この点に関する家事審判法施行法（昭和二二年）の関係条文は、次のとおりである。

第一四条

1　この法律施行の際現に裁判所に係属している禁治産の申立事件は、この法律施行の日に、その裁判所の所在地を管轄する家事裁判所に係属したものとみなす。

2　前項の事件においてこの法律施行前に従前の人事訴訟手続法によってした裁判所その他の者の行為は、家事審判法の適用については、これを同法によってした行為とみなす。

参照条文　第一五条　第一七条　第一八条　第一九条

第一五条

1　禁治産の申立を却下する決定に対する即時抗告事件は、この法律施行の際現に裁判所に係属しているものに限り、これを家事審判所の審判に対する即時抗告事件とみなす。

２　前条第二項の規定は、前項の即時抗告事件にこれを準用する。　参照条文　第一七条

第一六条

この法律施行前にした禁治産の宣告に対する不服の訴については、この法律施行後も、なお、従前の人事訴訟手続法の規定による。この場合には、第八条第二項の規定を準用する。　参照条文　第一七条　第一九条

第一七条

第九条の規定は、この法律施行前にした禁治産の宣告に、第一四条の規定は、この法律施行の際現に裁判所に係属している禁治産の宣告の取消の申立事件に、第一五条の規定は、禁治産の宣告の取消の決定に対する即時抗告事件に、前条の規定は、この法律施行前にした禁治産の宣告の取消の申立を却下する決定に対する不服の訴にこれを準用する。　参照条文　第一八条

第一八条

第一四条乃至前条の規定は、準禁治産の宣告、その取消その他の準禁治産に関する事件にこれを準用する。

(17)　http://www.bundesanzeiger-verlag.de/betreuung/wiki/Vormundschaftsgericht

(18)　ドイツの成年後見に関する文献は多いが、本稿のテーマとの関連で、佐上善和・前掲書（注８）のみを引用しておく。

(19)　Pflegschaft（監護と訳している）は、伝統的には、ローマ法以来、（準）禁治産や不在者の財産管理、浪費者の制度、障害者保護制度、胎児の財産保護の制度などを含む概念であった。これらの事務を処理する裁判所がPflegschaftsgerichtと呼ばれるようになった。

(20)　ミヒャエル・ガナー「代弁人法から成年者保護法へ」季刊比較後見法制（一般社団法人比較法制研究所・紀要）五号（二〇一六年）九頁以下。

(21)　拙稿「法人後見の意義と特徴——比較法的観点から」実践成年後見七二号（二〇一七年）四頁以下。

民主主義法学についての覚書
——民科法律部会創立六〇年を機縁に——

東京大学名誉教授
広渡清吾

はじめに

民主主義科学者協会法律部会（略称・民科法律部会）は、一九四六年一月に創設された民主主義科学者協会（民科）の一部会として活動をはじめ、一九五〇年代後半に科学の全分野にわたる全国組織としての民科の活動が終息したのち、一九五七年一〇月に新たに学会規約を制定し、理事選挙を経て学会運営体制を整備し、一九五八年春から独立の学会として再出発した。

これまで民科法律部会は、一九四六年一月を創設の起点として、一九七六年に三〇周年記念事業、また、一九九六年に五〇周年記念事業を実施し、過去の総括とこれからの課題を検討する機会をもった。三〇周年の際には（当時は野村平爾理事長）、記念集会において江藤价泰が「民主主義法学と私たちの時代」と題して基調報告を行い、「国民諸階層の自覚的な団結に奉仕する民主主義的な法律家を質量ともに増大させるために、民科法律部会はがんばっていかなければならない」と締めくくっている。[1] 筆者は「学会活動の総括」として長谷川正安、渡辺洋三、片岡昇に続いて若手の立場から報告し、民主主義と民主主義法学の関係を論じている。一九七一年から刊行を開始した学会誌「法の科学」は、第四号（一九七六年）で「民科の三〇年」、第五号（一九七七年）で「民主主義法学の三〇年」を特集した。また、三〇周年記念出版として渡辺洋三・長谷川正安・片岡昇・清水誠編『現代日本法史』（岩波新書、一九九六年）が刊行された。[2]

五〇周年の際には、記念出版として『民科法律部会の50年』（法の科学二五号・記念増刊号）を刊行し、法の科学二六号（一九九七年）では、五〇周年記念学会のテーマ「民主主義法学の法理論」の諸報告、記念シンポジウム「日本社会と民主主義」および記念集会の記録を収録している。記念集会では江藤が開会のあいさつに立ち「一〇〇周年では日本社会に民主主義が確立したといえるようにできたらいい」と若手にエールを送った。筆者は、清水誠委員長（当時理事長）の下で記念事業実行委員会の事務局長を務めた。二〇〇六年の六〇周年に際しては、清水誠が学会において「不死鳥のように――民主主義法学に寄せる期待」と題する記念講演を行った（法の科学三八号・二〇〇七年）。

さて、二〇一七年一一月の学会では、一九四六年一月を起点としたこれまでと異なり、民科法律部会が一九五七年に学会規約を制定し、独立の学会として再出発したところから数えて六〇周年を記念する学術シンポジウムを開催することになった。江藤が民科法律部会の中心として長年にわたり大きな貢献を行ったことは周知のことである。そして筆者自身にとっても民科法律部会は青年時代から活動の重要な場所であり、学会六〇周年シンポジウムでの報告を担当した。この機会に「民主主義法学についての覚書」をまとめて、江藤价泰先生への追悼とする次第である。以下の論述は、法の科学第一号―第四八号を基本的な資料としている。法の科学の引用を註で別掲することは煩雑なので、本文中に号数、刊行年、引用頁を（法科一、一九七一、一―二）のように示すことにする。

一　六〇周年を独自学会の設立から数えて記念することの意味

民主主義科学者協会は、創設大会において、「民主主義日本の成長と確立」を目的とし、科学と科学者が「自己をとりもどし、日本国民の間における革新的民主主義と歩調を揃え、その支持を得つつ、封建的反動科学及び思想との闘争、民衆に役立つ真の科学の研究と普及、反民主主義的教化制度と政策との闘争」を進めることを宣言した。一九五七年の民科法律部会規約は、「すべての分野の法学研究者の研究上の連絡、協力を促進して民主主義法学の発展をはかることを目的とする」（第二条）と規定する。

学会は、学術研究団体であり、そのゆえに、「民主主義日本の成長と確立」を活動の直接の目的とするのではなく、「民主主義法学」という「学」を発展させることが目的として掲げられた。では「民主主義法学」とはなんであるか。ある学問が独自の存在を主張する場合、研究対象および研究方法が固有のものとして確立され、その学問に従事する研究者が固有の研究対象および研究方法を共有することによって、自己をアイデンティファイできることが要件であろう。民主主義法学にこの要件論を適用する場合には、その大前提に、次のことが確認されなければならない。それは、民主主義法学がもっている客観的な歴史的位置（historical defined position）である。

民科法律部会を学会として創設する以前からすでに、法律分野における「封建的反動科学及び思想との闘争、民衆に役立つ真の科学の研究と普及」の活動が展開していた。法律部会と並んで、いち早く、戦後の新たな法学の形成を目指して学会として出発したのは、一九四七年創設の日本法社会学会である。民科法律部会や法社会学会に結集した法学者たちの意図した、また、法学者たちが実際に担ったのは、戦前と異なる新しい法律学の構築であり、もっとも広義にその特徴（identity）をしめせば、第一に法学を科学として構築すること、第二に、民主的法律によって日本社会の民主的近代化を進めること、第三にそのために日本国憲法を価値的に擁護すること、の三点であったと考えられる。筆者は、この三点の特徴をもつ法学的営みを、戦後日本社会の特性をその「戦後性」において捉える、つまり、憲法体制の革命的変化に基礎づけられた戦前社会との「断絶」を本質的なものと認めるという意味で「戦後法学」と呼んでいる(3)。

民主主義法学とは、上記の意義における戦後法学の主要な担い手であり、一九五七年の学会設立時において、そのことは当然の歴史的前提とされていた。民科法律部会が、民主主義科学者協会の一部会から、独立の学会として設立された場合、その前提として、「民主主義日本の成長と確立」を期して、封建的反動科学・思想と闘い、「民衆に役立つ真の科学の研究」として法学の分野において取り組まれてきたものをもって、「民主主義法学」の内実が考えられていたのである。

他方で、独立の学会として「民主主義法学の発展」をうたうことは、学会活動が直接に「日本社会の民主主義的発展」を目的とするものではない、という規定性を持つことである。この規定性は、おそらく民主主義科学者協会の活動のあり方についての歴史的評価に関わるものであり、科学者が科学者として政治課題に直接に関与することの是非について、三〇周年記念集会で長谷川および渡辺がこもごも民科の「国民の科学」運動に批判的に言及していることを確認したい(4)。学会、つまり学術研究団体としての出発は、政治団体でなく、運動団体でなく、その学術活動がある目的のために手段として行われるものではない、ことを積極的に示す意義をもったのである。

この点に関して鮮明に記憶しているエピソードがある。一九七一年五月のことであるが、法社会学会の会員総会において、司法の反動化に抗議する声明を採択するかどうかが議論となった。会場からの問題提起に対して、当時の川島武宜理事長が消極的な答弁をした際に「民科のような運動団体であればともかく」という一言を付け加えた。このとき、会場からすぐに手が上がり、立ち上がった会員が当時の民科法律部会事務局長であった江藤价泰である。

江藤は「民科法律部会は学会であり、運動団体ではありません。今の発言は取り消してください」と毅然として抗議した。川島発言は本体の民科のイメージの延長線上で行われとくに含むところがあったと思えないが、民科法律部会の学会としての設立は、こうした歴史的文脈のなかにあったということである。(5)

二　学としての民主主義法学

それでは、積極的に「民主主義法学」を「学」として論じるとすれば、どのような議論ができるだろうか。民主主義法学の「学」としてのアイデンティティは、いうまでもなく、戦後法学の志向をなによりも特徴づける「科学としての法学」を目指すことである。民科法律部会は、一九七三年五月に学会誌を創刊したが、その表題は「民主主義法学」ではなく、「法の科学」と命名された。

「科学としての法学」ないし「法の科学」について論じるとすれば、二つの異なった次元がある。一つは、法と社会、法と経済、法と国家の関係、つまり社会構成体全体おける法の位置規定およびその法の歴史的変容と現代的作用を研究する、まさに社会科学としての法学の追究の次元である。もう一つは、法学における重要な構成部分として「法の解釈」という行為をどのように科学的に位置づけるかという、いわば法学固有の問題（テキストの「解釈」問題は哲学的問題でもあるが）を扱う次元である。

二つの次元に加えて、科学であることの含意としては、法学的営為に「民主主義」を冠することについて自覚的でなければならないという問題がある。「民主主義を目的とし、科学を手段とする」のではなく、学問（科学）のあり方としてそれが民主主義に貢献するという道筋が追究されなければならない。民主主義法学と称して学問的営為が行われていることをもって、その学問的営為が民主主義に貢献していることが保障されるわけではない。学問的営為が民主主義に貢献しているかどうかは、まさにその学問的営為自体が、貢献しようとしている民主主義とは何かという問題を含めてたえず自らに問いかけなければならない問題である。

一般論的にいえば、科学は真理を探究することを唯一の目的とし、それ以外の存在根拠を必要としないが、科学が社会（人類社会および領域的に仕切られた市民社会）のなかで、社会の支持と援助のもとで営まれること（学問の自由・大学の自治の人権的保障）をみるならば、真理の探究の意義、作用、射程について、換言すればその社会的意味について、科学者自身のたえざる自省を伴わなければならない。科学はそれを営む科学者と一体のものであり、科学はそれを営む科学者の社会的責任と不可分のものとして位置づけられる。民主主義法学もこのような科学の、正確にいえば、現代（科学が人類を幾度も壊滅しうる核爆弾の蓄積を導いたことを前提にしてそのあり方を論じなければならないという段階）における科学の営みに属するものである。くわえて、法学は、認識の対象を所与の「自然」ではなく、人間とその活動によって構成される「社会」とする社会科学であり、社会科学的営為に特有の契機を勘案しなければならない。社会科学の認識的言明は、それ自体が社会形成的な意味をもつと考えるべきである。また、法学に固有の法の解釈は、それとして法形成的作用を営みうる。それゆえ科学者の社会的責任は、法学を科学として論じる第三の次元として位置づける必要がある。この論点は、のちに再度考察しよう。

さて、社会構成体における法とは何か、およびそこにおける法解釈という営みは何か、この二つのレベルで科学としての法学を追究しようとした戦後法学は、一九四〇年代後半から一九五〇年代後半の時期に、相次いで、二つのレベルに照応した戦後法学論争を経験する。先行の一つは、法社会学論争であり、それに続くもう一つが、法解釈論争である。それぞれすでに多くのことが論じられているが、筆者の視点から簡潔に整理しておこう。

法社会学論争は、「戦後法学」のなかで、一九四〇年代後半から五〇年代前半にかけて、現実の政治情勢の捉え方、日本社会の民主化・近代化の評価についての政治的立場の差異を背景にしながら、社会構成体における法をどう捉えるかをめぐるものであった。論争の基軸は、法社会学論争といいながら、いかなるマスクス主義的方法が正当であるかが論じられた。言い換えれば、マルクス主義的立場からネガティブにみられる法社会学的方法や理論動向が論争の対象となった。論点は、法において社会的な自生的な契機と国家権力による強制的な契機のいずれを本質的なものとみるか、法カテゴリーの歴史的発展の独自性に注目するか、経済的政治的な被規定性を排他的に本質的なものとみるか、法の発展において民衆的契機をどのように位置づけるか、などにあったが、論争自体は何らかの理論的決着がつくということなしに終わり、そこで論じられた争点は、その後も理論問題として継続するものであった。

法社会学論争が、このように社会構成体における法の位置規定についてのマルクス主義的理解をめぐって行われたのは、〈法の科学的研究はマルクス主義的方法によるべきである〉という主張が論争のモチーフにあったからであろう。これを経過しつつ、戦後日本の法社会学の中心的開拓者であった川島武宜は、自ら単独で編集責任をおう形で一九七二—七三年に『法社会学講座』全一〇巻を刊行した。この講座には、一九世紀的欧米の伝統的法律学の革新を企てた多様な法学的ないし社会学的潮流が視野に収められ、マルクス主義的方法もその一つに位置づけられた。これに呼応して一九七六年から『マルクス主義法学講座』全八巻が刊行された（一九七六—一九八〇年）。この講座は、科学としての法学の主軸としてマルクス主義の方法に基づく法学の存在をアピールするものであった。科学としての法学におけるマルクス主義的方法と非マルクス主義的方法が、どのように明確に理論的に区別されるのか、そして具体的分析における相互の特徴が何であり、両者がどう関連性をもつかなど、少なくとも理論（史）的には、なお検討を要する課題としてあり続けていると思われる。

法解釈論争は、一九五四年の自衛隊創設をめぐる憲法九条解釈が背景となっているが、問題提起者は民法学の来栖三郎であり（一九五三年の私法学会における報告）、法解釈学のメインストリームからの発信であることによって、学界全体の共有する問題として、法社会学論争よりも広い範囲で議論が行われた。「法解釈とは何か」、つまり、科学論的に、あるいは認識論的に、テキストとしての法の解釈がいかなる意味をもつのかは、法解釈を主戦場とする法学的営為にとって、アルファであり、オメガであり、議論の絶えることがない。ドイツ法学における確立した領域であるMethodenlehre des Rechts、つまり法学方法論は、まさに法の解釈とはなにか、正しき解釈のための理論を論じるものであり、哲学や歴史学などの他分野の動向と関連しながらも独自の展開を示し続けている。それゆえ、法解釈論争も、法社会学論争と同様に、歴史的時代状況に規定されて発現しつつ、テーマをめぐる理論的分岐が開示され、それとしての理論的決着なしに、問題そのものは、今日まで継続しているものである。(6)

それでは、「科学としての法学」の立場からは、法の解釈がどのように位置づけられたのであろうか。論争の構図をみるためには、川島武宜の『科学としての法律学』（初出は一九五二年）を座標軸とするのが分かりやすい。川島は、科学としての法学をもって、戦前の末弘厳太郎の業績などを基礎にした、戦後の新しい法学としての「法社会学」であると位置づけた。川島によれば、法社会学は、「社会学」の一分野ではなく、法の社会科学の意味であり、歴史的に伝統的法律学の批判と改革によって科学としての法学を目指した多様な潮流を包摂し、発展させるものが法社会学と説明された。そこで、川島は、法の解釈という法律家の行為を科学的な考察の対象として据え、その構成要素が解釈者の「価値判断」と「ことば的技術」であると分析した。それゆえ、川島にとって法の解釈は、いかなる意味でも経験的実在の「認識」のカテゴリーで捉えるものではなく、解釈者の主観的価値判断であると位置づけられた。法の解釈がこのようなものであるとすれば、科学としての法学の出番は、法の解釈それ自体になく、法の解釈が社会的諸条件に規定されてどのように変化、発展するかを対象として分析することにある。そこで、川島は、具体的に、裁判所の判決の分析（判決の結論とそれを基礎づけた社会的事実の相関性の分析）によって、判決の展開を予測することに、実用法学における科学の働く場所を認めたのである。

川島の「法の解釈＝価値判断」テーゼには、アメリカのリアリズム法学の影響を認めることができるが、法の解釈に対する「外的視点」のアプローチであった。これに対しては、科学としての法学を目指す立場を共有しつつ、別途のアプローチが提起された。一つは、法の解釈を総体としての法現象の展開を規定する主体的能動的要因として位置づけ、法の解釈という実践を通じてそこで意図される法の実現が客観的妥当性（現実の法として作用する）を獲得するというプロセスにおいて法の存在を捉えるものである。この捉え方によれば、法解釈の真理性は、それが客観的妥当性を獲得しうるものであるかどうかにかかっている。これは、法の主体的動態的把握ということができる。この理論は、戦後初期から八〇年代まで活躍した代表的労働法学者で、哲学的な思考をよくした沼田稲次郎によって提示された。沼田理論によれば、実践を導く法の解釈は、認識論的な位置づけとして、「形成的認識」と特徴づけられた。これは、川島テーゼと相対する、法の解釈についての「内的視点」を示すものといえる（沼田『労働法論序説』〔勁草書房、初版一九五〇年〕）。

もう一つは、法の解釈を価値判断と規定する場合でも、その価値判断に科学的基礎づけを提供することにおいて、科学としての法学の役割を認めるものである。この場合は、法の解釈それ自体が認識として基礎づけられるのではなく、法の解釈を基礎づける価値判断が歴史的社会的にみて、科学的な合理性をもっているかが問題とされる。当時の議論においては、「社会の歴史的発展法則」に適っているかを判断基準とすることの是非がひとつの重要な論点となった。この議論の主眼は、価値判断と認識を峻別したうえで、価値判断そのものについて合理性を問う、というところにあった。法の解釈を認識として位置づける議論は、一九世紀から二〇世紀への世紀転換点前後以降の、ドイツにおける方法論争、P・ヘックの歴史的解釈の理論やE・エールリッヒの法発見の理論と関連づけて展開しうる可能性をもったが、論争のなかではそのような議論はみられなかった。法の解釈に科学としての法学が関わるという論争においては、全体として、価値判断の科学的合理的根拠づけという立場が、大勢を占めたと思われる。

さらにもうひとつ、重要なのは、法の解釈論争の端緒となる問題提起を行った来栖三郎のポジションである。来栖の問題提起の本来的趣旨は、法の解釈が科学的認識でなく、それゆえ、法律家の法の解釈が「学」の名において客観的、中立的な事柄として扱われることに本質的な疑問ないし批判を提示することにあった。端的に言えば、法の解釈は、解釈する法律家の主体的責任をともなうものであり、その責任を果たすためには、科学としての法学——当時は法社会学がそれと考えられた——の知見に助けをかりて、合理的な法的判断をすべきであると主張したのである。キーワードは「責任」であり、来栖にとって法の解釈の主観性は、それゆえ立論の大前提であった。

法解釈論争は、二〇世紀の境目に、論争参加者世代であった三人の民法学者によるそれぞれの最終回答をみることになる。来栖三郎（一九一二—一九九八年）の『法とフィクション』（一九九九年、死後に刊行）、原島重義（一九二五—二〇一三年）の『法的判断とは何か——民法の基礎理論』（二〇〇二年）、そして広中俊雄（一九二六—二〇一四年）の『民法綱要第一巻総論上』（一九八九年、『新訂民法綱要第一巻総論』二〇〇六年）がそれである。ここでは立ち入らないが、それぞれが戦後法学のひとつの到達点を示すものであり(7)、総じて次の点において共通性をみることができる。第一に「法の解釈」は、法律家の孤立的個人的価値判断行為としてとらえられるのではなく、社会における法（経験的実証的存在であるか、人々の共通了解としてのフィクションであるかは異なるが）を見出し、確定する社会的行為として、位置づけられている。第二に、このことのゆえに、法が作用する当該の社会の歴史的位置、固有の性格をどのように理解するかは、法の解釈と不可分の作業とされている。そして第三に、「法の解釈」という問題へのアプローチは、法学固有の方法と概念のみによるのではなく、広く人文・社会科学の方法や概念を援用して行われるということである。この三つの点は、法の解釈をめぐるかれらの仕事が、「科学としての法学」の営みであることを示している。

三　戦後法学の成果

科学としての法学のもう一つのレベル、すなわち「法と社会、法と経済、法と国家の関係、つまり社会構成体全体おける法の位置規定およびその法の歴史的変容と現代的作用を研究する」レベルこそ、社会科学としての法学をどのように展開するか、民主主義法学の主戦場となるべきところである。

科学としての法学を目指す戦後法学の営みとしてなによりも注目すべきことは、法学者の共同作業がそのために行われたことである。ひとつは、『講座・日本近代法発達史』（全一一巻、一九五八―一九六一年、以下『発達史講座』）、もうひとつは『講座・現代法』（全一五巻、一九六五―六七年、以下『現代法』）の刊行である。

『発達史講座』は、副題に「資本主義と法の発展」と付し、全巻の巻頭に掲載された「編集委員のことば」（編集委員は鵜飼信成、福島正夫、川島武宜および辻清明）によれば、講座の目的は「明治維新から敗戦に至る約八〇年間のわが国の経済および政治との関係において、国家法の構造と機能を分析すること」とされた。時期区分としては、第一期「法体制準備期」（明治憲法制定まで）、第二期「法体制確立期」（第一次世界大戦ころまで）、第三期「法体制再編期」（満州事変まで）、そして第四期「法体制崩壊期」（敗戦まで）の四期が設定された。

その考察方法は「狭い意味での法律―国家法―」（この表現は、広い意味での社会における法の存在を否定しないという含意であり、法社会学論争との関連が認められる）を「経済・政治および社会生活の函数」として、それゆえ、「法の変化は、経済・政治・社会の変化にそれぞれの仕方で対応し、また、後者の変化は前者の変化にそれぞれの仕方で対応する」関係において捉えることである。このように、法は法外的な諸ファクターの被規定的存在であるが、他方で、法外的なファクターに影響（反作用）を及ぼし、その限りで相互作用のなかにあるものと捉えられており、マルクス主義的史的唯物論的な法の把握が共通の方法と考えられていたことが分かる。『発達史講座』の企画は、編者による明示の言及はないが、一九三二―三三年に刊行されたマルクス主義経済学者たちによる『日本資本主義発達史講座』をモデルとして推測することもできよう。「編者のことば」は、結びとして「これを機縁として、従来孤立絶縁していた法学が他の社会諸科学と手をたずさえて研究を進め、また相互に他の研究成果を摂取しうるようになる」期待を表明している。

『発達史講座』は、日本資本主義の独特の展開（寄生地主制と資本主義的重工業化の共生）、それに呼応する独特の政治権力関係（絶対主義的天皇制と資本家権力の共生）が、日本の近代法発達史を規定したものとして分析し、そこから帰結したものが「近代法**不**発達史」（ゴチは引用者）であるという大きな構図を提示した。ここには、「近代法」のあるべき姿を、西欧近代法として仮設するという論理をみることができる。『発達史講座』は、まさに、「科学としての法学」と戦後日本社会の「近代化」を志向した戦後法学の典型的な営みであった。この業績は、科学としての法学の展開に向けて重要な礎石となった。

『現代法』は、『発達史講座』が戦後日本社会の前進のために戦前の法体制の歴史的総括を企図したのに対して、高度経済成長を達成しつつ、新たな発展段階に入った日本資本主義社会を対象にして、そこから生まれている法の構造と機能の大きな変化を分析することを目的にした。全一五巻に共通の編者まえがきは置かれていないが、第一巻「現代法の展開」は、「現代法の問題状況」と題する巻頭論文を小林直樹、渡辺洋三および片岡曻の三者が分担執筆し、それぞれ①「国家法体系の変動と問題」、②「近代市民法の変動と問題」そして③「社会法の展開と現代法」のタイトルを示している。第一巻の「まえがき」によれば、「現代法」は、おおむね次のように想定されている。すなわち、世界的にみて近代法から現代法への変化があること、その変化は二〇世紀初頭から急角度を描き、第二次世界大戦を契機に一層、広く深いものとなり、日本でも昭和三〇年以降の高度成長政策のなかで、明らかとなっていることである。第一巻は、このように「現代法」についての全体の見取り図を示し、第二巻以下が「現代法と国家」、「現代の立法」、「現代の行政」、「現代の裁判」、「現代の法律家」、「現代法と経済」、「現代法と市民」、「現代法と企業」、「現代法と労働」、「現代法と刑罰」、「現代法と国際社会」、「現代法の思想」、「外国法と日本法」および「現代法学の方法」と続いた。

第一巻の総論的枠組みは、「近代法から現代法へ」を従来のコンセプトである「市民法から社会法へ」と重ねて考察するという発想をなお基調にするようにみえるが、第七巻「現代法と経済」は、資本主義の発展段階の法に対する規定関係を方法論的に先鋭に示すものとなっている。この巻の目的は「法がどのような経済的土台によって規定され、かつこれを反映しているか、あるいは逆に経済に対してどのような反作用を及ぼしているか」、「経済過程と国家権力の関係を念頭におきながら、この両者を媒介するものとしての法の役割、機能、その論理的歴史的構造を明らかにする」（渡辺洋三の「まえがき」）こととされ、巻頭に「法と経済の一般理論」（藤田勇）を置き、その後に「資本主義経済と法の理論」として①「産業資本と法の理論」（甲斐道太郎）と②「独占資本と法の理論」（富山康吉）が配された。この構成は、近代法をもって産業資本主義段階の法、現代法をもって独占資本主義段階の法として位置づける狙いを示しており、さらに「資本主義経済と行政権」（下山瑛二）の章では、「国家独占資本主義段階（現代）における行政権」が考察されている。「国家独占資本主義段階」は、現代資本主義を把握する概念として、当時マルクス主義経済学において論争の対象となっていた。このように、第七巻は、『発達史講座』を継承し、法の変化を資本主義の変化と対応させて分析するという方法を明確に示す、のちの現代法論展開の基点を形成した。

四　民科法律部会における現代法論の構築

『現代法』が打ち出した「資本主義の段階的変化による近代法から現代法への展開」という図式は、科学としての法学のメインストリームたる研究課題であった。『現代法』においてその議論を基礎づけた論者の多くは、民科法律部会のメンバーであった。民科法律部会は、一九六〇年代後半、「現代法をどうとらえるか」の議論を継続して行い、そこでは東京、名古屋、そして関西の各地域に結集した若手研究者が新たな議論を提供した。基軸となる議論は、「現代法」を「資本主義の全般的危機」（社会主義体制の成立とその後の発展は資本主義体制そのものの存続を危うくする条件となっているという議論）の下で、危機に対応する資本主義の新たな段階ないし局面としての「国家独占資本主義」を経済的土台とする法ととらえる（「国家独占資本主義段階の法としての現代法」）ものであった。もちろん、このような定式化は、その中身の分析なしには、無意味であり（「資本主義法とは資本主義の法である」というのと変わらない）、現代法をめぐる議論（以下「現代法論」と呼ぶ）は、一方で国家独占資本主義とはなにか、そこにおける国家の役割は何か、これらを条件として法にどのような特質が生まれるかという理論的な問題と同時に、この段階における日本法の具体的分析を追究した。

国家独占資本主義の特徴は、経済過程への国家の全面的介入――この段階の資本主義は自律性を失い、財政・金融・産業政策的な国家の介入なしに展開しえない――として把握された。ここから、法の機能が国家介入の手段と化し、「法の政策化」とよばれる法現象が生じる。政策化した法は、法主体間の権利義務関係としての法関係を成立させるのではなく、政策手段として経済過程に作用することを機能とする。ここから、国家独占資本主義法の分析においては、とりわけ国家の法政策の分析が重要であると論じられた。国家独占資本主義の意義については、国家による法を媒介とする全面的な経済過程への介入という論理（資本の論理）と同時に、国家の民主主義をチャンネルにして反独占の要素がどのように国家政策を規定しうるか、さらには、国家の全面介入が国家を通じての反独占民主主義の成立に向かう可能性（国家の経済に対する制御能力の拡大は民主主義による国家を通じた資本主義制御、資本主義の克服を展望できる）はどうかという論点（運動の論理）が提起され、これが重要な論争点を形成した（田中茂樹「現代法論の総括」法科二五、一九九六、三六―四八）[8]。

国家独占資本主義法という経済的規定の議論と並んで重要だったのは、戦後日本国家の国際的地位、とりわけアメリカ合衆国に対する従属的関係を現代日本法の分析に位置づけることであった。戦後日本は、米軍の占領下におかれたが、一九五二年四月の平和条約とともに発効した日米安全保障条約によって、米軍は占領軍から条約による駐留軍と法的性格を変え、日本を軍事基地として利用し続けた。沖縄は、平和条約によって、米軍の軍事占領がそのまま認められた。一九六〇年の日米安保条約改定は、日米の関係をより密接なものにし、米軍と、この間一九五四年に設置された自衛隊との共同防衛（日本への、あるいは日本の米軍基地への武力攻撃に対する）を新たに規定した。日米安全保障条約と在日米軍ならびに自衛隊法と自衛隊の存在は、日本国憲法九条の規定した戦争放棄・戦力不保持・交戦権の否認、すなわち非武装平和の理念と対立するものでありながら、日本法の現実態として存在している。ここから、現代日本法の特徴として、憲法体系と安保法体系の二元論（法体系二元論）が導かれた。すなわち、現代日本法は、一方で憲法を頂点とする法体系と、他方でそれとの矛盾をはらみながら、安保条約を頂点とする法体系（条約実施のための日米間の協定、協定実施のための様々な特別法）の二つの法体系から成るものとして捉えられた。

法体系二元論は憲法学者長谷川正安の議論にオリジナリティがあるが、一九六〇年の国民的安保条約改定反対運動が生み出した理論的認識ともいえるものであって、民主主義法学に共有されるのみならず、その後も「憲法と安保」をめぐる国民の運動に基本的な認識枠組みを提供するものとなった[9]。

日本現代法を先進諸国と共通のカテゴリーである「国家独占資本主義法」として捉え、かつ、日本国家固有の対米従属的特質に由来する「法体系二元論」として特徴づけるという構図は、民科法律部会の現代法論として、おおむね一九七〇年前後に成立した。一九六九年に刊行された『現代法の学び方』（岩波新書）は、四人の編者（野村平爾、戒能通孝、沼田稲次郎および渡辺洋三）の下で民科法律部会の中堅研究者が（稲本洋之助、浦田賢治、江藤价泰、桜木澄和、清水誠、藤田勇、堀部政男の七名）、法学生を中心に広く市民向けに共同で執筆したものであるが、上記の現代法論を明確に提示している。資本主義的経済構造の段階と国家権力の特質によって、法のあり方を規定するという現代法論は、まさに戦後法学の面目を発揮したものであった。

一国の資本主義が国家独占資本主義段階にあるという経済的規定は、上述のように、いわゆる全般的危機論を前提にしていた。全般的危機論は、ロシア革命の成功とソ連社会主義体制の確立を指標として、これを「第一段階」、そして、第二次世界大戦後の東欧、中国、東アジアにおける社会主義国の形成を通じた資本主義ブロックに対する社会主義ブロックの成立を指標として「第二段階」と特徴づけた。さらに戦後世界における①社会主義体制の強化、②発展途上国における社会主義建設の道の可能性の増大、③資本主義国における平和擁護勢力の発展を指標に、一九六〇年代には「第三段階」とする議論がソ連を中心に展開された。このような「資本主義の全般的危機」を前提にした国家独占資本主義論は、戦後の資本主義国家が社会主義体制に対抗的に福祉国家政策を採用し、一九七〇年代の二つの石油ショックによる不況の克服のために新自由主義的政策による転換を図り、労働者を含めた国民統合にさまざまな政策と法的措置を打ち出すなかで、労働者の生活・社会構造など具体的な一国ごとの現状分析なしには、十分意味のある概念でなくなっていった。そして、最終的にはヨーロッパの社会主義体制の終焉により、全般的危機論が根拠を喪失し、経済的概念としての国家独占資本主義は、歴史的な概念となった。しかし、法の基本的存在構造を国家と経済の函数として把握する方法それ自体の有効性が否定されたわけではなく、かつ、現代法を近代法との対比において国家介入主義型法構造とする歴史的な規定は依然として重要であると考えられる。つまり、その後の日本社会における企業社会的構造の形成と展開、新自由主義と規制緩和政策などは、国家介入主義の具体的な種差的形態として位置づけ分析することが歴史的構造変化を適切にとらえるために必要であろう。

法体系二元論についていえば、民科法律部会は、憲法擁護の戦後法学の面目をもっともよく維持して、日米安保体制の批判的分析に大きな力を注いだ。一九六〇年の新安保条約が一〇年後の条約廃棄通告制度（各政府からの通告により一年後に条約終了）を規定したことを背景にして、一九六九年に『安保条約――その批判的検討』、また、一九七二年五月の沖縄返還を前にして返還協定の内容の詳細な検討を行う『沖縄協定――その批判的検討』、そしてさらにずっと後になるが、安保改定五〇年に際して、あらためて安保体制の総合的検討を行う『安保改定50年――軍事同盟のない世界へ』（二〇一〇年）を、学会の仕事として、それぞれ刊行したこと（いずれも法律時報臨時増刊号）を挙げておこう。[10] 最後者には、民科法律部会の安保体制研究の展開史がフォローされている。松井芳郎は、法体系二元論が従属論の法学的解明と安保反対・憲法擁護の実践運動に果たした意義を高く評価しつつ、二一世紀のグローバリゼーションの時代の日本法分析にとって限界のあることを指摘するが、なお、分析の基底として役割を失わないことを確認している（松井芳郎「巻頭言・安保改定50年と民科法学」法科四一、二〇一〇、四―七）。なお、同種の刊行物として改憲問題を焦点にした『改憲・改革と法』（二〇〇八年）も学会活動の成果としてとりまとめられた。

五　戦後体制の構造変化と新現代法論の展開

一九八〇年代は、イギリスのサッチャー政権（一九七九年五月―一九九〇年一一月）およびアメリカのレーガン政権（一九八一年一月―一九八九年一月）の誕生によって、冷戦構造のなかで東側陣営への対抗処方箋として意味をもっていた先進資本主義国の福祉国家的形態にメスを入れる改革、つまり大きな国家と国家介入主義から小さな国家と市場原理重視・規制緩和を目指す新自由主義的国家路線が打ち出された時期であった。日本では一九八二年末から約五年間の中曽根政権が「民活」路線を打ち出し、中曽根「行革」とあわせて、国鉄の分割・民営化、電信電話事業・たばこ事業の民営化、日本航空の民営化が行われた。この間、日本資本主義は、欧米諸国が七〇年代の二度の石油危機を経て経済的パフォーマンスを悪化させるなかで、八〇年代なかばには世界最大の債権国となり、経済成長を持続させた（一九八〇年から一九九一年まで八五年の六・三二％を最大、八六年の二・八三％を最小にしてプラス成長であった）。この時代における欧米と異なった日本資本主義のグッド・パフォーマンスについて、経済学者や社会学者は、日本国家の政策にではなく、社会における日本企業の固有のあり方、一方で大企業を中心に社会が運営されていること（大企業が社会に埋め込まれずに、逆に社会を支配している）、他方で企業内では日本的労使関係（日本的雇用慣行）によって従業員が「会社第一」の会社人間化していること、そしてこの二つがメダルの両面であることに、その要因を求める分析を示していた。

このように、とりわけ一九八〇年代後半以降、日本資本主義社会の状況は、かつて現代法論が視野におさめたそれとは異なるものに変態しつつあり、この「変態」をトータルに捉えるためには、新しいアプローチが求められていた。一九八三―八四年の学会は「現代実定法学の課題――市民法論を中心に」をテーマとした（法科一二、一九八四、同一三、一九八五）。ここでの「市民法」論は、「社会法」と対置される、資本主義の発展段階論と関係づけられる認識の対象（歴史的実在）としての市民法の分析というより、個別の法領域においてそれぞれ具体的な課題の解決を迫られる民主主義法学の実践について、実定法学的な共同の規範的基準――それは価値的であるが恣意的でなく、近代市民社会と近代市民法によって歴史的に基礎づけられるもの、また、それを基礎にして現代的に発展させうるもの——を探索するものと位置づけられる。一九八〇年代の「企業中心社会」と「会社第一人間」の跋扈と関連づければ、「市民法」論は、市民社会と市民のコンセプトをポジティブなイメージで、つまり前二者に対するアンチテーゼとして語ることを意味していた。これは、一九八〇年代の変化した状況への新たなアプローチの意識化でもあった。

民科法律部会の学会活動は、そのころ一つの転機にあり、学会活動の活力の底上げのために、創設以来の東京に全国事務局をおく体制を変えて、一九八五年一〇月に関西に全国事務局を移転し、同時に東京を中心に関東甲信越支部を新たに設置した。この体制改革は、日本社会の変化をトータルに捉えなおす学会の研究活動の契機となり、一九八七年学会から一九九〇年学会まで四年にわたり、新たな視角の下に「新現代法論」が取り組まれた。

各年の学会テーマをみれば、初年度「生活・社会構造の変化と法」に続いて、「国家機能の変化と法」、「国際比較における現代日本法」そして「現代日本法の位相——新現代法論の総括」として展開した。当初は三年計画で予定されたが、総括的検討の必要性から四年度目が設定されたという経緯がある。新たな取組みの特徴は、テーマがすでに示しているように、国家・経済・法の相互連関と全体像を分析するという従来の方法に対して、「生活・社会構造」が対象化されたこと、そして、国際比較が検討の柱として設定されたことである。

生活・社会構造は、労働者を中心とする人々が日々の活動を行う領域のありようのことである。資本主義の変化とこれに対応する国家機能の変化は、この活動領域のありようとそこにおける人々の活動のしかたを規定する。そして、このような人々のあり方を条件としつつ、経済と国家のあり方が再生産され、変化していく。この時期、国家と経済に対して、社会の領域（sozialer Bereich）や生活圏（Lebensraum）に注目し、現代資本主義社会のダイナミズムを捉えようとする考えは、欧米においてすでに展開していた。新現代法論の問題意識がこの流れに棹さしていたことは、いうまでもない。

生活・社会構造を対象化することによって、ではなにが新しい切り口として見えてきたか。これについての総論を担当した西谷敏の問題提起によれば、「生活の社会化」（これは、国家的サービスへの依存の増大としての「国家化」、市場によるサービスへの依存の増大としての「商品化」、および市民の自主的自治的相互的サービスへの依存の増大としての「共同化」を包摂する）、「日本型競争社会の形成」、「企業による権威的支配」、および「市民社会化と法化」が検討項目とされた。「法化」は、アメリカ（legalization）やドイツ（Verrechtlichung）において現代国家の福祉国家型展開における「法の過剰」（規制の過剰）問題として、概念化されたのであるが、西谷の議論はそれとは逆に、日本における市民の自由と権利擁護を目的とした国家的法規制の過小問題を指摘し、市民社会的な法化の必要性を主張した（西谷「生活・社会構造の変化と法」法科一六、一九八八、一一―二九）。ここには先にみた市民法論から継続し、発展する問題意識が認められる。

これらの新しい切り口から把握される本質的問題は、労働者に対する企業の支配が職場内にとどまらず、その生活・社会構造の全体を規定していることである。ここでは、競争は、個人の自由度ではなく、企業への依存度を高める仕組まれたシステムにほかならない。生活の商品化は、生活確保のために、労働者の企業への依存を死活的なものにし、企業内での労働者の忠誠を強い、企業外での労働者の「市民」としての活動を決定的に制約する。そして、このような企業と労働者の関係は、国家（法）の役割・機能と根本的に関連する。つまり、現代日本国家とその法は、企業の社会的支配を制御する所有規制的役割が貧弱であり（土地所有に対する規制も同じ）、企業の労働者支配を抑制し、労働者の自由と権利のための権利保障的役割を十分にはたさず、企業活動促進的な役割において肥大化しているのである（このような国家の資本主義経済に対するあり方こそが新たな国家介入形態に他ならない）。二年度目の「国家機能の変化と法」の総論で渡辺治が指摘した「国家の相対的自律性の希薄化」は、この事態を特徴づけるものであった（渡辺「現代日本の国家・法の構造」法科一七、一九八九、六―三〇）。

新現代法論において、国際比較が重視されたことは、法の変化を資本主義の変化と関係づけて分析するという『発達史講座』以来の方法を踏まえながらも、先進諸国の現代資本主義のパフォーマンスの横並び比較によって、日本現代法の特徴を明らかにしようとする点において、段階論から比較論へのアクセントの移動を示したものと位置づけることができる。法科一八号各論文をみると、その比較は、日本国家の周知の特質としての対米従属の安保体制や天皇制の議論を扱うのではなく、経済と社会に焦点が絞られ、たとえば広渡は「社会国家と会社主義―企業体制を中心とした西ドイツと日本の比較」をテーマにした（法科一八、一九九〇、六三―八四）。

現代日本における国家機能の特質としての「国家の相対的自律性の希薄化」については、民主主義行政法学がそれまで現代法の切り口として位置づけた「公共性論」との関連において議論が展開した（「座談会・新現代法論を語る」法科一九、一九九一、一三八―一七九）。ここで「公共性」の概念は、国家の行政活動を分析し、かつ、批判する概念として位置づけられ、いわゆる国家機能の二重性の視点（一方で階級的利害の貫徹と他方で全国民的利害への配慮）から具体的個別的行政分野にそくして、いかに二重機能の緊張関係のなかで公共性が実現しているか、いないかが分析される。他方、批判においては、公共性の不十分な実現ないし欠落に対して、公共性の実現のための制度・政策・法解釈の提示が試みられる。このように国家行政活動を対象化して、現実の実証的認識と現実変革の処方箋提示を統合するキー概念として「公共性」概念は用いられた。この立場からは、「国家の相対的自律性の希薄化」という命題が「国家の公共性の希薄化」として一般的に日本現代法を特徴づけ、実証としても、実践的な見地からも（公共性の実現可能性をそもそも一般的に否定するものとして）、問題があると受けとめられた。相対的自律性希薄化論は、現代日本社会の特徴を企業の社会的支配の構造ととらえ、その重要な条件の一つとして、国家による企業＝所有権力に対する規制力の脆弱性を位置づけ、企業の法規制（労使関係を含め関連領域全般に及ぶ）における公共性の欠落を指摘する現状分析であり、それ以上の法学的課題の提起を意図するものではない。他方で公共性論は、その現状分析から公共性のために何をなすべきかの法学理論的課題を探る。それゆえ、その課題は相対的自律性希薄化論の射程を超える。その反面で公共性論は、個別の行政領域に即しての公共性論的検討を通じて現代日本法における国家の公共性の全体構造をどのように描き出せるかという大きな問題を問われたのである。

新現代法論は、戦後の高度成長を推進した資本主義の段階的構造（国家独占資本主義）を対象化した現代法論の新展開として、経済成長の帰結としての生活・社会構造に注目し、あらためて法に対する国家と資本主義経済との関連性を明らかにする試みであった。この取組みは、企業の社会的支配の強大化、国家の公共性の変態、労働者の委縮と市民性の希薄化、市民社会の企業社会への吸収など、その後の現代日本法の考察に有益で発展性のある分析視角と分析の成果を残した。このような作業を進めている中で、世界はヨーロッパにおける社会主義体制と冷戦構造の終焉という歴史的転換に遭遇することになった。

六　社会主義体制の終焉と資本主義のグローバル化、そして変動する法

一九九一年一二月、ソ連邦の一一共和国が独立国家共同体創設についての議定書に調印し、ゴルバチョフソ連大統領が辞任表明、ソ連邦が名実ともに消滅した。これは、ソ連・東欧社会主義体制終焉の最終的確認であった。東西対立の冷戦構造を枠組みとし、資本主義と社会主義の体制間競争を構図とした世界把握は、その有効性を問われることになった。このなかで一九九一年の学会は、「変動する現代世界と法理論の課題」をテーマとした。

この成果を収録する法科二〇号の巻頭言において、民科法律部会理事長の渡辺洋三（一九七九—一九九三年理事長を務めた）は、資本主義であれ、社会主義であれ「社会現象を全体として科学的に把握する」ためには「民衆の視点」に立つことが決定的であると述べている。ここには、崩壊に帰した現存社会主義「体制」への批判と同時に、

体制の移行を通じて（移行に拘わらず）「民主主義」に決定的なカギがあるという確信が示されている。この「民主主義」は、思想・制度・運動の位相をもつが、渡辺にとってそれは「民衆の運動」であり、それゆえ課題は、あらためて「自由で民主的な市民社会とは何か」の追究とされた。

学会では、「平和主義」、「民主主義」そして「社会主義」が検討の柱とされた。その趣旨について小森田秋夫は、社会主義体制の終焉が資本主義の勝利、「自由と民主主義と市場経済」の勝利と論じられるなかで、このような時代認識が一般に受容される基盤を批判的に吟味しつつ、日本の民衆が「世界の民衆とともに歩むべき道を一国的射程を超えて構想する」ことにあると記している（「学会テーマに寄せて」法科二〇、一九九二、三七）。とはいえ、その「構想」は、現存社会主義と異なった社会主義モデルの探究とはなりえず、民主主義論の再定位（現代社会を人権主体としての市民による社会として位置づけ、政治参加の本質的重要性を強調し、市場的民主主義に市民社会的民主主義を対置する佐々木充臣の報告・法科二〇、一九九二、八三―九二）を基調とした。「二〇世紀末の世界構造激変と民主主義法学」と題して報告した藤田勇は、「現代資本主義の諸条件のもとで、個体的自由と公正手続きを追求しつつ、平等な共同的関係を（物的・精神的生産において）形成する道」としてなお社会主義への道を措定したが、その際に「民主主義」が世界の正統性を独占する事態の下で「民主主義の社会的主体」という問題を深く掘り下げる必要を強調した（法科二〇、一二〇―一三〇）。以上のように、ヨーロッパにおける現存社会主義体制の終焉（東西冷戦構造の終焉）は、民衆あるいは人権主体としての市民のダイナミクスとしての民主主義を決定的なものとして位置づけ、社会主義を相対化する契機として受けとめられた。

一九九四年から一九九六年の三年間は、この「世界的変動」に「正面から立ち向か」う取り組みとして、「民主主義的社会構築を目指す法戦略」を総合テーマに「国際関係の変動と日本法」、「日本的企業社会・国家の再編と法的改革」そして「民主主義法学の法理論」を検討した（戒能通厚「民主主義社会構築を目指す法戦略」法科二三、一九

九五、八―一一)。「国際関係の変動」については、その状況が「『人権・民主主義・市場経済』を三位一体とする国際秩序の『再西欧化』」と特徴づけられ、このなかで、戦後国際秩序の平等化を支えてきた「国家の主権と人民の自決権」を相対化する傾向、つまり世界的普遍的人権の国家主権に対する優位の主張や国際秩序のアクターとしての国際機構やNGOの重要性の強調が進んでおり、これに対してどのように対応するかが戦略の分岐点とされた(松井芳郎「国際的枠組みの変動と民主主義法学」法科二三、一九九五、八三―九一)。「日本的企業社会・国家の再編」は、新現代法論での考察をさらに進めて「新自由主義・新保守主義」改革による、その再編に焦点があてられた。この改革は、独占・企業を自由放任し、国家の公共的機能を一層縮小するものであり、日本的企業社会・企業国家の強化拡大であると分析され、それに対する戦略は「権利・人権保障と市場と競争のために政府規制を重視し、自治と参加に主導された、いわば市民主義的福祉国家」と主張された(本間重紀「日本的企業社会・国家の再編と民主主義法学」法科二四、一九九六、八―二五)。

一九九六年学会は、民主主義科学者協会の創設から数えて五〇周年の記念学会として行なわれ、これにふさわしく「民主主義法学の理論」がテーマとされた。そこでは、現代法論、新現代法論などの従来の議論をにらみながら、「世界的変動」のなかで、どのような理論的展開をさぐるかが論じられた。方法論的に重要だったのは、法を規定するファクターとして経済にのみ視点を集中することを経済還元主義として批判し、社会、文化、宗教など多様なファクターを重視する主張(笹倉秀夫「民科法律部会50年の理論的総括――現代法論を素材にして」法科二六、一九九七、八―二四)、また、近代法を即自的に資本主義法として規定する歴史的把握に対する批判(近代法形成のプロセスを市民法から資本主義法への転成と捉える)である(水林彪「西欧近現代法史論の再構成」同八四―九六)。これらは、『発達史講座』が方法論的な導きの糸とした資本主義の発達と法の関係を捉えるという視角に対する批判(否定ではなく、より複層的な理解の必要性の主張)として五〇周年記念にふさわしい問題提起であった。

一九九七年の学会は、「グローバリゼーションと日本国家」をテーマにした。法律学会として「グローバリゼーション」を正面からテーマにした、おそらく最初の例であった。この時代におけるグローバリゼーションの意義は、文字通り資本主義のグローバリゼーションであり、その中で主要なアクターとしての多国籍企業が立地としてどの国民国家を選ぶか、それに対して国民国家がその選好度を高めるために（「企業がもっとも活動しやすい国づくり」）新自由主義と規制緩和の政策を推進するという構図がみられる。しかし、グローバリゼーションは、同時に「地球は一つ」に対応する規範的意識を普遍化し、国際人権の観念を普及し、国際環境問題や多国籍企業規制などについてグローバル市民社会の構想と現実を基礎づけるものともなる。グローバリゼーションのテーマ化は、「現在の世界と日本の構造変動の基軸」の分析および「その変動のなかで改革の戦略の再構築」の構想を追求し、その際「戦略論の基本視角」を「民主主義・法による資本主義の制御」に、分析の対象軸を「国家と市民社会の二つの系」および「ナショナルとグローバルの二つのディメンジョン」に求めるものとされた（広渡清吾「グローバリゼーションと日本国家」法科二七、一九九八、八―二四）。

一九九八年には「『現代市民社会』論の射程」、一九九九年には「世紀転換期における〈人権〉」が学会テーマとされた。現代「市民社会」論が正面から取り上げられたのも、法律学会としてはおそらく初めてのことではなかったかと思われる。「市民社会」は、一九八〇年代以降、世界の社会科学においてヘーゲル・マルクス的市民社会概念に対して、新たな位置づけをともなった市民社会論が登場し、「ルネッサンス」とよばれる状況が生まれた。民主主義法学における市民法論は、これにかぶさるように展開したが、その市民法論がどのような市民社会概念を想定するかはそれまで明確な論点になっていなかった。このなかで、市民社会のテーマが正面から設定されたのである。総論を担当した吉田克己は、市民社会概念を三つ（αヘーゲル・マルクス的市民社会、βヨーロッパの古典的societas civilisとしての市民社会、γハーバーマス的市民社会＝公共圏）に整理し、これらがさらに近代市民社会から現代市民社会に構造変容するものと位置づけた。この上で三つの市民社会β・α・γは、「国家・市場経済・両者の中間にある公共圏の三つの領域」に対応し、「それぞれの領域の現実のあり方に対する批判原理を提示」しているとまとめた（「総論・現代『市民社会』論の課題」法科二八、一九九九、八—二二）。この枠組みの設定は、問題提起として意義深いものであったが、理論的整理としては、不分明さを抱えていた。市民社会概念は、「現実のあり方」であると同時に「それに対する批判原理」とされるがこの関係が説明されていない。また、市民社会α、β、γは、αがβを、γがαを否認する文脈で歴史的に登場したものであり、それぞれの対象領域の差異に論点を限定すると、それらの歴史的含意を捨象し、形式的整理に陥ってしまう。ともあれ、吉田の議論は、市民社会論をめぐる構図をしめし、このとのち公共圏論として受け止められていく。人権論については、浦田一郎がこれまでの民主主義法学の人権論について、「資本主義的階級的性格」が強調される反面、「普遍的側面を認識しようとする姿勢が弱かった」と指摘し、総論的な人権論の構想として、実体的に「普遍性」、「発展性、包括性、国際性」に着目し、手続的にそれが論じられる「法的空間」および「保障方法」の考察の重要性を提起した（「総論　民主主義法学と人権論の構想」法科二九、二〇〇〇、八—一九）。

この時期、『現代法』からほぼ三〇年後、同じ岩波書店から『現代の法』（全一五巻、一九九七—一九九八年）が刊行された。これによって学界全体の理論動向をみてみよう。これはまた、三〇年を隔てた日本の法学の布置図を比較的に示すものでもある。まず、いうまでもなく世代の交代がある。『現代法』の編者はすべて一九二〇年代生まれ（大正と昭和初期）であるのに対して、『現代の法』の編者は、一九四〇—五〇年代生まれ、戦前生まれが少数いるが、基本的に戦後世代である。

『現代の法』は、その表題が示すように、同時代 contemporary の法をテーマや領域にそって分析することが目的とされている。『現代法』が「近代法から現代法へ」の図式の下で、「現代法とは何か」をそれとして問題としたのとは異なり、『現代の法』には、「同時代の法」を資本主義の変化に関連づけて発展段階論的にアイデンティファイするという問題意識は、みあたらない。しかし、『現代の法』が日本社会と法の同時代的状況について、全体的な見取り図をもっていないということではない。『現代の法』第一巻は、「現代国家と法」をタイトルとするが（『現代法』第一巻は「現代法の展開」、第二巻が「現代法と国家」だった）、編者（江橋崇）の「まえがき」によれば、この巻の構成の狙いは、第一部「国家の動揺と法の変容」において「近代立憲主義が作り上げた価値の体系やキーワードを洗いなおす」、第二部「市民社会と法」において「国家に対する市民の自立」を扱う、そして第三部「改革を迫られる国家と法」において「国家制度再建のための診断図」を探索し提供することとされる。加えて編者は、以上の三部構成を通じて検討されるのが、「モデル」探しではなく、「ベスト・プラクティス」の追究であると延べている。ここに示されている狙いは、おおむね、『現代の法』の全構成に通底するものといってよい。

筆者の視点からここで示された狙いを整理すると次のようになる。第一に、資本主義の変化と法の変化を関連づけて法の特徴を段階的に明らかにするという方法は、先進資本主義諸国が共通の段階に達し、発展段階を軸とする「先進と後進」の図式も有効性を失い、もはや適切でない。それゆえ、日本資本主義と国家の現状分析は、そのパフォーマンスの先進国間の具体的比較によって、相互の特徴を具体的に明らかにすることが必要であり、そこで「モデル」ではなく、「ベスト・プラクティス」が探究の課題である。第二に、現状の行き詰まりは、近代から現代へという発展図式から解決の方向を見出すことができず、近代のあり方そのものを検討しなければならない。これは思想的理論的に「ポストモダン」の傾向につながる。そして、第三に、同時代の国家と社会を考えるカギは、戦後福祉国家体制のもとで肥大化した国家、そこから生み出される問題と矛盾に対して、市民社会と市民の自立的な役割をどう位置づけ、推進するかである。

以上を踏まえて、『現代の法』の全構成をみると、第二巻以降は、「国際社会と法」、「政治過程と法」、「政策と法」、「現代社会と司法システム」、「現代社会と刑事法」、「企業と法」、「政府と企業」、「都市と法」、「情報と法」、「ジェンダーと法」、「職業生活と法」、「消費生活と法」、「自己決定権と法」および「現代法学の思想と方法」と展開している。『現代法』との対比で、ここからすぐにわかることは、市民と生活にかかわるテーマと領域が、都市、情報、ジェンダー、職業、消費そして自己決定として、格段に大きな比重を占めたことである。『現代法』は第八巻に「現代法と市民」を置いたが、そこでは巻頭に「市民法の現代的意義」(加藤一郎)、その後に財産、住居、家族、教育、契約、不法行為、租税そして権利の確保と実現が各章として配置された。ここで「市民法」とは、第一巻で扱われた「社会法」と対をなす概念であり、労働者としての問題は、第一〇巻「現代法と労働」が扱った。このように『現代法』における市民は、法領域の公法、私法、社会法の三区分において、基本的に私法領域の主体として位置づけられたにとどまる。

『現代の法』は、全構成において、国家権力、経済構造そして法という三領域の相互関係を考察するという『発達史講座』以来の方法に対して(対立するという含意はない)、そこに経済構造ではない市民社会と個人としての市民を対象化する視角を新たに提起したということができよう。第三巻「国際社会と法」においても、伝統的国際法が国家と国際組織のみを法主体として位置づけてきたのに対し、新たな動向が法主体としての個人、個人のニーズを対象化する国際法に向かっていることが考察されている。『現代の法』におけるこの新しい視角は、しかしながら、『現代法』のように、戦後社会と法に対する自覚的な分析概念として提起されたというより、この間の法学の諸領域における問題状況の展開に対応して法学の理論がそれぞれに応接してきた、その成果の反映としてとらえられる。学界全体のこのような理論動向は、新現代法論の問題提起以降の民科法律部会の課題把握とオーバーラップしつつ展開しているとみることができる。

七　二一世紀における民主主義法学の模索

二一世紀にはいって二〇年近くがすぎた。二〇〇一年九月一一日の同時多発テロとその後のブッシュ政権によるアフガンとイラクに対する対テロ戦争は、「冷戦終結」後の新たな矛盾によって世界から戦争が消えないことを示した。その後のアメリカにおけるオバマ政権の誕生（二〇〇九年一月）、そして日本における民主党による政権交代の実現（二〇〇九年七月）は、日米関係を含めて日本社会のなかに新しい方向への大きな期待を生んだ。しかし、民主党政権は、いわば自動崩壊的に支持をうしなって自民党政権が復活し、安倍晋三が首相に返り咲き（二〇一二年一二月）、現時点で（二〇一八年二月）安倍一強とよばれる政権の安定ぶりを示している。アメリカでは、「アメリカ・ファースト」を呼号し、オバマ政権のすべての成果をひっくり返すことを公約にしたトランプが、おおかたの予想を裏切って大統領に就任した（二〇一七年一月）。このなかで、民科法律部会の日本社会と法のトータルな把握の試みは、新しい模索をつづけている。

さて、二〇〇〇―二〇〇二年の学会では、あらためて一九九〇年代の日本社会の構造変化を「大変動」として分析し、対抗戦略を構想する課題が取り組まれた。二〇〇〇年にはグローバリゼーションと市場をキーワードに、一方で市場機能の新自由主義的過剰化を分析し、他方で家族、教育、環境という非市場的領域の変化と矛盾、そして対抗がどのように現れているかが考察された（「日本社会と法の大変動」法科三一、二〇〇二）。そこでは、九〇年代を経てみいだされる論点として、市場機能の過剰化に対抗する市民法論の意義と他方で限界が指摘された。すなわち、市民的自立、自由と自己決定の理念は企業の社会的支配（社会における企業存在の優越と企業における労働者の企業への従属）に対する対抗原理として意義をもつが、他方、市場原理、それゆえ新自由主義思想とは親和的であり、また、市民的自立、自由と自己決定は、市民個人がなんらのサポートなしに実現しえず、法的な、かつ、社会協働的な支援を必要とする。新自由主義とは、このような支援なしに市民個人を市場原理のまえに裸でさらすことを狙いとするがゆえに、市民法論は、生存権論や平等論を統合するものとして構想すべきであると論じられた（吉村良一「90年代における『変容』をどうとらえるか」法科三一、二〇〇一、九二―九六）。

二〇〇一年には「社会的政治的統合の変容と法」のテーマが立てられ、九〇年代に日本社会において、政治的統合と社会的統合がどのような「様式」をとり、かつ、両者がどのように関係しあったかというあたらしい分析視角を打ち出した。「統合」とは、「支配」に相関するものであり、支配への同意ないし受容を意味する。民主主義的諸制度は、多数者による少数者（選挙制度によって多数者形成が歪められることがある）の支配を正当化し、少数者の受容を基礎づけ、政治的統合は、これを基本とする。他方、社会的統合の視点は、支配の受容としての統合が社会的領域、つまり非国家的領域においてどのように仕組まれ、構造化され、政治的支配の強化につながるのかに焦点をあわせ、非国家的領域の構造とダイナミクスが政治支配への対抗運動としてもつ可能性を探るものである。これは、企業の社会的支配論や市民社会論と重なる分析視点を打ち出すものであった（小沢隆一「変容する社会的・政治的統合と法」法科三二、二〇〇二、八〇―一二〇）。二〇〇二年には、この非国家的領域の構造とダイナミクスを対抗運動の視点から「協働と連帯」のキーワードを軸に分析する作業が行われ、学会テーマ「協働と連帯」には、サブタイトルとして「21世紀における民主主義法学の射程」が加えられた。「協働と連帯」は構造分析と同時に、対抗の「方向性」を探るものであった（三成賢次「総論・協働と連帯――21世紀における民主主義法学の射程」法科三三、二〇〇三、八―一八）。

二〇〇三年―二〇〇五年は、日本におけるグローバリゼーションに対応する新自由主義的改革の具体的な批判的分析に立って、民主主義法学の視点から「21世紀の日本社会に求められる構造改革の方向」が探索された。二〇〇三年は「日本の構造変化と法改革」をテーマに企業・労働・都市・社会福祉が対象に取り上げられた。大島和夫「総論・日本の構造変化と法改革」は、改革の方向について、①企業秩序や金融秩序における公正なルールづくり、②国民負担のあり方や財政構造の企業中心から国民生活本位への改革、③社会保障や雇用の分野における「国家の公共的責任」の追及、および④社会における「職場と家族」の困難に対して「個人の自立と友愛」による社会システムのヴァージョンアップを課題として示した（法科三四、二〇〇四、八―二二）。

二〇〇四年は、これに続いて「新自由主義的国家再編と民主主義法学」をテーマに、地方自治、規制緩和と経済法制、WTO体制下の貿易、および刑事立法が具体的な分析の対象とされた。二〇〇五年は、まとめとして、「新しい公共圏と民主主義法学の課題」をテーマに、公共圏をめぐるこれまでの議論をふまえながら、あらためて法改革論（法ないし法学運動）にとっての公共圏の意義を探ることが課題とされた（楜沢能生「新しい公共圏と民主主義法学の課題—公共圏の活性化を通じた福祉国家の再編と法律学」法科三七、二〇〇六、八―一九）。楜沢は、「新しい公共圏」を「労働者階層の生存権的利害を基礎におく社会運動から、特定の社会階層の利害を前提としない『新しい社会運動』までの振幅をもった社会運動が展開される場」と定義して、次のような「場」を設定した。①国家に依存しない福祉システムの場、②政治的意思形成の場、③多国籍企業を制御するグローバル・ソサエティ、④公私一元的市民社会、⑤市民的治安秩序維持の場などである。ただし、④は「公共圏」という場ではなく、societas civilisの思想的系譜にある「市民社会」として整理すべきだと思われる。広渡は総括において「公共圏」を市民の活動、その連帯と協働によって政治システムとしての国家の民主化と経済システムとしての市場の制御、また生活世界の防衛を課題とするものと位置づけ、これをもって新市民社会論の含意であるとしている（「グローバル化の時代における国家と市民社会の変容—法の役割をどう考えるか」法科三七、二〇〇六、五五―六七）。

二〇〇六―二〇〇八年の学会は、「現代改憲と民主主義法学」を総合テーマとして、「国家社会改造政策の現状と背景」（二〇〇六年）、「社会改造をめぐる理論的対抗―新自由主義と対抗理論」（二〇〇七年）、および「改憲論批判と民主主義法学」（二〇〇八年）をそれぞれ論じた。二〇〇八年の愛敬浩二の企画趣旨説明（法科四〇、二〇〇九、八―一六）は、「改憲実態」という概念を提起して、「解釈改憲」の政治的社会的経済的実態の把握の必要性を強調し、改憲論の批判的分析を解釈論議に限定する憲法解釈学の限界を指摘した。関連して愛敬は、憲法学的議論として「リベラル立憲主義」が民主主義の役割を「司法支配体制」に置き換えてしまう「世界的傾向」を批判しつつ、その文脈で「民主主義法学のリベラル化の傾向」に論及した。これは、戒能が「民主主義法学の法的戦略」の三年間（一九九四―一九九六年）の総括で指摘したことを根拠にしている。戒能は、「リベラル化」について、「自由に対しての積極的評価とその再構成」という理論的志向を直接に指示し、「リベラル化」の理論的志向が意図するものを「『法戦略』の意識的追求とそこでの法の――資本主義的経済関係による――一元的説明からの脱却」にあると整理している（戒能「民主主義社会構築を目指す法戦略――3年間の企画を終えて」法科二六、一九九七、一二三―一二五）。

戒能の「リベラル化」の指摘は、現代法論争における重要な論点、つまり対象の批判的分析と対象に働きかける政策提示をどのように統一できるか（法学における理論と実践の統一）にさかのぼると考えることもできるが、決定的には、ソ連東欧社会主義体制の崩壊後、資本主義に対する歴史的オルタナティブが不透明化するもとで、社会科学にあらわれた理論的模索、それを反映した民主主義法学の動きを捉えたものであろう。民主主義法学のリベラル化は、大きくは一九九〇年代以降の世界の構造変化をどう把握するか（「社会主義対資本主義」から「民主主義対資本主義」）に規定されている。歴史的に市民社会は資本主義社会と同一物か、法主体の自由、平等、独立を原理とする市民法、あるいは憲法の保障する立憲主義と人権保障は、現代資本主義システムの運動に対してどのように対抗し、制御的な機能をもちうるかというパラダイムの提示は、そのようなコンテクストおいてみることができる。このことはまた、二一世紀に入って民主主義法学の課題設定が「変革」よりも「対抗」や「制御」に傾いていることにも現れている。

ところで、この段階の改憲論の構図については、渡辺治（「安倍、福田政権崩壊による改憲論の新段階と民主主義法学の課題」法科四〇、二〇〇九、一七―三二）が冷戦終了後の「現代改憲論四段階」を整理し、第四段階として安倍政権崩壊後の改憲論を分析した。それによれば、改憲勢力は、柔軟対応路線をとって復古主義的色彩を薄め、民主党の抱き込みを図って恒久法による解釈改憲を前面におしだし、新自由主義路線にある民主党との協調によって、新自由主義改革と結びついた改憲案（個人の自己責任原則、首相権限強化、憲法裁判所設置、新自由主義改革の単位としての地方自治、一院制など）を準備しつつある。

この後、自民党は全面的憲法改正案を決定し（二〇一二年四月）、第二次安倍政権の成立以降（二〇一二年一二月―）、改憲は具体的な政治日程にのぼってきた。二〇一八年三月の党大会で、自民党は九条についての改憲提案として、一項、二項を存置し、九条の二として自衛隊を明記するという方向を決定した。自民党は、早期の憲法改正発議を目指しており、前哨戦として国民投票制度の立憲主義的意義の強調と同時に同制度の実施上の問題点の解明と批判が重要な課題になっている。

渡辺は上記報告で、改憲論に関して重要な運動団体であり、自身が事務局をつとめる「九条の会」について言及している。九条の会は、二〇〇四年六月に九人の著名人のよびかけで発足した。よびかけに応えて、全国の地域、職場、学校、その他人々の多様なつながりを基礎に、九条改正反対を唯一の共同目標に、個人加盟を原則として単位ごとに自立的な活動をおこなう多数の「〇〇九条の会」が結成され、その数はよびかけ後一年間に約二〇〇〇組織、その後一年ごとに三〇〇〇、一〇〇〇、一〇〇〇とその数を加えた。労働組合や既存の運動団体との関係は敵対的ではなく、連携友好関係が成立しているが、参加者が六〇歳代中心であり、六〇年安保世代の再登場のようにみえるとされる。

二〇一七年一〇月総選挙で安倍自民党は公明党と合わせて衆議院で三分の二を確保した。九条の会は、全国組織である「戦争をさせない・九条壊すな！　総がかり行動実行委員会」（関連の一九の運動団体を構成メンバー、九団体を支援メンバーとして二〇一五年二月設立）の要請に応え「安倍九条改憲ＮＯ！　全国市民アクション」に参加し、はじめて全国的な統一行動として「安倍九条改憲ＮＯ！　憲法を生かす全国統一署名」に取り組むことになった。これまで、九条の会は、七〇〇〇を超える九条の会がそれぞれ自立して活動することを原則にして、中央の九条の会が方針を決め指示をするといった関係にはなかったから、この全国署名の取り組みは、九条改憲をめぐる情勢の緊迫化に対応するものであった。署名活動は二〇一八年五月三日を目途に三〇〇〇万名を集約し、国会の憲法改正発議それ自体の阻止を目的としている。

話が改憲論の情勢に行ってしまったが、本筋にもどると、二〇〇九―二〇一一年の三か年は、実定法学の現状と課題を明らかにすることをテーマとし、「司法制度改革と実定法学」（二〇〇九年）、「同時代の世界と実定法学――21世紀の法分析の新たな地平」（二〇一〇年）、および「現代における法・判例の形成と実定法学」（二〇一一年）がそれぞれ検討された。ここでの主眼は、日本社会と日本の実定法学が直面する課題に民主主義法学が実定法学のツールによってどのようにアプローチすべきか、することができるかにあった。民主主義法学は、日本社会と法の総合的な分析をたえず課題として追求するが、その分析をふまえつつ、具体的な法制度分析と解釈論の提起を実定法学として行うことが車の両輪のように不可欠である。

民科法律部会による司法制度改革批判について付言しておこう。二〇世紀末から二一世紀にかけて、新自由主義政策を基調とする日本の構造改革のなかで、最終のものとして司法改革が位置づけられ、内閣の下に設置された司法制度改革審議会の審議検討（一九九九年七月―二〇〇一年七月）を経てそれに基づく制度改革が進んだ。国民の司法利用拡大およびそれをささえる法曹養成制度の改革が柱であり、とくに裁判員制度の導入と法科大学院制度の新設が目玉であった。民科法律部会は司法特別研究会を設置し活動した（一九九九―二〇〇五年）。その成果は『だれのための「司法改革」か』（法科特別増刊三〇、二〇〇一）および『「司法改革」の総決算』（法科特別増刊三六、二〇〇六）に示されている。この間、司法改革問題は学会でもミニシンポや全体シンポで様々な角度からのきりこみが行なわれた。司法改革は、新自由主義的改革としての側面（法曹養成制度改革による法曹人口の量的拡大と競争原理の導入、裁判員としての素人＝国民の司法参加による刑事司法の正当性の強化など）と戦後司法改革の積み残し課題への対応の側面がないまぜになり、改革の結果の実証的評価が重要なポイントとなっている。

八　東日本大震災と科学者の社会的責任

二〇一一年三月一一日に東北三陸沖に発生した大地震、それによる大津波、そして東電福島第一原発の事故は、東日本に大惨事をもたらした。民科法律部会は、三月末の合宿を中止論もあったが予定通り開催し（札幌・定山渓温泉）、理事長の問題提起を受けて緊急討論集会を行い、それに基づいて理事会声明（四月三日）「東日本大震災・大津波と原発事故のもたらしている危機と困難を乗り越えるために」（法律時報二〇一一年五月号に収録）を発表した。

二〇一一年学会は、すでに準備が進められていたので予定した企画の下に行ったが、緊急企画として「コロキウム・脱原発経済への法の役割」を設定し、ドイツ・ブレーメン大学のGerd Winter教授が「ドイツにおける原子力からの脱却における法の役割」と題して、二〇一一年六月に福島原発事故を教訓としてすでに脱原発の法的措置を決定したドイツの状況について講演し、広渡清吾「日本の原発をどう考えるか」が「災厄をもたらした原爆」に対して「豊かさをもたらす原発」として、その推進を続けてきた日本の状況について報告を行い、日独対比が試みられた（法科四三、二〇一二）。

二〇一二―二〇一四年学会は、東日本大震災問題に正面から取り組むことを決定し、初年度は「東日本大震災・福島原発事故は法と法学に何を問いかけているのか」をテーマに掲げた。ここでは、「法学に従事している者としての社会的責任を果たす課題」を追究することが核心の問題とされ（名古道功「東日本大震災・福島原発事故と法・法学の課題」法科四四、二〇一三、八―一七）、事故の大きさと深刻さが「社会的責任」という表現にあらためて示された。合宿時の緊急討論において、すでに「科学者・専門家の社会的責任」、「法律専門家としての役割」（人文・社会科学の役割）について論じられ、声明でも、大災害への対応における重要な視点として「科学者の責任」が挙げられた。名古報告は、「提起された法的課題」の第一に「憲法の意義の再確認――個人の尊厳と生存権の保障」をあげた。これは、震災からの復興において、また、原発被害の補償とこれからの原発政策を考えるうえで、もっとも重要な原点であり、日本学術会議でも同様の視点にたった議論が行われ、災害後の日本社会のなかであらためてかみしめられたものといえる。

続いて「持続可能な社会への転換と法」（二〇一三年）、および「社会の持続可能性と民主主義の課題」（二〇一四年）は、「持続可能性　sustainability」の概念をとりあげて、社会科学、とりわけ法学の領域においてこれを捉えなおす試みが行われた。持続可能性の核心問題は、地球温暖化（global warming）に対して、人間を含めたすべての生物の存在基盤としての地球の存続可能性を維持すべく、炭酸ガスの排出を抑制する、いいかれば地球全体でエネルギー利用のあり方を変える、さらには地球全体での経済成長をコントロールするというグローバル目標を世界的に提起することである。このようなグローバル・コントロールの前提に「地球は一つである」という理念が必要であるが、その実現においては、具体的に先進国と発展途上国、発展途上国のなかでも急速な成長を遂げつつある国となお低成長にとどまる国との間に炭酸ガス排出規制について利害対立が避けられないという問題が当然ながら存在する。

地球の持続可能性は、全人類的課題であり、実現の方法論には議論があっても、目標は普遍的であると位置づけうる。ただし、この持続可能性を、特定の国家や特定のシステムについて語ろうとすると、それは人類的普遍性の問題にはなりえず、その持続可能性がいかなる意義において普遍的であるかを別途説明しなければならない。たとえば、トランプ米大統領の「アメリカ・ファースト」は、彼なりの思惑におけるアメリカ合衆国の持続可能性の追求でありうる。その意味で、和田肇は「『持続可能な社会への転換と法』の趣旨説明」において、持続可能性概念は有効であるが、中身にはいればアンビバレンツでありうるので、複眼的、批判的な検討が必要であると述べていた（法科四五、二〇一四、一二）。言いかえれば、無規定的に「持続可能な社会」を目指すべきものと設定することは、テーマ設定とし問題を含むものであった。日本の社会の現実態を前提に、この「社会の持続可能性」を対象化すれば、社会の肯定的存続要件を探索するということになり、政府審議会の報告となりかねない。つまり、何をもって持続を求める対象としているのか、そこにおいていかなる要素が持続されるべきものとして位置づけられているのか、分析者の立場が明確にされなければならない。要するところ、テーマ化した持続可能性は、社会のあり方や制度のあり方につき、望ましいものとして持続させるべきものが何かを議論することになった。その限りで、民主主義的改革論と同工異曲となりがちであったが、「ポストフクシマ」的視角が新たな局面を開いたといえる。それは、科学者・専門家の社会的責任の履行として、これらの取り組みが位置づけられたことである。

「持続可能な社会」は、差別の克服と多様性の承認を本質的なものとして、ジェンダー論からのアプローチが不可欠のものといえる。これについては、三成美保「持続可能な社会とジェンダー」が「ジェンダー公正」な持続可能社会の要件として、公正な参加、ケアを組み込んだ公正な負担と分配、そして公正なグローバル・コミュニティづくりを提起している（法科四五、二〇一四、五三―六三）。とくに「ケア」の概念は、近代社会（近代法）の構成原理である自立的人格がその生成期と衰退期においてケアなしに存在しえないことをもって、逆に依存性を人間の本質的要素として位置づけるものであり、新たな社会論への可能性をもつ。ジェンダーのテーマについては、五〇周年記念シンポジウム「日本社会と民主主義」において、「近代社会構成体への批判的視座としてのジェンダー問題から民主主義を捉え返してみること」を狙いとしてゲスト講演を設定した（大沢真理「知の生産に深く埋め込まれたジェンダー・バイアス」法科二六、一九九七、一四三―一四八）。また一九九七年のグローバリゼーションの検討に際して、これもゲスト報告として足立真理子「グローバリゼーションと女性労働」を設定した（法科二七、一九九八、五七―七〇）。五〇周年以降、民科法律部会では、総合テーマの設定に際してジェンダー論的視角をできるだけ位置づけることを基本的考え方にしたが、必ずしも十分な取り組みが行われていない。二〇〇三年にはジェンダー法学会が設立され、法学界全体におけるジェンダーと法の研究は一段と進んだが、民主主義法学の課題として、ジェンダーと法の総合的検討に取り組む必要がある。

「科学者の社会的責任」は、二〇一五―二〇一六年の学会における「ミニシンポジウム・法学研究者運動と法と社会―『法学者声明』を手がかりとして」においても、重要なキーワードとされている。中村浩爾「法学研究者の社会的責任―趣旨説明をかねて」（法科四七、二〇一六、一一九―一二三）は、「声明」を発出することが法学研究者の社会的責任に含まれると位置づけたうえで、この責任の意義を検討している。そこでは、①大学人としての責任、②法解釈についての法解釈者としての社会的責任、および③いわゆる社会的実践に重点を置いた社会的責任があげられ、声明の発出について学会内外でこれを政治的実践として大学や学会がこれに関わるべきでないという議論があるなかで、理論と実践の関係についての認識を深めて、声明活動の位置づけを積極的に行うことを主張している。重要なことは、その中で中村が社会的責任や科学者倫理を科学の外から科学者を拘束するものとしてではなく、科学のコンセプトの本質的要素として考えるべきだという議論に注目していることである。川崎英明「『法学者声明』研究の意義と課題」によれば、法学者声明運動を理論的課題として取り上げるべきことをはじめて明確に提起した小田中聰樹は、法学研究者声明が「社会的責任を自覚した学問的営為のあり方」であり、「歴史に残し」「受け継がれる」ことを主張した（法科四七、二〇一六、一二四—一二七）。小田中の指摘も科学的営為の本質的要素として科学者の社会的責任を位置づけるものであろう。

　科学者の社会的責任は、東日本大震災後、科学者に対してあらためて突き付けられた問題であった。とりわけ原子力研究に関わる、あるいは地震研究に関わる、あるいは防災問題に関わる、あるいは都市工学に関わる科学者にとって、なぜ大震災による甚大な被害が防げなかったのか、原発事故は不可抗力の事故だったのか、防ぐことができなかったのかという問いは、科学の存在理由に関わる深刻な問題であった。民科法律部会が他の法律学会にさきだって、この未曽有の大災害から生じる問題に科学者の社会的責任のコンセプトによって取り組んだのは極めて意義のあることだった。

　ここで、大震災との関係を措いて、科学者の社会的責任を現代の科学のあり方の問題として、より一般的に考えてみたい[11]。

　現代の科学は、民主主義体制のもとで、憲法によって学問の自由を保障され、社会からの資金の提供を受けて営まれている。科学（学問）の意義は、一切の制約を排して真理を探究することである。真理を探究すること、すなわち、自然、人間および社会とはなんであるかを知ることは、それ自体として人類の普遍的要求であり、その理解を通じて、人類社会は発展してきた。ここにおいて、科学はいかなる意味でも手段ではなく、科学は科学それ自体を目的として営まれる。この科学のあり方は、〝科学のための科学（Science for Science）〟というテーゼで表現できる。科学は人類社会によって科学者に信託された営みである。学問の自由の保障は、このための社会の意思表示である。科学は、真理の探究を唯一の目的とするが、それは科学者にたいして人類社会が信託した営みとして受け止めなければならない。この科学のあり方は、〝社会のための科学（Science for Society）〟というテーゼで表現できる。現代の科学は、「科学のための科学」と「社会のための科学」という二つのあり方を科学者において一体として追究すべき営みである。

「社会のため」というコンテクストは、科学の社会的有用性という概念を基礎づける。ここで社会的有用性とは、いわゆる「役に立つ」ということを意味しない。科学の社会的有用性の原理的根拠は、人類社会の信託に応えて真理を探究することそれ自体において存在する。実際は、この基礎の上に立って、大小さまざまな有用性が現実社会との関係において語られうる。この有用性は、科学者自身が科学者としての自立的な判断によって決定するものである。このように科学は、真理探究の制約のない営みであると同時に、社会的な有用性を求められるが、この二つの要請を統一しうるのは、科学者自身の営みであり、科学者は、真理探究と社会的有用性判断に対して、社会的責任を負わなければならない。科学者の社会的責任は、それゆえ、現代の科学の本質的要素であり、科学者は社会的有用性について、社会とのコミュニケーションを通じて自立的に判断することを要請される。

科学者の社会的責任は、一人ひとりの科学者が担うものであるが、その責任の履行を助け、科学者の共同責任を担うものとして、科学者コミュニティ（scientific community）の役割が重要である。科学者コミュニティは、実際に、国際科学会議（ICUS＝International Council for Science）に代表されるようなグローバルなものから、ナショナル、リージョナルに、そして研究分野や研究機関のそれぞれにおいて、形成されるものである。学会や大学は、それぞれひとつの科学者コミュニティである。学会や大学は、出入り自由の組織であり、社会学的にみれば、コミュニティというよりアソシエーションである。それをあえてコミュニティと性格づけるのは、科学者が科学者として科学的営みを仕事とするかぎり、人類社会に責任を負うべき共通の所与の立場に置かれ、その立場の責任は決して出入り自由でないからである。

科学者コミュニティの役割の例示として、東京大学は二〇〇三年に制定した大学憲章で、東京大学の研究・教育が奉仕しようとするのは、「世界の公共性」であると規定している。[12] これは、東京大学に属する科学者に、自己の科学的営みの社会的有用性を判断する準拠基準を与えている。この大学は、国の防衛省が募集する研究プロジェクトについて、軍事目的に寄与しうる研究が「世界の公共性」という準拠基準にてらして問題があるとして、応募しないことを決定した。ナショナルな科学者コミュニティである日本学術会議は、この問題に関して、二〇一七年三月に大学や研究機関が自立的な判断をするためのガイドラインを提示している。[13] 民科法律部会は理事会として、学術会議の検討委員会における審議に対して「意見表明と要望」を提出した（二〇一七年一月）（法科四八、二〇一七、一七三―一七四）。このように科学者と科学者コミュニティは、共同して、社会とのコミュニケーションを通じて、「科学のための科学」と「社会のための科学」の一体的あり方を基礎に、社会的有用性について自立的に探究し決定していくべき社会的責任を負うと考えなければならない。

九　民主主義法学という選択

筆者は学会創立六〇周年記念シンポジウムにおける報告の表題を「ミッションとしての民主主義法学――科学としての法学と科学者の社会的責任」とした。本稿は、上記報告の準備メモとして作成され、かつ、報告後にさらに書き加え補正したものである。報告において筆者がもっとも重要だと考えたのは、「ミッションとしての民主主義法学」というメッセージであった。

民主主義法学は、日本社会と法をトータルに、かつ、その歴史的変化のなかで分析し、それに基づきながら、実定法学的課題に応えるという学問的営為を続けてきている。それは、戦後法学の初心としての「科学としての法学」の構築を目指すものであり、また、「科学者の社会的責任」——民主主義科学者協会の創設に示された侵略戦争と植民地支配に協力した戦前の科学と科学者のあり方に対する反省にさかのぼる——を果たそうとするものである。社会科学そして法学は、その営み自体が社会的コミットメントを有すること、つまり、社会についての認識的言明が社会形成的な作用をもち、また、法解釈が法形成的な作用をもつことによって、より深く責任の負荷があることを自覚しなければならない。民主主義法学は、民主主義法学とは何かを問い続け、それを通じて社会の共有する価値である民主主義を擁護し、その実現を目指すところの学術的プロジェクトである。

「民主主義法学のミッション」は、この学術的プロジェクトにおいて提起され、研究され、議論され、解決が探索される諸課題である。このなかで、科学者の社会的責任が果たされる。

「ミッションとしての民主主義法学」とは、このような科学者の社会的責任に先行する、私たちの、市民としての、法学を志す者としての、民主主義法学の選択に由来するものである。すなわち、この選択こそ、民主主義法学の営みの存在そのものを私たちにとってのミッションにするのであり、民主主義法学の力の源泉である。

(1)『戦後民主主義法学の歩み——創立30周年記念集会記録』(民主主義科学者協会法律部会三〇周年記念事業委員会、一九七七年)二四頁。

(2) 学会の研究成果を市民への普及を目的に刊行することは民科法律部会が積極的に進めた活動であるが、岩波新書としての刊行はこれを含めて四部作ある。『現代法の学び方』(一九六九年)、『現代日本法史』(一九七六年)、『現代日本法入門』(一九八一年)、そして『日本社会と法』(一九九四年)である。また同じ試みとして、民科法律部会の関東甲信越支部の編集による『いま、日本の法は』(一九九一年〔二〇〇一年改訂版〕)、『日本の法』(二〇一七年)があり、いずれも日本評論社刊である。

(3) 広渡「日本社会の法化と戦後法学」社会学研究四九巻二号(一九九七年)四四頁以下、同「戦後法学と法社会学」法律時報二〇〇八年九月号七〇—七三頁。

（4）前掲『戦後民主主義法学の歩み』四三頁、四八頁。

（5）民科法律部会は一九七一年五月学会で「司法権の独立に関する声明」を採択し公表した。前年には「最近の司法部の動向に関する法律学者の声明」を会員総会で提案し、賛同者の署名の下に公表している（法科二五、一九九六、二七〇）。一九七一年五月の労働法学会では、若手会員三二名から司法反動化に対する声明を会員総会の名において発表することが提案されたが、二時間の激論の結果として決議にいたらなかったという（和田肇「労働法学会・学者による声明発出」法科四八、二〇一七、九九―一〇〇）。

（6）以下、法解釈論争をめぐる構図については広渡「法的判断論の構図」同『比較法社会論研究』第一三章（日本評論社、二〇〇九年）参照。

（7）前註の文献に加えて広渡「市民社会論の法学的意義――『民法学の方法』としての市民社会論」戒能通厚・楜沢能生編『企業・市場・市民社会の基礎法学的考察』（日本評論社、二〇〇八年）、同・法制史研究六二巻（二〇一三年）一一七―一二八頁（原島重義『民法学における思想の問題』・『市民法の理論』の書評）参照。

（8）東京の若手会員によって「NJ研究会」が組織され、一九六九―一九七九年にわたって『季刊現代法』（一―一〇号）を刊行し、論争の場を提供した。最終号には戒能通厚、広渡清吾と前田達男による「座談会・現代法論の到達点と課題」（四九―一一七頁）および座談会資料として広渡「現代法論とブルジョア法の歴史的分析」（一一九―一四二頁）が掲載された。

（9）森英樹「『二つの法体系』論――原点を問い、現点を診る」法律時報編集部編『戦後日本憲法学70年の軌跡』（法律時報臨時増刊、二〇一七年）二四―三二頁。

（10）『安保条約』と『沖縄協定』は初版として一万六〇〇〇部刊行され、前者は推計だが七万部まで増刷されたという（日本評論社による）。

（11）以下について広渡「科学者の社会的責任と科学者コミュニティ」島薗進ほか編『科学不信の時代を問う――福島原発災害後の科学と社会』（合同出版、二〇一六年）八〇―一〇〇頁。

（12）http://www.u-tokyo.ac.jp/gen02/b04_j.html

（13）http://www.scj.go.jp/ja/info/kohyo/division-2.html

フランス公証人制度の特質

――マクロン法をめぐる議論を通して――

早稲田大学教授
吉田克己

一　マクロン法による公証人制度改革

二〇一五年八月六日の「経済成長、経済活動活性化および経済機会均等化のための法律」第九九〇号（通称「マクロン法」[1]）は、当時のオランド政権がフランス経済の活性化を標榜して、与党である社会党内の左派の反対や世論の少なくない反対を押し切って成立させた立法である。マクロン法の内容は、「自由化（規制緩和）」「投資促進」「労働改革」の三つの柱にまとめることができる。日本では、「自由化」における長距離バス路線の解禁や「労働改革」に含まれるデパート等の日曜日営業規制の緩和などが注目され、報道の対象になった。他方、フランスの法実務と法学界の大きな関心の対象となったのは、公証人制度の規制緩和の方向での改革であった。とりわけ、法案（二〇一四年一二月一一日国民議会上程）段階の改革案は、フランス公証人制度の根幹を揺るがす性格のもので、関係者に衝撃を与えた。

マクロン法案が提示した公証人制度改革の柱は、公証人の開業規制の撤廃と公証人手数料の自由化との二つに集約される。すなわち、第一に、伝統的制度においては、公証人希望者は、職業能力に関する資格要件を満たしても、公証人の官職株（office）を取得しないと開業することができない。これに対して、マクロン法案は、それを打破して、一定の資格要件を満たす者は、司法大臣によって開業資格を認められるとの改革案を提示した（法案一四条）。資格要件充足を前提とした開業の自由を認める改革案である。第二に、公証人の手数料は、公的に決定される料金表によることが求められ、市場的決定は排除されていた。これは、現実には高額の手数料を可能にしていると批判された。これに対して、法案は、上限と下限を定めてその枠内であれば自由に手数料を定めることができるものとした（法案一二条）。手数料に関する市場原理と競争原理の導入である。これによって、手数料水準の下落とその結果としての世帯の購買力の増大を期待しうるものとされた。この二つは、いずれも、フランス公証人制度の根幹に関わる改革案である。

最終的に成立した法律においては、公証人団体や学界からの強い批判を受けて、制度改革は微温的なものになった。最大の争点であった開業の自由については、一定の範囲で自由開業区域を設け、その区域内での司法大臣の許可を条件とする開業だけが認められることになった（法五二条）。この自由開業区域は、競争庁の提案に基づいて司法大臣および経済担当大臣の共同の決定で設定される。全面的な開業の自由までは進まなかったとはいえ、制度を大きく変える改革であることに変わりはない。問題は、実際にどの程度この自由開業区域が設定されるかである。最初の区域設定に際しての見通しでは、公証人数のかなりの増加が見込まれている。(2)他方、公証人手数料については、上限下限の枠内での自由な決定という方式は断念され、従来の規制方式が維持された（法五〇条）。その上で、料金表の改訂による公証人手数料の減額が志向された。(3)

フランスの公証人が、不動産取引、夫婦財産契約、贈与、相続など、市民の日常的な法律関係の適切な規整にきわめて大きな役割を果たしていることは、日本でも広く知られている。[4] その社会的役割の大きさは、日本の公証人の比ではない。[5] フランスにおいてしばしば指摘されるところによれば、公証人を担い手とする公署証書制度の存在は、コモンロー・システムと対比した場合のフランスの法システム、さらに言えば大陸法システムの特徴をなすものである。その延長線上で、公証人制度は、大陸法とコモン・ローというライバル関係にある法システム間の対立を端的に示す制度とも評価されている。[6]

そのような公証人制度に対して抜本的改革案が提示されたのは、グローバリゼーションの下でコモン・ロー的思考のフランス法に対する影響力が強まっていることを示すものである。それはまた、フランスの今日の政策主体が、経済成長と市場原理に適合的な法と政策を重視していることを示すものでもあった。これに対して、当事者である公証人団体は、強く反撥した。また、学界からも多くの反対論が提示された。反対論は、フランス公証人制度の特質を強調し、そこに示されたフランス法のメリットを擁護しようとする。そこでは、フランス公証人制度の特質が、改めて分析の対象になり、深められている。

以下では、まず、とりわけマクロン法案に集約される公証人制度の抜本改正案の基礎にある認識を整理する（↓二）。次に、改正案に対する批判的議論を整理検討する（↓三）。そのような検討を通してフランス公証人制度の特質を改めて考えてみることが、本稿の目的である。

二　フランス型構造改革と公証人制度

1　二〇〇八年アタリ報告

(1)　アタリ報告の全体構想

マクロン法には、一定の前史がある。マクロン法の基本的内容は、経済成長のためにフランスの構造改革を目指すいくつかの政策提言によってすでに提示されていたのである。そのようなものとして最も重要で、マクロン法の直接の発想源となったと目されるのは、ニコラ・サルコジ大統領の諮問に応えて二〇〇八年一月に大統領に提出された『フランスを変えるための三〇〇の決定』と題する報告書である。(7) この報告書作成の責任者は、著名な知識人であり、政界にも強い影響力を持つジャック・アタリが務めた。

アタリ報告は、教育政策、経済政策、労働政策など広範な領域を対象にして、抜本的な改革構想を提示した。そこには、経済成長志向型の新自由主義的改革構想が示されていた。その背景には、フランス経済の現状に対する強い危機感がある。この危機感は、経済成長への信仰とも言えるような強い思い入れに由来する。

アタリ報告の認識によれば、世界は、かつてない経済成長の波を経験している。世界の状況を見ると、一〇〇を超える国が、国内総生産（GDP）について五%を上回る成長を確保している。アフリカ諸国、ラテンアメリカ諸国、中国、インド、ロシア、トルコなどである。そして、世界は、なお巨大な経済成長の潜在能力を有している。技術革新の進展や、世界の総人口増加および四〇歳以下の若年層の増加などを考慮すれば、世界の経済成長は、持続的に五%を超える水準を維持することが期待されるのである（以上、五―六頁）。

ヨーロッパもまた、この流れに乗り遅れてはならない。実際に、ヨーロッパ各国は、そのための努力を行っている。アタリ報告は、具体的に、ドイツ、連合王国（イギリス）、イタリア、ポルトガル、ギリシャ、スペイン、スエーデン、デンマーク、フィンランドなど、ヨーロッパ各国の改革の努力を紹介している（以上、六―七頁）。そして、フランスもまた、高い経済成長を取り戻すための切り札は備えている。アタリ報告は、その具体例として、高い出生率、整備された教育システムや医療システム、近代的インフラ、企業の創造性、ダイナミックな知的生活などを挙げる。また、世界一のツーリスト数を誇る観光産業、世界二位の地位にある農産物輸出額なども挙げられている（七―八頁）。

しかし、それにもかかわらず、フランスは、二〇〇〇年以降、年平均で一・七%の成長しか実現できていない。その原因は、この二〇年間、何の改革も実現することができていないところにある。フランスは、なれ合いと既得権擁護が横行する社会から脱却することができていないのである（八頁）。これを克服することが喫緊の課題であり、そのために全面的で抜本的な改革が必要である。以上がアタリ報告の基本的認識である。本稿が関心を持つ公証人制度改革も、アタリ報告においては、経済成長という観点から基礎づけられることになる。

(2)　公証人制度の改革

公証人については、伝統的に先にも触れたような強い規制が存在する。フランスの公証人は、強い証明力と執行力とを特徴とする公署証書（acte authentique）の作成に携わっている。文書に対する公署性（authenticité）の付与は公役務（service public）に属し、国からの授権がその権限を基礎づける。公証人に対する強い規制は、弁護士を初めとする他の法律専門職から区別された公証人のそのような特質に由来する。これがフランスにおける伝統的な把握である。

しかし、アタリ報告においては、そのような公証人の特質は捨象される。公証人が強い規制の対象になっている以上、公証人職も競争から免れた規制対象職業（professions réglementées）に他ならない。多種多様な規制対象職業について、数世紀にわたって規制のメカニズムが発動されてきた。しかし、これらの規制はもはや正当性を失い、利権と化している（一五五頁）。それは、経済成長への阻害要因に他ならない。したがって、規制緩和を推進する必要がある（一五五―一五六頁）。公証人職も、このような規制対象職業の一種として、改革を要請される。[8] アタリ報告は、以上のように説く。フランス公証人制度の特質の無視ないし軽視は、アタリ報告だけではなく、その後の公証人制度改革を提示する政策文書に共通する特徴である。

アタリ報告は、具体的には、まず、公証人官職数の大幅な増大を実現し、公証人の資格保有者すべてに公証人職を解放するという構想を提示する（一六八頁）。これは、現実的には、官職による公証人職数の限定を廃止することを意味する。次に、手数料に関しては、料金表による規制を廃止して上限規制だけ残すという改革案が提示された（一六八頁）。追求されるのは、市場原理導入による手数料水準の下落である。先に触れたマクロン法案は、一見して明白に、アタリ報告のこの改革構想を踏襲するものであった。[9]

2　二〇〇九年ダロワ報告

公証人制度改革は、経済成長を目指す政策体系の中で位置づけられるだけではなく、司法制度あるいは法専門職制度改革の一環としても位置づけられた。そのような政策文書として公表されたのが、サルコジ大統領の諮問を受けて、弁護士ジャン＝ミシェル・ダロワを委員長とする委員会が二〇〇九年四月に大統領に提出した『法専門職に関する報告書』である。[10] この報告書は、弁護士、国務院・破毀院付弁護士、公証人、執行吏などの法専門職全般にわたる改革構想を提示するものであった。

ダロワ報告は、アタリ報告ほど新自由主義的発想を徹底したものではない。経済成長の観点から法専門職制度改革を位置づけるという発想も、それほど前面には打ち出されていない。具体的改革に関しても、コモン・ロー法システムを採用する国との法専門職の位置づけの差異を十分に意識しつつも、フランス型法システムの特徴も意識して、漸進的に改革を図るというのが基本的スタンスになっている。たとえば、弁護士については、法廷弁論を中心に位置づけるというフランス型弁護士の特徴を踏まえつつ、法律的助言提供、文書作成、交渉担当など、新たな活動への職域拡大を図るという、かなり穏健な改革案が提示されている（九頁）。

公証人制度改革との関係で重要なことは、サルコジ大統領の諮問においては、「単一の法専門職の創設」を目標とする法専門職制度改革を同委員会において検討することが要請されていたことである[11]。この方向は、公証人制度の特質を否定し、公証人を弁護士と同質の法専門職と位置づけることを意味する。しかし、ダロワ報告は、この方向を採用することを拒否した。公署証書に関する国の厳格なコントロールを外すことは適切ではなく（二五頁）、また、公署証書のような公権力の授権に由来する制度については、自由な競争、自由な流通を認めるべきではないからである（五〇頁）。このように、ここでもダロワ報告が提示する改革の基本的方向は、穏健といってよい。

しかし、にもかかわらず、ダロワ報告は、官職を通じた公証人数の限定に関しては、抜本的改革案を提示する。資格要件は充足しながら官職を得られない多くの公証人希望者の存在を考慮して、公証人官職数を大幅に増加させることが提案されるのである。そこで推奨されるのは、アメリカやイギリス等による大規模法律事務所の設立に対抗すべく、弁護士と公証人等を含む総合的職際組織（structures interprofessionnelles）の創設を促進し、公証人希望者に対して総合的職際組織における公証人官職新設の希望を提出することを認めることである（五二頁）。ここでは、官職数の限定を通じた公証人数の限定は、大きくその機能を縮減されることになる。

3　二〇一三年公財政監督官報告

規制対象職業一般の中に公証人職を位置づけ、その改革構想を検討するというアタリ報告の発想は、二〇一三年三月に公表された『規制対象職業』と題された公財政監督官報告[12]に引き継がれ、より詳細な検討の対象になった。この報告書は、経済財政担当大臣の諮問を受けて作成されたものであるが、重要と目される三七の規制対象職業[13]を取り上げて、フランス経済におけるそれらの位置、収益性、経済効率性などに関する経済分析を行っている。もっとも、この検討項目にも示されているように、経済分析といっても、理論的分析ではなく、各職業における現実の収入レベルの調査や消費者が想定する適正な料金と現実の料金との比較など、規制対象職業における実態分析という内容になっている。

公証人も重要な検討対象になっている。そこでは、平均収入が規制対象職業の中でも最上位に位置すること（第一巻八―九頁）、世論調査による適正な報酬レベルと現実の収入との間に大きな格差があること（現実の収入のほうがはるかに大きい）（第一巻一四―一五頁）などが示されている。

そのような実態認識から引き出される提案は、公証人制度の大幅な規制緩和である。具体的には、競売に関する競争の導入、土地公示に服する証書作成に関する独占の廃止、自由な新規開業に対する制限の原則的廃止、後継者提案権の廃止、不動産交渉に関する料金表規制の廃止などが提案された（第一巻五五頁、六五頁、六九頁）[14]。

4　小括

以上が、マクロン法に先行する主要な政策文書である。その基礎には、新自由主義的発想に基づく規制緩和を通じた経済成長路線がある。公証人制度も、そのような発想に基づいて抜本的改革を迫られるわけである。そこで特徴的なのは、公証人職の特質が二重の意味で否定されていることである。第一に、公証人職は、規制対象職業一般と同一のカテゴリーに含められ、他の規制対象職業との関係での独自性を認められない。第二に、公証人職は、弁護士などの他の法専門職と同種の職業として把握される。これに対して、これらの政策文書とマクロン法に示される規制緩和路線に批判的な見解は、フランス公証人制度の特質を改めて強調することになる。その点を次に見ていこう。

三　改革案への批判とフランス公証人制度の特質

1　批判の概観

マクロン法案に対して、公証人界は総力を挙げた反対運動を展開した。二〇一四年一二月一〇日には、全国の公証人がパリに集結してマクロン法案反対の示威行動を行った[15]。フランス公証人の歴史でも画期的なことである。その際のスローガンは、「ベルシィ（Bercy パリの地区名。そこに所在している経済財政省を指す）はすべて誤っている。誤りだ[16]！フランスでは公証人が不足している？　誤りだ！　公証人に支払う費用はすべて公証人の懐に入る？　誤りだ！公証人は公証人の子である？　誤りだ！[17]」というものであった[18]。法案に対する理論的な批判というより、社会に流布している公証人の悪しきイメージを覆そうという性格のスローガンである。

学界レベルでは、制度改革への一連の動向を受けて、フランス公証人制度の特質とメリットを明らかにしようとする動きが活性化した。そのような中でも重要なのは、次の二つの動向である。第一は、公証人高等評議会の依頼を受けてロラン・エネス（パリ第一大学教授）が中心となってまとめた『公署性――法、歴史、哲学』と題する書物の公刊である[19]。依頼の経緯からして、当然に公証人制度擁護を志向するものであるが、その分析は、客観的で信頼の置けるものになっている。第二は、ムスタファ・メキ（パリ第一三大学教授）が中心となった研究プロジェクト[20]の成果公刊である。『公証人職の将来』と題する書物[21]がその中心であるが、これ以外にも雑誌特集[22]を始めとする多くの論稿が公表されている。メキの問題意識に即していえば、国家と市民社会との関係のポスト・モダン的変容を踏まえながら公証人職の将来を考えようという点に、分析の独自性を見出すことができる。

以下では、学界におけるこの二つの動向を中心としつつ、批判的動向が強調するフランス公証人制度の特質を整理していきたい。

2　公署証書の特質と公証人制度

(1)　公署証書制度の概観

公証人は、公署証書を作成する権限すなわち文書に公署性を付与する権限を有する。公署証書とは、定評ある法学用語辞典によれば、「公署官（たとえば公証人）が紙媒体または電子媒体上に作成する文書で、その記載が偽造の申立てがなされるまでは信頼しうるものとして扱われ、執行文言を備えたその謄本が強制執行を可能にするもの」と定義される[23]。公署証書には、単に当事者が署名したにすぎない私署証書（acte sous seing privé）と比較すると、はるかに強い証明力が認められている。ある論者は、これを「例外的証明力」と形容している[24]。公署証書にはまた、執行力が認められる。

公証人の活動の中核は、この公署証書の作成にある。弁護士を含めた他の法専門職には、公署証書作成権限は与えられていない。法専門職の中でも、公署証書作成権限を認められることは、公証人の特質である。

他方で、公署証書を作成しうる権限を認められるのは、公証人だけではない。次の職種は、公署官として、職務に関係する文書についての公署性付与権限を認められている。①執行官（hussier de justice）、②動産公売官（commissaire-priseur judiciaire）、③裁判所書記官（greffier de tribunal）、④身分官（officier de l'état civil）。これらのうち、執行官、動産公売官、商事裁判所書記官には官職制度が存在しており（③のうち民事裁判所書記官には官職が存在しない）、このような職種を「裁判所補助官 officier ministériel」という。[25] なお、公証人にも官職があるので、公証人は、公署官であると同時に裁判所補助官でもある。

以上から、三点を確認することができる。第一に、公署性付与の権限が認められるのは、公売や身分証書の管理のように、その内容に公役務的性格が認められる職務においてである。そのような性格が認められない弁護士等には、公署性付与権限は認められない。第二に、官職の存在は、公署性付与の権限と必然的な関係を有しない。官職制度がなくとも公署官と認められる職種があるからである（身分官）。第三に、①から④の公署官に認められる公署証書の対象は限定的であり、公署官としては公証人が圧倒的に重要な位置を占めていることが明らかである。

（2）公署性の根拠

（ⅰ）内容の真正性

それでは、以上のような強い証明力と執行力を有する公署性は、どのような根拠から認められるのであろうか。まずもって挙げられるのは、公署証書に関しては内容の真正性に対する信頼が存在し、実際にも、真正性が確保されていることである。エネス編『公署性』は、これを可能にするものとして、公証人職へのアクセスが厳格に規制されていることと、公証人には厳格な職業上の責任が認められていることを指摘する。[26]

同書によって指摘されているように、公証人の責任は、きわめて厳格である。メキ編『公証人職の将来』においてこの論点を検討したナタリー・ブランとロマン・ボファは、この点にこそ公証人を他の法律専門職から区別する特質があると把握する。公証人の責任は、公署性という公証人が確保する公役務の担保だからである。[27]

同論文に即して公証人の責任内容を概観しておくと、公証人は、まず、伝統的には重い刑事責任に服した。中世期には、虚偽の内容の証書を作成した公証人には死刑の適用まであった。この厳罰はその後緩和されていくが、フランス革命期の立法においても、その職務行使において偽造行為を犯した公署官については、重い刑事罰が科された（一二五―一二六頁）[28]。現在も、公証人の犯罪に対しては、普通法上の刑罰よりも重い刑罰が科される（一二八頁）。

公証人に対してはさらに、公証人倫理違反の場合の懲戒手続と民事責任がある[29]（一二六頁）。民事責任についても、判例上、責任の強化傾向が認められる。第一に、その法的責任の性質に関しては、従来、契約責任であるか不法行為責任であるかが争われていたところ、判例上、不法行為責任であることが明確にされた（二〇〇八年一月二八日破毀院民事第一部判決）（一二九頁）。この結果、責任制限条項が機能しないことになった（一三〇頁）。第二に、判例は、責任の基礎となる公証人の義務について多様なものを認めるようになっている。それらをまとめると、公署性確保義務（devoir d'authentification）と助言義務（devoir de conseil）とに集約される。これらは、公証人が公署官として行使する職務の二面性つまり公署性付与者と助言者という二側面を表現するものである（一三一頁）。公署性確保義務は、作成された証書について公署性を確保するために必要な要件を遵守する義務である（一三二頁）。助言義務は、判例上展開してきた義務であり、単なる情報提供義務に止まらない広範な義務を含む。それは、当事者が追求している目的を達成することを可能にするために、当事者を支援する義務である（一三三頁）。判例はまた、作成された証書の有効性と実効性確保義務を語るようになっている。これは、証書の有効性にかかわる法的・事実的諸要素の確認義務を意味し、助言義務にかかわる義務と理解すべきである。そして、この義務は、当事者の言明を信頼するのではなく、実態を調査することを要求する。きわめて重い義務が認められているわけである（以上、一三六頁）[30]。

ブランとボファは、以上のような公証人の重い責任を否定的には評価しない。それは、公証人の職務の特質を明らかにするものであり、フランスにおける法的な証書の安全性を確保し、そのようにして公証人の将来をも確保するからである（一三七頁）。換言すれば、この間の政策文書のように、公証人を他の規制対象職業や法律専門職と区別しないのであれば、現在認められている公証人の重い責任は、正当化されないことになる。

（ii）国からの授権

以上のように、作成者である公証人の重い責任を媒介として、公署証書の内容の真正性を確保する仕組みが構築されている。それは、公署証書の内容の真正性が推定されることを十分に根拠づけることができるであろう。しかし、それだけであれば、偽造の申立てという重い手続を経ないとその証明力が否定されないという強い証明力までを正当化するのは難しい。実際、フリゾン＝ロシュの刺激的な論文[31]によれば、公署証書は、単なる証明力を持った文書に止まらない。公署証書は、証明力の次元に止まるものではなく、証書に不可抗争力（l'incontestabilité）を付与し、その効力を否定するための反対証拠を禁止するのである。それは、いわば「反証拠 anti-preuve」と称すべき性格の制度である。そして、この「反証拠」の制度化によって、法的安全性は完全なものになる（三一頁）[32]。

このようにして、公署証書に記載される法律行為等は、その現実とは別に、真実であると擬制される。公署証書は、単なる事実の世界での証明を確保するレベルの制度ではなく、規範的な制度なのである[33]。それではこの規範的性格は何に由来するのか。フリゾン＝ロシュの回答は次のようである。「この規範の源泉は、国が公証人に付与する〔社会関係を〕規整する任務とそのための地位に由来する。公証人は、公署証書の不可抗争力の守護者であると同時に責任者なのである」（三一頁）。

公署証書の強い推定力・不可抗争力と執行力とを、このように国からの授権に基づいて正当化すること自体は、必ずしも新しい発想ではない。それはむしろ伝統的な言説だといってよい。しかし、この間の政策文書が公証人と公署証書の特質の否定の上に立った制度改革論を展開する中で、この言説は、理論的に深められつつ、改めて積極的に援用されるようになっている[34]。上記のフリゾン＝ロシュ論文は、その典型の一つである。エネス編『公署性』

もまた、従来の公署性の検討はもっぱらその効果に着目するにとどまり、概念自体を深める努力に欠けていたという反省に立ちつつ、公署性は、国の権威と深く結合しており、その点にこそ公署性概念の実体を識別することができるという理解を打ち出している[35]。メキ編『公証人職の将来』に収録されたメキ総括論文は、公署証書について語るよりも公証人職の特性について多く語っているが、そこでも、国との関係を抜きにしては公証人を理解することはできないことが、繰り返し強調されている[36]。

(iii) 国からの授権と公証人職

このメキの見解にも示唆されるように、公署証書の性格は、公証人職の性格と密接不可分に結びついている。すなわち、公証人は、単なる法専門職ではなく、国と密接不可分な関係を取り結ぶ特殊な法専門職なのである。

かくして、公証人職は、公的職務と自由職業との中間に位置するということになる[37]。このような一般的位置づけ自体についての異論はまずないといってよい。しかし、具体的な問題をこのいずれに引きつけて考えるかは、多くの議論を惹き起こしてきた。大まかな傾向で言えば、フランス国内の行政裁判所は、公証人が公務員であることは否定してきたが、公役務の担い手であることは認めてきたとまとめることができようか[38]。他方、EU裁判所は、公証人の活動が公権力の性格を持つことを否定した（二〇一一年五月二四日判決）。したがって、フランスが公証人について国籍要件を定めていることは、条約違反ということになる[39]。

このような動向をにらみつつ、国との密接不可分な関係を取り結んでいる公証人職の特質を改めて強調するというのが、改革案に対抗するための批判派の戦略となっている。

(3) 公署証書の機能：法的安全性の確保

この間の学説の議論で目立つ点がもう一点ある。公署証書による法的安全性確保の意義を強調することである。先にフリゾン＝ロシュが強調していたように、公署証書には不可抗争力が認められる以上、それは、法的安全性の確保にとってきわめて重要な意味を持つ。エネス編『公署性』は、この不可抗争力に加えて、永続性（公署証書の場合には、その保存が確保される）と実効性（とりわけ執行力が重要である）を挙げて、法的安全性の内容を三つに整理している。(40)

エネス編『公署性』は、このような法的安全性の確保は国家の市民社会に対する責務であるという観点に立って、国には、私人間の紛争解決のためにその権威を用いるだけでなく、その平和的で安全な関係を発展させるための手段を提供する義務があることを強調する（一五頁）。公署証書は、その意味では、国家の存在意義にもかかわる重要な意義を持つのである。それを支える公証人制度も同様である。

近時の学説はさらに、改革論議が提示する議論も意識して、それに対峙する形で法的安全性の意義を強調する性格の議論も展開している。

一つは、近時の改革論議の方法的基礎にかかわる議論である。つまり、近時の改革論議は、商品価値だけを評価し、その観点に特化する形で改革案を提示する。公証人制度の問題性も、そのような観点から把握される。しかし、法的安全性が創り出すのは「信頼財 Biens de confiance」であって、これは非財産的価値を表現している。マクロン法に帰結する政策諸提言は、このような価値を把握することができていないというわけである。(41)

他の一つは、近時の改革論議の土俵にいったん乗った上で展開される議論である。すなわち、法的安全性は市場にとっても重要な価値であり、したがって、公署証書およびそれを支える公証人制度は、市場にとっても有益であるというようなタイプの議論である。これは、フリゾン＝ロシュ論文において顕著であった。(42)さらに、メキ総括論文においても、この観点が指摘されている。すなわち、公証人職が一般利益に属する公役務であったとしても、公証人が作成する公署証書は、取引の安全を確保し、取引費用を軽減するなどして、経済発展の動因にもなりうるというわけである。(43)エネス編『公署性』も、法的安全性はしばしば私的イニシアティブの敵として提示されるが、それはむしろ私的イニシアティブを促進しうるという点を強調している。(44) これも、法的安全性と市場との親和的関係を指摘する性格の議論である。

エネス編『公署性』はまた、アメリカ法における不動産取引と法的安全性という問題を検討している。他の法システムとりわけコモン・ローにおいても、法的安全性は重要な問題となっているはずである。現代においては、国境の意味が減少しているという背景の下で、法システム間での吸引力すなわち「法の戦争」が各国の関心事になっている。そうである以上、法システム間の比較研究が必要だという問題意識による。

そのようにして、アメリカ合衆国における「権原保険 assurance titre」制度が検討される。アメリカ合衆国においては、不動産取引にしばしば専門化された弁護士が関与する。しかし、譲渡人の権原についてフランスの公証人に比肩しうるほどの調査は行わないので、譲受人は、有効な取引をしても権利を取得できない危険がある。そこで、「権原保険」と称する保険に加入することが一般化しているという。譲渡人の権利について問題がある場合の損害をカバーしようとする趣旨である。この制度が、コモン・ローの優位を示すものとして引かれることがある。しかし、このシステムが公証人の活用と比して安価である保障はない。また、公証人システムの下では権原自体の安全性が確保されるのに対して、「権原保険」の下では、事後的に金銭での補償がなされるだけである。この点でも、公証人システムが優位に立つというのが分析の結論である。(45)

3　国の引継者としての公証人

(1)　公証人の新たな位置づけ

以上では、公証人の活動の中核部分である公署証書作成に即して、その意義に関する言説を検討してきた。ところで、公証人の活動は、公署証書作成に限定されるわけではない。とりわけ近時の立法や実務においては、公証人の活動に新たな位置づけを付与する性格のものを多く見出すことができる。例示的にいくつかの例を紹介しよう。

第一に、公証人にこれまで裁判官に付与されていた役割を与えようという動向がある。家族法領域においてその例がある。典型的には、二〇一六年一一月一八日の「二一世紀の司法」に関する法律によって導入された協議離婚手続の簡易化措置を挙げることができる。フランスでは、一九七五年の離婚法改革によって、従来の有責離婚に加えて、破綻離婚および協議離婚が認められた。この協議離婚のためには、離婚の諸結果を定める合意案を作成して裁判官の承認を得る必要があった（民法典旧二三〇条一項）。離婚配偶者（具体的には妻）および未成熟子の利益を擁護するためには、裁判官の後見的介入が必要だと考えられたのである。しかし、上記の二〇一六年法によって民法典二二九条以下が改正され、裁判官の介入は不要とされた。離婚の合意は、弁護士の副署の下で私署証書の形で作成され、公証人に提出されて執行力と確定日付を獲得する。その際には、離婚合意の内容が審査されることになる（以上、民法典新二二九—一条一項〜三項）。公証人には、従来裁判官が果たしていた役割を果たすことが期待される。このような扱いの前提には、公証人が国の権威の一部の授権を受けているという位置づけがあると考えられる。

第二に、近時のフランスでは、各法領域においてそれまで行政規制に委ねられていた問題が、私人間の契約によって処理されるという現象が現れている。たとえば、環境領域をその例として挙げることができる。環境保護自体を目的とする「環境契約」が重要性を増しているだけではなく、売買や賃貸借等の一般的な取引においても、環境保護にかかわる条項を付加するという現象が目立つようになっているのである。また、環境行政の領域においても、私的アクターの役割が増大しており、それを媒介する手段として、契約が活用されるようになっている。(46)

この私人間の契約には、公証人が関与する。そして、公証人には、その助言義務を通じた契約内容の方向づけが期待され、現実のそのような役割を果たしているという。(47) ここでの公証人は、客観法を私人間の法律関係において具体化する機能を果たしている。それは、公証人が顧客の個人的利益を擁護することを職務とするのではなく、証書の利益とさらには一般利益を擁護するという職務を課されているという位置づけの下で、初めて可能になる機能であろう。

この公証人による客観法の具体化機能は、家族法領域でも見出すことができる。家族法領域でも、契約または意思的な処分行為によって法律関係が形成されることが少なくない。いわゆる家族の契約化現象[48]は、そのような問題領域の拡大を意味する。これらの規整は、伝統的に公証人が活躍する問題領域であった。そして、公証人は、ここでもまた、証書作成に際して、当事者間で利害の適正な調整を図ることになる。それは、助言義務という形で公証人に課される義務である。メキ編『公証人職の将来』に収録されている公証人と家族法とに関する論稿[49]からこの点にかかわる指摘を引用しておく。――個人意思が尊重されるべき領域においては、一見すると、当事者意思の自由な作用が認められるようにも見える。「しかし、助言義務と公証人がその顧客に対して行使しうる影響力のゆえに、意思は、むしろ大きく方向づけられることがありうる」（三七四頁）。「公証人は、実際、顧客が公証人に対して抱く信頼のゆえに、説得力を持った権威として現れる。公証人はまた、立法者と裁判官がその役割をもはや果たさなくなったときに、家族内部の諸利益の均衡を図る調停者として現れる」（三七五頁）。

⑵　国家の変容と国の引継者としての公証人

以上にその一端を見た公証人の新たな役割は、いずれもこれまで国家が果たしてきた役割の一部を公証人が引き継ぐものである。それを可能にする前提は、公証人が国からその権限の一部の授権を受けた公役務の担い手であると位置づけられていることだと考えられる。国家が後景に退き、市場あるいは市民社会が前面に出てくるという現象は、現代の先進資本主義諸国にほぼ共通して観察される。しかし、その場合でも、国家が文字通り後景に退く場合と、その役割を代替すべく別のアクターが登場する場合とがある。フランスは、この後者の方向を採用し、国の役割を引き継ぐアクターの重要なものの一つが、それ自体公役務の担い手と位置づけられている公証人であるわけである。

現代における国家の後退については、エネス編『公署性』も関心を寄せている。その認識によれば、一九世紀と二〇世紀は国家が強くなり他の政治組織が淘汰された時代であった。これに対して、今日においては、国家主権の減退が観察される。国家の権威は減少し、国家への信頼も揺らいでいる。もっとも、市民は、ともに生きるという希望、共同善への配慮を失っていない。国家の衰退が観察される反面で、市民相互の相互依存関係はますます多くなっている。公私の境界も動揺している。ジャック・シュバリエのいう「ポスト・モダン国家」の特徴が現れているのである。それは、国の権威にその実効性を依存している公署証書に打撃を与える可能性もある。しかし、国家主権は、単に衰退しているというよりも、変容の過程にあるのではないか。あるいは、各国家の主権と超国家的主権とが共存する時代に入ってきているのではないか。後者を踏まえると、公署証書は、国境を超えた流通という新たな機能を獲得しうる可能性も展望される[50]。以上のように、エネス編『公署性』は、ポスト・モダン的状況の下でのEUレベルへの公署証書利用の拡大という展望を語っている。

これに対して、メキ編『公証人職の将来』は、国家と市民社会との関係の変容により関心を集中させ、その変容の中で一般利益を支える中心的アクターとして公証人を位置づける。その問題意識を端的に表現している文章を引用しよう。「公証人は、国家の引継者である。それは、一般利益と個別利益との間のインターフェースである。国家の変容、一般利益の私化、市場イデオロギーの支配、グローバリゼーションなどこれらすべての現象を受けて、私人は、私的法律行為を通じて、従来よりもしばしば、一般利益の活動に参加し、貢献することを促される。公証人は、諸利害間の正当な調停を監視する[51]」。「新自由主義の世界は、市場モデルに支配され、国家を日に日に相対化しているグローバリゼーションの波に押し流されている。そのような世界に対する垂直的な支配を行うことができなくなった国家は、引継者であるアクターの支えを得て、社会関係に対して水平的な仕方である種の包囲を行うことを決定した。公署官は、国家と個人との間に存在する国家の優先的な引継者である。公署官、主要には公証人は、国家の基本的な任務に属する絆の創出、社会的な絆、法的な絆の創出の任に当たる。公証人の役割は、他の形態の公的活動を表現するものでもある。公証人は、市民社会の中心部において、一般利益と個別利益との間の関係が維持されるよう監視することを可能にするアクターなのである[52]」。

現代フランス社会における公証人のこのような機能を認識するならば、その意義を無視し、あるいは否定する近時の改革動向について強い反対の態度を採るのは、むしろ当然のことである。メキ編『公証人職の将来』は、このようにして、マクロン改革に対する現時点における最も徹底した批判の書となっている。

四　結びに代えて

最後に、若干の点をコメントして、本稿の結びに代えたい。

①マクロン改革に対する批判的見解は、フランスの公署証書と公証人制度の特質を説得的に明らかにしている。それは、この特質を無視し、あるいは単純に否定する形での改革論議に対する説得的な批判となっている。フランス公証人制度は、歴史に根ざした特質を有し、その上でポスト・モダン的状況の中で新たな役割を獲得しようとしている。それはそれとして十分な尊重に値する。しかし、他方で、フランスにおける公証人制度の特質を肯定することが、現在のフランス公証人制度のすべてを当然に肯定的に評価することにつながるわけではない。とりわけ官職制度による定数制限と職業独占は、正当化が難しいものと言わなければならない[53]。両者を区別して議論することが必要であろう。

②フランスの公証人制度に歴史に根ざした存在理由があるように、コモン・ロー系の国における公証人不存在にもまた、歴史に根ざした存在理由があるはずである。このいずれの法システムが優れているかと問うことには、さほどの意味はない。評価要素の取り方によって、結論が大きく変わってくるだろうからである。むしろ、それぞれの制度の存在理由の差異を、歴史も踏まえて検討することが望まれる。(54)

③フランスの公証人制度に対しては、日本においても関心が払われている。まず注目されたのは不動産取引における役割であった。近時はさらに、相続の合理的で公平な処理という観点から、その役割が注目されている。(55)とはいえ、日本の公証人にフランスの公証人の役割を期待することはできないであろう。数的充実の度合いと市民生活への浸透の度合いが、フランスとはまったく異なるからである。(56)

そこで、市民に近い法律家として司法書士（あるいは弁護士）に期待が寄せられることになる。これは、ひとつの方向であろう。しかし、フランスで相続の処理に当たる公証人は、職業倫理上、中立公平な立場を保つことを要請され、(57)弁護士とは異なり、依頼者である特定の相続人の利益を擁護することが職務とされるわけではない。公証人は、公役務の担い手なのである。これに対して、司法書士（弁護士）は、基本的には特定の依頼者の個人的権利益を擁護することが、職業倫理から要求される。この点に対する考え方の整理が、日本における検討の前提になろう。(58)

（1）　この法案を取りまとめ、その成立のために中心的役割を担ったのは、この当時、ヴァルス内閣の経済担当大臣であったエマニュエル・マクロンである。この法律が「マクロン法」と呼ばれるのは、そのためである。マクロンは、その後、オランド大統領を襲う第二五代のフランス大統領となる。

（2）　二〇一六年六月一四日時点での経済担当大臣の見通しによれば、自由開業区域の設定によって、公証人数は、今後二年間で一、六五〇人、一〇年間で四、〇〇〇人増加するとされている。http://tempsreel.nouvelobs.com/topnews/20160614.REU7678/la-loi-macron-n-en-a-pas-fini-avec-les-professions-reglementees.html. なお、フランスの公証人数は、二〇一五年一月一日の時点で九六五一人であった。ジャック・コンブレ（小柳春一郎〔訳〕）「相続処理におけるフランス公証人の役割――相続登記未了問題解決のために」獨協法学九八号（二〇一五年）一〇三頁参照。この数値は、マクロン改革後の二〇一七年七月三一日の時点で、一万〇八七七人に伸びている。https://www.notaires.fr/fr/le-notariat-en-chiffres.

（3）マクロン法成立を受けた新たな料金表は、二〇一六年二月二六日のアレテによって定められた。これを受けた二〇一六年二月二八日の司法大臣と経済担当大臣の共同コミュニケによれば、改革の結果、約二・五％の手数料額の下落が見込まれる。http://www.capital.fr/economie-politique/reforme-des-professions-reglementees-les-tarifs-des-notaires-et-greffiers-vont-baisser-1105667.

（4）江藤价泰「比較法から見た公証（人）制度のあり方――フランス公証人制度の一端」自由と正義三二巻一四号（一九八一年）一三頁以下、鎌田薫「フランスの公証制度と公証人」公証法学一一号（一九八二年）一頁以下、松川正毅「フランスにおける公証人と紛争予防」公証法学三三号（二〇〇三年）一頁以下など。

（5）数的にも、日本の公証人数は、二〇一七年四月一日の時点で四九六人にすぎない（第一九三回国会〔参〕法務委員会第一〇号二〇一七年五月九日小川秀樹政府参考人の答弁による）。市民生活への浸透の度合いも、まったく異なる。

（6）そのような指摘の一例として、Magali Jaouen, Formules et pratique notariale, in Mekki (dir.), *infra* note (21), p.164.

（7）*300 décisions pour changer la France : Rapport de la Commission pour la libération de la croissance française*, Sous la présidence de Jacques Attali, les XO Éditions et La documentation française, 2008. (http://www.ladocumentationfrancaise.fr/var/storage/rapports-publics/084000041.pdf) なお、マクロン法との関係では、マクロンがこの委員会の副総括報告者の任務を委ねられたことを指摘しておく必要がある。マクロンは、おそらくはアタリ報告の起草者（少なくともその一人）だったのである。マクロン法がアタリ報告から大きな影響を受けているように見えるのは、そのような点を踏まえれば、ある意味で当然である。

（8）このような認識に全面的に賛意を表する文献として、Le Collectif Non-Taire, *Manifeste contre les notaires*, Les Editions

Max Milo, 2011がある。とりわけ、九三―九四頁参照。なお、同書は、フランス公証人制度に対する徹底的な批判の書である。

（9） 前掲注（7）も参照。

（10） Mission confiée par le Président de la République, *Rapport sur les professions du droit*, Mars 2009.（http://www.justice.gouv.fr/art_pix/rap_com_darrois_20090408.pdf.）

（11） Aynès（dir.）, *infra* note（19）, p.20.

（12） L'Inspection Générale des Finances, *Les professions réglementées*, mars 2013.（http://www.ladocumentationfrancaise.fr/var/storage/rapports-publics/144000569.pdf）

（13） 歯科医師、特定領域専門医師、薬剤師などの医療関係職、公証人、商事裁判所書記官、動産公売官、弁護士などの法専門職、不動産業者、配管業、塗装業、左官などの建築関係業、タクシー業などが検討の対象になっている。

（14） この公財政監督官報告書の方法論や具体的政策提言に対する批判として、Bruno Deffain et Mustapha Mekki, L'analyse économique-juridique du notariat :《Bercy》au pays des merveilles, *Dalloz*, 2014, p.2312がある。

（15） https://www.notaires.fr/fr/actualit%C3%A9/10-d%C3%A9cembre-2014-fermeture-exceptionnelle-des-offices-et-instances-notariales.

（16） 公証人は、①固有の手数料を受け取るほか、②国や地方公共団体のために手続関係で必要な税金（登録税等）などを顧客から受け取り、それを国庫等に振り込む。さらに③手続に必要な諸費用（都市計画関係文書費用、測量費用など）を顧客から預かり、必要な機関に支払う。②が約八〇％、③が約一〇％になるので、①は残りの一〇％程度しかないという。顧客が公証人に支払う費用がすべて公証人のものになるわけではなく、その一割程度が公証人の収入になるにすぎないのである。https://www.notaires.fr/fr/le-tarif-du-notaire.

（17） 公証人職については、官職制度との関係から父子相伝というイメージが強い。しかし、社会学的調査によれば、その率は二五％程度で、一般的な企業承継の数値（父子承継が二九％）よりも低いという。Corine Delmas, Une profession tournée vers l'avenir : sociologie des mutations notariales, *JCP, N.* 2015, No.36, p.38.

（18） https://www.notaires.fr/fr/actualit%C3%A9/bercy-tout-faux.

（19） Laurent Aynès (dir.), *L'authenticité : droit, histoire, philosophie*, 2e éd., La documentation française, 2013.

（20） このプロジェクトは、フランス法務省および公証人高等評議会の支援を受けている。この研究チームは、比較法研究のために、いくつかの国でワーク・ショップを開催した。日本でも、二〇一四年九月二一日に、早稲田大学において「公証人職の将来」と題するワーク・ショップが開催されている（フランス側責任者：ムスタファ・メキ、日本側責任者：吉田克己）。後掲注（21）の文献には、この成果も取り入れられている。

（21） Mustapha Mekki (dir.), *L'avenir du notariat*, LexisNexis, 2016.

（22） *JCP, N.* 4 septembre 2015, No.36 に《Le notariat et la loi Macron, Autres regards...》と題する特集が掲載されている。

（23） Serge Guinchard et Thierry Debard (dir.), *Lexique des termes juridiques*, 24e éd., 2016-2017, p.19.

（24） Véronique Mikalef-Toudin, L'acte authentique, fondement du rôle du notaire, in Mekki (dir.), *supra* note（21）, p.138.

（25） 「裁判所補助官」とは、国の授権を受けて一定の公役務を行う者であり、終身の官職を保有することが特徴である。後継者の推薦権も認められる。「裁判所補助官」は同時に「公署官」であることが多いが、必ずそうであるわけでもなく（たとえば国務院・破毀院付弁護士は、裁判所補助官ではあるが公署官ではない）、両者は概念的には区別される。なお、《officier ministériel》は、一般には「裁判所補助吏」と訳されている。しかし、①「公署官 officier public」における officier と訳語を統一した方がよいであろうこと、②《officier ministériel》であるためには office の保有が条件となるが、この office は一般に「官職（株）」と訳されていること、③日本では、「吏員」が法律用語として使われることは次第に少なくなっており、使われる場合には、一般に地方公務員を指すこと（憲法九三条二項の「吏員」もそのように解される）などから、本稿では、「裁判所補助官」と訳すことにした。さらに、これと平仄を合わせて、「吏」の訳語が一般に採用されている他の職種についても、「官」を採用することにした（たとえば、「執行吏」ではなく「執行官」とするなど）。

（26） Aynès（dir.）, *supra* note（19）, p.106.

（27） Nathalie Blanc et Romain Boffa, La responsabilité du notaire : perspectives d'avenir, in Mekki（dir.）, *supra* note（21）, p.125. この論文の参照頁は、以下、本文中に直接に記す。

（28） 一七九一年の刑法典においては二〇年の足枷刑（第二部第一章「公共事に対する侵害罪」第五節「公務員に付与された権

限行使における犯罪」第一五条)、次いで一八一〇年の刑法典においては無期の強制労働（第三部第一章「公共事に対する重罪および軽罪」第三節「公的平和に対する重罪および軽罪」第一款「偽造行為」第一四五条）という重い刑罰が定められている。

(29)　フランス公証人の民事責任に関する邦語文献としては、井上治行「フランスにおける公証人の民事責任」公証法学一号（一九七二年）一三〇頁以下、西澤宗英「公証人の職務上の責任――フランスの場合」公証法学一七号（一九八八年）一頁以下、山倉愛「フランスにおける公証人の民事責任――職、公序、不法行為」お茶の水女子大学人文科学研究一二号（二〇一六年）三一九頁以下などがある。

(30)　西澤・前掲注（29）三一頁も、フランス公証人の責任が「広汎かつ重大」であることに注意を喚起している。

(31)　Marie-Anne Frison-Roche, Acte authentique, acte de marché, *JCP, N*, 1re octobre 2010, No.39, p.29. この論文の参照頁は、以下、本文中に直接に記す。

(32)　フリゾン＝ロシュ論文は、このような法的安全性の確立によって、市場における取引費用の縮減が可能になることを強調する。したがって、公証人と公署証書とは、市場にとって有害な制度どころか、市場の機能を促進する制度と把握されることになる（三一頁）。このような法的安全性を理由とした公署証書と市場との適合性という論理については、後にまた立ち返ることになる。

(33)　その結果、公署証書の基礎にある実体的権利関係と公署証書の内容とに例外的に不一致が生じた場合でも、原則として公署証書の記載内容が優先することになる。これは、公署証書において一種の無因性が認められていることを意味する。フランスにおいて不動産取引の公示手段として用いられるのは、このような性格を備えた公署証書である。ということは、フランスの不動産取引と公示（登記）の仕組みは、日本の有因を貫徹した仕組みよりも、ドイツの無因システムに近いという評価も可能になる。なお、仏独の物権変動の仕組みが、原則上の大きな差異にもかかわらず、物権行為の独自性と無因性における実態として接近していることは、近時の博士論文によっても指摘されている。Voir, Julien Dubary, *Le transfert conventionnel de propriété, Essai sur le mécanisme translatif à la lumière des droits français et allemand*, Bibliothèque de droit privé, tome 555, LGDJ, 2014. ただし、同書における無因性に関する議論は、公署証書の性格を根拠とするものではない。フランス公証人制度が不動産取引安全のために積極的な機能を果たしていることについては、江藤・前掲注（4）一七頁に示唆的な指摘がある。また、フランス公証人慣行を公示の観点から捉える先駆的文献として、鎌田薫「フランス不動産譲渡法の史的考察（3）」民商六六巻五号（一九七二年）八三五頁、八三九頁注（30）、同（4完）民商六六巻六号（一九七二年）一〇三一—一〇三二頁がある。そこには、公証人は「生ける登記簿として公示機能を担っている」という印象的な表現がある。

（34）このような動向は、公証人制度の起源に関する歴史研究にも影響を与える。公証人制度の起源は、伝統的にはローマ帝政期の書記（tabellio）などに求められていた。日本の例として、久保正幡「公証人と法律学の歴史」公証法学二号（一九七三年）二頁、兼子一＝竹下守夫『裁判法〔新版〕』（有斐閣、一九七八年）三六〇頁など。しかし、国との密接な関係を根拠とする公署性を公証人職に本質的なものと把握する場合には、公署性付与権限を持たない書記に制度の淵源を求めるわけにはいかなくなる。エネス編『公署性』は、このようにして、一一世紀から一二世紀の北イタリアに制度の起源を求めている。Aynès (dir.), *supra* note（19）, p.13, p.34, p.44. また、メキ編『公証人職の将来』に収録されている歴史関係の論文も、同様の認識である。Voir, Nicolas Laurent-Bonne, Pour une histoire prospective du notariat français, in Mekki (dir.), *supra* note（21）, pp.67-69.

（35）Aynès (dir.), *supra* note（19）, p.17-18.

（36）Mustapha Mekki, Statut et fonctions du notariat français, passé, présent, avenir, in Mekki (dir.), *supra* note（21）, p.4, p.22 etc. 公証人が「国の引継者 relais」であるという表現も多く用いられている。

（37）M. Mekki, *supra* note（36）, p.19.

（38）この問題については、François Blanc, Statut du notariat en droit pulic : en droit public interne, in Mekki (dir.), *supra* note（21）, p.91 et s. が詳しい。本文の評価は、同論文九二—九五頁の記述をまとめたものである。

（39）その意味で、ＥＵ裁判所の態度は、公証人職に関する自由化の方向を向いている。M. Mekki, supra note（36）, p.25.

（40）Aynès (dir.), *supra* note（19）, pp.141-143.

（41）M. Mekki, supra note（36）, p.10.

（42）前掲注（32）参照。

（43）M. Mekki, supra note（36）, p.29.

（44）Aynès (dir.), *supra* note（19）, p.135.

(45)　以上について、Aynès (dir.), *supra* note (19), pp.143-147.

(46)　この問題については、日仏の比較研究である吉田克己＝マチルド・ブトネ編『環境と契約――日仏の視線の交錯』(成文堂、二〇一四年)を参照。

(47)　この問題について詳しくは、Mathilde Hautereau-Boutonnet, L'avenir du notariat dans le domaine de l'environnement : l'enjeu des sites pollués, in Mekki (dir.), *supra* note (21), p.345 et s. を参照。

(48)　この問題に特化した文献として、Dominique Fenouillet et Pascal de Vareilles-Sommières (dir.), *La contractualisation de la famille*, Économica, 2002 がある。

(49)　Anne Etienney-de Sainte-Marie, Le notariat et le droit de la famille, in Mekki (dir.), *supra* note (21), p.365 et s.

(50)　Aynès (dir.), *supra* note (19), pp.131-134.

(51)　Mekki (dir.), *supra* note (21), p.343.

(52)　M. Mekki, supra note (36), p.8.

(53)　Mika Yokoyama, L'Asie (l'exemple japonais), in Mekki (dir.), *supra* note (21), p.281 も、フランスの定数制限に批判的である。なお、定数制限の考え方は、日本においても存在する。そして、日本の公証人定員数は、フランスと比較してもはるかに少ない。二〇一六年改正時点の公証人定員規則に基づいて計算すると、定員数は六六九である。現実の公証人数はもっと少なく(二〇一七年の数値で四九六である。前掲注(5)参照)、空きポストがあることを示している。しかし、日本においては、フランスとは異なり、司法制度改革審議会意見書(二〇〇一年六月一二日)に結実する司法制度改革への議論の中でも、より一般的な新自由主義的政策潮流の中でも、公証人数の増加・増員が問題になったことはない。これ自体、分析を要する事態であろう。

(54)　Aynès (dir.), *supra* note (19), pp.21-22 は、イングランド法における公署性観念不在の原因として、政治的理由と構造的理由の二点を挙げている。つまり、まず、イングランド法システムは、国家権力が私的事項に介入することに敵対的であるが、公署証書は、公的証書に他ならない(政治的理由)。次に、イングランド法においては、司法が規範形成の中心的役割を果たし、そのような法の管理・執行の中心的機関である裁判官には、証拠方法の評価に関して広範な裁量の余地が認められている。これに対して、大陸法系の諸国では、裁判官の捉え方がまったく異なる。ここでの裁判官は、事前に裁判官の関与なしに定立された準則を適用することを役割とし、証拠の階層構造に服するのである（以上が構造的理由）。なお、この問題に関するイングランド法の側からの分析として、ほぼ同様の観点を展開するJohn Cartwright, Authenticity and Authentic Instruments : The Perspective of English Law, in Aynès (dir.), *supra* note (19), p.183 et s. がある。

(55) たとえば、金子敬明「共同相続財産論」吉田克己＝片山直也編『財の多様化と民法学』（商事法務、二〇一四年）七四一頁以下参照。

(56) M. Yokoyama, supra note (53) は、フランスの制度を意識しつつ日本の公証人制度の特徴を指摘する。M. Mekki, supra note (36) は、この論稿を利用しつつ、フランスの対極にある制度の例として、日本の公証人制度に何回か言及している。

(57) 近時の文献でこれを改めて強調するものとして、Damien Brac de la Perrière, Un acteur authentique de justice amiable : Jacques Combret, in *Études offertes à Jacques Combret, Personne vulnérable, Notariat, Succession, Divorce*, Defrénois, 2017, pp.361-362 を挙げておく。

(58) 現在の考え方に従えば、共同相続の処理に際して、一人の司法書士（または弁護士）が全相続人から受任して事務を処理することは利益相反行為になるので行うことができず、各相続人についてそれぞれ司法書士等を立てる必要があるということになろう（緩めても意見を共通にするグループまでであろう）。このような状況の下では、司法書士等による相続の合理的な処理は、きわめて困難である。

あまりにも運命的な

――一心同体的な交友関係――

東京都立大学名誉教授
籾井常喜

慣行化した水曜日の講義・飲み会

あらためて協定したわけではなかったが、講義日を水曜日に特定し、その夜は都立大学駅周辺の店で飲むことが慣行化していた。その飲み会では、あの映画監督と女優とは事実上の夫婦関係にあるとか、どこまで信じてもいいのかわからない「よた話」をきかされたものである。

「学生部長」職の代行・補完

沼田総長時代の「学生部長」職は江藤さんの定位置化していたところ、江藤さんがフランスに留学することになり、その空白をどう埋めるのかが問題化した。時あたかも「部落差別」落書が学生便所で発見されたということでその責任を追及するという一部学生集団のデモ等で騒然としていた。そんな折りに学生部長を引き受ける者などあろうはずがなかった。そのきらわれた「お鉢」をおしつけられたのが私だった。

便所にたいする施設管理権が大学側にあるとはいえ、そこでの落書きにまで責任を負う立場にはない。落書きをした者の責任こそが問われるべきで、落書きについて、自作自演の可能性はないのか、それを究明すべきで、そのための筆跡調査を専門家に依頼する方針を積極的にうちだし、相手側に伝えるべく、各学部教授会で宣伝してもらう作戦をとり、それが効いたのか、その後いつの間にかたち消えになった。

江藤さんの審査で都立大教員に

もちろん後で知ったことだが、実は私が都立大の教員（当初は専任講師）となるにあたっての論文審査を担当したのが江藤さんだったというのである。沼田稲次郎先生と戒能通孝先生とそれに江藤さんが審査委員だったそうだが、提出論文の一つが「反組合的意図とその立証責任」だった関係で民事訴訟法が専門領域だった江藤さんが担当したのだろう。そこで合格したが故に私の都立大学教員の生活が始まったわけである。

江藤价泰先生の憶い出

東北大学名誉教授
小田中聰樹

一　江藤价泰先生。私が先生と初めてお会いしたのは、一九六六年（昭和四一年）一月中旬でした。憶えば五〇年前のことです。

私は、一九五八年三月、東京大学経済学部に進学し、安藤良雄先生（日本経済史・日本戦時経済論）のゼミナールに入り、「戦時米価政策と戦争経済」と題するゼミ論文を書きました。その関係で、私は全国販売農業協同組合連合会（東京・有楽町）に就職しました。その後私は、六〇年安保闘争の経験を踏まえ、これからの日本は自由、人権、平和、福祉に立脚した社会・国家になるようにいささかでも貢献することこそが歩むべき道だと考え、一九六一年四月に東京大学法学部に学士入学し、東京大学法学・政治学研究科大学院マスターコースに入学し、そして司法修習を修了しました。一九六六年の春のことでした。

丁度そのとき、全く思いがけず東京都立大学法学部から刑事訴訟法講師のお話を頂きました。正直のところ、私の心は揺れに揺れました。それ迄は、弁護士の道を志していたのですから――。それに加え何よりも私が悩んだのは、マスターコース二年間の研究生活で果たして研究者になれるのか、東京都立大学に相応しい研究者として批判に耐え得る業績を出すことができるかということでした。

そこで思い切って、隅野隆徳さん（私の駒場時代の友人で専修大学教授）の仲介で、江藤价泰先生、清水誠先生、利谷信義先生にお会いして御相談することにして利谷先生宅にお伺いしました。そのときにお訊ねしたのは、研究者にとって最も大切な資質と能力は何でしょうかということでした。そのとき江藤先生は、「僕でも研究者になっているのだから――」とお答えされました。江藤先生独特のあっさりしたユーモラスな、しかし親身溢れるお答えでした。

私は、そのお答をお聞きし、一生懸命やれば私にも研究者として務まるかもしれないと思い、東京都立大学に赴任する決意をしました。

その後、実に四〇年間の長きにわたり、研究生活を送り、多くの先生、学生と楽しい生活を過ごすことができたのは、江藤先生のあの一言のお蔭でした。

改めて江藤价泰先生の御霊前に感謝申し上げます。

二　このようにして江藤先生と知遇を得たのですが、身近で拝見する江藤先生は、何事にも動じない、心に余裕のある信念の人でした。
私が東京都立大学におりました一九六〇年代には、六〇年安保闘争の余波で、学園紛争が全国的に蔓延した時代でした。そして東京都立大学にも大学紛争の波が及び、大学封鎖が行われました。

しかし、そのような大学激動のときでも東京都立大学は、東北大学と同様に警察力（機動隊）を導入して学生を鎮圧しなかった数少ない大学でした。

この措置は、大学が理性の府である以上当然なのですが、東京都立大学のスタッフの先生方の御見識によることもさることながら、それに最も貢献されたのは江藤先生でした。先生は、学生を信じられたのです。

東京都立大学は、真に大学らしい大学でした。沼田稲次郎先生、江藤价泰先生、唄孝一先生、清水誠先生、利谷信義先生、籾井常喜先生――その他にも多くの優れた先生がおられましたが、その方々を融和し、えもいわれない人間的で暖かい共同体的雰囲気を作られたのは江藤先生でした。東京都立大学が機動隊導入を行わなかったのは、このような人間的基盤があったからだと思います。

三　私は、一九七六年四月に東北大学に移りました。父母が盛岡に住んでおり、このことが要因となり、東北大学のお誘いを受けたことを機に赴任しました。
そのときにも、江藤先生は私のごとき菲才の者を熱心に心をこめて慰留して下さいました。にも拘らず、私は、東京都立大学への深い愛着の念を押し殺し東北大学に赴任したことにつき、江藤价泰先生に改めて深くお詫び申し上げます。

それだけに、江藤先生――私は東北大学でも東京都立大学のときと同じように、研究と社会活動を両立するよう努めました。先生の暖い慰留に応えるためにも。しかし、その結果については忸怩たる想いがあることを否定できません。

四　ここで江藤先生の学問の素晴らしさと特徴について、私の感じていることを書こうと思います。
江藤先生の御研究は、一九六〇年代から進行したいわゆる「臨司路線」と「司法反動」を批判し対抗するものでした。「臨司路線」「司法反動」とは、「臨時司法制度調査会」が打ち出した司法の官僚的統制強化であり、司法の独立の行政権による簒奪であります。江藤先生は、この路線を批判する多くの論文を書かれました。

私が東京都立大学に赴任した年に、岩波講座第六巻『現代の法律家』が出版され、その中で江藤先生は司法書士、裁判所書記官、執行吏について書いておられます。その論文の特徴は、第一に、これ迄とかく軽視されてきた司法書士の社会的役割の重要さと必要性と展望を説いたことです。

例えば前掲論文の三〇六頁に次のような記述があります。この部分には、司法書士の展望が見事に示されていると考えます。

「要するに、法の規定上は、依然として代書人でしかない。しかし、現実はどうか。そこに問題があるからこそ、すなわち、法と現実の背離があるからこそ、このような執拗な法改正への努力がなされているのであり、またそれを支える意識としては、本来否定さるべき法律家間の身分的差別・上下関係の排除、いうなれば、法律家としての自己の確立、法律家間の対等な社会的分業の確立がある。このためには、自己の歩んだ歴史の正確な跡づけとその点検、現状の分析、さらにそれをふまえての比較法的視野にたっての自己の進むべき道の規定がなされるべきである。しかし、この努力とともに、自らを鍛え上げる努力、その資質の向上、自律的・自治的組織確立への努力がなされねばならない。いうまでもないことであるが、この自己の確立、またそれへの努力は、国民の権利・義務を擁護する立場、方向においてなされねば成功しえないであろう。」

江藤先生は、自己の歩んだ歴史の正確な跡づけと点検、現状分析、自己の確立、それへの努力、国民の権利・義務を擁護する立場・方向を見定めることの重要さを説いておられます。これは、司法書士に対するのみならず、法律家一般、そして研究者にも当てはまる自戒を促す論文だと考えます。

第二に、裁判制度の担い手の問題に着眼されたことです。例えば、前掲論文三一一頁（おわりに）に次のように述べられております。引用すれば次の通りです。

「敗戦後においては、新憲法による新たな価値体系に照応する市民的・近代的裁判制度の確立、その担い手としてのこれらの者の存在性格の再検討が、制度的にも、実態的にも当然になされねばならなかったはずである。しかし、いわゆる民主化ブームの退潮とともに、その作業は挫折したということができよう。したがって、主権者たる国民のための裁判制度、その担い手はいかにあるべきかの問題は、解決済とはなっていない。ところが一方では、世界的大勢として（フランス、ドイツ、アメリカなど）、裁判制度再検討、その法改正の傾向が顕著である。この傾向は、わが国においても例外ではなく、訴訟遅延、それに反比例しての裁判官志望者の漸減という形であらわれている。これに対処するため、『臨時司法制度調査会意見書』がだされていることは周知のとおりである。この世界的大勢、傾向は、巨視的にみれば、戦後資本主義の発展に裁判制度を即応させようとするものである。わが国においてもこの事情は例外ではない。しかしながら、わが裁判制度が転換期に直面しているという場合、わが国においては、諸外国におけると異なり、そこにおいてはすでに解決済の問題として一応はとらえることのできる市民的・近代的裁判制度、その担い手の確立、再検討の問題を内在せしめているということである。この問題をぬきにして裁判制度、その担い手の問題を論ずるのは将来に重大な禍根をのこすことであろう。」

江藤先生は、この部分で、市民的・近代的裁判制度を樹立するためには、「担い手」自身が市民的精神を持つ民主主義的存在でなければならないと説いておられます。この部分にこそ、江藤法学の第二の真髄があると思います。

第三に、私個人でいえば、国家と市民と民主主義と訴訟法との間に深い内的関連があることを教えて下さいました。

五　江藤先生。現代日本は様々な問題が噴出している状態にあります。例えば、戦争法の成立、核兵器の横行、自衛隊の南スーダン派遣問題、ＴＰＰ問題、ヘイトクライム問題、原発再稼働の問題、カジノ法案、刑事訴訟法改定問題。司法改革の「失敗」など、反動の嵐が吹き渡っております。

しかし、江藤先生。その一方で市民と野党の共闘も進展しております。青年の平和意識も高まりをみせております。江藤先生の目指された自由、平等、福祉、平和な社会は、新らしい芽を生みながら一歩一歩ずつですが着実に進展しております。

「それはそうだよ、そんな反動の嵐は泡の如く消えさるよ」という江藤先生のお言葉が聞こえてくるように思われます。

六　江藤先生。東京都立大学で、先生と利谷先生と私と三人で裁判法ゼミを行いました。そのゼミは、社会と法のあり方を分析し批判するゼミでした。このユニークなゼミから先生の薫陶を受けた優秀な研究者が輩出しました。私自身にとっても貴重なゼミであり、多くのことを学びました。

ゼミの最中はじっと目をつむっておられる先生が、フランスには司法官組合が組織されていることを教えて下さいました。そのとき私は、司法改革のためには、裁判官、弁護士も闘わなければならないことを悟ったのでした。

それにしても江藤先生。本当に優しい方でした。私が体調を崩した折に、ブルガリアのヨーグルトの種を下さいました。全くさりげなく——。また先生は、バリトンの良いお声を持っておられました。そんな他愛ないことが想い出されます。

江藤价泰先生。先生は、多くの学者や法律家や学生に慕われ、民主的法学者として一本の道筋を堂々と歩まれました。

江藤价泰先生の長年に亘る御友誼に対し、厚く御礼申し上げ、「憶い出」の記と致します。

（二〇一六年一二月九日記）

イルェテ・ユヌフォワ…

東京都立大学名誉教授
磯部　力

「イルェテ・ユヌフォワ（Il était une fois...）」とは、フランス語で子ども向けに昔話を語るときに、冒頭に出てくる決まり文句です。つまり日本語なら「昔々あるところに…」に相当する慣用句というわけですが、江藤价泰先生を偲ぶこの文章を書くにあたり、先生が生涯にわたりフランス語とフランス法を愛されていたことを想い出して、ついこんなふうに始めてみたくなりました。で、その「昔々の話」とは何かということですが、もう遙かに遠くなってしまった昭和の時代に、東京は目黒の八雲が丘に、都立大学という大学がありましたというところから始まります。

この大学の正式名称はもちろん「東京都立大学」なのですが、誰もが単に都立大とか都立大学と呼んでいました。ちなみに東横沿線のこの地域の住民たちにとって都立大学とは、昔も今も大学名というよりも先に駅名ないし地名であったようです。現に平成三年に都立大学が八王子に移転することになったときに、東急電鉄としては駅名を変更すべきでないかという検討をしたようですが、近隣住民の意向調査をしたところ賛成する者はほとんどおらず、したがって都立大学という名称は今もなお、大学名としてではなく駅名として立派に存続しています。

さてこの都立大学という新制の公立大学は、旧帝大やマンモス私大に較べたらはるかにこぢんまりとしていましたが、独特の存在感のある大学であり、その中にある法学部もまた、規模は小さいながら風格のある法学部であったと言ってよいでしょう。そしてその都立大法学部の真ん中に、民事訴訟法を担当する江藤价泰という先生が、東大を出てすぐに助手として着任された一九五二（昭和二七）年から、ちょうど昭和という時代が六四年で終わったその年である一九八九年の三月まで、実に三七年もの長い間、大きな存在感をもって座っておられたというお話しをしたいわけなのです。

江藤先生は、一九二八（昭和三）年の早生まれでいらっしゃいますから、学年でいうと私は遙か一七年も後輩になるわけで、当然のことながら先生の若かりし時代については何も知りません。私がはじめてご挨拶した時には、すでに堂々たる教授でいらっしゃいましたから、普通ならそんなに気楽に話をしたりできないはずなのですが、最初からニコニコと笑顔で接していただき、私のほうも緊張感はほぼ皆無のままいろんなことを教えて頂くことができました。もちろん江藤先生は誰にとっても常に胸襟を開いて接してくださる方なのであって、何も私を特別扱いしてくださったということではないのですが、それでもなお今から考えると、私と先生の間には共通の嗜好が少なくとも三つはあって、それがとりわけ先生との仲を一層親しいものにしてくれたと言ってみたい気がします。それは何かというと、一つは二人ともフランス法の研究が好きだったということで、この点は堂々と他人様に申し上げてもよろしいのですが、あとの二つと言えば、あらたまって書くのは恥ずかしいようなことで、一つは二人とも愛煙家であったこと、もう一つは弱いくせにお酒好きであったということです。

今となってはもう想像もしにくいほど一九八〇年頃までの日本では、成人男性の過半が喫煙者であり、特に禁止されていない限りどこでも、例えば地下鉄のホームでさえ喫煙が堂々と認められていました。講義中の教室は禁煙でしたが、教授会の行われる会議室には灰皿がありました。それでも換気の良くない会議室でタバコを吸うのは

（非喫煙者の先生方の迷惑そうな視線を考えると）さすがに少々躊躇われる雰囲気だったので、若年の私などはできるかぎり遠慮していたのですが、江藤先生ともなると堂々たるもので、何のご遠慮もなく会議室の真ん中で盛大にパイプ煙草の煙を噴き上げておられたのが印象的です。

お酒のほうといえば、当時の都立大学法学部では教授会のあった日は確実に、そうでない日でもかなりの頻度で、都立大学駅ガード下のお店で飲み会になりました。メンバーはもちろん固定しているわけではなく、思いつくままに順不同敬称略で申し上げると、升味準之輔、唄孝一、下山瑛二、江藤价泰、籾井常喜、清水誠、兼子仁、針生誠吉、松岡誠之介といった錚々たる先生方が居並んで、なにぶん東横線の高架下ですから数分おきに電車が頭上を通過するわけで、その轟音に負けじと大声を上げながらの談論風発、和気藹々、甲論乙駁、高論卓説という情景が展開するのですから、最若年の私などは、なるほど学者の酒席とはこういうものかと感心しながら飲んでいたものです。

江藤先生は、こういう場面では実に機嫌良く楽しそうに酒を飲まれ、かつパイプを吹かされます。しかし生来あまりアルコールにはお強くないのでしょう。ビール一杯でも顔が赤くなり、さらに日本酒をひとしきり飲まれるとちょっと酔眼朦朧という気味になり、まだ他の人間が大きな声で議論していても、ご自分はひと休みという感じで目を閉じて上手に休息されたりします。しばしの休息時間が過ぎると元気に復活され、そこからは飲み直しですが、情況によってはここから歌の時間になります。といってもカラオケに行くわけではなく、もっぱら軍歌高吟の時間なのです。

江藤先生が酔うと軍歌を唄うという話や、兵器や軍事技術、特に戦車の話になるときりがないという話は有名ですからご存じの方は多かろうと思います。戦後民主主義法学の旗手として活躍された先生のイメージからすると違和感があるのもわかりますが、昭和三年生まれで敗戦時一七歳であった先生にしてみれば、軍歌は青春そのもの。

「俺は他の歌は知らないんだもの」と言いながら、私などは聞いたこともない歌を次から次へと、しかもほとんどが短調で、およそ勇壮というよりは悲壮むしろ陰鬱な感じの歌を、右手指で卓子を叩きながら歌い続けておられた姿が彷彿とします。ついでに言えば兵器の話、とりわけ戦車の話がお好きというのも本当で、ちょうどその頃自衛隊が採用した七四式戦車というものが走行しながら照準を維持し射撃できる機能など、昔の戦車に較べてどれほど優れているかということを、じっくりと講釈してくださったことをよく覚えています。

さてこんな個人的な想い出話ばかり書いているときりがないので、最後に江藤先生からフランス民事訴訟のお話しを教えていただいた幸せな想い出を書き留めておきたいと思います。初めてお目にかかった頃には、すでに「民事訴訟における市民と国家」という論文の連載が始まっていましたが、学生時代以来民訴を敬遠気味であった私には、まずこの連載のタイトル自体が何とも魅力的で、なるほどそういう議論をなされる先生なのだと敬服した記憶があります。その後も折に触れ「フランス民訴法を典型とする市民革命を経た国の民事訴訟の当事者主義的構造」と「独、墺、日本のような市民革命を経ていない国家における民事訴訟の職権主義的構造」を対比させる先生の議論がとても印象的でありました。もっとも当時の私の関心からすれば、先生の当事者主義的訴訟感なり裁判契約論それ自体の面白さもさることながら、そのことを前提にした場合、フランスの行政訴訟とりわけ越権訴訟は本当に訴訟なのかという議論の土俵にまで、先生に付き合って頂くのが面白かったと言うべきかもしれません。

フランスの行政訴訟形態としては、日本の取消訴訟にあたる越権訴訟がつとに著名なのですが、公法上の当事者訴訟に相当する全面審判訴訟というものもあって、そのそれぞれが歴史的にも制度技術的にも日本におけるドイツ伝来の行政事件訴訟理解とは相当に異なっているわけです。もちろんフランスは行政裁判所制度の国ですから、そもそも前提が違うといえばその通りですが、越権訴訟は主観的な権利訴訟ではなく客観的な行為訴訟であり、適法違法だけでなく当不当の裁量問題さえ統制できることとか、権利訴訟である全面審判訴訟であってさえも裁判官は一部取消し権能を行使する場合があるとか、日本では民訴と考えられている国家賠償請求訴訟はフランスでは行政裁判所管轄の行政事件訴訟であることなど、彼我の差は大きいわけです。だからといって行政訴訟はそもそも民事訴訟とは本質的に異なると言ってしまったらそれで終わってしまうのですが、しかし越権訴訟においても解決すべき法的紛争＝当事者間の主張対立があり、適用すべき合法性の原理があり、上級行政庁による行政階層的統制の域を超えた独立の行政裁判所による裁判的統制が行われていると考えることは十分に可能であり、そうであればこそ「あらためて民訴にも行訴にも共通する訴訟の本質的要素とは何ぞや」という面白く、かついつまでも終わりそうのない（というよりいつまでも終わらせたくないような）楽しい議論を江藤大先輩とすることができたというわけです。

　こうやって先生の優しい笑顔を想い出していると、何故か瞼の奥がにじんできます。先生も私もとうの昔にやめたはずなのに、きっと昔吸いすぎた煙草の煙が沁みるのでしょうか。先生、長い間本当にありがとうございました。

パリの江藤价泰先生

東京大学名誉教授・弁護士
原田純孝

江藤价泰先生に初めてお会いしたのは、私が一九六八年一二月に東京大学社会科学研究所（以下、社研）の助手になって間もなくのことであったと思う。私は社研の法科系の助手として、あたかも当然のごとくに民主主義科学者協会法律部会（以下、民科）の事務局の仕事を手伝っていた。当時、民科の事務局会議はしばしば社研の小会議室で開かれていたから、そこでお目にかかっていたはずである。先生とは専門分野が違うので研究面での直接の接触はなかったが、民科の学会活動を通じての接触は、先生のご存命中、ずっと続いた。

江藤先生との関係がより親密な感じのものとなったのは、パリで幾度か先生とご一緒する機会があったことが大きい。

私は一九七三年夏から二年半近く、フランス政府給費留学生として滞仏研究の機会を得たが、確か一九七五年の初め頃の時期に日本司法書士連合会の司法事情調査団がパリに来訪し（記憶によるので、日時・名称等は不正確かもしれない）、とくにフランスの conseiller juridique の資格・権限と役割を中心として聞取り調査を行った。conseiller juridique（今流に直訳すると〝法律カウンセラー〟となろうか）というのは、簡単に言えば、弁護士

（avocat）とは別の、法律で規律された自由業の法律専門職であり、市民や事業者等の法律相談に対応し、法律上の文書を作成し、かつ、法律的紛争の解決のための行為を受任することもできるとされている。その制度と活動の実態を知ることを通じて、日本における司法書士の権限と役割の発展方向に関する積極的な示唆を得ることが調査の目的であったと記憶している。

司法書士会の活動に強くコミットされていた江藤先生も、いわば指導ないし助言者的な立場でその調査団に参加されており、私は、通訳係として聞取り調査や会食・レセプション等にも同行させていただいた。貧乏学生の唯一の贅沢として〝ルノー5〟という小さな車を持っていたので、多少の観光案内もしたかもしれない。

この年には、そのあと、国際民主法律家協会＝ＩＡＤＬのアルジェ大会（第一〇回大会。一九七五年四月）があり、私はそれにも通訳担当として参加した。江藤先生は、この大会には参加されていなかったようだが、私にとってはこの大会は、さまざまな意味で大変思い出深い、得がたい機会となった。そしてその延長上で、留学から帰国後しばらくの間、日本国際民主法律家協会の事務局の仕事を手伝うことになったので、そこでもまた、江藤先生とお会いする機会が増えることになった。

次いで私は、一九七九年一〇月から翌年の一月初旬まで、東大社研が実施した欧州農家相続実態調査（科研費による海外学術調査）のため渡仏した。その時期、ちょうど江藤先生もパリに留学されていた。他の人とも一緒に幾度か食事をご一緒し、また、先生のご自宅で奥様の手料理をご馳走になったこともある。コォト・ドォル県とドルドーニュ県という性格が大きく異なる二つの県での相続実態調査から多くの新しい知見を得て喜んでいた私は、おそらくその知見の内容をいろいろと話したに違いない。もちろん、話題は、自ずから日本のことにも及んでいく。海外での滞在経験のある方はよくご存知のように、そういう場での会話は、本当に軽々と様々なところへ広がっていくのである。とくにパリという街は、東京ではなかなか会えない人とも簡単に会え、食事と自由な会話を楽しませてくれる開放的な雰囲気がある。

さらに、私は一九九三年の夏から一九九五年の春まで、再びパリに在外研究に出かけた。その最初の頃の時期が、またもや江藤先生のパリ滞在と重なっていた。私の自宅は、カルチエ・ラタンがある5区の南端のrue Brocaで、江藤先生のご自宅は、そのすぐ南の13区の北端、Place d'Italieの北西方向に位置するrue des cordelièresであった。直線距離では五〇〇メートルもないであろう。

私の手帳に残る江藤先生のご予定に関するメモ書きをみると、「一〇月九日―一三日：日民協代表団・在パリ、一〇月二〇日―二四日：セビリア・左派系司法官との合同会議、一一月三日：一五時パリ発・帰国」とある。そして、一〇月一一日には、午後二時から日民協の代表団とSyndicat de la Magistratureとの会合が、一〇月一二日には、同じく午後二時からSyndicat des Avocatsとの会合が持たれていた。江藤先生は、パリでも帰国直前の時期まで忙しく活動されていたわけである。私も、一〇月一一日の会合には一緒に顔を出させていただいたと思う。しかし、流石にセビリアまでは行けなかった。

先生と滞在が重なったのは二か月ちょっとの期間であったものの、パリ滞在中の法学研究者を交えての会食・懇談の記録も、かなりの回数が手帳のメモに残っている。また、この折りは、先生は単身で滞在されていたので、拙宅にお招きして〝鮭の押し寿司〟を召し上がっていただいたりもした。saumon fuméはよいものがあるし、カリフォルニア米と日本から持参した寿司の種（粉末状で〝すしのこ〟といったかと思う）を使えば、おいしい押し寿司が簡単にできるのである。

よく覚えているのは、当時小学三年生であった次男が、元来は人見知りするタイプであるのに、先生にはすぐになついたことである。先にご帰国される先生からテレビや台所用品等のcadeauxをいただきにご自宅に伺った際にも、「ぼくも行く」と言ってついてきた。大先輩である先生を評してこのように言うのは大変な失礼に当たるのかもしれないが、先生は、心根のやさしい素直な性格をお持ちの方であられたのだと、私は思っている。

日本でも、お会いする機会があるごとに、「やあ、原田君、元気そうだね。変わりないなあ」という感じの語りかけをつねにいただいた。私自身は、他の人と話す際、やや身構えるようなところがあるのだが、江藤先生との会話では、極めてフランクに言いたいことを言えたように思う。先生のお話は、日本でもフランスでのときと同じように、広く自由にいろいろなところに飛んでいく。そして、聞き手は、それを聞いていて楽しいのである。

ただ、私は、結局、囲碁をやらなかった。もし碁を少しでもやっていたら、先生とまた別の味わいがあるお付き合いをしていただけていたのかもしれないと思うと、いささか残念な気持もする。しかし、もはや致し方ないことである。先生のご冥福を心からお祈り申し上げたい。

江藤先生の思い出

早稲田大学教授
島田陽一

江藤先生には、長年、公私にわたってお世話になりました。「公」というのは、私が早稲田大学法学部および法学研究科に在学中、フランス法の指導を長期にわたって受けたという学恩です。そして、「私」とは、ご縁があって子どもから可愛がっていただいた思い出です。

最初にお目にかかったのは、私が小学二年生の一九六〇年七月に遡ります。私の父（信義）は、学生時代に本格的な登山をしていたこともあって、一九五九年に北八ヶ岳の麓にある蓼科高原に小さな家を建てました。ここには、父の師匠の野村平爾先生や沼田稲次郎先生なども家を構えていて、夏は学者村という感じでした。先生が近くに家を持たれたのが一九六〇年であり、もともと父と親交があったため、家族ぐるみの付き合いとなりました。先生は四人兄弟の長男でしたが、末の弟さん（日出男さん）が当時東京芸大の学生（彫金専攻）で一緒にきていらっしゃって、よく遊んでもらったこともいい思い出です（その後、福岡教育大学に奉職された）。自家用車もなく、テレビもなく、近所に友達もいないという環境は、贅沢なようですが、子どもにとっては、結構退屈でもありました。先生ご兄弟が我が家にきていただいて、遊びに付き合っていただける時間は本当に楽しい時間でした。先生ご兄弟は、大変器用であり、余ったベニア板を利用して、ラケットを作り、食卓を台にしての卓球をやりました。大いに盛り上がったことを覚えています。また、缶ビールの空き缶から手裏剣を作ってくれたお陰で、私は忍者気分を味合うことができました。東京に戻って、クラスで流行らせた記憶があります。この当時の先生方は、私の父も含めて着物で過ごす方が多く、先生のパイプを片手の着物姿はなかなか格好いいものでした。

今思えば、幾つになっても純粋で童心を失わない先生にお会いできたことは、私に人間を見る目、純粋な心の持ち主かどうかを見極める目を育ててくれたように思います。

早稲田大学三年のときに「フランス法」の授業を取ったのが、私が大人になってからの先生との再会でした。Machine judiciaireというフランスの裁判機構に関する文献を割り当てられて報告する授業形式でしたが、当時の辞書には専門用語の的確な訳語はほとんど載っておらず、悪戦苦闘した思い出があります。それ以来、大学院の博士課程一年生までは、途切れることなく、フランス法の指導を受けました。

先生の持ち味は、フランス法そのものもさることながら、巧妙な雑談にありました。記憶に残っていることをアトランダムにあげておきます。

先生は、旧制の東京高校時代、強烈な軍国主義的思想をお持ちで、敵性言語である英語の学習が大嫌いだったそうです。一九四一年一二月八日は、その英語の試験が予定されていたそうですが、通学の途中に入手した開戦の号外を学校に持って行き、英語教師に投げつけたとのことでした。戦争が終わり、先生も軍国主義の亡霊から目を覚まし、日本の民主化に邁進することになったわけですが、高校時代のことを考えると恥ずかしくて英語を勉強する気になれず、フランス法を勉強することにしたということでした。先生のフランス法選択の理由にこんな真っ直ぐな先生らしいエピソードがあったことを知りました。

私が専攻する労働法分野との関連では、労働審判所（conseil de prud'hommes）について教えていただくことが多かったと思います。今でこそ、職業裁判官と素人審判員からなる労働審判制度が確立し、個別労使紛争の早期解決に役立つとして、労使から支持され、定着していますが、一九七〇年代には、このような司法制度は日本では夢のまた夢という感じでした。

とくに、フランスの労働審判所は、労使同数の素人審判員だけで構成されており、採決が同数になった時に職業裁判官が判断するという仕組みであり、そして、同数で結論が出ないということが必ずしも多くないと知って、当時の私としては、強い衝撃を受けました。法律専門家が入っておらず、労使同数の判断で個別労使紛争の解決が機能するのかという素朴な質問に対し、先生から、いつになく厳しい指摘を受けました。先生の表現を再現することはできませんが、「日本人は、裁判というと、職業裁判官の専権と考えていて、いわばお上が裁きを行うものとの固定観念がある。それが間違いなのだ」という趣旨のお叱りを受けた覚えがあります。労使対立を前提としても、そこには共通の規範が形成され、それに基づいて、労使自らが紛争を解決するということの重要性を力説された先生の根底には、お上ではなく、市民に対する強い信頼感と期待を感じました。そして、人が人を裁くということの基本に立ち返って、裁判制度を考えることを教えられた気がしています。

労働関係に関わっては、一九七〇年代前半の学部学生時代に、司法官職（magistrature）が労働組合を結成し、活動している事実を教えていただいたことも、青年法律家協会所属の司法修習生の裁判官任官拒否および裁判官の再任拒否が問題となっていた時期であり、また、官公労働者に対する争議全面一律禁止法制をほぼ無条件に合憲とする最高裁判決（全農林警職法事件最判昭四八・四・二五など）が登場した時期だっただけに、私にとっては衝撃的でした。この判決は、それまでの争議権禁止法制を合理的限定解釈によって合憲とするが、官公労働者が合法的に争議権を行使できることを認めた最高裁判決（全逓東京中郵事件最判昭四一・一〇・二六など）を覆すために、政府が最高裁判事を入れ替えて、争議権の全面一律禁止を合憲と考える判事が多数となるのを待ってだされた判決でした。当時の新聞では、これを「クーデター判決」とすら評されたのでした。このように、政府が最高裁の人事に介入し、また、最高裁も人事権を行使して、裁判官の自由な活動を抑圧するという状況があったなかで、裁判官がみずからの職業的利益のために団結して、行動することが許される国にはあこがれを抱いたものです。先生からフランスでは、労働組合は、syndicat professionnel というが、これは、職業の代表者という意味で、裁判官および検事が、司法官職という共通の職業的利益を基盤として団結するのは当然のことであると教えを受けました。このことは、私には印象的で、大学院時代の研究テーマにフランス団結権史を選び、とくに労働組合を最初に法認した一八八四年法を研究対象としたのは、この時の教えの影響が強くあったと思います。

先生は、この頃、沼田都立大学総長を支えて、学生担当の役職についていらっしゃいました。当時は、対処法もなかった精神的な疾患をもった学生に対する対応に相当苦慮されており、私たち学生に対し、きちんと通っているだけで立派だ、親孝行だなどと言われ、いつもの辛口が影を潜めたのに驚きました。後に私も同様の役職に就き、そのような学生と保護者と対応することになり、当時の先生の率直な悩みがよく理解できました。

一九八二年に結婚することになり、先生には、仲人を引き受けて頂くことになりました。最近では、仲人のいる結婚式は見たことがありませんが、その頃には仲人を頼むのが当たり前であったところ、師匠の中山和久先生から母上を亡くされた直後でできないと言われ、同じ研究分野では、他に頼める先生も思い浮かばず、ダメもとで先生にお願いしたところ、快く引き受けて頂き、本当に助かりました。私が頼まれる番になったときには、嫌がる妻を説得して、基本的に引き受けるようにしたのは、このときの恩返しと思っています。

最近は、あまりお会いする機会がありませんでしたが、私の大学時代の友人が杉並区で副区長などを務めており、何かと先生を担ぎ出していたようで、時折、二人が飲んでいるときに電話を頂戴し、一度三人で飲もうと言っていたのですが、約束は果たせずに終わったことが心残りです。

最近、また蓼科によく行くようになりました。江藤家は、秀樹さんの代となり、ご家族で我が家の前を通りかかるとよく挨拶してくれます。秀樹さんの目は、先生を受け継いでおり、秀樹さんの顔の向こうに先生に浮かんでくることがよくあります。そのようなとき、先生のように純粋な心を失わず、生きていこうといつも思い直していきます。

第二部

江藤先生と法律家運動

江藤价泰先生と国際連帯活動

青山学院大学名誉教授・弁護士
新倉　修

一　序

江藤价泰先生とは、いろいろな接点があった。その接点を同心円で描けば、三つの円からなる図形になり、第一の接点から第三の接点まで私が引き込まれたのは、もちろん江藤先生のとても魅力的な「人徳」、つまりたとえて言えば、膨大な質量をもつ恒星が光彩を放射しながら、惑星を周囲に惹きつける引力のような魅力によるところが大である。第一の接点では、青春時代における「人生」を相手として、自ら「志を立て」ようとする学生と導師としての教員との関係性を取り結ぶ大学院での教育活動が中心となり、第二の接点では、社会や国家を相手にして、専門性を究める学問・研究活動と日常生活の向上を求める実践とが交わる学術団体での研究実践活動が中心であり、第三の接点では、世界史の滔々たる流れに棹さしながら、国際連帯活動という「世界全体」を相手にして、専門性を超えた総合的な智力と人類愛に貫かれた誠意とによって描かれる実践活動が中心である。

さて第一の接点であるが、これはもちろん、先生の本業とも言うべき民事訴訟法や余人の追従を許さないとも言ってよい司法書士（代書士）などの研究にも多少関わりを持っている。しかしその面での言及は、もっと適切な方がおられるから、ここでは省く。第一の接点は、フランス法へのイニシエーションであった。私が江藤先生にお会いしたのは、一九六八年に入学した早稲田大学法学部四年の時に、先生の教え子でもあった中村紘一先生の演習科目でフランス法を履修し、中村先生のご推挙も与って一九七二年に早稲田大学大学院法学研究科刑法専修に進学した後に、江藤先生が担当されたフランス私法特殊研究を履修することになり、クセジュ文庫の『フランスにおける司法（La justice en France）』(1)を輪読したのがはじめではなかったかと記憶している。とはいうものの、フランス法の教えそのものについての印象は極めて薄い。綿密に準備された智識の集積を短い時間で集中的に放出されるというようなありきたりの授業ではなかった。悪く言えば「雑談」の相手をさせられているという印象すら残っている。江藤先生の本務校は都立大学であり、早稲田大学には非常勤講師として出講されていた。当時は、一九六七年から三期一二年に及ぶ美濃部亮吉都知事の時代であり、その東京都が直営する都立大学法学部に在職されており、しかも一九七三年から都立大学総長に就任した沼田稲次郎教授の片腕として、江藤先生自身が都立大学の学生部長として大学執行部に与し、大学紛争の余塵の燻る大学行政に直接かかわっている時期であった。また早稲田大学でも、学生自治会や学外の政治団体にも関係していると言われた学生が学内で殺害されるという事件（川口大三郎君殺害事件）(2)があって、騒然とした雰囲気にあった。私自身、まったくのノンポリ学生であったが、大学院に入学した早々に、大学院生自治会に、刑法専修の代表として自治委員なるものに「選出」され、「院生規定」という「定義問題」から出発して、要求闘争の根拠や運動の方向性についてあれこれ議論せざるを得ない状況にかかわることになっていった。このように一見すると混沌とした状況の中で、江藤先生から都知事選の背景や当時の都政や大学行政にかかわる状況を聞いたり、江藤先生の該博な「雑学」に基づく明治維新の裏話や明治期における法整備のポイント解説をうかがったり、フランス大革命と法律職の成立との関係や因縁話、カウツキーによる「フランス革命」論など、談論風発の妙味というのか、単にフランス語でフランスの法律文献を輪読する（実際には、一般教養書の講読にすぎないのであるが）のにとどまらない学問・研究活動への導入部分に誘われたという体験をした。これは誠に貴重な体験であった。[3]

第二の接点は、先に紹介した中村紘一先生の推薦で、民主主義科学者協会法律部会に入会したのがきっかけであった。江藤先生はそこで、清水誠教授とともに、また東京大学社会科学研究所の渡辺洋三教授、藤田勇教授や稲本洋之助教授、廣渡清吾教授らとともに、いわば大黒柱として一家をなしていたわけであった。ところでそもそも大学院に進学して早々に全国的な学術団体の会員になるということは、ある意味、異例の事態であった。というのも、私の専攻する刑法との関係で一番なじみがある日本刑法学会の方は、もちろん指導教授である西原春夫教授の推挙が必要であるが、大学院の修士課程の学生はまだ研究者として認知されておらず、修士論文を書き上げて博士課程に進学して初めて研究者の卵として、学術研究の最前線に加わることが許されるという「しきたり」がある。これには歴史的な理由があり、大学の教員や法律実務家（法曹三者）を主要な構成メンバーとして発足した刑法学会、公法学会、私法学会などの「老舗」は、助手や大学院生、司法修習生は一人前とは見ていないという事情が介在している。それは大学院の実態にもある程度照応しているところがあった。すなわち、当時の大学院は修士課程と博士課程が積み上げ方式で設置されて、研究者志望の学生と実務家を志望する学生とが渾然一体として修士課程に在籍しているのが常態であったこととも、大いに関係がある。さらに詳しく言えば、当時の大学院の修士課程は、比較的容易に入学ができ、しかも内部進学者については学部入学時における学費がそのままスライドする仕組みになっており、その上、早稲田大学は、第二次学費闘争の「成果」で、長らく学費の値上げがなく、年間八万円の学費が据え置かれていた。また内部からの進学者には大学院での入学金も免除されているので、当時の国立・公立大学の年間学費一万二〇〇〇円という額には及ばないものの、他大学では年間学費一二万円という「大台」に乗っていた時に、学生から見れば大変魅力的な環境であり、修士課程二年をダブれば、休学しなくても、四年間は学生としての「身分」（図書館の利用や鉄道乗車券の学生割引などがあった。）が保障されることになり、それ自体大きな魅力であった。そのような「特権」を活用して、たとえば司法試験の受験勉強に明け暮れる学生もかなりいた。その中にあって、「民科」と呼ばれる民主主義科学者協会法律部会に入会するということは、やや特殊な意味にとられていたようであったが、私はそのような空気が理解できなかった。私の理解では、民科法律部会とは、いわゆる純粋な学術研究団体ではなく、戦前の「清算」と戦後における民主主義社会の実現という目標を掲げた「実践的な学術団体」であって、さまざまな政治的な課題にも果敢に取り組み、多くの学術団体が学会としての意見表明を控えるのに対して、組織内民主主義に基づいて社会に向けた意見の表明を是認する方針を堅持してきた学術団体である。民科は学生会員や市民会員も受け入れており、私自身も、「民科法律学校」という市民向けの連続講演会活動に携わる中で、都立大学や中央大学、明治大学、東京大学、一橋大学などの学部学生に「チューター」としてかかわることがあったが、その経験から見ても、学問・研究を生活・実践の場に活かすという民科の「伝統」に学ぶところは多かった[4]。当時の私には「不思議」であったが、民科にかかわる出来事には、最初に清水誠先生が登場して、いろいろな企画を提案され、緻密な課題設定と行程表と人事案をもって臨まれ、笑顔で話しを切り出され、同時にどうだろうかというふうにいっそう表情を和らげて若輩者のわたしたちの意見も聞き、些細な疑問にも丁寧に応答される際に、必ず年長者である江藤先生を立てて、清水先生みずからは二番手、副将、マネージャーという役どころをそつなくこなすのが常であった。他方、江藤先生もまた、清水先生のそのような「引導の渡し」ぶりになれているようで、平然と提案を受け入れ、慫慂と議事を見守り、議論の落ち着き先を見定めるという役どころに徹しられていた。

第三の接点は、清水先生と江藤先生とのこのようなよき連携関係がさらに発展した形で展開されることになる。ここが、本稿の主題である。

二　日本国際法律家協会を中心とした国際連帯活動

さて、第三の接点の舞台は日本国際法律家協会（Japan Lawyers International Solidarity Association, JALISA）という任意団体である。一九五七年に設立された団体で、法曹会の任意団体の中では比較的古手に属し、「左翼系」の運動体の中では、自由法曹団に次ぐ老舗と言ってもよい。江藤先生は、この協会の五〇年の歩みを記した著作『日本国際法律家協会の歩み 1957 ~ 2007　民主的法律家の国際連帯運動の50年』の編集委員長を務められた。また、二〇〇一年に藤田勇教授が一九九五年から務めてきた会長を引き継ぎ、二〇〇五年まで二期四年を務められて、前会長として半世紀に及ぶ協会の歴史をふり返るという趣向であった。ここにも、実は清水先生の「見えざる手」というか、慎重な配慮が大きくかかわっている。というのも、大患を経て元気を取り戻された清水先生は、日本国際法律家協会の理事会で、一九八九年に実に大胆にも、アジア太平洋法律家会議の第二回を日本で開催することを提案されたときに同じような明るい表情で、実にさわやかに半世紀の歴史をまとめることの意義と構想案を滔々と説かれた。委員長に江藤先生を推挙し、清水先生自らは委員長代行として実務を切り回し、歴代の事務局長（仲田晋弁護士、白石光征弁護士、私）のほかに、藤田勇元会長と現職の主要な事務局メンバーとして、笹本潤弁護士、大熊政一弁護士、宮坂浩弁護士を擁する布陣であった。委員会は、清水案を中心に議論が進められたが、委員長もたびたび私見を開陳され、また委員長代行も必ず委員長の意見を伺うという絶妙のコンビネーションで粛々と作業が進められた。五〇年の歩みを一〇年期ごとに区切ることや、対談のような形式に整えるというアイディアもすべて、清水先生が提案されて、江藤委員長をはじめ、全会一致で確認された方式であった。このやり方は、自由と自治を尊重する学風でつとに有名な旧制府立第一中学校（その後、東京都立大学附属高等学校となり、現在は、桜修館中等教育学校と称する。）に学んだ清水先生の面目躍如たるものがあり、講談話が詰まった立川文庫をこよなく愛し、勝海舟の『氷川清話』も座談の中で好んで引用し、軍事史にも明るい江藤委員長の意向にも一致するところであった。さてこうしてできあがった『日本国際法律家協会の歩み』であったが、その大部分は、さらに一〇年を経た今から見ると、「歴史的大過去」に属するところが多く、日本の法律家が国際連帯活動にどのようにコミットしていったのか、何を課題としていたのか、その到達点をどのように総括するのか、などなど、歴史をふり返るとしても、いささか茫洋としてとりとめもない感がないではない。

年表で調べると、法律家の国際連帯活動にはいくつかの画期がある。最初のピークは、もちろん一九四九年の国際民主法律家協会（International Association of Democratic Lawyers or IADL, Association Internationale des Juristes Démocrates ou AIJD）による働きかけから始まって一九五五年のカルカッタでのアジア法律家会議への参加を経て、一九五七年に霞山会館で、日本法律家国際連絡協会として創立総会を迎えたときであった(5)。この時の時代背景は、ざっくり言えば、大日本帝国の敗戦から始まり、ポツダム宣言の受諾とともに、帝国陸海軍の武装解除と解体があり、日本における民主的な制度の創設に向かう占領期が終わり、一九四九年の中華人民共和国の成立とともに、東アジア情勢がにわかに緊張をはらみ、一九五一年の朝鮮戦争の勃発とともに、東西対立が時代の基調となり、一挙に逆コースへと転換され、法律家を含めて、民主的な知識人や社会活動家は、岐路に立たされていた。たとえば、江藤先生も清水先生も参加された民主主義科学者協会は、本体部分はさまざまな学術団体の集合体（清水先生の言葉を借りれば「全体民科」という。）であったが、一九五一年の「朝鮮戦争が勃発して民科活動は冬の時代に突入する。（中略）一九五五年五月二七・二八・二九日の三日間明治大学と法政大学において第一〇回大会が一〇周年記念大会として開かれた。これが、全体民科の最後の花を咲かせたものということができよう。」と指摘されている。(6)同じく清水先生の回想によれば、全体民科が解体したのにかかわらず、民科法律部会が生き残ったのは、三つの理由があるという仮説が考えられ、それによると、①平和の問題を一貫して重視して活動したこと、②科学と真理の問題について、何よりも科学的・学問的態度、方針、原則を貫くことに努力したこと、③民主的な運営に努め、世代間のタテのパス（相互意思疎通のこと）と各地域、専門領域間のヨコのパスとがスムーズに通るようにつねに工夫と努力が行われてきたことにあるとされている。(7)また民科法律部会の初代事務局長を務め、戦後一貫して民主主義法学を牽引してきた渡辺洋三先生の回想によれば、事実上のリーダーであった労働法の野村平爾と法社会学の戒能通孝の両先生が全体民科の「国民のための科学」運動という方針に疑問を持ち、深入りしないように注意したということがあったそうである。(8)また、渡辺卓郎弁護士の回想によれば、「民科法律部会の山之内一郎先生や平野義太郎先生は、戦後のかなり早い時期からIADLと連絡を取っておられたと思いますが、（中略）一九五四年四月には、山之内、平野、岡林辰雄先生らは、「国際民主法律家協会日本支部準備会」を発足させ、同年六月五日～七日のライプチッヒでのIADL評議会に山之内、平野、黒田寿男の三人を派遣した。」という経緯をたどった。(9)その上で、一九五五年一月二五日から五日間、全インド民主法律家協会が中心となって準備したアジア法律家会議がカルカッタで開かれ、長野国助弁護士（前日弁連会長）を団長として二一名の法学者、裁判官、弁護士が出席した。(10)さらに翌年一九五六年にブリュッセルでIADLの第六回総会にも一〇名の日本代表が参加し、一九五七年四月二七日に日本国際法律家連絡協会が創立総会を迎えることになった。(11)

三　カルカッタでのアジア法律家会議から東京・大阪での第二回アジア・太平洋法律家会議と核兵器禁止運動

注目すべきは、カルカッタでのアジア法律家会議の議題である。それは四つの議題からなり、「①国の大小を問わず全ての国家の主権、内政がいかなる国家の干渉を受けないということは国際法の基本原則であり、全ての法律家はこの基本原則の確立のために奮闘せよ。②一切の原子兵器、水素兵器及びその他の大量殺りく兵器を廃止せよ。③婦人の地位の改善と婚姻法、家族法。④人民の自由を獲得し、発展させ、擁護せよ」というものであった[12]。一九五〇年にイギリスから独立し、わずか五年でアジア一八カ国の法律家二〇〇人余が一堂に会し、狭く法律家固有の職務に特化した課題を議論するのではなく、広く国民的な課題を取りあげて、広大な視野をもって人民の世界史的な使命にかかわる課題を論じて、これを国際法の基本原理の徹底という視点に結びつけている点が注目されるところである、さらに、国際連帯活動として国境を越えて、かつ、アジアという地域的な共通性に着目して、国際会議として自らを組織し、共通の理解をさぐり、相互理解に深めて会議宣言や決議という形で、歴史的な認識の道標を掲げ、さらには世界的・アジア的な共通認識と基本原理の確認を踏まえて、さらに自国内に法律家の自主的な組織を浸透させて、植民地主義や大国の干渉主義、国際紛争における武力の行使や武力の行使による威嚇を禁止するという国際連合憲章の二条四項に定められた国際法の現代的な課題を推展させることを自らに課するという気宇壮大な試みと評することができよう。このような「やりがいのある任務」に正面から取り組み、煩わしい出入国手続や厳しい外貨制限、外国語による意思疎通の困難を乗り越えて、日本から一〇名も参加者を募り、さらに広範な数の支援者がこれを送り出し、その上で課題を共有し、成果を確認するという形で国際連帯活動に取り組んだことは、高度の組織力と倫理性（エートス）を物語るものであり、日本の法律家の国連連帯活動がこのような出発点をもつことは、まさに壮挙と賞揚するほかはない[13]。

さらにアジア法律家会議は、平和問題、核兵器禁止問題、女性差別撤廃問題、人権擁護問題など、四点について決議を採択した。

第一に取りあげるのは、全ての基調（キー・トーン）となる主題であるが、「平和五原則」として、①他国の領土と国家主権に対する相互尊重、②相互不可侵、③内政問題への相互不干渉、④相互不可侵、⑤平和的共存が決議された。これは同年（一九五五年）四月六日にインドのニューデリーで開催されたアジア諸国民会議において、改めて「平和五原則」として確認され、アジア連帯委員会の設置に結びつくことになり、インドのネルー首相は、これに呼応して積極的な外交を展開し、六月にはソビエト連邦を訪問し、ブルガーニン首相と平和五原則を確認する行動に出た。これより前の四月一八日からインドネシアのバンドンでアジア・アフリカ会議が開催され、四月二四日に「バンドン十原則」として「世界平和と協力の促進についての共同宣言」が採択され、平和五原則を拡充し、アジア二三カ国、アフリカ六カ国の首脳によってこれが確認されることになった[14]。ちなみに昨二〇一七年一二月にホーチミン市で開催されたアジア太平洋法律家協会（Confederation of Lawyers in Asia and the Pacific, COLAP）運営会議では、次回会議をインドネシアのバンドンで開催することを求め、インドネシアから参加した法律家にその調整を委ねることにした。

次に第二点として、すべての原水爆その他大量破壊兵器の禁止が決議された。これについては、日本の代表団は積極的な働きかけを行い、とりわけ安井郁教授は、日本における原水爆禁止運動の発展を背景として感銘深い報告をしたことが記録されている[15]。

実はこの年（一九五五年）の冒頭において、アメリカ合衆国のアイゼンハワー大統領は、初めて実施されたテレビ放送された記者会見において、戦争の場合に核兵器を使用することを言明している。[16]これに対して世界平和評議会（World Peace Council）は、同年一月一九日に「ウィーン・アピール」を発表し、「原子戦争準備に反対する訴え」を行い、世界全体で七億人の署名を集めた。[17]また、六月二二日からはフィンランドのヘルシンキで世界平和集会が開かれ、四大国首脳会談を要求する決議を採択し、同年七月九日には、イギリスの哲学者バートランド・ラッセルが、原水爆戦争の危機を各国首脳に警告する「ラッセル・アインシュタイン宣言」を発表している。[18]これらの動きは、世界平和評議会が呼びかけて一九五〇年三月一五日から一九日にスウェーデンのストックホルムで開催された世界平和擁護大会常任委員会第三回総会で採択された「ストックホルム・アピール」が「原子兵器の絶対禁止を要求した」経験に次ぐものであり、この「ストックホルム・アピール」は同年一一月までに世界全体で五億人の署名を集めた[19]という輝かしい先例を立派に継承するものと評することができる。ちなみに日本でも、投票用紙の形をとった署名用紙を用いて三〇〇〇万人を超える署名が集まったという証言（畑田重夫氏）を聞いたことがある。

さらに時代は下り、日本国際法律家協会が一九八二年六月の国連第二回特別総会（ＳＳＤⅡ）への代表派遣を呼びかけ、「核兵器廃絶を求める法律家運動連絡会」を結成したことも指摘しておきたい。これはさらに、一六年の空白を経て、同年七月一七日に開催された日本国際法律家連絡協会の「再建総会」において、都立大学総長の激職を終えたばかりの沼田稲次郎博士を第二代会長に迎えたときから、加速された。沼田会長自身、広島の原爆投下で兄君を亡くされたという経験があるそうだが、個人的な経験を共通の歴史的課題に展開して、みずから主導して、核兵器の廃絶に果敢に挑戦したわけである。そこで、同年八月には、アメリカの法律家団体である「核政策に関する法律家委員会（Lawyers Committee on Nuclear Policy, LCNP）」の事務局長であるメロウィッツ（Elliott Meyrowitz）氏が広島の原水禁世界大会に参加した機会に、東京で同氏と懇談した記録もある。[20]また、被爆四〇周年である一九八五年八月四日には東京で「核時代と法律家」シンポジウムを学士会館で開催し、沼田会長自ら「非核の政府を求める会」に参加し、一九八七年八月二九日〜三一日にニューヨークで開催された米ソ法律家主催の「核兵器と国際法」会議に五十嵐正博教授（国際法、金沢大学）を派遣し、一九八九年からは小林孝輔教授（青山学院大学）に会長が引き継がれ、清水誠副会長の提案を受けて準備された一九九一年の第二回アジア太平洋法律家会議（Conference of Lawyers in Asia and the Pacific, COLAP-II）につながるものとなった(21)。

一九八四年一〇月には、国際民主法律家協会の主催する第一二回世界大会がアテネで開催され、これには沼田稲次郎会長が団長となって、モスクワやキエフでの日ソ法学シンポジウムに参加した後に、参加することになった。とりわけ意義が深いのは、その機会に開かれたアジア法律家連帯の夕べという催し物の中で、インドのジテンドラ・シャーマ（Jitendra Sharma）氏も強く賛同して、アジア・太平洋の地域の法律家に広く呼びかけて、一九五五年のアジア法律家会議にならった国際連帯の会合を開催することが方向付けられたことである。

またアテネ会議では、沼田稲次郎団長は、世界平和の重要性を訴えるとともに、核兵器の禁止を求めることが急務であることを強調して、国際的な法律家運動を開始するように呼びかけた。このアピールは、ＩＡＤＬ内部でも大きな反響があり、積極的な意見が多かったが、問題は組織形態をどうするかという点にあり、ＩＡＤＬ内部での議論はしばらくすると休止状態になった。その後一九八八年に、アメリカの核政策に関する法律家委員会の会長を務めていたピーター・ワイズ（Peter Weiss）氏がソ連の元検事総長と一緒に共同会長となって国際反核法律家協会（International Association of Lawyers Against Nuclear Arms, IALANA）が設立される運びとなった。そこでは、ＩＡＤＬとは直接なじみが薄いオランダの法律家が事務局長となって運営されることになり、たとえばインドではＩＡＤＬの役員でもあるジテンドラ・シャーマ弁護士がＩＡＬＡＮＡのインド代表として執行部に参加するように、地域的な組織的重複はあるものの、国際的組織として別の形態をとり、担い手もある意味で広げられる余地を残したものとなった。日本からは、松井康浩弁護士、池田眞規弁護士、浦田賢治教授らが積極的に参加され、その受け皿として日本反核法律家協会（JALANA）が一九九四年に設立された。

さらに事態は進展し、IALANAが母体となって、世界法廷と称される国際司法裁判所に核兵器の使用および使用の威嚇が国際法に適合するかどうかという論点で、勧告的意見を求める運動（世界法廷運動）が開始されたことは、重要であった。その成果として、一九九六年七月八日に画期的な国際司法裁判所の勧告的意見が発表されて、三名の少数意見を除いて、法廷意見では「核兵器の使用および使用の威嚇は人道法などの国際法規に照らして一般的に違反する」という意見が示され、さらに国家存亡の限界的な危機状況において核兵器の使用や使用の威嚇が国際法に違反するかどうかについては判断できないという意見になった。[22] 他方、スリランカ出身のクリストファー・ウィラマントリー（Christopher G. Weeramantry）裁判官ほか二名の裁判官は、いかなる状況においても核兵器の使用および使用の威嚇は国際法に違反するという際だった明確な意見をとった。実は、昨年七月七日に核兵器を禁止する法的拘束力のある文書を交渉する国連会議で採択された「核兵器禁止条約」は、国連総会の付託に対する国際司法裁判所の一九九六年勧告的意見から見ると、判断を拒絶する三名の裁判官（米英日）と踏み込んだ判断を求める三名の裁判官との中間的な立場をとる法廷意見から、より積極的な少数意見に歩み寄るものだと評価することができる。[23] すなわち、核保有国は核兵器という最終兵器を戦争の抑止力の最後の砦として後生大事にしがみついて、これを基調としてあらゆる安全保障政策や軍事力の戦略的配備を決定しているが、この現状を変えるためには、裁判官の法的確信や「公的な良心（Public Conscience）」の表明だけでは、かなり困難と言わざるを得ない。そうではなく、平等であるべき主権国家によって構成される国際機関という公的場を設定して、利害関係をもつNGO（stakeholders）にも参加を求めて、その集合的な意見の場を確保した上で、その適正な議事手続（これこそが熟議民主主義の表明であるとも考えられる。）を通じて、最終的には賛否を明確にする議事手続を通して確認される法律的な文章が作成され、これが歴史的にも定着されるという点に、大きな意義がある。

四　江藤先生と国際連帯運動

江藤先生が若手学者として、当初から参加してきた国際連帯活動の一端を紹介するだけでも紙幅がつきた。その意義を確認し、展開を吟味し、将来の課題を明確にして、新しい担い手を招き入れて、いっそう広い国際連帯の運動の輪を作り出すことこそ、今求められている。アジア太平洋法律家会議は英文略称をCOLAPと称するが、その発展として二〇一六年にネパールのカトマンズで開催された第六回会議で法律家の国際連帯のための地域組織が設立され、この略称が引き継がれることになった。これには、第一回の会議から唯一継続して参加しているジテンドラ・シャーマ氏の大きな働きがあった。シャーマ氏のライフ・ワークとも言うべき地道な組織運営の努力は、IADLの第一二回アテネ大会から数えて三〇年を超えて一粒の結晶となって地域団体を誕生させた。当初はインド、パキスタン、パレスチナ、ベトナムと日本の法律家が相談して、アジア・太平洋の法律家に参加を呼びかけて発足したものが、さまざまな困難を乗り越えて、いっそう大きなネットワークを編み上げて、市民的政治的な権利と経済的社会的文化的な権利を縫合する人権の保護と発展をめざし、いわば平和への個人的・集団的な権利として認知されようとしている平和と安全保障の確保を求め、さらには人間の尊厳に裏打ちされた発展の権利を実現するために、世界の法律家が手を結び合うようになってきた。

国際連合の「ミレニアム宣言」になぞらえて言えば、もっと大きな自由の中で（in larger freedom）福利・福祉を確保して、幸福を実現する世界システムを構築することが、法律家が取り組むでき課題ではないか。江藤先生は、自らの役割について、アクターとして活動するのではなく、後見役あるいはご意見番であると表現されたことがあるが、それは、清水誠教授というたぐいまれな誠実かつ緻密なオーガナイザーの風切り役として、意見を述べ、悩みを共有し、成果をともに喜び合う同志的な関係を言い表されたのではないか。私が直接お聞きした江藤先生ご自身の「武勇伝」は、中ソ対立の中で、アフリカの新興国の法律家・知識人が「笑劇」の俳優のような珍妙な役割を演じざるを得なくなった一九六二年一〇月のギニアのコナクリでの第二回アジア・アフリカ法律家会議の一件であった。これを歴史的な「誤り」と断罪することは難しくはないが、それを克服し、これを防止する智恵を働かせる方が、遙かに「人類益」に適っていることは自明とも言えよう。そのためには、正確な事実の把握だけではなく、とり得た別の方法の可能性をも判断する材料が必要となる。しかしそのための余力も時間もない今、江藤先生にとっても、国際連帯活動の重要な一翼を担ったという実感があふれた側面を丁寧に検証し、それを突き動かした理念と情念を共有して、われわれの自らの進路を測り、国際連帯活動の新しいページを自ら書き込むほかはない。その意味で、最近、共同研究者として協力し合っている鄭裕静（ジョン・ユジョン）さんの提唱する「公益的正義 Communal Justice or Common Goods」という視点から国際連帯活動の構築を模索することに、私は大きな関心をもっている。これがまた、たくさんの協力者を「タテのパス」と「ヨコのパス」で織りなすという清水先生の構想にもつながる道であり、江藤先生自身、それがよいと首肯されることは間違いないと思われる。

（1） Raymond Charles, *La justice en France*, «Collection que-sais-je?», Presses Universitaires de France, 6e édition, 1978. この文庫の第四版か第五版を輪読したはずであるが、現在は同名の書籍は刑事法の著名な学者によるものが刊行されている。Michèle-Lauren Rassat, *La justice en France*, «Collection que-sais-je?», 8e édition, 2007. なお、裁判の歴史については定評のあるのが次に掲げるものである。Jean Foyer, *Histoire de la justice*, «Collection que-sais-je?», 1ère édition, 1998.

（2） 私が所属したのは研究科単位で構成される法学研究科院生自治会であった。当時、早稲田大学の大学院は政経、文学、法学、商学、理工、教育などの学部の上に大学院の研究科が設置されていた。そのうち商学研究科や文学研究科、教育学研究科、理工学研究科などのいくつかの研究科単位の院生自治会が当時は存在していて、全体で構成されるはずの「上部団体」として早稲田大学院生自治会の「再建」が課題となっていた。これは大学に代行徴収を依頼して集めた「自治会費」の配分を得るために、研究科単位での配分を得られるものの、大学全体の大学院としての配分は全体の自治会が成立していないとして、配分を得られなかったことに起因すると思われる。なお、政治経済学研究科には、このような単位自治会もないという「評判」であった。そこでたとえば、自治会活動そのものに批判的な友人から、代行徴収制度そのものがおかしいという批判を浴びることもあった。その批判も一理あるが、個別に集めようとすれば、とても自治会費などは集まらないことは目に見えており、また他方、自治会が構成員である院生の要求を汲み上げて、さまざまな要求を掲げて、法学研究科執行部と「交渉」することによって、上からの利便の配給ではなく、下からの要求の実現として、いくらかのサービスの改善をかちとるというプロセスを通じて、やや変則的な、あるいは未成熟な事実活動が行われており、代行徴収によって集められた自治会費に応える活動の正当性やこれを実施する自治組織の存立の正当性は、このような事実を通じて裏書きされているのではないかと思われる。この経験も、たとえば「破綻国家」という状況に理論的な批判や傍観者的な非難を浴びせることが決して事態の改善に役立つことはなく、さまざまな資源の欠乏にあえぐ貧しい当事者にとっては救いにならないという見方を育てる上でなにがしかの意味があり、さらにまた国際的な法律家連帯活動にかかわる上で、文字情報だけではとても得ることのできない貴重な体験として蓄積され、後年、私自身、一九八九年前の東欧や二〇世紀末の南アフリカでの見聞につながるものであって、そこには、時代や世界と個なる「自分」とを結びつける「一筋の糸」となっているものがあるというのが実感である。

（3）　カール・カウツキー（堀江英一・山口和男共訳）『フランス革命時代における階級対立』（岩波文庫、一九五四年）。

（4）　その成果の一部は、後年、民科関東甲信越支部が都立大学の清水誠教授の肝煎りで設立され、その活動の一翼として、民科法律学校を再開することになり、早稲田大学大学院で日本法制史を専攻した吉井蒼生夫氏や日本大学の税法専攻の中村芳昭氏らとともに、早稲田大学法学部の憲法学の泰斗、浦田賢治教授を「校長」としてお願いして、成果をまとめた浦田賢治・吉井蒼生夫・新倉修編：（第三版から参加）中村芳昭『いま日本の法は』（日本評論社、一九九一年〔初版〕、一九九五年〔二版〕、二〇〇一年〔三版〕）が刊行された。

（5）　日本国際法律家協会『日本国際法律家協会の歩み　1957～2007　民主的法律家の国際連帯運動の50年』（以下、『歩み』と呼ぶ。）（二〇〇八年）グラビア二頁および一二頁以下参照。

（6）清水誠「民科法律部会の軌跡」民主主義科学者協会法律部会編『民科法律部会の50年』（日本評論社、一九九六年）七頁。
（7）清水・前掲書九頁。
（8）渡辺洋三「巻頭言」法の科学七号（一九七九年）。
（9）『歩み』一二頁［渡辺卓郎発言］。
（10）『歩み』一四頁。
（11）『歩み』一三頁。
（12）『歩み』一四頁に引用する日本国際法律家連絡協会の作成した紹介冊子『日本国際法律家連絡協会』（以下、『冊子』と呼ぶ。）（一九五九年）の記述による。
（13）『歩み』二二一頁によれば、日本国際法律家協会の機関誌 Interjurist No.53、八頁に記録がまとめられ、それによると、長野国助弁護士を団長として、戸沢鉄彦、安井郁（国際法、法政大学）、西村信雄（民法、龍谷大学）、長谷川正安（憲法、名古屋大学）、潮見俊隆（法社会学、東京大学）、黒木三郎（民法、九州大学）、岡崎一夫（弁護士、東京）、毛利与一（弁護士、大阪）、和島岩吉（弁護士）、安部甚吉（弁護士）、高木右門、岡林辰雄（弁護士、東京）、天野末治、久米愛、松井康浩（弁護士、東京）、東中光雄（弁護士、大阪）、鍛冶千鶴子（弁護士、東京）、近藤綸二（裁判官？）という顔ぶれであった。
（14）『近代日本総合年表〔第三版〕』（以下、『岩波年表』と呼ぶ。）（岩波書店、一九九一年）四〇七頁。
（15）『歩み』一五頁による『冊子』。
（16）John W. Wright (ed.), *The New York Times Almanac 2011, The Almanac of Record*, Penguin Books, 2010, p.97.
（17）『岩波年表』四〇七頁。
（18）『岩波年表』四〇九頁。
（19）『岩波年表』三七七頁。ストックホルム・アピールは、一九三五年にイレーヌ・ジョリオ＝キューリ（Irène Joliot-Curie）とともに夫婦でノーベル化学賞を受賞したフランスのフレデリック・ジョリオ（Frédéric Joliot）が提唱したものであった。
（20）『歩み』二五五頁～二五六頁。
（21）『歩み』二五五頁～二五六頁、二五八頁、二六〇頁。ちなみに「核時代と法律家」シンポジウムに参加したマーチン・ポッパー氏（Martin Popper 核政策に関する法律家委員会会長）は、アメリカの進歩的な法律家団体ナショナル・ロイヤーズ・ギルド（National Lawyers Guild, NLG）の代表的なメンバーであり、世界人権宣言を採択したパリでの国際連合総会にも参加し、フランスのレジスタンス運動を牽引し世界人権宣言を起草した国連人権委員会の起草委員の中で、エレノア・ルーズベルト（Eleanor Roosevelt）委員長を補佐して、終始会議をリードした副委員長を務めたルネ・カサン教授（René Cassin）を擁して一九四八年に設立された国際民主法律家協会（ＩＡＤＬ）の初代共同事務局長に、フランスのジョエ・ノルドマン（Joë Nordman）弁護士とともに就任した人物であった。

(22)　池田眞規・新倉修「核兵器はどう裁かれたか」世界六二七号（一九九六年）一四三頁以下。

(23)　新倉修「核兵器禁止条約交渉会議に参加して」反核法律家（二〇一七年）、同「核兵器禁止条約の意義と課題」月刊女性&運動（二〇一七年八月号）三四頁、同「時評・人類の夢は現実に！」法と民主主義五二五号（二〇一八年）。

日本国際法律家協会と江藤价泰先生

弁護士　大熊政一

江藤价泰先生は民事訴訟法の専門家として、長らく東京都立大学で教鞭をとっておられたこと、またその専門領域の関係から長年にわたり司法書士界との交流が深く、司法書士や司法書士制度に関する業績も遺されて、司法書士の地位向上に寄与し、かつ理論的支えともなっていたことはよく知られている。それらについては関係される方々が充分に論及されるであろうから、私は江藤先生と日本国際法律家協会（ＪＡＬＩＳＡ）との関係について拙い一文を草することとする。

江藤先生は二〇〇一（平成一三）年一二月一五日から二〇〇五（平成一七）年一二月九日までの間、二期四年間にわたって日本国際法律家協会の会長を勤められた。しかし江藤先生と日本国際法律家協会ないし同協会も加盟している国際民主法律家協会（ＩＡＤＬ）との関係は、これに尽きるものではなく、先生は若い頃から長年にわたってこれらの活動に参画し、活躍されていた。

いま先生の活動の主なものを、『日本国際法律家協会の歩み１９５７～２００７――民主的法律家の国際連帯運動の50年』（日本国際法律家協会二〇〇八年一〇月一日発行）から拾ってみただけでも、次のようなものがある。

一九六二（昭和三七）年八月　第二回アジア・アフリカ法律家会議臨時書記局に代表としてコナクリ（ギニア）に派遣される。

同年一〇月一五日～二二日　第二回アジア・アフリカ法律家会議（コナクリ）に参加

一九七一（昭和四六）年一一月二六日～二八日　第二回インドシナに関する国際法律家会議（アルジェ）に参加

一九八〇（昭和五五）年一一月一三日～一七日　ＩＡＤＬ第一一回大会（マルタ）に参加

一九九〇（平成二）年三月一九日～二四日　ＩＡＤＬ第一三回大会（バルセロナ）に参加〔このときは私も同行させていただいた〕

一九九一（平成三）年九月二六日～三〇日　第二回アジア太平洋法律家会議（ＣＯＬＡＰⅡ）に参加〔これには私も参加〕

江藤先生ご自身にとっても、とりわけ貴重かつ重大な活動であったのは、一九六二年の第二回アジア・アフリカ法律家会議のために臨時書記局として現地（ギニヤのコナクリ）に派遣されたことと、一九七一年の第二回インドシナに関する国際法律家会議（アルジェ）であろう。

コナクリでの体験については、前掲の『歩み』に載っている江藤先生の発言（二一～二三頁）、および『INTERJURIST』（日本国際法律家協会の機関誌）の六二号および六三号に掲載されている江藤先生の文章に詳しい。後者のアルジェでの会議については前掲『歩み』中の江藤先生の発言（五一～五三頁）で言及されている。

コナクリの会議は、第二次大戦後のアジア・アフリカ・ラテンアメリカにおける民族独立の波に対し、帝国主義国の反撃も激烈となる中で開催されたものであるが、「内在的には、中ソの対立、それに加えて『アフリカの統一』路線の問題もあり、残念ながら、現実にはこの連帯（アジア・アフリカの民主的法律家の連帯）は実現しなかった」（前掲『歩み』二二頁）という厳しい情勢の下で開催されたものである。中ソ対立が民主的法律家の国際連帯活動にも深い影を落とし始めた時期に、江藤先生は会議準備のための書記局メンバーの一員という立場で直接この対立を目の当たりにして苦労され、歴史の一証人として貴重な体験をされたわけである。

アルジェの会議は、拡大するアメリカの侵略に対しベトナムの解放勢力が反転攻勢に出る中で、戦火がタイを除くインドシナ半島全域に拡がり、戦争が重大な段階を迎えるという情勢の下で、「インドシナ戦争の実態を全世界の前に明らかにし、アメリカの欺瞞的政策を暴露し、この侵略戦争を一日も早く終わらせ（る）」目的のために、ＩＡＤＬの主催で時宜を得て開催されたものである（前掲『歩み』五二〜五三頁）。これまた歴史的な意義のある活動に参加されている。

一九九〇年三月のＩＡＤＬ第一三回大会（バルセロナ大会）は、ＩＡＤＬが転機に立っていることを示す名実ともに歴史的な大会であった。言うまでもなくその転機の背景には、その後崩壊に至るソ連・東欧の社会主義体制の動揺と東西対立から東西融和（その内実は東の西への接近・吸収）へという世界政治の枠組みの変化・構造変動があり、それがＩＡＤＬに及ぼした影響は、財政的な影響と政治的・組織的な影響との両面にわたっていて、極めて深刻なものであった。江藤先生はこのような冷戦時代が終わりを告げるという歴史的な画期をも体験されたわけである。

江藤先生は、豪放磊落な人柄で、やや伸ばした艶々とした髪をたたえ、時折パイプをくゆらして、談論風発するというその雰囲気で強い印象を人に与えていた。東京都立大学の在職中もそのような感じで、人を惹き付けていたのだろうと推察される。先生の下で数々の人材（その中には私もよく知る弁護士も多い）が育って行ったと思われるのも合点がいくし、司法書士界での絶大な人気も、先生の理論的な業績以外にそんなところにも根ざしているのかも知れない。

この点は日本国際法律家協会でも遺憾なく発揮されていた。そのユーモアをたたえ、また忌憚のない発言はその場の雰囲気を和らげ、人々をなごませるものであったが、時として忌憚のない言い方が過ぎて、反発を受け、傍らに居てハラハラさせられることもあった。今では懐かしい思い出である。

冒頭に述べたとおり、江藤先生の業績は多岐にわたり、専門家でもない私は全くフォローし切れていないものの、私自身がわずかに接することのできた著作を見て勝手に思うのであるが、古くからＩＡＤＬの活動に参加し、例えばＩＡＤＬに参加していたフランスの裁判官の組織など諸外国の民主的な法律家と接していた経験が生かされているのではないかと感ずる点がある。

ＩＡＤＬの活動に古くから関与されていた日本国際法律家協会の弁護士や学者の大先輩たちが次々にこの世を去られ、江藤先生もついに黄泉路に入られてしまったことは悲しい限りである。

後輩の私たちや私たちよりももっと若い世代の法律家が、民主的法律家の国際連帯活動として、新たな時代にふさわしい活動を展開しなければならないとの思いを深くする次第である。

ヨーロッパ司法制度調査・司法制度研究集会の思い出

弁護士・青山学院大学大学院法務研究科教授
塚原英治

江藤先生は、保守的な民事訴訟法学会の異端児であり、一九六二年にコナクリで開かれた第二回アジアアフリカ法律家会議に事務局メンバーとして参加されるなど、国際法律家運動で長年活躍された。またフランス法や裁判法の研究者として、多くの民主的な研究者を育てられた。

一九七九年の自由法曹団と全司法労働組合のヨーロッパ調査、一九九三年の日本民主法律家協会（日民協）のフランス・イタリア調査を始め、日弁連の調査、裁判官のMEDEL（民主主義と自由のためのヨーロッパの司法官の会議への参加など、江藤先生とご家族及びピエール・リヨン＝カーン氏を含む先生のネットワークにどんなにお世話になったかしれない。その思い出を少し語ろう。

一九七九年一一月に自由法曹団と全司法がヨーロッパの司法制度調査を行った。パリでの調査には、留学中だった江藤先生（当時都立大学）にお世話になった。二〇日にパリに入り、翌二一日朝、江藤先生にお会いしたところ、同月六日に裁判官の組合が二四時間のストライキを打ったという。是非とも話を聞こうとコンタクトを取ったところ、幸い同日午後、司法官組合（Syndicat de la Magistrature）のマルキューズ書記長（パリ大審裁判所判事）から、組合の話、ストライキの話を伺うことができた。これは、塚原「ヨーロッパの裁判制度下」法と民主主義（［以下「法民」］）一五二号で報告した。先生とはそのとき以来の付き合いとなった。

日民協では、一九六〇年代から司法制度研究集会を開催していたが、一九八八年頃から実行委員会形式になり、私は同年から一九九六年まで実行委員会の事務局長をしていた。

一九八九年はフランス人権宣言二〇〇年になることから、フランスの裁判官を呼び裁判官の市民的自由について報告討論したらどうかという提案が、一九八九年一月二七日の第一回実行委員会でなされた。当日の出席者は記録によると、実行委員は江藤、小田中聰樹、宮本康昭、私、岩淵富士雄（全司法）、本部事務局が小野寺利孝、渡辺春巳、羽倉佐知子の各氏であったから、江藤先生の提案だったのだろう。江藤先生の紹介で司法官組合の創設者の一人で元書記長であったピエール・リヨン＝カーンさん（当時ポントワーズ大審裁判所判事）を呼ぶことになり、同年五月の実行委員会で決定された。準備に当たっては、当時、ブリュッセルにいた須網隆夫さんに切符の手配を頼んだり、ピエールさんに送るために日本の司法についての論文を白取祐司さんに翻訳してもらうなど多くの人の協力を得た。

一一月一一日の司研集会では、通訳など中村紘一さんにご無理をお願いした。リヨン＝カーンさんの当日の講演は、参加者に大きな衝撃を与え、その後の裁判所の民主化運動に方向性を与えた（講演の内容は法と民主主義二四四号に掲載）。一六日には日弁連のシンポジウムでも発言の機会を設けた（法律時報一九九〇年八月号一三頁）。

一八日に大阪でも日民協大阪支部の再建総会として、「日仏司法研究集会」を企画していたので、江藤先生、リヨン＝カーン夫妻とともに京都・大阪に旅行した。京都では、一七日に久米弘子弁護士・菅立明弁護士らに祇園で一席を設けて頂いたが、ピエールさんと活動家でもある夫人から舞妓さんにいろいろな質問がされ、「ドレイ的な待遇だ」とコメントされたのを覚えている。

当時日本の民主的な裁判官は差別を受けていたので、ピエールさんをお呼びする会合も公に宣伝するのは難しかったようだ。そのため、一九日の日曜日午後に大阪で裁判官達の少人数の会合に出席されたときは、公式のスケジュールには記載せずに、ある裁判官と待ち合わせ、江藤先生とピエールさんをご紹介して、私はそこで別れた。ピエールさんは一九六〇年代に組合を設立するときに自宅に爆弾が送られてくるなど身の危険も生じた経験をお持ちだったので、なんら驚かれなかった記憶である。

このころの江藤先生や私の問題意識は、日本の裁判官には市民的自由が欠けている、市民的自由を共有しない裁判官が、本当に市民の自由と権利を守れるのか、というところにあった。裁判官の市民的自由を取り戻すために、あるいは新しく獲得するためにどのような方法がよいかを探るべく司研集会や外国調査を行っていた。

日民協では、一九九一年には、ドイツに調査団を送り（法民二六一号）、同年一一月には司法制度研究集会に、ドイツ連邦憲法裁判所のキューリンク判事をお招きしてドイツの実情をお伺いした（法民二六四号）。

一九九三年一〇月に二週間、日民協でフランスとイタリアの司法制度調査を行った（法民二八五号、二八六号）。パリでは、また江藤先生や息子さんのお世話になったほか、田端博邦さん、原田純孝さんにも通訳等でお世話になった。一一日には司法官組合のパトリ委員長（裁判官）から刑事手続きについてのお話を伺い、夜はブローニュの森にあるレストランで鹿肉を食べながら、パトリさんの夫の建築家とも話をした。一二日には、若手の刑事弁護士の話を聞き、夜にはまたリヨン＝カーンさんも加わって懇親をした。

国際化が言われる中で、日本の司法官は国際化どころではなく、たこ壺へもぐりこんでいた。ヨーロッパの司法官は国際化して、各国の組合が連帯し、MEDELを作り、各国政府、ヨーロッパの議会、国連等に問題提起していた。そういう現状を日本で紹介しようと、一九九六年一一月に、リヨン＝カーンさんとスペインのアルバレスさん（当時カタルニア控訴院検事長）をお呼びして司法制度研究集会を開いた（法民三一五号）。このときも、江藤先生に本当にお世話になった。

リヨン＝カーンさんの講演を収録した法と民主主義二四四号は、地裁以上の全裁判官に送付した。三一五号の時はそれに加え司法修習生にも送付した。裁判所を民主化しようと皆熱が入っていた。海外調査や呼び屋仕事を八年ほどやっていたが、大変ではあったが楽しかった。実行委員会の後などによく江藤先生と呑んだ。コナクリの話も、そのような時に伺ったのだったか。往事茫茫。

第三部

江藤先生と司法書士会

司法書士と行政書士の権利義務に関する書類作成

司法書士　鈴木正道

一　はじめに

権利義務に関する書類は、司法書士と行政書士が共に業務として作成しているのが実情である。権利義務に関する書類とは、権利の発生、存続、変更、消滅の効果を生じさせることを目的とする意思表示を内容とする書類と一応は定義できる。

行政書士の権利義務に関する書類作成については、行政書士法第一条の二第一項に、「行政書士は、他人の依頼を受け報酬を得て、官公署に提出する書類（中略）その他権利義務又は事実証明に関する書類（中略）を作成することを業とする。」と規定されている。ただし、「行政書士は、前項の書類の作成であっても、その業務を行うことが他の法律において制限されているものについては、業務を行うことができない。」（同条第二項）。同条に規定する業務は、行政書士の独占業務である（同法第一九条）。

日本行政書士会連合会会長遠田和夫氏は、「(前略) 権利義務・事実証明に関する書類の作成については、大正九年の旧代書人規則からすでに規定されているものです。つまり行政書士は、前身である代書人の時代から、行政手続書類のみならず、これら民事法的書類といえる権利義務・事実証明に関する書類の作成にも携わってまいりました。[1]」とし、「(前略) その他の士業との関係についても本来はそれぞれの法で業務が定められているのですから争うべき点はなく、個人個人が必要に応じてその資格を取れば良いものであると考えています。[2]」とする。すなわち、官公署に提出する書類と権利義務又は事実証明に関する書類は、行政書士の独占業務であることに争いはないとする。

さて、同法第一条の二の規定は、「及び権利義務又は事実証明に関する書類を作成すること」ではなく、「その他権利義務又は事実証明に関する書類を作成すること」である。法令では、限定列挙の場合、集合の全部を指し示して列挙するときは「及び」を用いる。非限定列挙の場合、「その他」は、具体的な名詞を列挙し、「その他」の後の抽象的な名詞の内容を類推させるものである。[3] したがって、文理上、行政書士が独占業務としての作成する書類は、権利義務又は事実証明に関する書類全般ではなく、官公署に提出する書類から類推される書類である。最高裁判例でも、「行政書士法一条の二第一項では『官公署に提出する書類その他権利義務又は事実証明に関する書類』とあり、文理上、『事実証明に関する書類』の内容については『官公署に提出する書類』との類推が考慮されなければならない。[4]」としている。

官公署に提出する書類から類推される書類とは如何なるものかの疑問に答えるためには、明治以来の行政書士の歴史を振り返り、歴史的考察により、行政書士の権利義務に関する書類の作成業務を明らかにする必要がある。

次に、司法書士の権利義務に関する書類作成について検討する。司法書士が、司法書士法第三条第一項第二号に規定する法務局又は地方法務局に提出する書類を作成すること及び第四号に規定する裁判所又は検察庁に提出する書類を作成することは、同法第七三条第一項により司法書士の独占業務である。

同法第三条第一項第二号の規定する業務は、例えば、次の書類作成がある。

登記原因証明情報として、売買契約書、贈与契約書、遺産分割協議書等（不動産登記法第六一条）、登記原因について第三者の同意等を証する書面として、取締役と会社間の利益相反行為を承認する取締役会議事録等がある（不動産登記令第七条第一項第五号ハ）。

登記原因証明情報としての売買契約書等については、「行政書士が業として登記申請書の作成及び登記申請手続の代理ないし代行を行うことは、司法書士法一九条一項（二五条一項）に違反する。」とした最判平成一二年二月八日に係る調査官解説(5)において、「登記原因証書となる売買契約書等（中略）の書類は、初めから登記原因証書として作成される場合は、登記申請の添付書類として法務局又は地方法務局に提出する書類に該当するから、司法書士が作成すべきものであって、行政書士が作成することはできないと解される。」としている。(6)

それでは、例えば、相続財産として不動産がない場合、預貯金その他の相続財産について遺産分割協議書を作成する場合は、司法書士の業務であろうか。つまり、法務局や裁判所に提出する権利義務に関する書類の作成は前述のように司法書士の独占業務であるので、司法書士は、法務局や裁判所に提出しない権利義務に関する書類も作成できるのではないだろうか。古くから業務を行っている司法書士は、当然司法書士の業務であるとしてその書類作成を行ってきたと言える。

この疑問に答えるためにも、明治以来の司法書士の歴史を振り返り、歴史的考察により、司法書士の権利義務に関する書類の作成業務を明らかにする必要がある。

二　行政書士の権利義務に関する書類作成

1　司法職務定制等と司法代書人、行政代書人

司法職務定制は、明治五年八月三日太政官無号達によって制定され、訴訟法的側面からみれば、明治期以降のわが国の最初の、簡単な民事訴訟手続および刑事訴訟手続を加味した裁判所構成法というべきものである。わが国最初の代書人に関する規定は、「第四二条　代書人　第一　各區代書人ヲ置キ各人民ノ訴狀ヲ調成シテ其詞訟ノ遺漏無カラシム」である。(7)「この証書人、代書人、代言人が、それぞれ現在の公証人、司法書士、弁護士という法制度上の職業の濫觴にあたることはいうまでもない。(8)」しかし、行政代書人は「訴狀ヲ調成」するわけではないので、司法職務定制に規定する代書人が行政書士の法制度上の職業の濫觴にあたるとは言えない。

明治六年七月一七日太政官布告訴答文例は、司法書士史上画期的な代書人強制主義を規定し、代書人が書面主義を担保する存在として性格規定された。しかし、このような画期的な代書人強制主義は、翌七年七月一四日の太政官布告代書人用方改定により廃止された。

明治二三年に旧民事訴訟法が制定されたが、弁護士強制主義は採用されず、本人訴訟が原則とされた。日本司法書士史では当時を、「代書人が、本人訴訟との関係において、その『有用性』を社会的に承認されていたということはできるように考えられる。この『有用性』は、裁判外における『法律上の助言』、一定の紛争の裁判所への導入（訴状等の作成）、訴訟上の書類の作成にあったと考えられる（登記事件についても同様に考えられる）。この『有用性』が社会的に承認されていたからこそ、代言人規則が定められ、その後、民事訴訟法典によって、弁護士による訴訟代理権の独占が実現しても、代書人の法的廃止（法的禁止）はなされなかったのである。(9)」としている。

明治一九年八月一一日に登記法が公布されたが、登記手続の担い手は、ドイツでもフランスでも公証人であるのに対し、わが国の公証人は登記手続の担い手として位置づけられておらず、裁判事務を行っていた司法代書人が利用・活用された。

司法書士の山下昭子氏は、司法代書人と行政代書人の両制度は、「同じ司法職務定制に言う代書人から分かれたのではなく、別々に成立、発展してきたものと考えることがより説得的であると考えられる。司法代書人は、司法職務定制により創設された訴訟業務に関わる代書人の系譜を引くものであり、行政代書人は、その後、新時代の行政事務の急速な拡大に商機を求めて大挙して行政代書に参入してきた、野田が言うような単に官署へ提出する文書の作成者一般の系譜を引くものであると位置づけることが妥当な結論と考えられる。[10]」としている。

2　明治期の司法代書人と行政代書人の業務

大正八年の司法代書人法成立以前は、司法代書人も行政代書人も、その業務内容の異質性にもかかわらず、府県令により、包摂して律せられていたと考えられる。[11]

明治期の司法代書人は、前述のように「有用性」が社会的に承認されていたとしても、その具体的業務はいかなるものであったのであろうか。日本司法書士史の記載から、司法代書人は「訴状ヲ調成」する外に広範な書類作成業務を行っていたことが読み取れる。

日本司法書士史（明治・大正・昭和戦前編）には、明治三六年一一月五日付代書人組合規約認可願として、大阪府三島郡代書人組合の組合規約が列挙されている。[12]

「組合規約　（中略）

第二条　当組合ハ三島郡代書人組合ト称シ事務所ヲ三島郡茨木町ニ設置ス

（中略）

第四条　代書料ハ左ノ定額ヲ超過ス可カラス

一　民事訴訟事件ニ関スル書類

一　非訟事件ニ関スル書類

一　戸籍ニ関スル書類

一　身分登記ニ関スル書類

一　不動産登記ニ関スル書類

一　告訴告発ニ関スル書類

一　手続書及始末書類

一　街路取締ニ関スル願書

一　説諭願保護願書

一　権利義務ニ関スル諸般ノ契約書類

以上用紙美濃罫紙壱枚ニ付金五銭　但シ半枚金弐銭五厘

一　盗難届遺失紛失届

一　点検書請書類

一　諸興行願届書

一　諸営業願届書

一　寄留届書

以上用紙通常罫紙壱枚ニ付金参銭　但シ半枚金壱銭五厘」

行政代書人は後述のように「民事訴訟事件ニ関スル書類」を作成しないのであるから、これは司法代書人の組合規約である。司法代書人は広範な書類作成業務を行っており、「権利義務ニ関スル諸般ノ契約書類」作成の業務を行っていたことが明確に示されている。

これに対し、行政代書人は、町村役場へ提出する文書の作成を業とするものであった。大正八年の第四一回帝国議会衆議院の司法代書人法案提出の理由申述のなかで、法案提出者鈴木富士彌議員は、次のように述べている(13)。

「御承知ノ如ク代書人ニハ、行政代書人ト司法代書人ノ二種類アリマシテ、行政代書人ハ町村役場へ提出スル文書ノ作製ヲ業トスルモノデアリマシテ、是ハ格別専門ノ智識ヲ要セズ、又其文書ニ誤謬遺脱等ガアリマシテモ、之ヲ訂正スルコトハ極メテ容易デアリ、又斯様ナ事ガアッテモ、決シテ之ガ爲メニ當事者ガ非常ナ損害ヲ被ルト云フコトハ無イノデアリマスガ、司法代書人ハ是ト異リマシテ、之ヲ作製スルニ、法律上ノ専門ノ智識ガ多少要スルノミナラズ、一度生ジタル誤謬遺脱ハ、後日回復スベカラザル損害ヲ當事者ニ與フルガ常デアリマス、此點ニ於キマシテハ、行政代書人ト一列ニ律スルコトハ出来マセヌ」

明治から大正にかけて、行政代書人の業務が町村役場へ提出する文書の作成であることはよく知られており、これは格別専門の知識を要せず、誤謬遺脱があっても訂正は容易であるとしている。これに対し、司法代書人は、権利義務の法律的当否に関する訴状を作成するのであるから、法律上の専門知識を要し、その誤謬遺脱は当事者に後日回復出来ない損害を与えるとしている。

3　法制定請願運動と司法代書人法の成立

(1)　法制定請願運動

司法代書人法制定を求める動きは明治四五年から開始され、「大正元年に召集された三〇議会」には法制定を求める請願が提出され、「その後も大正八年に法制定が行われるまで、毎年通常国会に、多数の請願が提出され続けた。[14]」

すなわち、「司法代書人は他の行政代書人と自ら其責任を異にす、随つて選良の方法を一定するの必要を有す、行政代書人にありては、其記載が多少の誤謬ありとするも、訂正其他の手段によりて、即時に之を救済するを得べしと雖も、司法代書人に至りては登記手續等は兎も角、督促手續、訴狀、其他の關係書類の如き、一たび裁判所に受理せられたる以上、假りに訴訟原因等に誤りがある場合と雖も遂に之を回復すること能はざる場合多し、是れ司法代書人に一定の資格を必要とする理由也[15]」と主張して、司法代書人自らの職業の法的認知を求めての活動であった。

(2)　司法代書人法の成立

司法代書人法案は、前述の第四一回帝国議会に提出され、それは、「①司法代書人の資格要件の限定、特に考試制度の確立、②司法代書人会を設け、強制加入制とすること、③会則違反と懲戒処分の対象とすること、の三点を主要な内容としたものである。[16]」

しかし、法案は同議会で前記三項目は削られ、大幅に修正されて可決された。前記三項目は、その後の法改正で実現された。

司法代書人法は、大正八年四月九日に公布され、司法代書人は、「第一條　本法ニ於テ司法代書人ト稱スルハ他人ノ嘱託ヲ受ケ裁判所及検事局ニ提出スヘキ書類ノ作製ヲ為スヲ業トスル者ヲ謂フ」としてはじめて法的に認知された。また、同法は、「第四条　司法代書人タルニハ所属地方裁判所長ノ認可ヲ受クルコトヲ要ス」としているが、司法代書人以外の代書業者の職域侵害禁止規定を欠くものであった。後に行政代書人による司法代書人の職域侵害が問題にされたが[17]、その禁止は後述の代書人規則で変則的に定められた。

4　代書人規則の制定

代書人規則は、行政代書人からの請願運動があったわけでなく、「法律新聞」が、「司法省に属する代書人の取締に就ては第四十一議会に於て司法代書人取締令の制定を見たるも各府県の市郡役所及警察署等に関する代書人取締規程は従来各府県令を以て規程しありて罰則其他区々に亘り甚だしく不統一な為に内務省は此等代書人取締規程を統一制定すべく過般来後藤警務課長の手許に於て起案中なりしが此の程既に脱稿し具体的成案を得たるを以て近く省内参事官会議に附議決定すべく右案は法律若くは省令を以て公布すべし」と報じるように、「内務省が統一的な『代書人取締規則』の制定を意図したということができる。[18]」代書人規則は、大正九年一一月二五日内務省令として制定され、大正一〇年一月一日に施行された。その主要な規定は次のとおりである。

「第一条　本令ニ於テ代書人ト称スルハ他ノ法令ニ依ラスシテ他人ノ嘱託ヲ受ケ官公署ニ提出スヘキ書類其ノ他権利義務又ハ事實證明ニ關スル書類ノ作製ヲ業トスル者ヲ謂フ

第一七条　本令其ノ他ノ法令ニ依リ許可又ハ認可ヲ受ケスシテ代書ノ業ヲ爲シタル者ハ拘留又ハ科料ニ處ス」

この第一條の規定が、現行行政書士法に引き継がれていて、行政代書人の地位が法令上明確になった。ただし、この規則は、「内務省は此等代書人取締規程を統一制定」したものであって、行政代書人の業務が町村役場へ提出する文書の作成であることに変更はない。したがって、「其ノ他權利義務又ハ事實證明ニ關スル書類」は、「官公署ニ提出スヘキ書類」から類推される書類であり、官公署に提出する書類の付属書類のようなものに限定されていると考えられ、このことは、以下に示す「代書人規則施行ニ關スル件依命通牒（大正九年一一月二五日内務省秘第一二〇九號）[19]」により明らかにされた。

「代書人規則施行ニ關スル件依命通牒（中略）

二、第一條ノ書類中ニハ其ノ附屬圖面ノ如キ之ヲ包含スト雖單ニ設計圖、測量圖類ノ作製ノミノ依頼ニ應スルコトヲ業トスル者ハ之ニ包含スルモノニアラス叉單ニ書翰ノミノ代書ヲ業トスル者ニシテ稀ニ權利義務ニ關スル書翰ヲ代書スルコトアルヘキモ是等ハ強ヒテ本規則ヲ以テ臨ムノ趣旨ニアラス」

すなわち、行政代書人の作成する書類は、官公署に提出する書類の附属書類の「如キ之ヲ包含」するが、官公署に提出しない権利義務又は事実証明に関する書類作成を業とする者には、代書人規則を適用するものでないとされた。

「行政代書人ハ町村役場へ提出スル文書ノ作製ヲ業トスルモノ」であるので、行政代書人の作成する権利義務又は事実証明に関する書類は、上記依命通牒により、官公署に提出する書類の付属書類のようなものに限定されていると解されていた[20]。

5　昭和二六年二月一〇日行政書士法成立（同年三月一日施行）

代書人規則は、日本国憲法施行の際に現に効力を有する命令の規定の効力等に関する法律により、昭和二二年一二月三一日限りで失効した。この結果、昭和二六年三月一日行政書士法施行まで、行政代書の営業は法令上何の規制もなく放置され、何人も業として官公署に提出する書類その他権利義務又は事実証明に関する書類の作成ができる状態が続いた。

行政書士法は、昭和二六年二月一〇日に成立したが、昭和二五年一二月三日開催の第九回国会参議院地方行政委員会の審議において、同法の趣旨が明らかにされている。

行政書士の作成する書類が官公署に提出する書類であることについて、次のように述べている。

「衆議院議員（川本末治君）（前略）この行政書士と申しますものは、わかりやすく申上げますと、警察又は区役所等におきます戸籍事務とかいろいろな手続という程度の仕事をいたしておるものでありまして、司法書士とは全然別個の立場でございます。(21)」

「衆議院法制局参事（三浦義男君）（前略）第一條に掲げてございますのは、その業務の範囲を規定してあるのでございまして、他のほうのすでに私が先ほど申上げましたような人たちが行いまする業務は除きまして、それ以外官公署に提出する先ほど申述べましたような権利、義務又は事実証明に関する書類の作成を行政書士は主たる任務といたしておるわけであります。(22)」

「衆議院法制局参事（三浦義男君）　行政書士法が立案されまする趣旨は、官庁に出しまするところの権利、義務とか、或いは証明関係の書類を営業として、それを商売といたしましてやる人たちの保護と同時に、それに依頼する人たちの、一般市民の立場を保護するということが行政書士法の狙いであります（後略）(23)」

行政書士の仕事は一般の人でもできるが、乱雑に流れ、慎重さを欠くことになりかねないので、一定の資格を設ける必要があると述べている。

「衆議院法制局参事（三浦義男君）（前略）行政書士のほうは仕事の範囲が割に一般常識的と言いますか、広範囲でございまして、而もそれが一般的な仕事でございますので、例えば先ほど申しましたように戸籍、役所等で処理いたします戸籍関係の書類、例えば出産の届とか何とかいうことは、これは必ずしも特殊の人でなければできないということでなくて、一般の人が誰でもやればやり得る仕事であります。（中略）それを資格という点から見た場合に誰でも或る程度許してもよさそうな仕事であると思うのであります。そうなりますると、非常に仕事の関係から申しまして、やはりその間に乱雑に流れ、又取扱の点から申しまして慎重を欠くということにもなりますので、（中略）試験によって特殊のこういう業態をすることに適当なる人を選び出す。かような制度にこの建前は一応はなっておるのであります。[24]」

司法書士のように専門的な、裁判関係で利害関係が直接影響するというような大事なものでないが、仕事として作成するためには資格が必要であると述べている。

「小笠原二三男君（前略）司法書士のように専門的な非常に裁判関係で利害関係が直接影響するというような大事なものでない。單に官庁などの簡單な書類その他を一々そういう手続をしなければならんということでは煩瑣である[25]（後略）」

「衆議院法制局参事（三浦義男君）（前略）ただ行政官庁に出す場合におきまして、その依頼を受けて職業としてやりますものはこういう程度の資格を持つ、こういうような人でなければならないということを規定いたしますことによりましてその仕事の、書類を作成いたしまする業務の公正を図り同時に依頼者側の便利を図る、そういうことが趣旨なのでございまする⒇（後略）」

すなわち、「ただ行政官庁に出す場合におきまして」、「書類を作成いたしまする業務の公正を図り同時に依頼者側の便利を図る」行政書士法の立法の趣旨からして、独占業務としての行政書士の作成する権利義務又は事実証明に関する書類は、権利義務又は事実証明に関する書類全般ではなく、官公署に提出する書類の付属書類のようものに限定されていたと解される。

6 行政書士法の規定と行政書士の権利義務に関する書類作成

(1) 目的規定

行政書士の作成する権利義務に関する書類は、官公署に提出する書類の付属書類のようなものに限定されていると解されることについて、まず、行政書士法の目的規定から見ることができる。司法書士の場合は、登記、供託及び訴訟等に関する法律専門家として、予防司法的役割を担っているため、「もって国民の権利の保護に寄与することを目的（司法書士法第一条）」としているが、行政書士の場合は、「ただ行政官庁に出す場合におきまして」、「書類を作成いたしまする業務の公正を図り同時に依頼者側の便利を図る」ものなので、単に「国民の利便に資することを目的（行政書士法第一条）」としているのであろう。

(2) 利益相反行為の禁止の規定

次に、行政書士法には、司法書士法（司法代書人法第八条、旧司法書士法第九条、司法書士法第二二条）と異なり、利益相反行為の禁止の規定を置いていない。

行政書士の作成する権利義務に関する書類は、官公署に提出する付属書類のようなものであるから、当事者の利益が対立する状況で業務を行うことが原則としてないと考えられ、利益相反行為の禁止の規定を設ける必要がないとされたのであろう。[27]

(3) 行政書士の相談業務

最後に、行政書士法第一条の三第一項第四号「行政書士が作成することができる書類の作成について相談に応ずること」は、独占業務である司法書士の相談業務（司法書士法第三条、司法第七三条）と異なり、行政書士の独占業務ではない。行政書士でない者が、報酬を得て、業として、この相談業務を行うことができる。「行政書士の書類作成の規制は、「一般の人が誰でもやればやり得る仕事であります」が、「ただ行政官庁に出す場合におきまして」、「書類を作成いたしまする業務の公正を図り同時に依頼者側の便利を図る」趣旨であるから、その相談業務は、独占業務とする理由がないからであろう。

三　司法書士の権利義務に関する書類作成

1　代書人規則の制定と司法代書人の「権利義務ニ関スル諸般ノ契約書類」作成

前述の代書人規則「第一七條本令……ニ依リ許可……ヲ受ケスシテ代書ノ業ヲ爲シタル者ハ拘留又ハ科料ニ處

ス」は、行政代書人の職域を保護する規定である。しかし、「二　2　明治期の司法代書人と行政代書人の業務」で述べたような、司法代書人に明治以来認められていた「権利義務ニ関スル諸般ノ契約書類」の作成をすることが出来なくなったとは、論理的に考えられない。それは次の理由からである。

第一に、「二　4　代書人規則の制定」で述べたように、「行政代書人ハ町村役場ヘ提出スル文書ノ作製ヲ業トスルモノ」であるので、行政代書人の作成する「其ノ他権利義務又ハ事實證明ニ關スル書類」は、前記代書人規則施行に関する依命通牒により、官公署に提出する書類の付属書類のようなものに限定されていると解されていた。

第二に、「権利義務ニ関スル諸般ノ契約書類」に関して、その書類作成の実績があり、かつ、権利義務の法律的当否に関する訴状を作成する司法代書人を排除して、行政代書人の独占業務とする合理的な理由がない。

第三に、代書人規則の制定前、行政代書人による司法代書人の職域侵害が大きな問題となっていたのに対し、司法代書人の権利義務に関する書類作成を問題視する行政代書人の指摘ないし社会的要請を示す資料はない。

要するに、行政代書人は「町村役場ヘ提出スル文書ノ作製ヲ業トスルモノ」なので、権利義務の法律的当否に関する訴状を作成する司法代書人と異なり、官公署に提出すべき書類に付属して作成する必要のある「權利義務又ハ事實證明ニ關スル書類」を作成するためには、その書類を作成することを規定する必要があったと考えられる。

結局、後述のように、非訟事件申請代理獲得運動において、「関連書類ノ範囲司法書類ニ付本省ノ御見解等諸書ヲ示サレ」との民事局長の回答が示されて、この問題は決着した。

逆に、「其ノ他ノ法令ニ依リ……認可ヲ受ケスシテ代書ノ業ヲ爲シタル者ハ拘留又ハ科料ニ處ス」の規定が、司法代書人の職域を保護し、行政代書人による司法代書人の職域侵害の問題は解決をみた。すなわち、行政代書人による司法代書人の職域侵害は、代書人規則で処罰された。

この問題は、以下のように、大正一〇年五月二五日大審院判例が、最終的な決着をつけることになった(28)。「司法代書人法ニ依リ認可ヲ受クル事ナク司法代書人ノ業務ニ属スル代書業ヲ為スコトハ代書人規則第一七条ノ処罰スル所ニシテ其者ガ代書人規則ニ依リ代書人タル許可ヲ受ケタルト否トハ之レガ犯罪ノ成立ニ消長ナキモノトス」と判示した。

2 非訟事件申請代理獲得運動と関連書類作成

司法代書人法制定以前当然に認められていた非訟事件の申請代理が、同法「第九條　司法代書人ハ其ノ業務ノ範圍ヲ超エテ他人間ノ訴訟其ノ他ノ事件ニ關與スルコトヲ得ス」の規定に違反するとして認められなくなった。そのため、法施行後早々に関西を中心に司法代書人法改正運動が始動した。(29)

その法改正案は概要次のとおりである。(30)

司法代書人法第一条に「関聯書類幷ニ其ノ他ノ書類」を加えて、「本法ニ於テ司法代書人ト称スルハ他人ノ嘱託ヲ受ケ裁判所及検事局ニ提出スベキ書類、関聯書類幷ニ其ノ他ノ書類ノ作成ヲ為スモノヲ謂フ」と改正する。「関聯書類」とは「権利義務ニ関スル諸般ノ契約書類」意味し、「其ノ他ノ書類」とは官公署に提出する書類の作成を意味する。

同法第九条に「但シ非訟事件ノ申請代理ハ此限ニアラス」を加える。

法改正運動は関西を中心に行われたが、大正一一年三月二日、大阪会会長・神戸会会長等が民事局長と会談し、「関連書類ノ範囲司法書類ニ付本省ノ御見解等諸書ヲ示サレ」「非訟事件の申請代理は地裁所長の裁量による承認が可能」との旨の民事局長の回答を得る。

その結果、「第一条ノ関連書類ノ範囲ニ付テハ大正八年以降各地方裁判所長ヨリ民事局長へ伺出ノ次第モアリ司法代書人ノ作成スル司法書類ハ関連書類ヲ包含シアル」ので、「権利義務ニ関スル諸般ノ契約書類」である「関聯書類」を追加挿入する必要はない、「其ノ他ノ書類」は官公署に提出する書類なので行政代理人と兼有する必要がない、「非訟事件ノ申請代理」は地裁所長の承認により認められるとして、法改正運動は終息した[31]。

結論として、「司法代書人ノ作成スル司法書類ハ関連書類ヲ包含」するとして、権利義務に関する書類の作成は、司法代書人の業務であることが確認されたのである。

3　日本司法代書人連合会初代理事長上田耕の見識と権利義務に関する書類の作成

東京会会長上田耕（後の日本司法代書人連合会初代理事長）は、大正一四年五月一〇日、司法代書人法実施七周年記念祝賀会において、「我司法代書人の作製しまする所の書類は平和的である場合と将又平和が乱れましたる場合即ち当事者の利害が相乖離したる場合此両方面に亘りまして書類を作製するのでございます。殊に彼の公証人には商業登記、不動産登記又非訟事件の如きは絶対にないのでございますから公証人と比較致しまして、我々の業務の範囲は極めて広いものであると断言する事を憚からぬのであります。」、「司法代書人と云ふものが、僅に司法の二字がございます為に他の代書人に比較致しまして聊か優越視せられて居る様に思はれまする」と宣言し、司法代書人の業務範囲が広いことを強調している[32]。

そして、上田耕は、東京司法代書人会「会報」第二三号において、「熊本地方ノ契約書等ハ裁判所へ提出スル書面ニアラザル故司法代書人ガ作成スルコトヲ得スト云フガ如キハ一例ニ過ギザルモ各管毎ニ窮屈ナル解釈ハ大ニ不賛成ニテ東京ハ関連書類ハ前後左右ニ解釈シ貴地モ同様ナラント思料ス[33]」として自覚を促している。

まさに、司法代書人、その後の司法書士（昭和一〇年旧司法書士法により名称変更）は、予防司法的役割の担い手として、国民の権利を保護するため、上田耕の指摘するように、関連書類の作成を「前後左右ニ」幅広く解釈して、権利義務に関する書類を作成してきたのである。

4　司法書士法第二九条

平成一四年法改正で、司法書士法人が認められたことかから、司法書士法人の業務範囲を定めた規定である司法書士法第二九条が新設された。

司法書士法第二九条第一項第一号では、附帯業務として、「法令等に基づきすべての司法書士が行うことができるものとして法務省令で定める業務の全部又は一部」が規定され、司法書士法人は、本来的業務のほか、定款で定めることにより、これらの業務を行うことができるとされた。

これは、「司法書士は、本来的業務のほか、他の士業法で独占業務として規制されていない業務を附帯的に行うことができるし、実際にも行っている[34]」から、司法書士法人にも、これらの業務を行うことを可能とする趣旨である。「ここでいう『法令等』とは、形式的な意味の法律、行政機関によって制定される命令、最高裁判所規則、条例・規則その他地方公共団体の制定する法規、行政庁の訓令、慣習法、事実たる慣習、司法書士会の会則、会規・規則を広く含む趣旨で用いている[35]」とされる。

司法書士法施行規則第三一条第一号の「当事者その他関係人の依頼又は官公署の委嘱により、管財人、管理人その他これらに類する地位に就き、他人の事業の経営、他人の財産の管理若しくは処分を行う業務又はこれらの業務を行う者を代理し、若しくは補助する業務」及び同条第二号の「当事者その他関係人の依頼又は官公署の委嘱により、後見人、保佐人、補助人、監督委員その他これらに類する地位に就き、他人の法律行為について、代理、同意若しくは取消しを行う業務又はこれらの業務を行う者を監督する業務」は、司法書士が法務局や裁判所に提出しない権利義務に関する書類を作成できなければ成り立たない業務である。つまり、司法書士が法務局や裁判所に提出しない権利義務に関する書類を作成できるからこそ、これらの業務を行うことができるのである。

司法書士の権利義務に関する書類作成業務は、前述のように、明治・大正の司法代書人、昭和の司法書士が、明治以来現在に至るまで行ってきた業務であり、慣習法に基づき司法書士が行うことができるものともいえるので、司法書士法規則第三一条第五号に規定する、「法第三条第一項第一号から第五号まで及び前各号に掲げる業務に附帯し、又は密接に関連する業務」であり、司法書士法第二九条の業務としても構成できる。

四　まとめ

行政書士法第一条の二の「その他権利義務に関する書類を作成すること」の文理解釈、行政代書人の明治・大正時代の業務、行政代書人についての規則である代書人規則の制定の経緯、代書人規則施行に関する依命通牒、昭和二六年二月一〇日の行政書士法制定の趣旨からして、独占業務としての行政書士の作成する権利義務に関する書類は、権利義務に関する書類全般ではなく、官公署に提出する書類の付属書類のようなものに限定されていると解される。行政代書人、行政書士の業務は、大正八年の第四一回帝国議会衆議院の司法代書人法案提出の理由説明においても、昭和二五年の第九回国会参議院地方行政委員会の審議においても、一貫して、「官公署に提出する先ほど述べましたような権利、義務又は事実証明に関する書類」の作成であり、「司法書士のように専門的な非常に裁判関係で利害関係が直接影響するというような大事なものでない」のである

行政書士法では、司法書士法と異なり、目的規定において、国民の権利の保護に寄与するのではなく、単に国民の利便に資するものであり、利益相反行為の禁止規定がなく、書類作成についての相談も独占業務でないのは、行政書士の作成する権利義務に関する書類は、官公署に提出する書類の付属書類のようなものであるからであろう。

また、司法書士の業務の歴史的考察により、権利義務に関する書類作成は司法書士の業務であることが理解できたであろう。

司法書士は、司法書士法第三条第一項第四号に規定する独占業務として、権利義務の法律的当否に関する訴状を、法的助言をし、法律判断を下して作成するのであるから、予防司法的役割の担い手として、国民の権利の保護のために、当然、権利義務に関する書類を作成できるのである。

司法書士が、同法同条同項第二号に規定する独占業務として、不動産・預貯金などのすべての相続財産について遺産分割協議書を登記原因証明情報として作成できるのであるから、予防司法的役割の担い手として、国民の権利の保護のためには、当然、相続財産として不動産がない場合も遺産分割協議書を作成できるのである。司法書士法第二九条第一項第一号及び司法書士法施行規則第三一条は、司法書士が権利義務に関する書類の作成をすることができることを明らかにしている。

最後に、重要なのは、権利義務に関する書類の作成に関して、司法書士と行政書士との業際問題ではなく、単に国民の利便に資するためでなく、国民の権利の保護に寄与するために、誰が何をすべきかである。権利義務の法律的当否に関する訴状を作成する司法書士こそが、予防司法的役割の担い手として、国民の権利の保護のため、権利義務に関する書類を作成するにふさわしいと考えられる。

（1）遠田和夫「権利義務・事実証明に関する書類の作成を考える」月刊日本行政二〇一六年一二月号（五二九号）一頁。
（2）遠田和夫「日行連会長の使命と行政書士制度を守る覚悟」月刊日本行政二〇一七年二月号（五三一号）一頁。
（3）磯崎陽輔『分かりやすい公用文の書き方〔改訂版〕』（ぎょうせい、二〇一六年）九〇頁以下、磯崎陽輔『分かりやすい法律・条例の書き方〔改訂版〕』（ぎょうせい、二〇一六年）八六頁以下。
（4）最一小判平成二二年一二月二〇日判時二一〇三号一五五頁。
（5）最三小判平成一二年二月八日判時一七〇六号一七三頁。
（6）福崎伸一郎「最判平成一二年二月八日に係る調査官解説」『最高裁判所判例解説刑事篇（平成一二年度）』（法曹会、二〇〇三年）一五頁。
（7）日本司法書士会連合会司法書士史編纂委員会『日本司法書士史　明治・大正・昭和戦前編』（ぎょうせい、一九八一年）資料編一頁。
（8）江藤价泰『司法書士の社会的役割と未来』（日本評論社、二〇一四年）五頁。
（9）日本司法書士会連合会・前掲注（7）五五頁。
（10）山下昭子「代書人の司法代書人及び行政代書人への分化までに関する若干の考察Ⅱ」月報司法書士二〇一六年七月号（五三三号）七六頁。
（11）日本司法書士会連合会司法書士史編纂委員会・前掲注（7）五九頁。
（12）同二七三頁。
（13）同・資料編一四四頁。
（14）同二九八頁。
（15）同・資料編三三五頁。
（16）同三一一頁。
（17）同三四三頁。
（18）同三四六頁。
（19）「代書人規則施行ニ關スル件依命通牒」内務省警保局『行政警察例規集』（警察協會、一九三六年）六七九頁。
（20）菊池秀「行政書士の権利義務又は事実証明関係書類作成業務をめぐる問題点」自由と正義二〇〇九年一一月号（七三〇号）八六頁参照。
（21）第九回国会参議院地方行政委員会議事録第六号（一九五〇年）一頁。
（22）同二頁。
（23）同八頁。
（24）同四頁。

(25) 同六頁。
(26) 同七頁。
(27) 菊池・前掲注(20)八六頁参照。
(28) 日本司法書士会連合会司法書士史編纂委員会・前掲注(7)三四八頁以下。
(29) 同三八四頁以下。
(30) 同三九八頁。
(31) 同四〇四頁以下。
(32) 同四二四頁。
(33) 同四二七頁。
(34) 小林昭彦＝河合芳光『注釈司法書士法』(テイハン、二〇〇三年)二四九頁。
(35) 同二五〇頁。

司法書士会・団体としての法律家性の考察

司法書士
稲村　厚

一　はじめに

司法書士は訴訟代理を担う法律家として一部弁護士とその職務を競合する存在である。しかし、組織としての司法書士会は弁護士会と比較して、その社会的な役割の認識が乏しく、その活動も体内的な研修や自己宣伝的な広報にとどまっている。民主主義国家では、市井の法律家団体が、市民の自由と権利を間接的に擁護する役割を担っていると考えられ、わが国の弁護士会は、その役割を引き受け続けてきたと評価できよう。

これまで司法書士は、職能単体としてあるいは制度としての法律家性を名実ともに獲得すべく研究実践してきた。そして、どのような立場に立とうとも、少なくとも司法書士の訴訟代理業務の範囲ついては法律家性を肯定することには争いはない状態に至った。しかし、その職能団体である司法書士会に関しての法律家性について充分に研究されてきたとは言えない状況である。そのため、司法書士会は団体としては、いわゆる業界団体の範疇を超えず、法律家団体としての社会的な責任を果たしていないのではないかとの疑義を持っている。

本稿では、法律家団体としての社会的な責任或いは役割を明らかにするとともに、司法書士会がわが国において弁護士会と並ぶ法律家団体となりえているか否か、を考察することを目的とする。

二　司法書士職能の法律家性の獲得の経緯

団体としての法律家性の考察に入る前に、司法書士職能あるいは司法書士制度の法律家性についての議論を整理しておく。

司法書士は、明治初期に弁護士・公証人とともに近代日本の司法の担い手として、誕生したとされている（代書人・代言人・証書人）。その後、政府は弁護士を司法の担い手の中心に置き司法制度を構築したと考えられる。司法書士は制度上いわば取り残された状態で、登記制度の担い手としてあるいは司法制度の保管役として機能してきたと評価されている。(1)

このような司法書士の実質的な役割を、江藤价泰（一九六六）(2)は、「司法書士が底辺の法律家として、国民の身近な相談役、法律家として成長してゆく道をとることが期待される」と積極的な評価を論述した。この論文を契機に、当時の若手の司法書士を中心に、司法書士の法律家性の追求の研究とともに司法書士職能の実態に合った法律家制度としての「司法書士法」を実現させるための法改正運動が本格化していった。その道は険しく、三ヶ月章（一九七二）(3)が、司法書士を「……二元主義的弁護士を髣髴とさせるような認知されない私生児的な制度を――しかも量的に弁護士の倍近い数のものを――いつかこしらえ上げてしまい、後代裁判官側からも、それが司法運営の癌だという声をあげさせるようになってしまったのは、日本の司法制度の一つの悲劇であったのである」と評価しているように、法改正運動は困難を極めたのである。しかし、全国の若手司法書士が結束し、自己研さんのみならず、実務改善と理論の構築を深め、全会一致した法改正運動により、一九七八（昭和五三）年司法書士法改正（以下「旧法」という）が実現した。

保野幸太郎（一九九九）[4]は、この改正により、司法書士資格はそれまでの法務局の長に対して行う認可申請から国家試験制度に転換され（旧法第三条第一号、第五条、第五条の二）、司法書士の法的な位置づけと諸制度の中における司法書士の果たすべき社会的機能の明文化、司法書士法の本質的思想内容と司法書士の職務に対する基本的理念を的確に表現した「目的」既定の新設（旧法第一条）、「職責」規定の新設（旧法第一条の二）、登記・供託それらに関する審査請求の各手続代理権の明定した「業務範囲」の整備（旧法第二条）、等が実現し、法律職能としての自意識が台頭したとしている。しかし、一方で「法律相談」ができるのか否かについて（「司法書士界内では、「法律相談権」と表現されることが多い）は、明確にならず、課題を残したとの評価もあった。この後、わが国の法律家制度における「法律家性」について、司法書士界内においては、主に司法書士の書類作成業務が法律事務か否かという性質を巡り議論が繰り広げられた。そして弁護士と司法書士の職域争いも絡み、代理権限の有無を法律事務の根拠とする考え方（主に弁護士会の主張）と代理権は法律事務の一形態であり書類作成権限であっても法律事務であるとする考え方（主に司法書士会の主張）の対立があった。

この論争の決着がつかないまま、二〇〇二（平成一四）年司法書士法改正により、法務大臣の認定する司法書士に対して簡易裁判所における訴訟代理権限が与えられるにいたった。この段階で、司法書士の法律事務権限（ここでは「法律家性」とはあえて区別しておく）については、少なくとも司法書士の訴訟代理権の範囲内については、争いはなくなったと考えられる。二〇〇四（平成一六）年に成立した総合法律支援法においても、第一条「目的」において、「この法律は、内外の社会経済情勢の変化に伴い、法による紛争の解決が一層重要になることにかんがみ、裁判その他の法による紛争の解決のための制度の利用をより容易にするとともに弁護士及び弁護士法人並びに司法書士その他の隣接法律専門職者（弁護士及び弁護士法人以外の者であって、法律により他人の法律事務を取り扱うことを業とすることができる者をいう。以下同じ。）のサービスをより身近に受けられるようにするための総合的な支援（以下「総合法律支援」という。）の実施及び体制の整備に関し、その基本理念、国等の責務その他の基本となる事項を定めるとともに、その中核となる日本司法支援センターの組織及び運営について定め、もってより自由かつ公正な社会の形成に資することを目的とする。」とし、司法書士を紛争解決の法的担い手として規定されるに至る。日本司法書士会連合会（以下「日司連」という）の認識を、会長職等、当時の執行部の記述から拾う。会長であった中村邦夫（二〇〇四）[5]は、「訴訟代理権能を持つ新たな司法書士制度は、弁護士と一部競合することにより司法の利用者にとって選択肢の増加という効果をもたらす。一方では弁護士とは異なる役割『というものへの期待』が寄せられる」とし、司法書士の新たな可能性を宣言した。会長であった細田長司（二〇〇九）[6]は、「会長就任にあたって　社会情勢が激しく変化し続けるこの時期、司法書士は市民の身近に存在し、かつ法律家として信頼される存在であり続ける必要がある」と述べ、司法書士を法律家として明確に位置付けている。また近年では常任理事の小澤吉徳（二〇一六）[7]は、「平成一四年の司法書士法改正により、名実ともに『法律家』としての役割を担うこととなった司法書士に期待されている分野は極めて広く、その期待に応え続けることができなければ、司法書士の存在意義は無い」とし、法律家として更に社会に対する役割を果たすことを提言している。

一方、司法書士の書類作成業務に関しては、依然として解釈の対立が存在しておりその決着はついていない。林茂生（二〇一七）[8]は、「簡易裁判所における訴訟代理が業務となり、登記申請の双方代理と訴訟代理の違いが議論されたのと同様に、訴訟代理と書面作成業務の相違と、書類作成業務の作用について、司法書士界において真剣に考える時にきていると思う。」とし、「裁判関係書面作成を業務とする司法書士から、裁判所等の関係機関に、その役割・作用を発信して理解を求め、あるいは裁判所等の指導を得ることで、司法書士の行為が非弁代理行為とみなされるような事態を回避することにもつながると考える」とこの分野の行く末について提言をしている。

以上のように、司法書士あるいは司法書士制度の法律家性については、書類作成業務において争いがあるものの訴訟代理業務範囲に関しては、完全に認められている。

三　法律家性の尺度

考察の前に、法律家性とは何かを具体的に明確にしておく必要がある。しかしながら、「法律家性」の定義は、オーソライズされているとは言えない。つまり論者によって使用される「法律家性」という言葉の意味するところに濃淡があるため、まずはこの論考における「法律家性」の意味を確定しておく必要がある。ちなみに、江藤价泰（二〇一四）[9]は、「法律家とは、国家権力、特に執行権に対する関係において制度的に相対的独立性を有する者であり、かつ自律的、排他的な内容を有する法的事務を職務として行う者である」と定義している。

「法律家性」の意味するところには、グラデーションがありいくつかのレベルが存在すると考えられる。私はそれを次の三つのレベルに区分けして考えている。[10]

第一レベルは、法律を扱う職業。

第二レベルは、単独で法律相談を有料で受ける法的権限を持ちかつ法廷における代理権を持つレベルとする。

第三レベルは、中世ヨーロッパで確立された社会的存在であるプロフェッションの段階とする。

ここで、プロフェッションについて整理しておく。石村善助（一九六九）[11]は、次のように述べている。外国の文献では、弁護士をプロフェッションとみるのは常識であるが、我が国では、従来ほとんどなかったし、現代においても希薄である。西欧社会におけるプロフェッションとは、聖職者・医師・弁護士のことであり、一七世紀には存在していたとされる。人生や社会において生じた病や争いごと、あるいは傷心など人の消極面の治癒・回復を目的としており、人間の生活にとって必須の役割として、そのまま大學の学部――神学・法学・医学――として発展している。

プロフェッションとは何かという定義をめぐっては、社会学者・法律家等様々な提起がなされているが、以下の五つの特質にまとめられている。

1　公共奉仕を目的とする継続的活動であること
2　科学や高度の学識に支えられた技術に支えられていること
3　利他主義であり、かつ中立主義であること
4　資格付与と教育訓練が基礎となっていること
5　倫理的自己規制を要求されること、である。

弁護士である吉原省三（二〇〇二）[12]は、プロフェッションの特徴として次の四つを挙げている。

1　学識に裏づけられた専門家であって、不断の研鑽を必要とする。
2　自治組織があり、要求される倫理性をこれをもって維持する。
3　公共性を要求される。
4　収入の多寡が、その人の価値の基準とならない。

さらに、これらの職業は、いずれも人にかかわるものであり、彼は「弁護士のビジネス化がいわれていますが、その本質はやはりプロフェッションであることを忘れてはならない」と述べている。

以上のように、プロフェッションとしての法律家は、人の支援にかかわるものであり、公共的な役割を担ってい

る点からしても、表面的な課題の処理のみを職責としているのではなく、クライアントの人生そのもののみならず、さらには社会全体に対しても影響を与えるものであると自覚する必要があると言える。

本稿における第三レベル・プロフェッションの段階とは、職務が社会全体に対して影響を及ぼすことを自覚して行動できる専門職能とする。

前出した歴史をふりかえると、現在司法書士は、平成一四年法改正により、第一レベルから第二レベルに至っていると位置付けられる。弁護士は、あらゆる社会問題に対して発言し、ときに行動している実態を鑑み、第三レベルに位置付けたい。そして、司法書士はこの第三レベルを目指しているか否かも未だに不明である。

四　法律・会則の違い

団体の法律家性について直接的に研究された形跡はないと思われる。そこでまず、わが国の法律家団体を規定する法律、弁護士法及び司法書士法並びにそれぞれの会則から両団体の性質を比較探求する。

まず、弁護士法の規定を確認する。

弁護士法第一条（弁護士の使命）
弁護士は、基本的人権を擁護し、社会正義を実現することを使命とする。
二　弁護士は、前項の使命に基き、誠実にその職務を行い、社会秩序の維持及び法律制度の改善に努力しなければならない

弁護士法第三一条（目的及び法人格）

弁護士会は、弁護士及び弁護士法人の使命及び職務にかんがみ、その品位を保持し、弁護士及び弁護士法人の事務の改善進歩を図るため、弁護士及び弁護士法人の指導、連絡及び監督に関する事務を行うことを目的とする。

弁護士法第四五条（日本弁護士会連合会：設立、目的及び法人格）

全国の弁護士会は、日本弁護士連合会を設立しなければならない。

二　日本弁護士連合会は、弁護士及び弁護士法人の使命及び職務にかんがみ、その品位を保持し、弁護士及び弁護士法人の事務の改善進歩を図るため、弁護士、弁護士法人及び弁護士会の指導、連絡及び監督に関する事務を行うことを目的とする。

三　日本弁護士連合会は、法人とする。

ここで注目したいのは、弁護士法第一条の使命規定である。弁護士の使命として第一条第一項の「基本的人権の擁護、社会正義の実現」が注目されがちであるが、私は、第二項の「前項の使命に基づき、（中略）社会秩序の維持及び法律制度の改善に努力しなければならない」という規定に注目したい。この規定は、弁護士業務以外の社会における弁護士の役割を明確にし、その行動を推進する根拠となっている。弁護士がその業務を通じあるいは業務以外においても使命を果たすため、社会的な意見を表明し市民運動に参画している原点とも言えよう。弁護士会及び日弁連は、この使命にかんがみ、品位の保持、事務の改善進歩を図るため指導、連絡及び監督の事務を行うことを目的としている。「使命」にかんがみることによって、組織体としても社会に対して意見を表明し、主体的な運動を展開していると考えられる。少なくとも、その活動の根拠は使命規定にあると思われる。

さらに、日弁連会則における組織に関する規定を確認する。

日弁連会則第二条（人権と正義の源泉）
　本会は、基本的人権を擁護し、社会正義を実現する源泉である。
日弁連会則第三条（目的）
　本会は、弁護士及び弁護士法人の使命及び職務に鑑み、その品位を保持し、弁護士及び弁護士法人の事務の改善進歩を図るため、弁護士、弁護士法人及び弁護士会の指導、連絡及び監督に関する事務を行うことを目的とする。

日弁連会則二条の規定で、日弁連が弁護士の使命である「基本的人権を擁護し、社会正義を実現する源泉である」と宣言されている。日弁連の社会的役割を明確にしていると言えよう。
　それに対して、司法書士法の組織に関する規定を確認する。

司法書士法第五二条（設立及び目的等）
　司法書士は、その事務所の所在地を管轄する法務局又は地方法務局の管轄区域ごとに、会則を定めて、一箇の司法書士会を設立しなければならない。
二　司法書士会は、会員の品位を保持し、その業務の改善進歩を図るため、会員の指導及び連絡に関する事務を行うことを目的とする。
三　司法書士会は、法人とする。
司法書士法第六二条（設立及び目的）

全国の司法書士会は、会則を定めて、日本司法書士会連合会を設立しなければならない。
二　日本司法書士会連合会は、司法書士会の会員の品位を保持し、その業務の改善進歩を図るため、司法書士会及びその会員の指導及び連絡に関する事務を行い、並びに司法書士の登録に関する事務を行うことを目的とする。

司法書士会及び日司連は、司法書士の「品位を保持し、その業務の改善進歩を図るため、指導及び連絡に関する事務を行うことを目的」としている。つまり、会は司法書士のために存在している。これは、司法書士法に弁護士法のような使命規定が存在していないため、団体としての社会的な役割を確定することができず、内部統制規程にとどまってしまっているといえよう。

しかし、一九九七年前後から司法書士会が行う無料の多重債務相談会に対して一部弁護士会からのクレームなどがあり、法律家としての司法書士に対する社会的な要請が高まりながらも内部的にも疑義が生じたため、一九九九年会則改正(13)を行い会の事業規定を変更した。

日司連会則第二条（目的）　連合会は、司法書士会の会員の品位を保持し、その業務の改善進歩を図るため、司法書士会及びその会員の指導及び連絡並びに司法書士の登録に関する事務を行うことを目的とする。
日司連会則第三条（事業）
連合会は、前条に規定する目的を達成するため、次に掲げる事業を行う。
（一）司法書士会の指導及び連絡に関する事項
（二）司法書士会の会員の品位を保持するための指導及び連絡に関する事項

（三）司法書士の登録に関する事項
（四）司法書士法人（以下「法人」という。）の届出の事務に関する事項
（五）司法書士の電子証明に関する事項
（六）研修に関する事項
（七）業務関係法規の調査及び研究に関する事項
（八）業務関係図書及び用品の購入のあっせん、はんぷに関する事項
（九）業務の改善に関する事項
（一〇）制度の改善に関する事項
（一一）司法書士業務賠償責任保険（以下「業務賠償責任保険」という。）及び司法書士会業務賠償責任保険（以下「会業務賠償責任保険」という。）に関する事項
（一二）統計に関する事項
（一三）講演会の開催に関する事項
（一四）会報の編集及び発行に関する事項
（一五）広報活動に関する事項
（一六）情報の公開に関する事項
（一七）国民に対して司法書士が提供する法的サービスの拡充に関する事項
（一八）その他連合会の目的を達成するために必要な事項

日司連会則三条一七号に、「国民に対して司法書士が提供する法的サービスの拡充に関する事項」を加え、各単

位司法書士会の会則もこれにならい同様の規定を置き、相談会等市民に対する直接的な事業を行う根拠としたのである。しかし、この文言では弁護士会の活動と対比すると明らかに制限があるのが分かる。すなわち、「司法書士が提供する法的サービスの拡充」という表現からは、公的存在としての社会奉仕ではなく、司法書士の仕事の拡充のための活動と読みとれ、結局司法書士中心主義の広報的な活動と指摘されても反論はできないであろう。

最後に、司法書士の法律家性を高める研究や活動を継続して行い、実質的に司法書士法改正に寄与してきた若手司法書士の任意団体「全国青年司法書士協議会（以下「全青司」という）の会則を参考までに見ておきたい。

全青司会則

全青司は、法律家職能としての使命を自覚する青年司法書士の緊密な連携を図り、市民の権利擁護および法制度の発展に努め、もって社会正義の実現に寄与することを目的とする。

全青司は、会則において弁護士法の使命を意識した使命を掲げ、それに基づく行動により社会に対する役割を宣言している。司法書士界の中において、唯一の法律家団体といってよいであろう。

五　先行研究

弁護士会の役割を論じる論考については、弁護士会の会報でもある「自由と正義」を中心に目にすることができる。例えば、武藤佳昭、土森俊秀による「中小企業の海外展開：弁護士による支援の意義と弁護士会の役割」自由と正義二〇一五年二月号八一一四頁、「特集　原発問題への対応と弁護士・弁護士会の役割」自由と正義二〇一一年一二月号三五—六〇頁、第一二回弁護士業務改革シンポジウム第三分科会　裁判外紛争解決と弁護士及び弁護士会の役割」自由と正義二〇〇一年一一月号一一二—一一〇頁、中村博による「法教育と弁護士・弁護士会の役割」自由と正義二〇〇一年二月号五〇—六一頁、会報以外にも、小林幸也による「遊筆：労働問題に寄せて労働審判制度と弁護士会の役割」労働判例二〇一六年六月一日号二頁、池田佳子による「超高齢社会で期待される弁護士・弁護士会の役割」法の苑二〇一三年五月号一〇—一五頁、鯰越溢弘による「イギリス：法曹養成における大学と弁護士会の役割」比較法研究二〇一一年一八—三〇頁など、枚挙にいとまがない。様々な分野に関して、弁護士という職能と並列的に弁護士会の役割が論じられているのである。

一方、司法書士に関しては様相が違っている。個人あるいは職能としての司法書士の役割を論じるものは散見するが、司法書士会の役割に関する論考は一切探し出すことはできなかった。この現象は、司法書士の司法書士会に対する意識、あるいは市民からの司法書士会に対する期待を端的に反映していると考えられる。そこでさらにいくつかの論考を確認する。

1　弁護士会の役割

小長井良浩（一九六五）(14)は、当時の弁護士会組織に関して、「役員の地位それ自体へむけての角逐をくりひろげているとしか思われない」としながらも、弁護士会の役割を次のように論じている。「弁護士は公共の利益（基本的人権と社会正義）に対する奉仕を職業理念とする」そのため、「弁護士会に対する社会の潜在的な期待も大きい。これを弁護士会におきかえていえば、弁護士会の使命と課題といいうる」とし、弁護士会の役割を明確に示している。しかしながら当時の弁護士会の状況の評価は低く、「弁護士会が立法、行政、司法に発言して、言論を左右した先例を知らない」としている。

湯浅誠（二〇〇八）[15]は、格差社会の到来における反貧困運動の活動家として、「社会正義と基本的人権」に深くかかわる課題であり、人権大会を担ってきた弁護士たちを評価し、さらに、日弁連が全国規模で取り組んだ電話相談に関しても評価し、市民団体や労働組合との連携を促している。この時代には、弁護士会内のみならず広く社会的に弁護士会・日弁連の社会的役割が認識されている証左であろう。

佐藤鉄男（二〇一一）[16]は、司法の中核をなす裁判は国家が成立する以前から存在する民衆の知恵であり、地域共同体の自治力を示すバロメーターであると位置付け、「地域司法計画運動」を提唱してきた。そして、日弁連は一九九九年に地域司法計画チームを立ち上げ二一世紀初頭にかけて全国の弁護士会で地域司法計画が策定されたと紹介している。弁護士制度の本丸である司法制度に関して、国への提言のみならず民衆の立場に立った運動を全国的に繰り広げていることが分かる。

また、二〇一六年に行われた人権大会のシンポジウム報告の文章中に、「当連合会は、過去一〇年以上にわたり、民主的な社会を担う資質・能力を有する市民を育むための教育を『市民のための法教育』と位置づけて、その学校現場への普及に尽力してきました[17]」と明確に書かれているように、民主的な社会の形成のために組織が活動している様が見て取れる。

弁護士会・日弁連の社会的な役割は、自らの会報の名称に端的に表現されている。すなわち「自由と正義」が旗印となり、かれらの行動指針として機能していることがよくわかるのである。

2　司法書士会の役割

司法書士会においては、職能団体・組織の社会的役割を正面から論じるものは乏しく、わずかに任意団体である全青司において見いだせる。石橋修（二〇一六）[18]は、二〇一六年に国会で議論されていた、いわゆる「安全保障関連法案」に関する反対する会長声明をめぐる会内議論の中で、次のように述べている。「司法書士は法律家なのか、全青司は法律家団体なのかが問われていると思う……。法律家職能としての使命を自覚する司法書士が集まった全青司が、この声明を出さないということはあり得ない。立憲主義がないがしろにされれば市民生活は崩壊する。だからこそ市民の権利を擁護する我々全青司が意見を表明することが必要だ。有志で出したのでは意味がない。全青司は市民の生活を守るための団体なのだ、市民の権利を擁護する法律家職能としての団体なのだということを会長声明に託したい。」法律家団体のあり方を、認識した発言であると思う。

六　考察

さて、弁護士会・日弁連の役割に関する論考を精査すると、弁護士はもとより湯浅の論考で代表されるように市民からも、法律実務にとどまらず、あらゆる活動を通じてその社会的な役割を果たすことを期待されていることが分かる。そしてその根拠とされているのは、弁護士法の使命規定にある「基本的人権の擁護、社会正義の実現」である。これらの社会的使命を果たすために、弁護士会・日弁連も積極的な役割を期待され、日弁連会則二条の規定で、日弁連が弁護士の使命である「基本的人権を擁護し、社会正義を実現する源泉である」との規定を設け、明言しているのである。

しかし、弁護士会も使命規定があるからといって、一朝一夕に現在のような意識に達したわけではなさそうである。それが認識できるのが、小長井の論考である。小長井は、会報である「自由と正義」に、「弁護士会が立法、行政、司法に発言して、言論を左右した先例を知らない」としており、弁護士会の役割について会員諸君に向けて語っているのである。つまり、弁護士会といえども五〇年前においては、使命規定があっても現在のような社会的な活動が盛んではなかったと読みとれる。もちろん当時の日本社会が右肩上がりの経済優先社会でまだ貧富の格差も激しくなく、人権問題が表面化していなかったという世相はあろう。それでも、会員からは組織体としての弁護士会の社会的なあり方を問う論考が会報に堂々と掲載されていることを見逃してはならない。

それに対して司法書士会は、司法書士法上使命規定が未だに存在しないとはいえ、組織体である司法書士会・日司連の社会的役割について提言する論考が見当たらない。構成員である司法書士自身が、組織体の社会的な役割を意識していない以上、市民が自発的に期待を持つことはないのは自明のことである。任意団体である全青司では、会長自ら団体の法律家性及びその社会的な役割について論じていることを考えると、司法書士はあえて法定団体である司法書士会及び日司連について言及していないとも考えられる。すなわち、それは司法書士会が国・法務省を監督官庁としているための自主規制的心理が働いているのかもしれない。

一方で、個別の司法書士の社会的な役割については盛んに論じられている。それは主に司法書士のプロボノ（公益）活動として議論されている。日司連は、会員へのプロボノ活動普及を目的として「プロボノ活動推進委員会」を立ち上げている。同委員会は、「『専門職能を活かしたサービス』つまり、司法書士という職能であるからこそ出来る活動が『司法書士の行うべきプロボノ活動』である[19]」としている。さらに司法書士会は、この公益的活動を推進する規則・規約を設けることを推進している。あくまでも会は個人の司法書士の社会的な役割を推進することを想定しており、組織そのものの直接的な社会的役割を論じているわけではない。

以上を前述した法律家性の尺度にあてはめて整理すると、次のようになるであろう。

弁護士	第三レベル
弁護士会（日弁連）	第三レベル
司法書士	第二レベル

司法書士会（日司連）第二レベル

この状態は、社会的な活動の根拠となる「使命規定」の有無によるのだろうか？　単体としての司法書士が、プロボノ活動に代表されるような法律家としての社会的な役割を果たそうと活動しているのを考えると、規定だけの問題ではなさそうである。五〇年前の小長井の論考でわかるように、かつての弁護士会も第三レベルの状況とは言い切れなかったようである。そのような時代において会員から、法律家団体としての社会的な役割を提言され、活動の範囲を広げ、いまや市民からも当然のごとく期待される存在となったのである。司法書士会は未だに、会員からも法律家団体としての社会的活動を提言する論考すら出ていない。この事実は、深刻に受け止められなくてはならない。前述のようにこの現象は、単に「使命規定」の有無が原因ではないことは、個人としての司法書士の役割の論考から明白である。なぜ、司法書士は法律家団体としての役割について関心を向けないのであろうか。前述のように司法書士会は現在も法務省を監督官庁として頂いている。監督官庁のいわゆる締め付けに苦労した歴史も持っている。また、一方で弁護士会から隣接職として職務範囲に関する締め付けも存在する。そのため、会組織が直接的な社会的な活動を行うことに関して発言することも躊躇してきたことが、職能文化として存在していると考えられる。二〇一五年六月に開催された第七八回日司連定時総会において、組織員提案された議案第二五号「集団的自衛権行使を可能とする安全保障関連法案の廃案を求める決議（案）」が、否決されていることでも司法書士集団の現状を推し量ることができる。[20]なお、二〇一七年六月開催の第八〇回日司連定時総会においては、議案第二五号「組織的な犯罪の処罰及び犯罪収益の規制等に関する法律等の一部を改正する法律の廃止を求める決議（案）」については、否決、議案第二七号「金融庁等に対し、多重債務問題の抜本的解決の妨げとなっている銀行等のカードローンに関して、総量規制の導入を求め、改めて積極的に多重債務者救済の活動をする決議」は可決している。司法書士の職務に関連する社会的な発言に関しては、可決しているのである。[21]前述の法律家性尺度でいえば、第二レベルと第三レベルの中間点に、日司連を位置付けられそうである。個人としての司法書士は第三レベルのプロボノ活動に踏み込んでおり、これから司法書士会・日司連にも具体的な活動を明確に促していくことにより雰囲気も変わっていくであろう。さらに、組織としての活動の根拠として「使命規定」が創設されれば、司法書士会・日司連に第三レベルの法律家性が備わる大きな後ろ盾になると考えられる。

七　おわりに

民主国家における法律家の役割は、権力をチェックし市民の自由を守り、正義が実現される社会を保つことであると私は考えている。そのために法律家は、個別の依頼案件を処理する法律事務にとどまらず、積極的な社会的な活動への参加が望まれる。それによって社会の健全性が保たれる。わが国では、司法制度改革以来、弁護士を増加させたとはいえ、法律家の相対的な数は未だに先進国のレベルに至っていない。更にグローバル経済下の自由主義社会では貧富の格差が拡大しており、市民の自由と権利が脅かされてきている。そのため、法律家としての司法書士に対する潜在的な期待は大きいと言える。わが国の社会の健全化のためには、司法書士が法律家として社会的な役割を果たすことが必要不可欠なのである。法律家団体としても、弁護士会・日弁連と並び司法書士会・日司連がその役割を認識し充分に責任を果たすようになることが急務であると言っても過言ではないのである。

司法書士が簡裁代理権限を獲得した法改正なったとき、松永六郎（二〇〇二）[22]は、司法書士の受託契約が「紛争解決委任契約」に変質したと評価し、目的規定である司法書士法第一条が「……手続の適正かつ円滑な実施に資し、もって国民の権利の保護に寄与することを目的とする」と改正されたことを、弁護士法の使命規定に準ずるものになったとしている。しかし、私はこれまで述べてきたように、司法書士が社会から法律家性の第三レベルに達した職能として明確に位置づけられるためには、司法書士法に使命規定を創設すべきであると考えている。そしてその内容は、司法書士が法律家として、依頼された個別の法律事務にとどまらず、日常的な社会生活の中においても常時市民の自由と権利を守るべき存在であるべきことが明確になっている必要があり、さらには司法書士会・日司連も同じように社会的な役割を果たす主体であることが示されるべきであると考えている。そのためには、勇気をもった積極的な行動をおこすことが期待されるのである。

現在（二〇一七年九月）、日司連は、使命規定創設のための司法書士法改正のため本格的に活動をしており、八月末日まで会員からの意見徴収を行った。日司連の使命規定原案は、「司法書士は、登記、供託及び訴訟等に関する法律事務の専門家として、国民の権利の擁護と公正な社会の実現を図ることを使命とする」とされている。本稿でこれまで述べてきた法律家性の議論と照らし合わせると、この使命規定案は、「法律事務の専門家」と自らを縛る結果となり、司法書士及び司法書士会を第二レベルの法律家にとどまらせる根拠となってしまう恐れがあると考えられる。個人レベルでプロボノ活動に身を置きながら、第三レベルの法律家として活動してきた司法書士の活動範囲を狭める結果となろう。

法律家の使命は、社会においてどのような存在として貢献すべきかを宣言するものである。したがって、まず現代社会と今後予測される五〇年後の社会についての課題を整理して、そのような社会において法律家がどのような立ち位置をとるべきかを共有化することから議論を勧める必要があった。社会のありようを議論するのであれば、当然司法書士だけではなく一般の識者にも加わってもらって慎重に議論すべきであった。哲学者の鷲田清一（二〇一五）[23]は、これからの社会で必要とされる専門家は、制度を超えた現実社会の中に市民と共に存在し、率直なコミュニケーションをとりつつ市民と共に歩む者であると述べている。世の中の一番先頭にいるのではなく、大多数から遅れをとってしまったしんがりの中にこそ、法律家として存在すべきなのではないだろうか。

使命規定は、制度が整えられていない社会現象に対して法律家としてどのような立ち位置で取り組むべきかが示されている必要がある。現在プロボノ活動を司法書士会内に広げていこうとしているグループにとっては、使命規定の内容が直接的にその活動を既定してしまうことを認識すべきである。現状の日司連案は、市民の期待を裏切る内容であり、かつ個々に努力してきた司法書士会員のプロボノ活動を踏みにじるものであることを指摘して、本稿を閉じる。

（1）日本司法書士会連合会『日本司法書士史　明治・大正・昭和戦前編』（ぎょうせい、一九八一年）。
（2）江藤价泰「準法律家」岩波講座現代法第6巻『現代の法律家』（岩波書店、一九六六年）二九四―三一一頁。
（3）三ヶ月章『民事訴訟法研究　第6巻』（有斐閣、一九七二年）三一九―三三〇頁。
（4）俣野幸太郎「昭和五三年法改正は司法書士制度にどのような影響を与えたか――施行二〇周年の検証」昭和五三年司法書士法改正を考える会編『日本の司法書士』（民事法研究会、一九九九年）二一―四一頁。
（5）中村邦夫「国民の身近な法律家としての正念場」月報司法書士三八三号（二〇〇四年）二―四頁。
（6）細田長司「市民の目線で、地域に密着した『くらしの法律家』の確立を」月報司法書士四五〇号（二〇〇九年）二―六頁。
（7）小澤吉德「司法書士と法改正――法律家としての一つの役割」月報司法書士五三一号（二〇一六年）四二―四五頁。
（8）林茂生「書面作成再考――業務範囲をめぐる裁判例が教えること」市民と法一〇四号（二〇一七年）三―一二頁。
（9）江藤价泰『司法書士の社会的役割と未来――歴史と法制度改革を通じて』（日本評論社、二〇一四年）三〇九頁。
（10）稲村厚「『法律家』としての振る舞い」第48回全青司いばらき全国大会大会資料（二〇一七年）四六―四七頁。
（11）石村善助『現代のプロフェッション』（至誠堂、一九六九年）。
（12）吉原省三『プロフェッションとしての法曹――湯島でのモノローグ』（商事法務研究会、二〇〇二年）。
（13）「議案第七号　日本司法書士会連合会会則一部改正の件」日本司法書士会連合会第五七回定時総会資料二九―三〇頁。
（14）小長井良浩「弁護士会の役割と課題」自由と正義一九六五年一一月号一六―一八頁。

(15)　湯浅誠「貧困に抗する社会運動と弁護士・弁護士会の役割」自由と正義二〇〇八年九月号六七―七四頁。
(16)　佐藤鉄男「地域司法計画運動と弁護士会――点から線へ、目的から手段へ」自由と正義二〇一一年二月号三五―四二頁。
(17)　自由と正義二〇一六年九月号八〇頁。
(18)　石橋修「『全青司は今』――司法書士は法律家なのか、全青司は法律家団体なのか」月報全青司四二九号（二〇一六年）二一―四頁。
(19)　日本司法書士会連合会プロボノ活動推進委員会「司法書士の公益的活動を考える――今月のプロボノさん（総論編）」月報司法書士五二六号（二〇一五年）九九―一〇一頁。
(20)　「REPORT第七八回日司連定時総会」月報司法書士五二二号（二〇一五年）八三―九七頁。
(21)　「REPORT第八〇回日司連定時総会」月報司法書士五四六号（二〇一七年）六二―七六頁。
(22)　松永六郎「簡裁代理権で開く司法書士の新たな道」市民と法一五号（二〇〇二年）六八―七三頁。
(23)　鷲田清一「しんがりの思想――反リーダーシップ論」（角川新書、二〇一五年）。

登記原因証明情報と中間省略登記

司法書士・青山学院大学非常勤講師
野口雅人

一　登記原因証明情報について

1　登記原因証明情報

平成一六年の不動産登記法の改正により、新たに登記原因証明情報が添付情報とされることになった（不動産登記法（以下、「法」という）六一条）。ここに登記原因証明情報とは、権利の登記における登記原因、すなわち、「登記の原因となる事実又は法律行為」（法五条二項括弧書）を証する情報をいう。たとえば、登記原因が「売買」であれば、売買契約という法律行為を証する情報であり、登記原因が「相続」であれば、相続という事実を証する情報である。

たしかに、旧不動産登記法（以下、「旧法」という）三五条一項においても、登記申請に際して、申請書の記載事項である「登記原因」につき売買契約書などの「登記原因を証する書面」（以下、「登記原因証書という）の提出が求められていた。そして、登記原因証書の提出が求められた趣旨は、①登記原因を形式的に審査し不真正な登記のされることを防止すること及び、②登記が完了したときに、登記原因証書に登記済である旨を記載し登記権利者に還付すること（旧法六〇条一項）、すなわち登記済証の作成にあるとされていた。しかし、旧法下においては、同時に旧法四〇条において、登記原因証書に代わり申請書の副本を提出することも許容されていたので、①の登記原因を形式的に審査し不真正な登記のされることを防止するという趣旨は形骸化してしまい、むしろ、②の登記が完了したときに、登記原因証書に登記済である旨を記載し登記権利者に還付すること、すなわち登記済証を作成することが主目的となっていた（『新基本法コンメンタール不動産登記法』（日本評論社、二〇一〇年）一九〇頁［安永正昭］）のが実情であった。

これに対し改正不動産登記法は、登記の申請方法について、旧法が書面によらなければならないとしていた（旧法三五条一項）のに対し、電子情報処理組織を使用する方法（いわゆるオンライン申請）を認めた（法一八条一項一号）ことに併せて、登記済証の制度を廃止し、登記済証に変わる本人確認手段として登記識別情報の制度を導入したため、登記済証を作成する目的での登記原因証明情報の提出は不要となった。すなわち、旧法において登記原因証書の提出を求めた趣旨の②は不要となったのである。そのような中で、法六一条は、権利に関する登記を申請する場合には、申請人は、その申請情報とあわせて、添付情報として、「登記原因を証する情報」を提供しなければならないとしたのである。その趣旨は、登記原因の真実性を可能な限り確保し、登記の正確性を向上することにあるとされている（清水響『一問一答新不動産登記法』商事法務、二〇〇五年）一六六頁）。

2　登記原因証明情報の形式

(1)　既存の文書を活用する形式

登記原因証明情報の形式としては、まず、既存の文書を活用する形式がある。たとえば、被相続人Aの相続において、共同相続人B、C、Dによる遺産分割協議の結果共同相続人の一人Bが相続財産中のある不動産の所有権を単独で相続し、被相続人Aからその相続人Bへ相続を登記原因とする所有権移転登記を申請する場合で言えば、まず、被相続人Aが死亡しB、C、Dが相続人となったという事実、すなわち相続の発生という事実を証する公的な証明情報（被相続人及び法定相続分を特定できる戸籍謄本・除籍謄本等）が登記原因証明情報となるが、それに加えて、共同相続人B、C、Dによる遺産分割協議の結果Bが相続することになったという事実を証する遺産分割協議書の組み合わせが登記原因証明情報となる。あるいは、ある特定の不動産について、売主Aと買主Bとの間で売買の合意がなされ、かつ所有権移転時期について代金完済時とする特約が付されていた場合の売買を登記原因とする所有権移転で考えるならば、売買という法律行為を証する登記原因証明情報として、AとBとの間で有効に売買契約が成立したことを証する売買契約書および売主Aが売買代金を受領したことを証するAの領収書の組み合わせが登記原因証明情報となる。

たしかに、法六一条が登記原因証明情報を添付情報とした趣旨、すなわち登記原因の真実性を可能な限り確保し、登記の正確性を向上するという点に即して考えるなら、実体関係を正確に反映している既存の文書を活用する形式の方が望ましいといえる。しかし、法律行為を証する登記原因証明情報については、一件の既存文書で登記原因が説明し尽くされることは少なく複数の既存文書が必要となることが想定される。先に挙げた売買の例も売買契約書の他に領収書の提出が必要であった。また、登記原因が不明瞭な場合や既存文書が当事者による紛失等によって存在しない場合もある。さらには、既存文書である原契約書（売買契約書等）を提出すると、そこには、住所・氏名の他、生年月日・電話番号・勤務先・連帯保証人の住所・氏名・生年月日・電話番号・勤務先等の個人情報が記載されていたり、登記と関係ない多くの情報も記載されていることから、申請当事者がその提供を望まないということも少なくない。そのような事情から、実務上既存の文書を活用する形式は敬遠される傾向にある。

(2) 報告書形式

このように既存の文書を活用する形式は敬遠される傾向があるため、法律行為を証する登記原因証明情報については、実務上、報告書形式によることが多い。報告書形式とは、登記申請のために新規に作成された書面（情報）でありその書面（情報）に登記原因の存在を証明するために必要十分な情報が記載されているものである。ある特定の不動産について、売主Aと買主Bとの間で売買の合意がなされ、かつ所有権移転時期について代金完済時とする特約が付されていた場合で言えば、「登記申請情報の要領」を記載することによって、対象となる不動産を示した上で、AとBとの間の売買を登記原因とする所有権移転の登記の申請であること及び登記原因日付を示す。次に、「登記の原因となる事実又は法律行為」を記載することによって、売買による所有権移転登記の要件事実を簡潔に示す。上記の例で言えば、債権行為の要件事実として、AとBとの間で売買の合意がなされたこと及びその契約において所有権移転時期の特約を定めたこと並びにその特約に基づいた物権変動の要件事実としてBからAに売買代金の支払があったこと等を記載する。

しかし、既存の文書を活用する形式と異なりこの報告書形式については法は規定を設けていない。そこで、このような形式は許されるのかが検討されなければならない。

この点を検討するためには、法律行為を証する登記原因証明情報については、既存文書を活用する形式が実務上敬遠されている理由にも相応の合理性があることを確認する必要がある。すなわち、既存文書によると複数の文書が必要になってしまう場合、既存文書が存在しない場合、既存文書によると登記の原因に関係ない個人情報等が公になってしまう場合等には、既存文書形式ではなく報告書形式を認める必要性があるという点である。問題は、法六一条が登記原因証明情報を添付情報とした趣旨、すなわち登記原因の真実性を可能な限り確保し、登記の正確性を向上させるという点に照らして報告書形式が許されるかであるが、登記官が形式的審査に際して申請に係る登記原因が真実存在するとの心証を形成できるものであれば、証明情報としては必ずしも既存の売買契約書等である必要は無く、登記申請のために新規に作成された書面（情報）であっても、それに登記原因の存在を証明するために必要十分な情報が盛り込まれていればそれで足りると考えられる（『新基本法コンメンタール不動産登記法』（日本評論社、二〇一〇年）一九一頁［安永正昭］）。そうであれば、報告書形式を認めても法六一条の趣旨に反するということもなく、報告書形式も許されると考える。

(3)　報告書形式の作成名義人

報告書形式の登記原因証明情報の作成名義人についても明文はない。この点は、登記原因証明情報を添付情報とした法六一条の趣旨、すなわち登記原因の真実性を可能な限り確保し、登記の正確性を向上させるという点に旨に即して考えるなら、登記権利者と登記義務者の両者が登記原因情報の作成に関与した方がより真実性・正確性が担保されることは明らかであるから、原則として登記権利者及び登記義務者の双方が作成名義人となるべきと考える。

しかし実務上は、登記義務者の単独名義で作成されその者の押印がなされたものであれば十分とされているようである。たとえば、売主Aと買主Bとの間の売買という法律行為を証する報告書形式の登記原因証明情報を作成する場合、その作成名義人は売主である登記義務者Aのみで足りるとされるのが実務と言われている。そこで、報告書形式の登記原因証明情報は、登記義務者単独名義で作成されその者の押印がなされたものであれば十分とされている点が許されるかどうかを検討する。

まず、登記原因証明情報を添付情報とした法六一条の趣旨に反しないか。この点、登記を申請するに際して直接不利益を受けるのは登記義務者である（法一二条一三号）点に着目すべきである。そして、登記上直接に不利益を受ける登記義務者が作成名義人となりその者の押印があるならば、登記上直接に不利益を受ける者によって登記内容の真実性・正確性について確認・自認がなされた文書ということができ、登記原因の真実性を可能な限り確保し、登記の正確性を向上させるという法六一条の趣旨は充足していると考えられる。また、そのように考えることは、民事訴訟における裁判上の自白の考え方、すなわち、訴訟において自己に不利な事実を認める陳述がなされた場合は、相手方は証拠によって当該要件事実の存在を立証（証明）する必要がなくなり（民事訴訟法一七九条）裁判所の判断も拘束される（弁論主義の第二テーゼ）という考え方とも整合的であるとも考えられる。更に登記権利者が作成名義人となっていなくても、権利の登記申請は共同申請でなされるのが原則であり（法六〇条）、通常登記権利者も共同申請人となっているのであるから、既にその範囲で登記権利者の意思は確認されており、登記原因証明情報の作成名義人とならなくても登記権利者の利益が害されることはないと考えることができる。

よって、報告書形式の登記原因証明情報は、原則として登記権利者と登記義務者の両者が作成名義人となり押印するべきであるが、登記義務者単独名義で作成されその者の押印がなされたものであっても法六一条の趣旨に反することはなく許されると考えられる。

3　登記原因証明情報の機能・効用

(1)　物権変動過程の公示

登記原因証明情報には、登記原因の存在を証明するために必要十分な情報が記載される。売買を登記原因とする報告書形式で考えてみれば、「登記申請情報の要領」に、対象となる不動産を示した上で、売買を登記原因とする所有権移転の登記の申請であること、登記原因日付が記載され、「登記の原因となる事実又は法律行為」に、売買による所有権移転登記の要件事実の簡潔な記載、すなわち債権行為の要件事実として売買の合意がなされたこと及びその契約において所有権移転時期の特約を定めたこと並びにその特約に基づいた物権変動の要件事実として売買代金の支払があったこと等が記載される。このような登記原因証明情報に基づいて登記がなされることは、登記申請書の写しである申請書副本で登記原因証書に代替可能であった旧法下に比べて、物権変動原因―過程―の公示の要請を強め、物権変動の過程が忠実に登記記録に反映されるに至ったことを意味する（『民法判例百選Ⅰ〔第七版〕』（有斐閣、二〇一五年）一〇五頁［小粥太郎］）（最小判平成二二年一二月一六民集六四巻八号二〇五〇頁）。

(2)　情報公開との関係

登記原因証明情報が添付情報とされたことによる公示機能の強化は、次の情報公開の規定があることによって重要な意味を持つ。すなわち、登記簿の付属書類は公開されることが定められおり（法一二一条）、登記原因証明情報は申請情報の添付情報として、請求者が利害関係を有する部分については閲覧の対象となる（法一二一条二項但書き）。そして、その保管期間は三〇年とされている（不動産登記規則二八条一〇号）からである。

この情報公開の機能・効用はまず不動産を巡る紛争が生じた場合に意味を持つ。たとえば、売主Aと買主Bとの間で売買があったとしてAからBへの所有権移転登記がなされた後、当該AからBへの所有権移転登記は偽造された登記原因証明情報等に基づく登記であって無効であることを理由として、真実の所有者Aから所有権移転登記抹消登記請求の訴訟が提起されたような場合、真実の所有者であることを主張するAは利害関係人であるから、保管期間中であれば、登記原因証明情報を閲覧してその内容を確認することができる。そして登記原因証明情報が報告書形式であれば、そこに記載されている登記申請情報の要領及び登記の原因となる事実又は法律行為の詳細について確認して、その内容が事実と異なる場合、登記原因証明情報を写真撮影してこれを偽造であることの書証として訴訟の場に提出することができるのである。また、既存の文書を利用する形式であれば、売買契約書あるいは領収書等を写真撮影てこれを書証として訴訟の場に提出することができる。更に、不動産を巡る紛争が生じていない場合であっても、たとえば所有権を取得した登記権利者が自己が所有者に至った実体上の権利関係の経過を確認・調査しようと思った場合なども登記原因証明情報を閲覧すれば実体上の権利関係の経過を確認・調査することができる。このように登記原因証明情報の情報公開は重要な意味を持つといえる。

(3) 登記原因の真実性、登記の正確性への寄与

代理人司法書士の立場から見ても、登記原因証書に替えて登記申請書の写しである申請書副本を提出すれば足りた旧法下に比べて登記原因証明情報を添付しなければならなくなったことは重要な意味を持つ。報告書形式の登記原因証明情報は多くの場合代理人司法書士が作成することになるだろうが、その作成に際して代理人司法書士としては、登記の原因となる事実又は法律関係について、原契約書を慎重に確認したり、登記申請人からも丁寧な聞き取りをして、登記原因が真実かどうか、正確かどうかを十分に検討した上で、登記原因証明情報を作成しなければならないからである。もちろん代理人司法書士は、旧法下にあっても、司法書士の当然の職責として登記の原因となる事実又は法律関係について、登記原因が真実かどうか正確かどうかを十分に検討していたはずである。しかし、登記原因証明情報が必須の添付情報となりそれが利害関係人からの閲覧の対象となっている現行法の下では、仮に事実と異なる登記原因証明情報を代理人司法書士が作成したということになれば、司法書士自身容易に責任追求されうることになったのであるから、旧法下に比べてより慎重かつ丁寧に登記原因が真実かどうか正確かどうかを検討することにつながる。そのような意味で代理人司法書士の立場から見ても、登記原因証明情報の作成は登記原因の真実性、登記の正確性への寄与という効用・機能につながると言える。

二　登記原因証明情報と中間省略登記との関係

1　中間省略登記についての考え方

中間省略登記とは、主に売買のケースにおいて、不動産の所有権がAからB、BからCへと順次移転した場合に、その所有権移転登記を実体的な変動過程に従ってAからB、BからCと順次2回行うのではなく、直接AからCに対してなすことを言う。

この中間省略登記については、不動産登記法の改正により登記原因証明情報が必要となったことにより、中間省略登記ができなくなったという見解（『新基本法コンメンタール不動産登記法』（日本評論社、二〇一〇年）一九三頁〔安永正昭〕）（以下「甲説」という）と、もともと旧法下でも中間省略登記は許されておらず、登記原因証明情報が必要になったことにより出来なくなったわけではないとする見解（青木登『元登記官からみた登記原因証明情報』（新日本法規出版、二〇一七年）一六頁）（以下「乙説」という）がある。以下においては、中間省略登記の考慮要素と学説を整理しつつ、甲乙それぞれの見解について検討する。

2　中間省略登記の考慮要素と学説の整理

(1)　考慮要素

中間省略登記の問題を検討する上で第一の考慮要素は、①実務上の要請である。すなわち、不動産登記手続に要する手間と登録免許税や司法書士報酬等の出費を節約したいという実務上の要請である。たとえば、ある不動産の売却の依頼を受けた不動産業者が、買主が見つからないため一時的に自己が買い取った上で買主を探すということもあり得る。そのような場合であっても常に不動産業者は一旦自己名義に所有権移転登記をしなければならないとすると、多数の不動産を扱っている不動産業者にとって登録免許税の額と司法書士報酬の額は莫大な負担となる。よって、そのような不動産業者からすれば一旦自己名義にすることなく、売主から直接買主名義に中間省略登記に出来ることを望むであろう。これが実務上の要請である。この考慮要素を重視すれば、中間省略登記も肯定すべきとなる。

第二の考慮要素は、②不動産登記法の目的である。物権は絶対的・排他的な権利であるから、誰がどこにどのような内容の権利を有しているかが迅速かつ正確に公示されていなければ、取引関係に入った第三者に不測の損害を与え取引の安全を害するおそれがある。そのため、物権その他の第三者に対抗しうる権利を登記簿に記録することによって、複雑な権利関係を外部から正確に認識する（公示する）といった仕組みが不動産登記制度である（『新基本法コンメンタール不動産登記法』（日本評論社、二〇一〇年）二頁〔鎌田薫〕）。この不動産登記制度の目的を尊重するなら、「物権変動の経過をそのまま反映させよう」（最小判昭和四〇年九月二一日判決民集一九巻六号一五六〇頁）とすることが不動産登記法の目的に沿うことになる。この考慮要素を重視すれば、不動産の所有権がAからB、BからCへと順次移転したにもかかわらずその所有権移転登記を直接AからCに対してなす中間省略登記は、物権変動の経過をそのまま反映しておらず否定すべきとなる。

第三の考慮要素は、③中間者の利益である。たとえば、不動産の所有権がAからB、BからCへと順次移転した場合に、Bが未だCから売買代金を受領していないとすると、そのような場合にも、直接AからCに対して中間省略登記が許されてしまうと、中間者Bは売買代金の受領と引き替えに所有権移転登記をするという同時履行の抗弁権（民法五三三条）を失い売買代金の回収が難しくなると言う不利益を受ける。この考慮要素を重視すれば、一般的に中間省略登記を肯定することは中間者の利益を害することになるから否定すべきであるが、例外的に中間者の利益が守られていれば肯定すべきとなる。

(2)　学説

次に、学説をみると、(a)中間省略登記は一切否定すべきとするもの（於保不二雄『物権法（上）』（有斐閣、一九六六年）八九頁）、(b)全員の同意があるときのみ肯定するもの（我妻榮／有泉亨補訂『民法講義Ⅱ新訂物権法』（岩波書店、一九八三年）一四一頁）、(c)中間者の同意がない場合であっても、登記名義人や中間者の利益を害しない場合には可とするもの（幾代通『登記請求権』（有斐閣、一九七九年）五四頁）等があり、(b)が通説とされている（『民法判例百選Ⅰ〔第七版〕』（有斐閣、二〇一五年）一〇五頁〔小粥太郎〕）。

これらの見解を、先に述べた考慮要素との関係で整理してみると、(a)は、考慮要素②不動産登記法の目的を厳格に尊重する見解であり、(b)(c)は、原則として考慮要素②不動産登記法の目的を重視しつつ考慮要素①にも配慮し、例外的に考慮要素③の中間者の利益を害しない限り肯定する見解と言うことが出来る。次に、これらの見解と甲説・乙説との関係を検討してみると、もともと旧法下でも中間省略登記は許されていなかったとする乙説は(a)説と整合的だが、不動産登記法の改正により登記原因証明情報が必要となったことにより中間省略登記ができなくなったという甲説は、(a)説とは異なることは明らかだが、(b)(c)説との関係は明らかでない。

3　乙説の検討

(1)　乙説の考え方

乙説は、もともと旧法下でも中間省略登記は許されておらず、登記原因証明情報が必要になったことにより出来なくなったわけではないとする。たしかに、登記先例上、中間省略登記は認められないとされてきた（抵当権の抹消と移転登記について、昭和三七年七月二六日民事甲二〇七四号回答）。これは考慮要素②不動産登記法の目的を重視してのことと考えられる。この登記先例だけを見れば乙説は正しいといえる。

(2) 旧法下の実務

しかし、旧法下では、中間省略登記が、事実上行われていたことも否定できない事実である。その背景には、登記原因証書に替えて登記申請書の写しである申請書副本の添付で足りるとされていたことがある。すなわち、旧法下においては、不動産の所有権がAからB、BからCへと順次売買により移転した場合であっても、AからCへの売買を登記原因とする所有権移転登記申請書の写しである申請書副本を提出することにより、登記官の形式的審査にパスすることが事実上出来たのである。このように事実上中間省略登記が行われてきた背景には考慮要素①の実務上の要請があったことは確かである。

ただ、このことは考慮要素③を全く考慮しなかったことを意味するわけではない。事実上中間省略登記が行われていた事案の多くは、不動産の所有者Aから不動産の売却の依頼を受けた不動産業者Bが一時的に自己が買い取り、買主Cが見つかった段階で、AからCに直接所有権移転登記をするような事案だと思われるが、そのような場合の中間者である不動産業者Bは、買主Cから売買代金を受領しており、中間省略登記に同意しているのが通常だと思われるからである。すなわち事実上中間省略登記が行われても中間者の利益が害されることはほぼ無かったのである。

(3) 旧法下の最高裁判所裁判例

また、旧法下の最高裁判所の裁判例は中間省略登記を例外的に許容していたことも重要である。すなわち、最小判昭和四〇年九月二一日判決民集一九巻六号一五六〇頁は、「実体的な権利変動の過程と異なる移転登記を請求する権利は、当然には発生しないと解すべきであるから、甲乙丙と順次に所有権が移転したのに登記名義は依然として甲にあるような場合に、現に所有権を有する丙は、甲に対し直接自己に移転登記すべき旨を請求することは許されないというべきである。ただし、中間省略登記をするについて登記名義人および中間者の同意ある場合は別である。（論旨引用の当裁判所判決は、すでに中間省略登記が経由された後の問題に関するものであつて、事案を異にし本件には適切でない。）本件においては、登記名義人の同意について主張、立証がないというのであるから、上告人の中間省略登記請求を棄却した原判決の判断は正当であつて、不動産登記法に違反するとの論旨は理由がない。また、登記名義人や中間者の同意がない以上、債権者代位権によつて先ず中間者への移転登記を訴求し、その後中間者から現所有者への移転登記を履践しなければならないのは、物権変動の経過をそのまま登記簿に反映させようとする不動産登記法の建前に照らし当然のことであつて、中間省略登記こそが例外的な便法である。」と述べているのである。

この判例の評価については諸説有るが、判例要旨を素直に読む限り、原則として中間省略登記を否定しつつも、「中間省略登記をするについて登記名義人および中間者の同意ある場合は別である」として、合意がある場合は、例外的に中間省略登記請求を認めており、先の学説(b)全員の同意があるときには中間省略登記を固定する見解と同様の見解に立脚しているように読める。

(4)　私見

以上から、旧法下でも、先例上不動産登記法の目的を重視し原則として中間省略登記は許されていなかった。その意味で乙説は正しい。しかし旧法下では、事実上中間省略登記を行うことが可能であっただけでなく、最高裁判所の裁判例上も、全員の同意がある場合には中間省略登記を認めていたのであるから、この部分を考慮していない乙説は正確性に欠けると言わざるを得ないと考える。

4 甲説の検討

(1) 甲説の考え方

これに対して、甲説は、不動産登記法の改正により登記原因証明情報が必要となったことにより、中間省略登記ができなくなったという。すなわち、不動産登記法改正により申請書副本の制度がなくなり登記原因証明情報を提出することが義務づけられた。そのため、不動産の所有権がAからB、BからCへと順次売買により移転した場合、実際には存在しないA・C間の売買が存在したかのような登記原因証明情報を提出することができなくなったのであって、今後はかつてのような中間者名義を省略した形の登記申請を事実上も出来なくなったというのである。また、申請代理人となる司法書士の立場を考えればいわば虚偽の登記原因証明情報を作成することはできないはず（『新基本法コンメンタール不動産登記法』（日本評論社、二〇一〇年）一九三頁〔安永正昭〕）だということも指摘している。

たしかに、旧法下では申請書副本を提出することにより事実上中間省略登記を行いうる下地があったのに対して、不動産登記法改正により登記原因証明情報が添付情報になったことによりそのような下地が無くなった。同時に物権変動原因―過程―の公示の要請が強められ、物権変動の過程が忠実に登記記録に反映される要請させるに至ったことは先に述べたとおりである。これは考慮要素②不動産登記法の目的をより重視するようになったことを意味する。これらの点を重視して甲説は、不動産登記法の改正により登記原因証明情報が必要となったことにより、中間省略登記ができなくなったと結論づけているものと考えられる。

(2) 新しい登記先例

甲説の妥当性を検討するに際しては、不動産登記法改正後に新しく実務上重要な登記先例が出されたことにも着目すべきである。すなわち、①売買契約の買主たる地位の譲渡により、あるいは、②第三者のためにする契約をすることによって、売買契約上の売主の所有権移転義務を第三者（C）に対してすることで、所有権が直接AからCに移転するのであれば、その実体に沿って所有権移転登記がなされることになり、中間省略登記とはならない（平一九・一・一二民二五二号民事局民事第二課長回答・登研七〇八号一四一頁以下）という先例が出されたことである。具体的には、①A・B間で売買契約が締結されたが、その買主たる地位を買主Bから第三者Cに譲渡し、これに対するAの承諾があり、CがAに直接売買代金全額を支払うことにより所有権がAからCに移転する場合、あるいは、②A・B間で売買契約が締結されたが、その売買契約には「Bは、売買代金全額の支払いまでに本件不動産の所有権の移転先となる者を指名するものとし、Aは、本件不動産の所有権をBの指定する者に対しBの指定及び売買代金全額の支払いを条件として直接することとする」旨の所有権移転先及び移転時期に関する第三者のためにする特約が付されており、それに従って第三者としてCが指名され、Cが第三者として受益の意思表示をし、BからAに売買代金が支払われ、それによって所有権がAから直接Cに移転することとなった場合である（山野目章夫『不動産登記法〔増補〕』（商事法務、二〇一四年）三〇一頁以下）。

たしかにこの先例の事案は、中間省略登記の事案ではない。すなわち、中間省略登記が問題となる場合は、AとBとの間の売買により一旦AからBに所有権が移転した後、BとCとの間の売買によりBからCに所有権が移転した場合を前提に、直接AからCに売買を原因とする所有権移転登記できるかという問題である、先例の事案は、AとBとの間に売買契約は成立しているが所有権はBに移転しておらず、直接AからCに移転している。その意味で中間省略登記の事案ではない。実体上所有権はAからCに移転しているのだからAからCに所有権移転登記をしても、権利変動の過程をそのまま反映しており、何ら不動産登記法の目的（考慮要素②）に反することもない。また、考慮要素①実務上の要請との関係で検討するならば、不動産登記手続に要する手間と登録免許税や司法書士報酬等の出費を節約したいという中間省略登記を欲した実務上の要請を、中間省略登記ではない方法（代替手段）により達成出来るようになったといえる。更に、考慮要素③中間者の利益との関係を検討しても、売主A、買主B、所有権移転を受けるCといった契約当事者全員が契約に関与するのであるから、中間者Bの利益が害されることも無く、中間者の利益（考慮要素③）を考慮する必要も無い。

この先例に対しては技巧的に過ぎるとの批判も可能である。そもそも不動産登記法の目的は、取引関係に入った第三者に不測の損害を与え取引の安全を害するおそれがないように物権その他の第三者に対抗しうる権利を登記簿に記録することによって、複雑な権利関係を外部から正確に認識（公示する）できるようにするという点にあるのであるから、登記内容だけでなく登記の手続き自体も一般の国民から見て一義的に明確でありわかりやすいものである必要がある。登記原因証明情報の記載内容も同様であって、情報公開によって利害関係人が閲覧する場合のことを想定するなら一義的に明確でありわかりやすいものである必要がある。利害関係人が閲覧してもその意味が理解できないのであれば情報公開する意味も失われてしまうからである。しかるに、売買契約の買主たる地位の譲渡あるいは第三者のためにする契約の要件事実が記載された登記原因証明情報の記載は一般の国民から見て一義的に明確でわかりやすいとは言い難いからである。

しかし、この方法が登記先例上認められるのであれば、中間省略登記の代替手段が登記先例上認められたことになるから不動産登記法の目的（考慮要素②）に反してまで中間省略登記を行う必要性は無い。旧法下でおけるように中間省略登記の是非を論ずる実益も無くなったとも言いうる。このことは逆に言えば、不動産登記法の改正により登記原因証明情報が必要となったことにより、中間省略登記が出来なくなったことを受けて、このような法的可能性が示されたもの（『新基本法コンメンタール不動産登記法』（日本評論社、二〇一〇年）一九三頁〔安永正昭〕）という評価も可能であろう。このように考えるなら、この登記先例が出されたこと自体が、不動産登記法の改正により登記原因証明情報が必要となったことにより、中間省略登記ができなくなったという甲説の正当性を根拠づけることになる。

(3)　新しい最高裁判所裁判例

また、不動産登記法改正後に次の最高裁判所裁判例が出されたことも重要である。すなわち、最小判平成二二年一二月一六日判決民集六四巻八号二〇五〇頁は、「不動産の所有権が、元の所有者から中間者に、次いで中間者から現在の所有者に、順次移転したにもかかわらず、登記名義がなお元の所有者の下に残っている場合において、現在の所有者が元の所有者に対し、元の所有者から現在の所有者に対する真正な登記名義の回復を原因とする所有権移転登記手続を請求することは、物権変動の過程を忠実に登記記録に反映させようとする不動産登記法の原則に照らし、許されないものというべきである」と判旨した。

たしかにこの裁判例の事案は、登記原因が売買では無く真正な登記名義の回復の事案ではあるが、最小判昭和四〇年九月二一日判決民集一九巻六号一五六〇頁とは異なり、①「物権変動の経過をそのまま登記簿に反映させようとする不動産登記法の建前」という表現から、「物権変動の過程を忠実に登記記録に反映させようとする不動産登記法の原則」という表現に変わっており、より物権変動原因―過程―の公示の要請を強めている点、②登記名義人および中間者の同意の有無を問うことなく、中間省略登記請求を否定している点、に注意すべきである。特に、②の点は、「従来の判例の立場を実質的に修正したもの」（森田宏樹『債権法改正を深める』（有斐閣、二〇一三年）四一〇頁）と評することができる。

そして更に考えるなら、上記裁判例については次のように考えることが可能である。すなわち、登記原因証明情報が必要になったことにより、物権変動原因―過程―の公示の要請（考慮要素①不動産登記の目的）が強められた。他方で、①売買契約の買主たる地位の譲渡により、あるいは、②第三者のためにする契約という代替手段を登記先例が認めたことによってをすることによって、中間省略登記によらずとも中間省略登記の目的（考慮要素①実務上の要請）は充たされることになった。また、この方法に寄れば中間者の利益（考慮要素③）が害されることも無い。そうであるなら、登記原因証明情報が必要になったことに加えて、中間省略登記の代替手段が登記先例上認められてことにより、最小判平成二二年一二月一六日判決は、最小判昭和四〇年九月二一日判決が原則としては中間省略登記を否定しつつも例外として「中間省略登記をするについて登記名義人および中間者の同意ある場合は別である」としていた立場を実質的に修正して、登記名義人および中間者の同意の有無を問うことなく、中間省略登記請求を否定したと考えることが可能ではないだろうか。そうだとするとこの最高裁判所裁判例が出されたこと自体が甲説の正当性を根拠づけているといえる。

5　結論

以上から、中間省略登記については、もともと旧法下でも中間省略登記は許されておらず、登記原因証明情報が必要になったことにより出来なくなったわけではないとする見解（乙説）は正確性に欠けると言わざるを得ず、不動産登記法の改正により登記原因証明情報が必要となったことにより、中間省略登記ができなくなったという見解（甲説）が妥当であると考える。

江藤价泰教授と司法書士制度の交錯

――準法律家から登記代理に至る軌跡――

渋谷陽一郎

一　準法律家

江藤教授は、始めて、司法書士制度を学問の俎上に載せた研究者である、といわれてきた。[1] 周知のとおり、「準法律家」を嚆矢とする。「準法律家」は、「臨時司法制度調査会意見書」と同時代の、[2] 司法の担い手論である。「準法律家」における司法書士制度論は、その四年後、「明治初期の『弁護士』制度」で展開されることとなる明治の最初期における代書人制度の分析に繋がる。[3] なお、「準法律家」では、明治の中期以降に形成・規定された司法書士の代書人としての性格規定からの脱却という課題が指摘されている（なお、明治の最初期における代書人制度と明治中期以降のそれとは区別される）。

江藤教授が、司法書士制度の問題点を論じる際に、好んで用いた「基本的性格」という概念は、代書であること、そして、その代書から脱却すべきこと、を示唆している。[4] 江藤教授は、明治の最初期における代書人の法律家性を提示し（明治六年の太政官布告二四七号の訴答文例における代書人強制主義）、代書人と代言人の二元的弁護士制度として捉え、そのような明治の最初期における代書人と現代の司法書士の継続性（同一性・持続性）を推論した。(5) 江藤教授には、そのような指摘によって、司法書士に対して法律家性の自覚を促す意図があったはずだ。(6)

ところで、「準法律家」は、その内容として司法書士を学問的分析に載せた最初の論文というだけではなく、その表題それ自体が論争的であることに特色がある。「準法律家」という表題の由来については、江藤教授自らが、その釈明に追われた。(7) そして、その表題ならびに思考方法に対して、住吉博教授による批判が存在する。(8) 住吉教授は、司法書士は準法律家（法律家に準じる者）ではなく、法律分野にしか足場をもたない純法律家（純粋な法律家）である、とする。

もっとも、江藤教授が「準法律家」を発表した当時は、いまだ司法書士を法律家と呼ぶことを憚るような、何か法曹三者側の事情があったのかもしれない。何よりも「準法律家」は、初期の司法書士制度論の草分けたる先行業績として、その功罪という宿命を負っている。分野の開拓者たる所以であろう。

二　司法書士会との交錯

江藤教授が「準法律家」のための研究を始めたのが昭和三八年であるが、昭和四〇年頃から、同研究の資料を得る目的で、司法書士会とのコンタクトを生じる。(9)

江藤教授は、昭和四〇年一〇月より、日本司法書士会連合会（以下、日司連という）の会報であった日司連だよりにて、「司法書士制度について」と題する連載を開始する。(10) 同連載は七年間もの長期に亘った。この連載で、江藤教授は、フランスの代訴士（アブエ）制度ならびに公証人（ノテール）制度を詳解した。それは、日本においての始めての試みであったはずだ。

また、同じ昭和四〇年には、現在の全国青年司法書士協議会（以下、全青司という）の濫觴といわれる愛知県の三ケ根山における青年司法書士の集いが開催され(11)、ほぼ同時に、司法書士会史の編纂事業が開始される(12)。同事業は、江藤教授が参画し、後に同教授が主導するに至る。江藤教授なしでは成し得なかった事業であったが、江藤教授の晩年まで続くライフワークとなる。

日司連では、同じ昭和四〇年、継続的な全国研修会を行うことを決定する(13)。この全国研修会の開催に当たっては、落合幸男司法書士や古口和正司法書士らから、江藤教授が協力を要請され、江藤教授は、講師の選定から講師への依頼などを協働する(14)。法務官僚を中心とした従来の研修の講師と異なり、在野の法律家としての矜持を得るため、多彩な講師が選定された。なお、日司連の全国研修会は昭和四七年に廃止される。同時に、全青司が全国研修会を開始し、それを承継する(15)。

三　法的判断権という問題——第三小法廷判決と「回答」

江藤教授は、昭和四六年頃から、当時、その活動を活発化しつつあった全青司との協働を深めることになる(16)。法務省から日司連に対する指導が強化されたともいわれ、日司連の全国研修会が中止に至った時期にあたる(17)。左右の政治対立の激化という時代背景があったものと推察される。

その同じ時期、昭和四六年四月二〇日の最高裁第三小法廷判決が出される。この第三小法廷判決の反対意見は、司法書士をして「一般大衆から事件の鑑定や依頼を受け易い立場にあり、そのような機会も多い」とした上、「地方における弁護士の数が、比較的に少ない我が国の現状では、司法書士が一般大衆のために法律問題について多大の貢献をしている実情を私どもも認めるのに吝かではない」とする。しかしながら、同反対意見は「法は、一般の私人には禁じなくても司法書士なるが故に、特にその自制を求めている」とする。また、多数意見は、「司法書士のそのような関与により、かえって、国民の法律生活における正当な利益がそこなわれ、司法秩序が紊されるおそれがある」とした。(18)

江藤教授は、当時、全青司における講演の機会の度に、この第三小法廷判決を批判し続けた。(19) 江藤教授によれば、この判決でいわれる司法秩序とは、弁護士法七二条による弁護士の法律事務独占であるとする。(20) そして、同判決によれば、司法書士は、弁護士法七二条に該当する行為をしないようにつとめるべきであり、それを越えた場合は司法秩序が紊乱されるので刑罰等で処断する、としているとする。(21) そこから、江藤教授は、同判決の結論として、弁護士以外の者には法的判断権を与えず、弁護士以外の者は法律家としてかえりみないという日本的法律家観なるものが現れている、と指摘する。(22)

江藤教授は、第三小法廷判決と同じ趣旨のものとして、昭和二九年一月一三日民事甲第二五五三号法務事務次官回答および昭和二九年一月一三日民事甲第二五五四号民事局長回答を挙げて、同様に批判する。(23) 法務事務次官回答は、その回答の一つに、登記所に提出するためのものではない書類の作成で、法律判断を必要としないものについては弁護士法七二条の違反を生じないが、しからざるものについては、その問題を生じる、とする。また、民事局長回答は、訴状等の作成について、いかなる趣旨内容の書類を作成すべきかを専門的法律知識に基づいて判断し、作成することになれば、弁護士法七二条の違反となる、としている。

江藤教授は、これら回答においては、司法書士が法律家として性格規定されていないこと、そして、専門的法律知識を有するものとしてみられていないこと、それを以って弁護士法七二条の法律事務独占を承認する結果であることを指摘する。(24)

江藤教授は、第三小法廷判決と上記回答に底流する弁護士法七二条が、司法書士を呪文のように呪縛している、として、この呪文を消さない限り司法書士の発展はない、とした[25]。とりわけ上記回答に対するものとして「回答の呪縛」と称して、そこから逃れるためには、司法書士自身が法律家であることの自覚をもつこと、法律家としての責務を自覚することの重要性を強調した[26]。江藤教授によれば、法律家とは法的判断の担い手である[27]。この点、前述の江藤教授による明治初期の代書人制度の研究[28]は、訴答文例における代書人と昭和の戦後における司法書士の間の継続性の推論を前提として、制度の濫觴期における司法書士に法律判断権が承認されていたことを示したものであり[29]、当時の青年司法書士を大いに鼓舞した[30]。

昭和四〇年代後半から昭和五〇年代初頭にかけて、江藤教授は、青年司法書士に対して、司法書士が法律家たるべきことを倦むことなく説き、法律判断の担い手たるべく回答の呪縛からの自己開放、そして、自覚的な主体的運動の重要性を説いた[31]。そのような江藤教授の考え方こそが、昭和五三年法改正の前夜を準備するための理論的支柱であったということができよう[32]。

ところで、江藤教授の上記回答に対する解釈は、昭和五三年を境として、突然、嘱託の趣旨に従う書類作成の過程における法的判断は承認されている、と変更された[33]。西条支部判決の控訴審たる高松高裁への鑑定証人となった事情が影響しているのだろうか[34]。その一方で、江藤教授は、昭和五三年法改正時において立法当局者自身によって、上記回答で示された行政解釈は否定された、とも指摘した[35]。

しかしながら、上記回答は、未だ、現行司法書士法の立法担当者による現行法の注釈書中、参考となる行政先例として示される[36]。また、数年前の富山地裁平二五年九月一〇日判決では、その判決理由中で、突如、上記回答が蘇り、少なからずの司法書士実務家に戦慄を与えた[37]。上記先例の無効を確証することが、日司連が直面する喫緊の課題の一つではなかろうか[38][39]。

四　昭和五三年法改正

昭和五三年の司法書士法改正の内容は、前年に全青司にて採択された司法書士法改正要綱案の影響が少なくないと言われる[40]。同要綱案は、同協議会に設置された司法・司法書士制度研究委員会が研究し、作成したものである。江藤教授は、その委員会開催日の全てに出席し、支援を行った[41]。従来、日司連は、司法書士資格の国家資格化に焦点があったが、全青司案は、法律家としての目的規定と職務規定の創設を強調し、そのような主張が改正法中に具体化された[42]。

ところで、平成一四年の司法書士法改正にて導入された簡易裁判所訴訟代理等関係業務であるが、その要望の具体的な主張は、昭和三八年から始まっている[43]。しかしながら、昭和五二年当時の全青司の法改正要綱案では、簡易裁判所訴訟代理の許容に対する要望は取り下げられている。なお、当時、江藤教授は、簡裁訴訟代理の主張に対して、法律家間に上下を設けることになるという理由から消極意見であった[44]。

江藤教授は、簡裁訴訟代理については、司法書士が要望するのではなく、むしろ、将来的に、外部から、司法書士に対して簡裁訴訟代理を担うことが求められるようになるのが筋であるとした[45]。簡裁訴訟代理の問題は自ずと時間が解決する、という江藤教授の予言は、その後、四半世紀を経て的中した[46]。

五　西条支部判決と高松高裁判決

昭和五二年の松山地裁西条支部判決（西条支部判決）は、司法書士に法律判断権を認めた画期的な裁判例であるといわれる（裁判官の名をとって宗判決ともいわれる）[47]。江藤教授によれば、西条支部判決の意義は、司法書士に対して、依頼の趣旨に合致する法律的判断が承認されたことにある。また、書類作成に必要な前提的行為も可能となり、包括的な書類作成事務も可能であるとして、訴訟維持の指導の一部を認めたことである。そして、無報酬と書類作成嘱託の目的の範囲内を要件として司法書士の法律相談を可能としたことである[48]。

なによりも、西条支部判決は、弁護士と司法書士が上下の関係ではなく、分業関係にたつことを承認した[49]。最後の点については、江藤教授自らが、ようやく自己の主張が認められた、と評価する[50]。実際、西条支部判決に至る公判廷においては、当時の江藤教授による司法書士制度研究の論稿のほとんどが、証拠として提出されたそうだ[51]。西条支部判決は、丁度その頃、昭和五三年法改正を審議していた国会法務委員会でも大きく取り上げられた[52]。

西条支部判決は、松山地検西条支部検察官より控訴され、高松高裁の審理が始まる。江藤教授は、司法書士の実態および法制に関する被告側証人となる[53]。江藤教授によれば、検事から、司法書士はタイプライターではないかとして、証人尋問が行われたという[54]。その問題は、司法書士に法的判断権があるかないか、であった[55]。

ところで、控訴審の判断たる高松高裁判決は、司法書士の法律判断について「制度として司法書士に対し弁護士のような専門的法律知識を期待しているのではなく、国民一般として持つべき法律知識が要求されていると解され、従って上記の司法書士が行う法律的判断作用は、嘱託人の嘱託の趣旨内容を正確に法律的に表現し司法（訴訟）の運営に支障を来たさないという限度で、換言すれば法律常識的な知識に基く整序的な事項に限って行われるべき」とした。

このような判決理由に対して、江藤教授は、司法書士と弁護士の能力（法律判断の質）による分業が想定されているとと評し、能力による分業は、法律家にはなじみにくいものである、と批判する[56]。住吉博教授も同判決を司法書士の専門性を否定したものとして批判した[57]。

なお、昨今、高松高裁判決に対する評価の変化（同判決は司法書士の専門性を認めている）という現象が一部にある[58]。様々な見解が存在し、議論が活発化すること自体は健全なことだ。しかしながら、それまでの通説的見解に対する反対意見を主張する場合、社会科学の常道として、司法書士制度研究の泰斗たる江藤教授と住吉教授の学説を踏まえ（かつ反論し）精緻な論証が展開されることを望みたい[59]。

六　登記代理論

様々な研究者と司法書士実務家の交流の契機ともなったのが、いわゆる登記代理を巡る議論である。登記代理論（登記代理委任論）こそが司法書士論檀の華であった。登記代理という概念の提唱者は、江藤教授である[60]。昭和五〇年、江藤教授は、訴訟代理という概念があるのと同じように登記代理という概念を考える必要があることを司法書士実務家に対して指摘した[61]。

江藤教授は、昭和五三年法改正において司法書士法上、登記手続代理が規定されたことで、登記代理という手続概念を考えうる根拠が与えられた、とする[62]。また、登記代理の手続構造を明らかにすることで、司法書士が研究を行い、学会に問題提起する必要があるとした[63]。

その後における登記代理論の隆盛は周知のとおりである。登記代理論（登記代理という特殊概念）に対する批判も生じた。甲斐道太郎教授は、司法書士業務の問題を「登記代理（権）」の観念として論じることは適当でない、とした。それは、民法上の代理概念との乖離があり、議論を不要に混乱させ、司法書士実務が内包する真の問題の所在を部外者に対して理解させることを困難とするから、とした[64]。また、住吉博教授は、登記代理概念と訴訟代理概念は、ほとんど共通するものを含んでいないと指摘する[65]。また、伊藤進教授による検討なども知られる[66]。

それらの批判や検討も含めて、当初、江藤教授と司法書士実務家が協働して始めた登記代理を巡る議論は、昭和バブル期を絶頂として百家争鳴たるものに至る。しかし、現在、登記受託の過当競争による紹介手数料の問題などもあり[67]、登記代理論（登記代理委任論）の継続や承継が断絶しつつある。

ところで、江藤教授による問題提起（司法書士実務家から学会への働きかけ）は、不動産登記法の泰斗たる幾代通教授を会長に頂く不動産登記法研究会の創設に至った。司法書士による理論書のパイオニアの一つとなった木茂親子の「不動産登記の原理」は、その幾代教授が、「不動産登記法」（法律学全集）の中で、登記の担い手たる司法書士を黙殺したことに義憤を感じて書き上げたという伝説も伝わる[68]。同研究会は、幾代教授亡き後、江藤教授と清水誠教授が運営し、数多くの学者が参加し、一つの時代を築いた。その後、江藤教授は晩年に至るまで同研究会を主導し続けた。

江藤教授は、登記代理の「前段事務」の充実を強調した[69]。それは、例えば、江藤教授によれば、登記の原因関係（実体関係）である売買契約に関わっていくことである[70]。昭和五三年法改正の以前、江藤教授によれば、司法書士が法的判断権を行使する場合には弁護士法七二条違反となるという解釈が存在していた。この点、江藤教授は、同法改正に関わらず、司法書士の法的判断権の行使の許容は明らかではない、とする[71]。

新設された簡裁訴訟代理業務等を除いては、平成一四年法改正を経た今も、登記代理に直接的に関連する司法書士法の条文上の変化はない。しかるに、手続概念である登記代理を、実体関係に対する法的判断の法的根拠とせざるをえないような逆説的状況が続く[72]。もっとも、実体関係に対しては、双方代理の禁止をどのように考えるべきか、という問題を生じ、事態は複雑となる[73]。

［付記］

以上、拙いながらも、江藤教授と司法書士制度の交錯について、その一部に留まるものにすぎないが、大枠を記してみた。かつて、江藤教授が渡辺洋三教授、小田中聡樹教授と共に「日本の裁判」（岩波書店）を出版された際、筆者は、司法書士実務家向けの書評を書かせていただいた[74]。その初稿ゲラに対して、江藤教授から、当時のトレードマークであったパイプを片手に、「あんまり大げさに書いてくれるなよ」とお叱りをうけたようなことがあった（その後、同書評は修正して掲載された）。そんな記憶も蘇る中、江藤教授の在り日を偲び、その魂の冥福を祈りつつ、本稿を記した。

江藤教授の司法書士制度に対する寄与は、本稿で描いた軌跡に尽きるものではない。江藤教授は、司法書士制度に対して、在野の法律家としての魂を吹き込んだ。官の窓口としての司法書士制度を、在野の法律家制度へ転換することに舵を切らせた。そのための理論と根拠を提供した。江藤教授の他に、誰が、かような革命をおこせたであろうか。こんなことを言えば、また大げさなことをと、江藤教授に、叱られてしまうかもしれない。しかしながら、そのような司法書士革命は、司法改革の熱狂によって中断され[75]、途半ばである。その司法改革による弁護士増員政策が進行する中、江藤教授の言葉を借りるならば、司法書士制度は存続できるのであろうか[76]、今その岐路に立つ[77]。

（1）「準法律家」に対する当時の司法書士の反応については、香川保一＝福永隼人ほか「司法書士制度の展望と課題」東京司法書士会報六号一二頁［落合幸男発言］。日本の法律家の一員という形で学者が司法書士を始めて取り上げたのが江藤教授であることについて、全国青年司法書士連絡協議会「司法書士法第一条を考える」（一九七四年）五〇頁［落合幸男発言］。ちなみに、住吉教授は、江藤教授に関して「これまで『司法書士』を法律専門職能として把握し、徹底した研究をアカデミーの側で企てた先学としては、江藤价泰教授しか挙げることができない」ともしている（住吉博『新しい日本の法律家——弁護士と司法書士』（テイハン、一九八八年）七九頁）。
（2）　臨時司法制度調査会意見書に対する批判については、日本弁護士連合会「臨時司法制度調査会意見書批判」自由と正義一八巻六号一二頁。なお、準法律家の三三頁の本文中に、臨時司法制度調査会意見書という言葉が三度登場する（江藤价泰「準法律家」岩波講座現代法6『現代の法律家』（岩波書店、一九六六年）二九四頁、三二〇頁、三二一頁）。
（3）　住吉博教授は、江藤教授による明治初期の弁護士制度の研究に関して、明治初期に「まさに『上からのブルジョワ革命』を行った諸国にふさわしい、その官僚的統制に服する一元主義的弁護士制度とならざるをえなかった」ことの周到な研究であると指摘した（住吉博「司法書士の業務範囲と弁護士法七二条違反の罪」日司連会報八五号（一九七八年）一一五〜一一六頁。また、かような明治初期の制度の成り立ちこそが、その後の「司法秩序」に関連していると考えられる（同一一五頁）。
（4）　「基本的性格論」が、江藤教授の問題意識であり続けたことは、二〇〇二年司法書士法改正直後の江藤价泰「司法書士制度の近未来」法と民主主義三七三号六頁に至るまで一貫している。なお、江藤教授は、司法書士が経済的繁栄を謳歌した昭和後期のバブル景気を経た後においても、未だその「基本的性格」が不明確であることを指摘し続けた（牧野忠明＝江藤价泰「新春対談93　司法書士制度の未来を語る——法改正15年の歩みと展望　2」七頁）。
（5）　明治初期の代書人と現在の司法書士の継続性（同一性）を否定するような消極的見解も存在する（例えば、兼子一＝竹下守男『裁判法（法律学全書）〔新版〕』三七四頁（有斐閣、一九七八年）。明治初期の訴答文例の代書人強制主義と現在の司法書士の継続性を強調する見解は、あくまで江藤教授による推論と論証の結果であり、江藤説であることに注意したい。司法書士集団内においては、この江藤説が、あたかも当然の史実であるかのように通用してきた。この江藤説が、現在、法制史の学説上、通説であると扱われているのか否かは、筆者には不明である。なお、明治中期以降、都道府県において、代書人取締規則が制定されていくことで、代書人の職業集団としての実在性が確証されるが、現在に至る鑑定というキーワードなどは、同規則群に端を発している（日本司法書士会連合会『日本司法書士史　明治・大正・昭和戦前編』（ぎょうせい、一九八一年）二六五—二八一頁）。今でも法改正の議論となると、鑑定という概念が議論の障害となる。平成一四年の司法書士法改正を経た現在においても、代書としての基本的性格が全面的かつ完全に払拭されているとは言い難い。
（6）　「準法律家」は、昭和四一年の発表であるが、昭和三九年に司法書士制度廃止論が報道され、司法書士集団は深刻な状況にあった（澤口祐三「過ぎし一年を回顧して」日司連だより一二号（一九六四年）二頁）。また、同じ昭和三九年には「補正通達」闘争が生じている（日司連だより一四号一―五頁頁特集記事）。なお、昭和四〇年が司法書士制度の転換点であったことにつき、渋谷陽一郎「不動産登記代理委任と法令遵守確認義務（7）――委任論と機関論の相克、埼玉訴訟判決の二つの意味と五号相談概念の混迷」市民と法六九号（二〇一一年）二頁。また、司法書士制度廃止論については渋谷陽一郎「小さな正義の物語――司法書士制度の忘れ得ぬ人々　第3回」市民と法九八号（二〇一六年）一一六頁。

（7）　江藤价泰「法律家について――司法書士法第一条を中心として」は、冒頭部分で、「準法律家」という言葉に対する釈明から始まる（江藤『司法書士の社会的役割と未来』（日本評論社、二〇一四年）二八〇頁）。なお、「準法律家」の刊行直後、江藤教授は、当時の東京司法書士会副会長であり、小説家であった妻木新平こと福永隼人司法書士から、司法書士は法律家であり、準法律家ではないとの批判を受けたという（江藤「司法書士の社会的役割と未来」はじめにⅳ頁、江藤ほか「【座談会】二一世紀への羅針盤をめざして――昭和五三年改正法をどう実践すべきか」昭和五三年司法書士法改正を考える会編集『日本の司法書士』（民事法研究会、一九九八年）二九三頁）。なお、妻木新平が芥川賞候補となったのは「妻の従軍」ではなく、「名医録」である。妻木新平については、渋谷・前掲注（6）一一四頁。

（8）　住吉教授は、「司法書士職も弁護士職と同様に本来の法律家、つまり『純』法律家に属する」として、また、「司法書士を『準法律家』と表示しようとすることは、それと同時に、暗黙のうちであれ司法書士の専門職能性を否定する意図を示すことになる」と指摘する（住吉博「司法書士法を理解するために」『権利の保全――司法書士の役割』（法学書院、一九九四年）一〇〇―一〇二頁）。なお、住吉教授は、上級法律家と下級法律家、底辺の法律家、主役と脇役、中心と周辺など、江藤教授によるこれら概念の使用に対しても批判する（同『権利の保全』一〇三―一〇八頁）。明治初期の制度を二元的弁護士制度として把握する方法論も、アプリオリに法律家＝弁護士としてミスリードしてしまう危険があるかもしれない。

住吉教授と江藤教授という司法書士制度にとっての二人の巨人における見解の対立は、たとえば、日本司法書士会連合会と日本弁護士連合会の業務範囲に関するガイドライン策定協議案に対する考え方の差異にわかりやすい。江藤教授と住吉教授は、共に、当時、ガイドライン策定協議をバックアップするために設置された日司連「司法書士制度審議会」の委員であったが、江藤教授は、法律家間の分業と連帯を実現するために必要な協議と捉え、一方、住吉教授は、司法書士の将来の展望を制約するものとして捉えたのではあるまいか（住吉博「『業務範囲ガイドライン』問題に関する私見」）。なお、当時の若手の司法書士は、全国青年司法書士協議会を中心として、住吉教授の考え方を支持したようにみえる（山川泰規「国民不在の『ガイドライン』に疑問」月報全青司一六七号二頁、稲村厚「弁護士との業務範囲ガイドライン策定についての疑問」飛翔三二号一八頁）。結果的に、ガイドライン策定協議案は死に体となり、遂には協議自体が消滅した。その後の司法改革における司法書士の業務範囲の拡大という事件を考えた場合、ガイドライン策定協議案を巡る諸問題に対する評価は難しい。司法書士集団による再検討が必要な論点である。なお、ガイドライン策定協議案は非公開であったといわれる場合があるが、その当時、内容に関する数多くの論稿があり（広報委員会「職域とガイドライン原明彦副会長に訊く」月報司法書士二七五号三四頁、松永六郎「日司連と日弁連の司法書士業務のガイドラインについて」市民と法創刊号（一九九九年）一一頁、松永六郎＝渋谷陽一郎「簡裁代理はなぜ認められたのか」市民と法八六号（二〇一四年）五〇頁）、事実上、内容は公開されている。また、埼玉訴訟の岡田滋弁護士の著書には、ガイドライン策定協議案の全文が公開されており、公知の事実であるといえる（岡田滋「行政書士と司法書士」岡田法律事務所三一二—三一三頁）。それゆえ、闇雲にタブー視するのではなく、今でも弁護士と司法書士の業際問題を考える際には積極的に議論の素材として活用したい。

（9）江藤ほか「特集座談会　法改正と10年の歩み」国民と司法書士二号（一九七九年）九頁、東京司法書士会史編纂ヒアリング18「江藤价泰」『東京司法書士会史』下巻（東京司法書士会、一九九八年）四二二頁。

（10）日司連だより二二号（一九六五年）三頁。

（11）日司連だより一五号（一九六五年）三頁。

（12）日司連だより二〇号（一九六五年）二頁。なお、日司連だより二二号三号（一九六四年）では、江藤教授自らが司法書士制度史編纂事業への期待を述べる。

（13）日司連だより二三号四頁。

（14）前掲注（9）『東京司法書士会史』（東京司法書士会、一九九八年）四二三頁。

（15）前掲注（9）国民と司法書士一一—一二頁、一七—一八頁、二四頁。なお、同一七—一八頁には、法務省民事局から日司連全国研修会の内容が批判された、とある。

(16) 江藤教授によれば、昭和四六年の全青司第二回研修会での講演が端緒であるとする(前掲『東京司法書士会史』下巻四二六頁)。

(17) 前掲「法改正と10年の歩み」。香川保一民事局参事官(昭和四一年当時)は、司法書士会主催の座談会において「私がいま一番心配しているのは、司法書士制度の中で、うわずった議論をして大いに気勢をあげることのもつ意味、その中に、一つの変な勢力的なものがはいってくる危険性はないか、ということです。この点を一番心配しているのです」と発言している(香川保一＝澤口祐三ほか「新春放談」東京司法書士会会報一三号(一九六七年)一五頁[香川保一発言])。江藤教授が司法書士会と関係を生じ、全国研修会等の協力を行う時点における発言であることが興味深い。なお、昭和五三年法改正直前における弁護人抜き法案反対決議などに象徴されるが、法務省が懸念した方向性こそが、弁護士会との関係を深める契機となる(東京司法書士会史編纂ヒアリング16「宮原豊」『東京司法書士会史』下巻三九〇―三九一頁)。

(18) 民集二五巻三号二九〇頁、判タ二六三号二〇四頁。

(19) 江藤『司法書士の社会的役割と未来』二八一頁以下、前掲注(1)「司法書士法第一条を考える」五六頁以下、全国青年司法書士連絡協議会第七回東京大会実行委員会「社会的要請と司法書士法第一条」七八頁以下。

(20) 前掲注(1)「司法書士法第一条を考える」五九頁(江藤价泰講演録)。

(21) 江藤教授は、人権の守り手たる二大法律家集団として弁護士と司法書士の協働・共闘を訴え、弁護士に対して、より高い次元に立って、弁護士法七二条を振り回すことのないよう警告していた(江藤价泰＝渡辺洋三＝小田中聰樹『日本の裁判』(岩波書店、一九九五年)一六七頁)。江藤教授は、司法改革前夜の九〇年代、弁護士増員政策が人権の砦たる弁護士会を切り崩すための政策であるから(江藤『司法書士の社会的役割と未来』三一八頁)、弁護士会は司法書士会と共闘すべきであると訴えた。そのため、江藤教授は、司法書士会と弁護士会のガイドライン案策定の協議を支持し、各地域における司法書士会と弁護士会の提携を示唆していた(同書三二六―三二七頁)。

(22) 江藤『司法書士の社会的役割と未来』二八四頁。なお、江藤教授の晩年の指摘として、司法制度改革審議会意見書が、司法書士を隣接法律専門職種と位置づけ、法律家として位置づけていないことの規定要因は弁護士法七二条(弁護士の法律事務独占)であるとして、そのような思考を明治維新以来のわが国の法律家制度の負の遺産であるとした。また、そのような側面から、平成の司法改革が真の国民的立場にたつものではないとする（江藤价泰「司法書士制度一四〇年」月報司法書士四七九号（二〇一二年）一五―一六頁）。
(23) 前掲注（19）「社会的要請と司法書士法第一条」七五頁以下。
(24) 同七五頁。
(25) 同七六頁。
(26) 同八四頁。
(27) 江藤『司法書士の社会的役割と未来』二〇九―三〇〇頁。なお、江藤教授による法律家の更なる詳細な定義としては、同書三七二頁以下に詳しい。
(28) 江藤价泰「司法書士制度に対する一考察」日本司法書士会連合会全国研修会叢書第二回（一九六七年）、江藤价泰「明治初期の「弁護士制度」について」兼子博士還暦記念論文集『裁判法の諸問題（下）』（有斐閣、一九七〇年）、江藤『司法書士の社会的役割と未来』一五六頁。古賀正義弁護士は、明治初期の弁護士制度を蘇らせた江藤教授の考察を、鮮やか、と評した。
(29) 江藤『司法書士の社会的役割と未来』三三九頁。
(30) 青年司法書士の間で、明治初期の代書人に関する江藤説を基に「司法書士賛歌」が歌われた（渋谷陽一郎「小さな正義の物語　第2回」市民と法九七号（二〇一六年）一一四頁）。作者は、江藤教授の陸軍士官学校の先輩にあたる川島賢三司法書士（当時は日司連事務次長）である（落合幸男「司法書士制度をめぐる、ごく最近の社会的動向」日司連だより六〇号九〇―九一号）。
(31) 江藤教授は「五三年法改正までは、日司連というよりは、全青司とのかかわりが多かった」と証言している（『東京司法書士会史（下）』四二七頁）。
(32) 江藤教授は「なんとなく全青司との関わりで、五三年法改正を手伝わされるというか、援護射撃をしたような形になっていたように思います」と証言する（『東京司法書士会史（下）』四二七頁）。
(33) 江藤『司法書士の社会的役割と未来』一六九頁、一七二頁、二三〇頁、江藤价泰＝清水湛ほか「座談会　司法書士法改正を語る」日司連会報八六号（司法書士法改正記念号・一九七九年）三四頁［江藤价泰発言］。

(34) 江藤价泰「「改正司法書士法」の問題点(四)」法学セミナー一九七九年六月号一三一頁(『司法書士の社会的役割と未来』二三〇頁)。
(35) 江藤价泰「「改正司法書士法」の問題点(三)」法学セミナー一九七九年五月号一一三頁(江藤『司法書士の社会的役割と未来』二一四頁)。江藤价泰「司法書士の基本的性格」江藤編『司法書士の実務と理論』(日本評論社、一九九一年)二五頁一九九一年(江藤『司法書士の社会的役割と未来』二七五頁)では「五三年法改正後においては実質的には否定されている回答である」としている。
(36) 小林明彦＝河合芳光『注釈　司法書士法〔第三版〕』四六頁。なお、同書は、なぜか、昭和二九年一月一三日民事甲二五五四号の民事局長回答だけが掲載され、同日の民事甲二五五三号の法務事務次官回答は掲載されていない。
(37) 無署名「判決特報」市民と法八六号(二〇一四年)六六頁。平成二九年一一月二一日付け千葉法務局長懲戒事案(日司連ホームページ)。
(38) 斎木賢二「新会長に聞く　様々な状況を的確に把握し、司法書士制度の着実な前進を」では、法律関係書類の作成権限の明示を最重要事項の一つとする。そして、書類作成業務に関する過去の不合理な先例等の見直しを求める活動を行うことが宣言された(月報司法書士四九九号(二〇一三年)五頁、七頁)。
(39) 同先例と現在の問題については、渋谷陽一郎「民事信託支援業務に未来はあるか(1)」市民と法一〇五号(二〇一七年)五頁、同「民事信託支援業務に未来はあるか(2)」市民と法一〇六号(二〇一七年)一八—一九頁。
(40) 昭和五二年二月広島大会決議「司法書士法改正要綱案」全国青年司法書士連絡協議会司法・司法書士制度研究委員会。なお、在野における昭和五三年法改正の理論的支柱は江藤教授であったと推測されるが(江藤＝清水ほか・前掲注(33)「座談会司法書士法改正を語る」二二頁、官の側のキーパーソンは、清水湛民事局第三課長(当時)に加えて、何よりも枇杷田泰助司法調査部長(当時)であったであろうと推察される(枇杷田＝清水＝田代＝能星ほか「改正司法書士法をめぐって」登記先例解説集一九巻二号六四頁)。ちなみに江藤教授と枇杷田部長は学生時代からの旧知であり、江藤教授によれば、江藤教授の司法書士制度に関する最も論稿を熱心に読んでいたのが枇杷田部長であり、枇杷田部長は江藤教授に対して「あまり司法書士をおだてないでくれ」と言うような仲であったそうだ(渋谷陽一郎「小さな正義の物語　第5回」市民と法一〇〇号(二〇一六年）一二六頁〕。
(41)　前掲注（9）国民と司法書士二号二三頁〔田代李男発言〕、前掲注（40）広島大会決議二〇頁〔田代李男発言〕、東京司法書士会史編纂ヒアリング20「田代李男」『東京司法書士会史』下巻四五三―四五四頁、田代李男「私と昭和五三年法改正」前掲注（7）日本の司法書士五四四頁。
(42)　前掲注（7）日本の司法書士三三六頁〔田代李男発言〕、前掲注（9）国民と司法書士二五―二八頁、二九―三〇頁〔田代李男発言〕。
(43)　日本司法書士会連合会編『司法書士国家試験制度試論（司法書士全書第三巻）』五一八頁。
(44)　江藤价泰教授は「わざわざ簡裁代理権を、と要求するのは、私を下級弁護士として位置づけてください、ということと同じで、おかしいのではないか」とする（江藤＝清水ほか・前掲注（33）「座談会　司法書士法改正を語る」三二頁〔江藤价泰発言〕、広島決議（一九七七年）三二頁〔江藤价泰発言〕、「司法書士の業務と責任」司法の窓四六号（一九七五年）二四六頁〔江藤价泰発言〕）。
(45)　広島決議三二頁〔江藤价泰発言〕。なお、江藤教授は、簡裁訴訟代理問題について、昭和五一年当時、司法書士の簡裁訴訟代理を巡る討論にて、「司法書士が国民の信頼を得るにいたれば（中略）自ら熟柿が落ちるように解決される問題」との表現も用いた（全国青年司法書士連絡協議会第七回東京大会実行委員会「社会的要請と司法書士法第一条」三八頁〔江藤价泰発言〕）、江藤「司法書士の社会的役割と未来」一八三頁。司法改革の直前期、江藤教授は「簡裁代理権は、私は要求するものだとは思っていないのです。あれは当然なのです。」としている（江藤『司法書士の社会的役割と未来』三二五頁）。
(46)　政府与党自民党からの働きを端緒とすることについて、松永＝渋谷・前掲注（8）六二―六三頁。なお、昭和五三年法改正以降、むしろ、司法書士集団の一部に簡裁代理消極論も存在していた（松永六郎「所謂簡裁代理を考える」月報全青司一〇号（一九八〇年）、大崎晴由「訴訟代理権付与は尚早」法律新聞二〇〇〇年一月一四日論壇）。松永六郎司法書士の消極論は、本人訴訟それ自体の有用性と必要性、代理制度の弊害、弁護士と司法書士の職能的区別の必要性、訴訟代理コストによる司法書士訴訟の低廉性と客観性を喪失するリスクがある、としている。大崎晴由司法書士は、弁護士との棲み分けに混乱をきたす、としている。なお、簡裁訴訟代理を議論することの重要性を指摘したものとして、渋谷陽一郎「書評「市民のための裁判実務の手引き」――簡裁代理を中心に」月報全青司一七五号（一九九四年）一四頁。
(47) 昭五二・一・一八判時八六五号一一〇頁、判タ三五一号二一〇頁。
(48) 江藤『司法書士の社会的役割と未来』二五八―二六一頁。
(49) 同二五四―二五五頁。
(50) 同二五八頁。江藤教授は、西条支部判決について「私の書いたものに随分依拠しているな、とも思いましたが。」ともしている（前掲注（7）日本の司法書士三二〇頁［江藤价泰発言］）。
(51) 前掲『日本の司法書士』三一一頁［田代李男発言］。
(52) 第八四回国会衆議院法務委員会議事録第二八号では、衆議院法務委員会において、社会党の横山委員は、西条支部判決の内容を朗読し、香川政府委員に対して判決内容に関して質問を行ったことが示されている（日司連会報八六号（司法書士法改正記念号・一九七九年）一〇七頁。
(53) 山本元「日本の司法を誰がどうする――いわゆる宗判決を中心に」全国青年司法書士連絡協議会「第10回全国研修会報告書」一七九頁。
(54) 江藤＝清水ほか・前掲注（33）「座談会　司法書士法改正を語る」三四頁［江藤价泰発言］。
(55) 高松高裁の証人尋問の直後、高松にて、司法書士法改正の記念講演が行われ、その際、江藤教授は、検事が「司法書士には法的判断権がないのだというところに何とか落ち着かせようと一生懸明」であると指摘する（江藤价泰「講演　司法書士制度の将来」月報司法書士八七号（一九七九年）九頁、同『司法書士の社会的役割と未来』一五五頁）。
(56) 江藤价泰「司法書士の基本的性格」『司法書士の理論と実務』二一頁、同『司法書士の社会的役割と未来』二七〇―二七一頁。
(57) 住吉博『司法書士訴訟の展望』（テイハン、一九八五年）四八頁は、「弁護士が作成した訴訟書類は法律専門職の仕事によるものとして格別の意義を認められてよいが、司法書士が作成した書面は、何ら法律専門職能によるという価値が付加されたものとはみられないという訳である。つまり素人である訴訟当事者本人が自力で作成した訴訟関係書類と司法書士作成の書類とは、まったく同質のものにとどまる―そこに「法律事務」はあらわれない、といった見方が示されている」とする。

(58)　松永六郎司法書士は、高松高裁判決を指して、同判決は代書通達（昭和二九年先例としてのタイプライター論）を基準としてできた判例であり、この判決によって司法書士の裁判事務は縛られていると批判したが（松永六郎「これからの司法書士のために」市民と法八六号（二〇一四年）三八頁）、昨今、高松高裁判決は、司法書士のタイプライター論を否定している、という見解を生じている（無署名記事「判決特報」市民と法八六号（二〇一四年）六六頁）。

(59)　渋谷陽一郎「民事信託支援業務に未来はあるか（3）――民事信託分野における理論と実務の乖離」市民と法一〇七号（二〇一七年）二八頁。

(60)　江藤价泰＝住吉博ほか「登記代理委任をめぐって（上）――議論の生成と展開」月報司法書士二〇〇号（一九八八年）九頁［前沢六雄発言］、一六頁［佐藤義人発言］、一七頁［前沢六雄発言］。

(61)　江藤价泰＝前沢六雄ほか「第一回判例研究会より　司法書士の業務と責任」司法の窓四六号（一九七五年）二三七―二三八頁。

(62)　江藤＝清水ほか・前掲注（33）「座談会　司法書士法改正を語る」二五頁［江藤价泰発言］。

(63)　江藤价泰「講演　司法書士制度の将来（3）」月報司法書士八九号（一九七九年）一二―一三頁、同『司法書士の社会的役割と未来』一八六頁。

(64)　甲斐道太郎「不動産登記と司法書士」法学セミナー一九八八年一一月号二九頁。

(65)　住吉・前掲注（1）三七三頁、住吉博『権利の保全――司法書士の役割』（法学書院、一九九四年）一八八頁。これまで見てきたとおり、住吉教授は、度々、江藤教授の見解に対する先鋭な批判者となってきたことが知られる。しかしながら、江藤教授が、当初、司法書士制度に対して抱いた理念的な問題意識に対して、それを明確化し、深化し、展開し、理論化することで、司法書士の実務に大きな影響を及ぼしたのは、住吉教授その人である（例えば、登記原因証書と立会調書の職務整備運動について、住吉博ほか「討論会『登記の立会』と司法書士職務の整備・改善」会報司法の窓七六号（一九九一年）巻頭企画）。江藤教授の業績と共に、（江藤教授の見解を理解するためにも）住吉教授の業績が再評価される必要がある所以だろう。司法書士実務家が司法書士制度を論じる機会も多い。そのような場合、既に過去、江藤教授や住吉教授あるいは同教授等と共同研究を行った司法書士実務家らによって既に研究されてきた問題点が、繰り返し論じられることが少なくない。先行業績を無視した研究は無駄であり、客観性に欠く。単なる思い付きや剽窃となってしまうリスクがある。司法書士実務家は、司法書士制度研究の二大泰斗である江藤教授ならびに住吉教授による先行業績を踏まえ、また、必要に応じて反論することで、司法書士制度論を論じる必要がある。法律や制度を社会科学として論じることこそ、江藤教授が司法書士実務家に対して教えてくれたことだったはずだ。

(66) 伊藤進「『登記代理』について」法務省法務総合研究所編『不動産登記をめぐる今日的課題』(日本加除出版、一九八七年)三一七頁。

(67) 渋谷陽一郎「不動産登記代理委任と法令遵守確認義務(8)――紹介手数料事案のリーガル・リスクと『登記代理浄化運動』」市民と法七五号(二〇一二年)二頁。

(68) 江藤价泰「発刊に寄せて」渋谷陽一郎『信託目録の理論と実務』(民事法研究会、二〇一四年)1頁。幾代教授は、東北大学を退官された後、昭和六一年から上智大学で教鞭をとられた。それは、丁度、不動産登記研究会の始動と同じ時期である。上智大学は、司法書士会館と同じ四谷に位置することから、司法書士会館における研究会の開催に好条件であった。なお、同じ頃、登記法(明治一九年八月一一日法律第一号)制定公布一〇〇周年を祝して、司法書士と研究者によるシンポジウムや研究会が盛んに行われ(登記法公布一〇〇周年記念「討論会　不動産取引と登記制度」会報司法の窓六六号(一九八六年)、日本司法書士会連合会編『不動産登記制度の歴史と展望』(有斐閣、一九八六年)、故・木茂隆雄司法書士追悼記念事業実行委員会編『不動産登記に関する司法書士の役割』(法律文化社、一九八九年)、また、法律家としての露出が急増した時期にもあたる(別冊法学セミナー『市民のための法律家(公証人・司法書士ほか)』(一九八三年)を嚆矢として、「特集司法書士」法学教室七二号(一九八六年)、「〔特集〕法律社会と司法書士」法学セミナー一九八八年一一月号、全国青年司法書士協議会『君も司法書士にならないか』(早稲田経営出版、一九八八年)その他、法学部生向けの出版が続いた時期である)。当時、いわゆる昭和後期のバブル景気の下、不動産の地価上昇こそが、登記の重要性を再認識させ、その担い手たる司法書士の重要性を再認識することに繋がった、という側面もあろう。ちなみに、木茂親子の木茂隆雄司法書士は、昭和バブル前の昭和五六年当時、「舞台には存在しないものとみなすという司法書士としては、まことに屈辱的な位置づけであり」、「その結果として幾代通先生の不動産登記法には司法書士の章も土地家屋調査士の章もありません」と語っている(「第1分科会　公証登記主義―その理論と実

践」全青司第10回全国研修会報告書六頁〔木茂隆雄報告〕）。

(69)　江藤价泰「昭和五三年法改正の司法書士制度史上における意義」日本司法書士会連合会編『市民社会と法をめぐる今日的課題〔平成元年版〕』（民事法情報センター、一九八九年）三七一頁、江藤『司法書士の社会的役割と未来』一四七頁。なお、住吉博教授は、「事務の前段」という概念に対して、そのあいまい性と必要性等に疑義を呈する（住吉・前掲注(65)『新しい日本の法律家』三八六頁）。

(70)　江藤『司法書士の社会的役割と未来』三二七頁。

(71)　江藤「改正司法書士法の問題点（五）」法学セミナー一九七九年八月号一一五頁、同『司法書士の社会的役割と未来』二二三頁。

(72)　住吉博教授は、「実体的な債権契約の有効性適法性に入っていくならば当然法律事務になるわけです。法律事務を対価を受けて、業として行い得るということに関しては、頼まれたというだけではまだ足りない。頼まれたからといってどんどんやっていたら、いわゆる非弁護士活動でいっぺんに処罰されてしまうわけです。だから非弁護士ではないということの根拠が一つ必要なのです。善管注意義務に基づくということだけでは非弁護士活動でないという根拠にはならないのです」と指摘する（住吉博ほか「追悼ゼミナール」前掲注(68)『不動産登記に関する司法書士の役割』二五一頁〔住吉博発言〕）。

(73)　住吉博教授は、原則として「いわゆる前段で本当の意味の双方代理をするとしたらこれは違法です」と指摘する（江藤价泰＝住吉博ほか「登記代理委任をめぐって――議論の生成と展開（下）」月報司法書士二〇〇号（一九八八年）一七頁〔住吉博発言〕。前掲注(68)『不動産登記に関する司法書士の役割』二五頁〔住吉博発言〕、住吉博「司法書士法第九条の存在意義」月報司法書士二一〇号（一九八九年）一三頁。

(74)　渋谷陽一郎「書評『日本の裁判』岩波書店」月報全青司一八二号（一九九五年）五頁。

(75)　江藤教授による司法改革に対する評価については、江藤价泰「司法改革について考える」法律時報七二巻一号（二〇〇〇年）四四頁。

(76)　江藤价泰「司法書士制度の近未来」法と民主主義三七三号（二〇〇二年）六頁。なお、江藤教授が司法書士制度の担い手らにパラダイムチェンジを生じさせたことについては、渋谷・前掲注(6)「不動産登記代理委任と法令遵守確認義務(7)」二頁、渋谷・前掲注（40）「小さな正義の物語　第五回」一二六頁。

（77）　江藤教授の著名な講演のタイトルとして、群馬司法書士会で行われた「岐路に立つ司法書士制度」がある。

江藤先生と全青司協

司法書士　相馬計二

江藤先生に想いを馳せる時。いつも一番最初に浮かんでくるのは、青司協発足当時の先生の若々しい姿であります。

昭和三九（一九六四）年八月。行政の簡素合理化を進める第一次臨時行政調査会の太田薫総評議長による「司法書士制度廃止論」（いわゆる太田メモ）が新聞紙上で報道されました。司法書士界はじめ法務省においてもこれらの事態に澤口祐三日司連会長を先頭に国会対策や一糸乱れぬ行動で、この難問を解決しました。

当時、私は東京法務局に勤務しており、全法務労働組合の書記長も務めていました。法務省と日司連。そして法務局労働組合の一体的活動は戦後の日本社会の再生を支える機軸として、その職責を全うしておりました。

江藤先生と私の関係は、私が全法務の書記長時代からです。

先生には「準法律家」の執筆の過程で司法書士の存在と職能の重要性を認識して戴いたようにも思います。

この時代は都立大学の教授であられた江藤先生を中心に陸士出身の司法書士川島賢三（日司連書記）、宮原豊（東京会会長）氏等の活躍で「登記代書」から「司法書士の国家試験への移行」「青年司法書士よ大志を抱け！」の夢の実現に努力した時代でもありました。

昭和四四（一九六九）年に司法書士試験に合格した私は東京司法書士会に登録しました。登録と同時に旧知の司法書士仲間の古口和正、落合幸男の二人から「青司協」をやってくれ……の毎日々の催促に音をあげ承諾して終いました。

この「司法書士を終身の仕事」として受けた事が私の人生を決めた最大の事件でありました。

それからの司法書士相馬計二の人生の出発は同封の写真に全て語られているように思います。

司法書士を愛し、司法書士を怒り、仲間と語り合い、励まし合いながら生きた仲間の姿を想いながら、そして江藤价泰先生の教えに感謝しながら。

先生本当に有難うございました。

江藤先生と「司法書士の社会的役割と未来」のこと

司法書士　有野久雄

はじめに

江藤价泰先生との邂逅こそが、私の司法書士人生における最高の喜びの一つであった。毎月の銘々会、不動産登記研究会、そして全青司の全国研修会等々、いろいろな場面でお教えいただいた。司法書士会館での勉強会の後、四谷しんみち通り「縄のれん」での懇親会は本当に楽しい思い出である。法律から歴史、そして政治、時事問題等々、縦横無尽に展開された江藤節が懐かしい。

いつ頃からであったかはっきりしないが、当時、銘々会の幹事を菱田徳太郎氏と務めていた佐々木正己氏より、会合の後、江藤先生を御自宅までお送りするのをバトンタッチしてほしいとの話があり、四谷、新宿より御自宅まで毎回タクシーで御一緒させていただいた。車の中でのお話はアルコールも入っており、本当に楽しいひとときであり、時にはびっくりするようなお話も飛び出した。

民事法研究会の「市民と法」誌一〇〇号にて、渋谷陽一郎氏が「小さな正義の物語―追悼江藤教授―」の中で次のような趣旨のことを記している。

江藤先生は、自由と人権の守り手として、司法書士と弁護士という二大法律家集団の共闘を実現するため、「司法書士よ法律家たれ」として、司法書士実務家に対する教育に大変に熱心であったこと、そのため、江藤先生は司法書士の応援団長と誤解され、学会における立場を微妙なものとしたかもしれないこと、また、江藤先生が築いた司法書士研究という学問分野を継ぐ者が不明確であることが江藤先生の心残りであったこと、などである。そして、渋谷氏は、それらの事情から、司法書士実務家こそが江藤先生の教えを伝えていく責務がある、と指摘する。私も同感である。

本稿では、江藤先生が最晩年に尽力されたこの論集に関するエピソードを中心に証言することで、江藤先生の魂の冥福を祈ると共に、江藤先生を敬愛する人々の参考に供したい。

江藤先生ご自身による論稿集への情熱

日本中を震撼させた未曾有の災害であった東日本大震災の直後、二〇一一年の四月頃と記憶しているが、新宿の「なだ万賓館」で、私、司法書士の赤土正貴氏、渋谷氏で、江藤先生を囲み、四人で食事会をもった。珍しく、江藤先生からのご発案であった。江藤先生は、日本司法書士史（昭和戦後編）の編集作業を終え、ほっと一息つかれていた。江藤先生は、司法書士史を終えることができたので、次の課題として、ご自身の過去における司法書士論集を纏めたいということであった。これは、江藤先生の論集を刊行する会の結成に随分と先行する機会であった。江藤先生は、自分の論稿で、手元にないものが少なくないとして、渋谷氏に対して、過去の論文の蒐集を依頼された。ご自身の論集の整理を、ようやくやる気になったよ、と照れ笑いして語られていたことは、昨日のようである。思えば、その日が、江藤先生とくつろいで楽しくお酒を飲んだ最後であったかもしれない。食事の後、河岸をかえ、終電の時間まで四人で痛飲した。丁度、同じメンバーで、二〇年前、同じ新宿で、お酒を飲んだことを思い出しながら。江藤先生は、お酒を飲まれて、稀に、加藤隼戦闘隊などの軍歌を歌われる場合があった。江藤先生は、戦後の進歩派陣営の重鎮の一人であり、私自身も、その戦争体験から、進歩派かたぎである。しかし、なぜか、江藤先生が軍歌を歌うお姿は、ほほえましいものだった。やはり、陸軍士官学校時代の思い出が蘇るのだろうか。それだけ強烈なご経験であったのだろう。

江藤先生は、過去のご自身の論稿を修正し、現代化して、今の若い司法書士も読めるような形で、再度、公表したいというご意向であった。その際、まだ出版社は決まっていないという話である（無論、日本評論社が念頭にあったことだろう）。とにかく、当時、江藤先生は傘寿となられたばかりであったが、論稿を新たにすることについてはファイト満々であり、随分と頼もしく見えたものだ。江藤先生は、論集に納めるための論稿をどれにするか、既に、心の中で決められていたご様子であった。そして、決して、周囲から言われたからというものではなく、江藤先生ご自身が、若い司法書士のために、自らの手で論稿集を纏めたいという意欲であった、ということは証言しておきたい。

東京大空襲のこと

その食事会の折り、江藤先生は、少年時代から陸軍士官学校時代の思い出を語られ、暫し、太平洋戦争中の話となった。昭和二〇年三月一〇日に、歴史に残る東京大空襲があった。私は、当時、爆撃の中心地の一つである深川の平野町に住んでおり、四月に国民学校に入る予定であった。近くにある清澄庭園に逃げ込んでなかったらば、命が絶たれていただろう。江藤先生は、その日の夜、朝霞にある陸軍士官学校の宿舎から下町方面を眺めていたという。東京の下町方面が、赤々と燃えるのが見え、深夜にも関わらず、丁度、夕焼け空のような明るさであったという。江藤先生は、杉並出身の生粋の東京子であり、下町を含めて東京には知己も多く、東京方面への空襲に対しては、心痛めるものがあったらしい。早朝まで呆然たるものだったそうだ。

そのような思い出話から、江藤先生は、一般市民に対する無差別絨毯爆撃戦略を立案し、燃焼が容易な木造密集地に対する焼夷弾攻撃という東京大空襲を指揮したルメイ将軍に対して、戦後、日本政府より、勲章が与えられたこと、を批判された。

東京大空襲は、深夜、ほんの数時間の間に一〇万人以上の非武装の市民が殺戮された惨劇である。短時間の殺戮数では、歴史上、最も惨い。太平洋戦争末期、壮年の男性は徴兵や徴用されており、当時の下町地区は、子供、婦女、老人を中心とする人口構成であった。丁度、その日は、国民学校の卒業式・終了式の日であり、田舎に疎開していた児童達も、卒業式・終了式に出席のために帰省するような不幸もあった。親子そろっての焼死も多かった所以だろう。

そのような東京大空襲に対して、国民の受忍する限度の範囲内であると、東京大空襲裁判の裁判官は判示した。そして、軍人と異なり、市民に対しては、戦争被害に対して何らの補償が与えられないことを正当化した。そんな冷たい判決があるだろうか。

江藤先生との東京大空襲に関する会話は、被害者の一人である私にとって、今でも印象に残る江藤先生との一コマである。七〇年以上経た今でも、東京大空襲の翌日に眼にした清澄通りに放置され荒涼とした焼死体群が忘れられないのだから。

江藤先生と三ヶ月章先生

私は、民事訴訟法の兼子一教授の弟子であり、江藤先生の兄弟子でもある三ヶ月章先生と、お話する機会があった。これも渋谷氏が、市民と法一〇〇号に書いていることであるが、私は直接、話を伺った本人として、ここでも証言しておきたい。

確か一〇年程前に大阪の法務省法務総合研究所に於いて同研究所と国際協力機構（ＪＩＣＡ）との共催による「法整備支援連絡会」が開催された。私は日本司法書士会連合会から派遣され、この会議に出席した。終了後、懇親会が開かれ、三ヶ月先生とお話しする機会があった。三ヶ月先生とは日本ローエイシア友好協会の会合等で何度かお目にかかっているが、親しくお話するのは初めてであった。簡裁代理権のことを中心に司法書士の現在の状況等の話をし、そのあとで司法書士会は江藤先生にすっかりお世話になっていると話したところ、三ヶ月先生は、江藤先生に対して、「江藤君はおっちょこちょいなやつだからなぁ」などと話された。それは、親しみをこめた、まさに兄が弟のことを話すそれであった。

きっと、三ヶ月先生の表現は、江藤先生が、進歩派陣営に属したこと、そして、司法書士制度研究に深く関わったこと、などを指してのことだったのかもしれない。頼まれれば、断れない、義俠心ある江藤先生の心情やまっすぐな性格を指してのことかもしれない。もう少しうまく立ち回われるだろう、という親心だったのかもしれない。私には本当のところはよくわからない。

しかし、三ヶ月先生が、江藤先生のことを話されていた間、それは、微笑みを浮かべながら、如何にも懐かしそうな感じであった。江藤先生は、若き頃（都立大学の助手時代）、兼子教授が主宰するフランス民事訴訟法研究会にて、やはり若き三ヶ月先生と、度々、論争となったらしい。それは、国家が先か、民衆が先か、という価値に関連していたものであったようだ。そんな論争なども、三ヶ月先生は思い出していたのかもしれない。

このような三ヶ月先生とのやりとりを江藤先生にお伝えすると、やはり笑いながら、「三ヶ月さんも、うまいんだからなぁ」という、なんとも味わいのある感想が返ってきた。

江藤先生の『司法書士の社会的役割と未来』出版に至る経緯

江藤先生の論集を刊行する会ができるのは、その翌年くらいのことであっただろうか。猪股秀章氏は、日本司法書士会連合会にて会史編纂に携わっていたことから、江藤先生の司法書士制度論の論稿群を、それ自体として歴史的価値あるものとして捉え、過去の論稿の現代化や修正などは必要ないという立場であった。猪股氏の論集に対する考え方と江藤先生の論稿に対する考え方は微妙に異なっていた（当然の話であるが、江藤先生は現役の学者として、論稿をアップデートしたいというご意志があった）。

江藤先生によれば、猪股氏の論集への関わりは、次のような事情によるということであった。ある日、猪股氏から電話があり、江藤先生に対して、出版社を紹介してほしいという。江藤先生は、猪股氏が民事法研究会の「市民と法」誌に連載していた「司法書士の原風景」を単行本として出版したい、それゆえ出版者を紹介してほしいと思ったそうだ。そこで、江藤先生が、猪股氏、出版社の三者で食事の席をセッティングしたところ、席上、猪股氏から、突然、出版社に対して、江藤先生の論集を出版して欲しい旨の申出があったそうだ。出版社は快諾し、論稿の発刊に至ったわけであるが、その際、江藤先生はびっくりして、本当に面食らったらしい。そして、江藤先生は猪股氏に論稿の出版については有野たちが計画を立てている旨を伝えたようで、早速、猪股氏から電話がかかってきた。彼とは長年の付き合いなので、一緒にやろうということで、勿論了承し、先ず二人で江藤先生をお訪ねした。猪股氏は、江藤先生の論稿群の蒐集から始め、それを読み込むことから始めた。そのため、刊行する会の会議が重ねられた。その間、江藤先生はご自宅で骨折をされ、入院することを契機として健康を害され、論稿の現代化も思い通りに進められなくなった。

猪股氏は、江藤先生の司法書士制度に対する素晴らしい業績に対する尊敬と感謝から、本来であれば日本司法書士会連合会が率先して行うべき作業である、という意見であった。しかし、日司連は動かない。いうならば、猪股氏の義憤と義侠心からであった。そのような微妙な空気を感じつつも、私は、猪股氏の意見は正論であると感じていたので、猪股氏に協力することに決めていた。

江藤先生の論集を刊行する会を立ち上げた当時は元気そうであったが体調の異変を自覚していた猪股氏は、論集の刊行を待つことなく、肺癌で死去された。江藤教授は、頑張って、八四歳にして論集を刊行された。しかし、当初、江藤先生が願っていた論稿の現代化を実現することは叶わなかった。さぞ残念であっただろう。

しかし、司法書士会の長年の会務で鍛えられた猪股氏のリーダーシップがなければ、江藤先生の司法書士制度論集が世に残らなかったかもしれない。なぜなら、江藤先生の研究者としての良心から、なかなか納得に至らず、論集の刊行作業が中断されていたかもしれないからだ。ご高齢の江藤先生には、どうしても時間が足りなかった。その意味では、猪股氏による刊行する会は、大きな意義があったと思う。一方、過去の論稿を、数度の司法書士法の改正に関わらず、過去の原文のまま掲載することは、江藤先生の望んでいたこととは異なることを、私は、江藤先生の名誉のためにも、本稿を綴る機会に証言しておきたい。

そして、出版記念会の開催

江藤先生の司法書士制度論集は、二〇一四年六月、『司法書士の社会的役割と未来』として発刊された後、日本評論社のご尽力によって、その年の一一月に、出版記念パーティーが開催されることになった。出版記念パーティーに先立って、その頃、同書刊行に前後して、江藤先生の資料整理等を手伝っていた様子であった渋谷氏と共に、私は、江藤先生のもとに挨拶に伺おうとした。しかし、江藤先生は、皆が集まる出版記念パーティーのため、体調に万全を期すため、風邪でもひいたら大変だということで、出版記念パーティーが終わるまで、人と会うのを控えているということであった。主宰者や来場の人々のことを第一に考えてのことであっただろう。江藤先生は最後の最後まで気配りの人であったことが思い出される。

そのような江藤先生の想いの賜物だろうか、全国津々浦々から江藤先生を慕う人々が集まり、その年の出版記念パーティーは賑やかであった。その後、江藤先生は、渋谷氏に対して、回想録を執筆することを話し、二人で準備を進めていたそうだ。結局、回想録が実現しなかったことは残念であるが、江藤先生は我々のために、『司法書士の社会的役割と未来』を残してくれた。同書の息吹に触れる都度、「大昔に書いたものだから、まあ皆の酒の肴にでも、気楽に読んでくれよ」などと謙遜しつつ、はにかんだ笑顔を見せる江藤先生の姿が、鮮やかに目に浮かぶ。

江藤价泰先生との想い出

司法書士　高橋清人

一　民衆から支えられる法律家を目指して

昭和五〇年、私の所属会栃木県司法書士会主催の夏季研修会がホテル塩原ガーデンに於いて開催され、先生の講演タイトルは「法律家としての司法書士」でありました。（岩波現代法講座第六巻に準法律家の明言を始めて使ったことで司法書士界では称賛されています）江藤价泰先生と私高橋清人の出会いは、当時の矢板武夫会長からこの講義の趣旨を栃木県司法書士会会報に掲載する役目を私がおおせつかったことによるものです。最前列に陣取り一言も漏らすまいと約九〇分必死でメモを取ったのを覚えています。

この研修会での結論は、「世界のリーガルプロフェッションの要件を司法書士は充たしていないから、準法律家と言わざるを得ない」とのことでした。

私にとってこの結論は非常に手厳しいものでした。法律家として国民から認められる司法書士への転換を目指すさまざまな運動の始まりになった人との出会いでありました。その後、青年会活動、単位会・日司連活動、そして度重なる海外視察に突き進む原動力になりました。

二　法学セミナー増刊号『市民のための法律家』（日本評論社）を買え

昭和五八年一〇月八日全青司第一二回全国研修会「とびこめ！　市民のなかへ」が旭川市で行われました。サラ金二法案反対の決議、続いて旭川市駅前までの司法書士界初の「デモ行進」。江藤先生の講演「青年司法書士に期待するもの」朝日新聞編集委員野村二郎氏の「ジャーナリストから見た司法制度」と多彩な内容でした。

第一日目の日程全てが終了し懇親会で祝辞となり、江藤先生の番になりました。会長の私高橋は、先生は当然に全青司を誉める祝辞を用意して下さると期待していました。ところが、開口一番「みんな勉強していない！　法学セミナー増刊号『市民のための法律家』が出版され、今、本がここにあるが、まだあまり売れていない。法律家なら買って勉強しなさい！」という趣旨のお小言を頂きました。こんなに司法書士を思ってくれている学者の存在に心底驚きました。そして翌日、本は完売していました。

三　司法書士新人研修

日本司法書士会連合会では、司法書士中央研修所主管の下、平成元年より毎年、試験合格者に対して開業前に「新人登録前二ヶ月研修」を中央・ブロック・単位会の三つの研修機関に分けて実施してきました。

これは「司法書士として最低限度の知識及び倫理等を持つべき」との主催者側全体合意から、先輩司法書士から試験合格者に対して、組織を挙げて取り組んでいる重要事業であります。「鉄は熱いうちに打て」の如く、合格者に伝えるべきメッセージを制度的に体系化したものであります。と同時に、新人司法書士にとっても実務研修を受け開業の不安を払拭できる貴重な機会となっています。

司法試験修習生の修習が法曹資格を得るために法律で義務づけて行われるのと違い、司法書士研修は司法書士会費で補われている自主自前の研修であります。従って予算的に十分とは言えず、期間が二ヶ月研修に留まっています。

江藤先生はこの二ヶ月研修の最初に行われる中央研修の冒頭に「司法書士の歴史」について、私が中央研修所所長を務めた平成三年から大学セミナーハウスで担当されておられました。司法書士の過去から現在までの歴史、果たしてきた社会的役割、及びその成果、今後の課題、方向性といった、最も制度の根幹にかかわる講義をしてこられました。

講義を聴いた司法書士はその後続々開業しています。その中から全国の単位会会長等の指導者になる者、社会的な活動家等が育っています。先生は『日本司法書士史　明治・大正・昭和戦前編』及び『昭和戦後編』の中心的編纂者でありまして、先生の講義は歴史の編纂者としての調査研究及び貴重な体験に基づいた講義として、ずしりと重たいです。

四　赤ワインと葉巻

江藤先生は司法書士育成のため「銘々会」「不動産登記研究会」という二つの研究会を長年主催されてこられ、「江藤門下生」とよばれる国内大学院修士・博士過程卒業生（研究者）を多数育てておられます。研究会の内容・

論文等については別な方にお譲りします。

銘々会終了後は皆、食事会を楽しみにしています。しかしその日は珍しく少人数で、病気快復後の先生との久しぶりの食事でした。私は思い切ってワインの店を誘ったところＯＫ。四ッ谷の馴染みの店で乾杯。当時私の赤ワインの知識は程度が低くそれほど良くない赤ワインだった筈ですが「美味しいね。」パイプの葉巻をゆっくり吸い込みながら「高橋君もワインが分かるんだね。」と言われました。その時の私はもっと高価で有名銘柄にすればよかった、と後悔しきりでした。これが先生との最後の食事となってしまったからです。その後は、値段に拘わらず相手の好みに合わせたワインを注文しています。また、ワイン通になるための努力を惜しまず続けています。江藤先生は「偉大なる教育家」です。

五　『日本司法書士史　昭和戦後編』の編纂発刊

平成一五年中村邦夫連合会長時代に常務理事を命じられました。日本司法書士史昭和戦後編の編纂発刊の担当役員は東京会港支部の猪股秀章さんです。猪股さんは編集委員兼執筆者でもありました。当時の編纂委員兼執筆者は、宮原豊（東京会）・北田基司・（大阪会）猪股秀章（東京会）藤田貴子（神奈川県会）・万　實（岩手県会）に加え、客員委員江藤价泰・大出良知教授という早々たるメンバーでした。昭和戦後編は明治・大正・昭和戦前編の編纂発刊同様、資料が一部不明確で発刊が大幅に遅れ会員から非難を受けておりました。

前記の猪股氏が体調不良で休みとなり、常務である私が一時期会議の担当になった時のことです。会員の不満や連合会総会での厳しい質疑もあり、思いきって江藤先生に理由を尋ねました。先生からは「分かっている。もう少しだ。」との回答でした。それから、先生の最後の追込みがかかったように思います。資料の整理、執筆活動を会館の五階図書室でやり終わると、毎回三階の私がいる部屋に寄って挨拶されて帰られました。また、図書室で一人作業をしている先生を見ています。

『日本司法書士史』は江藤先生の執念と遺言のように思えています。『日本司法書士史』の発刊は江藤先生なしには決してあり得ません。また、上記の猪股さん始め編集委員のご苦労は並大抵ではなかったと思います。当時を知る者として深く感謝申し上げます。

司法書士研修制度を拓く

司法書士　風間邦光

一　組織研修の端緒

昭和五三年司法書士法改正（以下五三年法改正という）は、司法書士界にとって画期的な法改正となった。一九七三（昭和四八）年六月日本司法書士会連合会（以下連合会という）の国試要項試案の決議を端緒として、一九七七（昭和五二）年二月全国青年司法書士連絡協議会（通称全青司）の法改正要綱案まで三年半を掛けて全国会員の熱い討論を経て成立した。これは「不動産登記の原理」（木茂鐵、木茂隆雄共著）が出版され司法書士職務の理論化が注目され始めた時期であり一九六六（昭和四一）年四月開始された連合会全国研修会が一九七二（昭和四七）年九月全青司全国研修会開始へと発展したときへと連なる時期である。体系的研修制度の確立が組織決定されたときにも当る。この法改正議論の中でクローズアップされたのが資質の不均一化の一因をなす「特認」解消であり、簡裁代理権議論では能力不足論議であったとされる。江藤价泰教授も「司法書士自身が法的判断の担い手であるという意識、法律家としての意識をもち自己研鑽を積むことが必要である」と強く指摘された。五三年法改正は「目的規定」、「国家試験移行」、「業務規定の拡充」、「自治権規定」など多面に亘ったが、法律相談権、試験科目の憲法追加、登録事務委譲など取残された課題も多く若い会員の不満は多かった。一方法律家職能としての立ち位置が明確になったこともあり、特に全青司では先進的研修と制度研究が行われ毎年二回開く全国規模の研修会、総会においては法律家制度、業務の理論化、情報化システム、消費者問題などと研修が深化してきた。

その様な時代背景の一九七七年認可制度で開業したが司法書士は、「代書人に登記をして貰う」と言われながら、人的、物的に旧態然たる環境下にあった登記所、裁判所に出向く仕事に忙殺されていた。そんな中、全青司では、司法書士の社会的認知度と市民からの期待度への齟齬を危惧する声が一つの潮流となり市民実態調査が企画された。すでに法律家の社会的機能、市民との関係等については一九七二（昭和四七）年三月、日本弁護士連合会調査室から「本人訴訟を追って」とする貴重な調査結果が発刊されていた。本調査の具体化に際しては江藤先生に大変お骨折り頂き、特に調査結果の客観性確保の面から法社会学研究の権威である利谷義信東京大学教授をご紹介頂きご指導を仰いだことにより充分な設問、分析力さえ乏しかった全青司が市民実態調査を完遂できたのである。

別荘地一帯の環境は真に素晴らしいものであり、大学教授、政治家などの別荘地となっていた。八月下界の暑さを忘れさせる高原の湖から吹き上げる涼風を受け縁側で談笑に耽り、愛用パイプの紫の煙と軍隊で鍛えたと言う大きな声で語られる黎明期から戦前の司法書士制度改革に執念を燃やした偉大な先輩諸氏の厳しい闘いの歴史をお聞きすることは大変な刺激であった。

市民実態調査は一九八一（昭和五六）年一〇月、長野県上田市内六か所を選定し実施された。関東一円から集まった若い司法書士九〇余名が二日間にわたり四〇〇世帯を対象に個人宅に昼又は夜間に戸別訪問し面談による本人から聴き取る方法で行われた。その後分析に三年を経て冊子「市民からみた司法書士」が刊行（非売品）された。

その結果司法書士職の認知度不足、機能不足、他職能との混同、独自性の理解など多面的な課題があることが判明した。調査員となった司法書士はその現実をしっかり心に刻み込んだ。その後調査に参加した者の多くは連合会及び単位司法書士会等の役職となり制度改革や、研修制度確立に心血を注いでいる人材となり大変感慨深い。

二　中央研修所設置

前述した日司連全国研修会が組織研修の嚆矢とされ、その背景には一九六四（昭和三九）年臨時行政調査会総評・太田薫議長の「司法書士廃止論」への強い危機感があったことはよく知られている。当時は主流であったこの研修会方式の効果を見直す機運が生まれ連合会は一九七二年三月「研修体系の確立について」とする法規委員会報告に動いた。民法改正、度重なる商法改正と関連する手続法改正への対応は伝達研修等の新たな研修手法を編み出し会員の実務能力の均質化に大きく寄与することとなった。一九八〇（昭和五五）年一〇月、日司連中央研修所が発足し研修ナショナルセンターとなった。懸案であった新入会者研修の抜本的改革を目指して一九八九（平成元）年八月、全国新入会者中央研修会（現行新人研修）が国立オリンピック記念青少年総合センターで始まり、それまで軌道に乗っていたブロック会毎の研修会もこの系統的研修システムに組込まれた。特に裁判所等提出書類作成業務いわゆる「裁判事務」がカリキュラムの中核を占め法律実務家に相応しい内容にグレードアップしたことは特筆に値する。ここで中央研修所は「司法書士制度発展の基礎を強化するため会員の品位を保持し、法令及び実務に関する研修を深める事業に関し、研究機関として研修の内容・方法を調査・研究及び立案し、もって会員の体系的研修が行われることに資する」とされる設置目的に実戦部隊としての機能が加わったのである。一九八九年三月、中央研修所報を創刊し、各会員宛に直接研修情報を伝えることとし制度研修の啓蒙活動に大きな貢献をしている。

三　訪英視察から得たもの

一九九三（平成五）年五月連合会は中央研修所員を中心メンバーに「イギリス・ソリシター研修制度視察」を企画した。日弁連はすでに一九八五（昭和六〇）年「弁護士研修のモデル」として継続研修の体系づくりとして、一九八九年九月、日弁連研修委員会は米国弁護士研修制度の実態を視察し「研修制度改革のために」との報告書を発刊しており専門職能の研修制度勃興期にあった。英国「ザ・ローソサエティー」の専門職能団体が資格者認定から養成、継続研修に連動する一年毎の免許更新までを自治で行い、ソリシターの威厳と社会的基盤の強さを発揮している実態は我々に想定を超えたインパクトを与えた。その成果は同時進行中であった「体系的継続研修」に自信を与え同年度に完成し、その後の司法書士研修制度跳躍の原点となった。二〇〇〇（平成一二）年発足した（公社）リーガル・サポートは研修単位制と家庭裁判所の後見人候補者名簿登録とが連動する継続研修制度を実現し新規職務分野とは言え厳格な研修モデルを実践し外部からの評価は高い。

四　司法書士研修の今後

二〇〇一（平成一三）年六月司法制度改革審議会は、「人的基盤の拡充」他二点を中核とする最終意見書を提出した。この意見書に沿って改正司法書士法が二〇〇三（平成一五）年施行され、業務として第三条に、「簡易裁判所における訴訟等の代理業務」が追加された。その結果全国簡裁管内九八％に事務所を構える司法書士に簡裁法廷代理人への道が拓かれた。「信頼性の高い能力担保措置を講ずることを前提」とされたことから、法廷実務と共に厳格な法律職能倫理の研修が義務付けられ資質の均質化が図られた。二〇〇五（平成一七）年の不動産登記法改正は登記情報化移行が中心となり登記手続き代理人が九五％以上を占める実態と乖離している制度設計は依然として変化がない。又長い間議論にある所謂前段法律事務が行政事務化傾向により風化されないか危惧される。そして一九七九（昭和五四）年六月弁護士法七二条違反の高松高裁判決の存在が今も重くのしかかり、同種違反事件の有権解釈の原点にある。ともすれば同法違反事件は一部例外を除き職務実態から大きく逸脱した事案であり職能倫理が厳しく問われるがそれが又実務実態に誤解を与える要因ともなっている。今次司法書士法改正審議の国会法務委員会において組織研修の実績が高く評価されたが、同時に「相当高度な法律知識、実務能力の習得」の必須化が指摘され、その先に完全な簡裁代理人、家裁代理人職務があることが示唆された。一方弁護士法七二条は『規制対象となっている範囲、態様に関する予測可能性を確保するため、隣接法律専門職種の業務内容等を含め規制内容を明確化すべきである』との判示も現われ、また「事件性」必要説が支持を得つつあることを踏まえると早急に実務取扱の是正に進展されることを強く望みたい。前述最終意見書が当時の社会実情にそぐわない法律家職能実態に端を発したことを思い起こすとき業際問題を超えた法律実務家の社会的機能拡充を実現すべきではないだろうか。仄聞するところ連合会は司法書士法に職能の存在意義を憲法第一三条、二五条等の基本理念に求める使命規定を明文化したいとされる。倫理研修義務化、憲法科目新設から一五年その時期到来が待たれる。

江藤先生の思い出
――学恩について――

司法書士　小西伸男

江藤价泰先生の思い出について、おこがましくも、先生から受けた「学恩」を書かせてもらおうと思う。

一九七八（昭和五三）年の司法書士法改正により、目的規定（権利保全に寄与等）職責規定（法令実務に精通等）が新設された。その画期的な年に司法書士となった私が、最も力を入れて勉強し関心を寄せた法律論は、当時の司法書士職務の中核が不動産登記手続代理であった所為もあり次のようなものであった。

二重売買における買主二名の優劣を決する対抗要件とは何か、不肖の子が父に代わってとか印鑑盗用とかによる登記はどのような事情があれば表見代理が成立し有効になるか、虚偽表示・錯誤・詐欺等による登記を信じた第三者は如何なる場合に自己の登記を対抗できるか、登記手続に関わった司法書士の負う善管注意義務責任を何か、という類のものであった。

「申請書副本」の横行と「白紙委任状」の流通時代

当時の司法書士の不動産登記執務は、登記原因証書を添付しない「申請書副本」主義が一般であり、登記義務者の登記済権利証・印鑑証明書・実印を押印しただけの（署名なし）白紙委任状の三点セットが、仲介業者や自称代理人等の間で転々流通することが往々にしてあった時代だった。

このような時代に身を置き数年を経過した後に、江藤先生の謦咳に接する機会を得た。それは、日本司法書士会連合会に設けられた「不動産登記研究会」（毎月一回開催）であった。ここには、江藤先生をはじめとする錚々たる学者と司法書士界の重鎮（専務理事・単位会の正副会長等）や名だたる理論家・先覚者司法書士がメンバーとなって構成されたのであるが、三〇代半ばの若輩数名の参加もあり幸運にも（地元会長の推薦により）私もメンバーになることができた。数回の研究会の後に、私が少しずつ実践を始めていた登記原因証書「売買に基づく所有権移転に関する合意証書」の実例の発表者となり討論が交わされたこともあった。

その当時、疑問に思っていたことを学者の先生に質問して教示を受け、目を開かれた思いのする印象に残った（多々あるうちの）二点を以下に記したい。

〔復代理論〕　金融機関から抵当権設定登記手続の依頼を受ける場合、抵当権設定者の委任状・印鑑証明書・登記済証を受領するが、登記義務者たる抵当権設定者とは会わないし面談もしない。だから、司法書士たる私への登記手続の委任は、どういう経路を辿って効力が発生するか法律的にわからず疑問に思っていた。私自身は、隔地者間の意思表示の成立時期を定めた規定（民法五二六条・九七条）により、委任契約の申込みが司法書士に到達しその承諾を発した又は承諾と認められる事実があった時に（つまり私が委任状を金融機関から受け取った時）登記代理委任契約の効力が生ずるという解釈を苦し紛れにしていた。それは間違いで、抵当権設定者が金融機関に対して登記代理人の選任（復任権）を委任しており、金融機関が代理人となり、復代理人・司法書士としての私を選任し委任したのである―復任権の委任は相手方（設定者）が予め了承していた場合は有効である―という解説をしてくれた。

〔不動産の付合論〕　もう一点は、父所有建物に子が自己の費用で増築をした場合に、それが不動産の付合により（民法二四二条）増築部分を含めて建物のすべてが取引の安全確保のため父所有物となり、子の権利を確保する方法が登記上用意されていないというものであった。（親子間では違和感のある）代物弁済を登記原因とする共有持分移転登記手続をする方法があるが、もっと端的に「年月日増築」を登記原因とする持分移転があってもいいのではないかという疑問を投げかけたことがある。そうしたら、付合とは、釘一本・板一枚・棒一本等の建築材料の動産が次々に刻一刻少しずつ付加されていくのであり、一瞬にして一遍に数十㎡の建物が付合されるのではなく、〝ローマは一日にして成らず〟という格言のように漸くにして増築が完成したのだから、ある特定の一日の「年月日増築」の登記原因はあり得ないという解説をしてもらった。

以上二点は、学問的緻密さとそれに裏打ちされた法律論（以下、高度知識技量という。）を学んだものであった。江藤先生からはそれを学ぶと同時に、違う視点をも学ぶことができたのである。前置き部分が長くなったが、それは江藤先生の「学恩」が、法律家たらんとする司法書士にとって如何に貴重なものであったかを示したいがためである。

比較法的視点という学恩

「白紙委任状」等の三点セットの流通とそれに基づく「申請書副本」主義の登記手続は、当時の司法書士の登記実務が、如何に「定型的実務」であるかを如実に示すものであった。売買契約が締結されたのかどうか、売買代金はいつ全額が支払われたのかという原因の法律行為の在り様・始終に関心を払わず（有償行為について言えば原因行為は必ずしも売買に限定されず、交換・代物弁済・負担付き贈与・現物出資もある）、三点セットを持参した登記権利者又は仲介人の言いなりに白紙を補充して大安吉日を原因日付として「申請書副本」登記申請をしていたのである。かかる定型的実務は、法律家たらんとする司法書士が取るべき執務ではなく、法律行為に関心を寄せ当事者の権利保全のため「登記原因証書」を必ず作成する執務であるべきであるという考えが段々広まり一部の司法書士間で実践に移されつつあった。

こうした時機における江藤先生からのフランス公証人による公証人証書作成の紹介は、本当に貴重なものであった。司法書士が如何に法律行為にかかわるべきかという点につき、比較法的視点を示してもらったのである。

卑俗に言えば悪意でも早いもの勝ちという対抗要件主義はフランスが母法であるが、対抗要件主義が機能するのは、フランス公証人による公署性が付された証書作成実務が、両当事者の意向に即して適切な助言のもとに、契約締結の準備段階から完結まで間違いなく作成されているという現実があってこそのものであることが分かった。日本のように、虚偽登記がいとも簡単にできる法システムのもとでは、登記の信頼性が失われないように、判例・学説が表見代理論・外観法理論等を構築するために必死の努力を傾注してきたことが分かった。だから冒頭に述べたような法律事象が勉強の関心事になったのであることが腑に落ちたが、それではいけない、旧弊を打破すべく、司法書士の奮起と努力による脱皮が促されているのだということを痛切に教えられたのである。

法律家という視点の学恩

江藤先生は、法律家と、法津実務家とは違うのであることを教示してくれた。法律実務家は、定型的実務に熟達すればよいのであるが、法律家は、高度知識技量を身に付け、当事者の意向に即して適切に助言をして当事者の権利保全のために、そして社会全体のために働く存在であることを教示してもらったのである。

法律家は、国家権力からの相対的独立性が確保されていなければならず、それを確保すべく法律家団体を組織し自らが団体を律しなければならない（団体自治）と論じた。法務省をお上と仰ぎ、通達・先例を金科玉条のものとせず、（法令実務精通を超えた）高度知識技量を駆使して、法律家団体としてそれを批判しなお一層の改善を提言する、職域確保の権益に流されずに法改正等の提言を行うことが法律家として必須であると諭したのである。

市民の権利擁護という市民法的視点の学恩

江藤先生は、すべての立脚点はあくまでも市民の権利擁護という視点であることを口を酸っぱくして、様々な機会で訴えられた。職域確保の色濃い「司法書士強制主義」等の議論に眉を顰めたのは当然であるが、根本は、近代市民社会は市民が主役であり、市民の自由と平等が確保される社会であるためにこそ法律家の努力が求められているのであり、法律家の存在意義はそこにこそあるというものであった。不動産登記・商業登記・民事訴訟等の中核職務の私法の領域に止まらずに、思想・表現の自由等の人権の保障と国家権力の横暴を監視するために発言し戦う役目を持った存在なのだというものであった。現今の共謀罪法や戦争法等を見るにつけ、司法書士という法律家の団体が頑張り発言すべきであるという思いを強くしている。

　江藤先生と親しく酒をくみ交わしたりカラオケで一緒に歌ったりした気楽な思い出も語りたかったが紙数が尽きた。やはり語るべき思い出は、私個人にとっての「学恩」であるのみならず司法書士界全体にとっての「学恩」であったと思う。感謝の念を表明して筆を措く。

不肖

司法書士　藤縄雅啓

不肖のお酒

江藤先生の思い出話を書こうとしていますが、不確かな記憶が頼りですし、散漫な文章しか書けませんから、読んでくださる方には予めお詫び申し上げます。

私は昭和五八年に登録をして以来、三〇年余り司法書士として過ごしてきました。振り返ってみますと、私の司法書士としてのありようは、いつでも江藤先生の影響の下に決定されてきたように思われます。江藤先生の弟子と自称するのは憚りますが、不肖には違いありません。

江藤先生は、私にとって、一緒にお酒を飲んでくれる大先輩であり、司法書士の勉強会における指導者であり、公証人に会いに何度もフランスに行くこととなった原因を作出した煽動家でもありました。

お酒は、大抵勉強会のあとでした。江藤先生は司法書士会や青年司法書士協議会主催の講演会でしばしばお話をされましたが、少人数での勉強会にも精力的に参加してくださいました。なかでも「銘々会」は司法書士が江藤先生を囲んで活動する名物研究会といってよいと思います。月に一回程度、司法書士会館の会議室で、そのときの担当者が研究発表し、参加者が議論する方法でしたが、江藤先生はそれぞれの意見に対してやさしくも適切な論評を下さっていました。勉強会の後も、四ツ谷しんみち通りにある馴染みの居酒屋でさらに議論は白熱しますが、いつしか先生の政治論・軍事論・文明批評へとなだれ込むのが常でありました。私はここ数年、会務多忙を理由に欠席を続けていますが、銘々会の活動は現在も元気に継続されています。さらに名門の研究会として、「登記法研究会」がありますが、こちらは学者の先生が多かったようです。私は数回覗き見しただけで、その後の参加は遠慮しています。また、「現代司法を考える会」には、多くの弁護士さんが参加していました。そのメンバーの皆さんと、伊豆大島への一泊旅行に行った記憶があります。現在埼玉司法書士会の顧問をお願いしている、弁護士の村井勝美先生にもこの会でお目にかかって、以来ご指導をいただいています。

御徒町の司法書士、赤土さんの事務所で、私の記憶では一九八六年ごろから二〇〇〇年ごろまでかなりの頻度で開催されたのが、司法書士のいわゆる「江藤ゼミ」でした。ここでは、主にク・セ・ジュ文庫の「フランスの公証人職」という書物を翻訳していました。私を含めて、フランス語の素養あふれるとはいえないメンバーですから、とてつもない誤訳もありましたが、江藤先生の矯正でなんとか日本語らしくなっていきました。埼玉会の伊藤亥一郎さん、柳章弘さんと私はこのゼミのために日仏学院の夏季講習に合宿で参加、宿舎に程近い恵比寿で味わう夜毎のビールはことのほか美味でありました。このころ、埼玉の柿崎進司法書士、井口鈴子司法書士を中心に「フランス不動産登記制度視察団」が組織され、渡仏の準備の意味もあったのです。御徒町のゼミには、私は埼玉県の事務所からしばしば車を運転して通っていました。当時は会の仕事や個人事務所の業務の都合で、自分で運転しての移動が便利だったからですが、するとお酒を飲めないので懇親会に参加しないのです。そんなとき、江藤先生は「きみ、たまには電車で来たまえ。」と言ってくれたものでした。

先生に連れられて梅香る湯島天神を散策したり、また井の頭公園の花見から流れての清談など、江藤先生はお酒が似合う人でありました。

不肖の学生

あるとき、当時大東文化大学の教授でいらっしゃった江藤先生からゼミのメンバーに「大学院で勉強してみないか」というお誘いがありました。その結果、赤土正貴、佐藤義人、高木治通、藤縄、鈴木正道の五名が順次修士課程を終了し、鈴木さんは博士号を取得するにいたりました。

爾来私は、修士論文、二〇〇二年司法書士法改正記念懸賞論文、最近では日本登記法研究会での発表及び、法律時報の論文において、馬鹿の一つ覚えで「登記原因公証制度導入論」を主張してきたのでした。とりわけ懸賞論文に対しては、江藤先生から「司法書士が公証人になろうということではなくて、司法書士が公証事務を執行すれば済むことではないのか」と、ご指導いただいたのが印象に残ります。

私が「大東文化大学大学院法学研究科博士課程前期課程」という寿限無のようなところを修了したのは一九九四年三月でしたが、江藤先生は丁度この前年の初夏から秋にかけて、パリに滞在して研究をされていました。御徒町の江藤ゼミメンバーに宛てた、九三年六月八日付、先生のお手紙の写しがあります。

「研究会の諸兄姉へ

出発に当たりましては、歓送会ありがとうございました。（以下、アパルトマン探しの顛末、高等学校―リセ―

の裏庭と森のような公園に囲まれ、一日中鳥の鳴き声が聞こえる、パリにいるとは思えないほど静かな環境であること、さらに、久しぶりにパリを散策しての感想に続いて.）ところで、研究会の方はいかがですか。御健闘?、大いに期待しています。ノテールの問題点、整理がついたらお送りくだされたく。高木、藤縄の両兄、レジュメ忘れないように（マスター論文のそれであることはいうまでもありません）。法セミの原稿も！　乱筆乱文で失礼いたしました。また書きます。

早々　8／vi　'93　江藤价泰」

カタカナ部分アルファベ表記の文面からは、できの悪い学生に対しても、江藤先生が溢れるような慈愛をもって接して下さっていることが見て取れます。

ところが、この六月の手紙に続いて、同じ年九月に赤土さんの下に届いた手紙にも、「なお、高木、藤縄両君のレジュメ（マスター論文）はどうなっているのか聞いてみて下さい。」と書かれていたということは……?

フランスの不肖

「フランス不動産登記制度視察団」は、前の年から合宿を含む事前勉強会を重ね、八八年四月二九日～五月七日に第一回、九一年四月二五日～五月七日に第二回、九四年四月二七日～五月一〇日に第三回、九七年四月二五日～五月一一日に第四回とフランスを訪問して、登記制度と公証人制度の勉強をしてきました。

その動機ともいうべきものは、月報司法書士で江藤先生が述べられた次のような主張でした。すなわち、司法書士は不動産登記手続きの実質的な担い手であるにもかかわらず、フランス公証人と異なり公証権限を承認されていないが、このような一定の職務に対する制度の不備は、制度を利用する国民にとっての大問題である、というものです。

事前勉強会では、江藤先生のほかにも、早稲田大学の鎌田薫先生、慶応義塾大学の池田眞朗先生、山形大学の高橋良彰先生のご指導をいただきました。視察の成果は四冊の報告書にまとめられています。第四冊目には、公証人高等評議会のお招きにより、団員のうち五名が参加した、九八年五月にリヨンで開催されたフランス公証人全国大会への参加報告もまとめられています。

ところで、食べることの話をしますと、フランスの公証人は、日本の司法書士にとても良くしてくれました。リヨンの全国大会だけでも、「外国からの参加者のための昼食会―ポール・ボキューズのレストランにて」、「司法大臣主催公式晩餐会」、「打ち上げ晩餐会（ボージョレの醸造所改装レストランにて）」といった具合です。いただいた料理を適当に翻訳してみましょう。司法大臣の晩餐会では、アペリティフとしてセルドンブリュットと新鮮なフランボワーズのジュース。キャビア入りスクランブルエッグの独立ゆで卵。ディナーとして、清涼オマールサラダ（賽の目オマール、細切り新鮮トマト、オリーブオイルとプロバンスのハーブ）。鳩のパイ生地新キャベツ添え―ポール・ボキューズが用意した―。サン＝マルスラン。エシャロットのプチサラダ。クルミ入りプチパン。甘いもののビュフェとして、アイスクリームとシャーベットの雪崩：カラメル、マンゴー、レモン、タイム、ばらの花びら……以下延々と続きますが、この辺でご勘弁願います。

生成中の法律家

司法書士　大貫正男

江藤先生との出会い

江藤价泰先生には、全国青年司法書士協議会の活動を通じ、おそらく、昭和五六年頃から何かとご指導をいただきました。当時、社会の司法書士に対する関心と認知度は低く、一部には「代書屋」というイメージが残っており、司法書士が果たしている役割を正しく認識されていませんでした。さらに、「司法書士は現状に安んじ過ぎて来た。今後、高い社会的地位と高度の自治を求めるならば、単に法律の小手先の知識ではなく幅広い教養やより高い識見が強く求められる(1)」旨の厳しい意見も見受けられました。そこで、その払拭とあるべき姿を求め、市役所等で「市民法律教室」を開催したり、フランスのノテール視察や、長野県上田市、茨城県土浦市で法社会学会的な実態調査などの活動に参画しました。そして、昭和六〇年には、横浜市でノテール、ソリシター、エスクロー等を招いた、シンポジウムにも参画しました。

ある時、江藤先生は、こうした活動を続ける筆者の姿をご覧になり、「大貫君、学者のマネのようなことをしないで、実務家らしくもっと地道に登記制度の研究をすべきでないか」という旨のアドバイスをいただいたことがあります。つまり、足元を直視しなさい、生業に励みなさいとおっしゃりたかったと思います。

しかし、「我が道を行く」と言わんばかりに、懲りもせず消費者問題に取り組んだり、渉外実務に関心を持つなどの活動を続けてきました。いわゆる「江藤教室」に学ぶ司法書士は優秀な理論家が揃っていましたので、江藤先生は私を少し変わった存在として見ておられたのではと思います。

それでも、江藤先生は、このような若輩者に二度もご自宅でお会いして下さり、奥様の美味いコーヒーをご馳走になったり、司法書士の風間邦光さん等と共に蓼科の別荘に招かれ、意見交換をした楽しい思い出があります。

平成元年の日本司法書士会連合会の司法書士法改正一〇周年記念募集論文に応募したところ、なんと首席入選となり(2)、審査員であった江藤先生からは下記の手紙をいただきました。先生の温かいお人柄が伝わってきますので、今でも大切に保管しております。江藤先生は「掲載しても良いよ」と言ってくださると思いますので、原文のままご紹介させていただきます。

> (前略)
> ところで、今回の貴稿が、「急ぎ働き」(鬼平犯科帳)であったという事情を認めた上で率直にいわせて戴くと、「意あって力足りず」の感を抱きます。
> 論文を書くということは、ある意味では、イデオロギー闘争なのですから、読む者を説得する心構え、それに相応しい論理構成が大切です。そのためには、文章に委曲をつくす必要があります。その点において、貴兄の文章には欠けるところがあると思います。しか

し、アイデアはいいと思います。
（中略）
今後、ますます御研鑽なされ、司法書士界の理論家、「一流の使い手」となられることを大いに期待いたしております。そのためには、前述したような委曲をつくした文章を書くことに留意されることが大事だと思います。（後略）
早々
一九八九年九月二日
江藤价泰
大貫　正男　様

司法書士の歴史

先生から最も影響を受けたのは「司法書士は生成中の法律家」という教えでした。その意味は「司法書士は永い歴史があるが、今だに国家からの相対的独立性は不十分、職務領域も確立しておらず、法律家として整備されていない。しかし、今だに完成を求めて生成している（生成しなければならない）」と理解します。(3)

ここで、司法書士の歴史をひも解いてみます。司法書士のルーツは、一八七二年（明治五年）八月三日に布告された太政官無号達で「司法職務定制」（裁判所構成法）に求められます。その第一〇章「証書人・代書人・代言人職制」において法制度を支える三つの基本的な職能が定められました。証書人は現在の公証人、代書人は現在の司法書士、代言人は現在の弁護士であり、司法書士は一四五年の歴史を持つ職業といえます。

しかし、その歴史は艱難辛苦《かんなんしんく》の道のりであったようです。当時、代書人・代言人のいずれも資格制度があったわけでなく、「如何なる者を代書人又は代言人に選定すとも法令の問ふ所にあらず」であり、事情に通じていた者がその役割を担っていたといいます。(4) 名称については、大正八年四月に「代書人」から「司法代書人」となり、「司法代書人」が「司法書士」となったのは、一九三五年（昭和一〇年）でした。戦後は、ＧＨＱに呼ばれ、司法書士制度の廃止の可否が検討された時代もありました。

司法書士が法律家としての地位を確立したのは、一九七八年（昭和五三年）司法書士法改正でした。司法書士制度の目的および司法書士の職責に関する規定を明確化し、国家試験制度が導入されました。この法改正により、司法書士のイメージが単なる書類作成（代書）でなく、法律相談業務を伴う「国民の権利を保全する法律家」として、実定法上において認知された、と考えます。

そして、二一世紀となり、わが国は「規制社会から活力ある競争社会へ」と大きな変革を迎え、紛争を迅速に解決するため司法制度改革が要求されました。この流れの中で、国民の身近な紛争の解決の担い手として司法書士にスポットライトがあてられることになり、二〇〇二年（平成一四年）、司法書士に簡易裁判所における訴訟代理等を行う業務が付与されました。

明治五年の「司法職務定制」をルーツとする司法書士制度は、幾度の法改正を経て、今日まで生成し、発展して来ました。その原動力となったのは、国民の法的需要に応えよう、そのためには意識や体質を変えていこうとする強い決意が働いたからだと思います。そこから国家機関の補助的、窓口的な役割に満足せず、市民のための身近な法律家を創り上げようとする先人達のエネルギーが伝わってきます。それを可能にしたのは、根底にある国民の広範な支持と社会的必要性でした。

司法書士の歴史は「法改正の歴史」である、と言われますが、そこに司法書士の特色を見い出すことができます。それは、国家が制定した職能であるが「制定法」という枠組みを超え、司法書士みずからの努力により業務の範囲や位置づけを変えて来た点です。

ここに、江藤先生の「生成中の法律家」という言葉がぴったりと当てはまります。先生は、「長い歴史があるのに今だに未成熟だ」とマイナス面で言われたのではなく、「君たちの努力により変えることができる制度である」とプラス志向で激励してくれたのだと思います。日本の法律家制度は確定している訳でなく、社会経済の変動に合わせ、変革することができる可能性を秘めている、と考えるようになりました。

成年後見制度への挑戦

「生成中の法律家」という言葉は実に刺激的かつ魅力的であり、筆者の司法書士人生に大きなヒントと自信を与えていただきました。それが「権利擁護分野」、すなわち成年後見制度への挑戦でした。

成年後見制度に関心を抱いたきっかけは、司法書士が不動産取引の立会において、判断能力の不十分な高齢者・障害者の意思を確認できないケースに悩んだことにあります。親族からは「急ぐからどうしても登記して欲しい」「推定相続人全員が同意しているからやって欲しい」と言われ、配偶者や子、兄弟姉妹の署名により済ませる方法が多々見られました。当然、売却代金がどう使われたのかもわからない。そもそも売買代金を把握したり、管理するなどの権限はありませんでしたので、実務のあり様に悩みました。当時、「原野商法」や「豊田商事事件」に見られるように高齢者・障害者を狙った悪徳商法の被害も後を絶ちませんでした。

高齢者・障害者の権利が侵害されている現実を身をもって経験し、その解決策として、一九九四年（平成六年）、日本司法書士会連合会第五二回定時総会において理事として成年後見制度の担い手になることを提言しました。最大の課題は、財産管理・身上監護を担う能力をどう担保するのか、でした。当時の司法書士にそのような経験はなく、業務の専門性・信頼性をどう獲得するかを真剣に考えました。その結果、「研修の義務化」と「更新研修」の導入を思いつきました。これを具体化するには、個人では限界があるため、組織が必要となります。そこで、「指導監督機能」、「研修提供機能」を兼ね備えた法人、すなわち社団法人（現在は公益社団法人）成年後見センター・リーガルサポートを一九九九年（平成一一年）一二月二二日に設立する運びになりました。

それから約一九年、リーガルサポート設立により、司法書士の業務は登記・裁判業務・成年後見と大きく変化しました。司法書士は自らの手で成年後見という新しい業務を獲得するに至りました。そして、成年後見業務は、司法書士に広汎な法律業務ないし権利擁護分野への参入という扉を開いたことになります。

司法書士が成年後見という新たな業務を獲得できたのは、司法制度改革という風に上手く乗ったからだ、と考えます。当時、日本司法書士会連合会は、司法制度改革と軌を一にして成年後見に取り組み、司法書士を「司法と福祉」に関わる法律家として主体的な変革を成し遂げました。[5]

筆者は、成年後見制度推進とリーガルサポート設立に関わりましたが、道なき道の連続でいくつかの試行錯誤、ときには挫折を味わいました。このようなとき、司法書士の仲間に助けられましたが、頭にあったのは「生成中の法律家」という言葉でした。その言葉によって、気を持ち直し、再び立ち上がれたのを今でもはっきりと覚えています。

民事信託の担い手として

現在、司法書士の有志は「民事信託」という財産管理業務に取り組んでいます。そのきっかけは、多くの司法書士が成年後見業務に携わるようになって、民事信託という財産管理制度があることを知ったからです。[6] 高齢者・障害者の財産をどう守るのか、生活にどう活かすのか、そしていかに承継させていくのか、という成年後見における財産管理の目的は民事信託と共通であることから、双方の出会いは必然でありました。つまり、判断能力があり、成年後見制度を利用出来ない人であっても、何らかの法律サービスの提供が求められている多くの人々が存在しているのです。それは、財産を増やすための「営業信託」だけでなく、現存している財産を保全する、そして生活支援や福祉の増進のために有効に使う、さらに次世代への確実な承継を遂げることが求められているのではないか、と観念されるに至ったのです。

しかし、民事信託は、信託法制・相続遺言制度・税制度・成年後見制度の四つの知識が必要となる点で従来業務とは異質かつ特異です。民事信託をビジネスしない、委託者の自己決定権を尊重するなどの研修や倫理の徹底が求められます。

司法書士が、成年後見制度と民事信託という二つの財産管理制度を新たな領域とすることは、法的役務提供の幅と量の増加となり、利用する市民にとっては法律サービスの充実につながります。

おわりに

西欧先進国では、法律家が市民社会の中から長い時間をかけて、自然に発達してきたと言われます。それに対し、司法書士制度は、国によって制定されたという違いがあるものの、市民の法的需要に支えられて、独自な生成の歴史をたどっています。「制定法」というルーツを残しつつも、上からつくられた制度を超え、今後も展開の可能性を示しています。そこに、フランスのノテールやイギリスのソリシターがたどったであろう歴史過程を思い描きながら、司法書士制度もまたその例外でないことを、また普遍性を発見します。

これからも、江藤先生の「生成中の法律家」という教えを忠実に受け留め、次世代へと続く司法書士制度にしなければならない、と考えております。

（1）佐々木静子「司法書士法の改正をめぐって」不動産法律セミナー一九七八年三月号。
（2）大貫正男「53年法改正の軌跡と将来の展望」日本司法書士会連合『市民社会と法をめぐる今日的課題　平成2年版』（民事法研究会、一九九〇年）二八一～三二七頁。
（3）江藤价泰『司法書士の社会的役割と未来――歴史と法制度改革を通じて』（日本評論社、二〇一四年）三〇三～三二八頁。
（4）大出良知「法律家制度の歴史と司法書士の簡裁代理権」法律家制度研究会編集『未来を拓く司法書士実務の新展開』（別冊市民と法№2）（民事法研究会、二〇一四年）六頁。
（5）大貫正男「成年後見と司法の役割」大出良知ほか『裁判を変えよう――市民がつくる司法改革』（日本評論社、一九九九年）一一九～一二八頁。
（6）新井誠「民事信託の現状と展望――司法書士界の課題」日本司法書士会連合会『月報司法書士』二〇一六年四月号四～一〇頁。

楽しかった江藤先生との思い出

司法書士　井口鈴子

私は、昭和四九年（一九七四年）司法書士試験合格です。二七歳の時です。まだ認可試験で世間では、代書屋さんと呼ばれていた時代です。それが今では弁護士と並んで法律家と呼ばれる時代になったのは江藤先生のお陰と私は思います。

江藤先生と初めて会ったのは何時だったかはっきり覚えていませんが、文字としては日本司法書士連合会の月刊誌「月報司法書士」に、フランスの公証人を連載で紹介した論文です。そこには、不動産登記は公証人がやっている、売買契約書を公正証書にしなくてはならないし、契約書を作った公証人は義務として登記をやらなくてはならない、だから登記の真正が担保される、というようなことが書いてあった。何となく「フランスではそうなんだ、でも制度が違うから、日本には別に公証人がいるし」くらいしか思っていませんでした。その後、フランスまで行ってその公証人（ノテール）と会うことになろうとは……。

でも、先生の講演を聞く度に、この先生は司法書士を日本の法律家制度の中で弁護士とも違う法律家として位置付けを期待しているんだな、と思うようになりました。

そして、一九八六年ころから、埼玉の司法書士の仲間で、ではフランスの公証人に会って来ようとの計画が進んで行くわけです。しかしフランスに行くまでの道のりは容易ではありません。まず、フランスの不動産登記法、フランスの民法を勉強するわけです。勉強会の要所要所に、江藤先生に講師をお願いしていました。埼玉中心でしたが、各地から行きたいという声がかかり、一九八八年が最初、その後一九九一年、一九九五年、一九九八年と、合計四回、フランスへ「フランス不動産登記制度視察団」として行きました。団員は入れ替わりもありますが、二九名にもなります。

勉強会の他にも、江藤先生は、懇親会になると、酔いが回るにつれ江藤節が始まり、パリではこのあたりはあぶない（夜は絶対行くな）と地図に印をつけたり、蚤の市（クリニアンクール）がおもしろいから行った方良い、移動には地下鉄が一番、といろいろアドバイスをして頂きました。最初の頃は一緒に行くつもりだったようで、「どうせお前らはフランス語が話せないから、食事をするにも俺が注文することになるんだろう？　面倒だな」と言われ、自力でやってやると、ＮＨＫのフランス語ラジオ講座で勉強し、ついにはフランス語会話教室（ベルリッツ）に通ったりしました。でも一緒に行くことはなく、一度は一緒に行きたかったなあと思います。

視察団と並行したような形で、一九九五年ころから、フランスの公証人の仕事を紹介した文庫本「クセジュ」を翻訳する（大東文化大学の大学院の授業で「江藤ゼミ」の一環）勉強会の仲間に入れてもらい、江藤先生の生徒（フランス視察団員も含めて大学院生が数人いたけど、院生でない人が多く私もその一人、何と心の広い先生）になったわけです。実は院生だけでは人数が少なく全部を訳するということができないからという理由もあったようでした。その授業をするために御徒町に部屋を借り、「佛蘭西公證制度研究會」という看板まで掲げました。この研究会が面白くて、肝心の翻訳は結構大変ですが、その後の懇親会が楽しみで通っていたというのが本音です。懇親会はいつも御徒町の駅の傍で「清流」という居酒屋でした。酔うに連れ、やっぱり江藤節が始まります。何かを批判する時

「けしからん」という言葉をよく聞きました。そういう中で江藤先生の人となりを多く学びました。

先生は人間に興味をもたれ、特にカップルに興味を示されていた記憶があります。フランスの勉強会の仲間で、隅田川の水上バスに乗った時のことです。先生がじっと見つめているその先には一組のカップルが、……。「知り合いですか」と聞くと、「いやどんな仲なのかなあ、と思ってね。あのカップルあんまり楽しそうではないので、どんな話をしているか気になるんだよ。」とただそれだけのことでしたが、「へえ～」と思ったことがあります。とにかく人間が好きだなあと思うことは度々です。

だから、先に法律ありきではなく、人間に必要な法律を作る、そしてそれに携わる法律家が役割分担する、ということを教えてもらったような気がします。

かかりつけの医者がいるように、フランスではかかりつけの法律家としての公証人がいる、そして予防司法として紛争にならないように契約書を作成する、それも公正証書として作成する、もちろん、強制執行ができる文書である。ノテールに「司法書士は、強制執行ができる文書を作れるのか」と何回も聞かれました。制度の違いを一生懸命説明したような気がします。

江藤先生は、「お前たちもフランスの公証人のようになれ、手続だけではなく、実体法を学べ」とよく言われたものです。「ちょっと風邪みたい」と言って町医者に行くように、これは法的にどうなるのか気軽に立ち寄れるような「街の法律家」になれと。言葉はどういう風に言われたか忘れたけど、私の解釈はこのように受け止めています。

紛争になってしまったら弁護士がいる、でも紛争にならないように事前にアドバイスをする予防司法の法律家、裁判にならないようにどんな問題でも気軽に聞ける法律家になれ、と法律家の中での役割分担を強く言われていたと、記憶しています。だから、簡裁代理権という中途半端な代理権を持つ司法書士を喜んではいなかったのではないかと今思います。私はクレサラ事件で簡裁代理権を結構活用はしています。しかし、簡裁だけでは終わらず（控訴等）、弁護士へバトンタッチという場面もあるわけです。最初に説明はしておくのですが、依頼者に申し訳ない思いが残ります。このことを一度江藤先生に聞いてみたいと思っていましたが、とうとうその機会はありませんでした。

また、江藤先生との関わりでは、司法制度問題を研究する「現代司法を考える会」というのにも参加させてもらいました。何の発言もできないけど、今思うとそうそうたるメンバーでした。弁護士はもちろんですが、元裁判官だった、元検事だった弁護士や学者等々……。

そのグループに大島出身の弁護士がいらっしゃって、大島へ行こうということになりました。飛行機に乗って大島の上空に着いて島が下に見えています。しかし、風が強くて着陸できない、羽田まで戻ってしまいます。そこで、大島行きは諦めるのかと思いきや、船で行こうということになり、その船が出発するまで、飲んで時間を過ごすわけです。みんな若かったですね。江藤先生は率先してせっかく計画したのだから、実行しなければ意味がない、と発言（と記憶）。この行動力には感心しました。誰一人行かないと言った者はなく（?）、翌朝、船で到着、二回大島へ行ったような気になったものです。そして、大島では、観光班とゴルフ班に別れ、大島を満喫しました。もちろん、私はゴルフ班でした。帰りは「クサヤ」をおみやげに頂きました。良い思い出です。

私は、平成一〇年頃からは、多重債務の相談それに金利引下げの運動で忙しくなり、江藤先生中心の「銘々会」も席を置くだけとなり、だんだん出席できなくなってしまいました。しかし忘年会だけは江藤先生と会うのが楽しみで、予定がつく限り出席させてもらいました。

今、私は司法書士歴四四年になります。最初はあまり深く考えていなかった仕事の内容も、江藤先生と会ってから考えるようになりました。フランスの公証人のことを知り、日本と制度も歴史も違うけど、法律家としてどの部分で市民の役に立つ仕事をするか、ということを学びました。多重債務の仕事が多くなって人間関係まで入って行かなくてはならない時も度々（しょっちゅうかな）ですが、人間が好きだからできると、江藤先生のことが頭に浮かびます。先生に「けしからん」と言われないような仕事を、もう少しだけやって行きます。江藤先生と会えて司法書士で良かったと思える人生を送っている私です。

（二〇一七年一一月二八日記）

江藤先生から司法書士へのメッセージ

司法書士　赤土正貴

一　論文「準法律家」にまつわるエピソード

江藤先生の論文「準法律家」は、初めて司法書士を法律家として学問の俎上に上げた論稿であり、江藤先生が司法書士制度ならびに司法書士会との関わりをもつ契機となった重要な論文と思われます。

この論文にまつわるエピソードを、江藤先生の『司法書士の社会的役割と未来』（二〇一四年）の「はじめに」（以下「社会的役割」という）の記述から紹介します。

『「準法律家」発表後、……司法書士会で「準法律家」合評会が平河町の市町村会館で行われた。この際、「妻の従軍」で芥川賞候補となったことでも知られ、当時、東京司法書士会の副会長をしていた妻木新平（福永隼人）氏より、司法書士を法律家ではなく、準法律家とするのはけしからんとお叱りをうけたことが思い出される。』と、少々困惑気味であります。

そして、その事情を『一九六二年であったか、……岩波が「現代法講座」を企画し、その中に「現代の法律家」一巻が予定されているという話があった。岩波は、既に項目を全て決めており、官庁や会社の法務部員を念頭に「準法律家」という項目を作っていた。そこで、私は、現実の日本の司法制度ないし裁判制度の担い手として、判検事・弁護士だけでなく、司法書士とか裁判所書記官や執行官が存在するのだから、それらの職種を書くのであれば、このテーマを引き受けるとして、「準法律家」を書くことなった。これが企業法務部員を念頭においた当初の「準法律家」というタイトルとその内容たる司法書士等との間にミスマッチが生じてしまった原因である。』と説明されています。

このミスマッチのお話は、私も何度か伺っております。そして、江藤先生は『この機会に、改めて、司法書士は、準法律家ではなく、法律家であること、それゆえ、法律家としての規律の維持が必須であること、を明言しておきたい。』とされています。

二 「司法書士の基本的性格の再構成」とは何か

江藤先生は、「なぜ日本は戦争に負けたのか」という問題意識から、その原因は日本の国家体制にあるのではないかと考えられて、日本の法律家制度を明治初期から研究することに至ったようであります。そして、『私の司法書士制度、また法律家制度研究の原点となるのは、冒頭に掲げた論文「準法律家」である。この執筆過程で、わが国制度の出発点となる司法職務定制中の「証書人代書人代言人職制」（公証人司法書士弁護士）をいかに理解すべきかについて明確にしたいと考えるにいたり、「明治初期の『弁護士』制度について」を書いた。これはまた、二元主義的弁護士制度から一元主義的弁護士制度への転化の過程、形態転化の過程、その理由は何かを究明するものとなった。このような歴史的検討に関連するものとして、司法書士を中心とする明治初期以来現在にいたるまでの歴史を「司法書士の歩み」としてこれに加え、司法制度全体の鳥瞰に資すればと考えた。』と「社会的役割」に書かれています。

「司法書士の歩み」について、『東京司法書士会史　下巻』「東京司法書士会史編纂ヒヤリング18・江藤价泰・一九九四年」（以下「会史編纂ヒヤリング」という）に記録されています。

『日本の登記制度は、母法はフランス法だと言われているけれど、本当はまったく似ても似つかない。要するに、形式審査だけを受け継いでいるにすぎない。しかし現実に市民が登記制度を利用する場合には、何らかの意味で国家機関と市民との間に介在する法律家がいなければできないわけですから、法律上はまったく不存在なものである代書人が、まったく実質的な形で、フランスの公証人と同じような社会的な機能をその段階から果たすようになってくる。明治十九年、二十年の段階で妙なねじれ現象が生じるんです。』と記述されています。

そして、『本来裁判事務と登記事務は異質なものであるがゆえに、フランスでは、裁判事務については代訴士という一つの職能が成立し、登記事務のほうには公証人という職能がある。この二つの異質の事務を一つの職能が持つというのも、考えてみれば異例なことです。』と驚かれています。

では、『なぜそれができたのかということを考えると、結局いわゆる代書であるということです。代書である限りは、依頼者の言うことだけを書けばいいんだから、裁判事務であれ登記事務であれ、異質性は何ら問われないわけです。ということで、本来異質として観念されるような二つの事務が、一人の司法代書人、司法書士という職能の中で処理される、ということになってきたんだろうと。だけど、それが問題を含んでいることは自明です。』と結んでいます。

江藤先生は、国民の人権・権利を擁護するためには、司法書士の「生きた職務の理論化・普遍化」をすることが不可欠であるとの視点から、「司法書士の基本的性格の再構成」が最も重要な課題とされています。

三　司法書士の法律相談権を獲得することへの思い

江藤先生は、司法書士は法律家であるので、法律家としての規律が維持され、制度的に整備されていることが必須であるとくり返し述べられています。そこで、司法書士が法律家であるのかの議論、その前提となる法律相談権の問題の検討をしてみます。

「会史編纂ヒヤリング」の記述では『明治期以降の流れでいうと、弁護士と公証人は明らかに法律家なんですね。ところが司法書士は法律家として位置づけられていないという現実が、その当時、れっきとしてあるわけです。』また、『フランスとの対比でいえば、司法書士の職務が、法律家としての職務内容として司法書士法に位置づけられていない、ということがあると思うんです。』と指摘されています。

そして、『法律家としてきちんと位置づけるという作業をまず第一にすることが、司法書士にとっての一番大事な問題なんじゃないか。何でそれを実現するかというと、私の考えでは、「法律相談権」だろうと思うんです。……その法律相談権を確立するということが、近未来における最大の目標じゃないか、これを取ればいい。』とされています。

他方で、『登記代理権といっていても、申請代理はあるけれど、……全体としての司法書士の登記事務に関する職務を包括的に、仮に「登記代理」といった場合に、その基礎となる法的判断権は、司法書士に全面的に認められているのかというと、なんとなく不透明なわけです。』しかし、『法律相談をする前提としては、当然調査をし、確認をし、判断を加えるということがあるわけです。そうなれば立派な法律家と言えるんじゃないか。』と示唆されています。

そしてまた、『法律相談権を、司法書士が法的レベルで獲得する必要がある。だけど、これは弁護士との関係、それから、公証人との関わりでなかなかむずかしい。しかし、それを確立することは、法律家制度の再編の第一歩だろうと思うんです。』と提案をされています。

司法書士法の昭和五三年（一九七八年）改正では、目的・職責規定に「登記代理権」を明確に定めていますし、二〇〇二年の法改正では、簡易裁判所における訴訟代理等を行う業務が付与されています。そのことからしても、司法書士の職務に関する制度的な整備は、進展しているものとみることができます。立法者も、国民の権利を擁護するために、司法書士の職務を法的に確立する必要性を認めているものと推測できます。このような法改正の流れは、江藤先生の司法書士の「生きた職務の理論化」の思想から、多大な影響を受けたものと思われます。

けれども、司法書士の法律相談権を立法化する問題は一歩も進んでおりません。他方では、司法書士の日常の職務は、まず、依頼者から事案の相談を受けて、各事案ごとに法律判断を下して処理をしているわけなので、法律判断権・法律相談権は当然の前提と考えられています。私は、法律相談権を、司法書士が法的レベルで獲得することができていない現状について奇異に感じています。

「社会的役割」の記述では『司法書士の基本的性格は何かという問題は、二〇〇二年の司法書士法改正を経て、司法書士に対して簡易裁判所の訴訟代理が許容された現在、これまで以上に、司法書士自らが真摯に考えるべき課題となっている。』と指摘されています。そして最後に、江藤先生からの熱いメッセージとして、『平成の司法改革によって、弁護士が大増員しつつある今日ほど、司法書士制度存続の危機が顕在化している時期はない。司法書士自らが、その職能としての基本的性格を明確にできないならば、とうてい市民の理解を得ることはできまい。』とあります。

私は、司法書士を開業した一九八八年以来、長期間にわたり江藤先生の勉強会に参加する機会に恵まれました。その研修の場で、司法書士制度に対する深い洞察力と高い見識にふれて、何度も襟を正された経験があります。そのことによって、日々の自らの職務の中で、偉大な先人の理念を活かし、実践するべきものと考えるようになりました。

今回、江藤先生の理想とする日本の法律家制度を実現する一助となればと、筆をとるにいたりました。

江藤价泰先生と和歌山訴訟

司法書士　中　弘

江藤价泰先生は大学におかれては民事訴訟法学者であられた。しかし民法学の巨星末廣先生、川島先生の系譜につらなる日本における法社会学学者の血脈を引継ぐ人物と言うべきであった、と私は思う。

「民事裁判のどこがおかしいか」(1)と先生は説かれる。そこで、先生は民事訴訟法の解釈学を展開するつもりは全くない。

「上からの市民革命のコースをたどった諸国では、下からの市民革命の行われた諸国と異なり、国家を抑制する原理は成立せず……市民間における商品交換に関する側面と基本的人権に関する側面は、法秩序として分断され、歴史的に考察すると支配階級によるイデオロギー操作によって、より矛盾を内包する」(2)と説かれる。

そして今日訴訟法の領域においても、今なお当事者主義的民事訴訟は完成されていないと認識されるのである。

この江藤先生の立ち位置は「人々が近代的な法意識を備えて権利主張し、必要に応じて訴訟を提起して紛争解決するのをひとつの理想とし、……人々が自由で平等で相互に尊重しあう主体的個人として思う存分に権利主張しあえる社会」(3)と説かれた川島武宜先生の姿と重なる。

「近代訴訟法の原則を原則として明確に承認し、それを一歩一歩制度化していく努力を、またその実現を阻む要因を一つ一つ排除していく努力を裁判官または書記官をはじめとする全裁判所職員がなされるのが、迂遠かもしれないが正道をゆく」(4)と結語される江藤先生の言葉は、効率的訴訟の現実傾向に「悪しき意味での合理化または生産性向上」を見るものであるとして発せられた警句である。実に古典的とも言える青年の如き理想の表明ではなかろうか。

ふりかえれば江藤先生はこのような法社会学者の視座から私達司法書士職能を見ていたのではなかろうかと懐古する。

先生の説かれる市民社会において予防司法を担うフランス公証人のような法律家の一翼、正確にはその萌芽を認める職能として、その発展の可能性を見出されていたのではなかろうか。

先生が「ソフトな職権主義的民事訴訟」(5)と要約された現在の民事裁判実務において、官に対する「情報提供者としての当事者の責任、義務の強化」の延伸として、官に向けられるものではなく、民事訴訟制度を利用する国民に向けられた情報提供者の一群を時間をかけて育成することを決意しておられたにちがいない。

銘々会の座に静かに着席された温和な笑顔は私にとりそのような社会教育者の一面を思わせるものであった。

このような江藤先生が説かれた予防司法を担う法律家、即ち国民に向けた情報提供者の役割としての職能の在り方を考える場合に、近年の過払金返還請求に代表される多重債務者の経済的更生に関し、私の身近な地元に端を発し深刻な問題を提起しつつ平成二八年六月二七日最高裁第一小法廷判決で終焉したのがいわゆる「和歌山訴訟」である。

当時、司法書士は弁護士と共に過払金返還のプロセスにおいて、主として業者との和解交渉の場で有用な情報提供者として法的役割を果たしてきたのは事実である。

その多くのケースが業者との和解によって処理されてきたことも結果として依頼者の経済的負担を軽くするという効用もあった。

しかし和解交渉という手法では貸金業者の減額要望と代理権の範囲を超える金額についても報酬を得たいという司法書士の利害が一致する危険もないとは言えない。

しかし、多くの実態は支援形態が代理訴訟であれ書面作成支援であれ利用者国民に向けられた情報提供者としての役割を果たしていたことに違いはない。

それが業際問題としてのみ捉えられ、司法判断の対象となってしまったのは、まことに不幸な出来事であったと言わねばならない。江藤先生が私達職能に期待した官ではなく、民に向けての必要な情報提供者となろうとした役割につき、任意交渉手法と司法判断手法、代理権手法と書面作成支援手法という紛争解決のための分水嶺を、どのように見い出すかについて、ヒエラルヒーの強い厳格判断の対象とさせてしまった原因は反省しなくてはならない。

この悲劇を乗り越え江藤先生が抱いた理念を再び復活させるために、より強い信念のもとで予防司法の一翼を担う法律家を目指し研鑽を続けることが、先生のご冥福を祈ることとなろう。

（1）渡辺洋三・江藤价泰・小田中聰樹『日本の裁判』（岩波書店、一九九五年）五六頁。

（2）同右六五頁。

戦前の民事裁判制度の特色

（3）川島武宜『日本社会の家族的構成』（日本評論社、一九五〇年）。

（4）前掲注（1）『日本の裁判』八六頁。

（5）前掲注（1）『日本の裁判』八五頁では、現在の民事裁判実務は、協同作業の名のもとに①裁判官の主導的役割②情報提供者としての当事者の責任、義務の強化③弁護士の裁判所への依存性等がソフトな職権主義的民事訴訟と評されている。

「司法書士の歴史」を学ぶ

司法書士
齋木賢二

一 はじめに

司法書士が「司法書士の歴史」を学ぼうとするときの必読書は、『日本司法書士史 明治・大正・昭和戦前編』(日本司法書士会連合会司法書士史編纂委員会編 ぎょうせい)である。昭和五六年に同書が出版されるまでの長い期間、客員委員の筆頭として、その完成に努力していただいたのが江藤价泰先生であった。

司法書士は、この書物により、自らのルーツを知り、その困難な制度進展の歴史を、さらには、わが国における司法制度全体における司法書士の「位置」をも認識するのである。したがって、同書は、司法書士制度にとって非常に重要な書物であることは間違いのないところである。

しかし、同書の内容が「完全」なものであるか否かについて、当時客員委員のおひとりであった、大出良知教授(東京経済大学現代法学部教授)の次の論述がある。

「上梓当時は、なお史料収集に限界があり、歴史的展開の仔細について解明しきれていなかった点が残っていたことも否定できない。」（月報司法書士二〇一六年一二月号二頁「巻頭言」）

したがって、われわれ司法書士が同書を読む場合には、「解明しきれていない」部分の存在を認識できるまで読み込む必要があるものと考えられる。

さらに、司法書士制度の「歴史的展開の仔細」についての「解明」は、われわれ、現在の司法書士に託されているものとも思うのである。

二　一つの論点

私が、同書を何回も読んで不明であった（すっきりしなかった）点は、司法職務定制上の「代書人」はだれがその資格を付与したのか、という点であった。

現在の司法書士が司法制度の歴史上明確に登場するのは、明治五年八月三日に太政官無号達として発出された「司法省職制並に事務章程」たる「司法職務定制」である。

「司法職務定制」は、司法省の権限を明らかにするとともに、司法省が全国の裁判権を掌握すること、裁判所・検事局・法教育機関もその管轄とすること、警察機構や在野の法律家制度等について定めている。

現在の司法書士たる「代書人」について定めている条文は、以下のとおりである。

「第一〇章（証書人代書人代言人職制）

第四二条　代書人

第一　各区代書人を置き、各人民の訴状を調成して其詞訟の遺漏無からしむ　但し代書人を用ふること用ひさるとは其本人の情願に任す
第二　訴状を調成するを乞ふ者は其世話料を出さしむ」

「司法職務定制」には、現在の司法書士である「代書人」についての記載は、この条文以外にはない。つまり、「司法職務定制」には、誰が「代書人」の資格を付与するかは定められていない。

同書、すなわち、『日本司法書士史　明治・大正・昭和戦前編』にも、この点は明確に述べられていない。

三　「司法職務定制」上の「代書人」の資格付与権者はだれだったのか

明治四年七月九日に司法省が設置され、翌年の四月に江藤新平が司法卿に就任する。江藤新平は、就任直後から司法制度の改革案の検討を進め、日本の司法の大枠を組み立てた。そして、就任後わずか三ヶ月足らずで太政官府に提出したのが「司法職務定制」であった。この短期間では司法制度の細部にわたっての定めはできなかった、と考えることは妥当であろう。

それ故であると考えられるが、制定からわずか三年で、この司法職務定制は「消滅」する。

すなわち、『法令全書（第五巻）明治五年』（内閣官報局編・一八八九年。原書房・復刻版一九七四年）の四六五頁に「司法職務定制」の冒頭部分が以下のとおり掲載されている。

「八月三日　　司法省

本省職制並に事務章程御渡相成候事
但假定之心得を以て施行可致事」

さらに、法令全書の該当部分である、この「八月三日」上部欄外に以下のとおりの記載がある。

「七年太政官第十四號達八年司法省達第十號達に依り消滅」

「司法職務定制」が消滅した根拠とされる、この「明治八年司法省達第一〇号達」は次のとおり定められていた。

この「達」の発出日である明治八年五月八日に「司法職務定制」は「消滅」したと解される。

「達第十號（五月八日）

今般當省及検事並大審院諸裁判所職制章程別冊之通御達相成候條為心得此旨相達候事

（別冊）

司法省章程

（中略・筆者）

第九　代書代言人を監し其規律を制し裁を乞ふ事」

さらに、法令全書の当該「達第十號」上部欄外に以下のとおりの記載がある。

「十年第十九號布告同年太政官第三十二號達を以て改正」

当該「明治一〇年太政官第三二号達」は次のとおり定められている。

「第三十二號

司法省職制章程並検事職制章程別冊の通改正候條此旨相達候事

（別冊） 司法省

其省職制章程並検事職制章程別冊の通改正候條此旨相達候事

明治十年二月十九日 右大臣岩倉具視

（別冊）

司法省章程

（中略・筆者）

第九 代書代言人を監し及許可する事」

四 まとめ

明治一〇年の太政官第三二号達により、はじめて、その頃の代書人（現在の司法書士）と代言人（現在の弁護士）の資格付与権者が司法省であったことがわかる。

司法職務定制は、その冒頭部分でわかるとおり、「假定」、すなわち「仮の定め」の色彩が強く、取り急ぎ、わが国の司法の体制の概要を整えたものと理解できる。それ以降に定められた、「訴答文例並附録」（明治六年七月十七日太政官布告二四七号）、「代書人用方改定」（明治七年七月十四日太政官布告七五号）、「司法省職制」（前出）等が、わが国の司法のかたちの具体化を進めたものと考えられる。

司法職務定制上の代書人、すなわち現在の司法書士は、司法職務定制が消滅した後も、司法省管轄の資格者制度としてその存在を維持した。明治期には、司法省が「裁判所」制度も所轄していたのであるから、定制上の代書人、すなわち現在の司法書士は、司法制度、特に裁判制度の適正な運営に寄与する職能として、位置づけられ、庶民のための法律家として育ってきた、ということができる。

司法書士制度の歴史を学ぶことは、司法書士制度の将来を考える基礎となるものである。その点において、江藤价泰先生が残された「司法書士の歴史」に対するご研究とその成果は、司法書士が存在する限り消滅することはない。

司法書士制度の現状と課題

司法書士　三河尻和夫

一　先生との出会い

私が、司法書士登録をして三年後、昭和五五年一二月三〇日から翌年一月八日までの年末年始の休暇に合わせて「日司連欧州セミナー」が、開催されることを知り、海外の法制度について興味があった私は、早速申し込みをしました。当時、江藤先生は、フランスに留学されており、パリで先生の講義を拝聴することができました。先生のご案内によりフランス司法省を訪ね、登記課長から登記制度についてのレクチャーを受け、先生から民事訴訟制度、公証人制度、不動産の取引等について貴重なお話を聞くことができました。

先生とは初対面でありましたが、法律家として市民のために活動する使命を養い全うしていくことの大切さを知り得るきっかけになりました。

当時同行された方々は、国元謙一（日司連名誉会長・東京会）を団長として、上野政紀（東京会）斉藤茂雄（東京会）市川丈夫（横浜会）田代亮一（岩手県会）田代季男（日司連名誉会長、岩手県会）萬　實（岩手県会）保坂幸一（長野県会）中村頼秋（岐阜県会）等々司法書士二二名と家族五名であり、楽しい研修ツアーでした。

これが、私の外国法制度の研修視察第一号で、先生との出会いから現在まで十数回も続いているライフワークでもあり、業務や会務の合間のさわやかな気分転換でもあります。

二　司法書士界への貢献

江藤先生の日本司法書士会連合会における貢献は、余人に替えることができない絶大なるものでした。昭和四一年から平成二三年までの長期間にわたり、司法書士史編纂委員会の客員委員として、ご尽力いただきました。大変困難な作業であったと聞き及んでいます。日本司法書士史の（明治・大正・昭和戦前編及び昭和戦後編）発刊ができましたのはまさに先生のお陰であります。

また、職務改善推進委員会、司法書士制度審議会、登録審査会等の委員を務めていただき、平成三年から平成二八年まで日司連顧問に就任されました。

更には、各地の司法書士会においても研修会講師として活躍され、多くの論文等を寄稿していただきました。誠にありがとうございました。

これまでの先生のご功績の詳細については、先輩諸兄の論稿に譲ることといたし、私が求める司法書士像への道を、思いつくまま記させていただきます。

なお、これまでの拙者の原稿等を引用した部分もありますことをお許しください。

三　江藤先生と司法書士制度

江藤先生は、司法書士に対して、法律家としての自覚を与え、司法書士制度が、市民のための法律家制度であることの理論的な礎を与えていただきました。先生は、五〇年の長きに亘って、常に司法書士よ、自らの打算や利害に囚われず、市民に対する奉仕の心を忘れない真の法律家たれとして、司法書士を叱咤激励していただきました。

私は、一八年ほど前、「司法書士の進む道を考える—金融機関からの決別—」という論稿を世に問いました（「市民と法」五号五二頁）。そして、司法書士が、直接、市民に向き合うことの重要性を訴えました。高度経済成長からバブル全盛期の時代にかけて、金融機関だけを向いていた司法書士が自分を含め、あまりにも多いことに疑問を持ったからです。そこで、私自身が、自ら率先して、それまでの執務姿勢を問い直し、変わっていく決意とその経験を示したものであります。

それは、江藤先生が示された市民のための法律家という方向性に共感し、それを踏まえた上での私なりの結論でした。現在でも正しい選択であったと信じていますし、依頼者一人ひとりと向き合う業務に誇りを感じています。

江藤先生は、かつて、司法書士が「業界」という言葉を用いることを禁止し、業界と言った司法書士に対して、一〇〇円の罰金を課した、という有名なエピソードがありました。また、江藤先生は、医師や僧侶と同じく、司法書士を法律家としてのプロフェッションであるとして、それは単なる商売人ではない、それゆえ、元来、報酬請求権はないよ、というお話をされました。

それは、人々の苦しみや悲しみに立ち会うプロフェッションとして、共に苦しみ、悲しみ、二人三脚となって支えることで、決して、人の不幸で商売をしてはならない、という意味であったと捉えられるものであります。

四　司法書士の本人訴訟支援について

一四〇年以上にわたる歴史を持つ司法書士制度は、時代の流れとともに職務のあり方も変遷してきましたが、法律事務を行う専門家であると言う点については一貫しており、現在では、「市民に身近な法律家」として様々な分野の紛争事件や人権問題、法教育への取り組み、更に災害時における復興支援等においても、相談者に身近な存在として認識されているところであります。そして、法律家としていち早く、成年後見制度の創設と普及に取り組み、活動しているところです。

いうまでもなく、司法書士は登記手続の専門家として経済社会の発展と安定に寄与する一方で、市民の日常生活で生起する様々な法律問題に対し、予防法務としての相談相手であり、訴訟等になれば裁判所提出書類の作成等において、本人訴訟の支援者として二人三脚にて紛争解決を担ってきました。

ところが、近年簡裁訴訟代理関係の事件は受任するが、書類作成業務は引き受けないという同職や、簡裁代理権を取得しているが、裁判事務はやらない司法書士が増えていると聞いています。

市民を支援する法律実務家として、裁判所へ提出する訴状等の書類作成において司法書士は、依頼者の主張や事実関係を詳細に聞き取り、法的整理をしたうえで、提出すべき書類作成をし、相手方から答弁書や準備書面が送達される度に、また口頭弁論期日前には依頼者と打合せを行ない、更に次の書類作成へと繋げていくのです。書証や人証の証拠申出等は本人との協働作業であり綿密な準備を要し、まさに、本人に寄り添わなければ満足してもらえない業務であります。

今般、家事審判法が見直され家事事件手続法、家事事件手続規則が平成二五年一月一日から施行されていますが、これら家事に関する手続きは代理人が訴訟遂行していくというのみでは、当事者を真の解決に導くには不十分であり、家事事件は、数多くある争訟の中でも当事者の心の機微を感じとる必要の高いものであります。それは、言い換えれば、当事者がおかれている状況を深く理解し、その心に寄り添う姿勢が、依頼を受ける側に要求されるものであるということに他なりません。この分野は、司法書士が本人と共に考え苦しみ円満な解決を探る必要があり、補佐や許可代理制度の活用や調停への同席も望まれるところであります。

本人訴訟に関して様々な角度から検討し早急なる対応策が急務であると考えています。

五　成年後見制度の担い手として

家庭裁判所による成年後見人等の選任は、資格者専門職としては司法書士が最も多く、司法書士により平成一二年に設立された公益社団法人成年後見センター・リーガルサポートの果たす指導監督の役割と充実した研修制度が、家庭裁判所に信頼されている証左といえます。また、この業務に携わることにより、福祉関係者や自治体関係者にも、司法書士が被後見人等に寄り添い支援している姿を理解していただき、信頼関係の下に協力関係ができています。後見業務は、本人の意思を尊重し生活支援から身上監護、財産管理までに及ぶまさに本人と親族や福祉関係者等の全員との信頼関係に基づく業務であり、少子高齢化社会において、我々司法書士の支援と役割が益々求められる分野であります。

六　財産管理業務等の担い手として

平成一四年の司法書士法改正によって、規則第三一条に規定する業務が付帯業務として明文化されました。従来の業務体制であれば、相続登記の依頼があれば、相続人を確定させ、遺産分割等の相続証明書を作成し、署名押印を求めて登記申請をすることで依頼業務が終了していたのでありましょうが、相続財産は、不動産のほかに預貯金や株式等の証券類、ゴルフ会員権、自動車、債権債務等が存在するのが通常であり、遠隔地あるいは海外在住の相続人がいるときや、不動産を売却処分して現金で相続する場合もあり、登記手続きのみに関与していても依頼者の満足は得らません。そこで、これらの遺産承継業務を司法書士が引き受けて、相続人からの委任により事務処理を行い、遺産分配を行うことになります。また、福祉型の民事信託も取り入れたトータルケアが求められています。まさに、信頼関係に基づく業務でありますが、その反面、信認義務という重い義務を受忍していることを忘れてはなりません。

七　司法書士法の改正運動について

我々の司法書士制度の歴史は、法改正運動の歴史と言っても過言ではないと思います。まさに先生が編纂された日本司法書士史が、物語っております。

近年の動きとして、平成二三年二月の第七三回臨時総会において承認された「司法書士法改正大綱」は、一四項目に及ぶものでしたが、早期に実現させるべき課題として「使命規定の新設」「法律相談業務の明確化」「懲戒制度の改正」「周旋禁止規定の新設」の四項目を掲げ、議論を重ねてきました。平成二九年四月一四日に司法書士制度推進議員連盟の総会において、これらの法改正に向けて積極的に活動する旨の決議がなされたところであります。

1　使命規定の新設

現行の目的規定を廃止した上で、「司法書士は、登記、供託、訴訟等法令に定める法律事務の専門家として、国民の権利の擁護と公正な社会を実現することを使命とする。」との趣旨の規定を新設すること。

2　相談業務の明確化

国民の司法アクセスの拡充及び予防司法充実のために、司法書士業務の実情に即し、司法書士が応じる相談が法律相談であることを明確にするため、所要の規定の整備を行うこと。

3　懲戒制度の改正

懲戒権者を法務大臣にするとともに、非違行為と懲戒処分との均衡を図ること、及び法務大臣は、司法書士又は司法書士法人につき懲戒処分に関係する事由があったときから一定の期間を経過した場合は、懲戒手続を開始することができないものとすること。

更には、法務大臣が司法書士又は司法書士法人に対して懲戒処分をしようとするときは、聴聞を行い、弁明の機会を与えなければならないものとすること。

4　周旋禁止規定の新設

司法書士会に入会している司法書士又は司法書士法人でない者（協会を除く。）は、報酬を得る目的で司法書士の業務についての周旋を行ってはならないとすること。

法改正運動は左記四項目の実現のみを目的とするものではなく、家事事件における補佐人としての関与、簡裁代理権の充実、登録前研修の登録要件化をはじめ、市民のための法律家司法書士となるべく必要な項目については、司法書士に付与された業務の実績や、利用者である市民の満足度、社会の要請等を勘案しながら、次の法改正に向けて不断に続けられなければならないと考えます。

八　むすびに

日本の民事訴訟法は、弁護士強制主義を採用しておらず、第一審通常事件の六割ほどが、双方又は一方に代理人がついてない本人訴訟事件となっている現状があります。本人訴訟支援という司法書士の役割を再度認識し、裁判所提出書類作成業務を充実させ、司法書士は国民の裁判を受ける権利を支える市民に身近な存在であり続けなければなりません。そして、多様な社会情勢の変化（人口減少、高齢化社会、ネット社会、教育改革、労働環境変化、グローバル化、ＴＰＰ、農業改革、規制改革、マイナンバー制等々）に、司法書士制度も個人としてもスピーディーな対応に迫られる時代であると思います。

私が、日司連会長になり、顧問としての先生と前述の懸案事項等について親しく論議ができなかったのが心残りです。これから我々司法書士の歩む路が　平坦であろう筈はありません。アップダウン、カーブの連続、デコボコ道、ぬかるみ、行き止まりもあり得ます。江藤先生からもっと多くの教示を得たかったのですが、先生の研究を礎として、市民から頼りにされる司法書士として業務に取り組み、制度の進展に向けて、更に励む覚悟であります。

司法書士制度は、江藤先生にご教示いただきました市民のための法律家という自覚を、これからも末永く、しっかりと追い求めいくであろうことを、私は確信しております。

江藤先生と銘々会

司法書士
菱田徳太郎

「一九八二年の結成以来、司法書士制度研究を主たる目的とし、月例研究会を開催しているが、わが銘々会は『市民のための法律家』（法学セミナー増刊、一九八三年）の出版を嚆矢とし、『司法書士の実務と理論』（日本評論社、一九九一年）、『司法書士の新展開』（日本評論社、二〇〇五年）、『司法書士の羅針盤』（日本評論社、二〇一〇年）を刊行し、一九九八年には本書の「旧版」ともいうべき『司法書士始末記』（日本評論社）を発行し、今回の『新・司法書士始末記』にいたっているのである。」

これは、江藤先生が『新・司法書士始末記』（日本評論社、二〇一四年）のはしがきの冒頭で述べられている一節です。

私は、約三〇年の間、銘々会を通じて江藤先生から様々にご指導いただき、大きなご恩を受けてきました。江藤先生を座長として銘々会が発足したのは一九八二年のことですが、その三年前の一九七九（昭和五四）年に施行された改正司法書士法において、司法書士の制度が国民の権利の保全に寄与するためのものであることを明記した目的規定が新設され、試験制度が認可試験から国家試験へ移行したこと等から、司法書士界では法律実務家としての制度のさらなる充実を目指す機運が大いに盛り上がった時期でありました。月例の銘々会では、後に司法書士界において指導的な立場で活躍されることになる前沢六雄先生、藤井哲先生、松永六郎先生、藤木弘司先生らが中心となって、江藤先生のご指導を受けながら司法書士制度や登記制度についてアカデミックな議論が展開されました。銘々会の名称の由来は「銘々が自由に自分の意見を述べあう」という趣旨にありますが、例会後の酒席での江藤先生を交えた闊達なおしゃべりのひと時は、その趣旨を端的に表していて、忘れることのできない楽しい思い出となっています。

ただ議論しているだけでは勿体ないということから、江藤先生監修のもと銘々会のメンバーが中心となって執筆活動を開始することとなり、約三〇年の間に冒頭の六冊の単行本を日本評論社から発刊していただきました。以下、江藤先生に御礼申し上げる意味で、この六冊について振り返ってみたいと思います。

『市民のための法律家』は、銘々会として執筆活動に関わった最初の書籍ですが、予防司法の重要性に着目するという観点から江藤先生や前沢六雄先生らが企画し、法学セミナー増刊号として一九八三年一〇月に発行されました。いわゆる法曹三者以外にも、わが国には市民の法律生活の中で法律家と呼ぶに値する法律実務家が少なからず存在しているところですが、その中でもとりわけ紛争予防の役割を果たすことの意義を啓発するという趣旨から公証人と司法書士にスポットを当て、それぞれの制度、日常の業務、それらに関連する諸問題等について特集することとなり、それぞれ一〇名ほどの公証人と司法書士が執筆を担当し、あるいは座談会に参加したりしました。

現在では多くの司法書士が優れた論文を発表するようになりましたが、三〇数年前の司法書士は、実務書の執筆の経験はあるものの登記制度や法律家制度に関する論稿の執筆は初めて体験する者が多く、私自身を含め江藤先生からご指摘を受けて何度も加筆訂正することを余儀なくされた司法書士も少なくありませんでした。

『司法書士の実務と理論』は、銘々会のメンバーが一九八六年から約二年間にわたり法学セミナー誌に連載した司法書士実務に関する諸論文を推敲し、改めて執筆して単行本化したもので一九九一年一月に発刊されました。

これらの論文は、司法書士の日常の実務において、それぞれの分野に精通している司法書士が日頃感じている実務上及び制度上の問題点を理論化・普遍化することを試みた内容となっており、当時の司法書士が執筆した論文としては極めて学問的なものとなりました。

その目次を見ると、不動産登記分野では「立会」「登記原因証書」「保証書制度」「中間省略登記」など、商業登記分野では「類似商号」「会社の事業目的」「商業登記と議事録」など、現在では廃止あるいは大幅に改善された法制度に関する指摘も含まれており、さらに訴訟・供託分野では、「訴訟書類作成と事前調査」「本人訴訟と立証活動」「訴訟維持の指導と包括受託」など簡裁代理権獲得以前の本人訴訟支援に情熱をもって取組まれた先生方の書きっぷりが印象的です。また、序論として江藤先生が「司法書士の基本的性格」について、終講として元司法書士会連合会会長田代季男先生が「司法書士制度の展望」についてそれぞれ執筆されており、本書の格調をより高めているといえます。

『司法書士始末記』は、一九九一年から約五年間法学セミナー誌に連載された実務の体験談を単行本化したもので、一九九八年三月に発行されました。銘々会のメンバーだけでなく全国の多くの司法書士に依頼し、日常の司法書士実務の中でとくに苦労したり思い出に残っている事件について市民にも分かりやすくその顚末を執筆していただきました。連載は通算して五〇編を越えましたが、その中から二五編を厳選して単行本としたものです。

本書では、執筆者が困難な事件の解決のために悩みながら苦心して取組んでいる姿が生々しく語られおり、専門家でなくても理解できる内容となっているため市井の書店でも多くの読者に購入していただきました。その結果、数度の再版があり一万部近くも出版されて予想外の売行きとなりました。本書は、司法書士の職務の実際が必ずしも市民の間で周知されているとはいえない状況の中で、その内容をよく知っていただきたいという趣旨で企画されたものですが、このように多くの読者の目に触れたことは、一定の成果が得られたとして江藤先生にも喜んでいただけたと思います。

『司法書士の新展開』は二〇〇五年六月に刊行されましたが、一九九八年の『司法書士始末記』発行から七年の間に司法書士の制度及び実務の双方に大きな変革がもたらされました。まず二〇〇〇（平成一二）年四月に新しい成年後見制度が発足し、成年後見人の職務を通じて司法書士が業務として初めて権利擁護の分野に参入することとなり、また二〇〇三（平成一五）年四月の改正司法書士法の施行により簡易裁判所管轄の事件で司法書士が代理権を付与されることとなりました。さらに二〇〇五（平成一七）年三月の改正不動産登記法の施行により不動産登記のオンライン申請が可能となったように、日本社会の高齢化、多様化、ＩＴ化等の急速な進行により司法書士が行う職務の内容もまさに新展開を迎えることとなったのです。

本書においても、社会の変化と司法書士の職務内容の変革に伴い、従来の登記事務、裁判事務に加えて成年後見実務、簡裁代理実務に関する論稿が登場し、さらに地域社会での活動や司法改革への提言など新しい分野に関する論文も掲載されるようになりました。

『司法書士の羅針盤』の発刊は二〇一〇年八月で、「多様化する現代社会を切り拓くために」というサブタイトルが付されています。本書の目次では、掲載された二四本の論文が「不動産取引分野」「訴訟分野」「会社法務分野」「家事事件分野」「多重債務分野」「司法制度分野」「社会問題分野」の七つに分類されており、社会の変化の中で司法書士に求められる職務や活動の内容も目に見えて広汎なものになってきたことを知ることができます。

そのような状況の中で、わが国の法律家制度の枠組みに従って司法書士が市民の要求に真摯に応えようとすると、常に弁護士法七二条を意識して職務を遂行しなければならないように、本書の論稿においてもその点の悩みが少なからず吐露されています。ここで本書の末尾に掲載された「司法書士の法律家としての確立へ」と題した江藤先生の論稿の一部をご紹介します。

「司法書士の解決すべき課題は多様であり、また難問であるといわざるを得ない。しかし、解決すべき課題の根本は、司法書士が自らを法律家として形成し、確立することにあると考えられる。（中略）この自らを法律家として形成・確立する努力、ついでいかなる法律家となるのかへの模索、あえていうならば、これらこそが司法書士の羅針盤ということになるのではあるまいか。」

『新・司法書士始末記』は江藤先生が亡くなる一年半前の二〇一四年九月に発行され、銘々会の企画編集及び江藤先生の監修による書籍としては最後のものとなりました。本書は旧版『司法書士始末記』と同様に日常の実務の中で解決に苦労した事件の顛末を赤裸々に分かりやすく書き下ろしたもので、全国の司法書士二一名が執筆を担当しました。旧版の発行から二〇年近くが経過していることから当然その体験談の内容は旧版と比較して多様化、広汎化しており、各執筆者の悪戦苦闘ぶりは読む者に新鮮な驚きと面白さを感じさせます。

以上、六冊の書籍について簡単に触れてきましたが、銘々会にとって江藤先生との最後の思い出となった行事が、二〇一四年六月に日本評論社から発行された江藤先生の論文集『司法書士の社会的役割と未来——歴史と法制度改革を通じて』の出版記念会でした。この記念会は、日本評論社と銘々会事務局が幹事役となって同年一一月二日に東京市ヶ谷の私学会館で開催され、江藤先生にゆかりのある学者、弁護士、司法書士等約一〇〇名が参加して盛大に行われました。車イスで出席された江藤先生もたいへんご満足の様子で、少しは恩返しができたのではないかと思います。

江藤先生、長い間ご指導いただき、ありがとうございました。

こころざし

司法書士　矢頭範之

江藤价泰先生に初めてお会いしたのは、銘々会の例会に出席したときである。

頂いた名刺をみても江藤先生の名の読み方が判らない。

今だったら最初に姓名の読み方を確認するが、当時接したこともない大学教授ということもあって臆して読み方を聞きそびれた。

「まあ『なんとかヤス』だろう。」ということで自分のなかではいいことにした。

幸いにも普段は「エトウ先生」でなんら支障がないので名の読み方に悩むこともない。

相当の時を経てから「ヨシヒロ」と読むことを知った。「『なんとかヤス』じゃないんだ。読めるわけがない。」

銘々会の例会はその終了後、当時は四ツ谷の「縄のれん」という居酒屋でみんなでお酒を飲む。江藤先生は特に日本酒を飲まれた。

酌をすればその分飲まれた。「もうけっこう。」とは言わない。ご高齢なのに大丈夫か、と思うほど、我々と同じくらい、またはそれ以上飲まれていた。

そこでは訴訟制度、司法書士制度等が話題となるが、江藤先生は歴史の話をよくされていた。あるとき、江戸時代の一番強い剣豪はだれだ、という話しになり、江藤先生は「男谷精一郎だ」と主張された。男谷精一郎は勝海舟の親戚だということは知っていたがそれほど強いとは思わなかった。私は臆せず、千葉周作や浅利又七郎を主張した。でも江藤先生は譲らない。もともと決着のつく話でもなく、途中でどうでもいいと思ったが、それでも江藤先生は譲らない。

またあるとき小説の話になり、江藤先生は推理小説を書いたことがあるか書こうとしたことがあるとカミングアウトされ、法律の論文は書けるが小説は結構難しいなどといわれていた。

そのとき、私は江藤先生に促されて論文というか実務に関する文章を書こうとしていて、江藤先生に判例や学説の拙劣な引用を叱られていたときであった。

そのお言葉で、実務の論文を満足にかけない自分は到底小説は書けないと（別に小説を書こうとも思っていなかったが）小説家はあきらめ、司法書士の実務ぐらいの文章程度は何とか書けるようになろうと思った。

さて、私は以前とある会社に務めていた。しかし四年と少しで退社した。

特段会社に不満があったわけではないが、社会的な貢献、とまではいかないまでも、何らかの社会的役割を果たす存在となりたかったのである。それで司法書士となった。

司法書士となってからは主に登記業務に勤しんだ。

しかし、当初考えていた「社会的役割」を果たしているという感覚とまではいかない。ちょっと悶々としていた。

そのようなときある人に銘々会に誘われた。

そこで江藤先生から司法書士が文章を書くべきであること、それは司法書士が携わる諸制度の実情が明らかになり制度改善につながること、そのような文章は専門職である司法書士にしか書けないこと、それはその制度の恩恵を受ける市民の権利実現のためであること、そのような専門職の存在と社会における役割は重要であり、その責任は重大であるということをご教示いただいた。

その後、私は悶々とする気持ちを解消できそうな「成年後見制度」という対象物を発見した。

ご存知のとおり、二〇〇〇年四月に従前の禁治産・準禁治産制度を改め、新しい成年後見制度が施行された。新しい成年後見制度では「専門職後見人」という司法書士としての業務が出現することとなった。

成り行きで、成年後見制度または成年後見実務に関する文章をけっこう書くことになった。

その活動に参加するようになり、忙しくて銘々会の例会参加からは遠ざかった。

そんなあるとき、ばったり四ツ谷の司法書士会館の前で江藤先生にお会いした。

銘々会の参加をサボっていることをお詫びしたら「いいよ。矢頭君は成年後見制度のことでがんばっていると聞いているよ。どこで何をしようとこころざしをもってがんばっていればいい。」とおっしゃっていただいた。

そのお言葉を聴いて嬉しかったのと同時に、江藤先生からご教示いただいたことや銘々会で得たものの延長線上に私の現在の成年後見制度に関する活動があること、さらには自分が会社を辞めた動機ともつながっていることを自覚した。

それは江藤先生につなげていただいたこととあらためて感謝した。

江藤价泰先生のご冥福をお祈りいたします。

最後の門下生

司法書士　堀江泰夫

一　はじめに

門下生というのもおこがましいが、江藤价泰先生（以下「先生」とお呼びする。）の最晩年先生の薫陶を受けることができたことは、私にとって非常な幸福であった。

二　先生との出会い

所属支部長の紹介で、二〇一〇年から法学セミナーに年二回、司法書士業務に関するコラムを連載することになった。その折に銘々会へ誘われ、先生とお会いすることとなった。先生に初めてお会いしたそのときは、先生はすでに教壇を去られていた。名刺を切らしているとのことで、ポストカード大の手製名刺を頂戴したが、そこには手書きで大きく「都立大学名誉教授　江藤价泰《よしひろ》」と書かれていた。その手製名刺は、今でも大切に保管している。

銘々会は、一九八二年の秋に東京の司法書士一〇数名が中心となり、先生を座長として発足した研究会が前身であり（江藤价泰ほか編『司法書士始末記』（日本評論社、一九九八年）あとがき参照）、「司法書士制度ないし不動産登記制度についての研究会、というよりはダベリ会」で、「各自勝手な意見を述べあうという会の実質に即して名付け」られたという（江藤价泰編『司法書士の実務と理論』（同社、一九九一年）はしがき）。

三　私にとっての先生

お会いする随分前から、先生のお名前は存じあげていた。初めてお名前を拝見したのは、有斐閣月刊法学教室一九八六年九月号である。私は司法試験を目指して法学部へ進んだが、受験せずに大学を卒業し、一般企業へ就職した。毎日が面白くなく、悶々としていたある日、町の書店で偶然手にした法学教室の表紙には、「特集・司法書士」と書かれていた。この特集で司法書士の存在を初めて知るとともに、特集中の「司法書士Q＆A」で、先生が解説されていた司法書士の歴史に興味を抱いた。

その後会社を退職して司法書士試験の勉強を始めたが、受験勉強中に法学セミナー一九八八年一一月号「特集法律社会と司法書士」の、先生司会の座談会「司法書士の実務と理論」を読み、勉強のモチベーションが上がったことを覚えている。

司法書士登録をしたのは、二〇〇五年だが、試験には一九八九年に合格した。受験生の頃から、合格後は企業へ入社して、企業法務の仕事をしたいと考えていた。合格と同時に就職活動を始め、一九九〇年に東証一部上場の流通企業の法務部に入社した。その後、数社の法務部門に在籍し、現在も某メーカーの法務部門で組織内司法書士として企業法務に携わっている。

司法書士事務所での経験はなく、またないからこそ、書籍等で司法書士能力を向上させようと、合格時から考えていた。ちょうどその頃、先生が中心的役割を果たされた司法書士に関する書籍が、続々と発行された。①前掲『司法書士の実務と理論』、②江藤价泰監修、小川勝久・北田玲一郎編『ドキュメント司法書士』(日本評論社、一九九一年)、③前掲『司法書士始末記』、④江藤价泰監修、小川勝久・北田玲一郎編『なにわの司法書士奮闘記』(日本評論社、二〇〇三年)、⑤江藤价泰ほか編『司法書士の新展開』(同社、二〇〇五年)等である(銘々会は、①、③、⑤に関わっている)。これら書籍を全て購入して読了したことで、司法書士の職務能力を最低限身に付けることができたと考えている。

四　先生の思い出

1　銘々会

銘々会入会の翌年二月、銘々会で企業法務と契約業務について発表する機会を得た。発表後に先生から、「たいしたものだ。司法書士業界もなかなか人材がいる。」と過分のお褒めをいただき、嬉しくも面映ゆい思いをしたことを、昨日の様に覚えている。

銘々会では、先生から様々なお話をお聞きすると共に、参考文献等の紹介もしていただいた。勉強会で紹介された書籍(潮見俊隆編『岩波講座現代法6現代の法律家』(岩波書店、一九六六年)(先生が司法書士界と関わるきっかけとなった「準法律家」が収録されている)、渡辺洋三・江藤价泰・小田中聰樹『日本の裁判』(同社、一九九五年)等。これらの書籍は既に絶版となっており、中古でしか手に入らない。)を、スマートフォンを利用し、勉強会のその場でアマゾン等で購入したところ、便利な世の中になったものだと先生が驚かれていたことを思い出す。

2 懇親会

先生は、月一回の銘々会にほぼ毎回参加されると共に、その後の懇親会にもなるべく参加されていた。私は懇親会で先生のお話を伺うのが楽しみで、時間の許す限り参加したものである。いつも機嫌よく、お好きな焼酎のお湯割りを召し上がり、お顔を真っ赤にされていたことを覚えている。

前述のとおり、私は企業内司法書士（組織内司法書士）[1]として、司法書士登録をしている。弁護士が企業内弁護士となる場合、所属弁護士会へ届出するだけでよいのに比べ、司法書士が企業内司法書士として司法書士登録をすることは、現実には困難である。この点おかしいではないかと、酒の席で何度か先生にご意見を伺ったこともある。そのような面倒な議論にも嫌な顔ひとつせず、真剣におつきあいいただいたことに、今でも感謝している。

私は、銘々会で絶対的少数派である喫煙者だったが、当初懇親会で先生の近くでお話を伺っていた。あるとき、他の会員から先生は心臓の調子があまりよくないとお聞きしてから、煙草を吸うために離れた席に着くようになった。先生が亡くなられた後、煙草を止めたが、早く止めていれば、先生のお近くでもっとお話を聞けたのにと寂しく思う。

3 最後の監修

銘々会に参加して三年後、江藤价泰監修『新・司法書士始末記』（日本評論社、二〇一四年）が企画され、私も「インハウスローヤーとして生きる」を投稿することになった。しかしながら、この頃から先生はだんだんお元気がなくなり、結局先生から直接拙稿に朱を入れていただくことはできず、とても残念であった。

そして二〇一三年の春先、御自宅で転倒して腰骨を骨折され、全治三ヶ月の治療を要することとなり、以降銘々会に参加されなくなった。最後に先生にお会いすることができたのは、御著書の出版記念会（後述）のときだが、その時には随分お元気がなくなったと感じた。

結局、先生が関わられた司法書士関連の書籍は、『新・司法書士始末記』が最後となってしまった。

五　おわりに

先生が長い間司法書士界の発展にご尽力されてきたことと、先生と共に銘々会で長らくご活躍されてこられた諸先生方の業績が司法書士界に多大な発展をもたらしたことは、言うまでもない。

今後の司法書士界の発展のために、銘々会でも、新たな若手メンバーの活躍が望まれるが、先生の業績やお名前、また銘々会の存在すら知らない若手司法書士が多いのは、まことに残念である。

先生がお亡くなりになり、また銘々会の主力メンバーの先生方も、世代交代の時期を迎えられつつあるいま、銘々会の財産を若い世代に承継させていかなければならず、微力ながらもそのお手伝いをしなければと私は考えている。

最後に、司法書士界の次代を担う若手司法書士の方々に、先生の次の言葉を紹介したい。

「近代化には、三つの要因があるといわれる。すなわち、技術・組織・人間であり、真の意味での近代化は、これら三者の有機的な成長発展によって初めてなしとげられる（本書一二二頁注（4））[2]。

この視点から司法書士制度を真の法律家制度として確立されんことを期待する。

二〇一四年一一月二日　　江藤价泰」

（1）　組織内司法書士は、「企業や官公庁等の組織に属する司法書士（有資格者を含む）」をいう。組織内司法書士についての実態調査、研究および制度化に向けた提言を行うこと等を目的とする任意団体として、日本組織内司法書士協会がある。

組織内弁護士となるには、所属弁護士会へ事前に届出をするだけですむ（弁護士法三〇条）のに比べ、司法書士の場合は、「事務所の設置義務（司法書士法二〇条）」と「依頼に応ずる義務」（同法二一条）が課されているため、業務の独立性等で問題があるとして、組織内司法書士として登録することは難しいとする考えもある。

（2）　本書とは、江藤价泰著『司法書士の社会的役割と未来――歴史と法制度改革を通じて』（日本評論社、二〇一四年）である。本文は、同書の出版を記念して、先生にご出席いただき開催された出版記念会の席での先生のお言葉である。

本人訴訟による民事裁判からの考察

司法書士　奥西史郎

私が江藤价泰先生に初めてお目にかかったのは、江藤先生の最晩年期といえる時期である。その頃、私は司法書士登録をして間もなくの頃で、幸運にも携わることとなった東京で開催する全国青年司法書士協議会の全国研修会の準備に汗をかいていた。

先輩方から、司法書士を生業としていくためにはしっかりと制度の歴史や課題を学ぶ必要があると言われ、江藤先生を中心に開催されていた銘々会に参加させて頂く機会を得た。初めて江藤先生より話を伺った際には、アダム・スミスの国富論を交えて、分業の成り立ちや意義などを教わり、制度を考えていくにはこのような多角的な視点が必要なのだということを、驚きをもって感じたことが思い出される。

現代は非常に速いスピードで技術革新がされており、市民の生活様式が次々に変化している。そうした中で、司法制度も改革が求められ、司法書士もこれに対応していく必要に迫られている。そのためには、現状の業務の在り方や課題を確認する作業が大切である(1)。そうした問題意識をもとに、私が最近経験した二つの本人訴訟による労働関係の民事裁判から、まずは事件から伺える現状の労働環境について考察し、次いで紛争解決としての裁判の機能についての考察を企ててみたい。

二つの裁判はいずれも当事者の一方が本人訴訟という形態の裁判であった。ひとつは本人訴訟として提訴した原告から訴訟継続中に訴状や答弁書、準備書面などを確認して書類の形式や内容についてアドバイスしてほしいという依頼で関与した事件であり、相手方には代理人弁護士がついていた。もう一方は、原告会社の代理人として関与した相手方被告に代理人が付かなかった事件である。二つの事件に共通していたことは、双方とも対立感情が激しかったこと。ともに本人訴訟側が敗訴となったこと。勤務中にハラスメントを受けたと被用者が訴えていたことなどが挙げられる。また、両事件とも被用者自身は本人訴訟を望んでいたわけではなく、やむを得ず本人訴訟の形態となった事件であるという点も共通する。ひとつ目の事件の原告は法テラスに相談に行っていたようであった。また、依頼においても書類作成を依頼する金銭的な余裕がないので相談のみで依頼したい旨の申し出を受けた。もう一方の事件では、私は雇用者側代理人であったのであるが、第一回期日に出頭した被告は、既に弁護士に依頼しているが書面が間に合わないため次回期日を決めるように指示を受けていると話していた。ところがその後は全く代理人が現れることなく、代理人への依頼を本人が断念したと受け止められる状況であった。こうした共通項からどの様な事が述べられるであろうか。

労働事件の多くは感情的な対立が大きくなる傾向がある。そこには様々な形態のハラスメント、能力評価や同じ空間に長時間いる職場環境など多くの要因が影響している。二つの事件においても、当事者はハラスメントについて言及していたが、訴訟資料などからはむしろ業務に対する評価の不一致が感情対立を大きくさせていた原因のように見受けられた。被用者側は自身に対する評価の低さに怒りを感じており、雇用者側からは正当な職務命令に被用者が従わないということに許せない感情が生じていたようである。こうした労働の評価という点に関して、現代社会の進歩の速度が大きく影響しているのではないだろうか。社会の分業が進み、多くの労働者にとって労働が金銭を得る目的に限定されてきている中では労働に対する他者の評価、特に金銭的な評価が非常に重要になってくる。(2)ひとつ目の事件の中で被用者は努力して情報処理技術を習得してきたにもかかわらず正当に評価されていないと憤慨しているが、そうした技術が現実には技術革新によって陳腐化されてしまっており、費やした努力と現状の評価に大きな差が生じてしまっているという事が指摘できる。(3)こうした傾向は先ずは事務処理などの単純な作業労働に影響を与えているが、いずれ人口知能などの発達により、全ての労働において影響が出てくる可能性が高いと考える。こうした問題を回避するためには社会全体が資本や労働のあり方を検討し、利益の再分配が機能する方策を構築していく必要がある。(4)こうした検討の中で、個人の尊厳があらためて問われる事になるであろうが、そうした過程を経る事が労働環境でのハラスメントの撲滅などにもつながっていくものと考える。

二つの事件から伺えた裁判の機能という面に話を移していきたい。本人訴訟側がともに敗訴した理由の一つに、市民の裁判制度の理解が不足しているという面があるのではないだろうか。対立が激しい紛争においては双方の正義が相対立するのであるが、裁判においてはそれを主張し、立証していくのは当事者自身となっている。しかし、国民性が関係しているのか、当事者からは裁判所が積極的に事実関係を調べたうえで、いわゆる大岡裁きのような判決を期待している様子が二つの事件で伺えた。代理人が付く裁判においては、代理人と依頼者のコミュニケーションの中で事実関係を整理し、主張立証する準備を行い裁判が進行していくが、本人訴訟において準備行為があまりなされない場合には法廷において全てが進んでいくことになる。(5)当事者は正義がある以上、敗訴することはないと考えているが、それを裏付ける主張や立証を自身が行っていく必要があることの認識が薄いのではないだろうか。裁判官が釈明権を行使して、事実関係を掘り起こしていくという作業もなされる訳ではあるが、時間に制限のある法廷において釈明権の行使だけでは十分でないという事は言えるであろう。調停委員や司法委員、参与員等の活用で当事者の主張を整除していくことも試みられているが、時間的な限界があることは釈明権の場合と同様である。

代理人を立てる場合に比べて他人との相互コミュニケーションで図られる事件の共有化――そうした作業によって裁判官を含む間主観的な事件の評価がなされ、判決に影響を与えていくと考えられる――が本人訴訟において足りていない事が多いのではないだろうか。

もうひとつ事件の共有化を阻害する要因として考えられるのが、法廷で使われる法律用語が市民に理解されていないという事である。法律に関わる者が何気なく使用する言語が一般には通用しないまま、具体的な事件において理解の共有化が進んでいくことなく判決がされる場合、当事者である市民の裁判に対する納得感が得られない結果に繋がってしまうということが考えられる。

本人訴訟支援を行う専門家としての司法書士実務を考えた場合に、司法書士は訴訟支援の場においてかかる問題を念頭に置く必要がある。つまり、本人訴訟を遂行する当事者が相手方や裁判官などの関係者との間で双方向のコミュニケーションをスムーズに行えるような支援の仕方を実務上突き詰めていく必要があるのではないだろうか。また、裁判制度やシステム、用語について広く市民の理解に資する機会を提供する役割りを積極的に担っていく必要もあるだろう。

こうした実務を積み重ねていく事が現在の社会からの要請であり、地道に力を発揮することが司法書士の社会的役割を見出していく事に繋がると思われる。

(1) 江藤先生も司法書士自身が実態を法的に追求・分析し日常の実務において実体化させる必要性を強調している(『司法書士の社会的役割と未来――歴史と法制度改革を通じて』(日本評論社、二〇一四年)一五〇頁。

(2) 労働自体に価値を見出していくことは当然に重要ではあるが、全ての労働者がその様な環境に身を置けるわけでは無いことも事実である。

（3）　ドイツの思想家ベンヤミンは人間の努力と進歩について見事な比喩をつかった表現をしている（今村仁司『ベンヤミン歴史哲学テーゼ精読』（岩波現代文庫、二〇〇〇年）六四頁）。

（4）　アメリカの数学者ノーバート・ウィーナーは四〇年代に既にこうした問題を指摘し、この問題を特に労働者に広く知られることの重要性を説いている（『サイバネティックス――動物と機械における制御と通信』（岩波文庫、二〇一一年）七三頁。

（5）　当事者の事件の整理にかかわる興味深い論文として、棚瀬孝雄『権利の言説――共同体に生きる自由の法』（勁草書房、二〇〇二年）一二七頁。

第四部

学恩に受けて

リニア新幹線と戦略的環境アセスの課題

——参加に着目して——

東京経済大学教授
礒野弥生

一　はじめに

1　本稿の主題と目的

日本で初めての超電導磁気浮上式鉄道が中央新幹線の鉄道方式に採用され、既に沿線各地で工事が開始されている。磁気浮上式鉄道構想は東海道新幹線が登場する昭和三〇年代からあったが、具体的な事業として動き出したのは、二〇〇七年にJR東海が時速五〇〇km、東京・名古屋間を約四〇分で結ぶリニア中央新幹線構想を取締役会で公けにしたところからである[1]。しかし、整備計画策定時に行われたパブリックコメント、配慮書や環境影響評価法に基づく環境影響評価準備書に対する意見で、環境や安全に関して、多くの疑問が出されていた。意見の違いを残したまま、事業認可が出され、二〇一六年には、沿線住民を中心として、全幹法に基づく事業認可の取消訴訟等、複数の訴訟が提起され、現在に至っている。

リニア中央新幹線には、環境問題から見て、大きく二つの論題がある。一つは、超伝導磁気浮上式鉄道という、日本でこれまで実用化されてこなかった技術を採用した鉄道であり、そこから発生する健康・生活環境上の影響である。第二に、赤石山脈を含めて日本でも有数の豊かな自然地域でかつ有数の断層地帯にトンネルを通し、東京・名古屋という人口密集地のほとんどで大深度地下を通すことで発生する健康・生活環境・自然環境への影響である。

一九九二年のリオ宣言第一〇原則で「環境問題は、あらゆる関係者が、それぞれのレベルで参加することによって、最適な対処を行うことができる（Environmental issues are best handled with participation of all concerned citizens, at the relevant level.）」と定められ、国際的な承認を得た。UNECEでは同宣言に基づいてオーフス条約が締結され、UNEPはバリガイドラインを出し、南アメリカでは同地域版オーフス条約の作成中である。EUでは、オーフス条約の趣旨にも併せて、早期の環境影響評価を行うべく、二〇〇一年に戦略的環境アセスメント（Strategic Environmental Assessment：以下SEA）指令が出された。

日本で、環境に係る参加に関する現行法としては、環境影響評価法・条例がある。二〇一一年に同法が改正され、配慮書手続きが導入された。それ以前に、戦略的環境アセスメントガイドラインが定められ、法で定められていた事業段階の環境影響評価（EIS：Environmental Impact Assessment）より早い計画段階でのアセスメント制度を導入された。上位計画のうちで、事業の位置、規模の検討段階とされる。

本件超大型事業は、健康・環境への深刻な影響が危惧されるなか、国は「戦略的環境アセスメントに準じた手続き」を適応するとした。[2] 本稿では、本件整備計画策定過程の検討を通じて戦略的環境アセスメントの課題を考える。

リニア中央新幹線をめぐっては、いくつかの論文および書物があるが、いずれも実体的な問題点について議論していて、整備計画の環境影響調査・評価の在り方について議論していない。[3]

なお、すでに実用化されている磁気浮上式による鉄道で日本の現行新幹線以上の速度を出している鉄道は、中国で運行されている浦東空港と市内を結ぶ鉄道のみである[4]。

2　戦略的環境アセスメントとは

ＳＥＡは、個別の事業実施に先立つ「戦略的（Strategic）な意思決定段階」、である政策（Policy）、計画（Plan）、プログラム（Program）を対象とする環境アセスメントで、意思決定のできる限り早い、適切な段階で、環境の総合的配慮が十分に行われ、その結果適切な対応がとられることを確実にすることが目的とされている。幅広い人々、環境保護団体そして専門家の情報の共有と参加により、長期的、累積的な環境影響を把握し、予防的な評価とすることが求められている。政策、計画、プログラムのどの段階で実施するかは確定的なものはなく、事案の性質によって異なる。しかし、適切な対応策が取れる段階でなければならない。

適切な対応をとるために、複数の代替案が求められ、さらにゼロ案の検討が望ましい。

さらに、計画策定主体だけでなく、専門家を含め関係する人々に広く情報を公表し、その参加を得て行う仕組みである。

ＳＥＡのプロセスとしては、スクリーニング、スコーピング、調査・分析、評価書、審査、フォローアップがある。この各段階で、関係人や一般の人々の参加が考えられている[5]。

中央新幹線の整備計画では、ＳＥＡが独立して行われたのではなく、経済的、技術的な評価に合わせて環境影響の部分についても検討している。後述のように、スコーピング手続きはなく、独立した評価書はない。環境への影響についての現況調査を踏まえて、整備計画を策定したということである。

二　リニア新幹線と環境アセスメント

1　リニア中央新幹線の経緯

中央新幹線自体は、まず、新全国総合開発計画（一九六九年）で東海道線のバイパスとしての第二東海道新幹線と、それとは別に東京・甲府間の高速鉄道の建設についての記述が見られる。全国新幹線鉄道整備法（一九七〇年、以下全幹法とする）が制定されると、同法に基づき、通産省告示四四六号（一九七三年）で、基本計画路線に組み込まれた。[6]その後すぐに運輸大臣が国鉄に甲府・名古屋間の山岳部のトンネル調査を指示することで、新幹線構想が動き始めた。この段階では、リニアモーターカーを想定してはなかった。一九七八年、国鉄は国に対して、三ルートを提示して、調査の中間報告を提出した。東海道新幹線部分がJR東海として民営化された翌年の一九八八年、中央新幹線をリニアモーター線としたいと発表し、同年、運輸省に「超電導磁気浮上式鉄道検討委員会」を設置し、一九九〇年には「超電導磁気浮上方式鉄道に係る技術開発の円滑な推進について」という通達が発出された。[7]鉄道総合技術研究所及びJR東海が「超電導磁気浮上方式鉄道技術開発基本計画」を作成し、運輸大臣の承認を得て、山梨で実験線の建設に着手した。一九九八年の第五次全国総合計画「21世紀の国土のグランドデザイン」には、各所に「超伝導磁気浮上式」の実用化についてちりばめられているが、「三　国内交通体系の整備　(1)　国内交通体系整備の長期構想」の中で、具体的に、「中央新幹線について調査を進めるほか、科学技術創造立国にふさわしく、超電導磁気浮上式鉄道の実用化に向けた技術開発を推進し、21世紀の革新的高速鉄道システムの早期実現を目指す」とされている。これをもって、国の総合計画に、中央新幹線とリニアモーター線双方が位置づけられ始めた。ただし、同計画では、山梨、長野を通って名古屋に至る路線の可能性を探る段階であり、鉄道の方式は特定されていない。

二〇〇五年には、「超電導磁気浮上式鉄道実用技術評価委員会」から「超電導磁気浮上式鉄道について実用化の基盤技術が確立したと判断できる」との評価報告書が出されたことで弾みがつく。二〇〇九年、鉄道実用技術評価委員会は「超電導磁気浮上式鉄道実用技術評価」を公表し、「超高速大量輸送システムとして運用面も含めた実用化の技術の確立の見通しが得られており、営業線に必要となる技術が網羅的、体系的に整備され」たと評価した。同文書では、沿線騒音、微気圧波・空気振動を環境評価項目とした。

二〇一〇年に、国土交通大臣が全幹法に基づき交通政策審議会に「中央新幹線の営業主体及び建設主体の指名並びに整備計画の決定」について諮問し、リニア新幹線の事業化に向けた最終段階を迎えた。同諮問のあった二〇一〇年一二月、「鉄道審議会中央新幹線小委員会」の「中間とりまとめ案」で、「総合的に勘案し、中央新幹線の走行方式としては超電導リニア方式を採用することが適当なものと考えられる」として、正式に、国の政策として、リニア新幹線の選択が明らかになり、二〇一一年五月一二日に小委員会が同内容で答申、同月二〇日、国交大臣がJR東海を建設及び運営主体として指名し、二六日に整備計画を承認した。答申は、主として技術的安定性と社会的意義の観点から評価されていて、環境に関しては従たる書きぶりとなっている。

翌日の五月二一日には、国交大臣が東京－名古屋間の建設を指示すると、六月にはJR東海が計画段階配慮書（長野県を除く。長野県内については八月）を公表し、同時に、長野県以外の中間駅を公表した。

二〇一一年九月には、環境影響評価の方法書手続きに入り、二〇一三年九月に環境影響評価準備書が公表された。縦覧、意見提出、知事意見提出等の手続きを経て、二〇一四年四月に環境影響評価書が国交大臣に提出され、環境省意見、国交大臣意見が出された後、同年八月JR東海から最終的な環境影響評価書が公告された。一〇月には、JR東海の中央新幹線事業の工事認可申請が出され認可された。認可を受けて、JR東海は、二〇一五年から工事を着工している。

他方で、静岡県は大井川源流の工事で同河川の流量が減少することを理由に工事に反対し、大阪市摂津市も地下水くみ上げについて協定違反であると仮処分申請し、さらに独自の社会環境影響評価を行うなど、影響を受けることを危惧する自治体の動きもある。住民の動きとしても、国交大臣の認可を違法としてその取消しを訴える「ストップ・リニア新幹線訴訟」や大鹿村での工事中止の仮処分請求訴訟が提起されている。

2　リニア中央新幹線の環境影響評価の課題

本件における環境影響評価の占める位置は極めて大きい。以下の通りである。

第一に、リニアモーターカーは、最新技術でかつ日本初めての実用化である。実験線での運転があるものの、限定された場所での評価しか得られない。それをいきなり品川・名古屋間走行距離二八六㎞という長距離運行するの(8)であるから、それぞれの状況に応じた影響を慎重に評価する必要がある。

また、小委員会の二〇〇九年の答申では、リニアモーターカーという技術を実用化することにより、時短および東海道線の代替輸送手段として国内旅客輸送に寄与すると共に、「世界的に我が国の鉄道技術の発信」、「周辺産業の活性化に寄与する可能性」および「国民に技術立国としての自信・自負と将来社会への大きな希望を与える」可能性をあげている。一切同答申では触れていないが、現代のキーワードはＳＤＧｓ（持続可能な発展目標）の達成、「持続可能な社会の構築」である。そうであれば、同方式が「持続可能な社会」のための新規の交通機関として、日本に、そして世界に発信できるかが最大のポイントであり、その観点からも、単に安全性からの評価のみではなく「持続可能な交通機関」としての環境影響評価が慎重に行われる必要がある。

第二に、南アルプスという日本の最高度の自然地域を通過する事業であることをあげることができる。同地域は、中央構造線地帯が「ジオパーク」に指定され、さらにユネスコエコパーク（生物圏保存地域、BR：Biosphere Reserves）に登録されている。[9] エコパークは、持続可能な利用と保護を目的としていて、その目的に合致していることが求められる。

第三に、同路線が中央構造線や糸魚川静岡構造線という日本有数の断層地帯をトンネルと鉄橋で通過することにある。しかも明石山脈（南アルプス）の地下を通過するため、事前の詳細な地質調査が難しい。都市部では、大深度地下を通過し、[10] しかも東海地震の特別対策地域内を通過する、安全性の観点から、これだけ規模の大きい公共交通の災害対策が問われることは初めてである。

第四に、路線の三分の二を地下で通過するために、これまでにない建設残土が発生し、運搬等の処理作業および残土処分の環境への影響が極めて大きいこと容易に推察できる。第二点で述べているように、自然度の極めて高い地域での事業であり、残土処理が環境に影響を与えないことが必須である。

第五として、本計画が「戦略的環境アセスメント導入ガイドライン」（以下「戦略アセスガイドライン」とする）に基づいているとされた点である。[11] 本計画が、改正環境影響評価法における配慮書手続きの施行に先立って行われた、計画段階環境影響評価の課題、とりわけ国交省のガイドラインが住民参加を重視している点からも、その観点からのその課題を考えることができる。本計画は二〇一一年五月二六日に計画決定されたので、改正環境影響評価法（二〇一一年）の配慮書手続きの施行前（二〇一三年四月二七日）に決定された計画だが、その前提となる戦略アセスガイドラインを踏まえたとしたことで、配慮書手続きの課題を見ることができる。

このように、本件環境影響評価は、自然環境の点から、さらに最新技術の適用という点から、十分な調査と議論が尽くされることが求められる。ここでは、事業化への重要なポイントだった整備計画決定手続きにおける環境配慮の在り方、とりわけリオ第一〇原則の具体的手続きの一つであるＳＥＡの観点から、参加を中心に検討する。

三　整備計画策定手続きにおける環境影響評価

1　基本計画・整備計画策定段階における環境の配慮

(1)　国土の利用と持続可能な社会の構築との整合性

新幹線の建設は、先に述べたとおり、全国的な開発計画（旧全国総合開発計画、現国土形成計画）の中で位置づけられ[12]、国土形成計画は国土形成計画法に基づく計画である。同法三条で、基本理念として、「国土形成計画は、我が国及び世界における人口、産業その他の社会経済構造の変化に的確に対応し、その特性に応じて自立的に発展する地域社会、国際競争力の強化及び科学技術の振興等による活力ある経済社会、安全が確保された国民生活並びに地球環境の保全にも寄与する豊かな環境の基盤となる国土を実現する」ために、「国土の形成に関する施策を、当該施策に係る国内外の連携の確保に配意しつつ」、定めるとしている。この理念からすれば、「持続可能な国土の形成をめざす計画」であることが求められ、その施策において様々な「主体」との連携が重要な配慮要件となっている。かつ同法六条三項では、「全国計画は、環境の保全に関する国の基本的な計画との調和が保たれたものでなければならない」と定める。環境基本法が「持続可能な社会の実現」を目標としていることから、その目標を追求する環境基本計画との調和が必要である。

さらに、同条五項では、「国土交通大臣は、前項の規定により全国計画の案を作成しようとするときは、あらかじめ、国土交通省令で定めるところにより、国民の意見を反映させるために必要な措置を講ずるとともに、環境省その他関係行政機関の長に協議し、都道府県及び指定都市」「の意見を聴き、並びに国土審議会の調査審議を経なければならない」とする。すなわち、環境への配慮について、環境省との協議とともに、都道府県・指定都市の意見を徴し、なによりも国民の意見を反映させる措置をとることが求められる。この措置を一般に考えられている環境上の手続きに置き換えるならば、戦略的環境アセスメントとなる。

その下に、建設手続きとして、全幹法がある。同法第一条では、「新幹線鉄道による全国的な鉄道網の整備」により、国民経済の発展、国民生活領域の拡大および地域振興を図ることを目的としている。すなわち、「全国の中核都市を有機的かつ効率的に連結する」（第三条）ことを通じた高速鉄道ネットワークの形成を通じて、経済発展と地域振興を図る。

なお、リニア中央新幹線の工事認可取消訴訟の原告は、同新幹線が現状の新幹線と全く異なるリニアモーターカーシステムを採用していることから、ネットワークとなっていないので、同法に基づく工事認可は違法と主張している。これ自体、訴訟上重要な論点であるが、国、ＪＲ東海が、同法に基づいてどのように自治体・住民の参加を得て、環境影響評価手続きを行ってきたかを検証し、課題を考察することが目的なので、この議論は本稿の範囲外とする。

ところで、全幹法によれば、旧法、現行法共に、本新幹線の経緯で述べてきたように、基本計画、整備計画、工事認可という手順となる。同法四条（旧法五条）では、基本計画を定めるにあたっては、「鉄道輸送の需要の動向、国土開発の重点的な方向その他新幹線鉄道の効果的な整備を図るため必要な事項を考慮」することを定めている。施行令二条では、四条の内容として調査を要する事項として、一新幹線鉄道の輸送需要量の見通し、二新幹線鉄道の整備による所要輸送時間の短縮及び輸送力の増加がもたらす経済的効果、三新幹線鉄道の収支の見通し及び新幹線鉄道の整備が他の鉄道の収支に及ぼす影響、を定めている。施行令ではこの三点に留まり、環境影響に関する調査を定めていない。しかし、法四条に定めている要件である「国土開発の重点的な方向」に関しては、「持続可能な社会の形成」のために、特に「環境を保護すべき地域」に対する配慮が求められる。また、「新幹線鉄道の効果的な整備を図るため必要な事項」とある。整備が「持続可能な交通網として効果的な整備」であることは、一九九二年のリオ宣言に「持続可能な発展」が世界の共通課題とされ、同宣言に基づき制定された環境基本法四条で「健全で恵み豊かな環境を維持しつつ、環境への負荷の少ない健全な経済の発展を図りながら持続的に発展することができる社会が構築されること」を原則としていることから明らかである。この段階で、持続可能な発展に寄与し、交通体系としても持続可能であるかについて、抽象度が高い中でも調査される必要がある。計画相互間の関係からすれば、環境基本計画との齟齬があってはならないという観点から、これについての評価が必要であることはいうまでもない。したがって、明示の規定がなくとも、法体系相互の関係性から、基本計画制定段階での、トンネルにおける地層調査に関しては、この点が含まれてしかるべきである。

とはいえ、前述の議論は一九九二年以降に適用されるべき課題である。本件の場合には、基本計画は一九七三年に策定されているので、この課題は整備計画の策定手続きに引き継がれることとなった。整備計画は工事に着手すべき時期に応じて策定され、整備計画が決定されると工事認可の段階となる。同計画には、①走行方式、②最高設計速度、③建設に要する費用の概算額、④その他必要な事項、が含まれる（同法施行令三条）。

整備計画手続きとしては、まず、国土交通大臣の指名するものに対し「建設線の建設に関し必要な調査の指示をし（法五条）、その調査報告に基づいて整備計画を決定（法六条）する。同法施行規則第一条では、一輸送需要量に対応する供給輸送力等に関する事項、二地形、地質等に関する事項、三　施設及び車両の技術の開発に関する事項、四建設に要する費用に関する事項、五その他必要な事項について、調査を指示するとしている。地形、地質は、技術的な課題と同時に、安全性や環境の観点も含まれる。「その他必要な事項」については、特に定めておらず、それぞれの場合で適宜選択されることとなる。本件の場合には、ルート、駅等に関し、地域と調整を図ることを前提として、①輸送需要量に対応する供給輸送力等に関する事項、②施設及び車両の技術の開発に関する事項、③建設に要する費用に関する事項、④その他必要な事項となっている。②に関して、安全・防災対策に関し、関係省庁との調整を図ることを求めていて、環境保護、環境影響に関する調査、環境省との協議等について特に期していない。実際、その他必要な事項に関しては、電源調達についてのみ報告されている。

国交省は、二〇〇八年に、全幹法とは別に、公共事業一般について、「公共事業の構想段階における計画策定プロセスガイドライン」を策定し、公表した。同ガイドラインでは、「国が実施する事業」に関するガイドラインであるとしていて、民営化された事業がガイドラインの対象とはされていないが、「本ガイドラインの趣旨に配慮した措置が講じられることを期待する」とし、その解説の中に、鉄道事業者が含められている。しかし、新幹線の場合には、基本計画から工事の実施に至るまで、国が直接関与し、整備計画の決定も国が行うことから、ガイドラインが適用される事例であると判断される。そうであれば、「その他必要な事項」としての調査に環境影響が含められ、さらにその審議において評価が行われることとなる。ガイドラインの趣旨に従えば、情報の公開や市民参加が必要的な手続きとなる。

(2)　本件での整備計画策定段階での環境配慮

整備計画は、交通政策審議会陸上交通分科会鉄道部会中央新幹線小委員会（二〇一〇年三月三日設置）で検討された。その資料となる調査は、前述の全幹法に定められた事項について行われ（二〇〇八年一二月）、環境が直接関係する事項としては地形・地質調査がおこなわれた（国交大臣の指示は一九九〇年）。さらに騒音や微気圧波については、超電導磁気浮上式鉄道実用技術評価委員会が実験線での試験走行等に基づいて超伝導浮動式の技術評価として対応可能とする調査結果に基づいて検討している。深刻な環境影響とされている水の減少、水涸れ、および自然環境への影響、そして工事中の残土処理および最終的な残土処理に関しては、文献調査となっている。

パブリックコメントを求めた同省委員会の中間とりまとめでも、超伝導リニア方式と在来新幹線方式を比べて「明かりフードの設置などの必要な対策を実施することにより、超高速走行中であっても、在来型新幹線方式の環境基準と同等の範囲内に収まる見込み」とする前述委員会の評価結果を取り入れ、さらに自然環境への影響については、以下の通り述べられている。新幹線ルート選定の問題として、南アルプスルートと伊那谷ルートの二ルートについて、「山梨県、長野県及び静岡県のうち全幹法の規定に基づき実施された地形・地質等の調査範囲における自然環境の状況等について調査を行った結果、伊那谷ルート及び南アルプスルートともに貴重な自然環境が存在することが確認されており、いずれのルートを採択するにしても環境保全には十分な配慮が必要となる。概略的なルートを選定する現段階においては、自然環境の保全の観点からいずれかのルートを優位づけ、または排除できるものではなく、環境の保全については、今後、環境面で配慮すべき事項を踏まえた上で、より具体的なルートを設定し、かつ、環境保全のための適切な措置を実施することにより対処すべきである」というものである。

環境省は、翌二〇一一年一月に「中央新幹線小委員会中間とりまとめに対する環境省意見」を公表した。中央新幹線小委員会においては、国土交通省が策定した『公共事業の構想段階における計画策定プロセスガイドライン』の趣旨を踏まえ、ＰＩ手法を取り入れつつ検討が進められて、当ガイドラインは環境省が取りまとめた『戦略的環境アセスメント導入ガイドライン』に基づく戦略的環境アセスメントを含むものとなっている」とする意見を公表した。

その上で、同省意見では、両ルートとも「貴重な自然環境が存在することが確認」されていることから「当該環境調査に基づき、環境影響の予測・評価を行うべきである」と指摘した。そして「これまで中央新幹線小委員会で審議されたルート範囲は、ルート帯が二〇～二五㎞と幅広く、概括的な環境影響の検討となっている。このため、今後、ルート帯の中から具体的なルートを絞り込んでいく過程において、トンネルの位置等具体的な事業内容を含むルート案を設定し、具体的な環境影響について検討することが、環境影響の回避・低減の上から有効である」した。さらに、残土工事と地下水に関する環境影響調査を行い、環境への配慮を求めた。なお、その後の環境影響評価段階でも大幅な絞り込みは行われていないので、この記述の仕方からすると、環境影響評価後に絞り込みがおこなわれたならば、再度環境影響評価を行うべきだと指摘しているようにも読める。同小委員会第二回の議事録に寄れば(13)、国交省としては戦略的なアセスに準じたものとしたとしつつ、同委員会委員長は、CO_2等の「マクロ」な環境影響について論点とすることが必要で、無視する訳ではないが自然保護などはローカルなものであるとの発言があり、具体的なルートが決まった段階で評価が行われるとした。

他方、日本自然保護協会は、中間とりまとめ案のパブリックコメントで、「戦略的アセスメント」として、複数案にゼロ案を含んでいないことを指摘している。さらに、環境省意見と同様に、現在のルート設定段階が余りに漠然としているため、「事業者が具体的なルートを絞り込んでいく計画段階から環境配慮を実施するべき」と述べている。

戦略的アセスメントであるならば、三コース案ばかりでなく、代替案としてゼロ案が含まれていることが必須となるが、中間とりまとめは中央新幹線を前提に議論が組み立てられている。環境省意見では、ゼロ案についての意見はなく、計画段階の環境配慮に関する「関係行政機関及び一般からの意見を求めることが望ましい」と、参加について述べている。

このような意見を受けて、小委員会では「概略的なルートを選定する段階においては、自然環境の保全の観点からいずれかのルートを優位づけ、または排除できるものではなく、環境の保全については、今後、環境面で配慮すべき事項を踏まえた上で、より具体的なルートを設定し、かつ、環境保全のための適切な措置を実施することにより対処すべきである」と述べている。どちらも貴重な自然があることを認めつつ、他の考慮事項から、整備計画としては、リニア方式で南アルプスルートがよいとし、「環境保全のための適切な措置」で対処すればよいとしている。さらに、整備計画を実施する段階について、以下のような付帯意見を載せた。

「今後の具体的なルートの設定においては、小委員会による沿線の自然環境の現況等に関する概略的な調査で明らかとなった配慮事項及び土地利用の現状・地形等の制約要因を踏まえた上で、沿線の環境に関してより細かな環境調査等を実施し、環境の保全に十分配慮することが必要である。このため、建設主体としての指名が適当としたJR東海は、早期段階から適切な環境配慮措置を取るべきであり、関係自治体との調整を含めた準備を継続して進めるべきである。さらに、環境影響評価の実施、工事実施段階の環境影響への配慮及び開業後も含めたモニタリング実施など、その後の事業の各段階において適切な環境配慮措置が行われるべきである」というものである。環境省意見を受けて、建設主体としてのJR東海に対して早期からの適切な環境配慮手続き実施の必要性が加筆されている。

他方で、自然保護を目的とする団体からの意見に対して、真摯に答えていないのは、公衆からの意見を十分に反映すべきとされる戦略アセスガイドラインからも課題が残る。

同案に対して、環境省意見では、「我が国を代表する優れた自然の風景地であり、生物多様性保全の屋台骨でもある国立・国定公園については、その保全が重要であることから、国立・国定公園の保護・利用に影響を及ぼすことのないようなルート、構造等を検討するべきである」。「南アルプスルート近傍の大井川源流部には日本の自然環境保全制度の中で最も厳しい保護規制を行っている原生自然環境保全地域があるので、極力近づかないようなルートを検討するべきである」とする。また、南アルプスルート上にある赤石山脈及び巨摩山地は、固有種・南限種を多数含む植生や、それに対応して希少猛禽類、ライチョウ、哺乳類や高山蝶等が生息・生育する極めて保全重要性の高い生態系を有しており、三〇〇〇m級の山々が連なる高山帯の本格的な登山の利用も多い。これらの地域は、一部が南アルプス国立公園、県立自然公園等に指定されているほか、指定地域外についても、現在、国立公園の候補地として検討を進めていることから、これらの地域にも影響を及ぼすことのないようにするべきである。赤石山脈及び巨摩山地以外でも、環境省レッドリスト記載種が生息・生育しており、計画にあたっては、これらの動植物及び生態系に及ぼす影響が極力小さくなるようなルート、構造等を検討するべきである」とした。この意見は、事実上、南アルプスルートは困難であると読むこともできる。自然保護協会は、断層帯をとおること、南アルプスの自然状態から、安全性を欠き、自然破壊を避けられないとして、事業に反対の意見を出している。

2　整備計画策定段階での住民・自治体の参加

(1)　環境影響評価への参加

戦略的アセスを含むあるいは準ずるとする観点からは、環境に関心がある人々が整備計画を検討する小委員会に向けて意見反映をする機会を得られたか、そしてそれがどのように反映されたかが最大の課題となる。

小委員会段階では、二つのことが行われた。第一に、三度のパブリックコメントの実施である。第二に、委員会における関係自治体ヒアリングである。

関係自治体ヒアリングは、小委員会の第三回から第五回に行われているが、環境への影響からの議論は少ない。環境影響評価（ＥＩＡ）段階で、静岡県が水涸れ問題の回避を強く主張したが、その時点では意見を述べていない。

パブリックコメントは、中間とりまとめ案を作成する段階、中間とりまとめ案の段階、答申案の段階である。パブリックコメントと同時に公開した資料をみると、意見を求めた「中間とりまとめ案」以外には、中間とりまとめの参考資料としての「概略」、「小委員会の議事録」、そこに提出された「提出資料」である。提出資料中で環境影響関係の資料についてはパワーポイント資料[14]とそれに関する説明および質疑の議事録である。より詳細に見ると、小委員会の専門家へのヒアリングには環境影響の観点からの内容を含んでいない。住民・地域自治体からの地域振興からの様々な意見は出されていると同時に、中央新幹線に否定的な議論はない。わずかに、専門家アンケート結果があるが、環境影響を質問事項としていない。

中間とりまとめで環境影響関連の主な意見としては、中央新幹線に反対とする意見内容にまとめられ、その理由としての南アルプスルートにおける南アルプスのトンネル掘削による環境破壊、中央構造線等の活断層を横断する危険性があげられ、その他電磁波とエネルギー消費の負の部分についての検討要請があげられている[15]。

最後の段階となった答申案の段階のパブリックコメントでは、山梨・長野以外の地域の環境の概況が中間とりまとめと同様の形式で公表され、事業地域全体の環境の概要が概要に関する議論が議事録に見られる。

パブリックコメント実施の告知と意見提出期間の開始が同時であり、期間も二週間となっている。別途告知前にも事業全体に関する説明会等が行われたものの、環境影響に関する情報をわかりやすく提供する機会は設けられていない。さらに、前述したとおり、委員会では環境保護団体や実験線周辺住民の環境影響上の意見を聴く機会もないことから、意見を提出するにあたって議事録を読んだとしても反対意見を参考とすることができない。

ところで、中央新幹線に反対または計画の中止あるいは見直しを求める意見が、意見全体（八八八）の約七割（六四八、中間見直しのパブリックコメントにおける同種意見は一四二）を占めた[16]。ほとんど情報のないままに、自治体、促進団体が活発に要請活動を行っている中で、これだけの反対意見が提出されたことは特質すべきである。これらの意見がどのように議論されたかについては、小委員会の議事録から不明であるが、答申案で大きな変更がないことから、意見が有意味だとは判断されなかったことが推察される。

(2)　その他の参加

この段階までに、計画のためのＪＲ東海と地元自治体および一部住民との調整のための対話がおこなわれた。国交大臣が調査の指示と同時に、ルート及び中間駅の調整を求めたため、ＪＲ東海と県の交渉、住民団体への説明会は複数回行われている。中央新幹線通過都道府県は中央新幹線建設促進期成同盟会を設立して、もとより同新幹線の早期実現を求めていて、積極的に国、ＪＲ東海に早期実現を働きかけてきた。さらに、自治体レベルでも促進を求める団体が多数組織され、ルートの誘致を行っている。特に、長野県では三ルートの可能性があったために、県内の調整を図る必要があり、県内での調整も進められた。

このように、建設促進に向けてのＪＲ東海、自治体、住民団体との調整が様々行われたのに比べて、整備計画策定段階では環境への影響を中心にした住民への説明会は行われていない。その後のＪＲ東海による配慮書手続きでも同様である。

整備計画以降になると、被害を蒙るとして、直接ＪＲ東海に対する協定書の締結を求め、あるいは影響地域に新幹線が通ることに反対して交渉する自治体もあった。

3　小括

本事業の整備計画段階の手続きの在り方に関して、国交省は、自ら「公共事業の構想段階における計画策定プロセスガイドライン」に則って行うこととし、「戦略的アセスガイドライン」に準じた手続きを行うとした。両者の関係について、構想段階計画策定プロセスガイドラインで「『公共事業の構想段階における住民参加手続」（ＰＩ）は、計画案の背景、理由、案の内容、国民生活や環境、社会経済への影響、メリット・デメリット等の情報を住民に提供し、意見を把握しようとする取組である。環境面については、本ガイドラインを踏まえ、評価結果を文書にわかりやすくとりまとめるなどにより、公衆等のより積極的な関与を得、計画の検討において環境的側面が適切に配慮されるよう取り組むことが望ましい」と述べている。

本件で、戦略アセスガイドラインに則って行うとなれば、まず、計画策定者等が対象計画の検討及びＳＥＡの検討の開始について公表するとともに、関係都道府県及び市町村に通知することに始まり、(ア)「説明会、文書又はインターネットによる縦覧など状況に応じた適切な方法により必要な情報を可能な範囲で公表」する、(イ) 円滑な意見の把握を行うため、対象計画及びＳＥＡの検討のスケジュール等が決定されるごとに速やかに公表する、(ウ) 適切な意見形成に必要な期間を設け意見の把握に努める、ことが必要である。

ところが計画策定過程の当初において、前述の委員長の意見のように、環境影響は従たる位置にとどめおかれ、同基準に従えば戦略アセスとしての検討を開始しているとはいえない。もっとも第九回の議事録に寄れば、委員長は資料説明について、「いわゆる戦略的環境アセス、つまりプランニングの段階で複数の代替案に対しても、「大ざっぱなものでやむを得ないだけれども、環境の点からチェックするという趣旨の作業をすることになっておりましたので、それをやっていただいた資料」であるとする。しかし、戦略アセスに準ずるとしてみたとしても、環境省意見にあるように、「ベースラインとして配慮しなければならない環境の現況」について、環境基準、規制基準、地域指定等を文献調査し、その概略を公表した程度である。自然保護協会の述べるように、社会的評価を含めてゼロ案もなく、ルート比較のところに矮小化されて、環境影響の評価を同回の委員長の「環境面でどっちかのルートが決定的に問題を持っているという状況にはないということが確認できた」という結論に収斂させている。そして、デメリット情報が、社会配慮に関しても明確にされていない。しかも、中間とりまとめの段階では、山梨、長野両県以外の環境の概況については調査結果が出されていない。

四　リニア新幹線における環境評価からみる課題

1　戦略的環境アセスメント実施の時期

戦略的環境アセスメントは、スパイラルで行われることも想定されているが、その時期については、前述のとおり、事業の性質によって異なる。鉄道網は、全国の交通政策の根幹に係わること、甲府・名古屋間を結ぶとなると、小委員会が述べるように。いずれのルートにせよ環境影響が大きく、場合によっては他の手段で目的を達成し、当該「計画は破棄する」とする選択ができる時期にＳＥＡが望まれる事例である。

そのように考えれば、国土形成計画の段階で、第一回の戦略的アセスメントが行われることが望ましい。とはいえ、基本計画を策定する段階で、事業を振り出しに戻すことができるとすれば、基本計画段階で最初のＳＥＡを行うことも否定できない。本件では整備計画策定段階でも、方式、ルート、建設主体のいずれも正式には決定されていない。環境に深刻な影響をもたらす場合には、三ルート共に望ましくなく、それ以外のルートをあえて提起することや、ゼロ案も可能である。この前提に立てば、同段階以前に環境影響を評価してこなかったことを勘案すれば少なくとも答申案作成段階で戦略的環境アセス導入ガイドラインの適用を求めた環境省意見のように、この段階でのＳＥＡは必須といえよう。特に、新幹線計画のように、基本計画から実施に至るまで一〇年以上の長期を要する計画の場合には、必要性等についての状況が変化し、技術的な状況も変わってきていることから、社会的配慮をも含めるＳＥＡが、ルート等を定める整備計画の段階では重要である。

現実の整備計画の段階では、繰り返しになるが、小委員会において環境項目も審議の課題の一つとしてあげられたものの、ベースラインとなる項目・現況の洗い出しをして、ルート選定の決定打にはならない旨の評価で終わっている。小委員会メンバーにも人を得ていない。答申の組み立てとして、伊那谷ではなく、南アルプスの地下を突き抜けるというおおよそのルートと超伝導浮揚方式が決定し、建設事業者としてJR東海を指定する一方で、JRによる配慮書の作成を求めている。そして、実際配慮書が作成され、各環境影響への概略的予測と評価が行われ、意見募集が行われている。答申においても、いずれのルートも環境影響として深刻な影響を認めた上での、早期に本来あるべき環境目標に適合する事業を実現するための手続きというよりも、従前のEIAと同様に、環境負荷の低減と緩和措置に終始することとなり、この段階では既に遅いと言わざるをえない。

2 情報へのアクセス

SEAの必須の要素は、公衆参加である。公衆と情報を共有し、公衆の意見を反映することが求められている。また、説明責任と透明性の確保という側面からも、十分な情報へのアクセスが求められる。その際、意見形成のために必要となる情報の質と量、そして公表される時期が重要である。質と量という点では、原資料の公開が重要なポイントとなっている。環境影響調査の原資料をどこで求められるかを明確にしておくことが求められる。最も大事なのは、SEA手続きのスケジュールがあらかじめ、一般の人及びステークホルダーに告知されていることである。そして、意見を述べる機会までに十分な期間を設けて情報が公表され、意見形成をすることができるようにすることが求められる。告知の方法に関しては、対象が広いことから、インターネット等の有効活用をすることで対応する場合が多く、本件もその点では一般的対応といえる。

とはいえ今回の場合は、前述のようにあまりにも情報が少ない。配慮書においても同様である。

原資料をどこまで、どこで入手できるかの丁寧な記載がない。小委員会の議事録に寄れば、電磁波の影響について、「既に各所で述べているにもかかわらず、その点が不明とする意見が多くあるので、わかりやすい記載をして欲しい」旨の委員長発言もあることを見ても明らかである。

3　参加

(1)　参加の方式

参加のタイプとして、参画（participation）、協議（consultation）、意見提出（communication）がある。参加としては、決定に十分に関与することが最善だが、場合によって柔軟に対応することが求められている。決定に適切に関与できる方式が求められる一方で、一般の人々にとっては、抽象的に過ぎ、意見形成が困難な場合もある。

今回の場合にも、地域計画に比較すると、南アルプスをトンネルで通り抜けることに関して、直接かかわる人は少なく、沿線住民であってもそのことによる危険性や自然破壊について具体的にイメージしにくい。関心をもつのは、トンネル出入口の住民、環境保護や登山者等の団体等である。広い意味での利害関係人であるが、これらの団体、個人が適切に関与できる仕組みが求められる。本件の場合には、各主体等しく意見提出の機会（パブリックコメント）が設けられた。自然保護団体や自然保護に関係する専門家が特に参加する機会を与えられてはいない。対して、国交大臣によって、小委員会ではなくJR東海が「調整」を指示され、あるいはより以前からの「調整」が行われている。その内容は公開されず、「調整」において環境影響がどのように配慮されたかは不明である。正式な手続きとしての小委員会の審議過程では、通過都府県のヒアリングが行われている。

(2)　意見の反映

関係人および一般の人々の意見を反映することが求められているが、意見がどのように議論されたかについてはあきらかでない。第二〇回の議事録では委員会外で個別に委員に意見を聴いたとあるが、その内容は明らかでない。

れていない。

意見が入れられなかった場合には、説明責任を果たすことで、「意見の反映」となると解されるが、本件では行われていない。

4 まとめ

これまでの検討から、三つの点を挙げて、まとめとしたい。

第一に、本件計画段階の環境影響の判断において、戦略的環境アセスメントの主要な要素である関係人及び一般の人々の参加の要件から見て、明らかに不十分であることが見て取れる。本件では、環境保全に関する一般の人々の参加は任意の手続きなので、特に、意見聴取に向けたスケジューリング情報、環境調査情報等の情報の提供に関して極めて消極的と言わざるを得ない。経済的利害の調整にしても、関係者間の重要な議論が公表されず、結果のみが公表される。情報の公表は「参加」の前提であり、この点に対する認識が、世界的に見て通用しないレベルにあることが意識されていないといわざるを得ない。[17]

第二に、本件は、2(2)で述べたように、地下水問題や土壌汚染問題、地崩れなどの危険性など、長期、累積的に極めて深刻な環境上の悪影響をもたらすおそれのある事業であり、南アルプスや断層帯の地下を築くという、予測の難しく、ＳＥＡから始めるに相応しい事案だったにも係わらず不十分なままＥＩＡのみ行われ、事業認可がなされた。例えば、静岡県の主張する大井川源流の水涸れの防止に対するＪＲ東海の緩和策は、それ自体大幅な自然改変をもたらし、ＥＩＡの対象となるべき事案である。残土処理についても同様である。整備計画の策定過程での十分な環境影響回避策を含む計画の必要性が検討されねばならない。

第三に、第二の論点は全幹法の整備計画策定の解釈として議論の余地がある。計画調整の観点からも、環境関連の諸計画からの調査・評価を経た配慮が十分になされていたか、が問われる。環境省が中間とりまとめにおいて求めた内容についての具体的な検討があまりにも抽象的に過ぎるといえよう。

最後に

江藤先生について思い出すのは、日本の戦闘機がいかに戦闘員の命を無視した造りであったのか、そしてそのような物づくりの在り方が、結局は日本を敗戦に導いたというお話で、これに関連していくつものお話しを伺った記憶があります。先生は人の命を粗末に扱う国や企業の在り方には大変厳しかったことを思い出します。戦闘員を載せて敵を撃つのに変えて、経済戦士を乗せて企業間競争に駆り出すのが、トンネルの中を東京・名古屋間四〇分で往復するリニア新幹線計画の実態ともいえます。人や自然への悪影響については余り語られず、最新技術による日本経済の活性化や国外輸出が前面に出てきています。江藤先生が話されていたように、人の健康や生活環境そして自然環境への影響を軽く見た計画のまま推進されることで、落とし穴が待っていることの無いようにしたいものです。

(1)　五全総（「二一世紀の国土グランドデザイン」一九九八年）には、「超電導磁気浮上式鉄道の実用化に向けた技術開発を推進し、二一世紀の革新的高速鉄道システムの早期実現を目指す」との記述もみられるようになった。そして、二〇〇〇年九月には、運輸省が、リニア中央新幹線の整備方式、財源方式等を検討するための「中央リニア新幹線基本スキーム検討会議」を設置した。このように、一九七三年に運輸省がの段階で通常の新幹線として建設される可能性の方が高かったが、一九九〇年代以降、ＪＲ東海がリニア鉄道の実現に向けて様々な対応を行ってきた。

(2)　環境省内に設けられた研究会の報告書である「戦略的環境アセスメント総合研究会報告書」（二〇〇〇年）が、日本での導入に向けて、国外の動向を網羅的に検討した文書となっている。さらに、同研究会から報告書が出された（二〇〇七年、

http://www.env.go.jp/council/02policy/y020-50/mat01_2.pdf)。環境影響評価制度研究会編『戦略的環境アセスメントのすべて』(ぎょうせい、二〇〇九年)、原科祥彦『環境アセスメントとは何か』(岩波新書、二〇一一年)、柳憲一郎『環境アセスメント法に関する総合的研究』(清文社、二〇一一年)などを参照のこと。

(3)「特集 超伝導磁気浮上式「リニア新幹線の徹底解剖」」日本の科学者二〇一四年一〇月号、橋山禮治郎『必要か、リニア新幹線』(岩波書店、二〇一一年)、同『リニア新幹線――巨大プロジェクトの「真実」』(集英社新書、二〇一四年)、西川栄二『リニア中央新幹線に未来はあるか―鉄道の高速化を考える』(自治体研究社、二〇一六年)、「特集「リニア」環境アセスへの地元の声」GREEN REPORT 二〇一三年一二月号。リニア中央新幹線の問題点を指摘した本であり、ルポライターとして克明に問題点と課題を追った樫田秀樹『〝悪夢の超特急〟リニア中央新幹線――建設中止を求めて訴訟へ』(旬報社、二〇一四年)、リニア新幹線を導入したJR東海名誉会長葛西敬之による『飛躍への挑戦』(ワック、二〇一七年)がある。その他、『リニア新時代 いよいよ着工! 中央新幹線が開く「恍惚と不安」の時代(朝日新聞デジタルSELECT)』(朝日新聞、二〇一七年)など。

(4) 日本でも磁気浮上式の鉄道として愛知高速交通東部丘陵線があるが、同線は一〇〇kmが最高速度である。また、最高速度五〇〇kmを出す上海線は、磁気浮遊式とはいえ、磁気吸引方式といわれ、技術的には異なる。また、ドイツでも超伝導浮遊式の鉄道の計画がたてられたが、結局撤回されている。

(5) Ralf ashemann, giorgio baldizzone and Carlo Rega 'Public and stakeholder engagement in strategic environkental assessment' Barry Sadler and Jiri Dusik ed. "European aind International Experiendes of Strategic Environmental Assessment" pp245-269 では、各段階における関係者および一般の人々の参加制度の実態とあるべき制度について述べられている。なお、SEAの参加の特徴として、拙稿「新・環境法シリーズ(第五九回) SEAと参加:指標による参加の促進のために」環境管理二〇一七年一月号七二―七七頁。

(6) 新全国総合開発計画には、第二東海道新幹線構想の記述がある。なお、同告示で定められた路線は、北海道南回り新幹線(北海道山越郡長万部町―札幌市(室蘭市附近))、羽越新幹線(富山市―青森市(新潟市附近、秋田市附近))、奥羽新幹線(福島市―秋田市(山形市附近))、中央新幹線(東京都―大阪市(甲府市附近、名古屋市附近、奈良市附近))、北陸・中京新幹線

（敦賀市—名古屋市）、山陰新幹線（大阪市—下関市（鳥取市附近、松江市附近））、中国横断新幹線（岡山市—松江市）、四国新幹線（大阪市—大分市（徳島市附近、高松市附近、松山市附近））、四国横断新幹線（岡山市—高知市）、東九州新幹線（福岡市—鹿児島市（大分市附近、宮崎市附近））、九州横断新幹線（大分市—熊本市）の一一路線である。なお、同年新幹線整備法により整備計画が作成されたのは、北海道新幹線（青森市から札幌市まで）、東北新幹線（盛岡市から青森市まで）、北陸新幹線、九州新幹線（鹿児島ルート）、九州新幹線（長崎ルート）。

（7）一九八七年に策定された四全総では、「長期的視点から調査を進めるほか、磁気浮上式鉄道など新しい技術の開発や建設コスト低減のための既存技術の高度化を進め、質の高い鉄道システムの実現を目指す」との記述が見られ、リニアモーターカーへの目配りもしている。

（8）リニア中央新幹線事業が、相当であるというのは、以下から見て明らかである。地上部は高架構造で、主要河川は橋梁とされ、路線の大部分の路線が地下となっている。大深度地下については、五ｍごとに非常口（〇・五ha～一ha）を設けることが求められている。これ以外にも、車両基地（関東が約五〇ha、中部が約六五ha）、保守基地（約三ha）、変電施設（約三ha）等が設けられ、変電施設が二〇～四〇kmの間隔で設置する。地上駅は六ヶ所で（延長約一km、最大幅五〇～六〇ｍ）約三・五haとなっている。

（9）ユネスコの自然科学セクターで実施されるユネスコ人間と生物圏（MAB: Man and the Biosphere）計画における事業である。世界自然遺産が、顕著な普遍的価値を有する自然地域を保護・保全するのが目的であるのに対し、ユネスコエコパークは、生態系の保全と持続可能な利活用の調和を目的としており、保護・保全だけでなく自然と人間社会の共生に重点が置かれている。

（10）首都圏内では、約四〇kmが想定されている。

（11）国交省では、二〇〇三年六月に「国土交通省所管の公共事業の構想段階における住民参加手続きガイドライン」を策定したが、同プロセスガイドラインでは、社会面、経済面、環境面等の様々な観点から総合的に検討を行い、計画を合理的導き出す過程を住民参画のもとで進めていくこととしており、」「『戦略的環境アセスメント導入ガイドライン』の枠組みと内容を含むものとなっている」としている（「公共事業の構想段階における計画策定プロセスガイドライン（解説）」〔二〇〇九年〕一九頁）。

（12）全国総合開発計画で位置づけられてきた中央新幹線は、国土形成計画にも継承され、調査を進めるとし、並列的に「超電導磁気浮上式鉄道の実用化技術を確立するために、走行試験等の技術開発を一層推進」する、と記されている。

（13）http://www.mlit.go.jp/common/000114046.pdf

（14）第九回でごく概略を示したスライド資料および同回の議事録（三三頁以下）がインターネットのＨＰ上にあり、資料とされている。

（15）「中央新幹線に関するパブリックコメント結果報告（平成二二年九月二九日）」http://www.mlit.go.jp/common/000125058.pdf

（16）出典：http://www.mlit.go.jp/common/000144239.pdf

（17）ＥＵのＳＥＡ指令に関する第二回目の実施状況報告書（REPORT FROM THE COMMISSION TO THE COUNCIL AND THE EUROPEAN PARLIAMENT, 2017）が出されているので、参照されたい。必要的事項に対するが出され、必要的事項に対する東欧諸国を含めたＥＵ各国の現時点での立法（一部実施）状況が示されている。

司法書士論の若干の検討課題(1)

九州大学名誉教授
大出良知

はじめに

江藤价泰先生が、司法書士をはじめて法律家として本格的な学術研究の対象としたことはよく知られている。それは、一九六六（昭和四一）年六月に上梓された岩波講座『現代法6巻・現代の法律家』に収められた「準法律家」（二四九頁以下）においてであった。

先生は、その上梓に先立ち、論文執筆の準備のため、当時まだ築地の旧海軍経理学校跡にあった日本司法書士会連合会を訪れ、当時の日本司法書士会連合会執行部の方々と会われ、論文の上でだけではない、司法書士界との関係が始まったといわれる(2)。

以後、「準法律家」(3)をきっかけに一九六九（昭和四四）年九月から本格化することになった歴史編纂事業に長年客員委員として関わられ、『日本司法書士史』の「明治・大正・昭和戦前編」（一九八一年。以下『戦前編』ともいう。）及び「昭和戦後編」（二〇一一年。以下『戦後編』ともいう。）の完成に尽力されることになった[4]。

また、「準法律家」以来、多くの司法書士関連の論稿を公にされてきたが、その主要な論稿は、『司法書士の社会的役割と未来』（以下『未来』という。）にまとめられている。

さらに、多くの司法書士の方々と公式、非公式の様々な交流を持たれ、司法書士制度の発展の節目節目で、大きな役割を果たされてきた。具体的には、例えば、いわゆる「宗判決」[5]にいたる訴訟での理論的バックアップ、控訴審での鑑定証人としての出廷、国家試験制度等の導入による画期的な司法書士法の改正となった一九七八（昭和五三）年法改正前後の理論活動等、枚挙に暇がない。司法書士の有志の方々と長年にわたって続けられてきた研究会は、『司法書士の実務と理論』（日本評論社、一九九〇年）をはじめとする、まさに司法書士業務の実情を実務と理論の両面から明らかにする多くの成果を上げてこられた。

その中で先生が、司法書士制度との関係で一貫して追究されてきたのは、次のような課題であったであろう。第一には、日本社会における法律家の位置・役割を明らかにすることであり、その究明を通して第二に、日本における法律家制度の特質を明らかにすることである。そして、第三には、その日本の法律家制度の発展の中に、司法書士制度を位置づけることであり、それらの検討を通して、第四に、司法書士の基本的性格を明らかにすることであった。

第一の点では、先生は、フランス民事訴訟についての研究からスタートされたこともあり、フランスなど先進的西洋近代市民社会の成立の経緯と日本の近代化の違いの確認からはじめられている。要は、「下からの改革」か「上からの改革」かということであり、その分析自体は、必ずしも独自のものはなかったが、その分析を日本における法律家制度の特異性について、独自の視点からの分析へと展開されてきた。「下からの」市民革命を経た西洋社会においては、市民の法的需要の拡大にともない、裁判官・検察官・弁護士等を中心とする法律家階層が形成されるが、その他の法律家をも含む法律家階層全体として社会的需要に応える分業・協業関係が成立していたことを明らかにされている。

それに対して、日本では、「上からの改革」によって、法的需要に対応したわけではない上下関係に秩序づけられた観念的な制度作りが行われることになった。その結果、人口問題もさることながら、法制度として市民の需要に過不足なく応える法律家階層が生み出されたわけではなく、「制度的間隙」が生じることになったこと。「司法代書人（司法書士）」が、市民に最も身近なところでその「間隙」を埋め、市民の需要に応えることになったこと。しかし、「司法代書人」は、当初フランスの代訴士にもなぞらえられる役割を想定されながら、結局は訴訟代理権を与えられなかったどころか、単なる「代書」として性格規定され、法制度上の地位も与えられることはなかった。しかし、実質的には、法律判断も行い、法律家の社会的分業の一端を担っており、それゆえにこそ、一九一九（大正八）年になって法制度として認知されることになったことを明らかにされてきた。

その後日本国憲法の下でも、弁護士の権限強化による新たな階層秩序が、市民の需要の実情を無視して形成される中で決して容易ではなかった「法律家」としての制度的発展の歴史的経過を詳細に分析され、一九六七（昭和四二）年に「代書」という位置づけを法制度上も払拭し、実質的に法律家としての地歩を確実なものとした一九七八年の法改正が行われることになった時点では、前述もしたように、その発展に、司法書士側から実践的に関わり、理論的に支えられることになっていた。

そして、二〇〇二（平成一四）年の改正では、簡裁代理権を獲得するまでになり、自治権、懲戒権についても一定の前進が見られた。しかし、そのことで、司法書士の基本的性格をめぐる議論に決着がついたわけではなく、先生も「基本的性格規定の確立乃至再構成という大問題が残っている」(6)との認識を示されていた。今後の制度発展の方向性を探る上でも、基本的性格の論定は、喫緊の課題であるということであり、具体的には、「弁護士法第七二条との関わりにおいて、現行司法書士法第三条一項一号から五号の業務の範囲を巡る問題」[7]にどのような方向性を見出すのかということになるのであろう。

残念ながら、それ以上の具体的な方向性を先生からご教示いただくことは、叶わぬこととなってしまった。しかし、先生の仰るように、なお「生成中の法律家」[8]である司法書士にとって、なによりも「研修等を通じての資質の均等化また力量の向上、倫理のさらなる確立、自治の習熟等を図り、この制度を名実ともに国民のための法律家制度として形成・確立されることが望まれるのである。」[9]ということであろう。

そこで、先生が示された「市民のための法律家」[10]としての司法書士のさらなる発展を考える上で、これまで必ずしも十分に検討されてきたわけではなく、この間話題になりつつあり、なお検討を要すると考えられるいくつかの点について、問題提起的に若干の検討を行ってみることにしたい。

司法代書と行政代書

このところあらためて司法書士制度の歴史への関心が高まっているようにも窺われる。それは、各士業間の業際問題が、クローズアップされてきていることと無縁ではないと考えられる。その一つが、司法書士と行政書士の歴史的関係についてである。

最も先鋭な議論は、前掲の『日本司法書士史』の「明治・大正・昭和戦前編」などが前提にしてきた司法書士と行政書士が、同一の「代書人」から歴史的に「分化」したとする理解を正面から否定する。すなわち、「司法書士制度は、その歴史上、他の資格者制度との間で『同化』したことはないし、『同化』したことがないのだから、『分化』したこともない」というのである。[11]

その主な根拠は、次の三点である。

①明治五年に制定されたわが国最初の裁判所構成法というべき「司法職務定制」が「代書人職制」を規定したことは周知のとおりだが、その「司法職務定制」上の「代書人」が、代書人強制主義を採用した最初の民事訴訟法典である明治六年の「訴答文例」を経て、明治八年に「代書代言人ヲ監シ其規律ヲ制シ裁ヲ乞フ事」と規定した「司法省章程第九」が明治一〇年に「代書代言人ヲ監シ及許可スル事」と改定されるまで、「司法省管轄の資格者制度として存続し続けた」(12)ということがあげられる。

②明治三〇年代半ば以降に各地で制定された「代書人取締規則」が対象とする「代書人」は、例えば、明治三六年八月二四日の大阪府令第六〇号の第四条の第一号(13)によれば「『他人の訴訟行為に干渉すること』はできない」(14)ことになっており、その「代書人」には、「司法職務定制」上の「代書人」は含まれていないと解することができ、その時点でも「同化」はしていないということがあげられる。

③大阪地方裁判所の「區裁判所及出張所構内代書人取締規則」第二條によって構内で営業する許可を得るために提出を求められている「所轄警察署ノ代書人免許證」は、行政代書との「同化」を示すものではなく、単に「素行善良」を証明するためのものであり、逆に、「司法職務定制」上の「代書人制度の存在を認め、それとは異なる資格者として『免許を受けた一般代書人』たる者の『免許證』添附を別段に求めていると考えられる」こと、「構内代書人となるにつき、裁判所の『認可』を必要としていることも、前述の明治一〇年に改定された「司法省章程第九」が「代書代言人ヲ監シ及許可スル事」と規定していたことに符合していると考えられるというのである。(15)

ということで、以上の三点が、いわば「司法代書人が独立した資格制度として存在した」ことの根拠になっているか確認してみたい。

①に関わって、確かに「司法職務定制」は、その第四二条で、「代書人」に「人民ノ訴状ヲ調成シテ其詞訟ノ遺

漏無カラシム」役割を担わせることにしており、「代言人」を「司法代書」を担う存在として想定していたことは間違いない。しかし、そのことから直ちに独立した「司法代書人」の資格制度が創設されていたとまで言えるかは疑問なしとしない。同じく「司法職務定制」によって規定された「代言人」の資格制度が、「司法省章程第九」の「規律ヲ制シ」との規定に従い明治九年に制定された「代言人規則」によって創設されたことを考えれば、「司法省章程第九」の改定によって「規律ヲ制シ」という必要がなくなった「代書人」についての資格制度は設けられなかったと考えざるを得ないからである。

現に、奥平昌洪『日本辯護士史』（巖南堂書店、一九一四年）によれば、当時（明治五年八月から明治九年三月まで）はまだ、代書人・代言人のいずれについても資格制度があったわけではなく、「如何なる者を代書人又は代言人に選定すとも法令の問ふ所にあらず」[16]、事情に通じていた者がその役割を担っていた。それは、非難的論調によれば、「無学無識の徒続続この業に従事し」、「風儀体面の何たるを顧みず青銭三百文又は玄米一升の報酬にて代言を引き受くる者多く遂に三百代言といへる諺を生ずる」[17]ということにもなった。代言人も「通常の訴訟人代書人と同様の取扱いを受け」[18]るということでしかなかったのであり、前述の代書人強制主義といっても、代書人・代言人のいずれが従事したとしても「なんらの制限はなかったのであるから、同一人が右両者を兼ねることも可能であり、そのような事例もあった」といわれている。[19]

最近の研究でも、「代言人に訴訟を委任しない人々にとっては、相変わらず、代書人は民事訴訟に際して必要な存在であった。それだけでなく、県庁、区役所、町村役場、警察などの官公署へ提出する書類の作成に当たっても、文字を知らない者、手続になれていない者が、代書人を利用していた。／さて、広島県においては、明治十（一八七七）年六月十日までは、県庁において、県官が裁判をしていた。したがって、県庁の門前で営業していた代書人は、訴訟書類を作成するだけでなく、県庁や警察に提出する文書の代書も行っていたのである。」とされている。[20]

さらに、いくらか時代が下り、登記法により登記を治安裁判所が取り扱うことになった明治一九年の実情については、早い時点で江藤先生も「代書人は、登記所においてもまたその窓口的役割、補助的役割を担わされるに至ったといえよう。さらに、代書人は、市町村役場、警察署等に提出する書類の作成者ともなった。このように、代書であるが故に、代書人は、裁判事務、登記事務とをあわせ処理することを、さらに行政事務をも処理することを容認されたのである。[21]」と指摘されていた。

ということで、『戦前編』がどのように認識していたかも確認しておこう。『戦前編』は、「司法職務定制」の「代書人」が、司法代書を担う存在として想定されていたこと。その後、代書人は、司法代書のみならず行政代書を担う存在をも含めた概念として使用されることになり、そこからあらためて司法代書を担う存在の分化を定着させるものとして「司法代書人法」が成立したという認識を前提にしていたといってよいであろう。その過程では、裁判所構内で主として司法代書を担う「構内代書人」という存在が生まれていたことも確認している。

この認識は、「代書人」が、「司法代書人」の前身でもあるという理解の下、司法代書人（司法書士）の視点から整理されたものであり、同書編纂当時の妥当な一つの認識であったであろう。しかし、その認識には、少なくとも二つの留保条件が付されていた。

その一つは、「明治二〇年代から同三〇年代前半」の「資料は、はなはだ乏しい[22]」ということである。これは、直接的には「構内代書人」に関わっての留保ではあるが、実質的にはそれにとどまらず、代書人全般に関わっていることであった。

二つ目は、帝国議会での「司法代書人法」制定過程において、当初の法案が経過措置として既得権を与える対象を構内代書人に限定していたことに対し、対象を構外の代書人にも拡げることを求める請願が提出されていたが、その「具体的な内容が定かではない」ことであった[23]。

すなわち、これらの留保によって、構内代書人が、主として司法代書を担う存在として認知されていたであろうことは推察できるものの、それ以外の代書人の存在実態がどうなっていたかは必ずしも見えてこないことも間違いないということであった。

それが、各府県令によって制定された「代書人取締規則」が確認されることになる明治三〇年後半までは、「『行政代書人』の存在は、必ずしも明らかではない[24]」とされているものの、それ以降、「『行政代書人』の存在は、……顕著になってきた[25]」ともされており、明治四〇年代には「『司法代書人』・『行政代書人』の分化が相当に進んでいた[26]」との認識が示されている。と同時に、他方では「代書人の分化の進行」は、構内代書人とそれ以外の代書人の分化として認識されてもいる[27]。

とはいえ同書が「構内代書人＝司法代書人」という認識を前提にしてというわけでもない。前述の第二の留保に関わるが、成立した「司法代書人法」は、事実上前述の請願と同様に、構外の代書人にも「司法代書人」への門戸を用意したからである[28]。

ということになれば、「司法代書人法」成立に際して基盤とした代書人の存在実態については、同書によっては必ずしも明確にされていなかったということにならざるを得ないようにも考えられる。すなわち、職務内容としての「司法代書」と「行政代書」は、作成した文書の提出先が異なるのであり、確かに分化していたであろう。しかし、それは、あくまでも「事実上」の分化であり、「資格制度上」の分化であったとは考えがたい。いずれにせよ、構内代書人以外の代書の担い手の存在実態については、なお考証が必要なように思われる。

例えば、「代書人組合規約」として唯一確認されている「大阪府三島郡代書人組合規約」によれば、作成文書として、司法文書と行政文書が混在している。「代書料」を規定した第四条は、「民事訴訟事件ニ関スル書類」や「非訟事件ニ関スル書類」等の司法文書と「権利義務ニ関スル諸般ノ契約書類」等の行政文書を併記している[29]。これを、当時の代書人組合が、もっぱら「司法代書人」を組合員にしており、「司法代書人」が行政文書をも作成することを前提とした規約と論定することはできないのではないか。また、「司法代書人法」成立後も、翌年行政代書人を規律する「代書人規則」が制定されるまで、「司法代書人」以外の作成した司法文書が法的に有効とされていたことも、[30]「司法代書人」以外に司法文書を作成する担い手が存在したことを示している。それは、「司法代書人法」の成立した帝国議会貴族院において、議員からの「司法代書人ト行政代書人ト、之ヲ別ツニ付テ、實際上ニ不便ヲ來スヤウナ虞ガアル」のではないかとの質問に対して、政府委員が「兩方ノ認可ヲ受ケニ來ルダラウ」と回答している[31]ることからも窺えるだけでなく、実際に関西方面では「兩方ノ認可」を受けている者が多数存在していたようである。[32]

以上からして、確かに実態として不分明なところがあるにしても、「司法代書」にも「行政代書」にも関わっていた「代書人」と呼ばれる存在がいた可能性は否定できず、少なくとも「司法代書人」と「行政代書人」とが、資格制度上、「同化」したことがなく、「分化」したことがないとすることには、疑問があると言わざるを得ないであろう。

なお、上記②の大阪府令第六〇号の第四条の第一号が、「『他人の訴訟行為に干渉すること』はできない」ことにしているというのは、「裁判所に提出する書類の作成」を業務範囲から除外しているわけではなく、[33]当時の「代書人取締規則」制定に当たっての中心的な関心事であった「非弁活動」を禁止したものと理解すべきであろう。それは、大阪府令に少し遅れて明治三九年九月に制定された警視庁の「代書業者取締規則」第四条第一号が、禁止事項を次のように規定していることからも明らかであろう。「訴訟事件、非訟事件及其ノ他事件ニ關シ代書以外ノ干與ヲ爲シ又ハ之ヲ鑑定、紹介スルコト」[34]と。

また、③の「所轄警察署ノ代書人免許證」は、「素行善良」を証明するためとの立論は、「司法代書人」についての独自の資格制度があったという前提での推測であり、①においてその資格制度が確認できない以上、成り立たない立論であろう。構内代書の「許可」が、「司法省章程第九」に符合するという立論も、同様に、「司法代書人」についての独自の資格制度があったという前提での推測でしかなく、「所轄警察署ノ代書人免許證」を受けたものの中から「構内代書人」を認可していたことを積極的に否定する事実が示されない限りあくまでも独自の推論と言わざるを得ないであろう。

「大正八年体制」の打破と簡裁代理権

さらに業際問題ということでは、大正八（一九一九）年の「司法代書人法」の成立が、そもそも弁護士との業際問題への対処という視点から内容を規制されてのスタートであった。そのような状況からの制度展開が、司法書士（司法代書人）による「制度的間隙」への対応として、どのような意味を持っていたのか、簡裁代理権を掌中にした今、あらためて確認してみる必要がありそうである。

それまで「非弁活動」を取り締まるという観点から弁護士業務と抵触する可能性のある「司法代書」を法的に容認することに強く反対してきた明治政府が、法制定を容認することになったのは、「單ニ書面ヲ作製スル代書人ダケノ取締法規ト致シマスレバ、是デ十分ト確信イタシマスル」[35]という内容だったからである。

「是デ十分」というのは、当初提案された法案との関係では、司法代書人を定義した第一条こそ「本法ニ於テ司法代書人ト稱スルハ他人ノ囑託ヲ受ケ裁判所及検事局ニ提出スヘキ書類ノ作製ヲ爲スヲ業トスル者ヲ謂フ」と規定し、基本的に変わらなかったが[36]、資格要件等については、当初案にあった「試験」もなければ、「登録」もなく、「司法代書人タルニハ所屬地方裁判所長ノ認可ヲ受クルコトヲ要ス」と規定しているだけであった（第四条）。それを政府委員は、「適當ニ代書スルコトノ出来ル相當ノ智識ヲ有」することを要件として、「成ベク司法代書業者ハ構内構外ヲ問ハズ、同一ノ標準ニ依ッテ、第四條デ銓衡シテ認可ヲ與ヘル考デア」るとしていた。[37]また、非弁活動との関係では「其ノ業務ノ範圍ヲ超エテ他人間ノ訴訟其ノ他ノ事件ニ關與スルコトヲ得ス」（第九条）としており、「三百ヲ禁ズルコトデ司法代書人ハ他人間ノ訴訟、鑑定、非訟事件、其他訴訟類似ノ業ニ關與スルコトガ出來ナイ」と立案者によって説明されていた[38]が、当初案にはなかった「其ノ他ノ事件」が入れられたことで規制は大幅に広がった。さらに、代書人会については当初案にあった「強制設立・加入」どころか何の規定もない。あげくは「非司法代書人の排除」も削られていた。そこには、法律家としての質を前提とした制度設計の姿勢は見られず、あくまでも、「『代書』という基本的性格を再確認した上で、取締法として再構成した」にすぎなかった。[39]

そして、この「司法代書人法」を中核として、その後制定された司法省令である「司法代書人法施行細則」、各地方裁判所ごとの「司法代書人監督規程」、「司法代書人書記料規則」が渾然一体となって「大正八年体制」と呼ぶべき監督体制を形成したのであり、その後、戦前には名称改正（一九三五（昭和一〇）年）の成果をあげるにとどまり、戦後に引き継がれることになった法改正運動は、まさにこの「大正八年体制」打破の運動であった。[40]

ところで、この政府当局の主張に沿って制定された司法代書人法は、司法代書人を「司法代書」という枠の中に形式的に押し込めることには成功したかもしれないが、形式的な「司法代書」を越え、弁護士によっても対応されない実質的な需要（制度的間隙）に誰が応えるのかという問題に回答を与えたわけではない。結局国民との関係では、司法代書人は、実質的にできること、やらざるを得ないことをやり続けることになり、その主体の如何はともかく非弁活動がなくなるということにもならなかった。

例えば、一九二二年頃には、「非弁護士ないし三百代言は、弁護士の数三六七〇余名に対し、その三ないし五倍にも及び、東京市において約一万人もいた」[41]といわれた。静岡でも、大正末年には、弁護士が約六〇名に対して、非弁護士が二〇〇名から三〇〇名おり、非弁護士は、全国では、二万名から三万名存在していたと推測されている。[42]その実情は、弁護士サイドからも、「全国を通して十数萬人の非弁護士の存在することは社会需要によるものなることを証明して居る」[43]と認めざるをえなかった。後述の弁護士法改正が成立した帝国議会でも政府当局は、次のように説明していた。[44]

「弁護士ノ數ガ少ナカッタ時代ニ於キマシテハ、一般国民ハ弁護士ニ非ズシテ、法律上ノ知識ヲ有スル者ノ助言ヲ求メタノデアリマシタ、殊ニ此簡易ノ事項ニ付キマシテハ、種々ノ事情ヨリシテ、弁護士以外ノ者ニ依頼スルコトヲ、寧ロ便宜トシテ居ッタノデアリマス、而シテ現在此種ノ業務ニ従事スル者ガ、全国ヲ通ジテ可ナリ多数ニ上ッテ居ルノデアリマス」。

そのような中、弁護士層は、明治末年からその職務範囲を法廷外にも拡張することを中心に、合わせて非弁護士の取締を内容とした弁護士法の改正などを目指してきたが、実現することにならなかった。前述のように、政府当局は、非弁護士の存在を肯定的に評価する姿勢を明確にしていたからでもある。現に司法省が作成した弁護士法草案[45]は、「司法大臣は其の業務を禁止することを得」（第二条第一項）として裁量の余地を残し、「公益の爲報酬を得ずして又は正當の業務に附随して其の業務を爲す場合」（第二条第二項）を例外化してもいた。

その後、一九三三（昭和八）年になって政府から「弁護士法改正法律案」[46]が提案されることになり、修正を受けたものの成立することになった。その第一条が、弁護士は「其ノ他一般ノ法律事務ヲ行フコトヲ職務トス」として職務を拡大するとともに、さらに非弁活動を禁止する現行弁護士法七二条にあたる「法律事務取扱ノ取締ニ関スル法律」も同時に成立することになった。弁護士会の司法代書人法改正に対する反対が、非弁護士の排除をも視野に弁護士の職域を拡大することを目指していたことと関連していたことは間違いないであろう。しかし、司法代書人法成立以降の非弁護士の実態をみれば、司法代書人を非弁護士と同視するのは、その果たしてきた役割を敢えて歪めようとするものでしかない。

このような状況の下で、「法律事務取扱ノ取締ニ関スル法律」を制定することになったのは、「弊風ヲ生ジ」(47)、利用者の利益を害する危険性が出てきたからということになっている。しかし、実質は弁護士の経済的基盤の弱化という利害と深く関連していたのであり(48)、利用者の便宜という視点はなかったといわざるを得ない。結局、この非弁取締立法は、「弁護士の国民からの離隔、司法官僚体制へのその包摂」への道を意味し、「当時の『在朝在野の法曹は車の両輪・鳥の双翼』というスローガン、弁護士の水平化のスローガンに見事に応えるものであった」(49)。

一九三三年にできあがった法律家をめぐる前述のような構図は、その後も基本的には維持され続けてきたといってよいだろう。もちろんその間、日本国憲法の制定と、それに引き続く司法改革があった。弁護士法の改正は、議員立法によってその過去の遺産を払拭し、弁護士の要求をほぼ実現する画期的なものになった。完全自治権を基盤に弁護士の取得した地位は、社会的にも極めて大きな意味を持った。弁護士は、様々な分野で人権の護り手として大きな役割を果たすことが可能になった。

司法書士も、司法代書人が司法書士になった（一九三五（昭和一〇）年）だけでなく、法律家としての認知を求め、その要求の実現を目指し続けた。しかし、その要求は、時の政府あるいは弁護士層の強い反対によって頓挫し続けることになる。その反対は、直接的には、前述もしたように、あくまでも司法代書人を「代書」とする性格規定を前提としていた(50)。

「代書」という性格規定を、司法代書人法制定時に支えていた論理の一つは、幅広い国民の需要に応えるためのミニマム・スタンダードとしての資格要件である「代書」であった。その背景には、需要に応える得る司法代書人の人員の確保と、その必要数全体に対する質的コントロールが不可能であり、それを不必要にしたいという要請があったと考えられる。すなわち、既に司法代書人の担う中心的業務となっていた登記業務を担わせるためには、

「構内代書人」のみで対応できるとは考えられず、また、登記業務が中心であるとすれば、政府は、基本的に「代書」とする性格規定で可能な業務のみを想定していたということであろう。法律家として性格を規定するならば、その質的コントロールは、体勢的に不可能であったが、「代書」とするならば、それは不必要であった。[51]

そして、結果的には、司法代書人法制定時の「大正八年体制」から脱却するには、日本国憲法下になっても、相当の歳月を必要とした。

基本的性格に関わる改正だけでも、八回の法改正を経てきた。主要な内容をあげれば以下の通りである。

①監督規程の廃止、司法書士会の任意設立、非司法書士取締規定新設（昭和二五年改正）。

②報酬自主権、非司法書士取締例外規定削除（昭和二六年改正）。

③資格要件厳格化、選考認可制度導入、司法書士会・日本司法書士会連合会の強制設立・強制加入（昭和）三一年改正）。

④司法書士会法人化、業務規定文言「代って」削除（昭和四二年改正）。

⑤目的・職責規定の創設、業務範囲の整備、選考認可制度から国家試験への転換、資格制度の確立、名簿への登録、注意勧告権、法務大臣への建議権（昭和五三年改正）。

⑥登録事務の日本司法書士会連合会への委譲（昭和六〇年改正）。

⑦簡易裁判所代理権、裁判外和解交渉権、相談権、「業務範囲を越える行為の禁止」規定（旧一〇条）廃止、試験科目「憲法」明定（平成一四年改正）。

⑧仲裁事件代理（平成一七年改正）。

これらの内容から明らかなように、ようやく⑤の改正によって、大正八年の司法代書人法制定時以来の司法書士の職務の実態に即した制度要求が一応の実現をみることになった。職務内容の整備・明確化や法律家としての性格規定においては、なお課題を残してはいたものの、「制度発展のための基盤整備を実現した」画期的な改正であった。[52][53]

このように司法代書人法制定以前をも含め今日に至るまでの司法書士（司法代書人）の歴史は、主として弁護士（代言人）との関係の中で展開してきた。しかも、重要なことは、その相対的な関係が、形式的な制度的枠組みの関係としてだけでなく、実質的な関係としても展開してきたことである。例えば、弁護士不足といった事態の中で、司法代書人が形式的に枠づけられた「代書」を越えて法律家としての役割を担ってきた。すなわち、明治維新後、形式的に枠組みを作るところからはじめられたわが国の法律家制度の制度的間隙を司法代書人（司法書士）が、形式的、実質的に埋めることで国民の需要にトータルには応えてきた。

しかし、それは結果であって、国民の需要が実質的な法律家の対応態勢を作らせてきたというべきかもしれない。しかも、法律家自体は、国家がそれぞれに対して分断的・抑制的・取締的対応に終始しているにもかかわらず、それに対抗しながらも制度設定権者の強権の前に、利用者である国民の便宜という視点よりは、国家との関係で自らの地位を確保することに精力を使ってきたようにも見える。

その結果生じた国民にとって不十分な法律家の、ひいては司法の対応態勢は、二一世紀を迎えるにあたって国家的視点からも放置できない状況になっていたと考えられる。一九九九（平成一一）年に司法制度改革審議会（以下、「審議会」という）が設置され、司法制度改革を現実的課題にすることになったのもそれ故にであったであろう。その中で、日本司法書士会連合会が、あらためて主張することになった簡裁民事事件等での代理権はじめ法律相談権、家事事件代理権、民事執行事件代理権の要求は[54]、そのような事態の中でこれまでの制度展開の延長線上に位置づけられる現実的な内容であった。

であれば、審議会「意見書」が、「隣接法律専門職」に「国民の権利擁護に不十分な現状を直ちに解消する必要性にかんがみ、利用者の視点から、当面の法的需要を充足させるための措置を講じる必要がある」としたのを受けて、いち早く、二〇〇二（平成一四）年に、司法書士に、前述⑦の簡易裁判所における訴訟等の代理権、裁判外の和解交渉権、相談権を付与する等の改正が行われることになった。

審議会「意見書」は、さらに「弁護士と隣接法律専門職種との関係について」、より本質的には、「弁護士人口の大幅な増加と諸般の弁護士改革が現実化する将来において、各隣接法律専門職種の制度の趣旨や意義、及び利用者の利便とその権利保護の要請等を踏まえ、法的サービスの担い手の在り方を改めて総合的に検討する必要がある」としていた。

すなわち、審議会「意見書」が目指した法律家制度の改革の方向性は、最大の眼目の一つである「利用者の利便」という視点から検討されるべきであり、その視点から見直した場合、これまでの制度展開は、既に触れてきたように、その責任の所在はともかくとして、法律家側の事情によって左右されてきた点も少なくない。もし「利用者の利便」という視点を貫くならば、市民の法的需要に法律家が、形式的にも実質的にも一元的に過不足なく対応する法律家制度が用意されるべきであるということになろう。

司法書士が今後さらに果たすべき役割[55]も、既に実現された改革が、「利用者の利便」という視点からいかなる機能を果たしているかを具体的に明らかにするなかで展望することが可能になるであろう。

近時、簡易裁判所における訴訟代理関係業務を行うことができる司法書士（以下、「認定司法書士」という）の扱う裁判外和解における「紛争の目的の価額」（司法書士法三条一項七号）の算定をめぐって紛争が続いている。一作（二〇一六）年六月にいわゆる和歌山訴訟に関して、最高裁第一小法廷は、いわゆる「債権額説」を採り、いわゆる「受益説」を採った司法書士の対応は、一四〇万円が限度とされている代理権の範囲（裁判所法三三条一項一号）を超え、違法であるとの判断を示した。[56]

裁判外和解における「紛争の目的の価額」は、民事訴訟における「訴訟の目的の価額」（司法書士法三条一項六号イ）と同様に算定される。それゆえ、認定司法書士が扱うことが可能な一四〇万円の範囲に収まるかどうかは、民事訴訟法八条一項の「訴えで主張する利益によって算定する」（民事訴訟法八条一項）ことになる。そして通例は、目的価額を「訴えで主張する」価額、すなわち債権者が請求する債権額と解してきた。これが、いわゆる「債権額説」である。

しかし、この理解に対して、特定調停などでは、債権の額には争いがなく、その支払い猶予や分割弁済を求めることが一般的であり、債権額で目的価額を決めてきていたわけではないといわれる。その場合には、「訴えで主張する利益」は、「当事者の受ける利益」であり、それは、「債権額ではなくて、支払い猶予もしくは分割弁済をすることによって受ける利益」であるとの解釈が示されてきた。これが、いわゆる「受益説」であり、司法書士に簡易裁判所事件の代理権を認めることになった二〇〇二（平成一四）年の司法書士法の改正の過程で、立案当局者から示されてもいた解釈である。(57)

そして、「多重債務者のいわゆる債務整理事件について司法書士が裁判外の和解について代理することができる範囲」、すなわち「紛争の目的の価額」の算定にあたっても、通例の残債務の額に争いがない場合には、「残債務の額ではなく、弁済計画の変更によって債務者が受ける経済的利益による」と主張されることになった。(58)

このような解釈・主張は、そもそもこれまで弁護士が独占的に扱ってきた業務を、簡易裁判所の管轄する事件に限ってではあれ、司法書士にも認めることにした理由に依拠していたといってよいであろう。すなわち、それは、前述のように司法制度改革審議会「意見書」の認識でもあった。具体的には、「弁護士の方が地域的に偏在している、そういうことから、身近に弁護士がいない地域が相当ある。そして現実に、簡易裁判所の代理人として弁護士の方がつく事件が非常に少ない、そういう実情にあり、また、弁護士を数を増加するという方向にはありますが、これも一気にはいかない。そういう背景事情の下で、国民に裁判を受ける権利を実質的に行使していただくために、代理人となる人を身近に選任できるようにしたい」ということであり、しかも司法書士は、「既に、現在しております裁判所に提出する書類の作成等を通じて、実質的に国民に一番身近な法律家として活躍し、簡裁事件の相当数について国民のお役に立っておる」ということであった[59]。

このような改正理由から考えれば、直接には目的価額についてということではないが、法務委員会の質疑でも委員から、「本法案は、司法書士の権限を縮小するためにあるのではなくて、国民の法的サービス充実のために、より拡大するためにあるのですから、その方向で個々に解釈していかな仕方がないんだろう[60]」との発言があったのも当然であろう。

司法書士制度の将来への視点――結びにかえて

以上の経緯の中に、司法書士制度の今後を展望する上で、看過してはならない視点が伏在していると考えられるところであり、その方向性を簡略に示すことで結びにかえることにしたい。

これまで、司法書士は、日本の近代的法律家制度の生成の特異性によって生まれた制度的間隙を埋めることにその存在意義を見いだしてきた。特には、弁護士の対応力の限界を補完する役割を期待されてきた。簡裁代理権の獲得も、一面では、その延長線上にあった。司法制度改革審議会「意見書」が、「当面の法的需要を充足させるため」としたのは、その意味と解することもできる。

しかし、前述もしたように、他方で「意見書」は、「利用者の利便」という視点から改革の方向性を探ってきたことも看過してはならない[61]。そのような視点からは、法律家として利用者の要請に応え、十全の役割を果たしうる権限を掌中にすることが求められることになるであろう。

それは、制度的間隙を埋めるといった役割、すなわち弁護士の補完といった役割を脱却することを意味するとともに、弁護士との関係を明確にする法律家像を提示することが求められるということでもある。その選択肢の中には、弁護士との合一化ということもあり得るであろう。しかし、法的需要の専門分化が進んでいるという事態を前提にするならば、対象領域を特化して法律家としての権限を行使して国民の需要に応えるということも想定し得るであろう。

その際、司法書士が歴史的に、裁判所に提出する書面作成を通して行ってきた本人訴訟支援において果たしてきた援助的視点からの当事者を支えるという方法的視点は、近代的訴訟理念に沿った法律家像を提供することになる可能性があるであろう。(62)

また登記に関わって、法律家としてその真性担保機能を強化する役割を担うための制度整備を志向することも課題となるであろう。

いずれにせよ、冒頭で引用した江藤先生の指摘を繰り返し引用するならば、あらためて少なくとも「弁護士法第七二条との関わりにおいて、現行司法書士法第三条一項一号から五号の業務の範囲を巡る問題」にどのような方向性を見出すのかが問われており、当面、「研修等を通じての資質の均等化また力量の向上、倫理のさらなる確立、自治の習熟等を図り、この制度を名実ともに国民のための法律家制度として形成・確立されることが望まれるのである。(63)」ということになるであろう。

(1)　本稿は、大出「追悼文・江藤先生と司法書士界」月報司法書士二〇一六年七月号一三六頁以下、大出「あらためて『日本司法書士史明治・大正・昭和戦前編』を読む」月報司法書士二〇一六年一二月号二頁以下、大出「司法制度の歴史における司法書士制度の位置」『司法書士裁判実務大系第1巻』（民事法研究会、二〇一七年）一頁以下等を基に、加除・再構成したものである。ご了承いただきたい。
（2）江藤『司法書士の社会的役割と未来』（日本評論社、二〇一四年）ⅲ頁、日本司法書士会連合会『日本司法書士史昭和戦後編』（二〇一一年）七七六頁以下。
（3）「準法律家」というタイトルは、編集部によって用意されており、その内容として当初想定されていたのは「官庁や企業の法務部員」であったのを、江藤先生が判検事・弁護士だけでなく「現実の日本の司法制度ないし裁判制度の担い手」について検討することを企図し、その一員として司法書士を取り上げることにしたという。その経緯については、前掲『未来』ⅲ頁参照。なお、「準法律家」とのタイトルが不適切であったとの反省も、同ⅳ頁に示されている。
（4）筆者も、東京都立大学法学部で江藤先生が、利谷信義先生、小田中聰樹先生とともに一九六九年に創設された「裁判制度ゼミナール」の一期生として三年間にわたって親しくご指導いただいていた関係から、その後大学院に進学した際に、この歴史編纂事業をお手伝いさせていただくことになった。
（5）松山地裁西条支部判決昭和五二年一月一八日判例時報八六五号一一〇頁、判例タイムズ三五一号二一〇頁。
（6）前掲『未来』八九頁。
（7）前掲『未来』xi頁。
（8）江藤「序論・司法書士の基本的性格」江藤編『司法書士の実務と理論』（日本評論社、一九九〇年）二七頁。前掲『未来』九〇頁、二七七頁も参照。
（9）前掲『未来』九〇頁。
（10）先生が編集にあたられた法学セミナー増刊・総合特集シリーズ24（一九八三年）のタイトル。
（11）齋木賢二「司法書士制度の歴史を再検証する」市民と法一〇〇号（二〇一六年）二四頁。その他に、鈴木正道「司法書士の権利義務に関する書類作成」月報司法書士二〇一六年六月号九〇頁以下、山下昭子「代書人の司法代書人及び行政代書人への分化までに関する若干の考察Ⅰ・Ⅱ」月報司法書士二〇一六年六月号九六頁以下、七月号七〇頁以下参照。
（12）齋木・前掲市民と法一〇〇号二七頁。

(13)『戦前編』資料編二九頁。
(14)齋木・前掲市民と法一〇〇号二七頁。
(15)齋木・前掲市民と法一〇〇号二八頁。
(16)奥平・前掲『日本辯護士史』四五頁。
(17)奥平・前掲『日本辯護士史』一六六頁。
(18)奥平・前掲『日本辯護士史』五三頁。
(19)石井成一「職業としての弁護士の使命」『講座現代の弁護士1弁護士の使命・倫理』(日本評論社、一九七〇年)四四頁。
(20)増田修「広島代言人組合沿革誌」修道法学二八巻二号(二〇〇六年)八九一頁。
(21)江藤「下級法律実務家と上級法律実務家」『法社会学講座8巻』(岩波書店、一九七三年)三七一頁、前掲『未来』一一七頁。
(22)『戦前編』二六〇頁。
(23)『戦前編』三一三頁。
(24)『戦前編』二六〇頁。
(25)『戦前編』二六一頁。
(26)『戦前編』二八二頁。
(27)『戦前編』二九一頁以下。
(28)『戦前編』三二〇頁以下、『戦前編』資料編一五八頁以下参照。
(29)『戦前編』二七四頁以下。
(30)『戦前編』三四一頁以下参照。
(31)『戦前編』資料編一七三頁。
(32)『戦前編』三九四頁。
(33)齋木・前掲市民と法一〇〇号二七頁。

(34)『戦前編』資料編二七頁。
(35) 第四一帝國議会貴族院司法代書人法案特別委員会議事速記録第一号（大正八年三月二六日）四頁（『戦前編』資料編一七六頁）。
(36) 但し、当初案では「文書ノ作成」となっていた文言が「文書ノ作製」に変えられており、そこに「單ニ書面ヲ作製スル代書」という意味が込められていたとも解される。
(37) 第四一回帝國議会衆議院弁理士法案他一件委員会議録（速記）第四回（大正八年三月一四日）一三・一四頁（『戦前編』資料編一六一頁）。
(38) 第四一回帝國議会衆議院弁理士法案他一件委員会議録（速記）第四回（大正八年三月一四日）」一三頁（『戦前編』資料編一六〇頁）。
(39)『戦前編』三三二頁。
(40)『戦後編』二二頁。
(41) 石井・前掲「職業としての弁護士とその使命」五七頁。
(42) 橋本誠一『在野「法曹」と地域社会』（法律文化社、二〇〇五年）二七八頁参照。
(43) 金子要人『改正弁護士法精義』（立興社、一九三四年）八五頁。
(44)「第六四回帝国議会衆議院議事速記録第二三号」「官報号外（昭和八年三月八日）」四九八頁。『戦前編』資料編三〇三頁。
(45)「司法省の辯護士法草案」法律新聞三〇七九号（昭和五年二月八日）一八頁以下。
(46) 前掲「第六四回帝国議会衆議院議事速記録第二三号」四九八頁以下。
(47) 前掲「第六四回帝国議会衆議院議事速記録第二三号」四九八頁。『戦前編』資料編三〇三頁。
(48) 大野正男「職業史としての弁護士及び弁護士団体の歴史」『講座現代の弁護士2弁護士の団体』九二頁以下参照（日本評論社、一九七〇年）。
(49) 江藤价泰「弁護士と裁判所の関係」『法社会学講座8』（岩波書店、一九七三年）三一四頁。
(50) 例えば、第一東京辯護士會・帝國辯護士會「司法代書人法改正案に対する反対理由書」法律新聞三五二三号一二頁（昭和八年三月八日）（『戦前編』資料編三九七頁）によれば、司法代書人をあくまでも「筆書の職」と決めつけている。
(51)　注（21）によって注記した箇所も参照のこと。
(52)　江藤・前掲『未来』二六三頁。
(53)　『戦後編』四四九頁以下、一〇三七頁以下参照。
(54)　日本司法書士会連合会「『国民がより利用しやすい司法の実現』及び『国民の期待に応える民事司法の在り方』について」（平成一一年七月七日）参照。
(55)　その方向性については、日本司法書士会連合会第七三回臨時総会承認「司法書士法改正大綱」参照。
(56)　最判平成二八年六月二七日最高裁判所民事判例集七〇巻五号一三〇六頁、判例時報二三二一号一六頁。
(57)　当時の法務省民事局長房村精一の衆議院法務委員会での答弁である。「衆議院法務委員会議録・本会議録（抄）」平成一四年四月九日「月報司法書士」二〇〇二年六月号六〇頁。
(58)　小林昭彦＝河合芳光『注釈司法書士法（初版）』九七頁以下（テイハン、二〇〇三年）。
(59)　前掲法務省民事局長房村答弁「衆議院法務委員会議録・本会議録（抄）」平成一四年四月九日「月報司法書士」二〇〇二年六月号七一～七〇頁。
(60)　前掲「衆議院法務委員会議録・本会議録（抄）」平成一四年四月九日「月報司法書士」二〇〇二年六月号六七頁。
(61)　司法制度改革審議会第四六回会議では、少数意見ではあるが、委員であった山本勝東京電力（株）取締役副社長（当時）によって、次のような意見が述べられていたことを看過すべきではないであろう。「いろいろな紛争解決の手段のアクセスを多様化することに重点がある、むしろそういうふうに考えて、将来、法曹人口が増えてくると、そこでまた切磋琢磨が行われ、ユーザーである国民の選択によってしかるべく決まっていくということで考えるべきではないか」。「将来的な姿は、法曹人口がうんと増えて、満ち満ちて、今議論されている司法書士の訴訟代理と、豊富になった法曹との間で切磋琢磨が行われて、おのずといい方に選択されていくべきであり、そういうことで、恒久的なことを考えるべきだ」。
(62)　和田仁孝「司法改革と司法書士」法学セミナー一九九三年三月号五二頁以下参照。
(63)　前掲『未来』九〇頁。

裁判を通じての教育にかかる人権の定着と展開
——家永教科書裁判の検討を踏まえて——

弁護士 加藤文也

はじめに

江藤价泰先生は、一九八九年七月号の日弁連機関誌「自由と正義」の特集「フランス人権宣言二〇〇年と日本の刑事訴訟法四〇年」に「フランス人権宣言と権力分立」と題する論文を寄せられておられる。その論文のなかで、一七八九年に作成された人権宣言（なお、同第一六条は、「権利の保障が確保されず、権力の分立が規定されないすべての社会は、憲法をもつものでない。」と規定する。）は、現在もフランスの現行法としての効力を有していることを明らかにした上で、それは「フランス人民の幾世代にもわたる努力の結実であり、今後もその努力がつづくであろう。」と分析している。その上で、その論文の最後は、「われわれもまた、『この憲法が国民に保障する自由及び権利は、国民の普段の努力によって、これを保持しなければならない。』（第一二条前段）との言葉を、あらためてかみしめなければならないのでは、あるまいか。」と結ばれている。

私は、一九八九年三月、パリのユネスコ本部で開かれたフランス人権宣言二〇〇周年記念の法律家団体の国際会議に参加した。その際、学生時代から指導を受けた江藤先生から、フランスには、人権という言葉を聴いただけで胸が熱くなるという人が相当数いるとのこと、また、日本における人権の伸張と司法の民主化への思いを伺ったことが今でも強く印象に残っている。

一九九一年に清水誠先生や江藤先生が中心的役割を果たされたアジア・太平洋法律家会議（ＣＯＲＡＰⅡ）で、私は、日本における人権状況について、家永教科書裁判を取り上げ、報告させていただいた。

江藤先生からは、その後も長期間にわたって司法の民主化を巡って様々な助言・アドバイスをいただいた。江藤先生の考えの基本にあったのは、法律家は自分の領域の民主化のみを考えるのでなく、司法を利用する市民を含む司法全体を民主化することにあったと思われる。それは、江藤先生の生涯にわたるフランス司法について研究の蓄積を踏まえてのものであったと思われる。

本稿においては、江藤先生の人権と司法についての問題意識を念頭においた上で、私が関わった教育裁判を通じての教育にかかる人権の定着と展開について、論じることとする。

一　裁判（司法制度）を活用して権利の実現をはかることの意味とその役割

わが国は、敗戦による戦後改革の一環のなかで一九四六（昭和二一）年に、国民主権、戦争放棄、基本的人権の尊重の三大特色を有する日本国憲法が制定された。司法制度も改革され、市民が、行政（国）によって人権を侵害された場合、その違憲、違法性を問うて普通裁判所に提訴する道が開かれることとなった。

現行制度のもとでは、実際に、人権が侵害された場合、侵害した相手が、自主的に侵害したことを認め、侵害事実を改めない限り、裁判（司法）を通じての救済（権利の実現）をはかることになる。

このことからすれば、裁判を通じての権利の実現のためには、以下の三つ要素は不可欠であると思われる。
（ア）訴訟を提起する当事者の存在
（イ）実際に主張の根拠となる権利の存在
（ウ）司法制度（裁判所）の存在
なお、裁判を通じての権利の実現をはかることの意味に関しては、裁判（司法）の持つ機能、役割をどのように考えるか、また、権利（人権）の内実とその実現の捉え方如何によって、その意味することが異なってくると考えられる。以下、この点について敷延して説明することとする。

裁判（訴訟）を通じて、権利侵害の事実を主張すること自体、その主張のなかに、実際上、侵害事実の是正を求めるなり、侵害事実を改め、新しい制度なりの形成を促す内容を含んでいることがある。いわゆる政策形成訴訟の範疇に属するものを含んでいる場合がある。このような範疇に属する分野で権利侵害があったとして裁判（司法）を活用することは、訴訟提起自体にも独自の意味、意義がある場合があると考えられる。

裁判（司法制度）を活用して権利の実現をはかるということは、公開の法廷で、権利侵害の実態を広く市民に知らせることができることも意味する。社会性があり当事者のみならず他の多くの人にも関わる権利侵害の実態を公開の法廷で明らかにすることは、実際の社会のなかに存する問題の所在を多くの市民に明らかにすることにもなる。社会性があり当事者のみならず他の多くの人に関わる権利侵害が問題となる事件（以下、この種事件を「問題提起型訴訟」という。）では、裁判（訴訟）を通して、問題の所在を明らかにし、権利実現のために法廷で活動を続けることにより、訴訟の結論がでる前の段階でも、問題のある事態を抑制したり、それ以上問題のある事態を悪化させないようにする役割を果たすことがある。この点からすれば、問題提起型訴訟においては、裁判（司法）を活用し、公開の法廷で問題のある事態を明らかにし、法廷で活動し続けること自体に独自の意味が付加されると考えられる。このことは、厳密な意味での権利の実現とはいえないが、権利侵害を抑制したり、悪化させることのことを防ぐことに繋がっていることからすれば、広い意味での権利の実現といってよいものを含んでいると考えられる。

また、裁判（司法）を通じて権利侵害の実態を明らかにすることにより、権利侵害の実態を知るすることになった多くの市民が、権利侵害は訴訟提起者の権利侵害に留まらず、自分たちの権利の侵害にもつながると考えるようになることがある。いわゆる政策形成訴訟ないし問題提起型訴訟において、裁判の通じて権利の実現をはかろうとして、訴訟を提起し、法廷で闘い続けることにより、多くの市民が問題の所在（権利侵害の実態）を理解し、権利侵害の実態が、実質上、自分の権利にかかわる問題ないしは自分と権利と密接にかかわる問題であるとの認識を持つようになった場合は、訴訟における勝敗如何にかかわらず、問題を抑制したり、悪化させない力になる。また、問題の解決を訴訟以外の方法で解決する道を見つけることに繋がる場合もある。

このことからすれば、いわゆる政策形成訴訟ないし問題提起型訴訟においては、訴訟の勝敗の判断を、裁判所における主文の結論だけで判断することはできないといわなければならない。

二　家永教科書裁判の歴史的意義

1　家永教科書裁判とは（その内容）

家永教科書裁判は、通常の権利の実現を求める訴訟類型に属するとともに、いわゆる政策形成訴訟としての側面も有するとともに、さらに問題提起型訴訟としても側面も有する訴訟であった考えられる。

以下において、家永教科書裁判に即して裁判（司法制度）を活用して権利の実現をはかることの意味とその役割について具体的に論じることとする。なお、その前提として、家永教科書裁判について説明させていただく。[1]

家永教科書裁判は、歴史学者の家永三郎教授（一九一三年生まれで、二〇〇二年に死亡）が国（文部科学省）の行った教科書検定により、精神の自由等の基本的人権を侵害されたとして、その違憲、違法性を問うて一九六五年から一九九七年までの三二年の長期にわたって闘われた憲法訴訟であった。

具体的には、以下の三つの訴訟の訴訟の総称である。

① 第一次教科書訴訟

家永三郎教授が原告となり国を被告として一九六五（昭和四〇）年に提起した国家賠償請求訴訟。

一九六二（昭和三七）年度の教科書検定において自己が執筆した高校用日本史教科書が不合格となり、翌一九六三（昭和三八）年に再申請したところ、かろうじて条件付き合格となった事態にたまりかねて、上記二つの検定処分並びに修正指示を違憲違法として、一〇〇万円の支払いを求めて提訴した。提訴から二八年経過した一九九三年の最高裁第三小法廷判決（家永側全面敗訴）で終了

② 第二次教科書訴訟

一九六七（昭和四二）年申請した改訂検定において「歴史をささえる人々」「古事記・日本書紀」及び「日ソ中立条約」に関する記述など六箇所につき不合格処分の通知を受けたので、同年六月に不合格処分の取り消しを求めて提訴した（行政訴訟）。

一九七〇（昭和四五）年七月一七日、東京地裁（杉本良吉裁判長）は、教科書検定を違憲とする判決を言い渡した（教科書訴訟での初めての判決）。判決後、杉本裁判長は、記者会見し、現場教師の証言が印象的であった等話された。

上記判決は、新聞でも大きく報道され、教科書検定の持つ問題が国民に広く知れ渡るにあたって大きな役割を果たすこととなった。上記判決は、また、当時の自民党の田中角栄幹事長に「バカモンといいたい」と言わしめたほど

の大きな衝撃を政府・与党に与えた。文部大臣はただちに全国の教育委員会へ通達を発し、杉本判決が全国の学校に浸透するのを阻止しようとした。また、上記判決は、実際、文部科学省が行う検定行政を抑制する効果を生み出し、一九七〇年代を通じ、教科書執筆者が、アジア・太平洋戦争時におけるわが国の加害の事実を教科書に記載できるようになった。

第二次訴訟は、一九八九年の東京高裁判決（訴えの利益なし）で終了。

③　第三次教科書訴訟

一九八〇（昭和五五）年度の新規検定と同一九八三（昭和五八）年度の改訂検定に際して、「南京大虐殺」、「中国への侵略」、「沖縄戦」などの記述に対し、合計約四九〇項目にわたる修正意見及び改善意見を受けたこと等について、一九八四（昭和五九）年一月、一九八〇年代の教科書問題との関連において修正要求された八項目に対し、違憲、違法を主張し、国に対し二〇〇万円の支払いを求めて国家賠償請求訴訟を提訴した。

一九九七年七月一八日、最高裁第三小法廷（大野正夫裁判長）で口頭弁論が開かれた後の同年八月二九日判決（家永側一部勝訴）で終了。

第三次訴訟の最高裁判決は、世界の一〇〇ケ国を超える国で報じられており、わが国の最高裁判決で、最も世界でも知られる内容となった判決であったと考えられる。

同判決のなかで、大野裁判官は、次のような意見を述べている。

「我が国が近現代において近隣諸国の民衆に与えた被害を教科書に記述することは、特殊なかたよった選択ではなく、また自国の歴史を辱めるものでは決してない。『過去に目を閉ざす者は結局のところ現在にも盲目になります。非人間的な行為を心に刻もうとしない者は、またそうした危険に陥りやすいのです』（永井清彦編訳　ヴアイツゼッカー大統領演説集）という見解を我が国高等学校の日本史教科書検定において排除しなければならない理由を私は知らない。」（「日本軍の残虐行為」に対する検定意見に対する判断のなかで）

上記の通り、家永教科書裁判は、一九六五（昭和四〇）年の第一次訴訟の提起から一九九七年の第三次訴訟最高裁判決まで、三二年の長期間にわたって闘われた。

2　家永教科書裁判における裁判を通じての権利の実現

以下において、裁判を通じての権利の実現のための三つ要素（当事者、権利、司法制度）の内、当事者、司法制度について検討する。

家永教授が、司法制度を利用し、原告として訴訟を提起するに至ったのは、以下のような経緯からであった。

わが国は、日本国憲法・（旧）教育基本法の制定し、戦後改革による政治、教育が行われるようになったが、東西冷戦が始まり一九五〇年代になり、占領が終わり日本が独立したころから、いわゆる逆コース（政権党自体が、憲法を形骸化）と言われる政策がとられるようになった。一九六〇年代より、日本民主党が「うれうべき教科書の問題」と題するパンフ発行し、民主的な教科書に対しても、偏向教科書として攻撃がなされるようになった。そのようなかで、多くの教科書執筆者が、教科書執筆を断念する事態が生じるに至った。

家永教授は、一九五二（昭和二七）年から高校用日本史教科書を執筆し、高等学校で使われていたが、一九六二（昭和三七）年に教科書検定の申請をしたところ不合格となったので、一九六三（昭和三八）年に再申請したところ、かろうじて条件付き合格となった。その時点で、このような事態を見過ごすことが出来ないとして、敢えて、教科書訴訟を提起し、闘うこととしたのである。

家永教授が、裁判という方法で、教科書検定を争うことについては、当初、反対する人が少なくなかったという。反対の理由は、一つは、勝訴の可能性が極めて少ないというものであり、もう一つは、こうした問題は、「大衆運動」で取り組むべきであり、裁判という方法は適切でないというものであった。

しかし、家永教授より直接に事件の依頼を受けた尾山宏弁護士と新井章弁護士を中心とする原始弁護団四名は、反対論の説得に努め、あえて提訴に踏み切ったのである。その理由は、提訴した方が運動が飛躍的に発展すると考えたからである。実際、提訴の反響は極めて大きく、提訴は運動を飛躍的に発展させる起爆剤になったし、裁判が進むにつれて運動の輪は広がり、検定に批判的な世論を高めるのに役だった。

家永教授自身、提訴の動機、裁判を闘い続ける意義について、次のように述べておられる。

私は、戦前世代の一人でありまして、私と同世代の同胞は何百万人となくあの無謀な戦争のために、あるいは大陸の荒野に、あるいはわだつみの底に、あるいはジャングルの奥に悲惨な死を遂げております。空襲のもとに、原子爆弾のもとに、悲惨な死を遂げております。しかし、私は何ら祖国のために、この無謀な戦争を止める努力をすることもできず、むなしく祖国の悲劇を傍観したという罪を本当に心から申し訳なく思っております。再び、戦争を明るく書かせ、再びアメリカの従属のもとに、日本を戦争にかりたてるような教育政策に、抵抗しないで、もし、このまま死んだならば、私は死の床に横たわったときに、もう一度あのときなぜあしなかったかという後悔を繰り返すことになると思います。私は、もうあのような後悔を繰り返したくありません。私は力の弱い一市民でありますけれども、戦争に抵抗できなかった罪の万分の一なりとも償いたいという心情から、あえてこうした訴訟に踏み切った次第であります。」（一九六九年七月一二日の第二次教科書訴訟第一審での原告本人尋問より）

ここに、不作為の戦争責任を自覚し、日本を再び、戦争をすることが出来る国にしてはならないという強い責任意識をみることができる。これは、第三次訴訟提起時でも変わらない。

一九八〇年初頭、アジア・太平洋戦争時におけるわが国の加害の責任に関する教科書記述に対して、偏向攻撃（第二次教科書偏向攻撃）がなされ、教科書問題が国際問題にまで発展するところとなった。この教科書偏向攻撃は、時の政権党の意を受けており、一九七〇年代を通じ、アジア・太平洋戦争時のわが国の加害の事実も教科書に記述できるようになったことに対する反撃として行われたものであった。また、わが国の教科書検定の問題が国際問題にまで発展することになったのは、一九七〇年代を通して、わが国の企業の活動が韓国をはじめ多くのアジア諸国で見られるようになり、日本の歴史認識についてもアジア諸国から高い関心がよせられるようになっていた背景事情があった。家永教授自身、一九八〇年度及び一九八三年度の教科書検定において、多くの修正意見等を付せられたが、このような事態は看過できないとして、第一次、第二次訴訟提起と同様の動機で、提訴したのが第三次教科書訴訟であった。

家永教授は、訴訟が裁判所に係属するなった時期の後半に（一九八五年、第一次訴訟提訴から二〇年目にあたる）、「教科書訴訟の人類史的意義」と題した講演で、次のように述べている（以下は、その要約）。

この訴訟は日本国内だけの人権を守るたたかいにとどまらず、……その究極において、人類の破滅を阻止するための人類史的課題を背負っている。

直接の目標としても、私は必ずしも教育の問題に最大の焦点をあてていない。国民の意識・思想・精神が、国家権力によって丸抱えにされ、思いのままに操作されることは絶対に許されないことである、と裁判所に認めさせることに一番の関心がある。

この訴訟は、精神的な自由を国家権力が侵害することへの争いとして、日本国憲法の人権章典を武器としてたたかわれているが、それは、直接の目的であって、もっと広い意味では、日本国憲法が人権の保障と同時に戦争放棄・戦力不保持という平和主義を不可分の関係でもっているところから、『再び戦争の惨禍が起こることのないやうに』という点に究極のねらいがある。

精神の自由、真実の擁護、戦争放棄は、決して日本国内だけで主張されているのでなく、世界史的な規模をもってあらわれている。

（核戦争等）による世界人類の滅亡の危険に対して、われわれは新しい責任を負わなければならないのであって、今日こそ我々は作為・不作為の責任を自覚すべきではないか。

少なくともこの時点以降、家永教授は、教科書裁判の意義を、精神の自由、真実の擁護、戦争放棄（平和な世界の構築）にあると考え、闘い続けたのである。

3　家永教科書裁判の現代的意義

家永教科書裁判は、わが国に、人間の尊厳、自由と民主主義を深化、定着させるための、また、日本国憲法をこの国で暮らす一人ひとりに血肉化するための家永さん本人、弁護団、支援者が一体となった幅広い国民的運動であったと考えられる。

家永教科書裁判は、一九九七年の第三次訴訟最高裁判決でもって、終了したが、家永教授が、教科書裁判に託した想いは継承していかなければならないと思われる。

家永教授は、普遍的価値（精神の自由）の重要性とそれを護り、発展させていくことへの責任意識に基づき、現実の制度（国家権力）に対して、妥協することなく、徹底してたたかう姿勢を堅持し続けた。

生前、家永教授と親交とあった武田清子教授は、家永教科書裁判について、「それ自体思想運動（自らの悪を認める勇気と誠実さをもって、未来への歴史形成力であらせようとする思想運動であった。また、それ自体、憲法思想の研究者でもあった家永三郎さんの護憲のための運動であった。（研究と思想運動とが家永さんにとってはまさに一つであった。）」と述べておられる。

家永教授が、教科書訴訟の人類史的意義で述べられた精神の自由、真実の擁護、戦争放棄（平和の維持、構築）は、現在でもそのまま通用するものであり、その精神の継承は、今、ますます重要になってきていると思われる。

三　教科書裁判の通じての権利の定着

1　第二次訴訟東京地裁一九七〇年七月一八日判決（杉本良吉裁判長）の意義

家永教科書裁判は、全部で一〇の裁判所の判決が言い渡されているが、その中で、最も高く評価されるのが、第二次訴訟の第一審判決（以下、裁判長の名を冠して「杉本判決」という。）である。

杉本判決は、一九六〇年代後半からの全逓中郵最高裁判決、都教組四・二判決などわが国の戦後司法の上げ潮の最高潮とも考えられる時期に言い渡されている。

内容面でも、子どもの学習権について初めて権利性を明らかにするとともに、国家と教育の関係についてもその基本的位置づけについて判断を示し、その後のわが国の憲法裁判に大きな影響を与えることとなるとともに、子どもの権利条約にもその思想は引き継がれている。そこで、この点についての裁判所の判断内容を示しておくこととする。

た。

2　杉本判決の内容

(1)　子どもの学習権

判決は、憲法二六条の教育を受ける権利について論じるなかで、初めて、子どもの学習権という考えを打ち出した。

憲法が、国民ことに子どもに教育を受ける権利を保障するゆえんのものは、民主主義国家が一人一人の自覚的な国民の存在を前提とするものであり、また、教育が次代を担う新しい世代を育成するという国民全体の関心事であることにもよるが、同時に、教育がなによりも子ども自らの要求する権利であるからだと考えられる。すなわち、近代および現代においては個人の尊厳が確立され、子どもにも当然その人格が尊重され、人権が保障されるべきであるが、子どもは未来における可能性を持つ存在であることを本質とするから、将来においてその人間性を十全に開花させるべく自ら学習し、事物を知り、これによって自らを成長させることが子どもの生来的権利であり、このような学習する権利を保障するために教育を施すことは、国民的課題であるからにほかならないと考えられる。

上記内容は、教育を受ける権利の内実が子どもの学習権にあることを明らかにしている。このような判断を示したのは、日本国憲法下の裁判ではじめてのことであり、画期的意義を有するものであった。

子どもも個人として尊厳が確保されなければならないこと、その人格が尊重され、人権が尊重されなければならないことをまず明らかにしている。その上で、子どもの捉え方として、「子どもは未来における可能性を持つ存在であることを本質」との考えを打ち出している。このことから子どもの学習権の内容を導き出している。なお、子どもは未来における可能性を持つ存在とし、大人ということばを避けたのは、子どもが学習し、成長し、成人となった場合は、現在の大人より、もっと豊かな人間性を備えた成人（大人）になる可能性を考え、すなわち、学習、教育は現在を超える可能性を生みだす働きがあることを踏まえて、敢えて避けたと考えられる。

続いて教育の本質に論じた上、国民の教育の自由（国民の教育権）の内実を明らかにしている。

ここにいう教育の本質は、このような子どもの学習する権利を充足し、その人間性を開発して人格の完成をめざすとともに、このことを通じて、国民が今日まで築きあげられた文化を次の世代に継承し、民主的、平和的な国家の発展ひいては世界の平和をになう国民を育成する精神的、文化的ないとなみというべきである。

このような教育の本質にかんがみると、前記の子どもの教育を受ける権利に対応して子どもを教育する責務をになうものは親を中心として国民全体であると考えられる。すなわち、国民は自らの子どもはもとより、次の世代に属するすべての者に対し、その人間性を開発し、文化を伝え、健全な国家および世界の担い手を育成する責務を負うと考えられるのであって、家庭教育、私立学校の設置などはこのような親をはじめとする国民の自然的責務に由来するものというべきである。このような国民の教育の責務は、いわゆる国家教育権に対する概念として国民の教育の自由とよばれるが、その実体は、右のような責務であると考えられる。

かくして、国民は家庭において子どもを教育し、また、社会において種々の形で教育を行うのであるが、しかし現代においては、すべて親が自ら理想的に子どもを教育することは不可能であることはいうまでもなく、右の子どもの教育を受ける権利に対応する責務を十分に果たし得ないことになるので、公教育としての学校教育が必然的に要請されるに至り、前記のごとく、国に対し、子どもの教育を受ける権利を実現するための立法その他の措置を講ずべき責任を負わせ、特に子どもについて学校教育を保障することになったものと解せられる。

上記教育の本質についての解釈は、当時の教育基本法及び世界人権宣言等の解釈が影響していると考えられる。戦後改革の一環として一九四七（昭和二二）年に制定された（旧）教育基本法は、以下のような前文が付され、第一条（教育の目的）は、以下のような条項になっていた。

（旧教育基本法前文）

われらは、さきに日本国憲法を確定し、民主的で文化的な国家を建設して、世界の平和と人類の福祉に貢献しようとする決意を示した。この理想の実現は、根本において教育の力にまつべきである。

われらは、個人の尊厳を重んじ、真理と平和を希求する人間の育成を期するとともに、普遍的にしてしかも個性ゆたかな文化の創造をめざす教育を普及徹底しなければならない。

ここに、日本国憲法の精神に則り、教育の目的を明示して、新しい日本の教育の基本を確立するため、この法律を制定する。

第一条（教育の目的）教育は、人格の完成をめざし、平和的な国家及び社会の形成者として、真理と正義を愛し、個人の価値をたっとび、勤労と責任を重んじ、自主的精神に充ちた心身ともに健康な国民の育成を期しておこなわれなければならない。

また、一九四八年の国連総会で採択された世界人権宣言二六条は、以下のように規定している。

1　何人も教育を受ける権利を有する。教育は少なくとも初等かつ基礎的過程では無償でなくてはならない。初等教育は義務的でなければならない。技術教育及び職業教育は、一般がうけることができるものとし、また、高等教育は、能力本意ですべての者にひとしく開放しなければならない。

2　教育は、人格の完全な発展と人権及び基本的自由の尊重の強化とを目的としなければならない。教育は、すべての国および人種的又は宗教的団体の間における理解、寛容及び友好関係を増進し、且つ、平和の維持のため国際連合の活動を促進しなければならない。

3　親は、その子に与えられる教育の種類を選択する優先的権利を有する。

フランスの心理学者ジャン・ピアジェは、上記世界人権宣言二六条を解説した論文で、次のように述べていた。

「教育を受けるという人権を肯定することは、……本当の意味ですべての子どもに、彼らの精神的機能の全面発達と、それらの機能を現在の社会生活に適応するまで行使することに対応する知識ならびに道徳的価値の獲得とを保障してやることである。したがって、それはとりわけ、各個人の区別をなす体格と能力とを考慮しながら、個人のなかにかくされていて、社会がほりおこさなくてはならない可能性の重要な部分を失わせたり他の可能性を窒息させたりしない……という義務をひきうけることである。これこそ、教育を受ける権利の宣言が、……精神的発達の諸法則についてわれわれがもっている心理学的、社会学的な知識の利用、及びそれらの研究が教育者に提供する無数の与件に適合した方法と技術との仕上げをふくむ所以である。(2)」

なお、わが国は、一九九四（平成六）年に児童の権利に関する条約（子どもの権利条約）を批准したが、同条約第二九条は「教育の目的」について規定し、第一項（ａ）は、「子どもの人格、才能ならびに精神的及び身体的能力を最大限可能なまで発達させること」と規定している。

(2)　国家と教育との関係

判決は、現代国家の機能と役割、限界について、次のように論じている。

現代国家が福祉国家としてすべての国民に健康で文化的な生活を保障すべき責務を負い、教育がこのために欠くことのできない重要な役割を担うものであることはいうまでもない。しかしながら、現代国家の理念とするところは、人間の価値は本来多様であり、また、多様であるべきであって、国家は人間の内面的価値に中立であり、個人の内面に干渉し価値判断を下すことはしない、すなわち国家の権能には限界があり人間のすべてを統制することはできない、とするにあるのであって、福祉国家もその本質は右の国家理念をふまえた上で、それを実質的に十全ならしめるための措置を講ずべきであるから、国家は教育のような人間の内面的価値にかかわる精神活動については、できるだけその自由を尊重してこれに介入するのを避け、児童、生徒の心身発達段階に応じ、必要かつ適切な教育を施し、教育の機会均等の確保と、教育水準の維持向上のための諸条件の整備、確立に努むべきことこそ福祉国家としての責務であると考えられる。

上記の「現代国家の理念とするところは、人間の価値は本来多様であり、また、多様であるべきであって、国家は人間の内面的価値に中立であり、個人の内面に干渉し価値判断を下すことはしない」との判断、及び、教育について「人間の内面的価値（思想・良心・信条・信教・意見・考えなど）にかかわる精神活動である」と捉え、国家はできるだけその自由を尊重してこれに介入するのを避けるべきことを明らかにしたことは、この判決の核心ともいえるところであり、以後の国家の教育内容への介入とその限度が問題となる裁判に多大の影響を与えることとなった。

(3)　教育の自由

判決は、以下にように述べ、教師の教育の自由についても憲法上保障されることを明らかにした。

公教育としての学校において直接に教育を担当する者は、教師であるから、子どもを教育する親ないし国民の責務は、主として教師を通じて遂行されることになる。この関係は、教師はそれぞれの親の信託を受けて児童、生徒の教育に当たるものと考えられる。したがって、教師は、一方で児童、生徒に対し、児童、生徒の学習する権利を権利を十分に育成する職責をになうとともに、他方で親ないし国民全体の教育意思を受けて教育に当たるべき責務を負うものである。しかも、教育はすでに述べたとおり、人間が人間に働きかけ、児童、生徒の可能性を引き出すための高度の精神的活動であって、教育に当たって、教師は学問、研究の成果を児童、生徒に理解させ、それにより児童、生徒に事物を知りかつ考える力と想像力を得させるべきものであるから、教師にとって学問の自由が保障されることが不可欠であり、児童、生徒の心身の発達とこれに対する教育効果とを科学的にみきわめ、何よりも児童、生徒に対する深い愛情と豊富な経験をもつことが要請される。してみれば、教師に対し、教育ないし教授の自由が尊重されなければならないというべきである。そして、この自由は、主としてして、教師という職業に付随した自由であって、その専門性、科学性から要請されるものであるから、自然的自由とはその性質を異にするけれども、上記の通り国民教育の責務に由来し、その信託を受けてその責務を果たすうえのものであるので、教師の教育の自由もまた、親の教育責務、国民の教育責務と不可分一体をなすものと考えるべきである。

(4)　教育基本法一〇条

さらに、判決は、教育基本法一〇条について、以下のような判断を示した。

ア　不当な支配の対象について

「不当な支配」という時、その主体は主として政党その他の政治団体、労働組合その他の団体等国民全体でない一部の党派勢力を指すものと解されるが、しかし同時に本条一項前段は、教育の自主性、自立性を強くうたったものというべきであるから、議院内閣制をとる国の行政当局もまた「不当な支配」たり得ることはいうまでもない。

イ　教育行政の役割

本条一項において、教育の自主性、自立性をうたっており、教育行政は、「この自覚のもとに」行われなければならないのであるから、本条二項にいう「条件整備」とは、教育の内容面に介入するものであってはならず、教育が自主的、創造的に行われることを守り育てるための諸条件を整えること、いいかえれば、教育は学校教育にあっては教師と生徒との間で両者の人格的、精神的なつながりをもとにして行われるものであるから、この実際の教育ができるだけ理想的に行われるように配慮し、その環境を整えることを意味すると解すべきである。かくて教育施設の設置管理等のいわゆる「外的事項」については、原則として教育行政の本来の任務とすべきところであり、また、教育課程、教育方法等のいわゆる「内的事項」については、公教育制度の本質にかんがみ、不当な法的支配にわたらない大綱的基準立法あるいは指導助言行政の限度で行政権は権限を有し、義務を負うものと解するのが相当である。

四　教育にかかる人権の定着と展開

1　旭川学力テスト事件一九七六年五月二一日大法廷判決（以下、「旭川学テ事件大法廷判決という。判例時報八一四号参照のこと）

(1)　子どもの学習権の定着

杉本判決の子どもの学習権の判断内容は、以下に述べるとおり、旭川学テ事件大法廷判決に引き継がれることとなった。

旭川学テ事件大法廷判決は、以下に述べる通り、国家（行政）の教育内容関与の限界を画する判示ともなり、以後、国家の教育内容介入の違憲、違法性が問題となる事件で先例として、常に引用されるようになっている。以下、その内容について説明することとする。

判決は、「子どもの教育と教育権能の帰属の問題」から論を説き起こして次のように判示する。

子どもの教育は、子どもが将来一人前の大人となり、共同社会の一員としてその中で生活し、自己の人格を完成、実現していく基礎となる能力を身につけるために必要不可欠な営みであり、それはまた共同社会の存続と発展のためにも欠くことができないものである。この子どもの教育は、その最も始源的かつ基本的な形態としては、親が子との自然的関係に基づいて子に対して行う養育・監護の作用の一環としてあらわれるものであるが、しかしこのような私事としての親の教育その延長としての施設をもってしては、近代社会における経済的、技術的、文化的発展と社会の複雑化に伴う教育要求の質的拡大及び量的増大に対応しきれなくなるに及んで、子どもの教育が社会における重要な共通の関心事となり、子どもの教育をいわば社会の公共的課題として公共の施設を通じて組織的かつ計画的に行ういわゆる公教育制度の発展をみるに至り、現代国家においては、子どもの教育は、主としてこのような公共施設としての学校を中心として営まれるという状態になっている。

ところで、右のような公教育制度の発展に伴って、教育全般に対する国家の関心が高まり、教育に対する国家の支配ないし介入が増大するに至った一方、教育の本質ないしそのあり方に対する反省も進化し、その結果、子どもの教育は誰が支配し、決定すべきかという問題との関連において、上記のような子どもの教育に関する国家の支配ないし介入の当否及びその限界が極めて重要な問題として浮かび上がるようになった。このことは世界的な現象であり、これに対する解決も国によって異なるが、わが国においても、戦後の教育改革の基本的問題の一つとして取り上げられたところである。

判決は、続いて、国民の教育権説と国家の教育権説を取り上げ、「二つの見解はいずれの極端かつ一方的であり、そのいずれも全面的に採用するとは出来ないと考える。」との判断を示した続いて、「憲法〔憲法二六条（教育を受ける権利）〕と子どもに対する教育権能」のなかで、子どもの学習権について次のように論じている。

この規定の背後には、国民各自が、一個の人間として、また、一市民として、成長、発達し、自己の人格を完成、実現するために必要な学習をする固有の権利を有すること、特に自ら学習することのできない子どもは、その学習要求を充足するための教育を自己に施すことを大人一般に対して要求する権利を有するとする観念が存在していると考えられる。換言すれば、子どもの教育は、教育を施す者の支配権能ではなく、何よりもまず、子どもの学習する権利に対応し、その充足をはかり得る立場にあるものの責務に属するものとしてとらえられているのである。

上記の通り、最高裁も、憲法二六条の教育を受ける権利の内実は、子どもの学習権にあることを明らかにした。その上で、「子どもの教育は、教育を施す者の支配権能ではなく、何よりもまず、子どもの学習する権利に対応し、その充足をはかり得る立場にあるものの責務に属するものとしてとらえられている」とした。

このことは、教育にかかわる問題は、子どもの学習権保障を中核に据えて考察すべきことを明らかにしたものと解することができる。したがって、国家、教師も教育に関わることは、子どもの学習する権利に対応し、その充足をはかり得る立場にあるものの責務に属することになる。

(2)　教師の教育の自由も憲法上保障されることを認めたこと

判決は、続いて教師の教育の自由について、次のように論じている。

確かに、憲法が保障する学問の自由は、単に学問研究の自由ばかりでなく、その結果を教授する自由をも含むと解されるし、更にまたもっぱら自由な学問的探求と勉学を旨とする大学教育に比してむしろ知識の伝達と能力の開発を主とする普通教育の場においても、例えば教師が公権力によって特定の意見のみを教授することを強制されないという意味において、また、子どもの教育が教師と子どもとの間の直接の人格的接触を通じ、その個性に応じて行わなければならないという本質的要請に照らし、教授の具体的内容及び方法につきある程度自由な裁量がみとめられなければならないという意味においては、一定の範囲における教授の自由が保障されるべきことを肯定できないではない。

上記のとおり、a教師が公権力によって特定の意見のみを教授することを強制されないという意味において、b子どもの教育が教師と子どもとの間の直接の人格的接触を通じ、その個性に応じて行わなければならないという本質的要請に照らし、教授の具体的内容及び方法につきある程度自由な裁量がみとめられなければならないという意味において、教師の教育の自由が憲法上保障されるべきことを明らかにしたことは重要である。

(3) 国の教育内容の介入にも限界があることを明らかにしたこと

判決は、前述した子どもの学習権、教師の教育の自由が保障されるべきとの前提に立った上で、以下のように、国の教育内容介入にも限界があることを明らかにした。

親は、子どもに対する自然的関係により、子どもの将来に対して深い関心をもち、かつ、配慮すべき立場にある者として、子どもの教育に対する一定の支配権、すなわち子女の教育の自由を有することが認められるが、このような親の教育の自由は、主として家庭教育等学校外における教育や学校選択の自由にあらわれるものと考えられるし、また、私学教育における自由や前述した教師の教授の自由も、それぞれ限られた一定の範囲においてこれを肯定するのが相当であるけれども、それ以外の領域においては、一般に社会公共的な問題について国民全体の意思を組織的に決定、実現すべき立場にある国は、国政の一部をして、広く教育政策を樹立、実施すべく、また、し得るものとして、憲法上、あるいは子どもの利益の擁護のため、あるいは、子どもの成長に対する社会公共の利益と関心にこたえるため、必要かつ相当と認められる範囲において、教育内容についても、これを決定する権能を有するものと解さざるを得ず、これを否定すべき理由ないし根拠は、どこにも見いだせないのである。

政党政治の下で多数決原理によってなされる国政上の意思決定は、さまざまな政治的要因によって左右されるものであるから、本来人間の内面的価値に関する文化的営みとして、党派的な政治的観念や利害によって支配されるべきでない教育にそのような政治的影響が深く入り込む危険があることを考えるときは、教育内容に対する右のごとき国家介入についてはできるだけ抑制的であることが要請されるし殊に個人の基本的自由を認め、その人格の独立を憲法上尊重すべきものとしている憲法の下においては、子どもが自由かつ独立の人格として成長することを妨げるような国家的介入、例えば、誤った知識や一方的観念を子どもに植えつけるような内容の教育を施すことを強制することは、憲法二六条、一三条の規定上からもゆるされない。

上記「本来『人間の内面的価値に関する文化的営みとして（の）教育』においては、その教育内容に対する国家介入についてはできるだけ抑制的であることが要請される」とした点は、前述した杉本判決を強く意識したものと読むことができる。

判決は、子どもの学習権を意識し、「子どもが自由かつ独立の人格として成長することを妨げるような国家的介入、例えば、誤った知識や一方的観念を子どもに植えつけるような内容の教育を施すことを強制することは、憲法二六条、一三条の規定上からもゆるされない」との判断を示した。すなわち、子どもの学習権が、国家の教育内容介入の限度を画する一つの根拠となることを示したものと解することができる。

既に述べたとおり、a教師が公権力によって特定の意見のみを教授することを強制されないという意味において、b子どもの教育が教師と子どもとの間の直接の人格的接触を通じ、その個性に応じて行わなければならないという本質的要請に照らし、教授の具体的内容及び方法につきある程度自由な裁量がみとめられなければならないという意味において、教師に教育の自由が憲法上保障されているが、この教師の教育の自由も、国の教育内容介入の限度を画する根拠となるものである。

すなわち、国の教育内容介入が必要かつ相当と認められる範囲内の介入であるか、その限度を超えるか否かの判断は、①子どもが自由かつ独立の人格として成長することを妨げるような国家的介入であるか否か、②子どもの教育がその個性に応じて行わなければならないという本質的要請からくる教授の具体的内容及び方法についてのある程度自由な裁量をも奪うものであるか否かが判断基準として導かれると解されるのである。

⑷　教育基本法一〇条

判決は、教育行政機関が法令に基づて行政を行う場合も「不当な支配」の対象になるか否かについて以下の通り判示した。

教基法一〇条一項は、その文言からも明らかなように、教育が国民から信託されたものであり、したがって教育は、右の信託にこたえて国民全体に対して直接責任を負うように行われるべく、その間において不当な支配によってゆがめられるがあってはならないとして、教育が専ら教育本来の目的に従って行われるべきことを示したものと解される。これによってみれば、同条項が排斥しているのは、教育が国民の信託にこたえて自主的行われることをゆがめるような「不当な支配」であって、そのような支配と認められる限り、その主体いかんは問うところでないと解しなければならない。

その上で、「教基法一〇条一項は、法令に基づく教育行政機関の行為にも適用があるものといわなければならない。」との判断を明確に示した。なお、判決は、教基法一〇条について、以下のような判断を示した。

教基法一〇条は、国の教育統制権能を前提としつつ、教育行政の目標を教育の目的遂行に必要な諸条件の整備確立に置き、その整備確立のための措置を講ずるにあたっては、教育の自主性尊重の見地から、これに対する「不当な支配」になることがないようにすべき旨の限定を付したところに意味があり、したがって、教育に対する行政権力の不当、不要な要求は排除されるべきであるとしても、許容される目的のために必要かつ合理的と認められるそれは、たとえ教育の内容及び方法に関するものであっても、必ずしも同条の禁止するところでないと解するのが相当である。

この判決により、「法令に基づく教育行政機関」であっても「不当な支配」に当たることが判例上、確定した。

なお、二〇〇六（平成一八）年に教育基本法は改正されたが、改正教育基本法一六条（教育行政）に「教育は、不当な支配に服することなく」との文言は残ることとなった。教育基本法改正審議の際、不当な支配の対象に法令に基づく行政機関も含まれるかが問題とされたが、伊吹文部大臣は、旭川学テ事件大法廷判決は改正後も維持される旨発言している。前述したとおり、旭川学テ事件大法廷判決は、旧教育基本法下の判断であるが、「不当な支配」の対象についての判断としては、先例性を有するものである。改正教育基本法でも「不当な支配」の文言が残っている限り、当然、先例性を有するものと考えられる。

2　七生養護学校事件判決

(1)　教育内容に対する行政、政治の介入が問題とされた七生養護学校事件の東京高裁判決（平成二三年九月一六日）は、前記旭川学テ大法廷判決を大幅に引用し、以下のように判示している。

（ア）　子供の教育は、教育を施す者の支配的権能ではなく、何よりもまず、子供の学習をする権利に対応し、その充足を図り得る立場にある者の責務に属するものととらえられる。

一般に社会公共的な問題について国民全体の意思を組織的に決定、実現すべき立場にある「国」は、国政の一部として広く適切な教育政策を樹立、実施すべく、また、し得る者として、必要かつ相当と認められる範囲において、教育内容についてもこれを決定する権能を有する。

「国の教育行政機関」が法律の授権に基づいて義務教育に属する普通教育の内容及び方法について遵守すべ

き基準を設定する場合には、教員の創意工夫の尊重等のほか、教育に関する地方自治の原則をも考慮し、教育における機会均等の確保と全国的な一定の水準の維持という目的のために必要かつ合理的と認められる大綱的なそれにとどめられるべきである。

（イ）公立学校における教育に関する権限は、当該地方公共団体の教育委員会に属するとされ、教育委員会は、その管理権に基づき学校の教育課程の編成について基準を設定し、一般的な指示を与え、指導、助言を行うとともに、特に必要な場合は具体的な命令を発することができる。

（ウ）教員の教授の自由は、限られた一定の範囲においてこれを肯定するのが相当であるけれども、それ以外の領域においては、国が上記の権能を有するものと解さざるを得ない。しかし、子供の教育が、教員と子供との間の直接の人格的接触を通じ、子供の個性に応じて弾力的に行われなければならず、そこに教員の自由な創意と工夫の余地が要請される。

（エ）以上は、最高裁学テ判決の判示するところであり（同判決で「教師」とされているところは、「教員」と置き換えた。）、当裁判所も同様に考えるものである。

これを要するに、学校における子供の教育に関しては、国及びその教育行政機関である文部科学大臣、地方公共団体の教育委員会、教員が、以上のようなそれぞれの立場において権能ないし権限を分有しているというべきである。

（オ）教育委員会は、国の定めた法令及び大綱的基準（学習指導要領）の枠の中において、地教行法三三条一項前段により、教育課程、教材の取扱い等の基本的事項について、教育委員会規則を定めることができるほか、所管の公立学校及びその教員に対し、大綱的基準にとどまらず、より細目にわたる基準を設定し、一般的な指示を与え、指導、助言を行うとともに、特に必要な場合には具体的な命令を発することができるが、教員の創意工夫の余地を奪うような細目にまでわたる指示命令等を行うことまでは許されない。

そして、各公立学校の教員は、これらの枠の中において、それぞれの創意工夫により具体的な教育を実践することができるとともに、国の設定する大綱的基準、教育委員会の設定するより細目的な基準等に定めがない事項については、教育の内容及び方法を決定することができるというべきである。

(2)　高裁判決の付加部分の意義

上記高裁判決は、教育委員会は、細目にわたる基準を設定することができることを認めたが、それにも限度があることを明らかにし、「教員の創意工夫の余地を奪うような細目にまでわたる」ことは許されないことを明らかにした。教育基本法が改正され、それに伴って学校教育法の改正を進む中、教育委員会による教育内容介入について、教師の教育の自由が歯止めになることを示した上記判決は高く評価される。

(3)　上記高裁判決に対しては、控訴人及び被控訴人双方が上告したが、二〇一三（平成二五）年一一月二八日、最高裁第一小法廷は、いずれの上告も棄却する判断を示した。このことにより、前記東京高裁の判断が維持されることになった。このことは、一九七〇年の東京地裁判決（杉本判決）で示された国（行政）の教育内容に対する介入の範囲、限界については、子どもの学習権を中核にして判断すべきとの判断枠組みが、一九七六年の旭川学テ事件大法廷判決で確定し、以後四〇年を超えて維持されていることを意味する。このことからしても、家永教科書裁判が、憲法、教育法学の定着、発展に貢献した功績は極めて大きなものがあると思われる。

（1）　家永教科書裁判については、家永教科書裁判弁護団編『家永教科書裁判――三二年にわたる弁護団活動の総括』（日本評論社、一九九八年）、大田堯・尾山宏・永原慶二編『家永三郎の残したもの引き継ぐもの』（日本評論社、二〇〇三年）、家永三郎

生誕一〇〇年記念実行委員会編『家永三郎生誕一〇〇年——憲法・歴史学・教科書裁判』（日本評論社、二〇一四年）等を参照されたい。

（2）　ジャン・ピアジェ（竹内良知訳）「現在の世界における、教育を受ける権利」アンリ・ワロン／ジャン・ピアジェ『教育論』（世界教育学選集28、明治図書、一九六三年）一五七頁。なお、兼子仁『教育法〔新版〕』（有斐閣、一九七八年）九一頁以下も参照のこと。

美濃部達吉の抗告訴訟論

新潟大学人文社会科学系フェロー・新潟大学名誉教授
石崎誠也

はじめに

筆者は抗告訴訟の性質と機能を検討したいと考えているものであるが、その準備作業の一つとして、美濃部達吉博士（以下、本稿において「博士」と称する）の抗告訴訟論を概観しておきたいと考えた(1)（なお、引用に当たって、漢字は旧字ではなく新字に改めたが、ひらがな書き・カタカナ書きは原文のままとした）。周知のように、明治憲法下の行政裁判法は、訴訟類型については特に定めず、そのため「抗告訴訟」も法律上の概念ではなかったが、戦前においては博士及び田中二郎博士が積極的に「抗告訴訟」の概念を用い、それは現在の行政事件訴訟法制定にも強い影響を与えたからである(2)。美濃部・田中両博士以外の行政法学説は、「抗告訴訟」の概念を用いていない(3)。

なお、「抗告訴訟」概念史については、最近も中川丈久教授の詳細な研究があるので(4)、本稿を発表することは忸怩たる思いであるが、執筆者並びに読者のご理解をいただければ幸いである。

一　明治憲法下の行政裁判の概要と博士の行政訴訟観

1　明治憲法と行政裁判所法の規定

明治二二年（一八八九年）制定の明治憲法六一条は「行政官庁ノ違法処分ニ由リ権利ヲ傷害セラレタリトスルノ訴訟ニシテ別ニ法律ヲ以テ定メタル行政裁判所ノ裁判ニ属スヘキモノハ司法裁判所ニ於テ受理スルノ限ニ在ラス」と定め、行政処分に対する司法裁判所の裁判権を否定した。

それに基づき、行政裁判法が明治二三年（一八九〇年）に制定・施行された。行政裁判法は、その一五条で「行政裁判所ハ法律勅令ニ依リ行政裁判所ニ出訴ヲ許シタル事件ヲ審判ス」と規定するが、それ以上に訴訟類型や原告適格等に関する規定を持つものではなかった。なお、同一七条が訴願前置主義を定めており、また、同法二二条が出訴期間を原則として処分書若くは裁決書の交付または告知の日から六〇日以内としていたので、行政裁判所における裁判は処分又は裁決を対象とするものであった。周知のとおり、行政裁判所は東京に置かれ、一審制であった。

行政裁判所に出訴できる事件については列記主義が採用され、法律一〇六号（明治二三年）が「法律勅令ニ別段ノ規程アルモノヲ除ク外左ニ掲クル事件ニ付行政庁ノ違法処分ニ由リ権利ヲ毀損セラレタリトスル者ハ行政裁判所ニ出訴スルコトヲ得」とし、五項目が挙げられていた(5)。その他に、個別法律で行政裁判所へ出訴できる事件が定められていた(6)。

2　博士の行政訴訟の基本的なとらえ方

ここでは、昭和一一年（一九三六年）発行の『日本行政法　上巻』から、博士の行政訴訟に関する基本的な理解を簡単に見ておきたい(7)。

博士は、公法と私法の厳格な区分のもとに、行政事件における司法裁判所の裁判権を否定する。公法関係は「国家は優勝な意思の主体（potentior persona）として人民に対するもので、其の間の関係は不対等なる関係である」（八四頁）として（それに対し私法関係は、国家が当事者の場合でも私人と対等な関係にある）、そのうえで、公法関係の特色として、①公定性（国家意思は適法の推定を受け、正当な権限ある機関によって取り消されない限り、何人もその効力を否定できない）、②強制力（国家意思は自力執行力を有す）、③争訟手段の差異（私法関係はすべてが民事訴訟の目的となるが、公法関係ではこのような一般的救済はなく、法律の認めた場合にのみ保護が認められる）、④権利義務関係の相対性（公法関係は国家と人民の利益は相共通し、国家の権利は人民の利益にに寄与し、人民の権利は国家の利益にも寄与するものであるので、権利は義務を包含する。そのため公法上の権利は放棄することができず、その移転も自由ではない）という四点をあげる（八六頁以下）。

行政争訟は実質的には行政法上の法律関係に関する総ての争訟であり、形式的には行政機関において判断する争訟であるとしており（七九一頁）、その特色として限定主義（行政争訟の対象は特別の法律で認められたものに限る）と職権審理主義をあげる（八〇四頁(8)）。

行政訴訟（行政裁判）も行政部に属する独立の機関において正式の訴訟手続を以て行う行政事件に関する争訟であるとし（八七二頁）、その目的は通常は人民を権利毀損から保護することであるが、時として行政の適法性を確保することのみを目的とするものも有りうるとしている（八七六頁）。

二　初期の教科書及び『行政法撮要』（大正一三年）

1　『行政法撮要』以前

後に述べるように、博士は大正一三年（一九二四年）に公刊した『行政法撮要（上巻）』から本格的に行政訴訟の類型として「抗告訴訟」を採用するようになるが、ここでは、それ以前の博士の記述を簡単にみておきたい。

①博士の行政法教科書の初期のものは、いわゆる講義録として、法政大学や中央大学等から発行されているが、ここでは抗告訴訟という類型は用いられていない(9)。明治四二年度中央大学講義録では、行政訴訟を形式的意義と実質的意義に分け、前者は行政裁判所の管轄に属する訴訟をいい、後者につき権利説（公法上の権利に関する争いを決する訴訟）と法規説（公法の区域における法規の適用を確定するもの）に分けたうえで、前者を否定し（三七五頁）、公法は第一には公益を目的とし個人の権利を定めることは従たるものであるとして、公法の区域に於ける行政裁判も権利の保護のみを目的とするものではないと述べた上で、行政訴訟を次のように定義する。すなわち「行政訴訟トハ訴訟手続ニ依リ箇々ノ事件ニ関スル行政法規ノ適用ヲ確定スルヲ目的トスル行為ナリ」と（三七六頁）。さらに行政訴訟を提起するには次の事項が必要であるとして、第一に法律又は勅令により行政訴訟を提起することを許されたものであること、第二に行政処分に対するものであること、第三に違法の処分に対するものであることをあげている（三七九～三八〇頁）。これは違法の主張を出訴要件として要求することになる。なお、法律一〇六号による訴訟である場合は権利毀損の主張も必要であるが、権利毀損の主張は常に必要なものではなく、選挙訴訟のように法律が原告の権利毀損を要求しないで行政裁判所に出訴を認める場合も存在するとしている（三八一頁～三八二頁）。

②博士は、明治三六年（一九〇三年）に訳書『オットー・マイヤー　獨逸行政法』を東京法学院より公刊してい

るが、本書でも「抗告訴訟」ないし「抗告的訴訟」という用語は使用されておらず、原書の Anfechtungsklage は主に「訴」と訳されている。但し、「行政訴訟」と訳したところが一カ所（第一巻三二五頁注（10）、原文一八三頁）ある。[10]

③博士は、明治四三年（一九一〇年）五月に行政裁判等を扱った『日本行政法第二巻』を有斐閣より公刊している。[11]

本書は、「第六章　不法行政ニ対スル救済」の「第一節　行政裁判」において、欧州行政裁判制度を概観し（第一款）、次いで「第二款　行政裁判ノ性質」の「第一　実質上ノ意義ニ於ケル行政裁判」の中で、行政事件の種類として、不服の訴（Anfechtungsklage）、給付の訴（Leistungsklage）、確認の訴（Feststellungsklage）の三種類を挙げている（八一二頁）。このうち、不服の訴は、「国家又ハ自治体ノ違法ノ行政行為ニ依リテ権利ヲ毀損セラレタリトスル場合ニ於テ、其ノ行為ノ取消又ハ変更ヲ求ムル訴ナリ」と定義している（八一二頁）。

また、「第四款　行政裁判所の権限」において、最初にドイツ諸邦の立法例を挙げつつ概括主義と列挙主義について述べているが、その中で、索遜（ザクセン）及び威天堡（ビュルテンブルグ）が当事者訴訟（Parteistreitigkeiten）と抗告的訴訟（Rechtsbeschwerde oder Anfechtungsklage）の二種類を定めていると述べている（八三〇頁）。先に行政行為に対する不服の訴として紹介された Anfechtungsklage が、ここでは抗告的訴訟と表現されている。筆者が読み得た限りでは、美濃部達吉の著書で行政訴訟に関し「抗告的訴訟」という表現がなされるのは初めてである。[12]なお、我が国の行政訴訟は不服の訴えであって、給付の訴えは許されないとしている（八三四頁）。

④また、博士は大正八年（一九一九年）一〇月に『日本行政法総論』を公刊している。[13]「序」に依れば、本書は③であげた『日本行政法』の全面的な書き直しであるとされている。同書は「ザクセン」及び「ウユルテンベルヒ」の制度紹介で Anfechtungsklage を「抗告的訴訟」と訳しており、その対概念を当事者訴訟（Parteistreitigkeiten）

としている（五六二頁）。そして、その前後で、「我ガ国法ニ於ケル行政訴訟ハ常ニ覆審的訴訟ナリ」（五六二頁）及び「我ガ国法ハ唯抗告的訴訟ヲ認ムルノミ」と書いている（五六三頁）。

2 『行政法撮要（上巻）』初版本（大正一三年）

本書ではじめて、行政訴訟の類型として、抗告訴訟が基本的な訴訟類型のひとつとして示される。[14] 本書は、行政訴訟の種類について、まず実質的意義の行政訴訟と形式的意義の行政訴訟に分け、前者はそれを「行政事件ニ関スル訴訟ヲ謂フ」と定義した上で、さらに、（イ）当事者訴訟（原被訴訟）、（ロ）抗告訴訟、（ハ）差止め原状回復訴訟、（ニ）先決問題訴訟に分ける（三〇二～三〇四頁）。

このうち、抗告訴訟は、「行政行為ヲ違法ナリトシ其取消又ハ変更ヲ求ムルガ為ニスル訴訟。之ヲ抗告訴訟ト謂フコトヲ得、行政行為ニ不服ナル者ガ其効力ヲ争フガ為ニスル訴訟ナリ」と定義している（三〇三頁）。さらに、抗告訴訟には、違法な行政行為により権利を侵害されたとする者がその権利保護のために提起する訴訟（明治憲法にいう行政訴訟は専らこの意味であるとする）と、権利侵害がないにも拘わらず行政行為を適法ならしむるための訴訟があるとする（三〇三頁）。

それに対し、抗告訴訟以外の訴訟についての説明は次の通りである。原被訴訟（括弧書きで「又ハ当事者訴訟」とも言っている）は「公権ノ主体タル地位ニ於ケル当事者双方ノ間ニ公権ニ関スル争アル場合」の訴訟で、例として市町村間の境界争、課税権争、道路・河川等の負担割合の争をあげる（三〇二～三〇三頁）。差止・原状回復訴訟は「行政権ノ事実上ノ行為ヲ違法ナリトスル者ガ其差止及原状回復ヲ求ムルガ為ニスル訴訟」であるとし、これらは行政行為の効力を争うことを目的とする訴訟であって普通の抗告訴訟とは性質が異なるとしている。例として河川工事の停止を求め、その工事により生じたる不法の状態を除却することを目的とする訴訟をあげる（三〇三～三〇四頁)。先決問題の訴訟は「他ノ裁判所ノ権限ニ属スル訴訟、殊ニ民事訴訟ノ先決問題トシテ行政事件ニ関スル争ヲ生ジタル場合ニ於テ其争ヲ決スルガ為ニスル訴訟」であるとし、我が国においては例外的であるとしている(三〇四頁)。

他方、形式的意義の行政訴訟は「行政裁判所ノ裁判ニ属スル訴訟ヲ謂フ」とし、「我ガ国法ニ於ケル行政訴訟ノ最モ普通ナルモノハ抗告訴訟ニシテ、殊ニ違法ノ行政行為ニ依リ権利ヲ毀損セラレタリトスル訴訟ガ其大部分ヲ占ム」としている(三〇五頁)。その上で、時として権利の毀損を要せずして行政訴訟を提起できる場合があるとしており(三〇六頁)、選挙訴訟を権利毀損を要件としない訴訟としてあげている(三二一頁)。抗告訴訟以外の訴訟については、原被訴訟に相当するものも裁決に不服ある場合のみ認められるので抗告訴訟として取り扱われており、原被訴訟は認められていないとし、差止・原状回復訴訟の存在可能性は必ずしも明白ではないが解釈上これを積極に解すべきであると述べ、先決問題訴訟については、河川法と砂防法の二例があるだけであるとしている(三〇五〜三〇六頁)[15]。

3 改定増補再版以降

①昭和二年(一九二七年)に出された改訂増補再版では、行政訴訟の種類を(イ)抗告訴訟、(ロ)当事者訴訟、(ハ)先決問題の訴訟の三種類に分け、初版と異なり、抗告訴訟を最初の訴訟類型においている。そして、抗告訴訟については、これを「行政行為ヲ違法ナリトスル者ガ之ニ対シ不服ノ訴ヲ為スニ依ル訴訟ヲ謂フ」と定義し、行政訴訟の最も普通なるものであって、行政行為の再審査をしてその違法を矯正する為の訴訟であるとしている(四五三頁)。

②ところが、昭和六年(一九三一年)に出された改定増補第三版ではその記述が変わっており、「行政訴訟ノ性

質」と題する節から訴訟種別に関する記述が削除され、従って抗告訴訟の説明もなくなっている。なお、行政争訟の性質については「大部分ハ覆審的争訟ナリ」とし（四四〇頁）、行政訴訟については「現行法ニ於テハ…常ニ覆審的訴訟トシテノミ認メラル」と記している（四七一頁）。また、訴訟の種別については、それを一般法（法律一〇六号）による行政訴訟と特別法による行政訴訟に大別し（四八〇頁）、後者として、（イ）権利毀損に基づく抗告訴訟（本書で抗告訴訟という用語が用いられるのはここだけである）、（ロ）民衆的訴訟、（ハ）機関争議、（ニ）当事者訴訟（これをさらに確認訴訟と形成訴訟に分け、前者の例として市町村境界争議及び漁業権の争を、後者の例として土地収用に関する争いを挙げるが、いずれもまず行政庁の裁決があり、それに不服があるときに行政訴訟を提起できるとしている）、（ホ）先決問題の訴訟をあげている（四八四～四九二頁）[16]。この第三版の発行時期は、次に述べる『行政裁判法』と『日本行政法』との中間に当たるので、博士が抗告訴訟という類型を放棄したものでないことは明らかであるが、訴訟類型に関する記述を削除した理由は不明である。

③昭和八年（一九三三年）の改訂第四版では、「行政上ノ争訟」を扱う第三章の「第一節　行政争訟ノ性質及種類」に「二　行政上ノ争訟ノ実質的種類」が書かれ、ここで行政争訟は覆審的争訟と始審的争訟に大別されるとして、覆審的争訟につき「民事及刑事ノ事件ニ在リテハ第一審ヨリ常ニ争訟ノ手続ヲ以テスルニ反シテ、行政事件ニ在リテハ第一次ニ於イテハ通常ハ争訟ノ手続ヲ用ヰズ単純ナル行政行為トシテ行ハレ、唯其ノ行為ヲ違法又ハ不法ナリトスル者ガ其ノ再審査ヲ要求スルニ依リ始メテ争訟ノ手続ヲ以テ之ヲ決スルニ止マル。即チ行政上ノ争訟ハ大部分ハ覆審的争訟ニシテ、之ヲ民事又ハ刑事裁判ニ比較スレバ控訴又ハ抗告ニ該当ス。故ニ或ハ之ヲ抗告争訟ト謂フ。」と述べている（五四七頁）[17]。しかし、第三版で用いていた「権利毀損に基づく抗告訴訟」という表現は使われていない。従って、「抗告訴訟」という言葉は第四版では使われず、上記のように「抗告争訟」という概念のみが使われている。昭和一一年（一九三六年）発行の第五版も第四版と基本的に同じである。

三　『行政裁判法』（昭和四年）

本書は、末広嚴太郎らの編集により昭和三年（一九二八年）に公刊された『現代法学全集第九巻』（日本評論社）に掲載された「行政裁判法」を改めて千倉書房より単行本として公刊したものである。本論の内容は同じであるが、附録として昭和三年に出された臨時法制審議会答申「行政裁判法及訴願法改正綱領」の解説と関係法令を収録している。

1　抗告訴訟の概念について

本書はまず「第一章　総論」において「行政裁判の種類」が当事者訴訟と抗告訴訟に大別されることを述べる。当事者訴訟とは対等な当事者間相互の争を判断する作用であり、その性質は民事訴訟と同じであるとする（七頁）[18]。他方、抗告訴訟については、「例へば人民の納税義務に付いて見ても、人民に租税を賦課するのは、最初には固より行政裁判に依らず普通の行政処分に依るのであつて、唯其の賦課を受けた者が之を違法なりとする場合に、始めて行政訴訟を起すことが出来るのである」としたうえで、「此の如く行政事件が最初には普通の行政処分を以て決せられ、第二審以後に至つて始めて訴訟手続を以て審理せらるる場合に於いては、之を抗告訴訟と称することができる」としている（八～九頁）[19]。つまり、抗告訴訟とは、いわゆる覆審的訴訟であり、行政庁の第一次判断に対する訴訟であり、その第一次的判断は行政処分として行われるものである。行政訴訟には、その他に、第一審として行われる訴訟[20]、先決問題の訴訟及び行政機関相互の訴訟が観念できるとしている（九～一一頁）[21]。

以上はいわば原理論的な記述であるが、博士は「第二章　行政訴訟の目的」において、行政訴訟を、権利毀損に基づく抗告訴訟とその他の行政訴訟に分けて説明している（九七頁）。すなわち、行政処分による権利毀損に対する訴訟が抗告訴訟である。権利毀損に基づく抗告訴訟は、さらに一般法に基づく訴訟と特別法に基づく訴訟に分かれる（一〇〇頁）。前者は法律一〇六号に列挙された五種の事件に関する訴訟であり（一〇一頁）、後者の例として、本稿注（6）にあげた規定例が示されている（一一七頁）。また、抗告訴訟の対象を議論する際に、博士の抗告訴訟観が表れてくるので、その点を併せてみておきたい（一三〇頁以下）。

本書は、「権利毀損に基づく抗告訴訟（二）訴訟要件」において、訴訟要件を四つ提示する。すなわち、①行政庁の処分に対するものであること、②其の処分が違法であると主張すること、③それにより自己の権利が毀損されたと主張すること、④其の処分がなおも争い得べきものであることである（一三一頁）。

このうち、①の対象の行政処分性について、本書は、a)行政庁の行為であること、b)公法上の行為であること、c)行政処分が存在することをあげ、さらに、d)事実上の行為の処分性について説明している。このうち、a)とb)は主に行政処分の概念に関するものであり、d)もそれに関係している。それに対し、c)については、行政処分の無効・不存在・不作為・消滅を扱っている。このうち、無効については行政処分が存在するので抗告訴訟は適法であるが、無効の場合であっても認容判決は「何々の処分はこれを取消す」との形になること、しかし処分が無効の場合は出訴期間経過後も他の訴訟においてその処分の効力が問題となる場合があれば、関係者はいつでも無効を主張し得ることを書いている。他方、処分の不存在の場合及び不作為の場合は抗告訴訟は不適法であるとしている（一三五頁～一三六頁）[22]。同様に、行政庁の処分が既に効力を失ったことを主張し、もしくはその失効の確認を求める訴訟は行政訴訟としては成立しないとしている（一四〇頁）。したがって、抗告訴訟は行政処分の存在を前提として、それに対する訴訟ということとなる（丸数字及びa)b)…は筆者による）。

2　公共工事の差止及び原状回復の訴えについて

上記のd)に関するものであるが、博士は「行政裁判例に依ると、此等の公共的の工事の施行を以て、法律の所謂行政庁の処分に該当するものと為し、之を以て行政訴訟の目的となし得べきものとして居る」と述べ（一四三頁）[23]、これらの行為の処分性について検討している。博士は、行政庁の処分に公物の工事に関する工事の施工というが如き事実上の作用をも含むかどうかは法律の文字からは断定しがたいとしたうえで、「併し法律は何処にも処分の定義を与えて居らぬから、処分という語が常に此の意義（筆者注：法律上の効果を発生させる意思表示）に用ゐられて居るものと断定すべき根拠は無い。それが果たして事実上の作用をも包含するものと解すべきや否やは、其の文字上の意義に依るよりは、社会的利益及社会的正義の要求に照らして、如何に解するのが最も適当であるかに依って、決せられねばならぬ」といい（一四三頁）、さらに大審院判例が公共の工事の差止又は原状回復を求める訴えを民事訴訟として認めないとしていることを踏まえ、「自分は行政裁判所の判例に於いて、法律の所謂「行政庁ノ違法処分ニ由リ権利ヲ毀損セラレタリトスル者」とは、必ずしも行政庁の意思表示に依る場合のみならず、公共的の工事の施工をも包含するものであると解して居るのを以て、正当の解釈なりと信じるものである」と述べる（一四四頁）。

3　その他の行政訴訟について

その他の行政訴訟とは「行政庁の処分に由り違法に権利を毀損せられたりとする訴訟の外」の行政訴訟であるが、博士は、①訴願に裁決に対する不服の訴訟（訴願裁決に対する行政庁の提起する訴訟のことである）、②選挙に関する訴訟、③当事者訴訟、④機関争議、⑤先決問題の訴訟の五種をあげる（一七〇頁以下）。

4　行政訴訟の判決について

行政訴訟の終局判決には、訴を却下する判決・請求を理由なしとする判決・請求の全部又は一部を理由ありとする判決があるとしているが（二六三頁）、請求認容（本書では「請求容認」と表現されている）の判決について見ておきたい。

本書は、請求容認の判決には、確認判決、給付判決、形成判決があるとする（二七〇頁）。

確認判決の例は、無効の処分の取消判決で、形式的には「処分ハ之ヲ取消ス」とされていても、「取消を待たずして初めより無効である行政処分につき之を取消すのは、其の実質は無効の確認に外ならぬ」と述べる（二七一頁）[24]。

給付判決は、「関係行政庁に一定の行為を命令する判決を謂う」としているが（二七二頁）、現在の義務付け判決である[25]。本書ではその具体例は挙げられていないが、従来の行政裁判所判例によると「行政裁判所は原告の請求を理由ありとする場合であっても、単に係争の処分を取消すに止まるか、又は之を取消すと共に行政庁に対して行政裁判所の適法なりと認むる一定の処分を為すことを命じるに止まり、裁判所は自ら其の処分を行はないのを例として居る」と述べる（二七二頁）[26]。

形成判決は「公法上の法律関係に付き既存の関係を変更し新なる関係を形成する判決を謂ふ」としたうえで（二七三頁）、それを消極的形成判決と積極的形成判決に分けている。消極的判決とはいわゆる取消判決である。なお、無効の処分に対する取消判決は「確認判決」であるが、他方、選挙訴訟又は当選訴訟では「取消」という用語を用いていないとしても、「何某ノ当選ハ無効トス」との判決は取消の判決であるとしている（二七五頁）[27]。積極的形成判決は、係争処分の取消に止まらず、行政裁判所がその処分に代わる決定を自らするもので、係争対象の処分が確認的性質を持つ場合にのみ認められるとしている（二七五頁）。例として、租税訴訟において前の決定を取消し判決自身が金額を決定する場合や[28]、土地の官民有区分の査定において査定処分を取消し、判決でその境界を確定する場合をあげる[29]。

5　行政裁判法改正綱領について

①『行政裁判法』は、その附録として「行政裁判法及訴願法改正綱領解説」を掲載している[30]。改正綱領は昭和三年二月に臨時法制審議会が提出した答申であるが、博士もその答申作成に終始関係していたと記している（同附録一三頁）。

改正綱領は行政訴訟を（甲）抗告訴訟、（乙）当事者訴訟、（丙）先決問題の訴訟の三種類に分けており、抗告訴訟を、（一）行政庁の違法処分に対する取消又は変更の訴、（二）公共工事に対する差止又は原状回復の訴、（三）選挙人名簿、選挙又は当選に関する訴に分けて、さらに（一）を権利と利益を区分することにより、a)行政庁の違法処分により権利を侵害せられたりとする訴（二三事項を列挙）と、b)行政庁の違法処分により直接に利益を傷害せられたりとする訴（二事項を列挙）の二種に分けているので[31]、抗告訴訟として四種が提示されているということができる（a)b)の表記は筆者）。

抗告訴訟については、博士は「抗告訴訟は行政庁の違法の行為に対し不服の申立を為す訴訟である」と定義し、「其の訴の目的となるものは、常に行政庁の行為であって、被治者としての人民（公共団体を含む）の側から、其の違法なることを主張するものであることが、其の観念の要点である」と述べている（附録二六頁）。そのうえで上記四種について詳しい解説を加えているが、それを簡単にみていくこととする。

（一）a)（行政庁の違法処分により権利を侵害せられたりとする訴）について、博士は、行政訴訟の最も主要なるものであり、現行法は法律一〇六号において専ら此の種の訴訟のみを規定していると述べた上で、改正綱領が定める列記事項について説明している。それに対し、（一）b）（行政庁の違法処分により直接に利益を傷害せられたりとする訴え）については、「改正綱領は、……権利を毀損せられたりとする訴訟の外に、尚利益を傷害せられたりとする訴訟の種類を認め、多数人民の公共の利益重大な影響を及ぼすやうな違法の処分に対しては、必ずしも之によって特定人の権利を毀損した場合でなくとも、直接に其の利益を侵害せられたりとする者から、行政訴訟を起し得べきことを認めたものである」と述べている（附録五六頁）。この訴において綱領が列挙する事項は、「水利、土木、建築其ノ他附近公共ノ利益ヲ害スヘキ工事又ハ設備ニ関スル件」と「営業其ノ他附近公共ノ利益ヲ害スベキ事業ノ許可ニ関スル件」の二つであるが、博士は前者につき「本号に、水利・土木の外に尚「建築」の文字を加えたのは、例へば、市街地建築物法に違反して、住宅区域又は商業区域に工場の建築を許可したやうな場合を意味し、工事の外に尚「設備」の文字を加えたのは、例へば、市街地の近傍に、火葬場の設置を許可したやうな場合を意味する」とし、後者については「現行法」には全く認められていないが「事業の性質上、善良の風俗を害し、煤煙又は有毒瓦斯の発散等に因り公共の衛生を害し、……凡て附近公共の利益を害するやうな営業又は其の他の事業が、違法に許可せられた場合に、其の附近の住民は、之に依って敢て権利を毀損せられたものではないが、尚直接の利害関係者として、之に対し出訴の権利を得せしめようとするのである」と述べている（附録五七頁）。現在にあっては、これらは行政事件訴訟法九条のもとで「法律上の利益」の解釈問題として議論されているものであるが、博士は、次の点に注意を要するとして、もしこれらの事件にあっても処分が特定人の権利を毀損した場合であれば（一）に該当するものとして出訴可能であるが、「茲に挙ぐるものは、特定人の権利を毀損したのではなく、一般人民の公共の利益を害する場合である」、「此の種の訴訟は、一個人の権利を保護することを目的とするのではなく、公共の利益を保護することを目的とするのであるから、……一人だけで単独に出訴し得るものと為すのは恐らく不適当であろう。……併し此の点は改正綱領には尚未定の儘に残され、法案起草の際の研究に任かされた」と述べている（附録五八頁）。

（二）の公共工事に対する差止又は原状回復を求める訴えについては、行政裁判所が河川工事・堤防工事・道路工事等についてこれを認め、他方大審院判例が司法裁判所による審査を否定していることを参照して、これを抗告訴訟に採用することを認めたが「此の種の訴訟は行政処分に対する訴とは性質を異にし、処分の取消又は変更を求むるのではなく、事実上の工事に付いて其の差止又は原状回復を求むるものである」と指摘している（附録六〇頁）。

②『行政裁判法』の公刊時期と改正綱領の答申時期はほぼ一致しており、行政訴訟類型論に関しては、博士の意見が強く反映していたことが窺える。本改正綱領に基づき、昭和四年（一九二九年）に行政裁判法及訴願法改正委員会が設置され、同委員会は昭和七年（一九三二年）に行政裁判所法案及び行政訴訟法案を答申したが、国会に上程されることはなかった(32)。しかし、周知のように行政事件訴訟特例法及び現行行政事件訴訟法の制定に強い影響を与えた(33)。

四　『日本行政法（上巻）』（昭和一一年(34)）

1　抗告訴訟について

本書で博士は、行政訴訟を「行政部に属する独立の機関に於いて正式の訴訟手続を以て行ふ行政事件に関する争訟である」と定義したうえで（八七二頁）、「通常は行政訴訟は訴願と等しく覆審的争訟」であるとしつつ、「行政訴訟に於いて争の目的となるものが、結局に於いて行政行為の当否に在る場合には、これを抗告訴訟（Rechtsbeschwerde, Anfechtungsklage）と称する」と述べ（八九二頁）、抗告訴訟の定義をその行政行為対象性に求めている。そして、抗告訴訟として一般法によるものと特別法によるものをあげている。

博士は、一般法による行政訴訟は法律一〇六号で認められたものであって、それはすべて「権利毀損に基づく抗告訴訟」であるとする（八九三頁）。他方、特別法による行政訴訟として、①権利毀損に基づく抗告訴訟[35]、②機関争議、③選挙に関する訴訟、④当事者訴訟、⑤先決問題の訴訟をあげるが（九〇九〜九一八頁）、抗告訴訟にあげるのは①だけである。すなわち、博士が本来的に抗告訴訟とするのは、行政処分により権利が毀損された場合の行政処分に対する訴訟だけである。その点は、博士において一貫している。

2　抗告訴訟以外の訴訟類型について

機関訴訟につき、法律が認めるものは、「行政行為の存在を前提とし、其の違法なることを主張して其の覆審を要求するものなることに於いては、普通の抗告訴訟と同様であるが、唯権利の毀損を要件とするものでないことに於いて、これと区別せらるべきものである」と述べ（九一二〜九一三頁）、選挙訴訟については特別法による抗告訴訟であるがいわゆる民衆的訴訟であって（八九三頁）、「選挙に関する訴訟の一般の行政訴訟と異なる最も重要な特色は、これを提起し得る者が自己の権利を毀損せられたりとする者なることを要せず、其の選挙区に属する一般選挙人は、誰でもこれを提起し得ることに在る。それは権利の保護を目的とするものではなく、専ら選挙の公正なる結果を確保することを目的とするものである」と述べる（九一三〜九一四頁）。当事者訴訟については、「我が現行の行政裁判制度は形式上には当事者訴訟を認めず、性質上二の権利主体相互の間に公法上の法律関係に付き争ある場合でも、先づ行政庁の裁決を申請せしめ、其の裁決に対する抗告訴訟の形式を以つて、行政裁判所に出訴することを得せしめて居る」とし、形式的には抗告訴訟であるが実質的観点から当事者訴訟を認め、さらにそれには確認訴訟と形成訴訟があるとする（九一六頁）。確認訴訟の例として、二市町村間の境界争・府県会議員の被選挙権の有無、漁業権の争等をあげ、形成訴訟の例として、土地の収用又は使用に関する裁決・鉱業実施権又は鉱区掘進権の設定に関する裁決等をあげている。先決問題に関する訴訟については、従来の説明と同じであるが、実定法上二つの規定が例外的に存在するのみとして（九一八頁）、また博士は、先決問題に関する訴訟は形式上も抗告訴訟ではないとしている（九一九頁）[36]。

3　判決について

認容判決につき、本書は『行政裁判法』とは異なる表現をしており、それを、①破棄判決、②差戻判決、③更正判決に分けて説明している。

①破棄判決は取消判決のことであるが、取消によって事件が終了する場合と、取消後に行政庁に適当な処分を行わしめる場合である。しかし、その違いは主文には表れないので、理由を斟酌して判断することになるとしている（一〇一一〜一〇一二頁）。

②原審差戻の判決は、①の後者と異なり、判決主文にそれが明記されるべきものであるが、行政裁判所においてはかかる例はあまりなく、「行政裁判所に於いて自ら本案を審理し、本案に付いての判決を与ふるのを通例として居る」としているが、事例として、行判昭和八・一二・九、行判昭和一〇・五・一〇を紹介している（一〇一四頁）。

③更正判決は「判決に於いて単に係争の処分及びこれを是認した裁決を破棄するに止まらず、自ら終局の効力を以つて事件を確定せしむる為めに、其の処分に代はるべき定めを為す」判決であるが（一〇一四頁）、それには、確認判決、下命判決、形成判決の三種があるとする。確認判決は係争の行政行為が確認的行為である場合に、当該行政行為を破棄し、これに代えて判決である法律事実の存在を確認する行為であり、土地の官民有区分の境界を確定する判決がその例である。下命判決は、係争の行政行為が下命行為である場合に、判決に依りこれを更正して、原告又は関係行政庁に一定の行為不行為を命じる判決で、例として、営業免許の拒否に於いてその拒否を過重として

破毀すると共に、判決に依り改めて営業上守るべき義務を命じる判決をあげる。形成判決は係争中の行政行為が形成行為である場合に、これを更正して或る法律関係を形成するものであり、その例として、土地収用に関し、収用審査会の裁決を破棄して、さらに一定の土地の収用を確定することを挙げている（一〇一五頁—一〇一六頁）。

五　まとめにかえて

①美濃部博士の抗告訴訟概念は、基本的に行政訴訟の覆審性に着目してつけられた名称である。すなわち、行政訴訟においては、「我が国法に於ける行政訴訟は、訴願と同様に覆審的争訟たることを通常とする。即ち、行政訴訟を提起するには、行政行為の既に行われたことを前提とし、其の行政行為を違法なりとする者が、其の再審査を請求するものであることを通常の性質とする」からである(37)。

しかし、行政訴訟がなぜ覆審的性質ものであるのかについての言及は為されていないし、ましてやそれが取消訴訟の形態をとることについてのその根拠は語られていない。博士も述べるように、行政訴訟には一般論としては当事者訴訟も可能であるし、行政処分によって生じた法律関係を争うにしても、行政処分の違法を理由中の問題として争わせ、具体的な権利関係を判決するという制度も存在しうるからである(38)。なお、行政裁判法は、取消訴訟ないし抗告訴訟という訴訟類型を定めていたものではなく、判決主文につき処分又は裁決を取消す旨の明文規定を有していたものでもない。しかしながら、既に述べたように、行政裁判法には訴訟の対象が行政庁の処分又は裁決であることを前提とした規定があり（出訴期間に関する二二条及び執行停止に関する二三条）、その立法過程においても、行政裁判所の裁判の対象が行政機関の処分または裁決であることは前提とされている(39)。

行政裁判法制定以前より、行政訴訟は行政処分に対する不服の訴えとして構成されており、それが処分又は裁決に対する不服の訴えの形態をとることは当然の前提とされていたのではないかとも推測するが、やはり、明治憲法下の行政裁判所制度が独墺の行政裁判所をモデルとしたことが決定的な影響を与えたのであろう。(40)

②博士にとって、実質的な意味での抗告訴訟は、既に述べたように、行政処分による権利毀損に対する取消・変更の訴えである。この背後には、国民（人民）に対する公権力の行使（自由と財産への規制）は、その公定性から、必ずしも裁判による救済を必要としないが、裁判による救済制度を策定するとしても、司法裁判所の裁判権の管轄には服さず、その公定力を否定するための特殊な訴訟形態が存在するという意識が抜きがたく存在していたのであろう。また、実質的観点からは当事者訴訟と抗告訴訟を明確に区別しており、抗告訴訟は権利関係訴訟ではなく、いわゆる処分攻撃型訴訟である。この処分（または裁決）を争う訴訟形態であるところに実質的には抗告訴訟ではないが形式的な抗告訴訟が存在する可能性がある。

③念のために言っておくと、よく指摘されるように、博士がいうところの「抗告訴訟」は現在の行政事件訴訟法でいう「取消訴訟」に相応するものである。(41)既に述べたように、博士は無効の行政処分に対する抗告訴訟も、原告勝訴の場合は、形式的には取消判決の形になると述べており、現行法で言う無効確認訴訟は当時においては存在しない。なお、抗告訴訟が取消訴訟だけでなく、取消訴訟の他に無効等確認訴訟・不作為違法確認訴訟を含む包括的概念となったのは戦後の行政事件訴訟法の制定によってである。もっとも、当時の行政裁判法下にあって、博士は抗告訴訟においていわゆる修正判決ないし義務付け判決（申請拒否処分がある場合に限る）が存在しうることを認めていた。(42)

④しかし、行為の効力を争うという訴訟形態は原告への給付を求めるものではなく、行為の違法性の判断によって行為の効力を取り消すという訴訟であるので、客観訴訟には親和的な制度である。(43)筆者の問題意識は、行政処分の効力を争う行為訴訟という形式は、当事者訴訟と異なり、権利義務関係訴訟と構成されないので、それが行政権

の行使に対する客観的な適法性審査機能を当事者訴訟とは異なる形で発揮しうるのではないかということにあり、それはまた義務付け訴訟や差止訴訟も、行政処分の作為・不作為の違法を権利義務関係とは切り離して審査しうる機能を持ちうるのではないかというところにある。

（1）　美濃部達吉博士の抗告訴訟論については、田中二郎「美濃部先生の行政争訟論」国家学会雑誌六二巻七号（一九四八年）五〇頁以下（特に五九頁）、小早川光郎「抗告訴訟の本質と体系」雄川一郎・塩野宏・園部逸夫編『現代行政法大系4　行政争訟I』（有斐閣、一九八三年）一三五頁以下、斉藤浩「抗告訴訟物語」水野武夫先生古稀記念論文集刊行委員会編集『行政と国民の権利』（法律文化社、二〇一一年）五二頁以下、中川丈久「抗告訴訟と当事者訴訟の概念小史――学説史の素描」行政法研究九号（二〇一五年）　頁以下を参照した。

（2）　田中二郎博士については、例えば末広嚴太郎・田中耕太郎編『法律学辞典　第一巻』（岩波書店、昭和九年＝一九三四年）四一二頁以下の「行政裁判」の項目で行政裁判の種類として「行政訴訟に於て最も多い例は、行政処分の効力を争ふ所謂抗告訴訟（Anfechtungsklage, Rechtsbeschwerde）、殊に権利毀損を理由として其の取消を求むる訴訟で、我が憲法もこれを以て行政訴訟を代表せしめて居る（六一条）」と記述している（四一四頁）。

（3）　この点は、中川教授も述べるところであるが（前注（1）五頁）、筆者が参照しえた教科書としては、清水澄『行政法総論』（早稲田大学出版部、大正三年＝一九一四年）、上杉慎吉『行政法原論』（有斐閣書房、明治三七年＝一九〇四年）、市村光恵『訂正増補　行政法原理』（寶文館、明治四〇年＝一九〇七年）、渡邊宗太郎『改訂四版　日本行政法　上』（弘文堂書房、昭和一五年＝一九四〇年）など。もっとも、清水澄「行政裁判制度について」中央大学法学新報五〇周年記念論文集第一部（昭和一五年＝一九四〇年）一頁以下は覆審的訴訟としての抗告訴訟に言及している。また、織田萬『行政法講義』（有斐閣書房、明治四三年）は、外国立法例として、当事者訴訟（Parteienstreitigkeiten）と抗告訴訟（Rechtsbeschwerde oder Anfechtungsklage）を記している（二八二頁）。しかし同『日本行政法原理』（有斐閣、昭和九年＝一九三四年）では抗告訴訟の用語は用いられていない（一九九〇年の復刻版を閲読した）。

（4）　中川・前掲注（1）一頁以下。

（5）海関税ヲ除ク外租税及手数料ノ賦課ニ関スル事件、租税滞納処分ニ関スル事件、営業免許ノ拒否又ハ取消ニ関スル事件、水利及土木ニ関スル事件、土地ノ官民有区分ノ査定ニ関スル事件である。

（6）博士は『行政裁判法』（千倉書房、昭和四年＝一九二九年）一一八頁以下で、警察処分に関する件（治安維持法八条二項、精神病者監護法一二条、河川法一六条等）、租税その他公法上の金銭給付義務の賦課及び滞納処分に関する件（一般法の規定するもの以外で、府県制一一五条、道路法三三条等）、土地又は水に関する権利その他財産的権利の使用制限又は設定変更剝奪に関する件（河川法六〇条、砂防法四三条等）、工事その他の負担を命じる処分に関する件、官吏・公吏・議員その他公務員の権利義務に関する件、公共団体の監督に関する件、行政上の処罰に関する件などをあげている。

（7）美濃部達吉『日本行政法（上巻）』（有斐閣、昭和一一年＝一九三一年）。

（8）限定性の根拠として、博士は公定性をあげている。すなわち、行政行為は適法性の推定を受けるものであるから、すべての行政行為に裁判を必要とするものではないとするものである（前掲注（7）八〇四頁）。

（9）例えば、法政大学『行政法総論』明治三七年度（一九〇四年）及び中央大学『行政法』明治四二年度（一九〇九年）では、いずれも「抗告訴訟」という用語は用いられていない。

（10）原文は、http://www.deutschestextarchiv.de/book/show/mayer_verwaltungsrecht01_1895 よりダウンロードした（二〇一七年一二月一二日）。なお、本訳書では「抗告」という言葉を民事訴訟法上の「抗告」として用いているところと（第一巻二七一頁）、決定をした官庁に対する審査の申立てを「抗告」（アインスプルッフ）と訳しているところがある（同二七四頁）。

（11）本書の第一巻の公刊は明治四二年（一九〇九年）九月であるが、同書は行政裁判は扱っていない。また明治四三年に第一巻・第二巻の合冊が公刊されている。

（12）同書公刊の直前の国家学会雑誌二四巻三号（明治四三年三月）に、渡邊廉吉（行政裁判所評定官）が「獨澳行政裁判制度概要（一）」を掲載しており、そこで「抗告的訴訟」という表現をしているが原語は示されていない（二六頁）。博士の『日本行政法』の公刊はそのすぐ後になるが（明治四三年五月）、同書の初版本でも（和歌山大図書館所蔵のものを閲覧）、博士は渡邊廉吉の同論稿を注で紹介している（八四三〜八四四頁）。

ところで渡邊評定官は、明治四一年（一九〇八年）に欧州行政裁判所制度の視察を行っており、上記論稿はその報告であるが、明治四二年（一九〇九年）六月発行の国家学会雑誌二三巻六号四九頁以下に「行政裁判ノ本質ニ就テ」を発表している（これは同年三月に法理研究会で行われた講話に基づくものである）。ここで渡邊評定官は一九〇〇年制定のザクセン行政裁判法について「行政訴訟ノ種類ヲ二ツニ別ケマシテ一ヲ当事者訴訟又ハ原被訴訟ト申シマシテ、行政上問題ニ付テ同等人民ノ相争フ場合ニ之ヲ裁判シ又抗告的訴訟ト申シマシテ、政府ノ処分ニ対シテ訴訟ヲスル」と述べている（六八頁）。ここでも原語は示されていないが、それが同法二一条のKlagen in Parteistreitigkeitenと七三条のAnfechtungsklageの訳語であることは容易に推測できる（Apelt, Dr. Karl, Das königlich Sächsische Gesetz über die Verwaltungsrechtspflege vom 19. Juli 1900 und die Nebengesetze vom 20. Juli 1900 und 26. März 1904 nebst den einschlagenden reichs- und landesgesetzlichen Vorschriften, Rosberg & Berger , Leipzig, 1911, S. 23, S.105 u. S.206を参照）。美濃部博士はその半年後の明治四二年一二月に「行政裁判法一斑」を国家学会雑誌二三巻一二号に発表しているが（一一三二頁）、そこには「抗告的訴訟」という表現はない。従って、Anfechtungsklageの訳語に「抗告」という用語を最初に用いたのは渡邊評定官ではないかと推測するが、「抗告的訴訟」と訳した理由は筆者にはまだ不明である。

なお渡邊評定官は、内閣法制局参事官時代の明治二〇年（一八八七年）に、澤井要一の翻訳により公刊されたゲオルグ・マイヤーの『独逸行政法論　壹巻』（博聞社）の校閲をしている（同書緒言）。同書の五八頁で「抗告」という用語が使われているが、これは「行政上の訴訟」との対語として使われており、いわゆる行政内部的に完結するものを意味するものであって、訴訟とは異なるものである。同書に原語は示されていないが、「抗告」はVerwaltungsbeschwerdeの訳語と思われる（参照した原文はFranz Dochow, Lehrbuch des Deutschen Verwaltungsrechtes von Georg Meyer, Dritter Auflage, Leipzig, Duncker & Humblot,1910, S.52. 本書の初版は一八八三年である）。

（13）筆者が閲読したのは、同書の訂正第四版（大正一〇年）及び第八版（大正一二年）である。

（14）美濃部達吉『行政法撮要（上巻）』（有斐閣、大正一三年＝一九二四年）三〇三頁。以下、第五版まで引用する頁数は全て上巻のものである。

（15）この記述に続く行政裁判所の権限、行政訴訟手続、判決の効力の説明では「抗告訴訟」という用語は用いられていないが、行政訴訟は処分・裁決の効力を争う訴訟であることを前提としている。

(16)　第三版の行政訴訟種別論について中川・前掲注（1）六頁の注（5）参照。なお、斉藤・前掲注（1）五四頁は、本書第五版（一九三六年）版の五四七頁を引用している。

(17)　同じ記述は、斉藤・前掲注（1）五四頁が引用する通り、第五版にも記載されている。なお、行政争訟を論じる冒頭に行政争訟が覆審的争訟と始審的争訟に分かれると記載することは初版より続いているが、初版（大正一三年）から改訂第三版（昭和八年）は始審的争訟を最初にあげ次いで覆審的争訟を書いており、第四版・第五版は覆審的争訟を先に書き次いで始審的争訟を挙げるようになっている。覆審的争訟の説明に「抗告争訟」という表現が使われているのは第四版と第五版である。

(18)　博士は、当事者訴訟の例として、二の町村の間の境界争いをあげ、「此の場合は其の性質が最も能く民事訴訟に類似して居り、斯ういふ訴訟を普通に行政訴訟中の当事者訴訟と称して居る。唯民事訴訟は私法上の法律関係に付いての争であるのに反して、行政訴訟としての当事者訴訟は公法上の法律関係に付いての争であることの差異が有るばかりで、其の他の点に於いては全く同様である」としている（七頁）。しかしながら、後に当事者訴訟について詳説する際に、「我が現行制度は形式上には真の意義に於いての当事者訴訟を認めては居らぬ。当事者相互の間に公法上の権利義務についての争ある場合であつても、民事訴訟の如くに当事者の一方から相手方を被告として行政訴訟を起すことは、現行法の全く認めないところで、此の如き場合にも当事者の一方から先づ行政庁の裁決を求むることを得せしめ、而して其の裁決に不服ある者から、其の裁決をした行政庁を被告として行政訴訟を提起し得るものとして居る。即ち形式上に於いては、それは当事者訴訟ではなくして、他の一般の行政訴訟と同様の抗告訴訟であり、行政庁の裁決を違法なりとして之に抗告するものに外ならぬのである」と述べ（一八二頁）、これらは「其の実質に於いては、……行政庁の処分によって権利を毀損せられたりとするものではなく、公法上の法律関係に付いて当事者双方の間に争が有り、行政訴訟に依って其の解決を求めんとするものに外ならぬのである」としている（一八二頁）。その上で、博士は、「現行法に於いて」このような訴訟には確認訴訟と形成訴訟があるとし、確認訴訟の例として市町村境界争議・行政区割境界に係る道路費用負担の争い・漁業権に関する争いをあげ、形成訴訟の例として鉱業権の実施又は掘進に関する争い・鉱区と砂鉱区の重複する場合における争い・土地収用又は使用に関する争いを限定的に挙げている。

(19)　小早川・前掲注（1）一四四頁の注（12）、斉藤・前掲注（1）五五頁、中川・前掲注（1）六頁の注（5）は、いずれも『行政裁判法』の「抗告訴訟」の定義を提示している。

(20) 博士は、海員懲戒法により海員審判所で訴訟手続により懲戒を宣告するのは一種の行政裁判に他ならないとするが、行政裁判所の権限に属するものとしては、現行法上は此の種の訴訟は存在しないとしている（九頁）。

(21) 機関争議の例として、府県知事の取消処分に対する府県会または府県参事会の訴え・監督官庁の処分又は裁決に対する市町村長市町村会又は市参事会の訴え・監督官庁の処分に対する水利組合の機関の訴えをあげ、これらは「行政庁の監督上の処分に対し被監督者たる公共団体の機関から提起するもので、此の意味に於いて一種の抗告訴訟に外ならぬけれども、……公共団体の機関が機関として提起するものであることに於いて、普通の抗告訴訟と異なって居る」としている（一八八〜一八九頁）。先決問題の訴訟としては、「現行法上」は、河川法四一条・砂防法二五条及び四四条の規定があるだけであるとするが、これらは工事其の他の事実行為の違法確認を求めるものであって、行政処分の取消等を求めるものではないとしている（一九一〜一九三頁）。

(22) 博士は、不作為の場合に見なし拒否処分と解することが可能な場合があるが、行政裁判所判例はそれを認めていない旨も述べている（一三七頁）。

(23) 本書が例としてあげるのは、村の施行に係る堤防工事（大正六年三月二六日判決＝文生書院復刻版『行政裁判所判決録四二巻』（一九九一年）一二七頁）、村の為した公有水路の埋立（大正一三年三月六日判決＝同五六巻（一九九二年）九七頁）、内務省の施行に係る河川改修工事（大正一五年一一月三日判決＝同六一巻（一九九二年）一二六一頁）である。

(24) 博士は、無効の行政処分に対する取消判決以外の確認判決は行政訴訟においては稀であり、その他には当事者訴訟及び先決問題の訴訟でその例を見るだけであるとも述べている（二七一頁）。

(25) 例えば、行政裁判所昭和三年一月三〇日判決（前掲・『行政裁判所判決録六四巻』（一九九二年）九六頁）は「専用漁業ヲ免許スヘシ」という主文であり、同昭和三年七月七日判決（前掲・『行政裁判所判決録六五巻』（一九九二年）八八〇頁）は、試掘願不許可処分につき、不許可処分の一部区域につき「之ヲ取消ス」という主文と当該区域において「試掘出願ヲ許可スヘシ」とする主文からなる。また、いわゆる指令判決に相当するものとして、例えば行政裁判所昭和三年七月一九日判決（前掲・『行政裁判所判決録六五巻』（一九九二年）一〇二七頁）の主文は、第一項で土地収用に関する残地の損失補償に関する裁決を取消し、第二項で「被告ハ前項ノ損失補償ニ付相当ノ裁決ヲ為スヘシ」としている。

(26) 但し、博士は、「例へば、営業免許の拒否に対する不服の訴に於いて、行政裁判所が其の拒否を違法と認めた場合には、裁判所は其の判決自身に於いて、該営業を免許すといふ宣告を為し得るものと自分は信ずる」としている（二七二頁）。

(27) 判決主文は、例えば行政裁判所昭和二年七月七日判決では、第一項で訴願棄却裁決を取消し、第二項で当選の無効を宣言するものとなっている（前掲・『行政裁判所判決録六三巻』（一九九二年）八三〇頁）。

(28) 例えば、行政裁判所大正一五年一二月二〇日判決（前掲・『行政裁判所判決録六二巻』（一九九二年）四六二頁）。

(29) 例えば、行政裁判所大正一二年六月七日判決（前掲・『行政裁判所判決録五五巻』（一九九二年）五一二頁）

(30) これは『現代法学全集』には収録されていなかったものである。同改正綱領については、田中二郎「行政裁判制度の改正案及び改正意見」同『行政争訟の法理』（有斐閣、一九五四年）第一〇節に要点が掲載されている。本改正綱領に関する最近の優れた研究として、小野博司「一九二〇年代における行政裁判制度改革構想の意義――臨時法制審議会における行政裁判所の役割を手掛かりにして」法制史研究五八号（二〇〇八年）四七頁以下。

(31) なお、よく知られているように、抗告訴訟と当事者訴訟について概括的列挙主義を採用しており、概括主義の採用には至らなかった。

(32) この経緯については、行政裁判所『行政裁判所五十年史』昭和一六年（文生書院復刻版（一九九二年）四三六頁以下）及び小野・前掲注（30）七二頁参照。なお、行政訴訟法案は行政訴訟を抗告訴訟、当事者訴訟、先決問題の訴訟の三種に分けていた。同法改正法案に対する戦前の論評としては、原龍之助「行政裁判制度改正の諸問題」大阪商科大学経済研究年報第六号（一九三四年）一九三頁以下、清水澄「行政裁判制度について」前掲注（3）を参照することができた。また兼子仁教授は、一九八九年の公法学会における「行政事件訴訟法の改正立法論」と題する研究報告で、「『公権力的事実行為』差止訴訟の法定」を提案しているが、その際にこの行政訴訟法案を指摘している（公法研究五二号（一九九二年）二三四頁以下）。

(33) 雄川一郎「行政事件訴訟法立法の回顧と反省」同『行政争訟の理論』（有斐閣、一九八六年）一八四頁以下、特に一九七頁（本論文の初出は公法研究四五号（一九八三年））。

(34) 本書は有斐閣より公刊されたものであるが、本稿執筆にあたっては同社による復刻版（昭和六一年＝一九八六年）を使用した。

(35)『行政裁判法』が挙げるものとほぼ同じであるが(本稿注(6)参照)、「工事その他の負担を命じる処分」は挙げられていない。

(36) 抗告訴訟を行政行為を対象とする訴訟と定義すると、当時の法制度のもとにおいては、先決問題に関する訴訟以外はすべて抗告訴訟に含まれることになる。しかし、博士の視点によると、権利毀損に基づく訴訟が実質的な意味での抗告訴訟であって、それ以外の機関訴訟・選挙訴訟・当事者訴訟は形式的には行政庁の裁決を争うという意味においては抗告訴訟であるが、行政庁の処分による権利毀損を争うものではないので、実質的には抗告訴訟ではないということになる。しかし、権利毀損行為以外の行為が行政処分(裁決)という形で行われ、その裁決に対する訴訟も肯定されるとなると、それも形式的には抗告訴訟であり、別の言い方をすれば行政行為(行政処分)に対する訴訟ということになる。それはさらに、覆審性を概念要素から取り去り、行政処分を対象とする訴訟として抗告訴訟を捉え直す可能性も示している。

(37)『日本行政法(上巻)』(昭和一一年)八七六頁。

(38) この点について、塩野宏教授は「なぜ行政行為が介在するときには、原因行為である当該行政行為を攻撃せよというシステムをとったか、ということになる。もっとも、このシステムは明治憲法下での行政裁判所以来のことであるが、なぜこのような制度がとられたかは明らかではない」と指摘しており(『行政法Ⅰ(第六版)』(有斐閣、二〇一五年)一六一～一六二頁)、中川・前掲注(1)三五頁もこの点を示している。『日本行政法第二巻』(明治四三年)において、博士は「不法ノ行政ヨリ生セル非違ノ状態ヲ救済スルカ為ニハ、第一ニハ其ノ不法ナル行政行為ヲ取消シ又ハ変更スルコトヲ要ス」と述べている(七八一頁)。なお、博士は、行政裁判制度を採用したことは、フランス・プロイセン・オーストリアから日本に伝わったものであるとしており(『行政裁判法』一九頁)、大陸型行政裁判所制度の採用は当然に抗告訴訟型(行政行為の効力を争う覆審型)の採用を意味したのであろう。

行政裁判所設立以前の大審院において、行政機関に対する訴訟の判決を見たところ、被上告人はすべて機関で(県令が殆どであるが、大蔵卿や海軍卿等である場合もある)、請求は、指令等の取消・変更を求めると思われるものと、契約等に基づく給付を求めるものが散在していた(国立国会図書館の大審院民事判決録デジタル公開版を参照した)。前者の例として、大審院明治一〇年五月二八日判決(大審院民事判決録明治一〇年自一月至六月五二号)七一一頁は東京府権知事を被告として草芥雑誌発行禁止の達の取消を求める事件である（原審の東京上等裁判所は訴状を却下し、本判決も上告状を却下した。このほかにも県令の指令の取消や変更を求める事例が散見されるが（大審院明治一一年九月三〇日判決（大審院民事判決録明治十一年九月・十月第一六二号）九八一頁など）、原告の請求を認容した事例は見いだせなかった。明治初期の行政裁判については、海軍卿・開拓使・県令等の措置に不服を述べつつも、その不当を前提に給付判決を求める例もあり（例えば月給支払を求めた大審院明治一三年三月一六日判決（大審院民事判決録明治十三年一月〜三月第五五号）六五六頁（ちなみに本件の被告は海軍卿榎本武揚であり、その代言人は星亨である））、さらに調査したい。

(39)　行政裁判法草案については、行政裁判所『行政裁判所五十年史』（昭和一六年＝一九四一年）九頁以下を参照した（但し、文成書院による復刻版（一九九六年）を使用）。なお、芝池義一「抗告訴訟に関する若干の考察」『原田尚彦先生古稀記念　法治国家と行政訴訟』（有斐閣、二〇〇四年）五五頁以下（五八頁）参照。

(40)　行政裁判所制度設立の過程については、前掲・『行政裁判所五十年史』、和田英夫「行政裁判」鵜飼信成・福島正夫・川島武宜・辻清明編集『講座　日本近代法発達史　3』（勁草書房、一九五八年）八五頁以下。また、最近の研究として飛田清隆「明治国家体制における行政裁判制度の成立過程に関する体系的考察」法制史研究五七号（二〇〇七年）一二三頁以下。この論文でも紹介されているが（飛田・前掲一三三頁）、明治一一年に元老院に附議された「行政処分願訴規則案」は（同規則案は『元老院会議筆記』前期第五巻』元老院会議筆記刊行会（一九六九年）六〜八頁に掲載）、その冒頭に「従前行政処分ニ対シ不服ノ者ハ裁判所ニ訴ヘ出ルノ成規」と記されているので、行政処分行政裁判の対象であったことは確かであるが、その訴訟形態はさらに調査したい（飛田・前掲一三一頁が指摘するように「行政裁判」は明治七年司法省布告第二四号四条で使用された法令用語である）。

(41)　博士は Anfechtungsklage の訳語として「抗告訴訟」をあてているが、ドイツ行政裁判所法の仕組みからいえば、Anfechtungsklage は我が国の「取消訴訟」に対応するし、一般にそのように訳されている。この点についての指摘は少なくないが、例えば、芝池・前掲注（39）五八頁。

(42)　このことは行政裁判所判例上も認められていたことであって、前掲注（39）『行政裁判所五十年史』一三五頁以下も、請求認容判決として確認判決・給付判決（現在の処分義務付け判決にあたる）・形成判決（創設判決とも表しているが、処分取消判決及び新しい処分内容を決定する判決）をあげている。

(43)　形成訴訟や確認訴訟も客観訴訟に親和的な訴訟類型であろう。それに対し給付訴訟は、本来的には原告の給付請求権が本案要件として論じられるものである。給付訴訟であれば、通常は無権利の者が訴訟を提起しても本案の問題として処理するとができる。それに対し、形成訴訟や確認訴訟は、請求権の存否を本案要件として議論する必要がない。そのため、形成訴訟や確認訴訟で訴訟の主観性を維持しようとすれば、それは出訴資格について外在的にそれを制限することになる。我が国では形成訴訟は法律の特別の規定が必要であるし、確認訴訟についても訴訟要件として「確認の利益」を求めている。行政事件訴訟法九条もそのような機能を持つ。給付訴訟においても専ら客観的訴訟としての訴訟も存在しえないわけではないが（例えば、従前の住民訴訟（四号訴訟）のような代位訴訟）、しかし、この場合は当該請求権を特別に法定する必要があろう。しかし、それは形成ないし確認訴訟について出訴資格を制限する解釈論ないし立法論とは論理的な次元が異なると考える。

司法と正義

横浜国立大学教授
今村与一

「司法」を意味する《Justice》は、本来、「正義」を意味する言葉でもある。両者の関係は、それほどに深く分かちがたい。本稿は、前世紀末以来、日本とフランスにおいて論議を重ねてきた司法改革、特に民事司法の改革論議を対比させながら、「司法」と「正義」の不可分一体の関係を考えようとするものである。

その手順として、まず、近代日本の揺籃期に多くを学んだフランス司法制度の歴史を訪ね、その原初の形態から「司法」の二面的性格を抽出してみよう（一）。次いで、「正義」という多義的概念が、時代や社会によって変化するものであることを確認しておこう（二）。とはいうものの、筆者は、歴史家でもなければ哲学者でもないから、議論の厳密さは保証の限りでない。初歩的であれ、司法権においても主権者の立場にある国民と広く共感し合うことのできる理解を心がけたいと思う。そして、いよいよ本題に入る（三）。日仏司法改革論議の諸特徴、双方の共通点と相違点が鮮明となるように、主だった内容を整理してゆこう。最後に、今、日本の社会に最も欠落しているのが、物事の理非を判断するための「正義」の思考であり、これを鍛錬する場となる「司法」の改革が、今後も切実な課題であり続けることに気がつけば、ひとまず本稿の目的は果たされる。

一　「司法」の二面性

実のところ、日本の近代法形成は、フランス法、フランス司法制度との対面から始まったと評しても過言ではない。その出会いの一端を紹介し、フランス司法制度の歴史を十三世紀まで遡って「司法」がもつふたつの顔、すなわち、①「正義」を実現する司法と、②権力を正当化する司法を観察することにしよう。

1　フランス司法制度との対面

「維新」後まもない明治新政府が司法省を設置し（一八七一年、明治四年七月）、果断即決の江藤新平がその初代司法卿に任ぜられたこと（翌一八七二年、明治五年四月）はよく知られている。彼は、廃藩置県後も地方行政の手中にあった司法権を独立させ、全国の裁判所を統括する司法省のもとで司法制度の組織的整備を図るため、すぐさまその根拠法令の審議立案にとりかかった。いうなれば、近代日本初の司法改革の試みである。

こうして制定された「司法職務定制」(1)（太政官無号達、明治五年八月三日）は、「廃藩置県の終局的達成」(2)を目的としたばかりでなく、日本における司法権の統一、司法組織の近代化のため、「最初の礎石をすえた歴史的法典」(3)として位置づけられる。けれども、そこでは、民事に関する「目安糺《めやすただし》」（訴状を意味する「目安」の書面審理、五一条、九二条）、刑事に関する拷問制（五二条第一二）といった幕藩体制以来の旧制が温存されていた。その反面、検事職には、民事を含めた司法手続全般にわたっての監視役（二二条）や、「人民ノ権利」の保護者としての役割が期待されるなど、先進的な司法官職の理解も垣間見られた(4)。さらには、不動産の売買・貸借、生前贈与の約定書への奥印を職務とする「証書人」（現在の公証人、四一条）、遺漏なき訴状の調製を職務とする「代書人」（現在では、本人訴訟を支援する司法書士の職務、四二条)、自ら訴えることができない者に代わって訴訟を追行する「代言人」(現在の弁護士、四三条)からなる法律専門職、司法の担い手相互のいわば分業体制が構想されていたことも注目に値する。(5)

ここに描かれた当時としてはきわめて斬新な司法改革は、初代司法卿の辞任後、その推進力を欠いて失速し、ほとんど開花しないままに終わるのだが、いかにもフランス的な司法の担い手が日本の司法改革の幕開けを飾ったのは、紛れもない歴史的事実である。それもそのはず、「司法職務定制」の起草に際しては、同年二月一六日、司法省関係お雇い外国人第一号として、来日したばかりのジョルジュ・イレール・ブスケ(Georges-Hilaire Bousquet)の進言が色濃く反映されていると言う。(6) もっとも、来日前二〇歳代の若さでパリ控訴院付弁護士であったジョルジュ・ブスケは、欧米列強との不平等条約の改正を急ぐあまり、法典編纂事業の推進に熱を入れる江藤新平らの性急なやり方に疑問をもち、(7) 日本各地の多様な諸慣習と当時の近代法モデルを体現したフランス法の研究にじっくり時間をかけながら、当面は、近代司法の担い手にふさわしい人材を育成するため、むしろ法学教育に力を注ごうと考えたように思われる。(8) ブスケ来日の翌年(一八七三年、明治六年)一一月には、今度は、ギュスターヴ・エミール・ボワソナード(Gustave-Emile Boissonade)が来日し、司法省の法律顧問として、旧民法の起草をはじめとする法典編纂事業に従事する傍ら、明法寮(一八七五年五月、明法寮廃止後は司法省法学校の呼称)で教鞭をとり、条約改正問題ほかの政府の諮問、種々の法律問題に関する質問にも応答し、「法律界ノ……団十郎」(9) に譬えられるほどの大活躍を見せることはすでに周知のとおりである。彼もまた、教え子たちにとっては忘れがたい教育者となった。

ジョルジュ・ブスケは、一八七六年(明治九年)三月、一年延長した四年の契約期間の満了を待たずに帰国した。ボワソナードは、ブスケ離日のあとも立法事業に心血を注ぎ、司法省法学校、私立法律学校、帝国大学でも法学講義をこなし、多くの卒業生を送り出したのち、一八九五年(明治二八年)三月、帰国の途に就いた。休暇のための半年の一時帰国を除いても、その日本滞在期間は二〇年九か月に及ぶ。ジョルジュ・ブスケとは対照的に、いかにもボワソナードらしく最も円熟した時期の後半生を極東日本の法制度、司法制度のために捧げたと言えるだろう。ところが、彼らが明治期日本に残した足跡は、たとえば、現行民法の中にもボワソナードが苦心した規定の数々が息づいているとはいえ、それ以外では現行制度上皆無に近く、司法制度に至っては跡形もないのが実情である。司法制度部門では、一八八〇年前後から、ドイツ法を範とする民事訴訟法、裁判所構成法の立案の準備が進行し、「嘗てのフランス法の大きな影響は、朝露の如く消散して」[10]しまったのだろうか。ボワソナードに代わり、旧民法の「根本的改修」のために改めて選任された起草委員のひとり、梅謙次郎が明法寮の出身であることも知られてはいるが、明治初年の法学教育においてボワソナードやジョルジュ・ブスケから薫陶を受けた人々が、日本の近代法の発展、とりわけ近代司法の歩みとどうかかわったのかも全く未解明のままである。このフランス司法制度との出会いは、依然として闇に包まれた部分が大きい。

2 「正義」を実現する司法

フランス司法制度との初対面となった近代日本の出発点から、一気にフランス司法制度の歴史を十三世紀にまで遡るのは、いくら何でも飛躍しすぎた観がある。しかし、今日でもなおフランス司法を象徴する理想像と言えば、やはり聖王ルイことルイ九世（在位一二二六―一二七〇年）をおいてほかにはいない。現に、パリの中心、シテ島の裁判所（Palais de justice）の敷地内には、聖王ルイの命によって建立され、光あふれるステンドグラスで圧倒される礼拝堂《La Sainte-Chapelle》が保存されており、王政、帝政、共和政といった政治体制を超える不思議な空間を醸し出しているのである。一例を挙げれば、度重なる異民族の侵入と内乱によって荒廃した王領の秩序を回復するため、一二五八年頃、聖王ルイが命じた「決闘禁止の王令」は、フランス史上、輝かしい彼の事績のひとつに数えられる[11]。次にその原文を掲げよう。

「われらは、あらゆる紛争につき、わが全領地内での決闘（batailles）を禁ずるものなり。ただし、告訴や抗弁、出頭免責事由、種々の地方慣習により、今まで世俗裁判所において慣れ親しんできたその他のすべての法的手段を奪うものにあらず。そのうち、決闘を取り上げることを除きては。そして、決闘に代え、われらは、証人と書状による証拠を据えるものなり。(12)」

ここでいう「決闘」とは、それまでひとつの証拠として認められていた「裁判上の決闘（duel judiciare）」を意味している。「決闘」によって裁判の勝敗を決するなどおよそ尋常ではないが、放っておけば、紛争当事者だけでなく、その一族郎党まで巻き込んだ「戦争」に発展しかねない一触即発の武力抗争を阻止し、極小化された暴力の争いに封じ込めようとする証明方法は、当時としては必ずしも理不尽なものではなかった。けれども、聖王ルイは、民事、刑事を問わず、その合法的な「裁判上の決闘」をも廃止し、原告対被告（民事）、告訴人対被告訴人（刑事）という対審的な尋問手続の導入を試みたのだから、きわめて野心的でかつ先見性に富んだ司法改革を企図したものと言えよう。当然ながら、「決闘」による証明を自らの特権とみなす貴族層の反撥は必至であった。民事はともかく、刑事に関しては、それ以後もこの非合理的証拠が根強く存続するのである。(13)

多分に偶像化された聖王ルイの歴史的功績をそのまま鵜呑みにすることはできないが、民衆はもちろん、貴族等の特権層を含めた被治者全体が、為政者による裁判に何を求めたかを知る意味では、伝説的なエピソードを一概に切り捨てるべきではあるまい。聖王ルイも、パリ王宮の庭やヴァンセンヌの樫の木の下で自ら裁いたと伝えられる。ここでその著名な裁判のひとつを紹介しよう。(14)

一二五九年、フランドル出身の三人の若い貴族（子ども）が、フランス語を習得するため、フランス北東部ピカルディー地方、ラン（Laon）の都市近郊のサン・ニコラ修道院に寄宿していた。ある日、彼らは、修道院の森の中へ野ウサギの狩りに出かけ、獲物を追いかけているうちに、クーシー（Coucy）の領主、アンゲラン（Enguerran

IV）の所領に属する森の中に立ち入ってしまった。若者たちは、その森の番人によって捕えられ、身柄を拘束されたのである。番人から事の次第を知らされたアンゲランは、即刻、彼らを吊るし首の刑に処した。若者たちの保護者であったサン・ニコラ修道院長がそのことを知り、若者らと同じ家系に属する大元帥、ジル・ル・ブラン（Gilles le Brun）閣下も知るところとなり、両人は、ルイ王と面会し、クーシーの領主が犯した残忍な行為を裁くよう告訴した。王は、クーシーの領主を呼び出し、王の法廷への出頭を命じた。この召喚に応じたクーシーの領主は、助言もなく法廷で答弁を強いられるいわれはないと陳述し、貴族所領地の慣習に従い、同輩衆（paires）によって裁かれることを望んだ。同輩衆による裁判の原則は、その頃、王侯貴族に限定された一種の特権的な取り扱いとなっていた。[15] アンゲランの家系の諸侯全員が、彼の助言者として呼び集められた。彼らは、アンゲランが非難を受けた事実を否認し、この場合に尋問手続を適用すべきでないとして、裁判上の決闘による判決を求めた。[16] 司法の刷新を図ろうとする王権と、自己の諸特権を死守すべく結束する貴族諸領主の間で、相互の利害が激しくぶつかる緊迫の場面である。

実際には、同輩衆は裁きの場から遠ざけられ、王がほとんど単独で裁く格好になったようである。王の決意は固く、同害報復の法（loi du talion）に則り、クーシーの領主に被害者と同等の死刑を宣告するつもりであった。諸侯らは、その王の意思を察知し、アンゲランに情けを施すよう懇請したが、「正義」の実現に燃えていた王は、我らが主に感謝されるものと信じるならば、諸侯に気遣うことなくその者を処刑すると公言した。

結局のところ、王は、アンゲラン・クーシー殿に対し、一万リーヴルの罰金を科して命拾いさせ、三人の若者の霊魂を慰めるために毎日祈りを捧げるふたつの礼拝堂を建設させる旨の判断を下した。しかも、アンゲランには、若者たちが吊るし首に処せられた森を修道院長に寄進させ、聖地で三年間を過ごすことも約束させた。ちなみに、一万リーヴルの罰金は、王の金庫には入らず、王の慈善事業に用いられたと言う。

上記の裁判の前に決闘禁止令が公布されたとすれば[17]、聖王ルイは、同輩衆による裁判、特に彼らが求めた裁判上の決闘を許すわけにはゆかなかっただろう。決然とした王の姿勢には理由があったように思われる。しかしながら、王は、アンゲランの死をもってその罪を贖わせる処罰を強行することはあえてしなかった。それは、同害報復の法に従わなかったというにとどまらず、裁判も経ないで年若い修道院の寄宿生を吊るし首にした慈悲のかけらもない領主の所業との違いを否が応でも際立たせ、加害者はもとより、加害者側に立つ人々をも承服させずにはおかない判決であった。アンゲラン事件は、原初の形態であれ、裁判のあるべき姿を物語る好個の事例とは言えないだろうか。

断っておく必要があるのは、その当時、フランス全土の法の統一はおろか、領土的統一も成し遂げられてはいなかったことである。王の裁判所は、教会の、都市の、とりわけ領主の裁判所と激しい競争関係にあった。「戦争」と言えば、その多くが土地をめぐる争いに帰着した時代だから、不動産訴訟の裁判管轄権が王の裁判所と領主裁判所のどちらに属するかは、競合する両裁判所の死活問題と言ってよかった。この点、占有訴訟の「優先裁判権（prévention）」[18]を有する王の裁判所が優位に立った。ローマ法に通じた「レジスト（légistes）」と呼ばれる法学者が、その理論武装に貢献したのは言うまでもない。彼らは、「王の平和」を旗印として、「あらゆる裁判は王から発せられる」とする王権学説の普及に努めていた。こうして、土地の争奪に関する訴訟を王の裁判所に係属させる流れが強まり、領主裁判所の衰退を加速させてゆく。しかし、紛争当事者から見れば、何より、「正義」を実現する王の裁判所への期待があったからである。その意味で聖王ルイという伝説的存在は語り継がれてきたのだと考えられる。

3　権力を正当化する司法

聖王ルイの時代、いまだ権力分立（モンテスキュー）は知られておらず、司法権は、警察権および公道管理権を包含する強大な権力を意味していた。[19] だからこそ、司法権をめぐる王と諸領主の対立・相克は熾烈を極めたのである。つまり、司法権は、権力を掌握しようとする者にとって垂涎の的（欲しくてならないもの）であったが、これを手放さないようにするためには、裁判を通じて「正義」を実現しなければならなかった。裏返せば、「正義」を実現するために司法権を行使しようとしない権力者は、自己の権力を正当化することができないのである。

近代国家においては、司法権は、すべて排他的に国家機関としての裁判所に属するものとされるから（たとえば、日本国憲法七六条一項）、上記の命題は、そのままでは通用しなくなり、裁判官の職権の独立性（日本国憲法七六条三項）や裁判拒否の禁止（フランス民法典四条）といった問題の陰に隠れてしまう。しかし、司法権の国家への排他的帰属は、「正義がないところに司法権なし」の命題を大前提にしていることは疑いない。

「真実は正義と同じではないが、法は、真実なしにはありえない。不正な法は真の法ではない。不正は嘘であり、嘘と不正は、抵抗を呼び起こし、正当化する。それらは、人間を侮るがゆえにすぐれて反法的である。[20]」

これは、司法権に限ったことではないが、嘘とごまかしで粉飾された権力は退場するほかないことを肝に銘じるべきであろう。

二　「正義」の時代性と社会性

「正義の要求と不正に対する抵抗は、人類史のひとつの定番である。その正義のあり方は、時代や場所、環境、情勢、伝統によって変化に富んでいる。[21]」

そうだとすれば、およそ「正義」とは、時代性とともに社会性を免れず、きわめて多義的な概念であることがわかる。それでも、「正義」概念のひとつの分類を試みたうえ、二十一世紀に突入し、一段と多様化した現代の「正義」について考えてみよう。

1　ひとつの分類法

一例として、兄弟ふたりが、ダブル・ベッドの上でふざけ合っているうちにそのベッドを壊してしまったとしよう。そこで、父親は、兄のみを叱り、体罰まで加えた。兄は、①弟も同罪なのに、父親が弟を叱らなかったこと、②体罰による制裁を自分が受けたことの不当性を父親に抗議した。

ここでは、ふたつの「正義」が問題となっている。①の抗議は、各人にふさわしく平等に扱うという「形式的正義」にかかわる。もうひとつは、②の抗議に関係し、親といえども、子に対してむやみに暴力をふるってはいけないという考え方、価値観に触れる「実質的正義」である。第二次世界大戦後、特に一九六〇年代以降を「現代」と呼ぶならば、その現代では、客観的に妥当する価値の探究よりも、価値選択の恣意・専断を排除するため、最終的判断に至る手続の公正さを重んじる正義論が有力となっているように思われる。これは、前二者と区別され、「手続的正義」と呼ばれる。

これらのうち、裁判は、どの「正義」を追求するものだろうか。端的に民事訴訟を念頭におくならば、紛争当事者のそれぞれの権利主張の是非、妥当性を見きわめる「実質的（実体的）正義」の発見を基調とするのが訴訟手続であると考えてよい。その前提として、何人も、裁判所において紛争を解決する権利を奪われないのだから（日本国憲法三二条）、この権利の保障は「形式的正義」に適っている。また、弁論主義（裁判所の最終的判断の基礎となる事実が当事者の弁論から採用されること）、処分権主義（当事者の申立てがなければ訴訟は開始せず、当事者の請求内容から審判の対象・範囲が特定され、和解や、請求の認諾・放棄、訴えの取下げも当事者次第とされること）といった当事者主導の法原則のもとで、「信義に従い誠実に」（日本の民事訴訟法二条）フェア・プレイの訴訟進行を徹底させれば、それは、最大限に「手続的正義」を確保するものと言えよう。要するに、「正義」論との関係で言えば、民事訴訟は、高度に「手続的正義」を保障され、具体的な紛争解決を通じて事件ごとの「実体的正義」を明らかにしてゆく法制度として理解することができる。

しかし、こう述べると、大上段に「正義」を振りかざし、自己の権利主張の正当性のみを信じて疑わず、居丈高に相手方を攻撃し、相手方の反論に耳を貸そうともしない傲慢不遜の「法律家」を思い浮かべてしまうのは筆者ひとりだろうか。実際、「法律家」にありがちな性向（謙虚さの欠如、虚栄心、尊大さなど）は、古今東西を問わず、世の常でもあるように見える。とすれば、真に「正義」を実現する司法の担い手は、その心根において、「謙譲」、「寛容」の精神をたたえた存在であることが望ましい。一八世紀フランスの「啓蒙」の旗手として宗教的迷妄から人間を解放しようとしていたヴォルテールが、狂信的裁判の犠牲となったジャン・カラスとその遺族の汚名をそそぐため[22]、特に信仰の自由に裏打ちされた「寛容」を説いたのは、豊かな人間理性の発露となる「寛容」の精神なしには、誤判の真相究明、ひいてはその予防も叶わないことを悟っていたからにほかならない[23]。

2　現代の「正義」とは

今日では、ジャン・カラスが受けた拷問も、誤判の温床というべき自白の強要も、「自然法」に値する実質的正義に反して許されないことは自明となっている（日本国憲法三六条、三八条二項・三項）。ただ、国際的視野に立てば、不寛容による宗派間、「民族」間、国家間の対立・抗争は、おさまるどころか世界中に蔓延し、ますます激しさを増しており、「寛容」の精神に導かれた秩序回復が、ひとつの現代的「正義」の観を呈している。

これを妨げるのは、国際関係における自力救済の許容、むしろ放任であり、その背後には、各国の軍事的均衡のもとでしか「国際平和」はありえないと断じて憚らない「現実主義」が控えている。核保有国は、自らが保有する核兵器を「抑止力」の仮想理論で正当化しようとするが、「抑止力」理論に依拠した非保有国の核実験や核武装に対しては、自国のことを棚に上げて非難している（核兵器の不拡散に関する条約二条参照）。それでいて、核軍縮義務（同条約六条）の履行懈怠の原因はどこかほかにあるらしい[24]。そうした核不拡散条約をめぐる国家間の緊張関係を第三国の目から見れば、核保有国の言い分も、核武装を意欲する非保有国の言い分も、結局のところ、国際社会における自国の発言力ないし主導権を死守し、あるいはその存在感を誇示するための自己弁護にすぎないと受けとられても致し方ないだろう。人類の生存条件を脅かす地球環境の破壊に対し、有効な手立てが講じられないばかりか、地球温暖化の加速度的進行の事実そのものさえ認めようとしない為政者の手に、何万発もの核兵器の使用権限を委ねたまま「核抑止論」に固執する安全保障の、一体どこが「現実主義」なのだろうか。

不思議な現象ではあるが、時代をリードする支配的な思想やイデオロギーが姿を消したあと、むしろ誰もが共感し、賛同しないではいられない現代的「正義」が、安全保障政策の問題に限らず[25]、いよいよ明確になりつつあるように思われる。一見、多様化する一方の人類の文明社会が、逆説的にも、その命運を左右する深刻な危機に直面し、絶対的「正義」・「不正義」の判断基準を明確にすべき切実な課題を突きつけられているのである。果たして、同時代の司法がこの人類的課題と無縁であってよいものだろうか。

三　司法改革論議の比較検討

本題へ入る前に、日仏両国の司法を象徴する具体的な指標を掲げておく。このような基本情報を念頭におかなければ、全く互角の比較対象として錯覚しかねない。歴然とした相違を前提にしてこそ、両者の対比が意味をもつからである。

日仏両国の法律家人口（2014 年）

	日本	フランス
職業裁判官	2,944 人	8,935 人
検察官	1,877 人	1,882 人
弁護士	35,045 人	63,923 人 （2016 年 1 月 1 日現在）
公証人	669 人 （ただし、2016 年 5 月 16 日現在の定員数）	9,968 人 （2016 年 1 月 1 日現在）

〔備考〕日本は、公証人の定員数を除き、『弁護士白書 2014 年版』による。
フランスは、司法省ホームページ（http://www.justice.gouv.fr/）から入手した《Références statistiques Justice Année 2015》による。

もっとも、司法関係予算を対比すれば、日本の二〇一七年度法務省予算（一般会計七、五〇四億円）と同年度裁判所予算（三、一七七億円）を合算した額が、フランス司法省の同年の予算規模（八五億四三三百万ユーロ）にほぼ匹敵するが、日本の場合は、登記等関係経費（一、二四七億八八百万円）を含むから（フランスの場合、不動産公示手続は財務省の所管）、この点を割り引く必要がある。そして、国家予算全体の中で司法関係予算が占める比率、日本一・〇九六％（二〇一七年度一般会計歳出九七兆四、五四七億円を一〇〇％として）、フランス一・九九九％（同年の歳出予算四、二七三億六九百万ユーロ）を見比べるならば、ここでも両国の間には大きな相違がある。なお、フランスの総人口が日本の約半分であることからすれば、「弁護士の過剰」が叫ばれる日本の現況は、少なくともフランス司法界にとっては理解しがたいであろう。日仏間の法律家人口のコントラストには、量的差異にとどまらず、司法関係役務（サービス）全体の質的差異を窺わせるものがある。その彼我の差の根底には、公教育や外交と肩を並べる「公役務（service public）」として司法サービスを位置づけるフランス独自の思想が作用していると考えられるが(26)、詳細は後回しにしよう。

以下では、二〇世紀末の同時期に行われた司法改革を概観し、今世紀に入ってからも相前後して両国が進めてきた司法改革の中で、とりわけ注目される司法の担い手の育成を目的とした諸改革に焦点を絞り、日仏相互の改革論議の共通点とともに相違点を比較検討してみたい。

1　二〇世紀末の司法改革論議

フランス司法の歴史は、前述した聖王ルイの時代を想起すればわかるとおり、法源、裁判管轄など複雑さを極めた①王政下の裁判、反対に司法組織とその担い手の極端な単純化を志向した②革命期の裁判、①と②を統合しようとした③帝政期の裁判、そして、専門分化の著しい④共和政期の裁判という四つの時代に区分することができると言う[27]。第五共和政以降の歴史に限っても、取り上げるべき事項は、途方もなく多い[28]。本稿では、そうしたフランス司法史の包括的な要約を断念し、遅まきながら、日本の司法にも変化の兆しが訪れる二〇世紀末の司法改革論議から見てゆくことにする。

日本では、前世紀最後の四半世紀以来、民事執行法の制定（一九七九年）を皮切りとして、民事保全法（一九八九年）、民事再生法（一九九九年）、会社更生法（二〇〇二年）、仲裁法（二〇〇三年）、破産法（二〇〇四年）と民事手続法分野の立法が相次ぐことになるが、七〇数年ぶりの大改正となった現行民事訴訟法は、一九九六年（平成八年）六月に公布され、一九九八年一月一日から施行された。主要な改正点は、強制執行等の手続が分離・独立したあとのもっぱら判決手続に関するものである。すなわち、①争点整理手続の整備（早い時期に争点を明確にした集中的効率的な審理の促進）、②証拠収集手続の拡充（文書提出命令の対象となる範囲の拡大、文書提出義務の一般化、当事者間で直接に相手方から情報の提供を受ける当事者照会手続の新設）、③少額訴訟手続（一定額以下の金銭の支払いを請求する事件に限り、一回の審理で即日判決を言い渡す訴訟手続）の創設、④上告の制限（最高裁判所自ら上告を受理すべきかどうかを判断する上告受理申立ての制度の導入）の四つの柱からなり、いずれも民事訴訟の効率性を高め、ますます多様化する紛争への対応能力を向上させることが立法上の眼目とされた。

同じ頃、民事訴訟件数の爆発的上昇と訴訟遅延に悩まされていたフランスでも、効率性の追求は至上命令であった。[29] パリ大審裁判所長ジャン＝マリー・クーロン（当時）が主宰した委員会による報告（以下、「クーロン報告」と呼ぶ）は、増加した司法予算の重点配分――司法官の人員増、裁判所書記課の物的設備、訴訟代理の義務づけの拡張等に伴う「裁判援助（aide juridictionnelle）」[30]――を方向づけつつ、第一審裁判所での裁判官合議制から単独制への移行、訴訟代理人強制主義の拡張、協議離婚手続の簡略化、「緊急審理手続（procédure de référé）」[31]の改良、書面の要式化の推進、判決文の簡略化などを矢継ぎ早に提案した。クーロン報告の分析によれば、昔ながらの仲介役の喪失、肥大化した都市への人口集中、社会の分断、家族関係の変容といった諸要因が、民事紛争を助長し、増大させている。そうした深刻な社会変動により、司法の使命はすっかり様変わりした。前述（一２）した「権利を具体的に実現すべき司法」にとどまらず、「妥協と社会の安寧に向かう司法」を強化する必要がある。[32] そこで、後者に関し、クーロン報告は、裁判外の和解に執行力を付与する手続の整備、裁判援助の一環として、当事者間の和解に貢献した弁護士ほか司法関係職（auxiliaires de justice）への報酬支払い、係争中の和解によって訴訟が終結した場合の報酬の満額給付等を提案したのである。[33]

しかし、現時点に立って振り返れば、前世紀末の司法改革論議は、ありとあらゆる財貨・サービスの商品化を推進する市場化の大波が、地球規模で司法界をも襲う劇的変化の序幕にすぎなかったように思われる。

2　今世紀に入ってからの司法改革論議

先ほど二〇世紀末フランスにおける司法改革の最大の契機が民事訴訟件数の急激な増加にあったと述べたが、同時期の日本の場合はどうだろうか。特別裁判所の設置を認めない日本の司法制度（日本国憲法七六条二項）と専門分化を遂げたフランス司法制度の対比は容易でないが、試みに通常裁判所第一審で新たに受理された年次ごとの民

民事訴訟第一審新受件数の日仏比較

	日本		フランス	
	地方裁判所	簡易裁判所	TGI	TI
1975年（昭和50年）	96,861	56,520	241,083	245,074
1985年（昭和60年）	132,430	232,166	417,552	399,953
1995年（平成7年）	155,367	245,774	650,230	480,929
2000年（平成12年）	154,380	314,533	691,426	562,464

〔備考〕日本については、最高裁判所ホームページ（http://www.courts.go.jp/saikosai/）の司法統計による（通常訴訟のほか、人事訴訟、手形・小切手訴訟および行政第一審訴訟を含む）。フランスについては、Rapport de Coulon, AnnexeII, Tableau 1A（前掲・注29）に依拠したが、2000年に限り、改めてAnnuaire statistique de la Justice, Éditon 2006, p.27 et s. から入手したもの（TGIは大審裁判所、TIは小審裁判所を指す）。

事訴訟件数を取り上げれば、次のとおりとなる。

歴然としているのは、日本の場合、フランスにおけるような民事訴訟の激増といった現象は見られず、そもそも民事訴訟事件総数の規模があまりにも隔たっていることである。日本でも、数度にわたって簡易裁判所に提起される民事訴訟の目的価額（訴額）が引き上げられたため（裁判所法三三条一項一号）、事件数の増加傾向が認められるものの、それも二〇〇〇年以降は頭打ちとなっており、地方裁判所の新受事件数に至っては、二〇一〇年（平成二二年）の二五万八三三〇件をピークとして減少傾向に転じていることは見逃すことができない。ところが、今世紀に入ってからの司法制度改革は、日本が一歩先んじることとなった。

二一世紀初頭を飾る「司法制度改革審議会意見書」（二〇〇一年六月一二日）が、「法曹人口」を大幅に増加させるため、二〇一〇年頃には新司法試験の合格者数三〇〇〇人の達成を目ざし、そうすれば、二〇一八年頃には「実働法曹人口」が五万人規模に達すると見込まれる数値目標を掲げたことは周知のとおりである。この数値目標を達成すべく、同意見書は、新たな法曹養成制度として法科大学院の創設を提案した。法科大学院が、

「司法試験という『点』のみによる選抜ではなく、法学教育、司法試験、司法修習を有機的に連携させた『プロセス』としての法曹養成制度」の中核をなすものと位置づけられたのである。顧みれば、二十一世紀の司法制度のあり方として、①国民の期待に応えるため、利用しやすく、わかりやすく、頼りがいのある制度にすること、②司法制度を支えるため、質量ともに豊かなプロフェッションとしての「法曹」を確保すること、③国民的基盤を確立するため、訴訟手続への国民参加の制度を導入すること、これら三つの柱のうち、特に第二の柱は、その改革全体の成否を左右する意味合いをもたされていたように思われる。それだけに、法科大学院における教育理念は、「国民の社会生活上の医師」としての役割を期待される「法曹」に必要とされる専門的資質・能力の習得と、「かけがえのない人生を生きる人々の喜びや悲しみに対して深く共感しうる豊かな人間性の涵養、向上」を図り、専門的な知識だけでなく、これを批判的に発展させる創造的な思考力や、事実に即して具体的な問題を解決していくための法的分析・論述能力、先端的な法領域についての基本的理解にとどまらず、社会に生起するさまざまな問題への関心を抱かせ、人間や社会のあり方に関する思索や見聞、体験により、「法曹」としての責任感、倫理観の涵養に努めさせるという高邁な精神を謳い上げたものであった。

しかしながら、法科大学院創設後わずか十数年にして、その現状が、当初の教育理念から遠くかけ離れたところにあることは否定しようがない。本稿では、そうした惨状の根本原因を総括することはできないにせよ、新たな司法の担い手を必要とする裁判内外の活躍の場を開拓することなく、司法サービスの供給に見合った需要の確かな見通しもないまま「法曹人口」の飛躍的増大を数値目標にしたこと自体、どだい無理があった。また、それまで高度の職業教育を経験したことのない大学の組織内に、いきなり法科大学院を設置したことも、いささか冒険に過ぎたろうか。

「私は、これに関する諸提案を見ていて、『屋上屋を架する』という評言を想起する。ただし、この言葉の原意は、十分な屋根を備えた家の上にさらに余計な屋根を葺くことを評するものだと思うが、私に浮かぶ意味はこれと違う。雨漏りで仕様のなくなった家の屋根を修理することなく、そのままにしたうえで、さらにその上に新しい屋根を作って雨を防ごうとする姿を考えてしまうのである。(34)」

法科大学院の創設以来、多かれ少なかれその教育に携わってきた大学人は、現状に対する責任のなすりつけ合いをやめ、自分自身の胸に手を当ててじっくり噛みしめるべき言葉であろう。

さて、それでは、フランスは、今世紀に入ってからどのような司法改革に取り組んできたのだろうか。

英米法系の弁護士、アメリカ合衆国のロイヤーとイギリスのソリシターは、一世紀以上も前から、ビジネス法へと方向転換し、彼らの法律実務をコモン・ローの諸特徴に適合させてきたと言われる。実際、イギリスでは、二〇〇三年、その事業活動量が一九〇億ポンド（国内総生産の一・七三％）に達し、「リーガル・サービスの輸出」が、一九九一年から二〇〇六年までの間に四四五百万ポンドから二、六一二百万ポンドへと六倍も増加した。しかし、「フランスでは、事態は大いに異なっている。わが国は、法によって個人が自由となり、そして、法規範が、個人の自由の発露を保護し、均衡を樹立し、資力と富の公正な再分配を確保するために作られるという確信から性格づけられている。／　このユマニスム的理解により、フランスにおける法律専門職の役割および身分規程の伝統的編成が説明されるのである。……すべては、人民の権利義務を保障するために供され、その人民の名において裁判が下される。／　法の使命は、市場のそれと必然的に一致するわけではないのだから、この伝統的な理解は、『リーガル・ビジネス』あるいは法の市場の考え方と距離をおいている。私たちにとっては、法は、取引上の月並みで互換性のある単なる商品ではないのである。(35)」

改革論議の焦点は、フランスにおいてもやはり司法サービスを担う法律専門職のあり方であった。コンセイユ・デタおよび破毀院付き弁護士、控訴院付き代訴士（avoués）、司法競売吏（commissaires-priseurs judiciaires）、裁判所執行吏（huissiers de justice）、公証人といった「独占的な職業活動の将来は、ヨーロッパ共同体の権限によって導かれる被規制専門職の自由化政策に直面し、不確実なものとなっている。……／反目的な対立関係が多数あり、国際レベルでの相対的な弱体性にもかかわらず、これら専門職の分散状態を際立たせる同業組合的退行が、自己防衛とわがフランス法の一定の価値の擁護を困難にしている。／また、これらの法律専門職が、大胆さと進取の気性を欠いているため、必ずしも全部が全部その依頼者の期待に十分応えていないとも考えられる。[36]」

そこで、サルコジ大統領（当時）から命を受けたジャン＝ミシェル・ダロワ弁護士が主宰する委員会は、きっぱりと単一の法律専門職の創設案を排斥したうえ、異種専門職の多岐にわたる改革案をまとめて同委員会名の報告書（以下では、これを「ダロワ報告」と略称）を公表した。具体的には、弁護士職と代訴士職の融合[37]、弁護士の副署名（contreseing）を添えた私署証書の効力強化、弁護士の集団的再編（個人事務所の法人化、チーム単位の弁護士活動、法人形態の機能的改善、弁護士事務所の海外展開や統廃合など）、依頼者と弁護士の関係の透明化（弁護士の選択を容易にする専門分野等の公開、弁護士費用の明確化など）、弁護士懲戒手続の改善、弁護士の新たな活動領域（スポーツ・芸能関係エージェント、企業内弁護士、企業の戦略的ポストの解禁？）の公認といった弁護士職の革新が目立つ。これに対し、それ以外の専門職の改革はだいぶ控え目である（公証人有資格者の就業促進、執行吏、競売吏等の相互乗り入れなど）。

ところで、「ダロワ報告」のもうひとつの目玉は、種々の法律専門職の養成を目的とした「法学校」創設の提案であった。

「法学関係においては、大学教育は、専門職養成の見通しに立って十分には方向づけられていない……。／そのうえ、法律専門職の大部分が、同じ大学教育の中で修得すべき知見や方法を共有するものでありながら、ごく最近でも、この自明に属する事柄が検証されることは少なくなっている。[38]」

現状では、法律家というひとつのコミュニティーへの帰属意識が希薄なだけに、法律家を養成するための共通教育が必要であるように思われる。「今日ほど、専門職相互の接近と、異なる法律専門家同士の協力を促進する目的で共通の文化を発展させること」が求められる時代はなく、「単一の法律専門職という目的を達成することができないならば、特に可能な限り共通の研修教育課程によって統合された法律専門職という目的を掲げることが現実的である」[39]。それゆえ、大学から各種の専門職養成機関（弁護士職養成地域圏センター〔CRFPA〕、公証人職養成地域圏センター〔CRFPN〕、国立司法官学校〔ENM〕）への「通過点」として位置づけられた「法学校」の創設が提案されたのである。

ところが、最初に「法学校」創設の名乗りを上げたのは大学ではなかった。「学際性と国際性」は、わが法学校の「ふたつの乳房」、豊かさの源泉だと開学の精神を語ったのは、大学以外の高等教育機関、グランド・ゼコールを代表する国立行政学院（ENA）への登竜門としてもよく知られたパリ政治学院（Institut d'études politiques de Paris, Sciences Po）であった[40]。この政治学院が開設する法学校には、同学院の出身者のみならず、広く高等教育第一課程（大学入学資格Bac取得後、二年間の第一課程DEUGを修了し、一年ないし三年の間に学士licence・修士maitriseの学位を取得する課程）相当の教育を受けた「法学部」（一九六八年の学部廃止後も用いられる法学系の教育研究単位の通称）出身者以外の学生を受け入れ、在学中には、弁護士事務所、企業、行政機関等での実習の機会を設けるなどして、「学部間の壁に阻まれた法学教育の抽象的性格と訣別するため、」高度の実践的教育を実現しようとする目論見である。

これに対して猛反撥したのは、ほかでもない「法学部」の法学教育を担ってきた大学人であった。なかでも、その急先鋒となったのは、政治学院に新設される法学校を「法の料理人学校」と表現し、「金儲け主義の法学教育観」を公然と批判したフィリップ・マロリーパリ第二大学名誉教授である。すなわち、「法学教育は、高収入または『超高級レベル』の追求ではなく、知性あふれる精神、鍛え抜かれた頭脳の持主を育てること、ひとつの規範、ひとつの判断、ひとつの法律、正義が何であるかを理解し、社会諸現象を決定づける得体のしれない根本原因にも気づく人間の育成を目的とするものである。[41]」

確かに、「法の国際市場」、法学教育の「コペルニクス的革命」、「平均額以上の給与水準の就職先」といった言辞を弄する政治学院の野心的でかつ挑発的でさえあるマニフェストは、物議を醸して当然であった。しかし、その批判の矢面に立った校長クリストフ・ジャーマンは、「料理人学校」の揶揄を逆手にとって「法の料理」と題された小著を刊行した。「法学部の衰退は、社会制御のひとつの形態の終焉を物語るものであり、法学部がその番人であったリーガリズムや神聖化された法の信仰を介し、ブルジョワ社会とつながる社会制御の形態が消滅したことを物語るものと言える。……もっと手短に説明すれば、法律（司法関係）専門職は、法学部にとって死活問題だが、その構成員の養成は、正直なところ、もう法学部には任せられないのである。[42]」もっとも、当初は、政治学院と大学との全面対決の様相を呈したが、その後は、パリ第一・第二大学ほか全国の国立大学でも法学校の設立が相次ぎ[43]、現在では、法学校制度がすっかり定着したかに見える。

3　日仏改革論議の共通点と相違点——本稿のむすびを兼ねて

二〇世紀末の司法改革論議を見る限り、裁判にかかる費用と時間を節約し、その効率性を追求したところや、多様化した紛争の司法的解決の実効性を確保し、国民の信頼に応えようとしたところなど、日仏間の共通点は少なくなかったように思われる。今世紀に入ってからも、期せずして司法の未来を支える担い手の育成に関心が寄せられたことは、大いに注目される。

しかしながら、より綿密に相互の比較検討を試みるならば、国民への司法サービスを担うべき法律家人口もさることながら、裁判に持ち込まれる民事紛争の事件数にも、大きな落差が認められる。短絡的な見方は慎むべきだが、古今東西を問わず、現世において争いの種が尽きることはないとすれば、日本では、依然としてその大部分が司法外の処理に委ねられ、裁判として顕在化するのは氷山の一角でしかないように思われる。だからこそ、社会の暗部に沈んだ事件を明るみに出す司法は、司法外の、特に暴力をちらつかせた勢力との綱引きに負けてはならず、英知を結集して国民に対する司法サービスの向上に励むことが求められるのである。この意味において、司法改革という国民的課題は終わりのないものであることを覚悟しなければならない。ところが、昨今の日本では、法科大学院の不評ばかりが目立ち、肝心の改革論議は、一時のブームのように沈滞してしまった。

それに比べれば、フランスの司法改革論議は、なお健在であり、むしろますます意気軒昂である。二〇一六年には、二十一世紀の司法現代化法[44]が制定され、司法改革の歴史は新たな段階を迎えている。この現代化法は、改めて司法が公役務であることを明文化し（司法組織法典L一一一―一条一項）、これが司法の「無償性」[45]（同条二項）を根拠づける基本概念であることを確認した。公役務としての司法の位置づけから、破毀院や民商事司法、刑事司法に関する諸改革、司法外の多岐にわたる法改正が盛り込まれており、ほとんど要約困難だが、その中でも目を引くのは、司法へのアクセスを容易化するために一本化された相談窓口（Service d'accueil unique du justiciable）の新設（司法組織法典L一二三―三条）、異なる法律専門職間のバーチャル情報ネットワークの相互接続・運用の取り組みであろう[46]。すでに公役務としての司法の「デジタル化」が進行していると言われる。

こうして相違点を挙げてゆけば際限はないが、最後に本質的と思われる三点のみを指摘しておきたい。

第一に、日本の場合は、近代司法制度の出発点から、紛争を未然に防止する「予防司法」の観点が欠落していた[47]。司法制度改革審議会の意見書でも、不可解なほどに全く言及が見られなかった。これでは、「人口過剰」の帰結は必然的でさえあったろう。

第二に、分業化された法律家像を伝統とするフランス司法が、英米流の単一の法律家像を拒み続けているのに対し、日本では、弁護士の一元的な法律家像が、いとも簡単に受け入れられていることである。「的確に法律相談に対応して、この事件は弁護士に回した方がよいと思えば弁護士へ回す……。そこから、弁護士と司法書士との連携が大事な問題になります。弁護士法二七条に斡旋禁止の規定がありますけれども、これは弁護士会との間で話をつけて解消すべきだと思うのです。[48]」このようなごく当たり前の提案が、長い間、どうして支持を得られなかったのだろうか。

ここまでくれば、第三の決定的な相違点として、日仏間には、司法が提供すべき国民サービスについての基本的理解の隔たりがあることに気づくはずである。何より、国民にとっての司法の役割が、個別具体的な小さな正義の実現にあるとすれば、たやすくそのための司法サービスの「商品化」を許容し、あたかも国際的な市場競争の一環のごとく法律家養成を論じることなど許されるものではない。どこまで警戒心をもって臨んだか、法科大学院教育に携わった大学人のひとりとして、今さらながら自問自答を繰り返すばかりである。

（1）内閣官報局『法令全書（明治五年ノ一）』四六五頁以下。
（2）福島正夫「司法職務定制の制定とその意義――江藤新平とブスケの功業」、同著作集第一巻（勁草書房、一九九三年）所収八九頁。
（3）横山晃一郎「刑罰・治安機構の整備」、福島正夫編『日本近代法体制の形成』上巻第五章（日本評論社、一九八一年）三〇九頁。
（4）一方では、「犯罪ノ蹤跡《しょうせき》已ニ瞭然タルニ犯人白状セサレハ判事鞫問《きくもん》シ尚白状セサレハ之ヲ拷問ス」と露骨に拷問による自白強要を肯定しながら、もう一方では、民事に関しても、検事の出席がなければ判事だけで裁判することができず、検事に対し、「弧弱婦女ノ訟ニ於テハ殊ニ保護注意シ貧富貴賤平当ノ権利ヲ得枉屈《おうくつ》無ラシム」（二四条）ように求めた先進性は、同一法令の中にあって「一種の奇観ともいえる矛盾」（福島・前掲論文八八頁）であったことは確かである。わが近代司法制度の初期段階での守旧革新ないまぜの状況を示す一事と言えよう。

（5）「分業の行われる市民社会においては、人と人との差異は量的差異に帰せられ、哲学者も日雇労働者ももともと同格であり、先天的差異はないのである……。したがって、ここにおいては等価の法則が、平等が貫徹しなければならない。／ところが、わが国においては、分業関係であるべき関係が往往にして上下関係となっている。」（江藤价泰「『法律家』間の社会的分業に関する雑感」、長谷川正安先生追悼論集『戦後法学と憲法』（日本評論社、二〇一二年）四四八頁）これは、アダム・スミスの分業論から説きおこし、幾度となく強調された故江藤价泰先生の持論であった。

（6）福島・前掲論文七八頁以下。ブスケ雇入れの経緯については、堀内節「御雇法律教師のブスケとボアソナード――雇入から雇止までの経過」比較法雑誌八巻一号一三八頁以下が詳しい。

（7）穂積陳重「フランス民法をもって日本民法となさんとす」、同『法窓夜話』（岩波文庫、一九八〇年）第六一話、二一〇頁以下。もっとも、「誤訳もまた妨げず、ただ速訳せよ」と箕作麟祥博士に命じた江藤新平の意図が外国法典の直訳的輸入一辺倒であったかどうかは疑問の余地があり、野田良之「明治初年におけるフランス法の研究」『日仏法学』第一号二七頁以下が指摘するように、一面的な見方は慎むべきだろう。野田・上掲論文は、栗本鋤雲、江藤新平、箕作麟祥、ジョルジュ・ブスケ、ボワソナードといった日本法の「近代化」に献身した先人の「学恩」に対し、わが学界が十分に報いていないことを顧みたうえ、もう一度「その思想から、その精神から、多くのものを汲みとるべき」（五三頁）と私たち後進に託しており、今なお警世的である。

（8）ブスケ＝野田良之・久野桂一郎訳『日本見聞記２』（みすず書房、一九七七年）五五八―五五九頁。手塚豊「司法省法学校小史（１）」法学研究四〇巻六号五四頁以下は、貴重な原史料にもとづき、司法官の養成に特化していた明法寮（司法職務定制七九条以下）が、大学南校（当時）からの入学者にも門戸を開いて法学徒を育成し、ブスケの建設的な提案（手塚豊「司法省御雇外人ブスケの法学校に関する建議」法学研究四一巻四号六二頁以下）を参考にしながら、本格的な法学教育を始動させる経過を手堅く描写している。なかでも、明法寮存亡の危機に際し、自ら授業を傍聴し、受講生の成長ぶりに感服した江藤司法卿の英断により、その危機をかろうじて免れたエピソードは感動的でさえある（四〇巻六号六六―六七頁）。

（9）磯部四郎「民法編纂ノ由来ニ関スル記憶談」法学協会雑誌三一巻八号一五四頁。

（10）三ヶ月章「フランスの司法制度について」、同『民事訴訟法研究』第四巻（有斐閣、一九六六年）一一〇頁。

（11）J. Hilaire, v° *Saint Louis*, in L. Cadiet (dir.), *Dictionnaire de la Justice*, PUF, 2004, p.1190.

（12）Ordonnance de Saint Louis contre les duels, *Les Établissements de Saint Louis*, publiés par P. Viollet, t.I, Paris, 1881, pp.487-488. この時代、民・刑事の分岐がどこまで進展していたかは明らかでないが、本文で引用した禁止令は、刑事に関するものであり、悪しき慣習と決別する断固とした態度表明となっている。すでに衰微しつつあった民事に関する禁止令（*ibid.*, p.337）では、ニュアンスも大いに異なる。

（13）証拠法の変遷については、今村与一『意思主義をめぐる法的思索』（勁草書房、二〇一八年）第三章の参照を乞う。驚くことに、イギリスでは、ジョージ三世治世下の一九世紀まで「裁判上の決闘」の事例を見つけることができると言う（E. Vergès, G. Vial et O. Leclerc, *Droit de la preuve*, PUF, 2015, n°48）。

（14）以下の事件は、聖王ルイの「全体史」としてまとめられた最新の伝記、J. Le Goff, *Saint Louis*, Gallimard, 1996, p.240 et s.（J・ル・ゴフ（岡崎敦・森本英夫・堀田郷弘訳）『聖王ルイ』（新評論、二〇〇一年）二九二頁以下）にも詳しく紹介されている。本稿では、複数の史料を分析し、その全貌を明らかにしようとしたE. Faral, *Le procès d'Enguerran IV de Couci*, *RHD*, 1948, p.213 et s. を適宜に参照した。

（15）同輩衆による裁判については、Fr. Olivier-Martin, *Histoire du droit français, des origines à la Révolution*, éd. Domat Montchrestien, 1948, n°104, Fr.オリヴィエ－マルタン（塙浩訳）『フランス法制史概説』（創文社、一九八六年）二一四―二一五頁を参照。

（16）E. Faral, *op.cit.*, p.227.

（17）*Ibid.*, p.246.

（18）十三世紀、ボヴェジの慣習法集を著したボーマノワールの時代から、占有訴訟と所有権にもとづく訴訟が明確に区別されるようになった（たとえば、占有訴訟の敗訴後も所有権にもとづく訴訟を認めたPh. de Beaumanoir, *Coutumes de Beauvaisis*, publié par A. Salmon, t.Ier, Paris, 1899, n°961, 塙浩訳『ボマノワール・ボヴェジ慣習法書』（信山社、一九九二年）三六三頁）。

所有権確認等の訴訟は、従前と同じく領主裁判所の管轄に属するが、占有訴訟は、王の裁判所が専属裁判権を有する訴訟事件《cas royaux》に準じ、王の裁判官が先取り的に裁判権を行使すれば、領主裁判所に移送する必要がなかった。この時代に生まれた「占有の訴え」と「所有権の訴え」の併合禁止原則が、数百年を隔てて近代日本に持ち込まれ、どのような変質を被ったかは、三ヶ月章「占有訴訟の現代的意義――民法二〇二条一項の比較法的・系譜的考察」、同『民事訴訟法研究』第三巻（有斐閣、一九六一年）一頁以下で詳細に分析されるとおりである。

(19)「司法権は、中世には、主権から派生する諸特権に近いきわめて広範なものと解された。これにより、訴訟を裁く権利だけでなく、万が一の場合は、その所領に共通する利益を守るための一般的な措置を講じる権利も与えられたのである。王と同様、領主は、原則として自己の所領の諸慣習を侵すことはできなかったが、その所領全土に適用される罰令（bans）または新法令を発することができた。その法令違反に対しては、罰金による制裁が加えられることになる。」（Olivier-Martin, *op.cit.*, n°103, 塙訳二一二頁）

(20) Ph. Malaurie, *Cours de droit civil, Introduction générale à l'étude du droit*, Éd. Cujas, 1991, n°305, p.99.

(21) *Ibid.*, n°32.

(22) ラングドック地方の中心都市、トゥルーズの商人ジャン・カラスが、地元でも数少ない新教徒であり、その家族のほとんども新教徒であったため、カトリックへの改宗を考えていたとされる息子殺しの嫌疑をかけられ、高等法院の判決により、車責めの刑に処せられた「カラス事件」については、石井三記『18世紀フランスの法と正義』（名古屋大学出版会、一九九九年）第二章が詳しい。

(23) Voltaire, *Traité sur la tolérance à l'occasion de la mort de Jean Calas*, Mélanges, Pléiade, 1961, p.563 et s. この博引傍証の著作の理解を助ける翻訳として、ヴォルテール（中川信訳）『寛容論』（中公文庫版、二〇一一年）を参照。

(24) 二〇一七年七月七日、核兵器の禁止に関する条約が国連会議で一二二か国の賛成を得て採択されるまでの核軍縮の動向については、山田寿則「核軍縮義務の実現をめぐる法と政治」法の科学（二〇一七年）四八号六三頁以下。

(25) 沖縄普天間基地移設問題から既存の安全保障政策の欺瞞性を衝こうとするのは、新外交イニシアティブ編『虚像の抑止力――沖縄・東京・ワシントン発安全保障政策の新機軸』（旬報社、二〇一四年）。

(26)「司法はまた、……国民教育または外交・外務と同じ資格で公役務でもある。その人員、その予算から重きをなすものとは言えないにせよ、少なくとも国家におけるその位置づけから、ひとつの重要な公役務とされるのである。」(R. Perrot, *Institutions judiciaires*, 16e éd. par B. Beignier et L. Miniato, LGDJ, 2017, n°58) ここでいう「公役務」とは、「公権力によって確保されるべき全体利益のための活動であり、私人への委託の対象とされることがあるもの」(P. Avril et J. Gicquel, *Lexique de droit constitutionnel*, 4e éd., PUF, 2013, p.114) と定義される。昨今では、公役務が委託される例もめずらしくないが(今村与一「『民営化』後の民事責任」、山田卓生先生古稀記念論文集『損害賠償法の軌跡と展望』(日本評論社、二〇〇八年)一〇七頁以下)、公権力によって掌握された司法は、行政法上の用語法とは異なり、「私人への委託」の余地はなく、その意味で最も古典的な公役務のひとつと言えよう。公役務としての司法の概念が、改めてフランスの司法組織法典(Code de L'organisation judiciaire)上に明文化されたことは後述のとおり。

(27) J.-P. Royer, v° *Histoire de la justice*, in *Dictionnaire de la Justice*, p.584 et s.

(28) 一九七〇年代までは、江藤价泰「フランスの司法制度改革」、東京大学社会科学研究所編『戦後改革4 司法改革』(東京大学出版会、一九七五年)四一七頁以下の労作がある。

(29) 現行フランス司法制度における破毀院(Cour de cassation)、控訴院(Cour d'appel)、大審裁判所(Tribunal de grande instance)、小審裁判所(Tribunal d'instance)、労働審判所(Conseil de prud'hommes)および商事裁判所(Tribunal de commerce)の新たな受理事件の総数は、一九七五年に八二万六二六五件であったのが、一九九五年には一八三万六九五〇件にまで増加し、二〇〇〇年には二〇五万一九九一件に上るものと見込まれている。同じく上記裁判所の終結事件の総数は、一九七五年に七九万一七四七件、一九九五年に一八〇万五三五七件、二〇〇〇年には二〇〇万一五三八件と推計されているから、毎年の新受件数が終結件数を上回っている。二〇〇〇年の推計件数は、一九七五年の何と三倍近い上昇である。訴訟遅延で言えば、控訴院の平均審理期間が、九・四か月(一九七五年)から、一八・〇か月(一九九五年)、二三・八か月(二〇〇〇年)へと長期化し、大審裁判所でも、七・二か月(一九七五年)から、一〇・八か月(一九九五年)、一二・三か月(二〇〇〇年)へと長引く傾向にある。V. J.-M. Coulon, M.-N. Teiller et E. Serrand, *Réflexions et propositions sur la procédure civile, Rapport au Garde des Sceaux, Ministre de la Justice*, La Documentation française, 1997, pp.14-15, AnnexeII, Tableau 1A, 3A et 4.

（30）　広義の「法的支援（aide juridique）」に関する一九九一年七月一〇日の法律（loi n°91-647 du 10 juillet 1991 relative à l'aide juridique）は、訴訟以外の場面でも法へのアクセスを容易にする「司法援助（aide à l'acces au droit）」（五三条以下）を新たに導入した点で画期的だが、資力不足の訴訟当事者のため、その負担となる諸費用の全部または一部を無償化する従来からの「裁判援助」は、同法により、《aide judiciaire》の名称を改め、《aide juridictionnelle》と呼ばれるようになった（二条以下）。渡辺洋三・江藤价泰・小田中聰樹『日本の裁判』（岩波書店、一九九五年）一五三頁以下は、日本の法律扶助（総合法律支援法が制定される二〇〇四年まで、法律扶助協会が中心となって運営してきた弁護士費用等の補助事業）とのとてつもない隔たりを指摘し、江藤价泰「フランスにおける裁判救助制度——一八五一年一月二二日の法律制定まで」、染野義信博士古稀記念論文集『民事訴訟法の現代的構築』（勁草書房、一九八九年）六七頁以下は、日本の訴訟救助（民事訴訟法八二条以下による訴訟費用等の支払猶予）のルーツまで遡り、彼我の差を明らかにする。

（31）　日本でいう民事保全手続に相当する同手続については、江藤价泰「フランスにおける『仮処分』制度——Référé の一端」、同『フランス民事訴訟法研究』（日本評論社、一九八八年）二四三頁以下の先駆的な紹介がある。

（32）　Rapport de Coulon, *op.cit.*, p.17.

（33）　*Ibid.*, p.61.

（34）　清水誠「司法改善のための短見（続・市民法の目12）」法律時報七二巻四号八五頁。

（35）　Commission présidée par J.-M. Darrois, *Vers une grande profession du droit, Rapport sur les professions du droit*, La Documentation française, 2009, pp.10-11.

（36）　*Ibid.*, p.31.

（37）　革命期以来、当事者の補佐・助言役としてその弁護に当たり、特に法廷での口頭弁論を引き受ける弁護士と、当事者の訴訟代理人として申立書ほかの書面作成に当たる代訴士の二元制は、フランス民商事訴訟手続の特徴をなしていたが、法律専門職の改革に関する一九七一年一二月三一日の法律により、第一審段階での二元制は廃止され、控訴院付き代訴士による独占的訴訟代理の義務づけのみが残されていた。「ダロワ報告」は、代訴士制度の全面的廃止を提案し、二〇一一年一月二五日の法律により、その廃止が本決まりとなり、同法は、二〇一二年一月一日から施行された。

（38） Rapport Darrois, *op.cit.*, p.83.

（39） *Ibid.*, p.85.

（40） 《*La spécificité de l'École de Droit tiendra aussi aux parcours de ses élèves*》, entretien avec R. Descoing et Ch. Jamin, *JCP* G, n°42, 12 oct. 2009, 324.

（41） Ph. Malaurie, *La nouvelle École de droit Sciences Po, L'École des cuisiniers du droit*, *Droit et patrimoine*, n°187, déc. 2009, p.23. 現在でも、マロリー教授は、その当時を振り返りつつ、「法学教育をなすべき場所は、無節操でない法学部である」との信念を曲げていない（Ph. Malaurie, *Pourquoi une introduction au droit?*, *JCP* G, n°45, 7 nov. 2016, 1189, p.2046）。そう言えば、日本でも法科大学院をめぐる議論が盛んであった頃、筆者自身も、法学教育のあり方について留学時代の恩師に問いかけたことがあった（今村「資料・フランスにおける大学教育の実情について」岡山大学法学会雑誌五二巻四号一六九頁以下）。

（42） Ch. Jamin, *La cuisine du droit*, Lextenso, 2012, p.76. 同書は、単なるプロパガンダの書ではなく、著者なりの学問的良心と学識を示した作品となっている。たとえば、異文化に触れる交換留学の意義を説いた文脈中、「『所有権』という言葉を用いる日本の法律家が、そこに西欧の法律家と同じものを見ているかどうかは確かでない」（*ibid.*, p.223）というハッとさせられる指摘に出くわす。同書をめぐる背景事情は、大村敦志「グローバリゼーションの中の法学教育——パリから東京へ、中間報告」法の支配六九号（二〇一三年）三五頁以下でも紹介されている。

　二〇一三年九月、訪仏に際し、ジャーマン校長との面会を求めたところ、快く応じていただいた。その会見では、公証人職の見方が冷淡に過ぎないか（*ibid.*, p.137）、法学部だけでなく法学説にも批判を加え、孤立無援ではないのか、全国に波及している法学校設立の動きをどう見ているか、民法の講義も英語でこなしているのかなど、不躾な質問に対し、たいへん誠実に答えてもらった。ここに記して政治学院への感謝の意を表したい。

（43） *L'École de droit de la Sorbonne est créée au sein de l'université Paris I*, entretien avec L. Aynès et B. Mathieu, *JCP* G, n°7, 11 fév. 2009, 112 ; *La faculté de droit de l'Université Lyon III met en place une École de droit, à titre expérimental*, entretien avec H. Croze et L.-A. Barrière, *JCP* G, n°27, 29 juin 2009, 68. フランスの法学校は、二〇一七年現在、フランス全土三一都市の国立大学に及び、大学以外に設置された法学校も増えているけれども、本稿では、その詳細にまで立ち入ることができない。

（44）　Loi n°2016-1547 du 18 novembre 2016 de modernisation de la justice du XXIe siècle.

（45）　司法の「無償性」は、元来、訴訟当事者が裁判官に（その報酬を）支払うことはないという意味にすぎないが（Perrot, *op.cit.*, n°71）、司法の前の平等性を確保するため、その延長上に力強い「裁判援助」の裏づけがあることはすでに述べた（前掲注（30））。

（46）　F. G'sell, *L'accès au droit et la poursuite de la modernisation des professions réglementées dans la loi de modernisation de la justice du XXIe siècle*, JCP G, n°52, 26 déc. 2016, 1406.

（47）　「私的所有権が人権として観念されず、したがってまた私権それ自体も全面的な自立的存在として位置づけられていない当時においては、予防法律家という概念が社会的に承認され、定着するはずもなかった。」（渡辺・江藤・小田中・前掲書二四八頁）

（48）　江藤价泰『司法書士の社会的役割と未来——歴史と法制度改革を通じて』（日本評論社、二〇一四年）三二六頁。

最近の原発差止め訴訟の立証責任論について

――伊方判決の変質・回帰と脱却――

関西学院大学教授　神戸秀彦

一　はじめに

二〇一一年三月一一日の東日本大震災後の福島第一原発（以下、福島原発）事故から、既に丸七年となるが、二〇一一年末の野田首相（当時）の事故収束宣言とは裏腹に、事故の収束は見ていない。それどころか、廃炉問題・汚染地下水問題・避難者問題等枚挙に暇がないほどの未解決の問題が山積している。ところで、二〇一二年発足した原子力規制委員会の新規制基準のもと、福島原発以外の原発の再稼働が進められている。23基の審査の申請があり、適合とされた川内1・2号機、高浜3・4号機、伊方3号機の5基の再稼働が行われ、他方で、福島第一1～6号機以外に玄海1号機など6基の廃炉が決定された。現在、民事の差止め請求では、仮処分を含め24件が地裁・高裁に係属中である。以下では、筆者の関心の関係から、民事訴訟に限定して検討する。福島事故後のもので、民事の仮処分決定としては、以下のものがある(1)。

①大飯3・4号機差止め仮処分事件大阪地裁決定（二〇一三〈平二五〉年四月一六日・債権者〈住民〉申立却下、債権者即時抗告）

②大飯3・4号機差止め仮処分事件大阪高裁決定（①の即時抗告審、二〇一四〈平二六〉年五月九日・抗告人〈住民〉の申立却下）

③大飯3・4号機および高浜3・4号機差止め仮処分事件大津地裁決定（二〇一四〈平二六〉年一一月二七日・債権者〈住民〉申立却下、債権者即時抗告せず）

④高浜3・4号機差止め仮処分事件福井地裁決定（二〇一五〈平二七〉年四月一四日・債権者〈住民〉申立認容、債務者〈関西電力〉保全異義申立）

⑤川内1・2号機差止め仮処分事件鹿児島地裁決定（二〇一五〈平二七〉年四月二二日・債権者〈住民〉申立却下、債権者〈住民〉即時抗告）

⑥高浜3・4号機差止め仮処分事件福井地裁決定（二〇一五〈平二七〉年一二月二四日、④決定に対する保全異議審・債権者〈住民〉の申立を認めた④決定取消、債権者の保全抗告後取下げ）

⑦大飯3・4号機差止め仮処分事件福井地裁決定（二〇一五〈平二七〉年一二月二四日、債権者〈住民〉の申立却下）

⑧高浜3・4号機差止め仮処分事件大津地裁決定（二〇一六〈平成二八〉年三月九日、債権者〈住民〉申立認容・債務者〈関西電力〉保全異義申立）

⑨川内1・2号機差止め仮処分事件福岡高裁宮崎支部決定（二〇一六〈平二八〉年四月六日、⑤決定に対する即時抗告審・債権者〈住民〉の抗告棄却、確定）

⑩高浜3・4号機差止め仮処分事件大津地裁決定（二〇一六〈平成二八〉年七月一二日、⑧決定の保全異議審・⑧決

定を認可、債務者〈関西電力〉保全抗告申立）

⑪高浜３・４号機差止め仮処分事件大阪高裁決定（二〇一七〈平成二九〉年三月二八日、⑩決定に対する保全抗告審、債権者〈住民〉の申立を認めた⑧・⑩決定取消、確定）

⑫伊方３号機差止め仮処分事件広島地裁決定（二〇一七〈平成二九〉年三月三〇日、債権者〈住民〉の申立却下、債権者〈住民〉即時抗告）

⑬玄海原発３・４号機差止め仮処分事件佐賀地裁決定（二〇一七〈平成二九〉年六月一三日、債権者〈住民〉の申立却下、債権者〈住民〉即時抗告）

⑭伊方３号機差止め仮処分事件松山地裁決定（二〇一七〈平成二九〉年七月二一日、債権者〈住民〉の申立却下、債権者〈住民〉即時抗告）

⑮伊方３号機広島高裁決定（二〇一七〈平成二九〉年一二月一三日、債権者〈住民〉の申立認容、債務者〈四国電力〉保全異議申立）

また、民事の本案判決としては、以下のものがある。

⑯大飯３・４号機差止め訴訟福井地裁判決（二〇一四〈平二六〉年五月二一日・請求認容、債務者（被告）〈関西電力〉控訴、高裁係属中）

結論的には、④・⑧・⑩・⑮と⑯（以上、太字で表記）が、債権者（原告）住民の申立（請求）を認容し、[2]①〜③・⑤〜⑦・⑨・⑪〜⑭が債権者（原告）住民の申立を却下（または棄却）した。見られるように、新規制基準適合とされ再稼働を開始した川内１・２号機と高浜３・４号機と伊方３号機、新規制基準適合とされた大飯３・４号機と玄海３・４号機が、いずれも仮処分申立の対象となっている。

このうち、川内１・２号機では、⑤と⑨が仮処分申立を却下（または結論を維持）して確定し、再稼働した。高浜3・4号機では、④・⑧・⑩がそれぞれ仮処分を認容したが、後に⑥・⑪が仮処分を取り消して確定し、再稼働（または停止後再稼働）している。[3] しかし、伊方3号機では、⑫・⑭がそれぞれ仮処分申立を却下したが、⑮が仮処分を認めて、再稼働はしたものの現在は停止している。さらに、大飯3・4号機では、①～③・⑦が仮処分申立を却下（または結論を維持）し、また、⑯が本案の差止め請求を認容したものの、被告による控訴がなされ、再稼働の中止には至っていない（同3号機は再稼働した）。また、玄海3・4号機でも、⑬は仮処分申立を却下しており、再稼働の中止には至っていない（同3号機は再稼働した）。

本稿は、特に、以上の諸決定等の内注目すべきもの決定（傍線を付したもの）を幾つか取り上げ、その総論部分である原発の「安全性」の立証責任に限定して、検討を行うことを目的とする。その際、以上の諸決定等と共に、伊方原発最高裁判決などを中心とした福島原発事故以前の諸判決との展開との対比を行う。ただし、個々の判決・決定において展開されている個別の争点については触れず、必要な限りで触れるに留めたい[4]。

なお、原発の差止め決定・判決をめぐる行政訴訟・民事訴訟の役割分担論や原発差止め訴訟をめぐる裁判所の審理のあり方をめぐる議論[5]については、今回は触れることを避けて、別の機会に検討を加えることとしたい。

二　伊方原発最高裁判決の立証責任論

1　伊方原発最高裁判決（以下、伊方判決）の判旨

まず、周知の原発の設置許可に関する行政訴訟（取消訴訟）である伊方判決[6]の立証責任に関する判示を見てみよう。次のようなものであった。つまり、

原子炉規制法二四条一項「各号の所定の基準の適合性については、各専門分野の学識経験者等を擁する原子力委員会の科学的、専門技術的知見に基づく意見を尊重して行う内閣総理大臣の合理的な判断にゆだねる趣旨と解する」。

「原子炉設置許可処分についての右取消訴訟においては、右処分が前記のような性質を有することにかんがみると、被告行政庁がした右判断に不合理な点があることの主張、立証責任は、本来、原告が負うべきものと解されるが、当該原子炉施設の安全審査に関する資料をすべて被告行政庁の側が保持していることなどの点を考慮すると、被告行政庁の側において、まず、その依拠した前記の具体的審査基準並びに調査審議及び判断の過程等、被告行政庁の判断に不合理な点のないことを相当の根拠、資料に基づき主張、立証する必要があり、被告行政庁が右主張、立証を尽くさない場合には、被告行政庁がした右判断に不合理な点があることが事実上推認されるものというべきである。」

とされている（傍線―筆者、以下同様）。ここでは、原告が、専門的技術的知見に基づく内閣総理大臣の判断による原子力設置許可の取消しを求める場合、原告が、本来、主張立証責任を負うこと、そして、安全審査資料の偏在状況から、まず、被告が、被告の判断過程に不合理な点のないことの主張立証を尽くす必要があり、それを尽くさない場合、被告の判断に不合理な点があることが事実上推定されることが述べられている。ただし、周知のように、判決の結論は、原告の請求棄却となっている。

振り返ると、伊方判決の第一審判決は、安全審査資料の偏在や原告の専門的知識の不足を根拠として、「公平の見地から、当該原子炉が安全であると判断したことに相当性のあること」について、原則として、「被告の立証すべき事項」である、とし、安全性の立証責任は被告行政庁にあるとしていた。[(7)] 同様に、伊方判決の第二審判決も、安全性に本質的にかかわる不合理な点の存否について、被告「行政庁において、自己の判断が不合理でないことを主張立証すべきもの」[8]、として、被告行政庁に立証責任がある、としていた。つまり、伊方判決は、これら下級審が、原発の設置許可の立証責任は被告にあるとしていた判断を転換したのである[9]。

2　行政法学上の立証責任論

伊方原発訴訟は、行政訴訟（取消訴訟）だったので、まず、行政法学者による立証責任論をめぐる議論を見てみると、取消訴訟の立証責任について、通説は形成されていない、と指摘されている。つまり、（ⅰ）法律要件分類説、（ⅱ）調査義務反映説、（ⅲ）権利性質説、（ⅳ）個別具体的判断説、（ⅴ）法律による行政の原理説の五つの説[10]がある、とされている[11]。（ⅰ）は、民法の法律要件分類説にならい、行政処分の根拠法を権限行使規定（○○の時は△△の処分をする）と権限不行使規定（○○の時は△△の処分をしてはならない）とに分ける。そして、前者では、権限行使を主張する者（積極処分〈例：許可取消等〉では被告行政庁（以下、行政庁）、消極処分〈例：申請拒否処分〉では原告）が、後者では、権限不行使を主張する者（積極処分では原告、消極処分では行政庁）が、立証責任を負う、とする。しかし、行政法の規定は民法と違い、行政機関の行為規範として立法されており、この四つの分類からだけは分配できないと批判されている。（ⅱ）は、行政庁は、法令を誠実に実行する義務が負うが、その一環として調査義務を負うので、行政処分を適法とさせる事実について行政庁が立証責任を負う、とする。しかし、行政過程における私人（である原告）の行為についても、立証責任のレベルで考慮すべきだ、と批判されている。（ⅲ）は、私人の自由権か、私人の社会権か、といった権利の性質を重視し、例えば、私人の自由の制限を解除する許可を拒否する処分では行政庁が、国民の生活を保障する社会保障給付申請を拒否する処分では私人が責任を負うとする。（ⅳ）は、基本的には、当事者の公平・事案の性質・立証の難易などを考慮して決める、とするものであるが、具体的基準を提示していないので、(iii)の主張も加味する必要がある、とする。つまり、その結果、(iv)は、行政処分の実質に着目した上で、侵害処分では原則として行政庁、申請拒否処分では、原告の地位を考慮し、それが自由の回復・社会保障請求権である時は行政庁が、資金交付請求である時は原告が責任を負うとする。(12)結局のところ、以上の説の中で、最も有力と目されているのは、(iv)であろうと思われる。ちなみに、(v)は、行政庁が行政処分の適法性を立証すべきとするが、実体法上の原則である「法律による行政の原理」から直ちに立証責任の分配は導かれない、との批判がされている。

3　伊方判決をめぐって

(1)　行政法学上の立証責任論

ところで、本稿で問題としているのは、立証責任の一般論ではなく、原発設置許可の取消訴訟の立証責任論である。原発の設置・変更許可(13)が仮に裁量処分(14)であるとすると、問題となるのは、行政事件訴訟法三〇条である。「行政庁の裁量処分については、裁量権の範囲をこえ、又はその濫用があった場合に限り、裁判所は、その処分を取り消すことができる」、とする。そこで、行政庁に裁量権の逸脱がある、又は濫用があることの立証責任を負うのは、原告住民か、被告行政庁か、であろう。この点について、「少なくとも実務上は、立証責任は原告にあるとするのが通説的見解」と指摘されている。つまり、伊方判決の最高裁調査官解説(15)は、原告が立証責任を負うとの見解が一般的であるとし、その論拠について、次のように言う。「裁量処分は、裁量の行使を誤っても不当となるにとどまるのが原則」であるから、「違法の問題を生じるのは裁量の範囲の逸脱又は濫用がある例外的な場合に限られるから、右例外的な場合であること……は原告が主張立証しなければならない」、と。

しかし、原告に立証責任があるとの説は、通説的見解とは必ずしも言えず、「一般的に原告に立証責任があるとの考え方自体には問題点がある」[16]と指摘されている。というのは、以下の説によれば、被告にむしろ「範囲の逸脱又は濫用」がないことの立証が求められるからである。つまり、上記（iii）説によれば、原子炉設置の許可は、住民との関係では、危険のある施設の設置を可能にする「侵害的効力」を有する処分だと評価できる以上、行政処分の適法性を支える事実について、被告行政庁に立証責任がある。[17]さらに、上記（iv）説でも、被告行政庁は、その「裁量権行使の基礎となる事実そのもの」について、被告が立証責任を負い、[18]さらに、「審査基準及び調査審議過程」自体の合理性についても、被告が立証責任を負うとされる。[19][20]

また、司法研修所の研究グループの裁判官によっても、次のように述べられている。確かに、原発設置許可取消訴訟では、裁量処分に関する立証責任の原則から、原告に主張立証責任があるようだが、同許可は、住民との関係では「侵害処分」であるから、被告行政庁が、基準を満たしていることについて立証責任を負う（上記（iii））説と同旨）。そこで、伊方判決は、資料がすべて被告にあることから「事実上の推定のテクニックを用いて、被告行政庁へ立証責任を転換し」[21]たが、さらに進んで、「直接被告行政庁に主張立証責任があるとすることもできないではない」[22]、と。

以上から確認できるのは次の点であろう。第一に、伊方判決は、立証責任は被告にあるとしていた第一・二審判決の見解を覆し、それまでの立証責任論の流れを転換するものであった点、第二に、伊方判決の最高裁調査官解説は、裁量処分の性格から、その「範囲の逸脱又は濫用」の立証責任を原告にあるとする法律要件分類説的な見解を原発の設置許可に当てはめた点、第三に、行政法学説（実務も含め）では、一般的に裁量処分の故に立証責任は原告にあるとはできず、むしろ原発の設置許可については、被告に立証責任がある（少なくとも事実上立証責任は転換された）とする見解が有力である点[23]、である。

（2）　民事訴訟法学上の立証責任論

伊方判決に関する民事訴訟法学上の議論に注目してみたい。伊方判決が、主張・立証責任を負わない当事者に主張・立証の義務を課した点については、多くの学説の支持を得ている、とされている。ただ、その「義務」の説明の仕方には、次のように多様なものがある。（ⅰ）いわゆる事案解明義務の理論、（ⅱ）信義則による具体的事実陳述＝証拠提出義務論、（ⅲ）当事者間の実体的法律関係に基づく情報提供義務論、の三つであるが、伊方判決が依拠したのがいずれか、は断定できないとされる[24]。

このうち有力な（ⅰ）説は、次のように言う[25]。まず、伊方判決は、原告に「主張・立証責任」を負わせ、同責任と区別される主張・立証の「必要性」のみを被告に負わせたものではない。つまり、被告が「主張・立証」の「必要」に応じない場合、被告には行政処分の不合理性＝違法性の推認という法的効果を生じるところ、この「必要性」は、単なる「立証の事実上の必要性」ではなく、規範的な要求を意味するとされるからである。しかし、他方、被告に主張・立証責任があるとすることもできない。被告に立証責任があるとすると、「主張、立証責任は、本来、原告が負うべきもの」、という伊方判決の下りは妥当である。ただ、被告がそれを尽くさない場合、「被告行政庁がした右判断に不合理な点があることが事実上推認される」とされる以上、これも当を得ないからである。

そこで、（ⅰ）説は、伊方判決は、「事案解明義務[26]」を認めたものである、と言う[27]。つまり、主張・立証責任を負わない当事者も、一定の要件のもとで、事案解明のため、証拠を提出する等の訴訟上の義務を負う。その要件とは、（a）主張立証責任を負う当事者の事実関係からの隔絶、（b）同当事者の主張による具体的手掛かりの提示、（c）同当事者の相手方に事案解明を期待できること、（d）同当事者の事実関係からの隔絶に非難可能性がないこと、の四つである。ところで、伊方判決の事案では、被告の許可処分の不合理性は、原告が、（ア）許可審査基準の不合理性、（イ）同基準の解釈・適用の誤り、（ウ）（ア）・（イ）の許可処分への影響を主張・立証して初めて認められる。しかし、原告には（ア）～（ウ）の立証は不可能である（上記（a））し、上記（b）が提示され、上記（c）・（d）の事情がある以上、今度は、被告の方が許可処分の判断が不合理でない点のないことを立証する必要（＝「事案解明義務」）が生じる、と。

以上を踏まえて、指摘できるのは次の点であろう。第一に、民事訴訟法学では、伊方判決の判旨の理解に定説はないが、最も有力なのは、伊方判決が「事案解明義務」を認めたとする見解である点、第二に、この見解によれば、伊方判決では、原告が立証責任を負い、被告は立証責任は負わないが、他方で被告も事案解明のための証拠を提出等の義務を負う点、第三に、しかし、仮に伊方判決が「事案解明義務」を認めたと考えるとしても、結局、どの程度の主張・立証が、被告に対して最低限要求されるのかは不明である点[28]、第四に、上記の「解明」義務の対象は、「具体的審査基準並びに調査審議及び判断の過程等、被告行政庁の判断」であり、事実関係自体と共に事実関係の評価が含まれ、これらが被告の「裁量」判断の陰に隠される結果、原告の負担の軽減は限定的なものに止まる可能性がある点[29]、である。

三　伊方判決以降の立証責任論（福島原発事故前）

1　伊方判決の一段階構成と要証事実

以下では、伊方判決以降の原発訴訟の立証責任論を検討するが、検討対象とする判決は、原発訴訟といっても行政訴訟ではなく、民事差止め訴訟である。もともと、行政訴訟（取消訴訟）と民事差止め訴訟では、訴訟物（「審判」の対象）においても[30]、立証責任論においても[31]、異なる点が多く、両者を同様のものとして扱うわけにはいかない。そこで、以下では、この点をも考慮しつつ、そもそも、伊方判決の枠組みに従わない志向を「伊方判決からの脱却」と位置付ける。他方で、本来の伊方判決の枠組みに従う志向を「伊方判決への回帰」、また、本来の伊方判決の枠組みを変更する志向を「伊方判決からの変質」と名付けた。もちろん、この三者の間（特に「伊方判決への回帰」と「伊方判決からの脱却」の間）には、ヴァリエーションがある。例えば、形式上は「回帰」しつつ、実質は「脱却」（または「脱却」を目指す）しているものがあり、括弧付きの「脱却」等の言葉で表現した。

ところで[32]、伊方判決の立証責任論は、単純化すると次のようだと思う。仮に原発の安全性に関する要証事実をA（＝「被告行政庁がした判断に不合理な点があること」）とすると、Aは原告に主張立証責任がある。他方で、Aと表裏一体の反対事実（A）（＝「被告行政庁がした判断に不合理な点がないこと」）は、被告が主張立証する必要がある。しかし、要証事実Aの反対事実（A）について被告が主張立証を「尽くさない」場合、真偽不明を超えた「確信」が裁判官に生じないので、Aありと「推認」される。この場合の「推認」は、本来的な主張立証責任を負担する原告の立証活動により破れることはない。つまり、被告が、訴訟の攻防において、（A）を立証すれば原告の請求は棄却となり、（A）を立証しなければ原告の請求は認容となる（事実上の立証責任の転換）。

以上からすれば、第一に、伊方判決では、最終的には、上記（A）の立証の成功の有無により勝敗が決まる単純な構造（「一段階構成」）で訴訟が遂行されており、第一段階後の原告による立証（「第二段階」）は想定されていない（「変質1」に関わる論点）。第二に、伊方判決における要証事項は、被告の「依拠した前記の具体的審査基準並びに調査審議及び判断の過程等」であり、後者の審査基準への適合性（調査審議・判断過程等）と共に、前者の審査基準自体も含まれている点であろう（「変質2」に関わる論点）。第三に、ただし、形式上は、原告が要証事実であるAの立証責任を負わされている以上、立証責任が「事実上」転換されたというには、（A）に関して被告に要求される立証の程度（立証を「尽くす」べき程度）に左右される、と思われる（「脱却」に関わる論点）。

2　民事差止め訴訟における立証責任論——福島原発事故前

(1)　女川原発訴訟地裁判決（以下、女川判決）[33]（伊方判決の変質1）

伊方判決の枠組みは、基本的には、その後多くの民事訴訟の下級審判決により継承されるが、伊方判決における一段階構成は、女川判決により否定されている。つまり、

「原告らは、既に前記1ないし5の点について原告らの必要な立証を行っていること、本件原子力発電所の安全性に関する資料をすべて被告の側が保持していることなどの点を考慮すると、本件原子力発電所の安全性については、被告の側において、まず、その安全性に欠ける点のないことについて、相当の根拠を示し、かつ、非公開の資料を含む必要な資料を提出したうえで立証する必要があり、被告が右立証を尽くさない場合には、本件原子力発電所に安全性に欠ける点があることが事実上推定（推認）されるものというべきである。そして、被告において、本件原子力発電所の安全性について必要とされる立証を尽くした場合には、安全性に欠ける点があることについての右の事実上の推定は破れ、原告らにおいて、安全性に欠ける点があることについて更なる立証を行わなければならないものと解すべきである。」

傍線部の通り、女川判決は、被告が「安全性に欠ける点のないこと」を立証した場合は、原告は、これに対して、「安全性に欠ける点があること」を立証すべし、としている。ここでの被告の立証命題は、原告の立証命題よりレベルが低いものと想定されるから、訴訟構造は、被告の立証命題（＝「安全性に欠ける点のないこと」）が立証される第一段階を前提にして、原告の立証命題（＝「安全性に欠ける点があること」）を立証させる第二段階からなる。伊方の「一段階構成」は、ここにおいて「二段階構成」へと変質した。

(2)　女川判決の影響（伊方判決の変質２）

女川判決以降、その影響を受けて、浜岡原発訴訟地裁判決（以下、浜岡判決[34]）、が「二段階構成」を採用した。さらに、女川判決では必ずしも明確ではなかった被告の立証命題と原告の立証命題に違いがあることを明確化するに至ったのである。つまり、

「原子炉施設の内包する危険性、原子炉の利用に対する国の規制及びその保護法益に加え、原子炉施設の安全設計、安全管理等に関する資料の大部分を被告が保有し、証拠が偏在していること、企業秘密等の制約があるため原告らが立証に必要な資料を入手することが困難であることなどの事情に照らせば、被告は、当該原子炉施設が原子炉等規制法及び関連法令の規制に従って設置、運転されていることについてまず主張立証する必要があり、被告がその主張立証を果たさないときは、人格権侵害の具体的危険性の存在を推認するのが相当である。
　そして、被告が原子炉等規制法及び関連法令の規制に従って当該原子炉施設を設置、運転していることを立証したときは、原則どおり、原子炉施設の運転差止を請求する原告らにおいて、上記国の諸規制では原子炉施設の安全性が確保されないことを具体的な根拠を示して主張立証すべきである。」

傍線部の通り、浜岡判決では、被告の立証命題は、「原子炉等規制法及び関連法令の規制に従って設置、運転されていること」であるが、原告の立証命題は、「上記国の諸規制では原子炉施設の安全性が確保されないこと」とされた。被告は、第一段階では、審査基準自体の合理性は立証する必要はなく、審査基準に適合した設置・運転のみを立証すれば良く、これに対して、原告は、第二段階で、審査基準自体が不合理であることを立証する必要があるとされた。伊方判決における被告の要立証事項には、審査基準が含まれていたが、浜岡判決ではこれが抜け落ち、

伊方判決は、ここにおいて、「審査基準の合理性立証を不問」とする構成へと変質した。なお、志賀原発訴訟高裁判決（以下、志賀高裁判決[35]）も浜岡判決と同様の判旨を示している。

(3) 志賀原発訴訟地裁判決（以下、志賀地裁判決[36]）（伊方判決からの脱却）

以上はいずれも、伊方判決の枠組みを用いたものであるが、他方で、志賀地裁判決は、伊方判決の立証責任論ではなく、独自の立証責任論の枠組みを展開した。つまり、

「原告らは、本件原子炉の運転により、原告らが規制値（以下「許容限度」ということがある。）を超える放射線を被ばくする具体的危険があることを主張立証すべき」である。しかし、原発の安全に関する資料は全て被告が保有している「事実にかんがみると、原告らにおいて、被告の安全設計や安全管理の方法に不備があり、本件原子炉の運転により原告らが許容限度を超える放射線を被ばくする具体的可能性があることを相当程度立証した場合には、公平の観点から、被告において、原告らが指摘する「許容限度を超える放射線被ばくの具体的危険」が存在しないことについて、具体的根拠を示し、かつ、必要な資料を提出して反証を尽くすべきであり、これをしない場合には、上記「許容限度を超える放射線被ばくの具体的危険」の存在を推認すべきである。」

傍線部の通り、志賀地裁判決は、まず、伊方判決と同様に、原告は放射線被ばくの具体的危険の立証責任を負担するとするが、伊方判決と異なり、その立証は「相当程度」で足りる。つまり、原告が、被ばくの具体的危険が「相当程度存在すること」を立証したら、被告は、「具体的危険が存在しないこと」について、具体的根拠と必要な資料の提出により「反証を尽くす」べきで、被告がそれに成功しない場合、具体的危険が推認されるのである[37]。

四　伊方判決以降の立証責任論（福島原発事故後）

1　大飯原発に関する⑯判決（二〇一四〈平二六〉年五月二一日）（伊方判決からの脱却）

⑯判決は、志賀地裁判決と同様に、伊方判決の立証責任論の枠組みを用いない。それだけではなく、具体的危険性の立証責任は原告が負うとしつつ、その立証の対象を絞り込んだ。つまり、

「原子力発電所の差止訴訟において、事故等によって原告らが被ばくする又は被ばくを避けるために避難を余儀なくされる具体的危険性があることの立証責任は原告らが負うのであって、この点では人格権に基づく差止訴訟一般と基本的な違いはなく、具体的危険でありさえすれば万が一の危険性の立証で足りるところに通常の差止訴訟との違いがある。証拠が被告に偏在することから生じる公平性の要請は裁判所による訴訟指揮及び裁判所の指揮にもかかわらず被告が証拠を提出しなかった場合の事実認定の在り方の問題等として解決されるべき事柄であって、存否不明の場合の敗訴の危険をどちらに負わせるのかという立証責任の所在の問題とは次元を異にする。また、被告に原子力発電所の設備が基準に適合していることないしは適合していると判断することに相当性があることの立証をさせこれが成功した後に原告らに具体的危険性の立証責任を負わせるという手法は原子炉の設置許可ないし設置変更許可の取消訴訟ではない本件訴訟においては迂遠な手法といわざるを得ず、当裁判所はこれを採用しない。(1)及び(2)に説示したところに照らしても、具体的な危険性の存否を直接審理の対象とするのが相当であり、かつこれをもって足りる。」

傍線部の通り、⑯判決は、立証の対象は「万が一の危険性」で足りる、とした。そして、証拠偏在から生じる公平性の要請は、被告が、裁判所の訴訟指揮にもかかわらず証拠を不提出であった場合の事実認定の在り方の問題として解決すべきであって、立証責任の所在の問題とは次元が違うとするのである（伊方判決からの脱却）。

2 高浜原発に関する④決定（二〇一五〈平二七〉年四月一四日）（伊方判決からの脱却[38]）

④決定も、伊方判決を引用しつつも、これを「十分な審査」が必要とされる目的の文脈で用いており、伊方判決の立証責任論は全く用いていない。つまり、

原発の「設置変更許可をするためには、申請に係る原子炉施設が新規制基準に適合するとの専門技術的な見地からする合理的な審査を経なければならないし、新規制基準自体も合理的なものでなければならないが、その趣旨は、原子炉施設の安全性が確保されないときは、当該原子炉施設の従業員や周辺住民の生命、身体に重大な危害を及ぼす等の深刻な災害を引き起こすおそれがあることにかんがみ、このような災害が万が一にも起こらないようにするため、原子炉施設の位置、構造及び設備の安全性につき、十分な審査を行わせることにある（最高裁判所平成四年一〇月二九日第一小法廷判決（民集四六巻七号一一七四頁、伊方最高裁判決）参照）。そうすると、新規制基準に求められるべき合理性とは、原発の設備が基準に適合すれば深刻な災害を引き起こすおそれが万が一にもないといえるような厳格な内容を備えていることであると解すべきことになる。」

「新規制基準は合理性を欠くものである。そうである以上、その新規制基準に本件原発施設が適合するか否かについて判断するまでもなく、債権者らの人格権侵害の具体的危険性が肯定できるということになる。これを要するに、具体的危険性の有無を直接審理の対象とする場合であっても、規制基準の合理性と適合性に係る判断を

通じて間接的に具体的危険性の有無を審理する場合のいずれにおいても、具体的危険性即ち被保全債権の存在が肯定できるといえる。」

傍線部の通り、④決定は、そもそも、新規制基準に求められる合理性は、「深刻な災害を引き起こすおそれが万が一にもない」ことだとし、その点から、新規制基準は、それへの適合性を判断するまでもなく、それ自体合理性を欠く、とする（伊方判決からの脱却）。

3　川内原発に関する⑤決定（二〇一五〈平二七〉年四月二二日）（伊方判決の変質1）

⑤決定は、伊方判決の立証責任論を引用しつつ、女川判決以降の「二段階構成」を採用するものの、浜岡判決や志賀高裁判決のように、第一段階で債務者（被告）は審査基準自体の合理性を立証する必要はない、とはしていない。つまり、

「被保全権利の主張疎明責任は……本来的には債権者が負うべきものと解されるが、原子力規制委員会が制定、策定した新規制基準の内容が合理的であるか否か、原子力規制委員会が示した当該原子炉施設に係る新規制基準への適合性判断が合理的であるか否かについては、当該原子炉施設を保有しこれを運用する者においてよく知り得るところであって、かつ、これを裏付ける資料を所持していることが明らかである。

そうすると、本件原子炉施設の安全性については、債務者の側において、まず、原子力規制委員会の制定、策定した新規制基準の内容及び原子力規制委員会による新規制基準への適合性判断に不合理な点のないことを相当の根拠を示し、かつ、必要な資料を提出して主張疎明する必要があり、債務者がその主張疎明を尽くさない場合

には、新規制基準の内容、あるいは原子力規制委員会による新規制基準への適合性判断に不合理な点があり、ひいては本件原子炉施設の安全性が確保されず、健康被害につながる程度の放射性物質の放出を伴うような重大事故を引き起こす危険性があることが事実上推認されるものというべきである。そして、債務者が上記の主張疎明を尽くした場合には、本来的な主張疎明責任を負う債権者らにおいて、本件原子炉施設の安全性に欠ける点があり、債権者らの生命、身体等の人格的利益が現に侵害されているか、又は侵害される具体的な危険性があることについて、主張疎明をしなければならないと解するのが相当である。」

傍線部の通り、⑤決定は、(ⅰ)「新規制基準の内容」と(ⅱ)「原子力規制委員会による新規制基準への適合性判断」の両方について、債務者(被告)が、「不合理な点のないこと」の主張疎明を尽くさない場合は、人格権侵害の危険性が事実上推認されるとする。なお、⑥決定も、⑤決定と同様に、二段階構成を採用し、上記(ⅰ)(「具体的審査基準の合理性」)・上記(ⅱ)(「当該審査基準への適合性等」)について不合理な点のないことの主張疎明を尽くさない場合は、人格権侵害の危険性が事実上推認される、とする(変質1レベルの伊方判決への回帰)。

4　高浜原発に関する⑧決定(二〇一六〈平二八〉年三月九日)(伊方判決への回帰と「脱却」)

⑧決定は、伊方判決の立証責任論をほぼそのまま引用しているが、伊方判決そのままの立証責任論を展開しているわけではない。つまり、

伊方判決の立証責任論をほぼそのまま引用した後で、「本件は、福島第一原子力発電所事故を踏まえ、原子力規制行政に大幅な改変が加えられた後の……事案であるから、債務者は、福島第一原子力発電所事故を踏まえ、

原子力規制行政がどのように変化し、その結果、本件各原発の設計や運転のための規制が具体的にどのように強化され、債務者がこの要請にどのように応えたかについて、主張及び疎明を尽くすべきである。」

「このとき、原子力規制委員会が債務者に対して設置変更許可を与えた事実……のみによって、債務者が上記要請に応える十分な検討をしたことについて、債務者において一応の主張及び疎明があったとすることはできない。当裁判所は、当裁判所において原子力規制委員会での議論を再現することを求めるものではないし、原子力規制委員会に代わって判断すべきであると考えるものでもないが、新規制基準の制定過程における重要な議論や、議論を踏まえた改善点、本件各原発の審査において問題となった点、その考慮結果等について、債務者が道筋や考え方を主張し、重要な事実に関する資料についてその基礎データを提供することは、必要であると考える。」

傍線部の通り、⑧決定は、福島原発事故の後の原子力「規制が具体的にどのように強化され」、それを踏まえるべきことを強調し、「債務者がこの要請にどのように応えたか」について「主張及び疎明を尽くすべき」、とした。ここでは、伊方判決の「一段階構成」が採用されており（伊方判決への回帰）、さらに、「尽くすべき」は、文字通り徹底させる、という意味であり、求められる被告の立証の程度が徹底されている、と言えよう（伊方判決への回帰、または伊方判決からの「脱却」）。なお、⑩決定は、⑧決定を受けた保全異議審で⑧決定を認可したものであり、また、ほぼ同様の趣旨であるので、ここでは省略することとしたい。

5　川内原発に関する⑨決定（二〇一六〈平二八〉年四月六日）（伊方判決への回帰と「脱却」の可能性）

⑨決定も、伊方判決の立証責任論を用いているが、伊方判決そのままの立証責任論を展開しているわけではない。つまり、

「原告が、当該発電用原子炉施設が客観的にみて安全性に欠けるところがあり、その運転等（稼働）によって放射性物質が周辺環境に放出され、その放射線被曝によりその生命、身体に直接的かつ重大な被害を受ける具体的危険が存在することについての主張、立証責任を負う」。しかし、被告は、安全性に関する専門技術的知見及び資料を十分に保持しているから、被告が「まず、当該発電用原子炉施設の運転等（稼働）によって放射性物質が周辺環境に放出され、その放射線被曝により原告ら当該施設の周辺に居住等する者がその生命、身体に直接的かつ重大な被害を受ける具体的危険が存在しないことについて、相当の根拠、資料に基づき、主張、立証する必要があり、被告事業者がこの主張、立証を尽くさない場合には、上記の具体的危険が存在することが事実上推定される」。「……被告事業者は、当該具体的審査基準に不合理な点のないこと及び当該発電用原子炉施設が当該具体的審査基準に適合するとした原子力規制委員会の判断に不合理な点がないことないしその調査審議及び判断の過程に看過し難い過誤、欠落がないことを相当の根拠、資料に基づき主張、立証（保全処分の申立てにあっては債務者事業者において主張、疎明）すれば足りるというべきである。これに対し、原告（債権者）は、被告（債務者）事業者の上記の主張、立証（疎明）を妨げる主張、立証（疎明）（いわゆる反証）を行うことができ、被告（債務者）事業者が上記の点について自ら必要な主張、立証（疎明）を尽くさず、又は原告（債権者）の上記の主張、立証（疎明）（いわゆる反証）の結果として被告（債務者）の主張、立証（疎明）が尽くされない場合は、原子力規制委員会において用いられている具体的審査基準に不合理な点があり、又は当該発電用原子炉施設が当該具体的審査基準に適合するとした原子力規制委員会の判断に不合理な点があることないしその調査審議及び判断の過程に看過し難い過誤、欠落があることが事実上推定されるものというべきである。そして、上記の場合には、被告（債務者）は、それにもかかわらず、当該発電用原子炉施設の運転等によって放射性物質が周辺環境に放出され、その放射線被曝により当該原告（債権者）の生命、身体に直接的かつ重大な被害を受ける具体的危険が存在しないことを主張、立証（疎明）しなければならないというべきである。」

⑨決定は、傍線部の通り、本来の伊方判決の「二段階構成」を採用した上、要証事項として、（ⅰ）「具体的審査基準」の合理性と（ⅱ）「具体的審査基準」への「適合性判断」の合理性の両方を要求し、本来の伊方判決に回帰した（伊方判決への回帰）。注目すべきは、被告の主張立証に対し原告が「反証」（反証：証明責任を負わない者〈＝原告〉による証明）を行うことを認め、被告がそれに対する主張立証を尽くさなければならない、とした点である。そして、被告の主張立証が尽くされない場合、（ⅰ）「具体的審査基準」または（ⅱ）「具体的審査基準」への「適合性判断」等に不合理な点が推定され、被告は、「それにもかかわらず……具体的危険がないこと」を主張立証しなければならない、とした点である。

以上からすれば、⑨決定は、原告が主張立証責任を負うとしつつ、被告に要証事項として「審査基準」と「審査基準への適合性判断」の合理性の主張立証を尽くすことを求める点では、本来の伊方判決への回帰である。しかし、被告による「合理性」の立証に対する原告の立証を「反証」と位置付ける以上、被告がさらなる「合理性」の立証責任を負うから、結局真偽不明となった場合、被告の敗訴となろう。そこで、⑨決定は、事実上の立証責任の転換をしたものと評されている[39]が、結論的には、原告の請求を却下している（伊方判決からの「脱却」の可能性）。なお、⑫・⑭・⑮決定は、⑨決定と同じ枠組みを採用し、⑨決定は、枠組みの点では、他に大きな影響力を与えている。

6　高浜原発に関する⑪決定（二〇一七〈平二九〉年三月二八日）（伊方判決の変質2）

⑪決定は、伊方判決の立証責任論を引用しつつ、女川判決以降の「二段階構成」を採用し、かつ、浜岡判決や志

賀高裁判決と同様に、第一段階で審査基準自体の合理性を要証事項から外している。つまり、

「……本件各原子力発電所が安全性の基準に適合しないことは、運転差止めを求める相手方らに主張立証責任があると解される。もっとも、抗告人は、本件各原子力発電所の設置者として、設置及び変更の許可を取得しているのであり、安全性の基準に関する科学的・技術的知見を有するとともに、本件各原子力発電所の施設、設備、機器等に関する資料や原子力規制委員会の安全性の審査に関する資料を全て保有していると認められる。このような本件各原子力発電所の安全性の審査に関する科学的・技術的知見及び資料の保有状況に照らせば、まず、抗告人において、本件各原子力発電所が原子力規制委員会の定めた安全性の基準に適合することを、相当の根拠、資料に基づいて主張立証すべきであり、この主張立証が十分尽くされないときは、本件各原子力発電所が原子炉等規制法の求める安全性を欠き、相手方らの生命、身体及び健康を侵害する具体的危険のあることが事実上推認されると解される。一方、抗告人において本件各原子力発電所が安全性の基準に適合することの主張立証を尽くしたと認められるときは、相手方らにおいて、原子力規制委員会の策定した安全性の基準自体が現在の科学的・技術的知見に照らして合理性を欠き、又は、本件各原子力発電所が安全性の基準に適合するとした原子力規制委員会の審査及び判断が合理性を欠くことにより、本件各原子力発電所が安全性を欠くことを主張立証する必要があるというべきである。」

傍線部の通り、⑪決定は、被告の立証事項を「安全性の基準」への適合性に限定しており、「安全性の基準」自体の合理性の立証を求めていない。そして、被告が「安全性の基準」への適合性の立証を尽くせば、原告は、「安全性の基準自体」と「安全性の基準」への適合性判断の不合理性を立証する必要があるとするから、浜岡判決や志

賀高裁判決と全く同様である（伊方判決の変質2）。福島原発事故後の諸決定等は、全体として、本来の伊方判決への回帰または伊方判決からの脱却の流れにあり、その意味では、⑪決定は特異な決定と言えよう。そこで、⑪決定は、変質した伊方判決の枠組み（浜岡判決・志賀高裁判決、変質2）に回帰するものと評されるところ[40]、高裁レベルの決定であるが、現在のところ、他に大きな影響は与えていない。

7　伊方原発に関する⑮決定（二〇一七〈平二九〉年一二月一三日）（伊方判決への回帰と「脱却」）

⑮決定の立証責任論の枠組み自体は、伊方判決をベースとしつつ、⑨決定とほぼ同じであるし、結論的にも、「新規制基準は合理的であり、伊方原発が新規制基準に適合するとした規制委員会の判断も合理的である」とする。しかし、唯一、火山事象の危険性については、他の事象等（立地審査指針・防災審査の不存在や基準地震動の合理性などとは異なる、と言う。つまり、

「以上によれば、相手方主張の根拠①ないし③からは、本件敷地に火砕流が到達していないと判断することはできない。……本件は、地理的領域内に「設計対応不可能な火山事象が原子力発電所運用期間中に影響を及ぼす可能性が十分小さいと評価されない火山がある場合」に当たり、立地不適ということになる。」

「以上の点からすると、当裁判所としては、当裁判所の考える上記社会通念に関する評価と、最新の科学的、技術的知見に基づき社会がどの程度の危険までを容認するかなどの事情を見定めて専門技術的裁量により策定した火山ガイドの立地評価の方法・考え方の一部との間に乖離があることをもって、原決定（及び原決定の引用する福岡高裁宮崎支部決定）のように、火山ガイドが考慮すべきと定めた自然災害について原決定判示のような限定解釈をして判断基準の枠組みを変更することは、上記の原子炉等規制法及びその原子炉等規制法の委任を受け

て制定された設置許可基準規則六条一項の趣旨に反し、許されないと考える。……以上によれば、立地評価について、相手方による基準適合判断の合理性の疎明がされたということはできないから、原子力規制委員会の基準適合判断の不合理性が事実上推定されるところ、本件全疎明資料によっても、相手方による具体的危険の不存在②の主張疎明がなされたとは認め難いから、この点についての相手方の主張は理由がない。」

傍線部の通り、⑮決定は、「火山事象」に関する新規制基準の合理性を前提とし、同基準の限定解釈（規制委員会や⑨決定による）を排して、基適合性判断の合理性の立証が尽くされていないとし、伊方原発は立地不適である、とした。なお、立地不適という判断は、立地点の移動（＝現施設の廃止）以外に回避策がないだけに、地震への対策などが施設において可能であるのと大きく異なる、と言えよう。ただし、⑮決定は、⑨決定と同様の立証責任論を採用してはいるものの、その点が「火山事象」に関する上記の判断にどのように影響しているか、は必ずしも明らかではない。また、本訴の動向をも勘案してという理由により、二〇一八（平成三〇）年九月三〇日まで、という期限が区切られている点は、立地不適との結論との整合性に乏しいと思われる。

五　おわりに

以上、伊方原発最高裁判決の立証責任論、伊方判決以降の立証責任論（福島原発事故前）、伊方判決以降の立証責任論（福島原発事故後）について、検討を加えてきたが、まとめると次のようになろう。第一に、福島事故前における変質した伊方判決の立証責任論は、福島原発事故後、一部の例外を除いて、その流れを潜めており、本来の伊方判決の立証責任論が回帰している。第二に、ただし、回帰といっても、本来の伊方判決に文字通り回帰するものもあるが、他方で、伊方判決の枠組みを形式的に用いつつ、実質的に、伊方判決から「脱却」したと見られるものが登場している。第三に、この場合の実質的「脱却」の手法としては、被告の立証の程度を徹底するものがあるが、さらに、被告の立証に対する原告の立証を「反証」（証明責任：被告）と位置付けるものが登場している。第四に、他方で、そもそも、原発の差止め訴訟は民事訴訟であるとしつつ、行政訴訟である伊方判決の判断枠組みを用いず、独自の手法に依拠して、伊方判決から脱却するものが登場している。

最後に、筆者の見解を述べると、原発の民事差止め訴訟の立証責任論は、伊方判決に依拠するのでなく、公害事案での民事差止め訴訟における事実上の立証責任の転換の判例法理に学ぶべきであろう。(41) 具体的には、三で取り上げた志賀原発に関する地裁判決の枠組みが妥当である、と考えている。つまり、原告が、被ばくの具体的危険が「相当程度存在すること」を立証したら、被告は、「具体的危険が存在しないこと」について、具体的根拠と必要な資料の提出により「反証を尽くす」べきで、被告がそれに成功しない場合、具体的危険が推認される、という枠組みがそれであるが、後日、再び詳論したいと思う。

〈判例の出典〉

①決定：裁判所ＨＰ、判例時報二一九三・四四。
②決定：美浜の会（美浜・大飯・高浜原発に反対する大阪の会）ＨＰ。
③決定：ＴＫＣ法律情報データベース（以下、ＤＢ）（文献番号 25505351）。
④決定：裁判所ＨＰ、判例時報二二九〇・一三、ＴＫＣ法律情報ＤＢ（文献番号 25447198）。
⑤決定：裁判所ＨＰ、判例時報二二九〇・一四七、ＴＫＣ法律情報ＤＢ（文献番号 25506209）。
⑥決定：裁判所ＨＰ、判例時報二二九〇・二九、ＴＫＣ法律情報ＤＢ（文献番号 25447667）。
⑦決定：裁判所ＨＰ、判例時報二二九〇・七三、ＴＫＣ法律情報ＤＢ（文献番号 25447668）。

⑧決定：判例時報二二九〇・七五、ＴＫＣ法律情報ＤＢ（文献番号25542439）。
⑨決定：判例時報二二九〇・九〇、ＴＫＣ法律情報ＤＢ（文献番号25506209）。
⑩決定：ＴＫＣ法律情報ＤＢ（文献番号25545243）。
⑪決定：裁判所ＨＰ、判例時報二三三四・六。
⑫決定：裁判所ＨＰ、伊方原発をとめる会ＨＰ。
⑬決定：裁判所ＨＰ。
⑭決定：ＴＫＣ法律情報データベース（文献番号25546812）。
⑮決定：裁判所ＨＰ。
⑯判決：判例時報二二二八・七二、ＴＫＣ法律情報ＤＢ（文献番号25503810）。

（1） 出典については、本文の最後にまとめて掲載した。
（2） 以上のうち特に⑯判決についての論稿は多い（井戸謙一「福井地裁大飯原発3、4号機運転差止め判決に寄せて」〈法律時報二〇一四年八月号一頁〉、大塚直「大飯原発3号機、4号機差止訴訟判決（福井地判平成26・5・21）について」〈環境と公害二〇一四年秋季号五〇頁〉・同「大飯原発運転差止訴訟第1審判決の意義と課題」〈法学教室二〇一四年一一月号八四頁〉など）。筆者自身も、「福島原発事故以降の原発差止め訴訟――大飯原発3・4号機差止め訴訟福井地裁判決を中心に」（大島和夫ほか編『広渡清吾先生古稀記念論文集　民主主義法学と研究者の使命』〈日本評論社、二〇一五年一二月〉三九一頁）において論評した。
（3） 以上のうち⑤決定については、筆者自身は、「新規制基準下での原発差止め訴訟の考察――川内原発1・2号機差止め仮処分事件鹿児島地裁決定を中心に」（法と政治六七巻一号〈二〇一六年〉一六七頁）で論評している。また、⑧決定と⑪決定については、「新規制基準下での原発差止め訴訟の考察(2)――高浜原発3・4号機大津地裁決定と同大阪高裁決定を中心として」（法と政治六八巻二号〈二〇一七年〉一六一頁）で論評している。
また、互いに別の原発の事件であるが、④決定と⑤決定の関係について、高木光「仮処分による原発再稼働の差止め」（法律時報八七巻八号一頁）は、これらを対比させて、⑤決定が「標準的な判断」とし、原発差止めにおける仮処分の再考を促している。下山憲治「判断の別れた原発再稼働差止仮処分決定――高浜原発と川内原発の仮処分決定を題材に」（環境と公害二〇一五年夏季号）六五頁以下も、④決定と⑤決定を比較検討し、次のように指摘する。福島原発の反省を踏まえれば④決定のアプローチに説得力があり、⑤決定は原子力規制委員会に依存している。他方、国会・政府も同委員会の「専門的判断」に依拠するが、当の委員会は「受容リスク」（民主的意思決定による）の線引きという意味での「安全性の追求」をするにとどまり、結局原発再稼働の実施・不実施は「社会の問題」としている。とすると、結局、国は、国民・住民の安全確保の責任を負うのか疑問である、と。

(4)　今回の検討について参考にさせて頂いたのは、井戸謙一「基調講演『なぜ原発裁判を闘うのか』」（日本科学者会議主催：第37回原子力発電問題全国シンポジウム「原発と裁判――学術の立場から考える」［中京大学、二〇一七年一二月九・一〇日］）である。また、二〇一六年秋の時点で、それ以前の決定（⑩まで）や判決（⑯）について、その判断枠組みを中心にして、総括的に検討を行うものとして、井戸謙一「原発関連訴訟の到達点と課題」、岩淵正明「原発民事差止訴訟の判断枠組みのあり方」、中野宏典「川内・高浜原発差止訴訟仮処分における判断枠組みの問題点」（以上、環境と公害四六巻二号〈二〇一六年秋季号〉三頁以下）がある。なお、日本弁護士連合会は、既に、第57回人権擁護大会シンポジウム（二〇一四年、函館市）の第1分科会基調報告（第1章「事故防止、人権侵害予防のための司法の改革」の第2節「従来の司法の問題点」と第4節「あるべき司法審査」）において、原発差止め訴訟の判断枠組みの問題点と今後のあり方について、注目すべき詳細な分析と提案を行っている。

また、伊方原発最高裁判決と福島原発事故以降の原発差止め訴訟判決・決定の流れを踏まえて、原発民事差止め訴訟の意義について検討を行うものとして、淡路剛久「原発規制と環境民事訴訟」（環境法研究五号〈信山社、二〇一六年七月〉四七頁）が、また、特に⑧決定・⑨決定の内容やそれらの関係については、大塚直「原発の稼働による危険に対する民事差止訴訟について」（前掲環境法研究五号九一頁以下）が詳細な検討を加えている。なお、行政法学者による最近の論稿として、高木光「仮処分による原発の運転差止――2つの高裁決定を素材として」（自治研究九三巻九号、二〇一七年九月）三頁、原田大樹「行政訴訟と民事訴訟」（自治研究九三巻一一号、二〇一七年一一月）四四頁、櫻井敬子「原発訴訟管見」（行政法研究二一号、二〇一七年十二月）四九頁、がある。

（5） 行政訴訟・民事訴訟の役割分担論は、行政法学者である高木光氏により、⑯判決・④決定に対する批判の一環として展開されている（高木光「原発訴訟における民事法の役割――大飯三・四号機差止め判決を念頭において」〈自治研究九一巻一〇号、二〇一五年一〇月〉一七頁）。なお、高木光氏の批判は、⑯判決・④決定だけでなく、大塚直氏の主張（「環境民事差止訴訟の現代的課題――予防的科学訴訟とドイツにおける公法私法一体化論を中心として」『社会の発展と権利の創造――民法・環境法学の最前線』〈有斐閣、二〇一二年〉五三七頁）にも向けられている。

（6） 最判平四・一〇・二九（判例時報一四四一・三七）。

（7） 松山地判昭五三・四・二五（判例時報八九一・三五八）。しかし、同判決の結論は、原告の請求棄却なので、「被告行政庁の立証責任の負担は必ずしも実質を伴わない」ものになっている（磯野弥生「伊方原子力判決の問題点」〈法律時報一九七八年七月号〉七二頁）。

（8） 高松高裁昭五九・一二・一四（判例時報一一三六・四二）。ただし、同判決も、原告の請求を棄却している。

（9） 福島第二原発訴訟福島地裁判決（福島地判昭五九・七・二三、判例時報一一二四・一一二）も、許可処分の「合理性の立証は被告が負担すべきであると解するのが公平」とするから、伊方原発訴訟第一・二審判決と同様である。

（10） （i）は浜川清「立証責任」（遠藤＝阿部編『講義行政法Ⅱ』〈青林書院新社、一九八二年〉二三八頁）であり、（ii）は小早川光郎「調査・処分・証明――取消訴訟における証明責任問題の一考察」（雄川一郎先生献呈『行政法の諸問題（中）』〈有斐閣、一九九〇年〉二四九頁）、（iii）は高林克己「行政訴訟における立証責任」（田中二郎ほか編『行政法講座　第三巻』〈有斐閣、一九六五年〉三〇〇頁）、にそれぞれよる。また、（iv）は、基本的には、雄川一郎『行政争訟法』（有斐閣、一九五七年）二一四頁・兼子仁『行政法総論』（筑摩書房、一九八三年）二九九頁・萩原金美「行政訴訟における主張・証明責任論」（松田保彦ほか編『国際化時代の行政と法』〈成田頼明先生横浜国立大学退官記念［良書普及会］、一九九三年〉二一八頁）・山村恒年『行政過程と行政訴訟』（信山社、一九九五年）二二九頁などによる。なお、この他に、適法性推定説（田中二郎『行政法総論』〈有斐閣、一九五七年〉二七六頁〈その後改説〉）があり、この説は、行政行為は適法性の推定を受けるので、すべての場合に原告が立証責任を負うとするが、行政行為は原則として適法性の推定を受けず、現在この説を支持する者は見られない。

(11)　宇賀克也『行政法概説Ⅱ』（有斐閣、二〇〇八年）二〇七頁以下。櫻井＝橋本『行政法〔第四版〕』（弘文堂、二〇一四年）三二二頁以下は四つに分類するが、同書の分類も、基本的には宇賀前掲と同様の視点による。

(12)　ここでは、修正された（iv）説の一つである塩野宏『行政法Ⅱ〔第三版〕』（有斐閣、二〇〇四年）一三五頁の見解による。

(13)　原発を再稼働する場合は、二〇一二年改正後の原子炉等規制法の第四三条の三の八第一項（変更の許可及び届出等）による変更許可を申請して許可を受ける必要が、さらに、工事計画認可申請・保安規定認可申請をして認可をうける必要があるが、これら申請を一般に「再稼働申請」と言う。

(14)　伊方判決は、「裁量」または「専門技術的裁量」の文言は用いないが、その理由は、「専門技術的裁量」と、一般に言われる「裁量」（「政治的、政策的裁量」）とが異なることを示すため、とされている（『最高裁判所判例解説民事編（平成四年度）』〈法曹会、二〇〇二年〉四二〇頁〔高橋利文筆〕）。

(15)　前掲注（14）『最高裁判所判例解説民事編（平成四年度）』四二四頁。同最高裁調査官解説が、本文で示したように、「一般的」である、とする根拠は、南博方編『条解行政事件訴訟法』〈初版、一九八七年〉二六八頁〔春日偉知郎筆〕にあるが、同書は（i）の法律要件分類説に依拠していると思われる。

(16)　北村和生「行政訴訟における行政の説明責任」（磯部力ほか編『行政法の新構想Ⅲ　行政救済法』〈有斐閣、二〇〇八年〉九四頁。なお、南博方原編著『条解行政事件訴訟法〔第四版〕』〈弘文堂、二〇一四年〉二六八頁〔鶴岡稔彦筆〕）も、裁量処分の場合に原告に立証責任があるとの説は、単に「学説上も有力ではないか」とするに止まる。

(17)　室井力ほか編『行政事件訴訟法・国家賠償法〔第二版〕』（日本評論社、二〇〇六年）一一六～一一七頁〔曽和俊文筆〕。

(18)　塩野・前掲注（12）一三六頁。塩野宏『行政法Ⅰ〔第四版〕』（有斐閣、二〇〇五年）一一四～一一九頁。

(19)　山村恒年『判例解説行政法』（信山社、一九九八年）七八頁。

(20)　上記（iv）説に加え、上記（ii）説の「調査義務反映説」（または「調査義務説」）でも同様である（室井力ほか編・前掲注（17）一一七頁）。

(21)　問題は、伊方判決の事案で、「行政庁が主張・立証を尽くしても」「真偽不明の場合」は、被告の判断に不合理な点がないことになるかだが、行政判例百選Ⅰ〔第五版〕（二〇〇六年）74番判例解説〔山下義昭筆〕は、結局、被告の判断に不合理な点がないことになる、と言う。
(22) 司法研究所編『改訂　行政事件訴訟の一般的問題に関する実務的研究』(法曹会、二〇〇八年) 一八一頁〔中込秀樹・市村陽典・綿引万里子・深山卓也〈以上、判事〉筆〕。
(23) 保木本一郎「大規模危険施設の安全性と司法審査――伊方・福島第二原発訴訟」法学教室一五〇号 (一九九三年) 六六頁も、伊方判決が「合理性の立証責任を行政側に課した」と理解する。また、海渡雄一『原発訴訟』(岩波新書、二〇一一年) 一七頁も、伊方判決では「立証責任が事実上、被告の行政庁に転嫁され」た、とする。
(24) 民事訴訟法判例百選〔第四版〕62番判例解説〔垣内秀介筆〕。本文の (ii) 説は、松本博之「民事訴訟における証明責任を負わない当事者の具体的な事実陳述＝証拠提出義務について」法曹時報四九巻七号一六一一頁、本文の (iii) 説は、伊藤利明「主張過程における当事者の情報提供義務」横浜国際経済法学一五巻三号一頁による。
(25) 竹下守夫「伊方原発訴訟最高裁判決と事案解明義務」木川統一郎博士古稀記念祝賀『民事裁判の充実と促進　中巻』(判例タイムズ社、一九九四年) 一頁。
(26) もともと、「事案解明義務」はドイツの理論であり、これを日本に紹介した春日偉知郎『民事証拠法論』(商事法務、二〇〇九年) 等によるところが大きい。
(27) 竹下・前掲注 (25) 一一頁以下。
(28) 民事訴訟法判例百選〔第三版〕」75番判例解説〔上原敏夫筆〕。
(29) 垣内・前掲注 (24) 判例解説。
(30) この点を意識的に取り上げるのは、⑯判決 (二〇一四〈平二六〉・五・二一) である。
(31) 井戸謙一「なぜ司法は原発を止められなかったのか」森秀樹ほか編著『3・11と憲法』(日本評論社、二〇一二年) 一一三頁以下。
(32) 以下の本文の枠組みは、判例時報二三三四・四以下の解説 (無記名) の観点に依拠している。
(33) 仙台地判一九九四 (平六)・一・三一 (判例時報一四八二・二三)。
(34) 静岡地判二〇〇七 (平一九)・一〇・二六、(判例集未登載、ＴＫＣ文献番号：25470802)

(35)　名古屋高金沢支判二〇〇九（平二一）・三・一八（判例時報二〇四五・三六）。

(36)　金沢地判決二〇〇六（平一八）・三・二四（判例時報一九三〇・三一）。

(37)　志賀地裁判決の裁判長であった井戸謙一氏の立証責任に関する基本的考え方は、井戸・前掲注（31）に示されている。

(38)　ちなみに、本文の2以下は、すべて仮処分に関連する決定であり、判決ではないところ、原告・被告と債権者・債務者、証明と疎明、等の用語上の区別は、厳密にはしていないので、ご容赦願いたい。

(39)　判例時報二三三四・六の解説参照。

(40)　判例時報二三三四・六の解説参照。

(41)　徳島ゴミ焼却場建設差止め請求事件・徳島地裁判決（判例時報八六四・三八）など。

［追記］　二〇一八（平三〇）年三月一九日、函館地裁は、住民による大間原発の建設差止め仮処分の申立を却下し、同年三月二〇日、佐賀地裁は、⑬決定の事件とは別の住民による玄海原発3・4号機の差止め仮処分の申立を却下した。

国の法令違反行為に対する地方自治体の差止め請求訴訟の許容性

――沖縄県漁業調整規則違反の岩礁破砕行為事件を素材に――

早稲田大学教授
人見　剛

はじめに

沖縄県の普天間基地の辺野古崎沿岸への移設問題は、周知のように、地方自治法二五一条の七に基づく沖縄県の不作為の違法確認訴訟に係る最判平成二八年一二月二〇日民集七〇巻九号二二八一頁[1]に従い、翁長沖縄県知事が仲井眞前知事の行った埋立承認処分の取消処分の取消を行ったことにより新しい段階に入った。前知事の行った埋立承認処分が復活し、二〇一七年四月二五日より埋立のための護岸建設工事が始まっている。

しかし、埋立承認処分がなされているとしても埋立に伴う様々な別の法規制はなおあり、それら手続を履践して工事はなされなければならない。そうした規制の一つとして、水産資源の保護培養の見地からする岩礁破砕行為の許可制度がある[2]。水産資源保護法に基づいて定められた沖縄県漁業調整規則の三九条一項は、水産動植物の産卵生育に重大な影響を及ぼす漁場内の岩礁破砕や土砂・岩石の採取を一般的に禁止し、知事の許可を受けた場合にのみこれを解除することとし、「漁業権の設定されている漁場内において岩礁を破砕し、又は土砂若しくは岩石を採取しようとする者は、知事の許可を受けなければならない。」と定めている。そして、国（沖縄防衛局）は、二〇一四年八月二八日に同許可を前知事から得て岩礁破砕を伴う作業を行ってきたが、許可の有効期間は二〇一七年三月三一日であった。したがって、本来であれば、同年四月一日以降は、この許可の更新を受けなければ岩礁破砕行為をすることはできないはずである。しかし、沖縄防衛局が、この許可の失効後も更新申請をせずに岩礁破砕の可能性のある工事を強行するという問題が生じている。(3) 沖縄防衛局は、埋立予定水域を含む名護市東海岸の共同第五号漁業権の漁業権者である名護漁業協同組合が、沖縄防衛局の要請を受けて、まず二〇一三年三月一一日に約一六〇haの埋立予定区域の漁業権の放棄と公有水面埋立同意の決議を行い、さらに二〇一六年一一月には臨時制限区域全体の約五六〇haの漁業権を放棄する議決もし、それら水域の漁業権は消滅しているので、それら水域は、沖縄県漁業調整規則三九条一項の知事の許可を要する「漁業権の設定されている漁場」にはもはや当たらないと主張しているのである。

しかし、沖縄県は、従来からの水産庁の解釈に基づいて、漁業権の一部放棄はその変更に他ならず、漁業法二二条一項「漁業権を分割し、又は変更しようとするときは、都道府県知事に申請してその免許を受けなければならない。」に基づいて知事の免許を要すると解している。この解釈によれば、名護漁協がその共同第五号漁業権の一部放棄を議決したとしても、知事の変更免許がなされない限り、それは漁協の意思が表明されたにとどまり、漁業権の消滅の法的効果はまだ生じていないと解され、本件埋立予定水域を含む臨時制限区域とされている水域は、なお「漁業権が設定されている漁場」であるから、そこで岩礁破砕行為を予定する場合には知事の許可を要することになるはずである。

そこで、沖縄県は、二〇一七年七月二四日、沖縄防衛局が沖縄県知事の岩礁破砕許可を得ずに進めている埋立工事は沖縄県漁業調整規則三九条に違反することになり得るとして岩礁破砕行為の差止訴訟及び仮処分の申立てを提起した。さらに、同年一一月二日には、許可を得ずに岩礁破砕をなしてはならない義務の確認訴訟も提起した。(3a)

本稿は、「沖縄県漁業調整規則に基づく許可を受けずに岩礁破砕を行う国に対する差止め請求の許容性について」と題する表題で、二〇一七年七月に那覇地裁に提出した意見書を基本的にそのまま公表するものである。江藤价泰先生の追悼記念論文集にかような形で意見書を寄せるのは誠に不本意であるが、身辺の事情が新しい論文の執筆を許さないためご寛恕を願いたい。

一　問題の所在

水産資源保護法の委任に基づいて制定された沖縄県漁業調整規則三九条一項は「漁業権の設定されている漁場内において岩礁を破砕し、又は土砂若しくは岩石を採取しようとする者は、知事の許可を受けなければならない。」と規定しており（この規定は、国のモデル規則(4)に則ったもので、同様の規定は全国の漁業調整規則に共通のものとみられる。）、「漁業権の設定されている漁場内」において岩礁破砕行為をする場合、何人も知事の許可を受けてそれを行わなければならない。本件は、知事の許可を受けずになされようとしている沖縄防衛局の岩礁破砕行為を阻止すべく、規則制定権者であり、岩礁破砕行為の許可権者である沖縄県知事の所属する主体である沖縄県が原告となって差止訴訟及び差し止めの仮処分を申し立てている事件である。

このような行政上の義務の履行については、義務を賦課した行政庁が、行政上の義務履行確保制度を利用することが通常である。実際、行政代執行法一条は、「行政上の義務の履行確保に関しては、別に法律で定めるものを除いては、この法律の定めるところによる。」と規定している。もっとも、ここで問題となっている無許可による岩礁破砕行為を行わないという不作為義務については、代執行をすることができないことはいうまでもない。なお、仮に、無許可の岩礁破砕行為がなされた後にそれに対する中止命令権限が知事にあったとしても、岩礁破砕行為の中止義務が不作為義務である以上、行政代執行法に基づく代執行を行うことができないことに変りはない。

結局、このような義務違反行為を防ぐ手段としては、知事の許可を受けずに岩礁破砕行為がなされた後に、それを行った者に対して漁業調整規則五二条一項一号に基づく刑事罰則による事後的な制裁の定めがあるのみである。そして、本件のような、自分は法令違反を犯していないと確信している行為者に対しては、かかる刑事罰則の存在は、法令違反行為を将来に向かって阻止するという見地からは無力といわざるを得ない。

したがって、このような事案についての行政主体の対処としては、近代法の大原則である司法的強制（judicial enforcement）の原則に立ち返って、司法権＝裁判所の力を借りて義務実現を図るしかないことになる。伝統的な行政法学を代表する田中二郎博士も、次のように述べている。

「従来は、行政法上の義務の不履行のある場合には、行政法上のすべての義務について、行政権自らこれを強制する手段をもっていたが、現在は、一般的な強制手段としては、代執行を認めているだけであり、個々の法律上にも、義務履行の強制手段について何らの定めをしていないものが多く、ただ、義務違反に対する罰則をととのえることによって、間接に、義務の履行の確保を図っているのが通例である。ところで、これらの行政上の強制執行の法的根拠の欠けている場合に、行政権自らの力によって強制することができないことはもちろんである。それでは、これらの場合に全く強制手段がないと解すべきであろうか。私は、行政法上の義務の強制についても、特別の定めのない場合には、一般の原則に戻り、裁判所に訴え、その協力を求めることができるものと解する。(5)」

ただし、こうした手段が認められるか否かについて、一般論として検討を要する論点がいくつかある。本稿は、これらの諸問題の検討を通じて、沖縄県が国を被告として差し止め訴訟を提起し、併せて仮処分を申し立てることを肯定しようとするものである。

まず、行政上の義務履行確保手段一般について、行政代執行法一条は、他に特別な法律の規定がなければ代執行の手段しか認めていないのではないか、という問題である。

次に、仮に、裁判所に行政上の義務履行を求める訴訟を提起する司法的執行が認められるとしても、義務履行を求める給付訴訟の根拠となる実体権、仮処分手続における被保全権利が、原告となる行政主体にあるのか、そしてあるとしたらそれは何であるのかという問題である。

最後に、行政上の義務の履行を求める行政主体の訴訟提起は、宝塚市パチンコ店等規制条例事件＝最判平成一四年七月九日民集五六巻六号一一三四頁（以下「平成一四年最高裁判決」という。）が、行政権の主体としての国や地方公共団体が提起する訴訟は、特別の法律の定めがない限り「法律上の争訟」とは認められないとした判示に抵触するのではないか、という問題である。

二　行政代執行法一条の趣旨

行政代執行法一条は、「行政上の義務の履行確保に関しては、別に法律で定めるものを除いては、この法律の定めるところによる。」と規定している。そして、行政上の義務の司法的執行を否定したと理解されている平成一四年最高裁判決は、「行政代執行法は、行政上の義務の履行確保に関しては、別に法律で定めるものを除いては、同法の定めるところによるものと規定して（一条）、同法が行政上の義務の履行に関する一般法であることを明らかにした上で、その具体的な方法としては、同法二条の規定による代執行のみを認めている。また、行政事件訴訟法その他の法律にも、一般に国又は地方公共団体が国民に対して行政上の義務の履行を求める訴訟を提起することを認める特別の規定は存在しない。」と判示している。

したがって、この平成一四年最高裁判決の判示は、読みようによっては、行政上の義務履行を求める訴訟提起も、行政代執行法一条の定める「行政上の義務の履行確保」手段に含まれ、それを認める特別の法律の規定がない限りは認められない、と考えているようにも解されないではない。しかし、そのような行政代執行法一条の解釈を採る学説は、管見の限り存在しないし、そのように解釈されるべきでもない。(6) なぜなら、そもそもここでの問題が、民事執行法に基づく行政上の義務の強制的実現の可否ではなく、義務の確定とその履行請求を求める公法上の当事者訴訟ないし民事訴訟の訴訟提起の可否であることを別論としても、行政代執行法の成り立ちに鑑みて、司法的執行の手段は、同法一条の「行政上の義務の履行確保」手段には含まれないと解されるからである。

行政代執行法の前身の行政執行法（明治三三年法律八四号）は、代執行、執行罰、直接強制の三種の行政上の強制執行手段を定めていた（金銭支払い義務の強制執行手段である強制徴収は、現行法と同様、国税徴収法が定めていた）。そして、第二次大戦後の昭和二三年に制定された行政代執行法は、これら三種の強制執行手段があることを前提に、行政執行法を失効させる（行政代執行法附則二項は「行政執行法は、これを廃止する。」と定めた）とともに、その二条以下でもっぱら代執行についてのみ規定し、残りの執行罰と直接強制については別途個別の法律でそれらの手段を個別的に定めるという趣旨で、すなわち行政代執行法自身は行政上の強制執行の一般法であるという趣旨で一条の規定が設けられたのであると解される。(7) 他方、行政上の義務履行を求める訴訟の提起は、行政執行法が妥当していた当時の司法裁判所と行政裁判所の分離制と行政裁判所の管轄権の列記主義の下、行政訴訟の提起による義務確保は認められておらず、かつ一般的に漏れのない行政上の強制執行手段を網羅した行政執行法の存在の故に民事上の強制執行手続を用いることができないと解されていた。かかる法状況が、第二次大戦後の行政裁判所の廃止と一元的な司法権の確立、そして代執行のみを一般的な行政上の強制執行制度として定める行政代執行法の制定により大きく転換し、行政上の義務の司法的執行の可能性が初めて想定されるようになったものである。

したがって、戦後当初に制定された行政代執行法の一条の規定は、行政上の義務履行を求める訴訟提起を、特別な法律の定めがない限り排除しようとしたものと解すことはできない。[8] むしろ、行政代執行法の制定と行政執行法の廃止には、行訴法四四条の反対解釈からも、行政強制の縮小の肩代わりを司法強制によって果たそうとした立法者の意図が窺われるとの見解[9]もみられるところである。しばしば問題となる違反者の氏名公表のような現代的な行政上の義務履行確保手段があるが、これは、行政代執行法一条の「行政上の義務の履行確保」手段には含まれないと解されている。[10] したがって、各地の地方公共団体は、「法律」によらず、「条例」によって各種の公表措置を定める例も多いのである。曽和俊文教授も、行政代執行法は、行政執行法と同様、「行政上の強制執行制度」に関する一般法として制定されているのであって、同法一条の「別に法律で定めるもの」として想定されているのは執行罰や直接強制などの行政上の強制執行手段であって、「司法的執行の可否はそもそも行政代執行法の守備範囲外」であると指摘している。[11]

三　県の差止め請求権の根拠

1　裁判例の検討

まず、これまでの行政上の義務の履行を求める行政主体の訴訟提起・仮処分申請を認めた裁判例において、義務履行を求める給付訴訟の根拠となる行政主体の実体権、仮処分手続における被保全権利について、どのように判示されてきたのかを振り返ってみることにする。

(a) 伊丹市教育環境保全のための建築等の規制条例事件＝大阪高決昭和六〇年一一月二五日判時一一八九号三九頁は、上記条例に違反したパチンコ店の建築工事の中止命令がなされたものの、これが無視されたので建築工事続行禁止の仮処分が申し立てられた事案であり、次のように判示して、仮処分を認めている。

「本件条例には、建築中止命令に従わない場合に行政上これを強制的に履行させるための定めがなく、又その性質上行政代執行法上の代執行によって強制的に履行させることもできない。このような場合においては、行政主体は、裁判所にその履行を求める訴を提起することができるものと解する。けだし、本件のように行政庁の処分によって私人に行政上の義務が課せられた以上私人はこれを遵守すべきであり、私人がこれを遵守しない場合において行政上右義務の履行確保の手段がないからといってこれを放置することは行政上弊害が生じ又公益に反する結果となり、又何らの措置をとりえないとすることは不合理であり、その義務の履行を求める訴を提起しうるとするのが法治主義の理念にもかなうものである。」「行政主体が私人を被告として行政上の義務の履行を求める訴を提起することができる場合においては、右請求権を被保全権利として仮処分を求めることができるものと解する。」

(b) 違法建築物に対する建築工事停止命令（建築基準法九条一〇項）に係る横浜地決平成元年一二月八日判タ七一七号二二〇頁は、「本件工事の続行をすると、建築基準法に違反した防災上危険な建物が出現することとなり、建築確認行政上許容し難い事態を生じるばかりか、本件建物敷地の法面下の住民の生命、身体及び財産上の安全もおびやかされることとなる」として仮処分を認めた。

(c)　(a)と類似の宝塚市条例の事案について、神戸地伊丹支決平成六年六月九日判例自治一二八号六八頁は、市条例違反の建築続行禁止の仮処分を、同様の理由で認めた。曰く、

「本件条例には、建築等の中止命令に従わない場合に行政上これを強制的に履行させるための定めがなく、またその性質上行政代執行法上の代執行によって強制的に履行させることもできない。このような場合においては、行政庁は、裁判所にその履行を求める訴を提起することができるものと解すべきである。何故ならば、本件のように行政庁の処分によって私人に行政上の義務が課せられた以上、私人がこれを遵守すべきことは当然であるにもかかわらずこれを遵守しない場合において、行政庁が履行確保の手段がないために何らの措置をとりえないとすることは行政上弊害が生じ、公益に反する結果となって不合理であるからである。」「右のように、行政庁が私人を被告として行政上の義務の履行を求める訴を提起することができる場合においては、右履行請求権を被保全権利として仮処分を求めることができるものと解すべきである。したがって、本件においては、本件命令に基づいて債務者両名に対して本件工事の中止を求める権利が被保全権利となる。」

(d)　前沢町モーテル類似施設建築規制条例事件＝盛岡地決平成九年一月二四判時一六三八号一四一頁は、同条例違反のモーテル類似施設の建築中止命令の履行を求める仮処分申立事件について、以下のように判示して、これを容れている。

「行政上の義務の履行に民事手続を利用できるかについては、行政法上これを履行するための定めがなく、また、その性質上行政代執行法上の代執行によって強制的に履行することができない場合は、行政主体は、裁判所

にその履行を求める訴を提起できるものと解されるところ、本条例には、町長の命令権についての定めはあるものの、これを強制的に履行する手段についての定めがなく、また、建築行為の差止が行政代執行により履行できないことも明らかであるから、債権者の本件申請自体は適法ということができる。」

なお、このように行政代執行法に基づく代執行が不可能な不作為義務についてのみならず、それが可能な代替的作為義務についても、義務履行を求める訴訟・仮処分が認められることもある。[12] それが、河川法七五条一項に基づく原状回復命令に関する一連の決定・判決である。

(e) 岐阜地決昭和四三年二月一四日訟月一四巻四号三八四頁は、原状回復義務の履行請求権を被保全利益とする仮処分申請を認容し、同事件の本案訴訟において、岐阜地判昭和四四年一一月二七日判時六〇〇号一〇〇頁は、「本訴は河川法七五条による原状回復命令の履行を求める訴であるが、同法には何ら強制執行の規定がない以上、非常の場合の救済手段である行政代執行法による代執行によらないで、裁判所にこれが履行を求める訴を提起することも許されるものと解されるから本訴は適法な訴というべきである。」と判示した。

(f) 富山地決平成二年六月五日訟月三七巻一号一頁は、「債権者は債務者に対し右命令に基づく履行請求権を有するものということができる。ところで、債権者は、本件において行政代執行法により自らその権利を実現できる余地があるのに、これによることなく右請求権を被保全権利とする本件仮処分申請に及んでいるが、民事上の手続によることが債務者に対し特に不利益を与えるものとはいえないし、行政代執行法もこれを許さない趣旨であるとは解されないから、本件申請は適法であると解すべきである。」と判示した。

以上のように、行政上の義務の司法的執行における実体法上の請求権や被保全利益の根拠に関するこれまでの裁判例における説明は、極めて簡単なものであり、法律あるいは条例によって私人に義務賦課権限が与えられた行政庁の所属する行政主体には、その義務の履行請求権が帰属することを当然視しているものといえるであろう[13]。学説上も、「私法上の被保全的権利に類似した行政上の権原（例えば公所有権、公法上の債権）がある場合」に限らず、「端的に、法律・条例に基づく行政上の権限と、この権限に由来する義務履行請求権を被保全的権利とみなしていくべき[14]」とするものがある。おそらくは同様の趣旨で、私人が法律上の義務を負っている場合の「国と私人との関係は、私人が国に対して一定の義務を履行する義務を負い、公権力の側から私人に対して一定の義務の履行を求める債権を有するという債権債務関係であるということができると思う[15]」とする見解もある。

2　行政上の「権限」と「権利」そして「公益」と「私益」

前記(c)事件の本案請求事件の上告審判決である平成一四年最高裁判決の調査官解説は、前述のような考え方による「行政上の権限に由来する履行請求権」に対して、「私人が行政上の義務を負うからといって、直ちに行政主体と私人の間に債権債務関係があるとか、行政主体が私人に対して行政上の履行を求める請求権を有するなどと解することは困難であるものと思われる。」と述べている。なぜなら、「行政上の権限は、通常、公益確保のために認められているにすぎないのであって、財産的権利に由来する場合を除いては、行政主体がその実現について主観的な権利を有するとは解し難い[16]」からである、というのである。

しかし、わが国の伝統的な行政法学は、一般的に私人の国家に対する権利を承認するのと同様に、国家の私人に対する権利（国家公権）があることを当然の前提としてきた。私人の私的な法益（私益）を確保する法的地位のみが「権利」と観念されてきたわけではないのである。例えば、美濃部達吉博士は、既に第二次大戦前において次のように述べている。

「公共団体又は其の他国家的公権を授与せられて居る者は、唯法規の認むる範囲内に於いてのみ人民に対し権利を主張し得るに止まることは勿論であるのみならず、法治国家に於いては、国家自身も行政法関係の主体としては、法規に依って規律せらるるもので、法規の定むる所に従い、人民に対し各種の権利を有するものである。国家的公権は其の目的から見て、組織権・警察権・公企業特権・公物管理権・軍政権・財政権・行政監督権・法政権・刑罰権等の各種に分つことが出来るし、又其の内容から見て、下命権・強制権・形成権・公法上の物権等の種類を分つことが出来る。(17)」

第二次大戦後も、田中二郎博士は、「公法関係において、直接自己のために一定の利益を主張しうべき法律上の力(18)」と定義された「公権」について、「これを国家的公権と個人的公権とに分かつことができる」とする。その上で、次のように論じている。

「国家的公権とは、国又は公共団体その他国から公権力を与えられた者が、優越的な意思の主体として、相手方たる人民に対して有する権利である。その権利の目的からいえば、警察権・統制権・公共的企業に対する監督支配権・公用負担特権・課税権等の各種に分かつことができ、その内容からいえば、下命権（租税の納付その他の義務を命ずる権利）・強制権（強制執行・即時強制をする権利）・形成権（法律関係を発生・変更・消滅せしめる権利）・公法上の物権的支配権（公所有権・公用地役権・公法上の担保物権）等に分かつことができる。行政権の主体が、法律上認められた優越的な意思の主体としての地位に基づいて、法律の定めるところにより、権利の内容を自ら決定し、時には、自力によって、その内容を実現することができるものとしている点にその特色が認められる(19)」。

事情は、日本の行政法学・行政法制が強い影響を受けてきたドイツ法においても同様である。例えば、ヴァイマル期の代表的な行政法学者であるヴァルター・イェリネックは、公法上の法律関係において個人の公権は承認されても、国家の公権については、国家は法的無制約な主権的権能を有することを根拠に否定論があることを紹介した上で、「国家についても公権の可能性は承認されねばならない。なぜならば、国家にもまた、それ自身の利益のために与えられる公法上の意思力が存在するからである、国家は、租税・使用料・負担金の支払いを求める『権利(Recht)』、勤務・収用・刑罰の『権利』、警察違反行為をなさないことを求める『権利』を有している。かかる認識は、何ら理論上の遊戯ではなく、法律上の問題の解決にとって決定的たり得るものなのである[20]」と論じている[21]。また、現代ドイツの代表的な行政法総論の教科書であるマウラー（H. Maurer）の『行政法総論』でも、「主観的公権は、市民―国家関係のみならず国家―市民関係や公法上の法人相互関係においても確かに存在する。例えば、国家は、一定の法律上の要件の下で、市民に建築制限を課したり、納税を要求する『権利（Recht）』を有する[22]。」と端的に論じられている。

もっとも、こうした行政主体の権利は、あくまでも「客観法上の権限」であって、私人のような個人的法益主体の有する「主観的な権利」とは異質であり、それと同様な意味での権利ではないという批判も当然ある。ドイツにおいても、地方自治体等の公共団体の権限（Befugnissen, Kompetenzen）は、訴訟法上の出訴を根拠付ける主観的公権に類似したものではあるが、真の公権ではなく、「行政組織の一要素（ein Moment der Verwaltungsorganisation）」であって、主観的公権とパラレルに捉えられるにしても、それは一種のアナロジーにすぎない、とする見解もないわけではない[23]。とはいえ、こうして行政の「権限」と「権利」を区別する学説においても、右の紹介からも明らかなように「権限」を根拠に行政主体が裁判所に出訴できることは疑われていない。出訴の根拠となり得るという限

りでは、「権限」と「権利」は同質なのである。(24)

実質的に考えても、許認可制度などの私人の活動を行政庁の事前の承認にかからしめる制度は、その私人の活動によって惹起される社会全体の公益や周辺住民その他第三者の私益に対する侵害が生じないようにするための制度であり、したがって行政庁のそれらの権限行使は、右のような社会全体の法益や不特定第三者の法益、すなわち公益（その中には特定第三者私人の私益も含まれている）を保護法益としている。したがって、行政庁のそうした法律上の権限は、そうした公益を保護するために特定の行政庁に法令・条例上付与されたものであり、単なる客観法的な制度につきるものではなく、公益主体たる国や地方公共団体などの行政主体の主観的な権限なのであり、それを行政主体の「権利」と呼ぶこともあながち不当なものではない。公益という法律上保護された利益を保護しようとする行政主体の意思力の発現が、行政庁のそうした権限行使であるからである。

ちなみに、地方公共団体と事業者が締結した公害防止協定に基づく産業廃棄物処分場の使用期限を根拠とする使用停止義務の履行請求を、福間市公害防止協定事件＝最判平成二一年七月一〇日判時二〇五八号五三頁（以下「平成二一年最高裁判決」という。）は適法と判断したが、かかる公害防止協定上の事業者の義務は、地域の環境保全という公益、地域住民の生活環境の保全という公益及び私益を保護するためのものであり、その義務履行を求める地方公共団体の権利も、そうした公益及び地域住民の私益を内容としているものであって、訴訟上訴求される権利・利益の内実が公益であることはなんら異とするにはあたらない。(25)

先に、平成一四年最高裁判決の調査官解説が、「私人が行政上の義務を負うからといって、直ちに行政主体と私人の間に債権債務関係があるとか、行政主体が私人に対して行政上の履行を求める請求権を有するなどと解することは困難であるものと思われる。」と論じていることを紹介した。確かに行政上の義務というものは様々な法令・条例において極めて多様に定められているものであるから、「行政上の義務あるところ、必ずそれに対応する権利あり」とは言えないかもしれない。しかし、先に挙げた例のように明確な特定の社会公共の利益としての公益を保護すべく定められた行政上の義務の履行確保を図る行政上の権限は、そうした公益保護のための行政上の履行請求権の行使として法的に性格づけられるべきである。確かに、法律上特に定められた、行政権に固有な行政上の執行制度（行政代執行法に基づく代執行など）が機能する通常の場合には、かような行政主体の有する行政上の義務の履行請求権をあえて観念する必要はないであろう。しかし、そうした特別の行政上の義務履行確保制度が機能しない場合に、近代法の基本的な執行方法ともいうべき司法的執行を利用するときには、そうした行政主体の行政上の義務履行請求権の存在が、あらためて我々の法的思考に浮かび上がってくるのである。

この他、先の調査官解説は、「財産的権利に由来する場合を除いては、行政主体がその実現について主観的な権利を有するとは解し難い」などとも述べているが、権利とは財産的な保護法益にのみ関わる、というような議論であれば、それは根拠のない独断に過ぎない。そうではなく、行政主体の主張するその保護法益が公益であるので権利ではない、とする議論であるとすれば、それも根拠の乏しい独断であることは先に日独の代表的な公法学者の議論を引用しつつ縷々述べたところからも明らかであろう。

かくして、水産資源保護法の委任に基づいて制定された沖縄県漁業調整規則三九条一項は、「漁業権の設定されている漁場内において岩礁を破砕し、又は土砂若しくは岩石を採取しようとする者は、知事の許可を受けなければならない。」と規定しており、「漁業権の設定されている漁場内」において岩礁破砕行為をする者は皆、知事の許可を受けてそれを行わなければならないという作為義務を課されている。このことは裏を返していえば、何人も知事の同許可を受けずには岩礁破砕行為を行ってはならないという不作為義務を課されていることを意味する。そして、実際に許可を受けずに岩礁破砕行為がなされた場合に生ずる義務違反は、この不作為義務違反であるというべきであろう。知事の許可を取得するという作為の義務は、将来においてなされる岩礁破砕をなす際に事前に履行されるべき義務であるからである。

そして、かかる不作為義務は、当該義務を賦課した許可権者である沖縄県知事及びその所属する行政主体である沖縄県に対する関係での義務であり、かかる義務は、地域の水域に存する水産資源を保護培養するという公益を保護するために課された義務である。したがって、地域の水域の水産資源を保護培養するという公益保護の主体として法令上位置づけられている沖縄県は、かかる義務の違反者に対してこの義務履行を求める権利を有するということができるのである。そして、いまだ岩礁破砕行為がなされてはいないが、知事の許可を得ずに岩礁破砕行為がなされることが確実であるといえるような場合には、そのような義務違反行為を事前に防止するための予防的な義務履行請求も認められるはずである。

3　行政処分によって課された義務と法令によって直接課された義務

先に取り上げた下級審判決で問題となった行政上の工事中止義務、原状回復義務は、いずれも行政庁の工事中止命令や原状回復命令のような行政処分によって課された義務である。これに対し、本件で問題となっているのは、漁業調整規則という法令によって直接課された義務であって、右のような行政処分によって個別的に課された義務とは異なる。そして、法令によって直接課された義務と、法令に基づいて行政処分によって課された義務とでは、その義務内容の具体性という点で相違があることが予想され、前者についてはその内容の不明確性の故に訴訟上の履行請求を求めることが困難な場合も想定される。

ただ、この問題は、個別具体のケースごとの個々の義務内容の具体的明確性の問題に尽きるのであって、法令によって課された義務であるから当然にその履行を求める訴訟提起が許されないということになるものではない。いくつかの具体例を取り上げて、この点を検討しておこう。

行政代執行法に基づいて代執行の対象となる行政上の義務には、「法律（法律の委任に基く命令、規則及び条例を含む。以下同じ）により直接命ぜられ」た義務と、「法律に基き行政庁により命ぜられた」義務の二種があり、代執行が通常問題となるのは後者であるが、前者の法令によって直接課された義務の代執行があり得ないわけではない。そのような例としてしばしば挙げられるのが　火薬類取締法二二条に基づく残火薬の譲渡・廃棄義務である。同条は、「製造業者若しくは販売業者が……営業を廃止した場合、……なお火薬類の残量があるときは、遅滞なくその火薬類を譲り渡し、又は廃棄しなければならない。」と直接に残火薬の譲渡若しくは廃棄の義務を定めている。火薬類の製造・販売事業者が、事業廃業後、残火薬を同法施行規則で禁じられている危険な場所に投棄すれば、かかる違法な廃棄行為は火薬類取締法二二条の廃棄義務の不完全履行＝不履行であって、行政庁は残火薬の譲渡命令や廃棄命令の手続を経ることなく、行政代執行法によって廃棄の代執行をすることができると解されている。[26] この他、「道路法四〇条一項や都市公園法一〇条一項に基づく原状回復の義務についてただちに代執行をすることもできるであろうが、なるべく道路法七一条一項や都市公園法一一条一項による命令を出してから、代執行をすることがのぞましいと考えられる。[27]」との指摘もある。

民事上の義務で、契約等によらず直接法令で課された義務としては、相隣関係に関する一連の義務が直ちに思い浮かぶ。例えば、民法二三四条一項は、「建物を築造するには、境界線から五〇センチメートル以上の距離を保たなければならない。」と規定し、同二項は「前項の規定に違反して建築をしようとする者があるときは、隣地の所有者は、その建築を中止させ、又は変更させることができる。」と定めて第一項の義務を直接根拠としてその履行を請求できることを法令上明らかにしている（判例として、最判平成三年九月三日集民一六三号一八九頁のほか、東京地判昭和三六年一一月三〇日下民集一二巻一一号二八九五頁など多くの裁判例がある）。また、民法二三五条一項は、「境界線から一メートル未満の距離において他人の宅地を見通すことのできる窓又は縁側（ベランダを含む。次項において同じ。）を設ける者は、目隠しを付けなければならない。」と定める。この義務を根拠に目隠し設置請求を認容した裁判例として、京都地判昭和四二年一二月五日判時五〇六号二六頁、名古屋高判昭和五六年六月一六日判時一〇二一号一一三頁、東京地判昭和六一年五月二七日判タ六二六号一五四頁、東京地判平成一九年六月一八日判タ一二五六号一一三頁など多くの裁判例がある。

以上のように、法令によって課された義務であっても、その内容が具体的に明確である場合があり、そのような場合であれば、行政処分によって具体的に課された義務と同様に履行請求を訴訟を通じて行うのに何ら妨げはないのである。本件の、知事の許可を受けずに岩礁破砕行為を行ってはならないという不作為義務は、その内容が極めて具体的で明確であることはいうまでもない。

四　平成一四年最高裁判決との抵触

平成一四年最高裁判決は、「国又は地方公共団体が提起した訴訟であって、財産権の主体として自己の財産上の権利利益の保護救済を求めるような場合には、法律上の争訟に当たるというべきであるが、国又は地方公共団体が専ら行政権の主体として国民に対して行政上の義務の履行を求める訴訟は、法規の適用の適正ないし一般公益の保護を目的とするものであって、自己の権利利益の保護救済を目的とするものということはできないから、法律上の争訟として当然に裁判所の審判の対象となるものではなく、法律に特別の規定がある場合に限り、提起することが許されるものと解される。」と判示した。

この判決が前提としていると思われる、公益保護規範からは当該公益の主体に裁判上訴求することができる権利は生じないとする観念、あるいは行政上の法律関係において行政主体には財産上の権利利益の他に裁判上訴求することができる権利利益は存在しない、とする観念が、根拠の不確かな独断であることは既にみたところであるが、「法律上の争訟」の一般論としても、この判決については多くの批判が学説上寄せられている。この問題については項を改めてこの後に論ずることにして、ここでは、仮に、右のような「法律上の争訟」の観念を前提としたとしても、本件の訴訟提起は認められるべきことを論じておきたい。

まず、右の「平成一四年最判の帰結は、地方公共団体等の行政主体の国民に対する義務履行請求を著しく制限するものであるから、その射程距離は極力控え目に解するべき」（福岡高判平成一九年三月二二日判例自治三〇四号三五頁）である。

ちなみに、平成二一年最高裁判決の原審判決であるこの平成一九年の福岡高裁判決は、「一般論としては、行政契約に基づく義務の履行請求も行政上の義務の履行を求めるものにほかならないという場合もないとはいえない。」としつつ、そこで問題となった公害防止協定は、「産業廃棄物処理施設を設置しようとする者と関係住民との間で締結される場合もある」ことに鑑み、「その場合においては、協定締結の当事者がともに私人であること、協定締結の目的とされる関係住民の生命・健康の保持と生活環境の保全も、まさに協定締結の当事者である関係住民自身の権利そのものであること」から、同協定が「行政契約の性格を有するといっても、同種の協定が関係住民と設置者との間で締結された場合と対比しても、その差はまさに紙一重といった微妙なものにすぎない」として、協定の当事者である地方公共団体の産業廃棄物事業者に対する請求を行政上の義務の履行を求める請求であると解することはできない、としたのである。そして、この事件の上告審＝平成二一年最高裁判決は、平成一四年最高裁判決との関係を全く問題とせず、原告地方公共団体の使用差し止め請求を適法な訴えと認め、本案審理を行い、公害防止協定の使用期限条項が公序良俗に違反するものであるか否か等につき更に審理をする必要があるとして原審差戻しの判決を下しているのである（ちなみに、差戻後控訴審判決＝福岡高判平成二二年五月一九日判例集未登載は、上記使用期限条項の公序良俗違反や使用差止請求が権利濫用にあたるとする被告事業者の主張を退けている)。

このように、平成一四年最高裁判決の判示を限定的に理解する立場に立てば、例えば、次のような限定が可能であると考える。

(a) まず、平成一四年最高裁判決が「法律上の争訟」性を否定した「国又は地方公共団体が提起した訴訟」は、「専ら行政権の主体として」提起された訴訟に限られる。これに対し、本件訴訟の原告沖縄県は、沖縄県漁業調整規則に基づく岩礁破砕許可権限の主体としての立場において訴訟を提起したものではあるが、同時に地域の水域に存する水産資源という地域資源の保護培養に強い利害関係を有する者としての立場において提起された訴訟でもある。地域の水産資源の保護培養は、それこそ水産資源保護法の目的を実現する「行政権の主体」としての活動ではないかとも考えられるが、他方で、水産資源の保護培養は、私人たる漁業関係者も強い利害関係を有し、彼らもそうした目的の活動に直接従事しているものである。このような意味で、本件訴訟における沖縄県の出訴は、私人たる漁業関係者と同様の立場で地域の水産資源の保護培養をも追求したものであり、その限りで「専ら行政権の主体」としての出訴ではないと解することができる。

(b) 次に、平成一四年最高裁判決が「法律上の争訟」性を否定した「国又は地方公共団体が提起した訴訟」は、「国民に対して」提起された訴訟に限られる。これに対し、本件訴訟の被告は国(沖縄防衛局)であって、国民ではないので、右最判の射程外であると解することができる。ただ、本件の被告国(沖縄防衛局)は、岩礁破砕等を行う主体という点で、実質的には国民と同質の法的地位にあるとも考えられる。水産資源保護法も沖縄県漁業調整規則も、岩礁破砕行為の許可申請者について国等の行政主体と私人を全く区別していないからである。とはいえ、先に述べたような右最判の「射程距離は極力控え目に解する」という立場に立てば、その判示にいう「国民」を文字通り厳格に形式的に解して、国民と同質の、国に「固有の資格」ではない地位にある国も、「国民」ではない、と解することもあながち強引な解釈とはいえないであろう。

なぜなら、平成一四年最高裁判決の意図が、国や地方公共団体による司法手続の利用による国民・住民に対する行政上の義務の履行強制は適切ではないと考え、それを回避しようとするものであるとすると、本件のように一事業者としての地位にあるとはいえ国が被告である限りでは、そのような危惧は何ら問題とならないからである。むしろ、国は、一事業者としての地位にあるときも、一般私人のような営業の自由などの基本的人権の享有主体ではなく、むしろ法律による行政の原則に一般的に拘束されている主体として私人よりも高いレベルで法令上の義務を遵守することを期待される存在であって、地方公共団体から法令上の義務履行を求めて出訴されても当然にそれを受け止めるべきであるからである。

五　平成一四年最高裁判決の「法律上の争訟」概念の問題点

最後に、平成一四年最高裁判決の採用した「法律上の争訟」概念の問題点[28]について述べておこう。この判決で説かれた「法律上の争訟」概念に対しては、行政法学者、憲法学者、民事訴訟法学者それぞれの専門の面から厳しい批判が数多く寄せられており、その批判の全てを網羅することは困難である。しかも、判例批判の著作が数多いというだけではなく、その結論の根本的な内容が疑問視されていることは、藤田宙靖元最高裁裁判官の本判決に対する次のようなコメントに明確に現れていよう。

「行政法学者がこぞって反対した悪名高き判決」は、「既存の引き出しのどれもがうまく当てはまらない事態が生じたとき、例えば大変な自信家の場合（優秀な若手の裁判官の中には時々こういうタイプがいます）には、強引に既存の引き出しを当てはめてしまって、とんでもない結論に到達してしまうこともあり」、「担当調査官のこういった判断を、小法廷の裁判官がうまくチェックできなかったケースではないか[29]」。

以下では、すでに言及した、平成一四年最高裁判決の「私権保護限定ドグマ[30]」に関する問題点以外の点について、ごく簡単に紹介しておこう。

1　板まんだら事件最高裁判決との不適合

平成一四年最高裁判決もその判示の前提としている、「法律上の争訟」に関する今日も通用している板まんだら事件＝最判昭和五六年四月七日民集三五巻三号四四三頁は、「裁判所がその固有の権限に基づいて審判することのできる対象は、裁判所法三条にいう『法律上の争訟』、すなわち当事者間の具体的な権利義務ないし法律関係の存否に関する紛争であって、かつ、それが法令の適用により終局的に解決することができるものに限られる……。」と判示した。この判示には、「法律上の争訟」の要素として、「自己の財産上の権利利益の保護救済を求めるような場合」、すなわち争訟提起の目的が私権保護目的であることは含まれていない。すなわち「当事者間の具体的な権利義務ないし法律関係の存否に関する紛争であって、かつ、それが法令の適用により終局的に解決することができるもの」には、私権保護目的というような争訟提起の目的の要素は全く含まれていない。したがって、平成一四年最高裁判決は、この先例に私益保護目的の争訟提起という新たな要素を付け加えているのであるが、この点について何の理由も示されていないのである[31]。

しかし、板まんだら事件最高裁判決の定式によれば、当事者間の「権利」、「義務」、「法律関係」の存否が争われていれば、その「法律上の争訟」の定式の前半を充足するのであるから、パチンコ店の建設を停止する義務の有無が争われており、かつ法令の適用により終局的に解決可能な平成一四年最高裁判決の事案は、「法律上の争訟」性が当然に認められるはずなのである。行政上の法的義務を課された私人と当該義務を課した行政主体との関係が、少なくとも「法律関係」ではないとは到底いえないからである。(32)

2　片面的「法律上の争訟」観念

平成一四年最高裁判決のように争訟提起の目的を「法律上の争訟」の要素に取り込むと、同一の紛争であっても、提起主体の如何によって、「法律上の争訟」として認められたり認められなかったりすることになる。同判決の事案では、市が原告となって出訴したために、私権保護目的ではないとして当該訴訟の「法律上の争訟」性が否定されたが、パチンコ店事業者の方が建設中止命令の取消訴訟や無効確認訴訟を提起した場合には、それらは私権保護目的の訴訟であるから、当然「法律上の争訟」と認められることになる。かくして、地方公共団体が、その作用の適否をめぐって私人との関係で被告とされる場合には、その訴訟の「法律上の争訟」性が認められるのに、同様の関係で地方公共団体が原告となるとそれが「法律上の争訟」とは認められなくなるのは、根拠のない片面的な「法律上の争訟」概念であるとも批判されている。(33)

「法律上の争訟」は、むしろ、訴訟当事者の如何に関わらない、専ら訴訟の対象である事件の客観的性質・内容に関わる訴訟要件として捉えられることは、民事訴訟法学においては、当然のことであるようである。竹下守夫博士は、次のように述べている。

民事訴訟法学は、「『法律上の争訟』を『当事者適格』とは明確に区別された、もっぱら訴訟の対象である事件の客観的性質・内容に関わる訴訟要件、訴訟法的に言えば、訴訟物たる訴訟上の請求に関わる訴訟要件と捉えていることである。つまり『法律上の争訟』を、誰が訴訟当事者となって訴えを提起したかの問題とは切り離して、事件そのものが司法権の範囲に属するか否かを決定する基準と考えている。」「権力分立原理上、立法権、行政権に対する関係で司法権の範囲を画するのは、客観的な事件そのものの性質・内容であるべきであって、その事件につき誰に訴訟当事者となる資格が認められるかは、司法権の範囲に属することが決まった事件について考慮すべき、次の段階の問題と考えられる[34]」。

3　刑事裁判と「法律上の争訟」

平成一四年最高裁判決は、「行政事件を含む民事事件において」と述べて巧妙に判示の射程を限定して正面から取り扱うことを回避しているが、刑事裁判が「法律上の争訟」であるとしたら、「法律上の争訟」は、私権保護目的訴訟ではありえないであろう。刑事裁判は、国（検察官）が提起する争訟であり、それは国（検察官）の私権保護の目的で提起されるものではないからである。

ちなみに、裁判所法三条一項の「法律上の争訟」は、「当事者間の具体的な権利義務または法律関係の存否（刑罰権の存否を含む）に関する紛争[35]」であると理解されており、国家の「刑罰権の存否」も「権利義務ないし法律関係の存否」に含まれて理解され、したがって「法律上の争訟」に含まれるとするのが通常の解釈である。また、「法律上の争訟」として、あくまでも主観訴訟の要素が必須であると考えるのであれば、国家が自己の刑罰権という権利（国家公権）の実現を主張するという意味で、刑事訴訟も国に固有の権利を主張する主観訴訟であるとも考えられる。

しからば、民事・刑事事件を通じて妥当する「法律上の争訟[36]」を観念しようとするのであれば、争訟提起の目的が私権保護であることは、その要素とは到底言えないのである。そして、国が起訴してその刑罰権の存否（あるいは、その行使の具体的内容）をめぐって争われる争訟である刑事裁判が「法律上の争訟」に含まれるのであれば、国や地方公共団体の行政権限の発動をめぐって国や地方公共団体が出訴して争われる紛争がそれに含まれることはむしろ当然と考えられる(37)。

4　行政訴訟と「法律上の争訟」

平成一四年最高裁判決の採った私権保護限定ドグマの背景には、「法律上の争訟＝主観訴訟」と「主観的権利＝私権」の固定観念があるものと考えられる。「主観訴訟」とは、「個人的な権利利益の保護救済を目的とする」訴訟の意味で、「法規の適用の適正または一般公共の利益の保護を目的とする特殊の訴訟」たる「客観訴訟」と対比されて用いられる講学上の概念である(38)。

しかし、つとに村上裕章教授が指摘するところであるが、行政訴訟の訴訟目的が、国民の権利保護という主観的な目的であるのか、行政の客観的な適法性確保という客観的な目的であるのか、という区別は、極めて相対的、量的な差異にすぎない。一般的にいって、行政訴訟の主眼が国民の権利保護であることは確かであろうが、副次的に行政の適法性担保も目的としていることは否定できず、客観訴訟とされている選挙訴訟であっても、落選候補者の提起する当選訴訟は、自己の参政権侵害を理由とする訴訟として主観訴訟とみることもできるのである(39)。

南博方博士も、次のように論じている。「従来、抗告訴訟と当事者訴訟は、権利保護を目的とする主観訴訟とされ、民衆訴訟と機関訴訟は、法規維持を目的とする客観訴訟とされてきた。しかし、抗告訴訟の原告適格を拡張緩和すれば、公共利益訴訟の性質を帯びてくることになる。他方、選挙訴訟や住民訴訟は、憲法の保障する人権としての参政権にかかわる訴訟であるから、権利保護を目的とする主観訴訟とも考えられる。さらに、機関訴訟についても、国・地方公共団体間の争いが地方自治権にかかわるときは、主観訴訟の性質をもつと解する余地もある。このようにして、主観訴訟と客観訴訟との区別は相対化の傾向を強め、相互交錯の現象が顕著になってきている」[40]。

かかる相互交錯を明らかに示すのが、近年の抗告訴訟の原告適格を拡張する判例法理、すなわち「処分根拠法規が不特定多数者の具体的利益を専ら一般的公益の中に吸収解消させるにとどめず、それが帰属する個々人の個別的利益としても保護する趣旨を含むと解される場合は、そのような利益も法律上保護された利益として原告適格を根拠付ける」とする判例法理[41]である。仲野武志教授は、そこでいう公益に解消されてしまう個々人の利益を「拡散利益」、解消されない利益を「凝集利益」と呼び、取消訴訟は、主観的権利のみならずかかる凝集利益をも保護するのであるから、取消訴訟は民事訴訟や当事者訴訟のような主観的権利を保護する訴訟からは区別されると論じている[42]。

さらに、純然たる私益と純然たる公益の中間に多数の住民等が共通に享受する「集団的利益」、「共通利益」、「共同利益」を観念し、こうした法益の保護のために抗告訴訟を活用しようとする議論も盛んである[43]。例えば、亘理格教授は、「生命・身体に直接及ばない程度の生活利益、危険施設からの安全確保の利益、住環境・自然環境や街並み・眺望等のアメニティに関わる諸利益」を挙げて、行政法の特質は、その権限行使を通してこれら「共同利益」にまで法の保護の網を積極的及ぼすところにある、とする[44]。そして、かかる「共同利益」は、「行政権限行使の適法性を条件に侵害し得る利益なのであるから、適法性遵守という条件が権利利益の内容として予め組み込まれた利益である。そのような意味で適法性という客観法的要素を内在させた利益の保護・救済のための訴訟である行政訴訟は、本来的に、主観的要素と客観的要素との有機的接合の上に立脚した訴訟形態である[45]。」と論じている。

かくして、右の主観訴訟と客観訴訟の区別から深い検討もされないまま当然のごとく導かれ、平成一四年最高裁判決も当然の与件としていると見られる「主観訴訟＝私益保護訴訟」、「客観訴訟＝公益保護訴訟」という対の観念[46]は、今日、学説上見直されつつあるといってよい。例えば、宇賀克也教授の体系書では、「主観争訟とは、自己の権利利益が侵害されたことを理由として救済が求められた場合の争訟であり、客観争訟とは、自己の権利利益と関わらない紛争の解決が求められた場合の争訟である[47]」と説明されている。主観訴訟は、「個人の」私益保護目的の訴訟には限られず、「訴訟提起主体自らの」権利利益の救済目的の訴訟に一般化されており、客観訴訟も主観訴訟以外の残余の訴訟という形で控除的に定義されて「客観訴訟＝公益保護訴訟」の観念も完全に姿を消しているのである。また、大浜啓吉教授は、行政主体にも「公行政一般の利益とは異なるそれ自身固有の利益」があると考えれば主観訴訟として認められるとし、「国も自治体も独立の法人格を有するのであるから、そこに独自の利益があることは当然の前提とされている」と論じている[48]。

こうした新たな主観訴訟の観念に立脚するならば、国と地方公共団体、あるいは地方公共団体相互間のそれぞれの主体が担う公益相互をめぐる訴訟も、「自己の権利利益が侵害されたことを理由とする主観訴訟」として当然認められることになる。そして、このような国や地方公共団体の主観的権利の観念（国家公権）は、決して新規なものでも、突飛なものでもなく、むしろ日本の公法学の伝統的な観念であるといえるのである。この点については、既に前記三2においてみたところである。

（1）　参照、衣斐瑞穂「最高裁判例解説」法曹時報六九巻八号二四三三頁以下、同「判例解説」ジュリスト一五〇六号八七頁以下、同「公有水面の埋立承認の取消しに関する最高裁の判断」法律のひろば二〇一七年五月号五八頁以下、武田真一郎「沖縄県知事が公有水面埋立承認の取消しの取消しをしないことが違法とされた事例」成蹊法学八六号一七七頁以下、杉原丈史「国土交通大臣の是正の指示に対する県の不作為が違法であると認められた事例」新・判例解説Watch・二一号五五頁以下、山下竜一「県知事が埋立承認取消処分を取り消さないことが違法であるとされた事例」法学セミナー七四八号一一七頁、野口貴公美「大臣の是正の指示に対する不作為の違法確認請求事件―辺野古訴訟最高裁判決」法学教室四三九号一二三頁、岡田正則「辺野古埋立承認取消しに係る不作為の違法確認請求事件」自治研究九四巻二号一三六頁以下、稲葉一将「判例批評」民商法雑誌一五三巻五号七五一頁以下、稲葉馨「是正の指示を受けた知事が公有水面埋立承認取消処分を取り消さないことの違法確認請求」ジュリスト一五一八号五三頁以下、人見剛「辺野古争訟の経緯と諸判決に関する一考察」LAW&PRACTICE一一号三八頁以下。

（2）参照、金田禎之『新編・都道府県漁業調整規則詳解〔改訂版〕』（水産新潮社、二〇〇九年）二一五頁。

（3）岡田正則・白藤博行・人見剛・本多滝夫「座談会・辺野古訴訟と行政法上の論点」法学セミナー七五一号四二頁以下、人見剛「辺野古新基地建設工事における国の無許可の岩礁破砕――水産庁の突然の漁業法解釈変更の背後にあるもの」法律時報九〇巻二号六九頁以下。

（3a）二〇一八年三月一三日、那覇地裁は、差止請求と不作為義務確認請求そして仮処分の申立てすべてを却下し、沖縄県は控訴した。この判決・決定に対する批判として参照、村上博「辺野古新基地差止訴訟と『法律上の争訟』―那覇地裁二〇一八年三月一三日判決・決定評釈」法律時報九〇巻五号一三四頁以下、人見剛「最新判例演習室―行政法」法学セミナー七六二号掲載予定。

（4）参照、金田・前掲書（注（2））二一五頁。

（5）田中二郎『新版・行政法　上巻〔全訂第二版〕』（弘文堂、一九七四年）一七八頁、（注（3））。

（6）参照、広岡隆『行政代執行法〔新版〕』（有斐閣、一九八一年）二五二頁以下、北村喜宣ほか『行政代執行の理論と実践』（ぎょうせい、二〇一五年）二七頁以下。

（7）参照、広岡・前掲書（注（6））一頁以下。

（8）阿部泰隆「行政上の義務の民事執行は法律上の争訟ではない」『行政訴訟要件論』（弘文堂、二〇〇三年）一五三頁、中川丈久「国・地方公共団体が提起する訴訟――宝塚市パチンコ条例事件最高裁判決の行政法論と憲法論」法学教室三七五号九八頁、碓井光明「行政上の義務履行確保」公法研究五八号一四六、一五五頁。

（9）中野貞一郎・下村正明『民事執行法』（青林書院、二〇一六年）一一三頁。

（10）塩野宏『行政法Ⅰ〔第六版〕』（有斐閣、二〇一五年）二五三頁。

（11）曽和俊文『行政法執行システムの法理論』（有斐閣、二〇一一年）一八二頁。

(12) 金銭支払い義務に係る行政上の強制執行手段である強制徴収が可能な場合には、民事訴訟を提起して金銭債権の保全を図ることはできない、とするのが判例である（いわゆるバイパス理論）。最大判昭和四一年二月二三日民集二〇巻二号三二〇頁。
(13) 高田裕成・宇賀克也「行政上の義務履行確保・民事執行法との対話」宇賀ほか編『対話で学ぶ行政法』（有斐閣、二〇〇三年）八三頁。
(14) 村上順「判例評釈」判例時報一二〇一号一七六～一七七頁。
(15) 細川俊彦「公法上の義務履行と強制執行」民商法雑誌八二巻五号六四七頁。同旨、阿部・前掲論文（注（8））一五一頁。
(16) 福井章代「判例解説」『平成一四年最高裁判所判例解説・民事編（下）』（法曹会、二〇〇五年）五三九頁。
(17) 美濃部達吉『日本行政法・上』（有斐閣、一九三六年）一一七頁以下。
(18) 田中・前掲書（注（5））八四頁。
(19) 田中・前掲書（注（5））八五頁。
(20) W. Jellinek, Verwaltungsrecht, 3.Aufl., 1931, S.203f.
(21) 参照、人見剛『近代法治国家の行政法学——ヴァルター・イェリネック行政法学の研究』（成文堂、一九九三年）一六七頁。
(22) H. Maurer, Allgemeines Verwaltungsrecht, 18. Aufl., 2011, §8, Rn. 2.
(23) J. Masing, Der Rechtsstatus des Einzelnen im Verwaltungsrecht, in: W. Hoffmann-Riem / E. Schmidt-Aßmann / A. Voßkuhle (Hrsg.), Grundlagen des Verwaltungsrechts, Bd. 1, 2. Aufl., 2012, §7, Rn. 105.
(24) 以上の説明について参照、人見剛「地方公共団体の出訴資格再論——『法律上の争訟』に関する私権保護ドグマ」磯部力先生古稀記念論文集『都市と環境の公法学』（勁草書房、二〇一六年）二一八頁以下。
(25) 同旨、曽和・前掲書（注（11））一七〇頁以下。
(26) 成田頼明「演習・行政法2」法学教室（第一期）八号（一九七五年）二三三頁、広岡・前掲書（注（6））六二頁、宇賀克也『行政法概説Ⅰ・行政法総論〔第六版〕』（有斐閣、二〇一七年）二一七頁。
(27) 広岡・前掲書（注（6））六三頁。
(28) 参照、人見剛「自治体の争訟権について」紙野健二・本多滝夫編『辺野古訴訟と法治主義——行政法学からの検証』（日本評論社、二〇一六年）六〇頁以下。
(29) 藤田宙靖「法律学と裁判実務」法学七四巻五号一一六・一一九頁。
(30) 西上治「機関争訟の『法律上の争訟』性―問題の抽出」行政法研究六号三六頁。
(31) 平成一四年最高裁判決の調査官解説は、こうした目的の観点は、従来の判例では明示的には示されていないことは認めつつ、それは当然に前提とされていたと理解しているようである。福井・前掲解説（注(16)）五四二頁。
(32) 塩野宏『行政法Ⅱ〔第五版補訂版〕』（有斐閣、二〇一三年）二八一頁、斉藤誠「自治体の法政策における実効性確保」『現代地方自治の法的基層』（有斐閣、二〇一二年）四〇四頁。
(33) 阿部・前掲論文（注(8)）一五一頁以下、塩野・前掲書（注(32)）二八二頁、藤田宙靖『行政法総論』（青林書院、二〇一三年）二七七頁、注(2)、宇賀克也『行政法概説Ⅱ〔第六版〕』（有斐閣、二〇一八年）一〇六頁以下。
(34) 竹下守夫「行政訴訟と『法律上の争訟』覚書――選挙訴訟の位置づけを手懸りとして」論究ジュリスト一三号一二〇頁。
(35) 最高裁判所事務総局総務局編『裁判所法逐条解説（上）』（法曹会、一九六八年）二二頁以下。
(36) 同旨、阿部・前掲論文（注(8)）一五〇頁以下、神橋一彦『行政救済法』（信山社、二〇一二年）一五頁、渋谷秀樹『憲法〔第二版〕』（有斐閣、二〇一三年）六四〇頁。従来の「法律上の争訟」概念が、民事訴訟モデルに偏していることへの批判として、亘理格「法律上の争訟と司法権の範囲」磯部力ほか編『行政法の新構想Ⅲ』（有斐閣、二〇〇八年）一八頁以下。
(37) 中川・前掲論文（注(8)）一〇六頁。
(38) 参照、杉本良吉『行政事件訴訟の解説』（法曹会、一九六三年）七頁、田中・前掲書（注(5)）二九五頁、塩野・前掲書（注(32)）八一頁、芝池義一『行政救済法講義〔第三版〕』（有斐閣、二〇〇六年）二五頁など。
(39) 村上裕章『行政訴訟の基礎理論』（有斐閣、二〇〇七年）七六頁、二一六頁、二四九頁。
(40) 南博方『行政法〔第六版補訂版〕』（有斐閣、二〇一二年）二六四頁。
(41) もんじゅ原発訴訟＝最判平成四年九月二二日民集四六巻六号五七一頁、小田急訴訟＝最大判平成一七年一二月七日民集五九巻一〇号二六四五頁など。
(42) 仲野武志『公権力の行使概念の研究』（有斐閣、二〇〇七年）二七八頁以下、同「不可分利益の保護に関する行政法・民事

法の比較分析」民商法雑誌一四八巻六号五五三頁以下。

(43)　参照、宮崎良夫「取消訴訟における訴えの利益」『行政訴訟の法理論』（三省堂、一九八四年）一四九頁、見上崇洋「都市行政と住民の法的位置―都市法領域における争訟適格問題を中心に」『地域空間をめぐる住民の利益と法』（有斐閣、二〇〇六年）七七頁以下など。

(44)　亘理格「行政訴訟の理念と目的」ジュリスト一二三四号一二頁以下、同「公私機能分担の変容と行政法理論」公法研究六五号一八八頁以下、同「共同利益論と『権利』認定の方法」民商法雑誌一四八巻六号五一八頁以下。

(45)　亘理・前掲論文（注（44））ジュリスト論文一四頁以下。同旨、亘理・前掲論文（注（36））一七頁。

(46)　参照、宮沢俊義『行政争訟法』（日本評論社、一九四〇年）九頁以下、小早川光郎『行政法講義〔下1〕』（弘文堂、二〇〇二年）九頁、山岸敬子『客観訴訟の法理』（勁草書房、二〇〇四年）二九頁など。

日本における主観訴訟と客観訴訟の区別論の学説史的研究として、村上裕章「日本における客観訴訟論の導入と定着」法政研究八二巻二・三号五一九頁以下、杉井俊介「日本における主観訴訟と客観訴訟の概念の系譜(1)〜(3)」自治研究九二巻二号一二頁以下、三号一〇五頁以下、四号一一六頁以下、人見・前掲論文（注（24））一九九頁以下。

(47)　宇賀・前掲書（注（33））九頁。

(48)　大浜啓吉『行政裁判法』（岩波書店、二〇一一年）一四六頁以下。

約款作成者不利の原則と消費者契約法

大東文化大学教授　山口志保

一　はじめに

改正民法（債権関係）が公布され、マスメディアはこれを「消費者にとってわかりやすい法」「消費者の権利の保護が図られている」などと報道している。確かに、賃貸借契約における敷金返還義務を定めた点については、賃貸借契約終了時のトラブル回避が図られ、賃借人である消費者の権利が守られたと評価できよう。しかし、それ以外の点では、消費者の権利は一層守られたどころか、むしろ奪われた点の方が多いのではないだろうか(1)。

とりわけ、約款取引については大きな後退が認められる。民法五四八条の二以降、定型約款に関する規定は全てが新設されたが、約款規制に関する従来の基本的理念は排除されたともいえる(2)。

例えば、「定型約款の合意」を定めた民法五四八の二第一項第一号では当事者が定型約款に基づく契約であると合意した場合を、第二号では定型約款が予め相手方に表示されている場合を、それぞれ当事者が定型約款を契約内容とすると「合意」したとみなすと定めている。立法者は、同条第二項で「社会通念に照らして相手方の利益を一方的に害すると認められるものについては、合意をしなかったとみなす」と定めているのだから、定型約款が不当な内容を備えていれば、当事者間に合意は存在しないこととなり問題ないとするのであろう。しかし、現実的には消費者を含めた取引の相手方は、いったんは当該定型約款を契約内容とするとの合意をしたとみなされる。何らかの問題が発覚する事態になって、ようやく合意はなかったとみなされ、当該定型約款は契約内容には含まれないことになるという。即ち、不当な定型約款であっても、契約が有効に成立した後に当事者が不当性を争わない限り、有効と扱われてしまうのである。それればかりか、これは消費者一般への理解に欠けているともいえよう。消費者が定型約款の内容を「不当である」と訴えれば済むとしているようだが、その前提は消費者に訴える力があるということである。この前提が成立するような消費者は、市民の中にどれほど存在するのであろうか。

そもそも約款取引においては、約款作成者は相手方に約款内容を十分に開示し、相手方がこの内容を了知したことによって、約款の有効性は担保されるのが原則であるが、この原則を無視しているのが、本条である。

さらに約款開示原則については、第五四八条の三によっていわば無意味化されている。同条第一項では、約款作成者は契約前または契約後の相当の期間内に相手方から請求があった場合でも、定型約款を相手方に交付さえしていれば、「内容を示さな」くてもよいとする。相手方に事前に定型約款の内容の了知を求めないとの趣旨と考えられる。同条第二項は、取引前に相手方が「請求」したが、約款作成者がこれを拒絶した場合には第一項を適用しないということなので、約款作成者が事前開示を拒絶したら内容の説明義務が生じるようにも解釈できる。しかし、このような規定が用意されている以上、約款作成者は「定型約款」の交付だけで義務の履行を主張することになり、約款「開示」の本質的意味は空洞化されている。(3)

第五四八条の四では、定型約款の変更権を約款作成者に認めている。この規定は、実務上実質的に行われてきた約款の変更を具体化した規定に過ぎないだけでなく、改めて約款作成者の権限を強化したとも考えられる。即ち、前二条の趣旨の確認規定であり、「定型約款」によりいわば「合理的」に成立した契約内容に変更の必要性が約款作成者に生じれば、一方的に変更し、これを一定要件の下、周知さえすれば変更された定型約款は有効な規定として契約内容となるのである。変更内容の合理性については、作成者側に判断が委ねられており、不当性を問う余地をあたかも認めないかのような規定である。

定型約款に関する民法の規定はこれら三条だけだが、それでも十分に取引当事者の権利を予め侵害していると評価できよう。このような当事者は誰なのか。第五四八条の二第一項では「不特定多数」者に対して「定型約款」が適用されるのだから、名宛人は消費者に他ならない。しかし、約款の一般理論を適用しない約款を「定型約款」とするのであれば、消費者が「定型約款」取引の相手方に含まれるとは考えがたくなる。そうすると実質上、「定型約款」の条文は空洞化したことになり、改正民法の「定型約款」規定では、消費者の権利状況に変化はもたらされないという前提が成り立ちうる。

他方、近年の頻繁な消費者契約法の改正状況に鑑みると、消費者法については民法理論からは独自の展開を遂げる可能性もある。それゆえに民法とは別の約款法の視点から、消費者法の一般法である消費者契約法の改正状況について検証することは、意義あるものとなろう。

消費者契約法の改正論議は、立法当初から絶えず続いている。立法時に、五年を目途に見直しを含めた措置を講じることと定められたことによるが、その理由は、第一六次国民生活審議会の提案内容を縮小した立法だったことに遡る。もちろん、新しい様々な消費者被害に対応しなければならないという側面もあるものの、立法から取り残された様々な規定が未だに取り残されたままであるのが実状である。約款規制の立ち遅れについては、諸外国の約款規制法等と比較するとそれは顕著である。

消費者契約法において約款規制については、不当条項を事業者の損害賠償の責任を免除する条項と、消費者が支払う損害賠償の額を予定する条項等の二類型に分類し両者を無効とすることと、その他に一般条項として消費者の利益を一方的に害する条項の無効が定められているに過ぎない。不当条項のより詳細な類型化が必要ではあるが、満足のゆく類型化はそもそも困難でもある。社会的にもそのような状況は明らかゆえに、約款規制の根本を定める一般規定こそが必要だが、そのような規定は存在せず、また、消費者契約全体に適用される情報提供義務規定はあまりに貧弱であり、消費者の権利保護の拠り所とはしがたいとも言える。

そこで本稿では、約款規制における根本的な原則の一つである、「約款作成者不利の原則」が近年に到っても未だ定められずにいる経緯を概観し、立法のあり方を問うものである。

約款解釈に争いが生じた際に、「約款作成者不利の原則」が働くのは私法取引ゆえに当然のことではあるが、[4] 約款取引における当事者の格差に照らせば、法がここに明言しておくことが必要である。そのような規定が定められないままにある状況を確認することは、日本社会における消費者の位置付けを改めて顧みることと、消費者法の現状認識に有益なことと考える。

二　議論の経緯――立法前の議論から、二〇一七年八月専門調査会報告書まで

1　一九九八年一月　第一六次国民生活審議会「消費者政策部会中間報告」

この中間報告（以下、本報告とする）では、「契約条項の解釈準則」について、ＥＵ指令が「ある条項の意味について疑問がある場合には、消費者にとって最も有利な解釈が優先する」と定めたことを指摘し、約款作成者不利の原則がＥＵ指令を受けて諸外国においても立法化されたことと、我が国において判例が存在することを指摘してい

る。また、条項解釈に合理的解釈を尽くしても疑義が生じた場合には「消費者にとって有利な解釈を優先させなければならない」とも述べている。

この「合理的解釈」のできる「平均的」消費者は「日本の大多数の消費者」であり、大多数の消費者に疑義が生じる約款であっても、「約款のあいまいな部分が事業者により詳細に書き改められ、結果として、約款が複雑・膨大になり、平易性が失われるという懸念もある」として疑義の生じる約款を放置するかの見解に到っている。

本報告は、その後の「約款作成者不利の原則」の行方を示すものとなった。条文には平明さが必要であっても、立法化以前に「複雑・膨大」となることを懸念しているのでは、望まれる条文化は進まない。約款規制としてかつ、消費者権利に必要な規定であるのなら、たとえ膨大な条文となったとしても、複雑さを回避する規定の策定にこそ努めるべきだったのではないだろうか。

2　一九九九年一月　第一六次国民生活審議会「消費者政策部会報告」

先の中間報告から一年後に公表された「消費者政策部会報告（以下、本報告とする）」でも、約款作成者不利の原則の意義については、「事業者が契約条項を一方的に定めた場合」に「契約条項の意味について疑義が生じたとき」には、同原則による解釈は信義則によることで「判例の趣旨に合致する」と認めたに留まる。本報告では、明文化の可能性については言及されていない。

3　同年一一月　第一七次国民生活審議会「消費者政策部会消費者契約法検討委員会報告」

その一〇ヶ月後の報告では同原則を、「公平の要請の当然の帰結であると考えられる」としながらも、「特定の解釈原則が法定されることによって、安易にこの解釈原則に依拠した判断が行われ、真実から遠ざかることになるおそれがあることを顧慮する必要がある」とされた。これは、明らかに事業者側の意見が反映された報告であることを示したと考えられる。

問題となる条項について、約款作成者が与えた意味が不明ゆえに疑義が生じうるのであるから、約款作成者不利の原則は明文化されるべきである。社会情勢の変化に伴い、条項の意味が多義的になったのだとしても、社会情勢が変化する以前には約款を契約内容として一方的に相手方に受け入れさせたのであるゆえに、約款を定めた者としてリスクは負うべきであろう。

ここで述べている「真実」とは何を意味するのであろうか。疑義が生じている条項を適用することにより、消費者の権利が侵害される現実をこそが「真実」であるのではないか。同原則が適用されることにより、常に条項に問題が生じるわけでもないにも関わらず、同原則によって常に「安易」な「判断が行われ」るというのでは、従前侵害されてきている消費者の権利の回復から遠ざかるのではないだろうか。このような点を顧みずに、「真実から遠ざかるおそれ」を重視することは、あまりに現実離れしている。

さらに「裁判外での相対交渉への影響を懸念する」とも述べられたが、どのような影響なのかも明らかにされていない。そもそも「相対交渉」自体が消費者と事業者の間で行われるとすることも、非現実的である。

立法直前のこの報告によって、消費者契約法はその予定されていた内容からほど遠くなったことが、既に示されていたものといえよう。

五年を目途に進められる予定であった消費者契約法の見直し作業は、手続法については改正がなされたものの、実体法については民法（債権関係）改正との関係から、棚上げとされた。しかし、実質的には消費者契約法改正の動きは維持され、二〇一三年には消費者契約法改正に関する調査作業チームによる論点整理がされている。この間、不当条項についての調査も進められ、報告書が作成されるに到っている。

4　二〇〇七年　内閣府消費者委員会「平成一九年度消費者契約における不当条項研究会報告書」(5)

同報告書では、個別的な不当条項を中心とした検討が行われ、一般条項についての検討はなされていない。(6)ただし、約款作成者不利の原則については、契約適合性の判定権との関連で「事業者の一方的な解釈権」などを定める約款を四種類に大別した上で、「契約約款で明確な規定が無い部分や解釈上の疑義がある部分に関する終局的な決定権限や解釈権限を事業者に与えるという契約条項」に類型化される条項を、「契約の一方当事者が他方当事者に対する自らの法的責任の存否や契約内容を自らの意思で決定できるという契約条項である点において、合理性を肯定しがたいもの」としている。個別条項の中でこのような条項が定められた場合についての見解ではあるものの、同原則が意識されているとも考えられる。

同報告書は「消費者あっての事業活動であり、事業者であることに鑑みて、不当条項規制が消費者だけではなく事業者にとっても利益になり、国民経済の健全な発展へ寄与するものであるとの認識の下で、消費者契約における契約条項の適正化がさらに進展しいくことを期待したい。」と締めくくられている。我が国の、明らかな立ち後れの根本的原因への指摘としてとらえることができる。

5　二〇一三年八月　消費者委員会「消費者契約法に関する調査作業チーム　論点整理」(7)

本論点整理では、約款規制について、第3章において四論点が示され、第9章において、各論・各種契約として三論点が示された。

第3章における論点は、組入要件とその効果規定の検討、「不意打ち条項」無効規定の検討、「解釈準則」の検討、情報提供義務を契約条項の定め方をも内包する義務規定とすることの検討である。約款作成者不利の原則に関わるのは、解釈準則と情報提供義務についてである。

解釈準則の検討については、以下のように展開されている。約款条項や交渉されていない条項について、消費者契約法に規定がないことに加えて、契約における意思の探究に関わり「両当事者の共通の意図といってもそこには事業者の意図しか存在しない。」「事業者の理解が一方的に消費者に「押しつけられる」ことになりかねない」状況ゆえに、「消費者の合理的な理解や期待が考慮されるべきことが明らかにされることが、紛争解決の指針という観点や消費者契約の条項の適正化の観点から、望まれる。」としている。また、条項内容を確定することができずに無効としかねない条項については、「消費者有利・事業者不利の不明確解釈準則を設け、最終的には、条項の起草の多義性の負担は事業者が負うことを明らかにすることが望ましい。」としている。いずれも、消費者契約法が本来備えるべき規定の必要性を改めて訴える内容である。

さらに、情報提供義務については現行法が「配慮義務である上に努力義務として定められており、その効果は不透明で多分に訓示的規定」であると批判している。その上で「実質的に起草の任を担う事業者側が、わかりやすく条項を起草する義務を負うことが明らかにされているべきであり、努力義務から一歩推し進め義務規定とすることが適切である」と述べ、消費者法としてのあるべき姿が示されている。これらの論点を示した上で、解釈準則に盛り込むべき内容には、複数の可能性があるゆえに検討が必要であるとしている。(8)

第9章における論点は、「契約類型に即した特則規定（権利・義務創設型規定や強行法規化規定など）の必要性」、「消費者契約一般に関する各論的規定（解釈準則、複合契約その他）の必要性」、「売買契約に即して、契約の履行・清算過程に関する規定を設けること」である。約款作成者不利の原則については、第二の「消費者契約一般に関する各論的規定」が該当する。その内容は、「条項使用者不利の解釈準則については、たとえ民法に一般的な準則としては設けられないことになったとしても、消費者契約法において、その趣旨を規定することが必要」というものである。ここでは、民法の特別法としての消費者契約法に求められる独自性を明らかにすると同時に、約款規制を消費者契約法における各論の一つと位置付け、同原則の必要性を訴えている。

同報告書は、消費者契約法の立法当初から必要だった内容について、更なる検討をした上で、改めて提言するものである。明文化から取り残された条項が、立法から一〇年以上たっても、依然として必要だという状況は、消費者契約法が契約当事者間の格差是正に到っていないことを示すにほかならない。同報告書が示す内容こそが、真摯に受け止められ法改正へと進むことが望まれた。

6　二〇一五年　消費者委員会消費者契約法専門調査会「中間取りまとめ」

「中間取りまとめ」では、消費者契約法見直しの様々な視点が挙げられている。例えば、「消費者が正確な情報を選択した上で、意図して内容の取引を行うことができるように配慮する必要」性、「高齢者や認知症の可能性のある者に対し、その弱みにつけ込むようにして」行われる事例があること、「消費生活相談の現場においても法が十分に活用されるように留意する」ことと「通常の取引に与える影響について」留意する等である。その上で、民法の特別法として「消費者契約法の位置付けを踏まえつつ、社会経済状況の変化への対応としてふさわしい規定のあり方を考える必要がある」ことを示している。

約款作成者不利の原則については、まず、情報提供義務規定の第三条に、「契約条項の平易明確化配慮」が定められている点を発展させ、「契約条項の内容が明確であることは、紛争を未然に防止することにつながるとともに、契約締結後に紛争になった場合もその解決を容易にするものであるとして、法的義務とすべき」との指摘を呈示する。また、「事業者に条項の意味を明確にする義務がある」という観点から、「「通常の方法による解釈」を尽くしてもなお複数の解釈の可能性が残る場合には、条項使用者である事業者にとって不利な解釈を採用すべきであるという考え方（条項使用者不利の原則）に基づき、そのような規律を設けるべき旨の指摘」を示している。ただ、このような配慮を「法的義務として定めるという意見もあったが、その意味をどこに求めるかについては様々な考え方が示された」との議論の様子も示された。結論として、「契約条項の平易明確化義務については、条項使用者不利の原則をどのように具体的に規律するかといった点を中心に、後述の第5の1．条項使用者不利の原則の論点において、検討することとする。」とされ、消費者契約法の一般規定で姿勢を示すのではなく、約款規定に議論が委ねられた。

そこで次に、「第5　その他の論点」で示された、条項使用者不利の原則に関する内容を紹介する。まずは、同原則の条文化について、当事者間の格差に鑑みて「条項について複数の解釈が可能であることにより紛争が生じたときに、消費者は事業者から不利な原則を押しつけられるおそれがあるので、消費者の利益の擁護を図る必要があると考えることができる。」とした。その上で条文化は、「事業者に対して明確な条項を作成するインセンティブを与えることになり、ひいては条項の解釈に関する事業者と消費者の間の紛争を未然に防止することが期待できる」とした。

同原則の検討については、「第7回会議　契約条項の平易明確化義務」の論点において、「委員の中には、この原則を定めることに賛成する意見がある一方で、約款に限定するのであれば定めることも考えられるという意見があり、適用範囲について議論」があったことが示された。しかし、「条項使用者不利の原則の適用場面が明確でなく、また、裁判外で当事者が合理的解釈をすることによって解決している場合が多いことから、同原則を明文で定める必要性について議論する必要があると」いう、「慎重な意見」が示されたと報告されている。

その上で、第15回会議にて適用範囲について「定型約款の条項に限定するという案が示された」ものの、「消費者が事業者から不利な解釈を押しつけられるおそれがあるのは定型約款に限られない」として、「一方的に準備作成された条項や個別交渉を経なかった条項に適用すべきという」、消費者の権利擁護への積極的な意見が示された。

また、「通常の方法により解釈してもなお複数の解釈が可能である」との表現について、「通常」を巡って、「要件として機能しない」との意見や、「適法な解釈の方法として一般的に認められる解釈の方法という意味である」という客観的解釈を意味するとの意見が示されたほかに、依然として条文化することへの「慎重な意見」も示された。

これらを取りまとめた見解は、問題となる約款が「定型約款」であることを明示し、条文化の必要性を唱えつつも、「定型約款に限らず、事業者によって一方的に準備作成された条項や個別交渉を経なかった条項についても適用すべきとの意見もあったことも（傍点、筆者）踏まえ、これらについて、引き続き検討すべきである」との結論に到った。[9]

「中間取りまとめ」のこの結論は、その後の展開を暗示するものと言えよう。同原則の条文化の必要性はいまや所与のものであり、様々な消費者被害の実態に鑑み、立法化の必要性は強く求められている。しかし、時代の必然性に基づく消費者の権利拡充への動きと、それに逆行する「慎重な意見」との対立により、議論は先延ばしとならざるを得なかったと考えられる。

7　二〇一五年一二月　消費者委員会「専門調査会報告書」

同報告書の方向性は「第1　見直しの検討を行う際の視点」において、「①解釈の明確化で一定の対応ができるものは、解釈の明確化を図る　②解釈の明確化だけでは対応できないものは、規律の明確化に留意しつつ、速やかに法改正を行う　③①と②のほか、現時点で法改正を行うことについてコンセンサスが得られていないものについては、今後の検討課題として引き続き検討を行う」とされた。全体の構成は、上記の「第1」に続いて、「第2

速やかに法改正を行うべき内容を含む論点」、「第３　上記以外の論点」、「おわりに」であり、約款使用者不利の原則については「第３」において論じられた。

その内容は、「中間取りまとめ」と同様に、同原則の条文化の必要性が論じられながらも、「事業者の努力義務として、消費者契約の条項を定めるにあたって明確性に配慮することを定めており（法第3条第1項）、条項使用者不利の原則は、同規定の趣旨から導かれる考え方の一つである」とされた。そして、この点を「逐条解説」の解説で示すことにより、「事業者や消費者、消費生活相談員等に周知する」ことが適当であるとした。

即ち、明文化の可能性は否定されている。

また、事業者側からの「慎重な意見」の内容は、「条項使用者不利の原則を適用するに至る条項解釈のプロセスが必ずしも明確とはいえず、同原則が本来適用されるべきでない場合についてまで援用されるおそれがあるという事業者からの懸念」であることが示され、これを「現時点では完全には払拭できない」ゆえに、「同原則の要件や適用範囲を定型約款に限定すべきか等について引き続き検討を行うべきである」との結論に到っている。

このような結論に到ることは、想像に難くなかった。研究者を中心とした「調査業チーム報告書」では、諸外国の動向に比して、我が国の消費者契約法はその内容において十二分に立ち後れていることが強く訴えられている。しかし、立法提言内容となると事業者からの反対の勢いに押されてしまう。それぞれの当事者が立場を守るという姿勢を否定するものではないが、事業者側の同法への認識にはそもそも消費者契約法が第一条で謳っている「国民生活の安定向上と国民経済の健全な発展に寄与することを目的とする」という、同法の解釈指針への不理解が、その意図に関わらず、示されたとも指摘できるのではないだろうか。

消費者あっての事業者であり、事業者の構成員も消費者であることが、事業者の利益追求の前に忘れ去られているのではないだろうか。(10)

8　二〇一七年八月　消費者契約法専門調査会報告書

本報告書は、7にて「今後の検討課題」とされた論点についての再審議結果である。構成は、「第1　見直しの検討を行う際の視点」、「第2　措置すべき内容を含む論点」、「第3　上記以外の論点」、「おわりに」となっており、約款使用者不利の原則は、「第2　6」において論じられている。

その内容は、「法第3条第1項を改正し、（中略）条項の解釈について疑義が生ずることのないよう配慮するように努めなければならない旨を明らかとすることとする」というものである。説明としては、「条項使用者不利の原則の理由となっている部分を明文化することについてはコンセンサスがあった」ことを踏まえて、「明確でわかりやすい条項を作成する事業者の取組みを促す観点から」上述の改正が提言された。同原則そのものについては「今後の課題として、必要に応じ検討を行うべきである」とされた。

本報告書による提言の文言には、意義を見出しがたい。法三条には当初から「配慮するように努めなければならない」という表現がなされているが、本来は少なくとも「配慮義務」として定められねばならなかった。この条文の「努力義務」の部分を残した上で、「明確かつ平易なものになるように」を「疑義が生ずることのないよう」との文言に置き換えたに過ぎない。

そもそも、約款作成者は自らのために、トラブルが生じないような約款条項を定めるべきである。そのような取組みをわざわざ回避して、自らの有利を導くような約款条項の作成が引き続いていることの現状は、事業者側の消費者の権利についてのあまりに貧弱な理解を示すものである。平易、明確な約款を作成することは、約款作成者の「義務」である。しかしながら、実態としては約款により消費者の権利はしばしば侵害されている。そのような約款の存在を減らすためには、「疑義が生ずることのないよう」「努力する義務」そのものが定められる必要がある。

これを、一段弱めて「配慮」努力義務との提言に留まったことには、7報告書からの進展を見出しがたい。

更には、同原則の明文化が再び「今後の課題」とされた点は、上述を裏付けするともいえるだろう。消費者契約法立法当時から、すでに諸外国には一〇年以上の遅れをとった約款規制であるにも関わらず、依然として明文化できない現状は、約款作成者たる事業者の、企業利益追求の姿勢を白日にさらし、社会のあらゆる面での構成員である消費者の権利を定める必要を認めようとしない我が国の法体制の貧困さを示すものではないだろうか。

9　二〇一七年日弁連「内閣府消費者委員会消費者契約法専門調査会「報告書」に対する意見書」

本意見書は二〇一七年八月報告書の構成に対応して、見解が述べられている。約款使用者不利の原則については、第3条第1項を改正することについては「賛成」を示しながらも、規定は未だ不十分であり、継続した検討の必要性を、以下のように述べている。

諸外国（フランス、イギリス、イタリア、ドイツ、アメリカ合衆国、韓国）では、立法または判例法にてすでに明文化されており、「比較法的には当然の解釈準則」であることを前提とした。その上で、「圧倒的に情報に格差があり、事業者が一方的に作成した契約を使用することの多い消費者契約においては、公平の要請の当然の帰結として契約条項の解釈準則の規定を設ける必要性は非常に高い。」「報告書において上記の解釈準則を明定するという方向性が示されなかったことは極めて問題である。」「本来的には、上述のような消費者有利解釈の原則の（ママ）明文化すべきであ」る、というのがその理由である。

更に、第3条第1項で「消費者に対する配慮に努める義務」とした点についても、賛成を示しつつも、「事業者の消費者に対する配慮を努力義務ではなく法的義務としてより明確にすること」も述べられている。その理由としては、「情報力の格差が存在する状況の下では、消費者は事業者の誤った情報の提供により、又は契約締結の判断に必要な情報を提供されなかったことにより、本意でない契約を締結させせられ」、「消費者に契約締結に必要な判断材料となるべき適切な情報が与えられていない」ゆえに「消費者に自己責任を問う前提が欠けている」と、述べられている。

日弁連意見書では末尾にて「おわりに」について、「今後の課題として検討を行うべきとされた論点については、立法措置が不要と判断されたものではなく、検討のための時間が必ずしも十分ではなく専門調査会委員の間でコンセンサスを得るに到らなかったというものであるから、報告書に基づく法改正が実現したあかつきには直ちに政府において検討を行うべきである」とし、検討の継続が提言されている。これは、妥協点を見出すことではなく、消費者契約法としてのあるべき姿についての「コンセンサス」を得ることこそが、法改正を担う者の役割であることを指摘している。

三　今後の展望

本稿は、消費者契約法改正をめぐる活発な論議とその成果を否定するものではない。消費者の権利擁護には、たとえ僅かであっても、前進が認められよう。しかし、消費者被害が後を絶たない現状に鑑みれば、僅かな前進だけでは消費者の権利回復へはほど遠いことも明らかである。

他方、明文化が必要ながら未だ消費者契約法に明文化されていない規定は、数多く残されており、そのほとんどが立法当初からの課題とされるものである。報告書等の経緯をみれば、事業者側の参加により、消費者保護、消費者の権利擁護の姿勢はトーンダウンしていることも明らかである。

事業者側の論理には、利益追求がその主軸となるものとの想像は難くないが、事業者と対等に渡り合える「強い消費者」の増加を想定していることもうかがえる。しかしそれは、現実的なのであろうか。

現代が格差社会となっており、格差は縮小よりもむしろ維持、あるいは拡大の傾向にあるとも考えられる。そのような中で、事業者が懸念する「強い消費者」はごく一部に過ぎず、「弱い消費者」に消費者被害が増大することは、成年年齢の引き下げが予定されていることからも明らかであろう。また、情報力の点では「強い消費者」が増えたとしても、「交渉力」において彼らが事業者と対等に渡り合うことは想定しがたい[11]。損害、被害を蒙らないような生活をごく一部の「強い消費者」だけが送ることはできているに過ぎないのではないだろうか。

事業者という組織を離れれば、ひとりひとりは一人の自然人として社会を構成している最小限の単位となることを忘れてはならない。その、自然人としての権利が、消費社会の中では消費者の権利として守られなければならないとの姿勢を、事業者という組織に反映させることが、どうしてできないのだろうか。

消費社会のひずみは、常に存在するものであるとしても、これを最大限修正することが法の任務であり、立法姿勢に求められるものであろう。しかしながら、そのような現状にないことは、我が国の本質を表しているものとも考えられる。

二〇一七年八月の「消費者契約法専門調査会報告書」で「今後の課題」とされた点は、「必要に応じ」ではなく、「必要」なのであるゆえに、明文化に向けた検討が引き続き行われることが強く望まれる。

(1) 消滅時効の五年への短縮はその代表例である。消費者の権利はそれだけ縮減されたことになる。

(2) 改正法が対象とする約款は、約款一般ではなく「定型約款」に限定するとされている(潮見佳男著『民法(債権関係)改正法案の概要』きんざい二〇一五年、二〇二頁以降)。しかし、約款取引全般における「定型約款」以外の「約款」とはどのような取引に実在し、それらの「約款」についてだけ、従前指摘されている「約款」理論が適用されるとして改正法の解釈がなされるのであれば、私法の一般法としての民法はその意義を失いかねない。

そもそも、「定型約款」がこれまで様々な問題を呈示し、消費者問題を引き起こし、約款理論を構築したものである。したがって、このような「定型約款」にこそ従来の約款理論が適用されねばならない。しかし、改正法の解釈によって、新設規定は消費者等「定型約款」取引の相手方の権利を剥奪する規定と位置づけることも、十分に可能となろう。

（3）約款の開示は、事業者の情報提供義務にも由来する。消費者契約法第三条の「情報提供義務」は、当事者間の格差に鑑みれば、事業者の「義務」であるのは当然である。しかしながら、立法の妥協点として「努力」規定の枠組から脱せられず、何の効果も定められていないことに、一般規定の貧弱さが露呈しているものといえよう。

（4）山本敬三『契約法の現代化Ⅰ――契約規制の現代化』（商事法務、二〇一六年）二五六頁では「契約を尊重し、その効力を維持しようとする限り、どちらかの当事者が不利益をこうむることは避けられない。こうした場合に民法の基本原則から出てくるのは、不利益を課されてもやむをえない者、つまり帰責性のある者に不利益を課すという考え方である。これによると、不明確な条項を作成した当事者の不利に解釈することがまず第1に考えられる。」と同原則適用の前提を述べた上で、「消費者と事業者の間には知識や情報に構造的な格差があるという消費者契約法の出発点に照らすと、それによる不利益は事業者が負担することが要請される。したがって、消費者契約に関する限り、事業者に帰責性があることを前提として、不明確な条項は事業者の不利に解釈するという原則を認める必要がある。」と展開している。民事法の原理に照らして、同原則が解釈の指針であることは、このように明白である。

（5）http://www.consumer.go.jp/kankeihourei/keiyaku/sankou/file/houkokusyo.pdf

（6）同報告書では末尾で、立法当時の事業者からの慎重論に対して「そもそも広範な契約類型が存在する中で、現行消費者契約法第八条、第九条に規定されるほかは第一〇条の一般条項に委ねられている方が不透明なのであり、むしろグレーリストが存在する方が事業者にとっても予見可能性を確保することが出来ると考える」との見解が示されている。

（7）http://www.cao.go.jp/consumer/doc/201308_shoukeihou_houkoku1_pdf、http://www.cao.go.jp/consumer/doc/201308_shoukeihou_houkoku2.pdf

（8）問題となる条項が「事業者によって呈示されたことを踏まえ、消費者の利益を顧慮して解釈するものとする旨の規定」や、

「個別交渉条項（個別合意）の趣旨が個別交渉を経ていない条項より優先されるべき旨の規定」があるとしている。同時に、客観的解釈をすべきか、個別事情をどこまで考慮すべきかなども検討が必要としている。

(9)「定型約款」との文言は、ここで初めて用いられたが、消費者の権利を侵害する約款を「定型約款」に限らないとする見解こそが、約款規制の根本的姿勢としてここに明言されたことは重要である。

(10) なお、二〇一六年消費者契約法改正では、が盛り込まれたことを付言しておく。

(11) 約款取引では、それは顕著であり、だからこそ約款使用者不利の原則が法理として作用すべきである。最高裁平成一三年四月二〇日判決（民集五五巻三号六八二頁）では、補足意見ではあるものの「本件約款が、保険契約と保険事故一般に関する知識と経験において圧倒的に優位に立つ保険者側において一方的に作成された上、保険契約者側に提供される性質のものであることを考えると、約款の解釈に疑義がある場合には、作成者の責任を重視して解釈する方が当事者間の衡平に資するとの考えもあり得よう。（中略）本判決によって疑義が解消された後もなおこのような状況が改善されないとすれば、法廷意見の法理を適用することが信義則ないし当事者間の衡平の理念に照らして適切性を欠くと判断すべき場合も出てくると考えるものである」と述べられている。

江藤先生追悼によせて

――「弁護士としての自分史」――

弁護士
齊藤　誠

一　還暦記念冊子

江藤先生の還暦記念の冊子に、「今日、私が弁護士としてあるのは先生のおかげをおいてほかはないということです。」と書きました。

その理由として、司法試験受験中に当時付き合っていた妻と一緒にお宅にお伺いをした際、先生から私の受験態度を批判され「こんなちゃらんぽらんな奴とは別れてしまえ」と一喝されたエピソードを書きました。これを契機に心機一転、基礎から学び直して司法試験に合格でき、弁護士になることができました。

二　私の弁護士としての有り様と江藤先生

二〇一七年、Lawyer Mounthly という国際的なビジネス専門誌から、国際的なビジネスロイヤーを表彰する「Award」として、二〇一七年の「Human Rights Lawyer of the Year」の称号を受賞しました。

この受賞は、さまざまな活動を行ってきた私の生き方の集大成に対する受賞とも思えるのであり、一九七八年四月に東京弁護士会に登録し、弁護士になって四〇年、私の弁護士になってからの様々な活動が評価されたものと思い、大変うれしく思っています。

江藤先生の追悼文集に一文を寄せるにあたって、私が弁護士となり、弁護士生活も四〇年となった節目の年に思うのに、私が弁護士としての有り様も、江藤先生の、既存の枠組みにはとらわれない自由な発想となにごとにも自然体で接するという姿勢からの薫陶あってのことと改めて思うのです。それ故に、江藤先生の追悼文集に一文を寄せる機会を得て、弁護士としての自分史を振り返ってみたいと思います。

三　修習生の頃

一九七五年に司法試験に合格しました。父親が弁護士で、最高裁の司法政策には反対の立場を鮮明にしており、しかも当時父親は、最高裁、法務省、弁護士会の三者協議のメンバーでした。修習生としての面接の際、私が、父親の考えと同じかどうか確かめるように、父親に対する意見を聞かれました。私は、「父親を尊敬しています」と回答しましたが、大変嫌な感じを受けたことを記憶しています。そして修習地は「新潟」と決められました。

しかし、妻が妊娠し、かつ妻が会社員勤めをしており、新潟が修習地ですと、出産の際、単身赴任となって不安だったので、その妻の妊娠を理由に修習地の変更を申し出ました。司法研修所の川嵜義徳事務局長と面接交渉の末、修習地を「横浜」に変えてもらいました。そのため横浜の修習生は通常は四班三二人だったのですが、三〇期だけは三三人となりました。

私は、東京都品川区に住んでおり、子どもを一九七六年一〇月に出産後は、産休明けから共同保育所に子どもを預けました。

私は、子どもが生まれ、共同保育所に子どもを預けていた司法修習生時代、青年法律家修習生部会が主催した修習生の集会で、私は、「現代の地域社会と弁護士活動を考える分科会」の責任者となりました。この集会の報告書として発行された冊子（一九七七年一一月発行）の中で、この分科会を紹介する際このように書きました。

「権利実現の苦しみと喜びも結局は依頼者本人のものである。だからこそ私は弁護士が、自らが本人としてやる場面が仕事とは別になければならないのではないかと思う。それがなければ、本人の気持ちを理解していく努力としては不足するのではないかと思うし、援助という形でも本当の意味での共感という点では不十分となるであろうからである。その意味で本分科会の中で大平先生がふれていた、まず弁護士としてでなく市民として行動していって欲しいということは、ただ住民の側から弁護士に求められているのではなく、実は弁護士自身がどう依頼者すなわち住民と共感していくかという点で自らに対して与えられている課題なのではないかと考えはじめている。」と書きました。

これは当時、共同保育所に自分の子どもを預けていることで、預けている働く母親やその夫などと、弁護士という肩書きや仕事とは関係のないところで様々な人々と接している中から実感したことだと思います。

このことについては、その後、日本公認会計士協会東京会の会報において、弁護士など、士業のプロボノ活動を取り上げた特集における座談会で以下のように述べました（東京ＣＰＡニュース　二〇一一年七月一日号六五二号）。

「こうしたことを始めた理由は、一市民としての感覚を得られるのではないかと考えたからです。弁護士は法的なスキルを提供するわけですが、提供する対象は一市民、被害者といっても、その人の生活があるわけで、それを同じ目線で捉えることができる弁護士がいてもいいのではないか、弁護士という肩書きを振りかざすのでなく一市民として関われる弁護士がいてもいいのではないかと、修習生時代に考えたのです。」

四　一市民としての活動

子どもを保育所に預けたことをきっかけに、子どもを預けた共同保育所の運営委員長を引き受けました。そして、子どもを公立保育園に預けた後は、品川区の保護者会連合会の役員、そして一九八二年から七年間、品川保育問題協議会の会長を務めました。そして同協議会の会長職と共に、東京保育問題協議会の会長代行、全国保育問題連絡会の常任幹事など、一九八九年に品川保育問題協議会の会長職を降りるまで、保育園関係の団体の役員の活動で、弁護士業務の傍ら半分は保育関係の専従者のようなことをしていました。

品川保育問題協議会は、私が関わる前はほとんど組織的に機能していないような状況でしたが、私が会長となった後、組織としても確立させました。品川区職員労働組合とともに大阪の吹田市にならって、品川住民運動懇談会を発足させ、この懇談会の主催で戸越公園で「品川平和盆踊り」を盛大に開催したのも思い出です。

二〇〇三年一二月三〇日発行の品川住民運動懇談会の発行誌に、この懇談会の事務局長を務めてきた勝俣明久氏が参加する座談会において、勝俣氏は、「大阪の吹田市の住民運動からも学び、当時品川保育問題協議会会長の齊藤誠さんや生活と健康を守る会の坂口事務局長に相談を持ちかけ、住民懇の立ち上げを取り組んできました。」と述べられています。またこの中で、勝俣氏は、「当時は保育問題協議会の斉藤氏という人がいて、保育の充実に向けて、一〇万人署名などの取り組みなどがあり、運動が大きく盛り上がり、全国に先駆けるような取り組みと実践が行われ、保育行政も大きく充実させてきました。」と述べられています。また、品川区職員労働組合の元委員長であった岡部達男さんからの、私が品川保育問題協議会の会長を退任した際に、いろいろな資料をお送りしたお礼の手紙の中で、「齊藤さんは、『六年間の会長』というより、品川保育問題協議会をすぐれた運動体として確立した功労者—齊藤さんあっての今日の品川保育問題協議会と認識しております。」とありました。

品川保育問題協議会としては、一九八四年に保育料を値上げする動きもあって、八万八〇〇〇名の反対署名を集める活動を行ったり、当時、これからは高齢者が増加するので保育所対策よりも高齢者対策に予算をということで、一九八五年、国の保育所に対する国庫負担金を八割から七割へそしてさらに翌一九八六年には五割に削減し、さらに減らそうとする動きもあったりして、国に対する削減反対請願署名を取り組み、わずか一ヶ月で全国で一〇〇万名、品川でも数万名を集めるようなこともしました。一九八五年、品川区が全国に先駆けて実施していた産休明けをなくそうとする行政の動きもあり、これに対して品川区在住の〇歳児のいる家庭、約三五〇〇世帯へ、保育園への入所希望についての一軒一軒訪ねての訪問アンケート活動などを行ったりして、大変に忙しかったです。

保育園の子供は、卒園すれば小学校へ進学します。しかし、近所にありながら、なかなか小学校の先生と保育園の保育士とは連携がありませんでした。そこで、品川保育問題協議会から品川区教職員組合に申し入れをして、品川保育問題協議会と品川区教職員組合が中心となって、一九八三年三月、新たに「子どもを育てる品川集会」を開催するようにしました。メインの講演には、第一回目の当時東京都教職員組合委員長だった三上満氏を皮切りに、絵本作家の加古さとしさん、橋のない川を書かれた小説家の住井すゑさん（当時武道館で住井さんの講演会が行われた。）、国語学者の寿岳章子さん、フォークソングのはしだのりひこさんなど多彩なゲストを迎えて行われました。

一九九〇年の子どもを育てる品川集会の講演を依頼したのは北海道の宗谷の教育合意運動の中心にいた横山幸一氏（共著書「宗谷の教育合意運動とは」大月書房）ですが、同氏からの私宛のお礼の手紙には「とても暖かい連帯がほとばしっているような全体の雰囲気にとても感動致しました。大きく包み込んで元気とやりがいを感じさせながら、全体をまとめている齊藤さんの人格の大きさにもおどろきました。」との感想が寄せられました。

私の子どもは三人とも、すべて同じ戸越公園の隣にあった区立保育園に入園しました。この保育園は古くからあり、最初に父母の会が結成された保育園として、また保育士には組合の保育園部会の部会長がおりました。この保育園の父母の会を中心に、戸越公園において、子どもたちに材料を無償で提供して手作りのおもちゃを教える広場を企画しました。周辺の区立保育園や学童保育クラブの父母会を誘って、「めだか手作り会」という会を結成して、手作りのおもちゃ広場を開催しました。この手作りおもちゃの広場は、一九八二年一二月の開催を第一回とし、現在もなお、戸越公園において毎年二回開催されています。またこの立ち上げの時の中心メンバーで、毎年一二月三〇日に餅をつくようになり、これもまたいまでも続いています。

そして、私の子どもの学童保育が終わり、それを契機に保育園・学童保育との関わりが終わった後は、それまで地元町会の子供会の会長をずっと続けていたことなどから、一九八八年に地元の公立小学校のPTA会長へと、地元の自民党の区議会議員の候補を破って当選し、その後三年間続けました。その後、東京都立八潮高等学校のPTA会長を一九九五年から五年間務めました。

五　ケンウッド事件——三歳児を持つ女性労働者配転訴訟事件

品川保育問題協議会の会長をしている中で、品川区の保育園の父母会の会合の中で知り合った父親の妻が、ケンウッドという会社に勤務していましたが、三歳の子どもを保育園に預けていたのに、あきらかに辞めさせるための嫌がらせで、当時勤めていた中目黒の事業所から北八王子の事業所に配転されるという事件がおこりました。私はその辞令を受けた翌日からこの父親からの相談を受け、それから一二年間、この裁判を、夫から妻からの悩みの相談などを受けつつ、この家族を支えつつ一緒に闘いました。最後は、最高裁判所の判決（二〇〇〇年一月）では敗訴しましたが、補足意見がだされました。補足意見では、「高学歴とは言えない女性労働者については、特段の事情のない限り、広域での異動をしないことが雇用契約では黙示的に合意されている」とし、「男女の雇用機会の均等が図られつつあるとは言え、とりわけ未就学児童を持つ高学歴とは言えない女性労働者の現実に置かれている立場にはなお十分配慮を要する。この判決によって、予期しなかった広域の異動が許されるものではない」とありました。これがケンウッドの配転訴訟事件です（最高裁第三小法廷判決　判例時報一七〇五号一六二頁）。

六　女性の権利に関する活動

東京弁護士会の女性の権利委員会において、学童保育をテーマに取り上げて調査・研究を行うということで、誘われて、東京弁護士会の女性の権利委員会の委員となりました。その後一九八九年には日本弁護士連合会の女性の権利委員会（一九九三年から両性の平等に関する委員会と改称）の委員にもなりました。

そこで井田恵子弁護士のお誘いで、一九九〇年四月、世田谷区に女性センターを設置するための準備委員会のメンバーとなりました。この委員会では、文部省の婦人教育課長時代に、国立女性教育会館を企画・建設した志熊敦子さんと知り合いました。志熊さんからは、一九九三年七月の「今後の婦人問題企画推進本部機構の在り方について」という婦人問題企画推進本部機構に関する検討会の報告書を見せて頂きました。この報告書に対して、日本弁護士連合会として、一九九三年一〇月「婦人問題企画推進本部機構（ナショナル・マシーナリー）の在り方についての意見書」をまとめて公表しました。この意見書は、そのころ女性政策の主導権を巡る総理府と労働省との確執に一石を投じました。これをきっかけに、女性に関わる国内本部機構（ナショナルマシーナリー）や男女共同参画基本法制定に関わる活動に加わりました。

一九九五年北京で、第四回世界女性会議が開催されました。この女性会議において日本政府とＮＧＯの話し合いの場がもたれました。これに参加したＮＧＯ関係者を中心に、この会議で採択された「北京政治宣言」と「行動綱領」の実施をめざして、同年一一月、「北京ＪＡＣ」という、政府・自治体・議員・政党などにロビイングと政策提言を行うための全国ネットワークのＮＧＯが結成されました。私は、小宮山洋子さんからのお誘いで発足直後から、この団体のメンバーとなりました。

その後、中央省庁等改革基本法が制定され、日本の女性政策に関する「ナショナルマシーナリー」として、内閣府に男女共同参画推進本部が設置されました。そして同本部からの一九九六年七月の「男女共同参画ビジョン」をうけ、私は、一九九七年七月の北九州で開かれた北京ＪＡＣ主催の第二回シンポジウムにおいて、「女性に関する基本法の検討について（北京ＪＡＣシンポ版）」という文書を作成し公表しました。

一九九八年一〇月の男女共同参画審議会の基本問題部会報告決定を受けて、一九九九年三月、北京ＪＡＣとして、各項目毎に意見を提言した「男女共同参画社会基本法に対する意見」を申し入れました。そして一九九九年、男女共同参画基本法が制定施行されました。

このことは、鹿嶋敬著の「男女共同参画の時代」（岩波新書）の中に、「ただ民間にも当時、基本法の制定を考えている人はいて、例えば弁護士の齊藤誠氏などは詳細な私案を用意していた（縫田曄子編『あのとき、このひと―女性行政推進機構の軌跡』ドメス出版、二〇〇二年）。」と取り上げられています。

この縫田曄子編『あのとき、このひと―女性行政推進機構の軌跡』ドメス出版、二〇〇二年）の中では、有馬真喜子氏の発言で、「当時今の基本法に匹敵するような内容をもった法律案をひそかに誰かからもらっていました。」とあり、これに対して、藤原房子氏が、「日弁連の齊藤誠さんでしょう。私ももらいました。」と発言し、さらに縫田曄子氏も「齊藤さんはこの問題に非常に熱心でした。」と応じ、さらに藤原房子氏が、「今の法律より齊藤さんの案の方が厳しいというか、詳しい部分がありますね。」と発言しています。

一方、私は、一九九八年に埼玉県男女共同参画推進条例検討委員会の委員となり、埼玉県での男女共同参画推進条例の作成に関わり、二〇〇〇年に条例が公布施行されました。

これらの経験を生かして、埼玉県の男女共同参画推進条例の検討会の委員であった山下泰子さんと橋本ヒロ子さんとの共著で、「ぎょうせい」から「男女共同参画推進条例のつくり方」（二〇〇一年六月）を刊行しました。この本は男女共同参画基本法が制定された後、各地の地方自治体で、男女共同参画推進条例をつくる運動を行っていた人たちのバイブルとして活用され、四版まで発行され、約五万部を売り切りました。その後「バックラッシュ」の中では、私は、男女共同参画に関わる「三悪人」の一人と名指されました。

七　私のターニングポイント

私の弁護士としての一番大きなターニングポイントは、青年法律家協会弁護士学者合同部会主催の「アジア・太平洋を知るツアー」の一つとして、一九九〇年にマレーシアのサラワク州のウマバワンという山奥の村を訪問したことです。

ここで熱帯雨林の保護と自らの村を守る闘いを行っている村民とふれあい、一方この熱帯雨林を乱費している日本の現状を知りました。

もともと私は、日本における弁護士の活動が、海外において日本自体が加害者の面があるのにそれをとりあげる組織や団体がほとんどなかった状況を変えたいと思っていました。そこで日本が加害者となって熱帯雨林の破壊に加担している状況をなんとかしたいとの思いで、一九九一年六月、サラワク州を一緒に訪問した弁護士らとともに熱帯雨林保護法律家リーグを結成しました。当時、弁護士が裁判以外で海外の環境問題や人権問題に取り組む組織などは全くありませんでしたが、矢花公平弁護士と二人、お互いに四〇代の前半でしたが、弁護士である前に、一市民としてこのような環境破壊や人権侵害は許せないとして、この村人たちに何らかの形で応えたいという思いでこの組織を立ち上げました。

この団体を立ち上げた直後、一九九二年六月にブラジルで国連環境開発会議（地球サミット）が開催されました。このサミットに参加した団体が大同して一九九三年一一月に「市民フォーラム二〇〇一」という団体を結成しました。矢花弁護士とともにこの団体の幹事として、幅広く国際的な環境問題にも取り組みました。

八　芦浜　原子力発電所建設計画白紙撤回

市民フォーラム二〇〇一の発足パーティー会場で知り合った漁師の話に関心を持ち、三重県の伊勢市の近くにあった芦浜における中部電力の原子力発電所建設計画の撤回を求める運動にも関わりました。

毎回現地に行くときは一泊しなければならないようなところでした。そこで、一九九四年四月、中部電力が、反対派の中心であった古和浦漁協に預け入れた二億五千万円の預金は「賄賂」であって、このような支出は違法として中部電力の役員の責任を問う株主代表訴訟を提訴しました。同訴訟では、中部電力の当時の副社長を法廷尋問に引っ張り出したりしましたが、敗訴しました。私は、運動にも、条例作りなど数年関わり続け、最後に漁民を中心とする三重県の有権者の過半数を集める署名運動などがあって、北川正恭知事の下で二〇〇〇年二月、原発計画が白紙撤回となったのも忘れられない思い出です。

私のことは、朝日新聞津支局著の、『海よ！——芦浜原発30年』（風媒社、一九九四年）という本の中の「青い鳥」の章に以下のように取り上げられています。

「東京弁護士会の齊藤誠も、総会の行方を気にかけていた。二億円の事前提供で齊藤は九三年暮れ、『総会決議を経ず、違法に補償金を分配した』として、県に検査請求をした漁民代理人の弁護士である。芦浜原発計画にからむ、さまざまな『人権侵害』の実態を知り、現地調査を始めた時のことだった。齊藤は言う。『陰湿な嫌がらせと不明朗な金は、全国の原発立地点の中でも特異だ。二億円問題こそ、芦浜を象徴している。』」「齊藤らは二月四日、日本弁護士連合会人権擁護委員会に人権救済を申し立てている。」「『古和浦逆転』以降、劣勢だった反対派にとって、齊藤らの存在は頼もしく思えた。ある古老は、『青い鳥が飛んで来た』と、齊藤らのことを表現した。」

九　パプアニューギニアと南太平洋諸国

熱帯雨林保護法律家リーグとしてパプアニューギニアの熱帯雨林の問題にも取り組みました。一九九二年にパプアニューギニアへ調査に入り、私は、当時日商岩井の子会社が伐採事業を行っているアミオ村にヘリコプターを使って訪問し、伐採事業による環境破壊の実態についての調査結果を「パプアニューギニアの熱帯雨林」として報告書を作成し公表しました。一九九四年の二回目の同じ村を訪問の際は、先の調査報告書の中で詳細に環境破壊の実態を告発していたので、この時は現地警察に捕まりそうになりましたが、なんとか逮捕されることは免れたというようなこともありました。このときも報告書「パプア・ニューギニア　熱帯雨林と新林業法」を作成し公表しました。

何度もパプアニューギニアへ調査する中で、現地のNGOのメンバーとも知り合いました。そして、South Pacific Forum（南太平洋諸国会議）という南太平洋の諸国が毎年会議を開催しており、日本はその対話国として参加していることを知りました。

そして一九九五年にパプアニューギニアでこの会議が開催されることを知り、この会議に合わせてNGO会議を開催することを提案しました。その結果、このパプアニューギニアで開催されたNGO会議は大成功を収め、その後、一九九六年マーシャル諸島、一九九七年クック諸島、一九九八年ミクロネシアと、それぞれ会議が開催される国々でNGO会議が開催され、それに参加しました。なおこのNGO会議は、その後中心となっているNGOがあったフィジーで政治的なクーデターが起き、ミクロネシアの開催が最後となってしまいました。

また熱帯雨林保護の活動ではタイにも何回も訪問しました。このような活動から、日本国際ボランティアセンター（JVC）の方々とも知り合い、一九九九年から二〇一三年まで同センターの理事を務めました。

一〇　ビジネスと人権

現在、私は、二〇〇二年から「ビジネスと人権」の課題を生涯のテーマとして、日本弁護士連合会の弁護士業務改革委員会の委員として、企業の社会的責任（CSR）と内部統制に関するプロジェクトチームをつくり、その座長としてさまざまな課題に取り組んできました。冒頭に述べた、Lawyer Mounthly という国際的なビジネス専門誌から、二〇一七年「Human Rights Lawyer of the Year」というAword を受賞したのもこの活動を評価されてのことと思います。

二〇〇〇年に当時の国連事務総長コフィー・アナンより、国連グローバルコンパクトの一〇原則が提唱されたことを契機に、「企業の社会的責任」、「ビジネスと人権」というテーマが関心を呼んできました。

日本弁護士連合会として、二〇〇二年一一月、「ビジネスと人権」に関する、「企業の行動基準と人権を考えるシンポジウム」を初めて開催しました。このセミナーには、企業が一〇〇社が参加しました。

このシンポを契機に、私は、それまで関わってきた熱帯雨林保護の問題や男女共同参画に関わる女性の問題などの集大成として、日本弁護士連合会の国際人権問題委員会内のビジネスと人権研究会の事務局長として、企業の社会的責任について本格的に取り組み始めました。二〇〇五年五月号の「自由と正義」に、「企業の社会的責任と弁護士の役割」についての座談会を掲載し、「企業の社会的責任の規格化」という論文を掲載しました。二〇〇六年五月に日本弁護士連合会内に弁護士業務総合推進センターが発足すると、人権と企業の社会的責任（ＣＳＲ）の評価と支援ＰＴと内部統制システムＰＴを発足させ、座長には本林徹弁護士になっていただきました。そして、二〇〇八年三月に「企業の社会的責任ガイドライン　二〇〇七年度版」を公表し、二〇一〇年三月には、その改定版である「企業の社会的責任ガイドライン　二〇〇九年度版」を公表しました。このガイドラインが公表されたことを受けて、日本ＣＳＲ普及協会が二〇〇八年一〇月に発足しました。

二〇〇八年五月に、日本弁護士連合会内に法的サービス企画推進センターが発足すると、企業の社会的責任（ＣＳＲ）と内部統制に関するプロジェクトチームを発足させ、私がこのチームの座長となりました。このセンターが終了すると共に、二〇一〇年五月から、日本弁護士連合会の弁護士業務改革委員会内に、企業の社会的責任（ＣＳＲ）と内部統制に関するプロジェクトチーム（以下ＣＳＲＰＴ）を発足させ、私は引き続き座長となりました。

一一　企業の社会的責任（CSR）と内部統制に関するプロジェクトチームの活動

弁護士業務改革委員会におけるCSRPTとしては以下のような活動をしてきました。

二〇一〇年七月（二〇一〇年一二月改訂）に「企業等不祥事における第三者委員会ガイドライン」を公表しました。このガイドラインをもとにして調査に規律をもたらし、第三者委員会及びその報告書に対する社会的信用を高めることを目的として、『第三者委員会報告書格付け委員会』が発足し、私もそのメンバーとして、第三者委員会の調査報告書の評価を行っています。

二〇一五年一月、二〇一一年に国連の人権理事会において「ビジネスと人権に関する指導原則」が採択されたことを受けて、四年の歳月の検討を経て、この指導原則を企業がどのように実施するのかという、この指導原則の解説版である「人権デュー・ディリジェンスのためのガイダンス」を公表しました。この英語版も公表しております。

二〇一五年一一月、国連のジュネーブにおける第四回国連ビジネスと人権年次フォーラムにおけるパラレルセッションにおいて、「ビジネスと弁護士会、ビジネスと人権におけるリーガルプロフェッションのリーダーシップ」をテーマとして講演をしました。講演の内容としては、日本の、ビジネスと人権に関する指導原則に関するツールにおけるリーダーシップとして、弁護士会による「人権デュー・ディリジェンスに関するガイダンス（手引）とCSR条項」を報告しました。

二〇一六年七月（二〇一七年一月改訂）には「海外贈賄防止ガイダンス」を公表しました。

一二　ビジネスと人権の主流化

「ビジネスと人権」は、日本においても主流化しつつあります。

二〇一五年、国連「持続可能な開発サミット」が開催され、その成果文書として「持続可能な開発のための二〇三〇アジェンダ」が採択されました。この「アジェンダ」に掲げられた目標が、一七の目標と一六九のターゲットからなる「持続可能な開発目標（ＳＤＧｓ）（Sustainable Development Goals）」です。

日本政府は、二〇一六年五月の閣議決定で「持続可能な開発目標（ＳＤＧｓ）推進本部」を設置しました。この推進本部がまとめた実施指針において、「ビジネスと人権」の観点に基づく取組が極めて重要であるとされ、持続可能な開発目標を達成するための具体的施策には「ビジネスと人権に関する国別行動計画の策定」が規定されました。

この「ビジネスと人権に関する国別行動計画」とは、「ビジネスと人権に関する指導原則」に従って、企業による人権への負の影響から保護するために国家が策定する政策戦略です。そして今、外務省の人権人道課の呼びかけで、この行動計画作成のためのベースラインスタディが、日弁連からのメンバーの参加を含めて開始されています。

こうして私が、二〇〇二年から取り組んできた「ビジネスと人権」という課題は、いまや日本においても主流化しつつあります。

一三　弁護士としての仕事

私は江藤先生と身近に接するにつけ、先生の精神を自然と身につけるようになっていったことが、私にとっての最大の収穫だったと思っております。

先生は、既存の枠組みにはとらわれない自由な発想となにごとにも自然体で接しておられました。陸軍士官学校と民主主義と人権が、江藤先生の中では融合していたのはそのあらわれと私は思っております。江藤先生が、司法書士の業務に関する理論的研究に携わったことも、既成の枠組にはとらわれない気持ちをもっていらしたからと私は思っております。そして素直におかしいと思ったことには、とことん貫く姿勢を持っていらっしゃいました。

私も、弁護士としても様々な事件に取り組んできました。

弁護士になってすぐに塚原英治弁護士と一緒に取り組んだ、左折禁止の道路標識が、「道路標識、区画線及び道路表示に関する命令」に定める設置場所に設置されていなかったとしてその規制の効力が否定され、無罪判決をとなった事件（神奈川簡裁　昭和五六年三月三一日判決　判例時報一〇〇五号一八三頁）、（和久俊三著、「妻の弁護」〔『蒼ざめた証人』角川文庫、一九八二年に収載〕）、夜間、道路上に牽引車両を切り離して駐車されていたトレーラーに普通乗用自動車が衝突した事故について、違法駐車されたトレーラーの排除等の措置をとらなかった道路管理者の道路管理に瑕疵があるとして、国家賠償法二条に基づく損害賠償責任が認められた事件（東京高等裁判所平成九年一二月二四日判決（判例自治一七九号一〇二頁）（矢貫隆著、「激突」〔『交通殺人』文藝春秋社、二〇〇一年に収載〕）、など、率直におかしいと思ったことを訴訟において実現しようとして数々の事件を提起してきました。

私の弁護士の仕事におけるライフワークとも言えるのは二〇数年にわたって取り組んできた熊本の松橋町殺人事件の再審事件です。

一九八五年に事件が発生し、熊本地裁判決が一九八六年、私がこの事件の最高裁判所への上告審の国選弁護人として選任されたのが一九八八年でした。最高裁からの上告棄却の判決が一九九〇年でした。それから三年後、収監されていた岡山刑務所で再審の準備を開始するということで、収監されていた岡山刑務所で、宮田浩喜さんと再会したのが一九九三年でした。そして約二〇年間の準備を経て再審の申立を行ったのが、二〇一二年三月でした。その後三者協議が重ねられ、二〇一六年六月三〇日に熊本地裁から再審開始決定がだされました。一番最初に再審決定を封筒からだした時、「本件について再審を開始する。」との文字が目に飛び込んできたときは、感動と喜びで胸が一杯になりました。即時抗告審の福岡高等裁判所でも二〇一七年一一月二九日に棄却決定がだされ、現在検察官からの特別抗告で最高裁判所に係属しています。

一四　最後に

私も、弁護士になって四〇年、年齢も七二歳となりました。

一九九九年八月、築地に新たに私の法律事務所を開設した時、披露パーティーを開催しましたが、江藤先生が最後まで残っていらしたことを妻が覚えておりました。

数年前、お食事でもお誘いしようかと思い、連絡しましたが、当時は、原稿があるからといってお忙しそうでした。そのうち、外にでるのも大変になってきて、とうとうそれも叶わないままとなってしまいました。

そして今回の訃報を大出君から連絡を受け、いよいよ江藤先生とも永遠のお別れとなってしまったと思う次第です。

江藤先生、やすからにお眠りください。

江藤先生との折々の出会い

弁護士　村井勝美

今振り返ってみると、江藤先生は実に面倒見の良い先生だったと思う。先生との折々の出会いを思い出しながら、先生の人柄を偲んでみたい。

東京都立大学

私と江藤先生との最初の出会いは授業ではなかったかと思う。今になって考えると、私は、先生の民事訴訟法の授業を受けたことにより、その後の思想の骨格なるものを得たように思える。

先生の授業は一言で言えば漫談であった。その漫談の中で、先生は、「国家とはどうあるべきか」を私たちに語りかけていたのだと思う。

江藤・五十部ゼミ（民訴法ゼミ）は、江藤先生と五十部豊久先生が主催され、五人ほどの学生が集まり、民訴判例集をテキストにその当否を論じ合うという贅沢なゼミであった。五十部先生は、新訴訟物理論の泰斗・三ヶ月章教授の弟子筋に当たる方であり、江藤先生は旧訴訟物理論の泰斗・兼子一教授の弟子筋に当たるため、ゼミは、新訴理論と旧訴理論がぶつかり合う場所であった。

旧訴訟物理論は、国家は市民社会に抑制的にかかわるべきであるという思想を根底にしており、「学生は？」というとほとんどの学生が江藤先生の影響を受けて旧訴の立場をとっており、今から考えると、五十部先生は気の毒であったが、孤軍奮闘、五十部先生は誠実に自説を論じられていた。その五十部先生が若くして亡くなられてしまったことも残念である。

私の本籍は、利谷ゼミ（利谷信義先生・法社会学・司法制度）であったが、私たちが卒業したと同時に、利谷先生は東大の社会科学研究所に移籍されてしまった。しかし、都立大学から利谷ゼミを消滅させてしまうのは惜しいということになったのだと思うが、江藤先生が一肌脱いで、新たに、江藤・利谷・小田中ゼミ（裁判制度ゼミ）が発足した。このゼミの中心になったのが大出良知君（東京経済大学教授）であり、このゼミからは多くの人材が育っていった。

弁護士になってから

一九七五年、私は苦労の末弁護士となった。そして、思わぬところで江藤先生と再会することになる。

一九八二年一〇月、第二五回日弁連人権擁護大会シンポジウムが横浜の開港記念館で開催され、最年少の私は、第一分科会の「国民の裁判を受ける権利―それは実効的に保障されているか」で、「裁判所予算と裁判を受ける権利」の部分を担当させられ発表することになった。その会場に、いらしたのが先生で、シンポ終了後、「君はもっと早口かと思っていたが、今日は、ゆっくり話して分かりやすかった」とおほめの言葉をいただいた。

その後は、先生が共同代表、秋廣道郎弁護士を事務局長とする「現代司法を考える会」にも入れてもらい、先生とはこの会合で年何回か定期的にお会いすることになる。この会は、京橋区民館を会場に、学者、弁護士、司法書士らが集まり、司法問題を論じ合う場であったが、その会合で、埼玉司法書士会所属の藤縄雅啓さんや井口鈴子さんともお会いすることが出来た。

大東文化大学

先生は、東京都立大学を定年退職後大東文化大学に赴任された。先生も一枚噛んでおられたと思うが、現職の弁護士を引っ張ってきて特別講義をさせたりした。渡邊晋弁護士ら埼玉弁護士会の会員がこれに応えることになる。かくいう私も、先生の口利きで、白石裕子先生や山口志保先生からお声かけいただき、二〇〇三年から二〇一〇年までの八年間、毎年法学部一年生相手に、「法律関連職いろいろ」とか「裁判員裁判」などのテーマで講義をさせてもらった。

大東文化大大学院法学研究科にフランスの公証制度研究の講座を発足させたのも先生だと思う。この講座には、現役の司法書士の方々が多数在籍し、先生の指導の下、フランスの公証制度を研究し、その成果を修士論文にまとめられた。そのときのお弟子さんたちが、前述の藤縄さんら現役の司法書士であり、現在、藤縄さんたちは、司法書士会における理論的主柱となって活躍されている。

先生にとって、再就職先の大東文化大学法学部は、新たな意欲をかき立たせる、居心地のいい大学だったらしい。

ところで、先生の大東文化大学法学部時代の教え子として、思い浮かぶ人が二人いる。

一人は、永嶋実弁護士である。二〇〇一年一〇月、彼は、甲府合同法律事務所に入所して以降、自由法曹団や日本労働弁護団の一員として、労働事件、消費者事件、憲法運動など運動と名のつくありとあらゆる運動に献身的にかかわり、そして多くの実績を残していた。しかし、二〇一〇年四月四日、突然彼は他界してしまった。その葬儀が執り行われた直後（私は葬儀には参列していない）、先生から、「葬儀に甲府まで行ってきたが、君の生花があった。君と永嶋君とはどういう関係なんだ」との電話をもらった。

彼とは、労働弁護団関東ブロックの仲間であり、たびたび顔を合わせていた。彼は、大東文化大学法学部の期待の星であり、周囲の期待をはるかに超える大活躍をしていたので夭逝は実に無念である。

もう一人は、下津信幸君である。彼は、最高裁判所の構内に設置されている公益財団法人日本調停協会連合会（日調連）の事務局次長として活躍している。私が埼玉調停協会連合会の会長に就任したとき、先生から「日調連の事務局には下津という卒業生がいる」と彼を紹介してもらい、そんな縁から下津君とのつきあいが始まった。彼は、誠実な人柄で皆から信頼されており、今後も日調連をしっかり支えてくれるものと期待している。

司法書士

私が都立大学二年の一九六六年、岩波講座「現代法」全一五巻の中の第六巻『現代の法律家』が刊行された。第六巻の中では、日本の法律家制度が論じられており、その部分は、潮見俊隆、清水誠、利谷信義、江藤先生らが執筆された。先生たち「日本の法律家制度研究グループ」は、のちに朝日賞を受賞されている。

先生の「準法律家」と題する論文は、世上、初めて司法書士を法律家として学問の俎上にのせた論稿と評価された。そして、この論文こそ、先生が、司法書士制度ならびに司法書士会とのかかわりをもつ契機になった論文にほかならない。

先生が司法書士会との関係を深められていく中で、これまた、先生の口利きで、私も司法書士会とのつながりを深めていくことになる。

終わりに

冒頭に、先生のことを「面倒見の良い人」と評させていただいたが、陸士出身の先生は間違いなく「戦略家」であった。先生との折々の出会いを振り返ってみると、私を含む登場人物は、先生の描く絵の中で、その役を演じてきたように思える。

残念ながら、先生がお亡くなりになる前後の日本社会、とりわけ、第二次安倍内閣が描こうとしている絵は先生が描いてきた絵とはまさに正反対である。

私にも、このままにはさせない、という気概があることを申し上げてこの稿を閉じる。

民訴の講義を受けなかった私と江藤先生

弁護士 江森民夫

私は東京都立大学（以下「都立大学」といいます。）で江藤先生の民訴の講義を受けることなく卒業した学生ですが、都立大学の持っている学生と教員の特徴のあるつながりの中で、都立大学時代に江藤先生から色々なことを学びました。そして卒業後弁護士になってからも、江藤先生に様々な面で親しくおつきあいをさせていただきました。

一 都立大学時代の江藤先生と私

私は一九六五（昭和四〇）年四月に都立大学法経学部法律学科に入学しましたが、法経学部はその後法学部と経済学部に分離しました。（以下法律学科時代を含めて「法学部」といいます。）そして私は一九七〇（昭和四五）年三月に都立大学法学部を卒業し、司法研修所を経て、弁護士になりました。

私が入学した当時の都立大学法学部の一学年の学生数は約五〇名で、飛び抜けてすばらしい教育環境を持った大学でした。そして当時の都立大学法学部の多くの先生方は、憲法に定める基本的権人権・平和と民主主義の理念を抱いて、研究と教育をされていました。また学部運営も民主的に行われていました。私はそこで江藤先生にお会いすることになりました。

私が入学した当時沼田稲次郎先生が法経学部長で後に法学部長になられました。そして都立大学法学部には江藤先生の他、憲法・行政法の下山瑛二先生、針生誠吉先生、兼子仁先生、民法の唄孝一先生、清水誠先生、刑法の内藤謙先生、刑訴法の小田中聰樹先生、労働法の籾井常喜先生、法社会学の千葉正士先生、石村善治先生、利谷信義先生等々早早たる中堅、青年の教員が揃っており、加えて渡辺洋三先生が民法総論の名称で民法総則を教えられていました。磯部力先生は「清水誠先生追悼論集」に書かれた文章で、この当時の状況について「都立大学法学部のゴールデン・エイジ」と呼んでおられます。

私はこれらの「ゴールデン・エイジ」の多くの先生の講義は受けましたが、江藤先生の民訴の講義を受けませんでした。当時大学でも司法試験でも、訴訟法の必須科目は刑訴か民訴かの選択制で、私は刑訴で司法試験を受けようと思ったので、江藤先生の民訴の講義は受講しませんでした。実を申しますと当時都立大学では、江藤先生の民訴の講義の半分はクラウゼヴィッツの「戦争論」の講義で、一般的な民訴の講義は少ないとの噂があり、そのことも、江藤先生の民訴の講義を受けなかった理由の一つでした。

ところで私は、首都圏の私立大学の組合の連合体の顧問をしており、江藤先生が都立大学の後に赴任された大東文化大学の組合ともつきあいがありました。そこで大東文化大学の教員の組合員に、都立大学時代の江藤先生のことを話したことがありました。そしてその後江藤先生から、「江森君は大東文化大学の教員に、江藤はクラウゼヴィッツの戦争論の講義しかせず、まじめに民訴法を教えなかったなどと宣伝したそうだな」と、笑いながら抗議を受けたことがありました。なお大学を出てから、先生のフランス民訴法の研究に関する論文を読み、江藤先生の講義を受けなかったことを今は反省しています。

ところで江藤先生は都立大学の中堅、青年の教員のまとめ役であり、また法学部運営の方針を立てる参謀役で、法学部の先生の中心にいたようで、都立大学の旧校舎の中庭に喫茶店がありましたが、そこに江藤先生と法学部の先生が良くお茶を飲みにいっておられた姿を私はよく見ていました。そして私は、司法試験の合格発表日にこの喫茶店に行き、そこにおられた江藤先生や他の先生に、合格の報告をしたことを覚えています。

また都立大学では司法試験の答案練習会をやっていましたが、江藤先生や清水先生たちから親身な援助を受けたことがあります。

都立大学では、単に講義だけでなく、学生は色々な側面で多くの先生とのつながりを持っており、私は江藤先生から色々なことを学びました。

二　大学卒業後の江藤先生とのつながり

大学を卒業した後には、江藤先生とは日本民主法律協会の司法制度研究集会など法律家団体の集会でお会いしたりしていました。

そしてここ一〇年位は、清水誠先生の主催する研究会でご一緒したりすることが多く、清水先生と一緒に会食することが多くなりました。なお清水先生は二〇一一〇年一月三〇日に亡くなられましたが、清水先生の葬儀を江藤先生が仕切っておられました。

三　パリ調査での先生との数日間

卒業後の江藤先生とのおつきあいで一番印象に残っているのは、総評弁護団（現在日本労働弁護団）のパリ調査のことです。総評弁護団は一九八〇年に、イギリス、フランス、ドイツ、イタリアの労働組合活動に関する調査を行いました。私はこのうちフランスの調査班に入り、パリで五日ほど労働組合等の調査を行いましたが、当時パリに留学されていた江藤先生の、全面的なご協力を受けました。

先生は通訳の手配、著名な労働法学者のリヨン・カーン氏の講演会の準備等をなされました。調査内容はＣＧＴ本部と傘下のワイン工場の組合、ＣＦＤＴの本部と傘下のルノー工場の組合、講演会、弁護士との交流会等多面的な内容でしたが、江藤先生のご協力なしにできなかった調査であったといえます。江藤先生はそればかりか、調査以外の時間にも市内案内等をなさり、五日間のほとんどを調査団とともに過ごしました。このパリ調査で、特に記憶していることは以下のようなことです。

1　江藤先生へのみやげ

フランスに行く前に江藤先生に、おみやげは何が良いかご連絡しました。すると江藤先生から「パンティーストッキング」と「ひじき」とのお答えをいただき、これを受けた私たちはびっくりしてこの土産を買いましたが、当時はこのような物が手に入らなかったようです。

そしてパリについて江藤先生にみやげの大きな袋入りの「ひじき」を渡しました。あまりかっこがよくないので、私たちが丁寧に包みましょうかとお話ししますと、江藤先生「フランス人は人の生活など気にしない」と述べられ、大きな「ひじき」の袋を持って、つたつたとメトロに乗って行かれました。

2　さまざまな市内見物

江藤先生は調査の合間に時間があると、メトロを使ってのみの市、ペール・ラシューズ墓地、カルテェラタン等などたくさんの名所案内をされました。また江藤先生は夜な夜な歓楽街に皆を連れて行き、おいしいワインを一緒に飲みました。

特に思い出に残るのはペール・ラシューズという有名な墓地の見学です。この墓地にはエディット・ピアフ、バルザック、モディリアーニ等の有名人の墓があり見物者が集まるところです。ところで江藤先生は、ここに行くとつかつかと「コミューン兵士の壁（連名兵の壁）」という、コミューンの兵士一四七名が銃殺された場所で「世界中の革命家の聖地」の壁の前に私たちを連れて行き、ここここそ君たちが見学すべきである所であると力説されていました。結局私たちは有名人の墓を十分見物できずに帰ってきました。

3　江藤先生のフランス語

現地の通訳は水林彪先生の弟さんで、江藤先生のフランス語の先生でした。水林さんの話すフランス語はフランス人からほめられるほどすばらしく、事前に専門用語について打合せをしませんでしたが、完璧な通訳でした。ところで江藤先生は、フランス語を話される時によく天井を見て話されました。このことについて水林さんが江藤先生に、天井に字を描いてしゃべるのはやめるよう、注意していたことを思い出します。

四　終わりに

このように江藤先生は、わたしたち教え子たちの主体性を尊重し、豊かで楽しい態度で接されていましたが、そのため私たちはすばらしい人生をすごすことができてきました。

改めて江藤先生にお礼を申しあげます。

江藤价泰先生　略歴・主要著作目録

【略歴】

一九二八年　一月一日生

一九四九年　三月　東京高等学校文科丙類卒業

一九五二年　三月　東京大学法学部法律学科卒業（法学士）

一九五二年　四月　東京都立大学人文学部助手補

一九五七年　四月　東京都立大学法経学部助手（民事訴訟法）

一九五八年　八月　東京都立大学法経学部助教授（民事訴訟法）

一九六七年一〇月～一九八九年三月　東京都立大学法学部法律学科教授（民事訴訟法）東京都立大学評議員、東京都立大学学生部長を歴任

一九八九年　三月　東京都立大学退官

一九八九年　四月～二〇〇一年三月　大東文化大学法学部法律学科教授（民事訴訟法）

一九八九年　六月　東京都立大学名誉教授

一九九一年　四月～一九九七年三月　大東文化大学法学研究所所長

一九九七年　四月～一九九三年三月　大東文化大学法学部長、大東文化学園理事

一九九九年　四月～二〇〇一年三月　大東文化大学図書館長

二〇一六年　三月二一日逝去

【学会及び社会における活動】

一九五二年 四月〜 私法学会会員
一九五二年 四月〜 日本法社会学会会員（一九八七年五月〜九四年四月理事）
一九五二年 四月〜 民事訴訟法学会会員（一九六四年一〇月〜七〇年九月幹事、一九七〇年一〇月〜七二年九月理事、一九七七年一〇月〜八〇年九月理事、一九八九年六月〜九二年九月理事）
一九五二年 四月〜 民主主義科学者協会法律部会会員（一九七〇年五月〜九四年四月理事）
一九六一年 四月〜 日仏法学会会員
一九六七年 七月〜 日本司法書士会連合会司法書士史編纂委員会委員
一九六八年 九月〜一九七〇年 八月 法制審議会（国際私法部会）幹事
一九七〇年 一月〜一九七一年一二月 東京地方裁判所民事一般等調停委員
一九八四年一〇月〜一九八五年 七月 杉並区情報公開懇談会会長
一九八七年 六月〜 杉並区情報公開・個人情報保護審議会委員（一九八七年六月〜九三年五月会長、一九九三年六月〜九五年五月副会長、一九九五年六月〜会長）
一九八八年一一月〜一九九一年一〇月 日本学術会議基礎法学研究連絡委員会委員
一九九一年一二月〜一九九七年一一月 東京弁護士会懲戒委員会委員
二〇〇一年一二月〜二〇〇五年一二月 日本国際法律家協会会長
二〇〇三年 九月〜二〇一五年一一月 日本司法書士会連合会顧問

【主要著作目録】

［著書・学術書］

『フランス民事訴訟法研究——当事者主義的民事訴訟法の一断面』（単著）　日本評論社　一九八八年三月

『司法書士の社会的役割と未来——歴史と法制度改革を通じて』（単著）　日本評論社　二〇一四年六月

『日本司法書士史（明治・大正・昭和戦前編）』（共著）　日本司法書士会連合会司法書士史編纂委員会　ぎょうせい　一九八一年三月

『日本司法書士史（昭和戦後編）』（共著）　日本司法書士会連合会司法書士史編纂委員会　ぎょうせい　二〇一一年一二月

『司法書士の実務と理論』（編著）　江藤价泰編　日本評論社　一九九一年一月

『ドキュメント司法書士』（監著）　江藤价泰監修　日本評論社　一九九一年八月

『日本の裁判』（共著）　渡辺洋三＝江藤价泰＝小田中聰樹　岩波書店　一九九五年五月

『司法書士始末記』（編著）　江藤价泰＝藤井　哲＝松永六郎編　日本評論社　一九九八年三月

『なにわの司法書士奮闘記』（監修）　江藤价泰監修、小川勝久＝北田玲一郎編　日本評論社　二〇〇三年一二月

『司法書士の新展開』（編）　江藤价泰ほか編　日本評論社　二〇〇五年六月

『司法書士の羅針盤——多様化する現代社会を切り拓くために』（編）　江藤价泰＝菱田徳太郎＝鈴木正道＝菅　徹＝稲村　厚＝川村兼司編　日本評論社　二〇一〇年八月

『新・司法書士始末記』（監修）　江藤价泰監修、菱田徳太郎＝鈴木正道＝赤土正貴＝菅　徹＝稲村　厚編　日本評論社　二〇一四年九月

［翻訳］
『フランス執行吏制度』（法務資料第三四一号）（翻訳）　法務省大臣官房調査課著、江藤价泰翻訳　法務省大臣官房調査課　一九五六年三月
「フランス革命における民事立法」（一）〜（四三）　フランス近代法研究会（共訳）、（一）〜（四〇）は大東法学三巻一号以下二三巻一号まで連載、（四一）〜（四三）は大東文化大学法学研究所報三五〜三七号に掲載　一九九三年一一月〜二〇一六年三月

［学術論文・その他］
「フランス民事訴訟法における第三者異議の訴」　東京都立大学人文学報一一号　一九五四年二月
「フランス民事訴訟法における既判力概念に関する学説の発展」（学会報告）　民事訴訟雑誌四号　一九五七年八月
「民事訴訟法に対する一考察」　東京都立大学人文学報一八号　一九五八年四月
「フランスにおける形成判決の効力（一）」（未完）　民商法雑誌三七巻六号（前半部分掲載）　一九五八年九月
「学界回顧・民事訴訟法」（特集／学界回顧・一九五九年）　法律時報三一巻一三号　一九五九年一〇月
「民訴第二〇一条第一項の承継人」（特集／二百号記念特集・判例百選――重要百判例の解説）　ジュリスト二〇〇号　一九六〇年四月一五日
「フランス民訴制度の動向」　法律時報三二巻一〇号　一九六〇年八月
「民事訴訟法のあらすじ」（民事訴訟法サブノート一）　法学セミナー六一号　一九六一年四月
「フランスにおける裁判上の和解」　東京都立大学法学会雑誌二巻一号　一九六一年七月
「共同相続人に対する農地移転の許可申請手続請求は必要的共同訴訟か」　判例時報二九二号・判例評論四七号　一九六二年五月
「民事訴訟法」　別冊法律時報・判例回顧一九五九年度私法篇　一九六二年一〇月
「ギニア法曹閑話」　法学セミナー八四号　一九六三年三月

「Do it yourself」（後に「模擬問題と解説」に改題）民事訴訟法の出題と解説を担当。　法学セミナー八五～一二〇号　一九六三年四月～一九六六年三月まで
「フランスの執行吏制度」　法律時報三五巻五号　一九六三年五月
「純然たる訴訟事件につきなされた強制調停」　ジュリスト臨時増刊・憲法判例百選――重要判例の集大成　一九六三年六月
「学界回顧・民事訴訟法」（特集／一九六三年学界回顧）　法律時報三五巻一三号　一九六三年一二月
「債務額の供託と配当要求」　判例時報三六二号・判例評論六六号　一九六四年三月
「控訴の利益」　中田淳一＝三ヶ月章編『民事訴訟法演習Ⅱ　判決手続（二）／強制執行手続』　有斐閣　一九六四年五月
「独立参加訴訟の構造」　ジュリスト三〇〇号・三〇〇号記念・学説展望――法律学の争点　一九六四年六月
「学界回顧・民事訴訟法」（特集／一九六四年学界回顧）　法律時報三六巻一三号　一九六四年一二月
「民訴二〇一条一項の承継人」　別冊ジュリスト判例百選（第二版）　一九六五年三月
「フランスにおける仮差押制度の一端について」　中村宗雄先生古稀祝賀記念論集『民事訴訟の法理』　敬文堂　一九六五年四月
「民事訴訟法」（全面特集／戦後法学／問題史的回顧と展望　法律学の成果と課題）　法律時報三七巻五号　一九六五年四月
「仮差押された不動産に対し本差押がなされるまでの間に右不動産の所有権が移転した場合と配当要求の効力」　判例時報四〇七号・判例評論八〇号　一九六五年六月
「司法書士制度について――フランス代訴士制度との比較①～㊾」　日本司法書士会連合会機関誌・日司連だより（後に日司連会報と改題）二二～八四号　一九六五年一〇月～一九七七年三月
「裁判の脱漏と追加判決」「執行力の主観的範囲」「控訴の利益」（以上三編執筆）　別冊ジュリスト・民事訴訟法判例百選　一九六五年一一月
「フランスにおける『仮処分制度』――Référé の一端について」　村松俊夫裁判官還暦記念論文集『仮処分の研究　上巻』　日本評論社　一九六五年一二月
「比較法――アブエ制度及びソリシタ制度について」　日本司法書士会連合会・全国研修会叢書第一回（一九六六）　一九六六

七年

「準法律家」 岩波講座現代法六・現代の法律家 一九六六年六月

「司法書士制度に対する一考察」 日本司法書士会連合会・全国研修会叢書第二回（一九六七） 一九六八年

「朝日訴訟最高裁判決の訴訟承継論について」（特集／朝日判決と社会保障の論理 朝日事件最高裁判決批判） 法律時報三九巻八号 一九六七年七月

「フランス民法典における和解概念の成立」 菊井先生献呈論集『裁判と法 上巻』 有斐閣 一九六七年一〇月

「民事訴訟における職権主義に対する史的一考察」 法律時報四〇巻一号 一九六八年一月

「民事訴訟法における市民と国家①～⑰」 法学セミナー一四三～一七〇号 一九六八年二月～一九七〇年四月

「当事者主義と職権主義」（特集／法学入門） 法学セミナー一四五号 一九六八年四月

『強制執行及び任意競売に関するフランス民法及びフランス民事訴訟法』 法務省民事局 一九六八年五月

「最近の諸論綱にみられる司法書士（制度）」 日本司法書士会連合会・全国研修会叢書第三回（一九六八） 一九六九年

「調停制度の機能と役割」 戒能通孝博士還暦記念論文集『日本の裁判』 日本評論社 一九六八年一二月

「フランスの弁護士と代訴士」 日本弁護士連合会司法制度調査資料『弁護士強制と弁護士費用の敗訴者負担』 一九六九年一月

「フランスにおける訴訟費用」 日本弁護士連合会司法制度調査資料『弁護士強制と弁護士費用の敗訴者負担（第一輯）』 一九六九年一月

「判決において定期金賠償を命ずることの可否」 鈴木忠一＝三ケ月章監修『実務民事訴訟講座 第三巻（交通事故訴訟）』 日本評論社 一九六九年五月

「法的自白に対する自白の効力の否定」「強制参加と審級の利益」（以上二編執筆） 別冊ジュリスト・フランス判例百選 一九六九年一二月

「明治初期の『弁護士』制度について」 兼子博士還暦記念『裁判法の諸問題 下巻』 有斐閣 一九七〇年三月

「上訴」 兼子一＝小山昇編『民事訴訟法講義（青林講義シリーズ）』 青林書院新社 一九七〇年五月

「近代法の再検討・民事訴訟法」 ジュリスト増刊・現代の法理論（基礎法学シリーズ㊬） 一九七〇年六月

「裁判問題の基礎四〇項＝司法の危機を理解するために」 法学セミナー臨時増刊・セミナー司法の危機　一九七一年二月
「フランスにおける裁判官の団体活動について」 判例時報六一九号　一九七一年三月
「司法書士・土地家屋調査士制度」 中川善之助＝兼子一監修『不動産法大系Ⅳ　登記』 青林書院新社　一九七一年七月
「裁判権の及ばない者の訴」「請求棄却の申立と時効中断」（以上二編執筆） 別冊ジュリスト・続民事訴訟法判例百選――重要百判例の解説　一九七二年三月
「裁判を受ける権利」 別冊ジュリスト・続民事訴訟法判例百選――重要百判例の解説　一九七二年三月
「フランスにおける裁判官の身分保障①～⑤」 法律時報四四巻三、四号，四五巻四、五号、八号　一九七二年三月、四月、一九七三年三月、四月、七月
「外国判決の効力」（民事訴訟法第二〇〇条）」「既判力の主観的範囲（同第二〇一条）」（以上二条執筆） 別冊法学セミナー・基本法コンメンタール民事訴訟法　一九七二年八月、新版一九八一年七月、第三版一九八五年一〇月
「岸清一」 潮見俊隆編『法学セミナー増刊　日本の弁護士』 日本評論社　一九七二年九月
「司法書士制度の現状と機能①～⑩」 法学セミナー二〇四～二一六号　一九七二年一二月～一九七三年一二月まで
「民事訴訟における職権主義に対する史的一考察」 福島正夫先生還暦記念『現代日本の法思想』 日本評論社　一九七二年
「フランスにおける司法官の団体活動について」 和田英夫＝高柳信一編『現代の司法』 日本評論社　一九七二年
「執行に対する法律家の統制」「弁護士と裁判所との関係」「下級法律実務家と上級法律実務家」 川島武宜編『法社会学講座第八巻　社会と法二』 岩波書店　一九七三年二月
「一部請求」 小山昇ほか編『演習法律学大系一〇　演習民事訴訟法（上）』 青林書院新社　一九七三年二月
「簡易裁判所の手続」 小山昇ほか編『演習法律学体系一一　演習民事訴訟法（下）』 青林書院新社　一九七三年四月
「法曹界の現況と将来」 受験新報編集部編『司法試験必携（国家試験案内シリーズ）』 法学書院　一九七三年一二月
「『斡旋の調停化現象』について」 沼田稲次郎先生還暦記念『現代法と労働法学の課題　上巻』 総合労働研究所　一九七四年五月
「裁判を受ける権利」 別冊ジュリスト・憲法判例百選（第三版）　一九七四年六月
「雉本朗造」 潮見俊隆＝利谷信義編『日本の法学者（セミナー叢書）』 日本評論社　一九七四年六月

「海軍歴史・解説」　勝部真長＝松本三之介＝大口勇次郎編『勝海舟全集第一三巻　海軍歴史三』　勁草書房　一九七四年一一月
「民事訴訟制度の目的」「間接反証」「訴えの選択的併合」　斎藤秀夫＝小室直人編『基礎法律学大系六　入門編　民事訴訟法の基礎』　青林書院新社　一九七五年一〇月
「法律家について」　岩手県司法書士会会報　一九七五年三月
「フランスの司法制度改革」　東京大学社会科学研究所編『戦後改革四　司法改革』　東京大学出版会　一九七五年七月
「司法書士法第一条を考える」　全国青年司法書士連絡協議会・昭和五〇年大会報告書　一九七六年二月
「『法律家』の社会的役割」　黒木三郎編『現代法社会学講義（青林講義シリーズ）』　青林書院新社　一九七六年三月
「陸軍歴史一・解説」　勝部真長＝松本三之介＝大口勇次郎編『勝海舟全集第一五巻　陸軍歴史一』　勁草書房　一九七六年四月
「ケース四　裁判権（外国が当事者である訴訟についてのわが国の裁判権の有無）」　鈴木俊光＝白川和雄編『事例問題解説ケーススタディ民事訴訟法Ⅰ』　法学書院　一九七六年七月
「詐害行為取消権を本案とする仮処分の管財人による受継」　別冊ジュリスト・倒産判例百選　一九七六年一〇月
「フランスの公証人と登記」　全国青年司法書士連絡協議会・欧州不動産登記システム調査研究視察団報告書　金融財政事情研究会　一九七七年一月
「岐路に立つ司法書士」　千葉県司法書士会会報　一九七七年六月
「陸軍歴史三・解説」　勝部真長＝松本三之介＝大口勇次郎編『勝海舟全集第一七巻　陸軍歴史三』　勁草書房　一九七七年一一月
「規則制定権の本旨と運用の実態――参与判事補制度を中心に」　法学セミナー増刊・総合特集シリーズ四・最高裁判所一九七七年一二月
「更生手続と破産手続とで否認の要件に差異があるか」「更生計画に記載しなければならない事項は何か」「更生計画案を認可するにあたって裁判所の考慮すべき事項は何か」　井関　浩＝谷口安平編『基礎法律学大系第二九巻　実用編　会社更生法の基礎』　青林書院新社　一九七八年九月

「裁判を受ける権利と法律扶助」（特集／法律扶助）　ジュリスト六七七号　一九七八年一一月
「ケース五七　判決の不当取得（不当取得した判決の効力）」　鈴木俊光＝白川和雄編『事例問題解説　ケーススタディ民事訴訟法三』　法学書院　一九七九年一月
「司法書士制度の将来①～③」　日本司法書士会連合会機関誌・月報司法書士八七～八九号　一九七九年一月～三月まで
「『改正司法書士法』の問題点①～⑥」　法学セミナー二八六～二九五号　一九七九年一月～九月まで
「当事者主義と職権主義の交錯」　ジュリスト増刊・民事訴訟法の争点（法律学の争点シリーズ五）　一九七九年三月
「比較法からみた公証（人）制度のあり方――フランス公証人制度の一端」　日本弁護士連合会機関誌・自由と正義三二巻一四号　一九八一年一二月
「不控訴の合意」　別冊ジュリスト・民事訴訟法判例百選（第二版）　一九八二年五月
「司法書士制度について――フランス公証人制度との比較①～㉙」　日本司法書士会連合会・月報司法書士一二七～一七四号　一九八二年六月から一九八六年五月まで
「裁判官相手どり訴訟の形成過程」　野田良之先生古稀記念『東西法文化の比較と交流』　有斐閣　一九八三年六月
「裁判を受ける権利」　小林孝輔教授還暦記念論集『現代法の諸領域と憲法理念』　学陽書房　一九八三年六月
「日本の法律家――その特質」　法学セミナー増刊・総合特集シリーズ二四・市民のための法律家　一九八三年一〇月
「司法書士制度の将来」『司法書士試験必携　昭和六〇年版（国家試験受験シリーズ）』　法学書院　一九八四年二月
「民事訴訟の手続」　法学セミナー増刊・総合特集シリーズ二七・現代の裁判――訴訟手続と裁判　一九八四年一〇月
「フランスの弁護士自治」　日本弁護士連合会司法問題対策委員会弁護士制度部会・弁護士制度の基礎理論研究　一九八六年一一月
「講座司法書士の実務と理論七　憲法と司法書士――憲法理念の転換と司法書士職務のあり方」　法学セミナー三八九号　一九八七年五月
「一部請求」「簡易裁判所の手続」『新演習法律学講座一二　演習民事訴訟法』　青林書院　一九八七年六月
「回想のコナクリ会議」　日本国際法律家協会編『人類にあしたあれ――日本国際法律家協会の三〇年』　勁草書房　一九八七年一一月

二〇〇九年三月

「司法書士制度一四〇年」（特集／司法書士制度一四〇年を迎えて） 月報司法書士四七九号 二〇一二年一月

「『法律家』間の社会的分業に関する雑感」 長谷川正安先生追悼論集『戦後法学と憲法——歴史・現状・展望』 日本評論社 二〇一二年五月

「わが法律家制度に関する雑感」（時代の中での司法・法学 創刊七〇〇号記念特集） 法学セミナー七〇〇号 二〇一三年五月

「市民と民事裁判」 清水誠先生追悼論集『日本社会と市民法学』 日本評論社 二〇一三年八月

日本《にほん》の司法《しほう》——現在《げんざい》と未来《みらい》
江藤价泰《えとうよしひろ》先生《せんせい》追悼《ついとう》論集《ろんしゅう》

2018年7月25日　第1版第1刷発行

編　者　齊藤《さいとう》　誠《まこと》・大出良知《おおでよしとも》・菱田徳太郎《ひしだとくたろう》・今村与一《いまむらよいち》

発行者　串崎　浩

発行所　株式会社日本評論社
〒170-8474　東京都豊島区南大塚3-12-4
電話　03-3987-8621（販売）　-8592（編集）
FAX　03-3987-8590（販売）　-8596（編集）
振替　00100-3-16　https://www.nippyo.co.jp/

印刷所　平文社
製本所　牧製本印刷
装　幀　銀山宏子
検印省略

ISBN978-4-535-52254-1　Printed in Japan